Convention européenne des Droits de l'Homme et Charte sociale européenne : droit et pratique

Donna Gomien, David Harris, Leo Zwaak

Editions du Conseil de l'Europe

Edition anglaise :

Law and practice of the European Convention on Human Rights and the European Social Charter

ISBN 92-871-2956-8

Editions du Conseil de l'Europe
F-67075 Strasbourg Cedex

ISBN 92-871-2955-X

Imprimé en Allemagne

Remerciements

La Direction des droits de l'homme souhaite exprimer ses remerciements aux très nombreuses personnes qui, pendant plusieurs années, ont été associées au présent projet. Nous voulons remercier tout particulièrement M. le professeur Claudio Zanghi et M. Jan Helgesen pour leur contribution de la première heure et pour le volume considérable de travail qu'ils ont consacré au projet; à titre posthume, M. le professeur Torkel Opsahl, pour l'enthousiasme et les contributions qui ont été les siens; l'Institut norvégien des droits de l'homme et l'Institut néerlandais des droits de l'homme (SIM), pour le personnel et l'infrastructure généreusement mis à disposition pendant le projet; et Mme Anne Lister, pour sa patience et pour l'aide prodiguée aux auteurs lors de l'élaboration des textes définitifs.

Il convient de remercier tout spécialement les trois auteurs, Mme Donna Gomien et M. Leo Zwaak, qui ont rédigé ensemble les chapitres consacrés à la Convention européenne des Droits de l'Homme, et M. le professeur David Harris, qui s'est chargé de la partie relative à la Charte sociale européenne. La disponibilité et la ponctualité des contributions des auteurs ont permis l'achèvement de cette publication importante et précieuse.

Pierre-Henri Imbert
Directeur des droits de l'homme
Strasbourg, janvier 1996

Table des matières

Deuxième partie: La Charte sociale européenne

Préface

La période qui a suivi la deuxième guerre mondiale a vu l'éclosion du droit international relatif aux droits de l'homme au niveau tant universel que régional, son développement le plus important se situant sans doute au niveau européen, au sein du Conseil de l'Europe. Toutefois, ce n'est qu'au cours des dix dernières années que le nombre de traités axés exclusivement sur le système international des droits de l'homme a connu une croissance remarquable. Le présent ouvrage est une contribution à ce domaine grandissant de publications. Il a pour objet de donner un aperçu des deux principaux piliers du travail du Conseil de l'Europe en matière de droits de l'homme, à savoir la Convention européenne des Droits de l'Homme et la Charte sociale européenne, en situant l'ouvrage dans le contexte du système international des droits de l'homme.

Le présent ouvrage a pour vocation première d'être utilisé dans le cadre des cours universitaires de droit international des droits de l'homme ainsi que par les juristes praticiens qui cherchent une introduction à la protection des droits de l'homme en Europe.

Sa pertinence ne se limite pas à l'Europe. Un certain nombre de pays du Commonwealth ont pris la Convention européenne des Droits de l'Homme pour modèle de leur déclaration des droits et, aux Etats-Unis, il existe des similitudes de structure et de contrôle de l'application de la Convention européenne des droits de l'homme, d'une part, et du Bill of Rights des Etats-Unis et son contrôle judiciaire par la Cour suprême de ce pays, d'autre part.

L'ouvrage se penche essentiellement sur la Convention européenne des Droits de l'Homme et décrit en détail l'étendue de l'applicabilité de la Convention, les procédures d'introduction de recours devant la Commission européenne et la Cour des Droits de l'Homme, l'interrelation entre le système de la Convention et d'autres systèmes juridiques internes et internationaux et, surtout, la jurisprudence qui s'est établie par le biais de la Commission et de la Cour. Pour ceux qui connaissent mal la Convention européenne des droits de l'homme et, en particulier, pour les étudiants auxquels la philosophie du droit anglo-américain est peu familière, cette place importante réservée à la jurisprudence peut sembler assez étrange. Pourtant, c'est celle-ci qui donne vie et souffle aux dispositions de l'instrument lui-même.

L'autre grand volet du présent ouvrage est consacré à la Charte sociale européenne, qui est l'autre grand instrument du Conseil de l'Europe. La vaste panoplie des droits économiques et sociaux qu'elle protège et le système de contrôle de son application ont servi d'exemple à un certain nombre d'autres instruments internationaux en matière de droits de l'homme.

Prises ensemble, la Charte sociale européenne et la Convention européenne des Droits de l'Homme assurent un degré élevé de protection des droits de l'homme en Europe et fixent une norme sévère de protection des droits de l'homme, non seulement en Europe mais dans le monde.

Terminologie et références

Dans le présent ouvrage, les termes *Convention*, *Commission* et *Cour* se réfèrent, respectivement, à la Convention européenne des Droits de l'Homme, à la Commission européenne des Droits de l'Homme et à la Cour européenne des Droits de l'Homme. Pour les rapports de la Commission et les arrêts de la Cour, la référence ne consiste, généralement, qu'en leur titre et leur date.

Les titres complets et les détails des affaires ne sont pas donnés chaque fois qu'une affaire est mentionnée. Dans les commentaires sur la jurisprudence, les citations se présentent de la façon suivante:

Req. n° ou **requête:** se réfère à une décision sur la recevabilité de la Commission européenne des Droits de l'Homme.

Rapport de la Com. du [date]: se réfère à un rapport officiel de la Commission européenne des Droits de l'Homme sur le bien-fondé de l'affaire.

Abréviations

Annuaire	Annuaire de la Convention européenne des Droits de l'Homme
C	Conclusions du comité d'experts indépendants de la Charte sociale européenne
CEDH	Convention de Sauvegarde des Droits de l'Homme et des Libertés fondamentales («Convention européenne des Droits de l'Homme»)
CSE	Charte sociale européenne
D.R.	Décisions et Rapports de la Commission européenne des Droits de l'Homme
NU	Nations Unies
OCDE	Organisation de Coopération et de Développement Economiques
OIT	Organisation Internationale du Travail
RTNU	Recueil des Traités des Nations Unies
STE	Série des Traités européens

Contexte

Les droits de l'homme au moment de la création du Conseil de l'Europe

A l'issue de la deuxième guerre mondiale, l'Europe de l'Ouest fut la première région géopolitique à instaurer un système régional d'organisations internationales ayant pour objectif de promouvoir la coopération dans les différents domaines de la vie moderne. D'emblée, les droits de l'homme constituèrent la pierre angulaire du système. L'idée d'une «Charte des droits de l'homme» est apparue au Congrès de l'Europe, organisé à La Haye au mois de mai 1948 par le Comité international de coordination des mouvements pour l'unité européenne et auquel participèrent de nombreux dirigeants européens de premier plan. Plusieurs résolutions de ce congrès appelaient à l'institution d'une union politique et économique, et à la création d'une Charte des droits de l'homme et d'une Cour de justice, en assortissant l'application de la Charte de sanctions suffisantes. Il fallait, pour promouvoir la coopération politique, créer une Assemblée européenne. La déclaration relative aux principes d'une «Union européenne», telle qu'adoptée par le mouvement, comportait notamment le paragraphe suivant:

> Aucun autre Etat ne peut adhérer à l'Union européenne s'il ne souscrit pas aux principes fondamentaux d'une charte des droits de l'homme et ne se déclare pas disposé à garantir leur application.

Cette déclaration de principes se retrouve dans sa forme définitive à l'article 3 du Statut du Conseil de l'Europe, signé à Londres le 5 mai 1949:

> Tout membre du Conseil de l'Europe reconnaît le principe de la prééminence du droit et le principe en vertu duquel toute personne placée sous sa juridiction doit jouir des droits de l'homme et des libertés fondamentales....

Dans le Statut, aucun rôle important n'est dévolu au parlement: celui-ci devient une assemblée consultative (appelée par la suite Assemblée parlementaire) dont les pouvoirs se limitent à la formulation de recommandations à l'adresse du Comité des Ministres du Conseil de l'Europe. La coopération politique est restée lettre morte, dans la mesure où les divergences de vue étaient trop nombreuses à propos de la formation de l'Europe future et où la compétence de ses organes était trop limitée. Le Statut prévoit que l'objectif de l'organisation, à savoir la réalisation de l'unité entre ses membres, sera poursuivi au moyen d'initiatives dans divers domaines (économique, social, culturel, scientifique, juridique et administratif) ainsi que par la sauvegarde et le développement des droits de l'homme et des libertés fondamentales. Autrement dit, le Conseil est invité à œuvrer non seulement à la sauvegarde des droits et libertés existants mais aussi à leur développement et à la reconnaissance d'autres droits. Les moyens que le Conseil a mis en œuvre en vue d'orienter ses activités vers ces objectifs sont l'adoption de conventions et de recommandations, la diffusion d'informations concernant les droits de l'homme, et le soutien à la recherche dans ce domaine. Par ailleurs, le Conseil a mis en place une infrastructure destinée à faciliter son travail dans des domaines liés aux droits de l'homme. Il existe, au sein du Secrétariat, une Direction des droits de l'homme; un des sous-comités du Comité des Ministres est le Comité directeur des Droits de l'Homme, composé de fonctionnaires des Etats membres; et il existe d'autres comités, généralement constitués d'experts des gouvernements, dont le travail peut revêtir un caractère ponctuel – élaboration d'une convention, par exemple – ou plus permanent – information et éducation dans le domaine des droits de l'homme.

Par conséquent, la protection des droits de l'homme est une des fonctions les plus importantes du Conseil de l'Europe. Plusieurs dispositions du Statut mettent l'accent sur cette mission et formulent des principes tels que le respect de la liberté individuelle, et la liberté politique. Le Statut va plus loin encore, puisqu'il prévoit en son article 8 que les infractions graves aux droits de l'homme et aux libertés fondamentales constituent des motifs de suspension ou d'exclusion du Conseil pour l'Etat membre concerné. A la fin des années soixante et au début des années soixante-dix, sous le régime des colonels grecs, une motion a été déposée visant à invoquer l'article 8 à l'encontre de la Grèce; toutefois, la Grèce s'est retirée du Conseil de l'Europe avant son adoption.

Les buts poursuivis par le Conseil de l'Europe

Le premier chapitre du Statut se compose d'un article unique, formulé comme suit:

> *a.* Le but du Conseil de l'Europe est de réaliser une union plus étroite entre ses membres afin de sauvegarder et de promouvoir les idéaux et les principes qui sont leur patrimoine commun et de favoriser leur progrès économique et social.
>
> *b.* Ce but sera poursuivi au moyen des organes du Conseil, par l'examen des questions d'intérêt commun, par la conclusion d'accords et par l'adoption d'une action commune dans les domaines économique, social, culturel, scientifique, juridique et administratif, ainsi que par la sauvegarde et le développement des droits de l'homme et des libertés fondamentales[1].

Il est important d'observer que, conformément à l'article 1 d) du Statut, les questions relatives à la défense nationale ne sont pas de la compétence du Conseil de l'Europe. Les gouvernements signataires avaient la ferme intention de laisser les questions militaires à l'OTAN. L'article 3 du Statut énonce en outre que tout Etat membre est tenu de reconnaître le principe de la prééminence du droit et de garantir à ses citoyens la jouissance des droits de l'homme et des libertés fondamentales. Tout Etat démocratique qui reconnaît ces principes démocratiques peut solliciter son adhésion.

1. Pour plus de détails, voir Robertson, A.H., *The Council of Europe, its structure, functions and achievements*, Londres 1961, pp. 15-21.

Les organes du Conseil de l'Europe

Le Conseil de l'Europe déploie ses activités par l'entremise de deux organes: l'un, le Comité des Ministres, représente les gouvernements de ses Etats membres; l'autre, l'Assemblée parlementaire, représente les parlements; tous deux sont assistés par le même secrétariat. Le siège du Conseil est à Strasbourg.

Le Comité des Ministres

Le Comité des Ministres est l'organe décisionnel du Conseil de l'Europe. Le Comité décide des mesures à prendre sur base des recommandations de l'Assemblée parlementaire et des propositions des divers comités qui exercent leurs activités dans le cadre du Conseil. Les membres du Comité des Ministres sont les trente-huit[2] ministres des Affaires étrangères, dont chacun assure à tour de rôle la présidence du Comité pendant une période de six mois. Le Comité se réunit deux fois par an. Dans l'intervalle qui sépare les réunions des ministres des Affaires étrangères, leurs suppléants, qui sont accrédités auprès du Conseil en tant que représentants permanents des gouvernements, contrôlent le travail ordinaire du Conseil et se réunissent chaque mois pendant une semaine environ. Les décisions du Comité des Ministres revêtent la forme soit de recommandations aux gouvernements – déclarations de principe proposant l'adoption d'une ligne d'action commune – soit de conventions et d'accords, qui sont contraignants pour les Etats qui les ratifient. Le Comité adopte par ailleurs des déclarations ou des résolutions concernant des problèmes internationaux et d'autres questions politiques. De plus, le Comité joue un rôle important dans le mécanisme de contrôle de l'application de la Convention des Droits de l'Homme[3].

L'Assemblée parlementaire

L'Assemblée parlementaire est un organe consultatif sans pouvoir de décision. Toutefois, ses recommandations au Comité des Ministres ont constitué le point de départ d'initiatives dans bon nombre de domaines clés du travail du Conseil. L'Assemblée est composée de membres élus par les parlements nationaux parmi leurs propres députés. Le nombre de représentants délégués par chaque pays varie selon sa population et les fractions politiques de son propre parlement. L'Assemblée se réunit quatre fois par an à Strasbourg et tient une mini-session chaque été dans un des Etats membres. Certains exemples notoires d'accords internationaux élaborés par le Conseil de l'Europe, qui tous découlent de recommandations de l'Assemblée parlementaire sont:

– la Convention européenne des Droits de l'Homme;

– la Charte sociale européenne;

– la Convention européenne pour la prévention de la torture et des peines ou traitements inhumains ou dégradants;

---

2. Au 1er décembre 1995, les Etats membres du Conseil de l'Europe étaient au nombre de trente-huit: Albanie, Allemagne, Andorre, Autriche, Belgique, Bulgarie, Chypre, Danemark, Espagne, Estonie, «ex-République yougoslave de Macédoine», Finlande, France, Grèce, Hongrie, Irlande, Islande, Italie, Lettonie, Liechtenstein, Lituanie, Luxembourg, Malte, Moldova, Norvège, Pays-Bas, Pologne, Portugal, République slovaque, République tchèque, Roumanie, Royaume-Uni, Saint-Marin, Slovénie, Suède, Suisse, Turquie, Ukraine.

3. Voir ci-dessous, p. 45.

– des conventions sur la lutte contre le terrorisme; le statut juridique des travailleurs migrants; la protection contre l'abus de données à caractère personnel consignées dans des bases de données, etc.

Deux instruments complémentaires en matière de droits de l'homme

La Convention européenne des Droits de l'Homme et la Charte sociale européenne sont, au Conseil de l'Europe, les deux instruments les plus anciens et les plus complets relatifs aux droits de l'homme. Au moment de la fondation du Conseil de l'Europe et de l'élaboration de la Convention européenne des Droits de l'Homme, les auteurs ont refusé d'y inclure les droits économiques, sociaux et culturels, au motif qu'il importait plus de marquer la période qui succédait à la deuxième guerre mondiale en Europe par les garanties conjointes du respect des droits de l'homme, du principe de légalité et de la démocratie politique[4]. Un autre motif de leur exclusion dès ce stade précoce était que les pays européens n'étaient pas tous en mesure de mettre pleinement en œuvre les droits économiques et sociaux et que «certains pays du Conseil de l'Europe ne pourraient, dans la meilleure des hypothèses, en assurer le plein respect à l'ensemble de leurs ressortissants que dans un avenir éloigné»[5].

Ces préoccupations ont abouti à la décision d'établir deux traités distincts, l'un garantissant les droits civils et politiques, l'autre les droits économiques et sociaux. Cette conception correspondait à celles qui prévalaient au niveau des Nations Unies, où il avait également été jugé impossible d'inclure les deux catégories de droits dans le même traité. Plus récemment, la Commission des Communautés européennes a, dans le cadre d'une proposition visant à intégrer les droits fondamentaux dans son ordre juridique, proposé d'exclure entièrement les droits économiques et sociaux[6]. Il serait inopportun de se lancer ici dans une explication complexe des raisons pour lesquelles il semble beaucoup plus difficile d'aboutir à un accord international sur les définitions et la mise en œuvre des droits économiques et sociaux que sur les droits civils et politiques. Toutefois, une difficulté souvent citée semble être l'idée que l'Etat doit jouer, sur les plans tant administratif qu'économique, un rôle beaucoup plus actif et exigeant pour garantir les droits économiques et sociaux que ce qui est nécessaire pour assurer l'exercice des droits civils et politiques. Cette distinction, étayée ou non par les faits, a eu de nombreuses conséquences en ce qui concerne la caractérisation juridique des deux catégories de droits, la manière dont ceux-ci sont définis et les modalités du contrôle de leur exercice. Initialement, les droits protégés par la Charte sociale européenne ne devaient pas être des droits juridiques, permettant à un ressortissant d'un pays européen de s'en prévaloir devant une juridiction, qu'elle soit interne ou internationale. Les auteurs de la Charte considéraient plutôt que ses dispositions fixaient des critères normatifs devant servir de guide aux Parties contractantes qui tentaient d'assurer progressivement la réalisation des droits énoncés dans la Charte. Par conséquent, contrairement à ce qui se passe dans le système mis en place par la Convention européenne

4. Assemblée parlementaire du Conseil de l'Europe, document de travail 4213, p. 6.

5. *Ibidem*.

6. Bull. CE, supplément 2/79, Mémorandum concernant l'adhésion des Communautés européennes à la Convention de sauvegarde des droits de l'homme et des libertés fondamentales, p. 5.

des Droits de l'Homme, l'individu n'avait aucun rôle à jouer dans l'élaboration ou l'application de la Charte, pas plus au niveau national qu'international.

Première partie

La Convention européenne des Droits de l'Homme

Introduction à la Convention européenne des Droits de l'Homme

Il importe, avant d'étudier les instruments des droits de l'homme qui font l'objet du présent ouvrage – la Convention européenne des Droits de l'Homme et la Charte sociale européenne – de comprendre en gros les distinctions entre les doctrines traditionnelles du droit public international et celles qui régissent le domaine, plus étroit, de la législation internationale des droits de l'homme.

Si le droit public international classique s'appuie sur la doctrine de la souveraineté et de l'égalité des Etats et fonctionne selon les principes de la courtoisie positive et de la réciprocité entre Etats, le droit international moderne des droits de l'homme implique que chaque Etat qui adhère à un instrument juridique accepte des obligations unilatérales en matière de protection des droits de toutes les personnes qui relèvent de sa juridiction. La relation clé que crée le droit international des droits de l'homme est, dès lors, celle qui existe entre l'Etat et le citoyen, et non entre deux Etats ou deux gouvernements. Cela signifie également que, à l'intérieur de l'édifice du droit international des droits de l'homme, la personne a le statut de sujet plutôt que d'objet, contrairement à ce qui se passe dans le droit international traditionnel, dans lequel les Etats sont des acteurs les uns vis-à-vis des autres, et les personnes bénéficient uniquement d'une protection en tant qu'objets de la sollicitude de l'Etat. La nature, les fonctions et les limitations du système international des droits de l'homme vus à la lumière de cette relation marquent de leur empreinte tant la définition des critères que l'exercice des droits garantis.

Les principaux instruments juridiques internationaux en matière de droits de l'homme qui intéressent les droits civils et politiques, y compris la Convention européenne des Droits de l'Homme, fixent des principes relativement larges en ce qui concerne la protection des droits de l'homme. Ils s'assimilent, à cet égard, aux déclarations internes des droits ou aux autres instruments analogues, plus qu'aux codes juridiques. Par ailleurs, ils définissent des seuils et non des plafonds en matière de respect des droits par les Etats.

Historique et structure de la Convention européenne des Droits de l'Homme

La Convention européenne des Droits de l'Homme a été adoptée le 4 novembre 1950 et est entrée en vigueur le 3 septembre 1953. La Convention comporte plusieurs titres et à l'instrument pris globalement sont venus s'adjoindre onze protocoles complémentaires ou modificatifs. Les droits et libertés formels garantis par la Convention et ses protocoles seront examinés dans les chapitres qui suivent, mais un bref aperçu préalable devrait contribuer à donner un sens au cadre fondamental de la Convention. La première partie, le préambule, évoque la Déclaration universelle des Droits de l'Homme et énonce que la Convention a pour but de «prendre les premières mesures propres à assurer la garantie collective de certains des droits énoncés dans la Déclaration universelle». Elle définit ensuite les principes sur lesquels s'appuie la Convention dans son ensemble et qui sont, notamment, la réalisation d'«une union plus étroite entre ses membres [par] la sauvegarde et le développement des droits de l'homme et des libertés fondamentales» et «un régime politique véritablement démocratique et ... une conception commune et un commun respect des droits de l'homme».

Immédiatement après le préambule, l'article premier exige que «Les Hautes Parties contractantes reconnaissent à toute personne relevant de leur juridiction les droits et les libertés définis au titre I de la présente Convention». Cet article fixe une norme relativement élevée en ce qui concerne la mise en œuvre de la Convention dans son ensemble. Le titre I, qui comprend les articles 2 à 18 de la Convention, énumère les droits et libertés formels que les Etats s'engagent à garantir. Le titre II, qui contient le seul article 19, prévoit l'institution de la Commission européenne et de la Cour européenne des droits de l'homme, «afin d'assurer le respect des engagements résultant pour les Hautes Parties contractantes de la présente Convention». Les titres III (article 20 à 37) et IV (articles 38 à 56) prescrivent la composition, la compétence et les procédures de base, respectivement de la Commission et de la Cour. Le titre V (articles 57 à 66) règle d'autres aspects de l'applicabilité et de la mise en œuvre de la Convention, notamment des questions telles que le rôle du Secrétaire Général par rapport au contrôle de l'observation, par les Etats, des exigences de la Convention et la portée admissible des réserves.

Depuis l'entrée en vigueur de la Convention, onze protocoles ont modifié le fonctionnement de la Commission et de la Cour et/ou ajouté de nouveaux droits formels. Les protocoles n°s 3, 5, 8, 9, 10 et 11 traitent de questions de procédure et sont axés sur l'amélioration de l'efficacité administrative des organes de la Convention, l'élargissement de l'accès des personnes à la Cour, la réduction au minimum du contrôle politique du processus par le Comité des Ministres, et de questions similaires. Les protocoles n°s 1, 4, 6 et 7 fixent des droits et libertés formels supplémentaires. Le protocole n° 2 attribue à la Cour européenne des Droits de l'Homme une compétence consultative extrêmement limitée.

La ratification de la Convention et l'acceptation tant du droit de requête individuel au titre de l'article 25 que de la juridiction obligatoire de la Cour européenne des Droits de l'Homme au titre de l'article 46 sont aujourd'hui ressenties comme des conditions d'appartenance au Conseil, et tous les Etats membres remplissent déjà ou rempliront sous peu ces conditions. Les protocoles annexés à la Convention forment des traités distincts: pour qu'ils soient contraignants pour lui, il faut qu'un Etat les ratifie séparément.

La Convention européenne des Droits de l'Homme est le plus ancien des instruments juridiques internationaux qui visent à garantir les droits de l'homme. Son système de protection est, dès lors, le plus développé et constitue la source la plus riche de jurisprudence internationale en matière des droits de l'homme. Il s'agit aussi d'un système unique, qui représente un «droit coutumier international» et un régime autoréferentiel. Il s'agit d'un système de droit coutumier dans la mesure où son essence même est la jurisprudence de la Commission et de la Cour, qui se considèrent comme liées par les précédents (le principe du *stare decisis*), et la Commission comme liée par les arrêts de la Cour. Et il s'agit d'un système autoréférentiel dans la mesure où les organes de Strasbourg opèrent indépendamment des juridictions des Etats parties à la Convention, pour lesquels la Commission européenne et la Cour européenne ne sont pas des tribunaux «de quatrième instance», mais des juridictions qui interprètent le droit ou la pratique internes contestés exclusivement du point de vue de leur compatibilité avec la Convention. Ces remarques étant faites, il importe toutefois de se souvenir que le mandat explicite des organes de Strasbourg, qui consiste à élaborer et à formuler une «norme européenne commune» en matière de protection des droits de l'homme, implique au moins que l'on soit quelque peu attentif au droit et à la pratique internes dans un certain nombre d'Etats parties afin de maintenir l'intégrité du système au niveau international.

La nature du système de contrôle en vigueur en ce qui concerne la Convention européenne des Droits de l'Homme a voulu que son évolution se fasse de manière empirique. Contrairement aux instruments des droits de l'homme qui opèrent sous les auspices des Nations Unies, ou aux instruments sur les droits économiques, sociaux et culturels qui opèrent dans la sphère du Conseil de l'Europe, il n'existe pas de système de rapports réguliers sur les Etats au titre de la Convention des Droits de l'Homme. Toutefois, l'article 57 de la Convention dispose que le Secrétaire Général du Conseil de l'Europe peut demander à toute Haute Partie contractante de fournir «les explications requises sur la manière dont son droit interne assure l'application effective de toutes les dispositions de cette Convention». Le Secrétaire Général n'avait exercé ce pouvoir que cinq fois jusqu'en 1995: toutes les demandes de ce type ont été adressées à toutes les Hautes Parties contractantes et non à certaines en particulier.

Ni la Commission ni la Cour ne peut agir d'office et formuler des commentaires analogues aux commentaires généraux du Comité des droits de l'homme. Si, en théorie, la Cour européenne des Droits de l'Homme peut émettre des avis consultatifs sur l'interprétation de la Convention, elle ne peut le faire qu'à la demande du Comité des Ministres du Conseil de l'Europe et conformément aux conditions du Protocole n° 2 annexé à la Convention. Ces conditions sont à ce point restrictives que le protocole n'a jamais été utilisé. Tant la Commission que la Cour sont des organes qui interviennent par réaction, réagissant uniquement à des cas concrets dont ils sont saisis par des victimes alléguées de violations de la Convention ou, plus rarement, par un ou plusieurs Etats parties qui excipent de violations de la Convention par un autre Etat partie[1]. Toutefois, contrairement aux avis exprimés par le Comité des Droits de l'Homme dans son examen de communications isolées, tant la Commission européenne des Droits de l'Homme que la Cour du même nom assortissent leurs avis et décisions respectifs d'une motivation juridique, fût-elle de qualité variable.

La Convention européenne des Droits de l'Homme, avec son caractère légaliste affirmé et ses dizaines d'années de jurisprudence interprétative, a produit une jurisprudence plus sophistiquée que celle de tout autre instrument judiciaire international créé en vue de protéger les droits de l'homme. On pourrait dire, bien qu'il s'agisse à certains égards d'une vue simpliste de la Convention, que la théorie et la pratique de la Convention européenne des Droits de l'Homme épousent plus étroitement, à maints égards, celles de la Cour Suprême des Etats-Unis plus que tout autre système interne en vigueur en Europe. La jurisprudence de la Commission et de la Cour européennes est la clé pour comprendre la

1. La Commission européenne des Droits de l'Homme n'a été saisie que d'un nombre très limité de recours interétatiques: la Cour européenne n'a statué que sur un seul cas: Irlande c/ Royaume-Uni, arrêt du 18 janvier 1978, Série A n° 25.

Convention. Le rôle de ces organes consiste à interpréter la Convention, contrairement aux juges britanniques et à la plupart des juges du Commonwealth dont le rôle est d'appliquer la loi telle qu'adoptée par le pouvoir législatif. Il est clair, cependant, qu'il n'existe pas de pouvoir législatif international qui adopte une législation internationale. Comme observé ci-dessus, la Commission s'estime liée par les arrêts de la Cour qui, à son tour, s'estime liée par ses propres précédents. Les organes de la Convention n'ont pas le pouvoir d'examiner les lois *in abstracto* mais uniquement les cas concrets dont ils sont saisis. De ce point de vue, le système de Strasbourg suit les systèmes judiciaires du droit coutumier plutôt que du droit civil, ceux-ci étant souvent assortis de juridictions constitutionnelles qui, précisément, procèdent à ces examens judiciaires abstraits.

Applicabilité de la Convention européenne

L'efficacité du droit international en général dépend soit de la volonté des Etats de soumettre une partie de leurs pouvoirs souverains à un contrôle international plus vaste, soit de la réciprocité, à savoir l'accord selon lequel chaque partie agira d'une certaine manière parce que l'autre fera de même. Le droit international des droits de l'homme est, en grande partie, basé sur un système de traités multilatéraux qui fixent des normes objectives de conduite de l'Etat plutôt que des droits et obligations réciproques. Et ces traités imposent des obligations aux Etats par rapport aux personnes qui relèvent de leur juridiction plutôt que par rapport aux autres Etats parties. C'est peut-être en raison de ces caractéristiques que la plupart des instruments des droits de l'homme s'intitulent chartes ou pactes, plutôt que traités ou conventions.

La Convention de sauvegarde des droits de l'homme et des libertés fondamentales se fonde sur le principe des normes objectives et sur les droits des personnes à être protégées contre les abus de pouvoir de l'Etat. La Convention a un champ d'application normal en ce qui concerne la portée des obligations des Parties, déterminée par la portée de ses dispositions de fond et de procédure sous divers angles: temporel, territorial, personnel.

Parallèlement, la Convention comprend plusieurs mécanismes par lesquels les Etats parties peuvent modifier son fonctionnement et ses effets, en élargissant ou en limitant les obligations qu'elle impose, renforçant ou affaiblissant ainsi potentiellement la protection qu'elle offre. Le fait que la plupart des aspects importants du mécanisme de contrôle ont été inscrits dans des «clauses facultatives» limite l'acceptation par les Etats du contrôle et de la supervision de la Commission et de la Cour des Droits de l'Homme. En revanche, le fait que ces clauses sont aujourd'hui presque totalement acceptées a, en pratique, renforcé le système bien au-delà des engagements normaux et très limités d'un Etat partie. Certains moyens, par contre, notamment les réserves ou les déclarations interprétatives, affectent les dispositions de la Convention qui garantissent des droits formels et certains, notamment les dérogations, suspendent l'effet de certaines dispositions de fond pendant une période et dans des circonstances données.

Toute discussion de l'applicabilité du système doit avoir pour prémisse la compréhension de l'article premier de la Convention, libellé comme suit:

> Les Hautes Parties contractantes reconnaissent à toute personne relevant de leur juridiction les droits et libertés définis au titre I de la présente Convention.

Les Etats qui ratifient la Convention acceptent automatiquement une double obligation au titre de l'article premier. En premier lieu, ils doivent s'assurer que leur droit interne est compatible avec la Convention. Cette condition, associée à l'interdiction des réserves de caractère général contenues dans l'article 64, implique que les Etats qui ratifient la Convention doivent remplir cette obligation à partir du moment de son entrée en vigueur. Dans certains cas, il se peut qu'ils doivent procéder à certaines adaptations de leur droit et de leur pratique afin de satisfaire à cette obligation. En second lieu, les nouveaux Etats qui ratifient la Convention doivent offrir une voie de recours contre toute violation des droits et libertés formels protégés par celle-ci.

L'expression «toute personne», tout comme les expressions similaires que l'on trouve dans d'autres textes internationaux pertinents, met l'accent sur le caractère universel des droits de l'homme reconnus par la Convention: celle-ci ne protège pas simplement les droits des citoyens mais aussi ceux des étrangers, des apatrides et des personnes dépourvues de capacité juridique, notamment les enfants et les personnes gravement handicapées. Bien que l'expression «relevant de leur juridiction» semble limiter le nombre de personnes protégées par la Convention, elle ne sert, en réalité, qu'à établir un lien nécessaire entre «toute personne» et l'Etat membre. En d'autres termes, pour que la Convention soit applicable, il faut que l'Etat soit matériellement en mesure de garantir l'exercice des droits proclamés. Il n'est pas nécessaire que soit établie une relation juridique stable telle que la «nationalité», la «résidence» ou le «domicile»; il suffit que l'Etat soit en mesure d'exercer un certain pouvoir par rapport à la personne.

La notion de juridiction telle qu'elle figure à l'article premier a fait l'objet de quelques cas examinés par la Commission et la Cour. En règle générale, un Etat peut définir sa propre juridiction, mais toujours dans les limites du droit international, y compris des articles pertinents de la Convention. Par exemple, l'article 63 permet à une Haute Partie contractante d'étendre la protection de la Convention «à tous les territoires ou à l'un quelconque des territoires dont il assure les relations internationales». Toutefois, tant la Commission que la Cour ont précisé que la notion de juridiction mentionnée à l'article premier comprend l'idée de juridiction d'Etat sur les personnes par le biais d'organes ou d'instances publics. La Cour a précisé sa position tout récemment dans l'affaire Loizidou, dans laquelle le gouvernement turc avait nié toute juridiction sur les activités des forces militaires turques occupant le Nord de Chypre, lesquelles avaient empêché le requérant de rejoindre sa propriété. Sans préjuger du bien-fondé de l'affaire elle-même, la Cour a soutenu que l'article premier était applicable:

> [S]i l'article 1 fixe des limites au domaine de la Convention, la notion de «juridiction» au sens de cette disposition ne se circonscrit pas au territoire national des Hautes Parties contractantes. Par exemple, selon sa jurisprudence constante, l'extradition ou l'expulsion d'une personne par un Etat contractant peut soulever un problème au regard de l'article 3, donc engager la responsabilité de l'Etat en cause au titre de la Convention... De plus, la responsabilité des Parties contractantes peut entrer en jeu à raison d'actes émanant de leurs organes et se produisant sur ou en dehors de leur territoire...
>
> Compte tenu de l'objet et du but de la Convention, une Partie contractante peut également voir engager sa responsabilité lorsque, par suite d'une action militaire – légale ou non –, elle exerce en pratique le contrôle sur une zone située en dehors de son territoire national.

L'obligation d'assurer dans une telle région le respect des droits et libertés garantis par la Convention découle du fait de ce contrôle, qu'il s'exerce directement, par l'intermédiaire des forces armées de l'Etat concerné, ou par le biais d'une administration locale subordonnée[2].

Outre le champ d'application relativement large qu'offre l'article premier, une autre disposition de la Convention européenne est, elle aussi, axée spécifiquement sur l'amélioration des protections offertes. L'article 60 de la Convention est libellé comme suit:

> Aucune des dispositions de la présente Convention ne sera interprétée comme limitant ou portant atteinte aux droits de l'homme et aux libertés fondamentales qui pourraient être reconnus conformément aux lois de toute Partie contractante ou à toute autre Convention à laquelle cette Partie contractante est partie.

Les dispositions de la Convention européenne fixent ainsi des niveaux minimums de protection qui doivent être assurés aux personnes, mais elle ne vise pas à exclure une protection plus efficace par l'application du droit interne ou international.

Si les articles 1 et 60, voire tout le régime de la Convention européenne des Droits de l'Homme, se fondent sur l'acceptation, par l'Etat, de l'obligation de garantir à tous l'exercice des droits de l'homme, l'Etat dispose de plusieurs moyens qui lui permettent de limiter l'efficacité du système.

Champ d'application territorial (Article 63)

Au moment de la rédaction de la Convention européenne des Droits de l'Homme, bon nombre d'Etats membres du Conseil de l'Europe maintenaient un contrôle sur des territoires qui étaient, partiellement au moins, indépendants de l'Etat membre lui-même. Ces «zones grises» concernaient toutes sortes de territoires, des colonies aux départements.

L'article 63 de la Convention européenne des Droits de l'Homme énonce ce qui suit (partim):

> 1. Tout Etat peut, au moment de la ratification ou à tout autre moment par la suite, déclarer ... que la présente Convention s'appliquera à tous les territoires ou à l'un quelconque des territoires dont il assure les relations internationales...
>
> 3. Dans lesdits territoires les dispositions de la présente Convention seront appliqués en tenant compte des nécessités locales.
>
> 4. Tout Etat qui a fait une déclaration conformément au premier paragraphe de cet article peut, à tout moment par la suite, déclarer relativement à un ou plusieurs des territoires visés dans cette déclaration qu'il accepte la compétence de la Commission pour connaître des requêtes de personnes physiques, d'organisations non gouvernementales ou de groupes de particuliers conformément à l'article 25 de la présente Convention.

Tous les Etats membres du Conseil de l'Europe auxquels s'appliquent les conditions spécifiées à l'article 63 par. 1 ont exercé le droit de décréter l'applicabilité de la Convention aux territoires concernés. La première déclaration au titre de cette disposition a été enregistrée par le Danemark le 7 avril 1953 et concerne le Groenland. Toutefois, la déclaration n'a jamais été assortie d'effets puisque le Groenland est devenu partie intégrante

2. Arrêt Loizidou du 23 mars 1995, Série A n° 310, p. 23, par. 62 (exceptions préliminaires).

du territoire du Danemark le 5 juin 1953, avant l'entrée en vigueur de la Convention. Les Pays-Bas ont enregistré des déclarations relatives au Suriname (18 juillet 1954) et aux Indes occidentales néerlandaises (1er janvier 1956). Le Royaume-Uni a, le 23 novembre 1953, enregistré des déclarations pour une longue liste de territoires, et des déclarations supplémentaires le 9 juin 1964 (Caïmans, Malouines, îles Turks et Caicos) et le 12 septembre 1967 (Brunéi). Au fil des ans, le nombre de territoires qui relèvent du champ d'application de l'article 63 a diminué peu à peu, dans la mesure où bon nombre d'anciennes colonies ont accédé à l'indépendance. Il est intéressant d'observer à cet égard que beaucoup de nouveaux pays indépendants ont adapté les dispositions de la Convention européenne des Droits de l'Homme pour en faire la base de leurs déclarations constitutionnelles des droits.

Au moment de la ratification de la Convention, la République fédérale d'Allemagne a fait une déclaration selon laquelle la Convention était également applicable à Berlin-Ouest. A vrai dire, cette déclaration était superflue, puisque le *Land* de Berlin fait partie intégrante du territoire de la République fédérale d'Allemagne. Toutefois, le droit interne de la République fédérale d'Allemagne imposait au gouvernement ce type de déclarations dans les traités et conventions internationaux auxquels ce pays était partie.

La déclaration de la France relative à ses territoires de la «zone grise» pose plus de problèmes, puisqu'elle énonce ce qui suit:

> Le Gouvernement de la République déclare en outre que la présente Convention s'appliquera à l'ensemble du territoire de la République, compte tenu, en ce qui concerne les territoires d'outre-mer, des nécessités locales auxquelles l'article 63 fait référence.

Cette déclaration est ambiguë puisque, d'une part, le gouvernement français cite les «territoires d'outre-mer» comme faisant partie intégrante de «l'ensemble du territoire de la République» alors que, d'autre part, il tente d'appliquer la réserve des «nécessités locales» qui, selon l'article 63 par. 3, ne s'applique qu'aux territoires dont l'Etat membre concerné assure les relations internationales et auxquels s'applique la Convention[3]. La Cour européenne des Droits de l'Homme s'est penchée sur ce problème dans l'affaire Piermont, dans laquelle une ressortissante allemande, député du Parlement européen, a vu sa liberté d'expression soumise à des restrictions en Polynésie française. Le gouvernement français a soutenu, que, dans sa déclaration au titre de l'article 63, les «nécessités locales» avaient «valeur de réserve»[4]. Pour rejeter ce moyen, la Cour a établi une distinction entre la notion de «nécessités locales» et d'autres facteurs qui pouvaient autoriser des restrictions de certains droits:

> [L]es arguments avancés par le Gouvernement portent essentiellement sur le contexte politique local tendu assorti d'une campagne électorale et mettent donc l'accent plus sur des circonstances et situations que sur des nécessités. Une conjoncture politique, certes délicate, mais qui pourrait également se rencontrer en métropole, ne suffit pas pour interpréter la formule «nécessités locales» comme justifiant une ingérence dans le droit garanti par l'article 10[5].

Il est intéressant, à la lumière de cette décision, d'examiner le statut de la déclaration faite par le gouvernement des Pays-Bas en 1974, par laquelle celui-ci étend le droit de

3. Pour un examen plus détaillé des réserves, voir p. 29.

4. Arrêt Piermont du 27 avril 1995, Série A n° 314, p. 24, par. 56.

5. *Ibidem*, p. 24, par. 59.

requête pour les particuliers à l'ensemble des territoires néerlandais d'outre-mer, tout en exceptant le droit à l'assistance judiciaire prévu par l'article 6 par. 3 c) en ce qui concerne le Suriname et les Antilles néerlandaises.

Des questions ont surgi par ailleurs à propos de déclarations qui reconnaissent le droit de requête des personnes physiques prévu par l'article 63 par. 4.

Dans l'affaire Loizidou déjà citée, le gouvernement turc a soutenu que ni l'article 25 ni l'article 46 (qui reconnaît la juridiction de la Cour) ne pouvait s'appliquer à des territoires situés en dehors des frontières nationales, à moins que l'Etat n'étende spécifiquement leur application à ces territoires. La Cour, renvoyant à la notion de «juridiction» énoncée à l'article premier, a rejeté le moyen du gouvernement turc et précisé sa position en la matière:

> [L]'article 25 et l'article 63 ont des objets et des finalités différents. L'article 63 concerne la décision d'une Partie contractante d'assumer pleinement la responsabilité, au regard de la Convention, à raison de tous les actes des pouvoirs publics se rapportant à un territoire dont elle assure les relations internationales. L'article 25 concerne, en revanche, l'acceptation par une Partie contractante de la compétence de la Commission pour connaître de plaintes afférentes aux actes de ses organes agissant sous son autorité directe. En raison de la nature fondamentalement différente de ces dispositions, qu'un Etat doive formuler une déclaration spéciale en vertu de l'article 63 paragraphe 4 afin d'accepter la compétence de la Commission pour connaître des requêtes relatives à de tels territoires, ne saurait avoir d'incidence, à la lumière des arguments développés ci-dessus, sur la validité des restrictions *ratione loci* figurant dans les déclarations relatives aux articles 25 et 46[6].

Le Royaume-Uni a, en 1967, enregistré une déclaration au titre de l'article 63 concernant l'ensemble de ses territoires d'outre-mer. Depuis, plusieurs personnes résidant dans ces territoires ont saisi la Commission et la Cour des Droits de l'Homme de recours qui soulèvent des questions liées à l'article 63. Dans l'affaire Tyrer[7], un jeune de l'île de Man a soutenu que le châtiment corporel qui lui avait été infligé constituait une violation de l'article 3 (interdisant la torture et les peines ou traitements inhumains ou dégradants). Le gouvernement du Royaume-Uni a fait valoir que des «nécessités locales» propres à l'île de Man exemptaient l'île des effets de l'article 3. La Cour s'est opposée à ce point de vue et a déclaré ce qui suit:

> Les convictions, sans conteste sincères, de membres de la population locale indiquent jusqu'à un certain point que les châtiments judiciaires corporels passent dans l'île pour un moyen nécessaire de dissuasion et de défense de l'ordre. Toutefois, l'article 63 paragraphe 3 demande davantage pour entrer en jeu: il faut la preuve manifeste et décisive d'une nécessité; or la Cour ne peut estimer que les convictions et l'opinion publique locale fournissent en soi pareille preuve...
>
> A ce sujet, la Cour relève que le système instauré par l'article 63 tendait pour l'essentiel à répondre au fait qu'au moment où l'on a rédigé la Convention il était encore des territoires coloniaux dont le niveau de civilisation ne permettait pas, pensait-on, la pleine application de cet instrument...

6. Arrêt Loizidou du 23 mars 1995, Série A n° 310, p. 52, par. 88.

7. Arrêt Tyrer du 25 avril 1978, Série A n° 26.

> [N]ulle nécessité locale touchant au maintien de l'ordre public ne saurait non plus, aux yeux de la Cour, donner à l'un de ces Etats, en vertu de l'article 63 paragraphe 3, le droit d'user d'une peine contraire à l'article 3[8].

La Cour relève ensuite que, même dans le cadre des dispositions dérogatoires de l'article 15, un Etat membre ne peut déroger à ses obligations au titre de l'article 3 et que, fût-il même autorisé à le faire, rien n'indiquait que l'île de Man se trouvât en situation «de guerre ou (...) d'autre danger public menaçant la vie de la nation».

L'article 4 du Protocole n° 1 à la Convention autorise les Etats parties à communiquer des déclarations analogues à celles faites au titre de l'article 63 et à modifier ou mettre fin à l'application des dispositions du Protocole sur un territoire quelconque. Dans l'affaire Gillow, les requérants ont fait valoir que le refus du gouvernement de Guernesey de les laisser occuper leur maison sur cette île constituait une violation de leur droit de jouissance paisible de leurs biens, tel qu'il est garanti par l'article 1 du Protocole n° 1. Bien qu'il ait été développé à un stade très tardif (après les audiences et moins de deux mois avant l'arrêt final), la Cour a accepté le moyen du gouvernement du Royaume-Uni selon lequel le Protocole n° 1 ne s'appliquait pas au bailliage de Guernesey puisque ledit gouvernement n'avait jamais enregistré de déclaration étendant ses effets à cette île. Toutefois, la Cour a conclu qu'il y avait eu violation du respect du domicile garanti par l'article 8[9].

Il apparaît clairement que l'article 63 de la Convention européenne et les dispositions correspondantes dans les protocoles n'ont joué un rôle important que dans un nombre limité d'affaires. Bien plus importants pour le plein fonctionnement et la pleine efficacité du régime de protection voulu par la Convention européenne sont les articles qui autorisent un Etat à limiter son acceptation de certaines dispositions de la Convention par le jeu des réserves ou des déclarations interprétatives.

Réserves et déclarations interprétatives (Article 64)

La Convention européenne prévoit qu'un Etat peut limiter le fonctionnement et l'effet d'articles protégeant certains droits formels spécifiques en émettant des réserves à propos de l'article ou des articles en cause. La Convention de Vienne sur le droit des traités, de 1969[10], qui a codifié les principes généraux de l'interprétation des traités, définit comme suit une réserve:

> une déclaration unilatérale, quel que soit son libellé ou sa désignation, faite par un Etat quand il signe, ratifie, accepte ou approuve un traité ou y adhère, par laquelle il vise à exclure ou à modifier l'effet juridique de certaines dispositions du traité dans leur application à cet Etat...[11].

En règle générale, la Convention de Vienne codifie des prémisses du droit international général – y compris les principes de réciprocité entre Etats – plutôt que des prémisses du droit international des droits de l'homme – et ses principes de critères objectifs et de droits personnels opposables à l'Etat. Par conséquent, la Convention de Vienne commente en

8. *Ibidem*, pp. 18-19, par. 38.

9. Arrêt Gillow du 24 novembre 1986, Série A n° 109.

10. Doc. A/CONF. 39/27 des Nations Unies: entré en vigueur le 27 janvier 1980.

11. *Ibidem*, article 2 alinéa d).

majeure partie les réserves du point de vue de leur effet bilatéral. Elle évoque leur effet dans les traités multilatéraux en partant du principe des critères objectifs, uniquement pour interdire toute réserve «incompatible avec l'objet et le but du traité»[12].

La Convention européenne elle-même ne fixe aucun principe de réciprocité entre Etats parties en ce qui concerne les réserves. Les Etats ont occasionnellement inséré un argument de réciprocité dans le contexte des requêtes interétatiques. La Commission comme la Cour ont jugé que la réciprocité ne jouait aucun rôle de garante de l'efficacité de la Convention. Dans l'affaire interétatique Autriche c/ Italie, la Commission a déclaré:

> [E]n concluant la Convention, les Etats Contractants n'ont pas voulu se concéder des droits et obligations réciproques ... mais réaliser les objectifs et idéaux du Conseil de l'Europe ... et instaurer un ordre public communautaire...
>
> [L]es obligations souscrites par les Etats Contractants dans la Convention ont essentiellement un caractère objectif, du fait qu'elles visent à protéger les droits fondamentaux des particuliers contre les empiétements des Etats Contractants, plutôt qu'à créer des droits subjectifs et réciproques entre ces derniers[13].

Dans l'affaire Irlande c/ Royaume-Uni, la Cour a également estimé que:

> [L]a Convention déborde le cadre de la simple réciprocité entre Etats contractants. Elle crée ... des obligations objectives qui ... bénéficient d'une «garantie collective»[14].

Par conséquent, les organes de Strasbourg reconnaissent que la Convention européenne a le caractère d'un traité des droits de l'homme comportant des critères objectifs et des effets directs sur les personnes.

Le fonctionnement de la Convention européenne ne se fonde pas sur le principe de la réciprocité entre Etats mais plutôt sur l'acceptation, par les Etats, d'obligations unilatérales et, dès lors, la Convention de Vienne fournit peu d'indications concernant l'effet des réserves formulées par les Etats à propos de la Convention européenne. Il s'ensuit que la Commission et la Cour elles-mêmes ont été contraintes de définir de façon indépendante des principes d'interprétation en ce qui concerne les réserves émises aux traités sur les droits de l'homme.

L'article 64 de la Convention est libellé comme suit:

> 1. Tout Etat peut, au moment de la signature de la présente Convention ou du dépôt de son instrument de ratification, formuler une réserve au sujet d'une disposition particulière de la Convention, dans la mesure où une loi alors en vigueur sur son territoire n'est pas conforme à cette disposition. Les réserves de caractère général ne sont pas autorisées aux termes du présent article.
>
> 2. Toute réserve émise conformément au présent article comporte un bref exposé de la loi en cause.

Cet article définit les deux principales conditions de recevabilité des réserves:

12. Convention de Vienne, art. 19 alinéa c).

13. N° 788/60, Déc. 11.1.61, Annuaire 4 p. 116 (138-140).

14. Irlande c/ Royaume-Uni, arrêt du 18 janvier 1978, Série A n° 25, p. 90, par. 239.

a. la réserve doit être la conséquence directe d'une loi nationale qui n'est pas conforme à une disposition de la Convention (étant entendu que la loi doit être en vigueur au moment où la réserve est formulée); et,

b. la réserve doit porter sur une disposition particulière de la Convention.

La Commission et la Cour n'ont pas, pour l'heure, fait de distinction entre les termes «réserve» et «déclaration interprétative», ce dernier renvoyant à la déclaration d'un pays selon laquelle son acceptation d'être lié par une disposition précise du traité est subordonnée à une interprétation particulière de cette disposition. Tant les réserves que les déclarations interprétatives restreignent l'effet et le fonctionnement d'une disposition donnée du traité sur l'Etat en cause.

La première condition de l'article 64 implique qu'un Etat ne peut formuler de réserve liée à une loi adoptée après sa ratification de la Convention. La Commission s'est toutefois écartée occasionnellement de cette interprétation littérale du texte. Par exemple, l'Autriche a formulé à un moment donné une réserve qui concernait une loi adoptée après sa ratification de la Convention. La Commission a accepté l'argument de l'Etat selon lequel la nouvelle loi était identique sur le fond à la loi en vigueur au moment où la réserve avait été initialement formulée. Elle a observé que, puisqu'une réserve vise à protéger l'objet d'une loi nationale, sa portée ne pouvait être déterminée qu'à la lumière de l'intention du gouvernement[15]. La Commission est toutefois allée plus loin et a estimé que la réserve autrichienne concernait non seulement la loi nationale en cause mais aussi toute autre disposition adoptée en application de cette loi, par exemple d'autres mesures législatives ou administratives[16].

La deuxième condition de l'article 64 implique qu'un Etat ne peut formuler de réserve que par rapport à une «disposition particulière» de la Convention. Bien que l'article 64 ne précise pas les articles auxquels cette condition s'applique, il semble évident que cette catégorie doit inclure les dispositions qui énoncent des droits et libertés formels: les articles 1 à 14 de la Convention elle-même et les articles des protocoles qui introduisent d'autres droits formels. Toutefois, dans le droit fil de son raisonnement à propos de la première condition énoncée par l'article 64, la Commission a accepté qu'une réserve autrichienne touchant à l'article 5 (privation de liberté) s'étendait nécessairement aux procédures débouchant sur une décision par laquelle un prévenu est privé de sa liberté (que traite l'article 6)[17].

Il est intéressant d'observer que seul le Protocole n° 6, qui concerne la suppression de la peine de mort, ne souffre aucune réserve. La Suisse a toutefois observé, au moment de ratifier ce protocole, que son système juridique autorisait la réintroduction de la peine de mort en temps de guerre ou en cas de menace de guerre imminente (motifs tous deux acceptables au titre de l'article 2 du Protocole) et «pour des motifs de nécessite»[18]. Bien qu'à première vue, ce dernier motif semble très large, la Suisse ne l'a invoqué qu'au cours de la deuxième guerre mondiale. Aucun autre Etat n'a formulé d'objection à l'encontre de cette réserve suisse.

---

15. N° 1452/62, Déc. 18.12.63, Annuaire 6 p. 269.

16. N° 473/59, Déc. 29.8.59, Annuaire 2 p. 400; N° 8180/78, Déc. 10.5.79, D.R. 20 p. 23.

17. N° 1452/62, Déc. 18.12.63, Annuaire 6 p. 269 (277).

18. STE n° 114; Communication du gouvernement Suisse au Secrétaire Général du Conseil de l'Europe, du 28 septembre 1987.

La Commission et la Cour ont parfois dû examiner si la clause de l'article 64 relative à la «disposition particulière» autorisait les Etats à formuler des réserves qui concernent des articles de la Convention qui ne traitent pas directement de droits et de libertés substantiels, mais plutôt de questions plus procédurales ou formelles. En 1987, la Turquie a accepté le droit de requête pour les particuliers (article 25) et la juridiction de la Cour (article 46), mais a énuméré un certain nombre de restrictions touchant à des questions juridictionnelles et de fond dans les déclarations qu'elle formulait au titre des articles respectifs. Plusieurs autres Etats parties ont émis des objections à propos de ces déclarations et se sont réservé le droit de les contester à l'avenir. Dans l'affaire Loizidou déjà évoquée, la Cour européenne des Droits de l'Homme a déclaré que le système de la Convention n'autorisait pas ces restrictions:

> Si ... ces dispositions permettaient des restrictions territoriales ou sur le contenu de l'acceptation, les Parties contractantes seraient libres de souscrire à des régimes distincts de mise en œuvre des obligations conventionnelles selon l'étendue de leurs acceptations. Un tel système, qui permettrait aux Etats de tempérer leur consentement par le jeu de clauses facultatives, affaiblirait gravement le rôle de la Commission et de la Cour dans l'exercice de leurs fonctions, mais amoindrirait aussi l'efficacité de la Convention en tant qu'instrument constitutionnel de l'ordre public européen...
>
> D'après la Cour, compte tenu de l'objet et du but du système de la Convention indiqués ci-dessus, les conséquences pour la mise en œuvre de la Convention et la réalisation de ses objectifs auraient une si grande portée qu'il eût fallu prévoir explicitement un pouvoir en ce sens. Or ni l'article 25 ni l'article 46 ne renferment pareille disposition...
>
> Ce pouvoir [de formuler des réserves au titre de l'article 64] est ... limité, puisqu'il se trouve circonscrit à des dispositions particulières de la Convention «dans la mesure où une loi alors en vigueur sur [le] territoire [de la Partie Contractante concernée] n'est pas conforme à cette disposition». Les réserves de caractère général ne sont d'ailleurs pas autorisées.
>
> L'inégalité que pourrait engendrer entre les Etats contractants la tolérance d'acceptations limitées ... irait, de plus, à l'encontre de la finalité de la Convention exprimée dans son préambule: la réalisation d'une union plus étroite par la sauvegarde et le développement des droits de l'homme[19].

En ratifiant la Convention européenne en 1974, la France a formulé une réserve concernant l'article 15, qui autorise des dérogations à certaines dispositions de la Convention en cas de «danger public menaçant la vie de la nation» «strictement dans la mesure où la situation l'exige». La réserve française était formulée comme suit:

> Le Gouvernement de la République, conformément à l'article 64 de la Convention, émet une réserve concernant le paragraphe 1 de l'article 15 en ce sens, d'une part, que les circonstances énumérées par l'article 16 de la Constitution pour sa mise en œuvre, par l'article 1er de la loi du 3 avril 1978 et par la loi du 9 août 1849 pour la déclaration de l'état de siège, par l'article 1er de la loi n° 55-385 du 3 avril 1955 pour la déclaration de l'état d'urgence, et qui permettent la mise en application des dispositions de ces textes, doivent être comprises comme

19. Arrêt Loizidou du 23 mars 1995, Série A n° 310, p. 50, par. 75-77.

correspondant à l'objet de l'article 15 de la Convention et, d'autre part, que pour l'interprétation et l'application de l'article 16 de la Constitution de la République, les termes «dans la stricte mesure où la situation l'exige» ne sauraient limiter le pouvoir du Président de la République de prendre «les mesures exigées par les circonstances».

Le critère proposé dans la Convention européenne est plus limitatif que celui de la législation française et, dès lors, la Commission et la Cour pourraient se trouver à l'avenir confrontées à un dilemme: avoir à contrôler l'application du droit interne français plutôt que de la Convention elle-même. Cette situation poserait un problème dans la mesure où, en règle générale, seuls les organes judiciaires nationaux ont compétence pour interpréter et appliquer la législation interne. Ce problème ne s'est pas posé à ce jour, la France n'ayant dérogé à ses obligations aux termes de la Convention qu'à une seule occasion. De janvier à juin 1985, suite à une série d'émeutes et à un assassinat politique au moins, le gouvernement français a décrété l'état d'urgence en Nouvelle-Calédonie en invoquant, entre autres textes législatifs, la loi du 3 avril 1955 citée dans la réserve française à l'article 15[20]. Pendant les six mois en question, le gouvernement a interdit les manifestations et toute réunion publique de plus de cinq personnes.

La dernière phrase de l'article 64 par. 1 interdit les réserves «de caractère général». Dans l'affaire Belilos, le grief du requérant était que l'impossibilité de recours contre une décision prise par une instance administrative constituait une violation du droit de toute personne de voir sa cause entendue équitablement, tel que défini à l'article 6 par. 1 de la Convention[21]. Le gouvernement de la Suisse, en réponse à ce grief, a fait référence à sa déclaration interprétative concernant l'article 6 par. 1, libellée comme suit:

> Pour le Conseil fédéral suisse, la garantie d'un procès équitable figurant à l'article 6, paragraphe 1, de la Convention, en ce qui concerne soit les contestations portant sur des droits et obligations de caractère civil, soit le bien-fondé de toute accusation en matière pénale dirigée contre la personne en cause, vise uniquement à assurer un contrôle judiciaire final des actes ou décisions de l'autorité publique qui touchent à de tels droits ou obligations ou à l'examen du bien-fondé d'une telle accusation[22].

Tant la Commission que la Cour ont estimé que la formulation de la déclaration avait pour effet de priver presque entièrement un défendeur au pénal de la protection de la Convention et, partant, que la portée trop générale de la déclaration la rendait incompatible avec les exigences de l'article 64, du moins en ce qui concerne les procédures pénales. La Cour s'est expliquée comme suit:

> Par «réserve de caractère général», l'article 64 entend notamment une réserve rédigée en des termes trop vagues ou amples pour que l'on puisse en apprécier le sens et le champ d'application exacts ... [L]es mots «contrôle judiciaire final des actes ou décisions de l'autorité publique ... ne permettent pas de mesurer au juste la portée de l'engagement de la Suisse, en particulier quant aux catégories de litiges visés et quant au point de savoir si le «contrôle judiciaire final» s'exerce ou non sur les faits d'une cause. Ils se prêtent donc à différentes

20. Lettre du 7 février 1985 du représentant permanent de la France au Secrétaire Général du Conseil de l'Europe.

21. Cour eur. D.H., arrêt Belilos du 29 avril 1988, Série A n° 132.

22. STE n° 5.

interprétations alors que l'article 64 par. 1 exige précision et clarté. Bref, ils tombent sous le coup de la prohibition des réserves de caractère général[23].

Suite à l'arrêt dans l'affaire Belilos, la Suisse a enregistré une déclaration interprétative modifiée, dans laquelle elle supprimait toute référence à des accusations pénales et précisait ce qui suit:

> Par «contrôle judiciaire final», au sens de cette déclaration, il y a lieu d'entendre un contrôle judiciaire limité à l'application de la loi, tel qu'un contrôle de type cassatoire[24].

L'article 64 par. 2 énonce que «Toute réserve émise conformément au présent article comporte un bref exposé de la loi en cause». Cette disposition s'ajoute essentiellement aux exigences du paragraphe 1, à savoir qu'une réserve doit concerner une loi «alors en vigueur» et ne peut avoir de caractère général. Le paragraphe 2 vise à garantir que les Etats qui formulent une réserve à la Convention européenne fournissent les informations suffisantes pour que la Commission et la Cour puissent en évaluer la légitimité. Les organes de la Convention ont examiné le fonctionnement de cette disposition dans le contexte d'une réserve suisse à l'article 6 par. 3 c) et e):

> Le Conseil fédéral suisse déclare interpréter la garantie de la gratuité de l'assistance d'un avocat d'office et d'un interprète figurant à l'article 6, paragraphe 3, lettres c et e, de la Convention comme ne libérant pas définitivement le bénéficiaire du paiement des frais qui en résultent.

Dans l'affaire Temeltasch, un tribunal suisse a acquitté au pénal un ressortissant néerlandais d'origine turque. Les autorités lui ont réclamé ensuite le remboursement du coût estimé des services d'un interprète au cours du procès, en invoquant la déclaration interprétative ci-dessus. Le requérant a fait valoir devant la Commission que des droits au titre de l'article 6 par. 3 de la Convention avaient été violés, en partie au motif que la déclaration interprétative n'avait pas respecté les exigences de forme de l'article 64 par. 2 puisqu'elle ne comportait pas un bref exposé de la loi en cause. Le gouvernement a répondu en faisant observer que sa structure fédérale excluait la possibilité d'un quelconque «bref exposé de la loi en cause». La Commission a estimé que le moyen du gouvernement n'était pas très probant, mais a procédé à l'examen de la question exclusivement sur la base du second aspect de la condition formulée à l'article 64: l'interdiction des réserves de caractère général:

> [I]l est essentiel de tenir compte de l'étendue de la disposition de la Convention dont l'Etat entend écarter l'application par une réserve ou une déclaration interprétative. En effet, l'utilité d'inclure un exposé de la loi est bien plus grande lorsqu'il s'agit d'une disposition de la Convention de portée très large, comme par exemple l'article 10, que lorsqu'il s'agit d'une disposition d'une portée plus limitée comme par exemple, l'article 6, paragraphe 3 (e)...
>
> Dans le cas de l'espèce, toutefois, la déclaration interprétative de la Suisse se réfère à une disposition – l'article 6, paragraphe 3 (e) – qui établit un principe bien déterminé: la gratuité de l'interprète... [L]es termes mêmes de la déclaration interprétative suffisaient pour que le

23. Arrêt Belilos du 29 avril 1988, Série A n° 132, p. 26, par. 55.

24. Lettre du 16 mai 1988 du gouvernement suisse au Secrétaire Général du Conseil de l'Europe.

requérant ou son avocat se rendent compte que le principe de la gratuité de l'interprète n'était pas, en tant que tel, opposable à la Suisse[25].

La Commission a exprimé l'avis que la déclaration interprétative de la Suisse produisait «les effets juridiques d'une réserve valablement émise», et que, dès lors, il n'y avait pas eu violation de l'article 6, paragraphe 3 (e).

L'article 64 de la Convention européenne ne prévoit pas que d'autres Parties Contractantes affectent le fonctionnement des réserves d'une Partie donnée en les acceptant ou en formulant des objections à leur encontre. Cette situation est conforme au statut d'instrument du droit international des droits de l'homme qui caractérise la Convention, avec son absence d'engagements réciproques, son caractère objectif et son instauration d'un système autonome de contrôle. Dans certains cas, toutefois, des Etats ont réagi formellement à une réserve formulée par un autre Etat. Par exemple, le Portugal a formulé la réserve suivante à propos de l'article premier du Protocole additionnel (Protocole n° 1), qui prévoit la jouissance paisible des biens:

> L'article 1 du Protocole additionnel ne sera appliqué que dans les limites de l'article 82 de la Constitution de la République portugaise qui détermine que l'expropriation des possesseurs de *latifundia* et des grands propriétaires, chefs d'entreprise ou actionnaires, pourrait ne donner lieu à aucune indemnisation dans les termes à déterminer par la loi[26].

Les gouvernements de la France, de la République fédérale d'Allemagne et du Royaume-Uni ont chacun soumis des déclarations observant que la réserve proposée ne pouvait affecter les principes généraux de droit international qui exigent un dédommagement rapide, suffisant et effectif pour l'expropriation de biens étrangers.

25. Temeltasch c/ Suisse, Rapport Comm. 5.5.82, par. 90 et 91, D.R. 31 p. 121 (134-135).

26. Lettre du 8 novembre 1978 du représentant permanent du Portugal au Secrétaire Général du Conseil de l'Europe.

Les organes de contrôle institués par la Convention

L'article 19 de la Convention européenne des Droits de l'Homme[1] prescrit l'institution d'une Commission et d'une Cour «afin d'assurer le respect des engagements résultant pour les Hautes Parties contractantes de la présente Convention». L'article 19 pourrait toutefois être trompeur s'il était lu isolément. Les pouvoirs de la Commission et de la Cour sont limités. En outre, elles n'œuvrent pas dans le vide. D'autres dispositions de la Convention confient des parties de la tâche à l'organisation mère, les organes créés en application du Statut du Conseil de l'Europe exerçant plusieurs fonctions liées au contrôle du respect, par les Etats parties, de leurs obligations résultant de la Convention. Ces organes du Conseil de l'Europe sont chargés d'instituer la Commission et la Cour, de les entretenir et de leur permettre d'exercer leurs fonctions. En outre, ils participent au fonctionnement concret du système de contrôle lui-même et sont le fruit d'un compromis entre le souhait de créer un mécanisme judiciaire international indépendant pour l'application des droits de l'homme, et le souhait des gouvernements des Etats membres du Conseil de l'Europe de garder un certain contrôle politique sur le fonctionnement de ce mécanisme. C'est ainsi qu'initialement, le système de la Convention devait laisser au Comité des Ministres (composé des ministres des Affaires étrangères de l'ensemble des Etats membres du Conseil de l'Europe) de larges prérogatives en matière de décision sur le bien-fondé des recours introduits au titre de la Convention européenne des Droits de l'Homme, à moins que l'Etat partie ou les Etats parties en cause ne décident d'avoir recours à la juridiction optionnelle de la Cour européenne des Droits de l'Homme. Il s'ensuit que les organes décisionnels et administratifs du Conseil de l'Europe, comprenant le Comité des Ministres et le Secrétaire Général, ont des rôles à jouer dans le mécanisme de contrôle de la Convention, parallèlement à celui que jouent la Commission et la Cour européennes des Droits de l'Homme.

L'article 59 de la Convention européenne énonce que les membres de la Commission et de la Cour jouissent, pendant l'exercice de leurs fonctions, des privilèges et immunités prévus à l'article 40 du Statut du Conseil de l'Europe et dans les Accords conclus en vertu de cet article. Les privilèges et immunités conférés à tous les agents du Conseil de l'Europe et à l'organisation elle-même sont énoncés dans l'Accord général sur les privilèges et immunités du Conseil de l'Europe, signé à Paris le 2 septembre 1949 et entré en vigueur le

1. A partir de l'entrée en vigueur du Protocole n° 11 à la Convention européenne, la numérotation de certains articles de la Convention sera modifiée. De même, dès la ratification du Protocole n° 9 par l'ensemble des Etats membres, certains numéros seront modifiés. La numérotation indiquée dans le texte est celle qui a cours à l'automne de 1995.

10 septembre 1952. Depuis lors, trois protocoles additionnels ont été élaborés concernant la protection à accorder aux membres de la Commission européenne des Droits de l'Homme (Protocole n° 2), les juges de la Cour européenne des Droits de l'Homme (Protocole n° 4) et ces deux catégories de personnes (Protocole n° 5). Ces protocoles additionnels ont été jugés nécessaires, compte tenu des fonctions internationales des membres de la Commission et de la Cour et de la nécessité de garantir leur indépendance dans l'exercice de leurs fonctions. Le texte des protocoles précise certains des privilèges et immunités jugés nécessaires au fonctionnement correct des tâches d'un membre de la Commission, à savoir: l'immunité d'arrestation et de détention ainsi que de la saisie de ses effets personnels, et l'inviolabilité de tous papiers et documents. Etant donné que les membres de la Commission et de la Cour n'ont pas leur résidence habituelle au siège de l'organisation mais se déplacent souvent pour les besoins de leur travail, ils sont également protégés contre toute restriction de leur liberté de mouvement. Enfin, le gouvernement du pays auquel appartient un membre doit lui accorder les même facilités que celles qu'il accorde aux hauts fonctionnaires voyageant à l'étranger en mission officielle temporaire et exiger des autres Etats membres qu'ils accordent les mêmes facilités que celles octroyées aux représentants d'un gouvernement étranger en mission officielle temporaire.

Bien que les langues officielles du Conseil de l'Europe et, partant, les langues de travail de la Commission européenne et de la Cour des Droits de l'Homme soient le français et l'anglais, leurs règlements respectifs prévoient que l'un ou l'autre de ces organes peut autoriser les parties à utiliser une autre langue dans les procédures écrites ou orales. Les demandes de soumission de documents écrits dans une langue tierce sont approuvées d'office au titre de l'article 27 du règlement de la Cour ou de l'article 30 du règlement intérieur de la Commission, mais il est plus difficile pour ces deux organes d'accéder aux demandes de plaidoirie dans une langue tierce dans la mesure où il peut s'avérer difficile d'obtenir des services d'interprétation suffisants.

La Commission européenne des Droits de l'Homme

La composition de la Commission est fixée par l'article 20 de la Convention qui énonce que le nombre de membres est égal à celui des Hautes Parties contractantes. La Commission ne peut comprendre plus d'un ressortissant du même Etat[2]. La relation entre le nombre de membres et le nombre de Parties contractantes ne modifie en rien la nature de la Commission, qui est un organe composé de personnes qui ne représentent pas des Etats (article 23). Cela implique que ses membres doivent être indépendants et ne peuvent faire du démarchage pour le compte de leur gouvernement, recevoir leurs instructions de ceux-ci ou leur être subordonnés en aucune façon.

Le mandat des membres de la Commission a une durée fixe de 6 ans. La procédure à suivre pour leur élection, énoncée à l'article 21 par. 1, se compose de trois étapes:

1. Chaque groupe de représentants des Hautes Parties contractantes à l'Assemblée parlementaire présente trois candidats dont deux au moins seront de sa nationalité.

2. Lorsqu'il a reçu les candidatures, le Bureau de l'Assemblée dresse une liste à soumettre au Comité des Ministres.

2. Article 38 CEDH.

3. Le Comité des Ministres élit les membres de la Commission à la majorité absolue des voix.

L'article 21 par. 2 rend la même procédure applicable au cas où d'autres Etats deviendraient ultérieurement Parties à la Convention et pour pourvoir aux sièges devenus vacants. L'article 21 par. 3 prévoit que les candidats «devront jouir de la plus haute considération morale» et «réunir les conditions requises pour l'exercice de hautes fonctions judiciaires».

L'article 22 spécifie que les membres dont les fonctions prennent fin peuvent être réélus sans limitation de nombre de mandats successifs. La plupart des membres qui souhaitaient poursuivre leur service ont été réélus sans difficulté. Lorsqu'un membre de la Commission n'est pas en mesure d'achever le terme du mandat pour lequel il a été élu et qu'il y a lieu de pourvoir à son remplacement, l'article 22 par. 5 prévoit l'élection du remplaçant, qui achève alors le terme du mandat de son prédécesseur, afin d'assurer que les renouvellements aient lieu à intervalles réguliers. Enfin, le paragraphe 6 de ce même article énonce deux règles qui s'appliquent également à d'autres organes internationaux: les membres de la Commission restent en fonction jusqu'à leur remplacement, et les membres de la Commission dont le terme du mandat est achevé continuent de connaître des affaires dont ils sont déjà saisis. Ces deux dispositions ont pour but d'assurer la continuité du travail de la Commission.

L'article 15 du règlement fixe le siège de la Commission à Strasbourg. Toutefois, la Commission peut décider qu'il est nécessaire qu'une enquête ou une autre quelconque de ses fonctions soit effectuée ailleurs, soit par elle-même, soit par un ou plusieurs de ses membres. La Commission a, au titre de cette disposition, chargé plusieurs fois certains de ses membres de mener une enquête ou une inspection, en particulier lorsqu'il était nécessaire de se faire une idée de certaines situations factuelles alléguées par un requérant. L'article 35 stipule que la Commission se réunit lorsque les circonstances l'exigent. En pratique, compte tenu du nombre important de requêtes, on escompte que les membres de la Commission soient disponibles pendant 16 semaines pour les sessions à Strasbourg et pendant 16 autres semaines pour le travail préparatoire relatif aux affaires dont ils sont saisis. Les sessions de la Commission ne sont pas publiques. Elles sont dirigées par le Président qui, compte tenu du caractère non permanent de la Commission, se voit également attribuer d'autres tâches par le règlement de la Commission, pendant les périodes où celle-ci ne siège pas.

Depuis l'entrée en vigueur, en 1990, du Protocole n° 8, des chambres de la Commission (composées de sept personnes chacune) ont été créées qui exercent les pouvoirs de la Commission plénière pour les différentes requêtes qui peuvent être traitées sur la base de la jurisprudence établie ou qui ne posent pas de problèmes importants d'interprétation ou d'application de la Convention. Une chambre peut à tout moment se dessaisir au profit de la Commission plénière. L'article premier de ce Protocole permet également la mise en place de comités composés de trois membres au moins, qui ont compétence pour déclarer recevable, à l'unanimité, ou pour rayer du rôle une requête introduite au titre de l'article 25, lorsque cette décision peut être prise sans examen plus détaillé.

Le Secrétariat de la Commission européenne des Droits de l'Homme

Le Secrétariat de la Commission européenne des Droits de l'Homme se compose de juristes et de collaborateurs administratifs recrutés auprès des différents Etats membres du Conseil de l'Europe. Le personnel est employé par le Conseil de l'Europe et bénéficie du statut des fonctionnaires internationaux. Les fonctions du Secrétariat consistent à aider la Commission et ses membres dans l'accomplissement de leurs obligations, à servir de relais pour toute communication destinée aux Parties et à assurer la garde des archives de la Commission. Parallèlement à ces tâches prescrites, le Secrétariat joue un rôle important dans l'établissement et le suivi des dossiers de demande d'adhésion. Le Secrétariat est dirigé par le Secrétaire et le Secrétaire-adjoint de la Commission.

La Cour européenne des Droits de l'Homme

Le nombre de membres de la Cour européenne des Droits de l'Homme est égal à celui des Etats membres du Conseil de l'Europe. Comme la Commission, la Cour ne peut compter plus d'un ressortissant par Etat. Outre la condition que deux au moins des candidats proposés par un Etat comptent parmi ses ressortissants, l'article 39 par. 3 stipule que, compte tenu des fonctions judiciaires exercées par la Cour, les candidats «devront jouir de la plus haute considération morale et réunir les conditions requises pour l'exercice de hautes fonctions judiciaires ou être des jurisconsultes possédant une compétence notoire».

La Cour, contrairement à la Commission, comprend des juges pouvant provenir d'Etats qui n'ont pas encore ratifié la Convention. Après l'adhésion du Liechtenstein au Conseil de l'Europe, ce pays a jugé qu'il ne pouvait désigner ni un de ses ressortissants, ni un ressortissant des pays avec lesquels il entretenait les liens les plus étroits (l'Autriche et la Suisse), compte tenu de la limitation de nationalité imposée par l'article 38. Le Liechtenstein a, dès lors, placé en tête de la liste des candidats un juriste canadien qui est aujourd'hui membre de la Cour.

La procédure d'élection des juges à la Cour diffère à certains égards de celle prévue pour la Commission. Les membres de la Cour sont élus par l'Assemblée parlementaire à la majorité des voix parmi une liste de candidats soumise par l'Etat membre du Conseil. Les élections à la Cour se font au scrutin secret. Au moment de la première élection des juges, le point a été soulevé de savoir si la majorité requise par la disposition en cause était une majorité «absolue» ou «relative». C'est l'Assemblée elle-même qui a décidé que les candidats devaient obtenir la majorité absolue des voix lors de leur première élection et la majorité relative lors de leur deuxième élection.

Le terme du mandat des juges de la Cour est fixé à 9 ans. L'article 40 par. 5 prévoit qu'un membre de la Cour élu en remplacement d'un membre dont le mandat n'est pas expiré achève le terme du mandat de son prédécesseur. Les membres de la Cour restent en fonction jusqu'à leur remplacement. Après ce remplacement, ils continuent de connaître des affaires dont ils sont déjà saisis (article 40 par. 6). Comme pour la Commission, les mandats des juges de la Cour sont échelonnés dans le temps.

Bien que la Convention soit entrée en vigueur le 3 septembre 1953, la première élection constitutive de la Cour n'a eu lieu qu'en 1959 puisque, en vertu de l'article 56, l'élection ne pouvait intervenir qu'après que huit Hautes Parties contractantes eurent opté pour reconnaître la juridiction de la Cour, conformément à l'article 46. Le 3 septembre 1958, l'Autriche est devenue le huitième Etat à faire une déclaration au titre de cet article.

Il n'existe pas, dans la Convention, de règle concernant l'incompatibilité de certaines charges avec la fonction de juge, bien que la Cour ait estimé opportun d'inclure dans son règlement une disposition selon laquelle:

> [U]n juge ne peut exercer ses fonctions aussi longtemps qu'il est membre d'un gouvernement ou qu'il occupe un poste ou exerce une profession incompatibles avec l'indépendance et l'impartialité du juge. En cas de besoin, la Cour plénière décide[3].

Techniquement, la Cour est réunie chaque fois qu'elle est saisie d'une affaire et au moins une fois par an. En réalité, la Cour se réunit annuellement environ le même nombre de jours que la Commission. La plupart des affaires sont examinées par des Chambres composées de neuf juges. Lorsqu'une affaire particulière soulève des questions graves d'interprétation de la Convention, une Chambre peut toutefois se dessaisir au profit d'une Grande Chambre composée de dix-neuf juges qui, à leur tour, peuvent ordonner le renvoi devant la Cour plénière (article 51 du règlement de la Cour). Dans les cas où une question a été renvoyée devant une Grande Chambre ou devant la Cour plénière, l'organe devant lequel l'affaire est déférée peut soit statuer uniquement sur la question qui a donné lieu au dessaisissement, soit garder la connaissance entière de l'affaire. Le quorum pour la Cour plénière est de deux tiers des juges (article 17 du règlement). Dix-sept juges constituent un quorum pour une Grande Chambre (article 51 par. 3 du règlement). Tout juge qui possède la nationalité d'un Etat partie ainsi que le président ou (lorsque le président est empêché ou siège en sa qualité de ressortissant d'un Etat partie) le vice-président de la Cour siègent en tant que membres d'office des Chambres ou des Grandes Chambres. Si, pour une raison quelconque, un ou plusieurs juges qui sont des ressortissants de la Partie ou des Parties en cause sont empêchés de participer dans une affaire précise, le gouvernement de l'Etat ou des Etats en cause peut désigner un suppléant.

Le Comité des Ministres du Conseil de l'Europe

Le Comité des Ministres, contrairement à la Commission et à la Cour, n'a pas été institué parallèlement à l'adoption de la Convention européenne. Le Comité est l'organe décisionnel et exécutif du Conseil de l'Europe. Conformément au Statut du Conseil de l'Europe, le Comité des Ministres se compose de tous les ministres des Affaires étrangères des Etats membres du Conseil. Il s'ensuit que, contrairement aux membres de la Commission et de la Cour européennes des Droits de l'Homme, les membres du Comité des Ministres siègent en leur capacité de représentants des gouvernements et non d'experts des droits de l'homme. Les ministres se réunissent deux fois par an à Strasbourg. Pendant les périodes qui séparent les réunions, leur travail est délégué à des hauts fonctionnaires ainsi que, généralement, à des représentants permanents de leurs gouvernements auprès du Conseil de l'Europe. Conformément à l'article 14 du règlement du Comité des Ministres, chaque représentant au Comité désigne un suppléant. Selon les circonstances de l'affaire, les suppléants peuvent exercer, par rapport à la Convention européenne, les mêmes pouvoirs que les ministres eux-mêmes. L'article 2 par. 3 du règlement du Comité des Ministres précise toutefois qu'ils ne sont pas habilités à prendre des décisions sur des affaires dont l'un ou plusieurs d'entre eux estime qu'elle a des conséquences politiques. Les séances du Comité ne sont pas publiques.

Il va de soi que le Comité des Ministres exerce un large éventail de fonctions au sein du Conseil de l'Europe dans son ensemble et que, par conséquent, une partie seulement de

3. Article 4 du règlement de la Cour, entré en vigueur le 1er février 1994 (ci-après: «règlement de la Cour»).

son travail concerne directement le fonctionnement de la Convention européenne des Droits de l'Homme. Il exerce cependant d'autres fonctions qui affectent indirectement le fonctionnement de la Convention. Par exemple, le Comité des Ministres est chargé de l'approbation du budget du Conseil de l'Europe, y compris des dépenses requises par le fonctionnement des organes de la Convention. Le Comité élit, par ailleurs, les membres de la Commission européenne des Droits de l'Homme et fixe l'indemnité à payer aux juges de la Cour européenne des Droits de l'Homme[4].

Une des compétences spécifiques qu'exerce le Comité des Ministres par rapport aux questions liées aux droits de l'homme découle directement de l'article 8 du Statut du Conseil de l'Europe. Cet article impose au Comité de contrôler le respect de l'obligation contenue dans l'article 3 du Statut, à savoir que tout membre du Conseil de l'Europe «reconnaît le principe de la prééminence du droit et le principe en vertu duquel toute personne placée sous sa juridiction doit jouir des droits de l'homme et des libertés fondamentales.»

La compétence du Comité des Ministres est, d'une certaine manière, une compétence alternative en ce sens qu'il prend sa propre décision quant à l'existence ou non d'une violation de la Convention européenne des Droits de l'Homme lorsque l'Etat en cause dans une affaire n'a pas reconnu la juridiction de la Cour ou dans tous les cas où la Cour n'a été saisie ni par la Commission, ni par une Haute Partie contractante valable ni, pour ce qui concerne les Etats pour lesquels le Protocole n° 9 est entré en vigueur, par la personne physique, l'organisation non gouvernementale ou le groupe de particuliers qui a saisi la Commission. Cette compétence quasi judiciaire conférée au Comité des Ministres peut parfois entrer en conflit avec la composition typiquement politique de cet organe. Toutefois, étant donné que les auteurs de la Convention ont prévu la possibilité de reconnaître la juridiction de la Cour, ils ont été contraints de prévoir un moyen alternatif de conclure toute procédure entamée par l'introduction d'une requête auprès de la Commission européenne des Droits de l'Homme. La seule solution acceptable pour les Etats membres qui ont refusé de reconnaître la juridiction de la Cour était la voie politique du Comité des Ministres.

Bien que la possibilité existe d'une étroite implication du Comité des Ministres dans la mise en œuvre de la Convention européenne des Droits de l'Homme, le Comité décide rarement de poursuivre une affaire d'office. Aux premiers temps de la Convention, le Comité des Ministres jouait un rôle beaucoup plus actif qu'aujourd'hui, en partie parce que la reconnaissance de la juridiction de la Cour se heurtait, comme signalé ci-dessus, à beaucoup d'hésitations, en partie parce que la Commission elle-même était peu encline à déférer les affaires à la Cour. Aujourd'hui, toutefois, le Comité des Ministres ne joue pas souvent un rôle actif dans le traitement d'une affaire et, dans la quasi-totalité des cas, il suit les conclusions du rapport de la Commission. Le Comité des Ministres est compétent pour contrôler l'exécution des arrêts de la Cour mais n'a pas le pouvoir d'influer sur le contenu de ces arrêts, de déroger à leur caractère contraignant ou d'affecter celui-ci d'aucune manière.

Le Secrétaire Général du Conseil de l'Europe

Le Secrétaire Général, outre sa fonction de dépositaire, est également chargé de transmettre certaines informations à toutes les Hautes Parties contractantes à la Convention, bien que

4. Articles 21 et 42 CEDH.

cette responsabilité varie d'un article à l'autre. L'article 66 prévoit que le Secrétaire Général informe les Etats membres du Conseil de l'Europe des noms des Etats qui ratifient la Convention. Bien que l'article 64 ne lui impose pas l'obligation d'informer les Hautes Parties contractantes des réserves d'un Etat, il est tenu de le faire en vertu des dispositions parallèles des Protocoles n°s 2, 6, 7 et 8. Le Secrétaire Général est tenu de transmettre des copies des déclarations faites par les Etats au titre de l'article 25 (acceptation du droit de requête pour les particuliers) et de l'article 46 (reconnaissance de la juridiction de la Cour européenne des Droits de l'Homme) à toutes les Hautes Parties contractantes, et de les informer de toute dénonciation de la Convention européenne des Droits de l'Homme par un Etat en vertu de l'article 65. L'article 15 n'impose au Secrétaire Général aucune obligation d'informer les autres Hautes Parties contractantes soit de l'existence d'une dérogation, soit de ses conditions.

Outre ces fonctions de dépositaire et, dans certains cas, de point de transit des informations échangées entre les Hautes Parties contractantes à la Convention, le Secrétaire Général exerce d'autres fonctions plus directes de contrôle de la Convention. L'article 57, par exemple, permet au Secrétaire Général de demander à toute Haute Partie contractante de fournir «les explications requises sur la manière dont son droit interne assure l'application effective de toutes les dispositions de cette Convention». Bien qu'à première vue, la formulation de cet article puisse sembler quelque peu agressive, en réalité, ce n'est qu'occasionnellement que le Secrétaire Général demande ces explications et, lorsqu'il le fait, il les demande sur une même question à toutes les Hautes Parties contractantes plutôt qu'à un seul Etat. Il importa également d'observer que l'article 57 ne confère pas au Secrétaire Général le pouvoir de prendre des mesures sur base des informations reçues d'une Haute Partie contractante.

Les mécanismes de contrôle prévus par la Convention européenne des Droits de l'Homme

Comme observé ci-dessus, l'article 19 de la Convention européenne des Droits de l'Homme énonce que la première tâche de la Commission et de la Cour européennes des Droits de l'Homme est «d'assurer le respect des engagements» souscrits par les Hautes Parties contractantes. Ni la Commission ni la Cour ne peuvent agir de leur propre initiative pour examiner la situation des droits de l'homme dans un pays donné. L'initiative du lancement du mécanisme international de contrôle appartient aux personnes ou aux Hautes Parties contractantes à la Convention. La Convention établit une distinction entre, d'une part, le droit de recours des Etats et, d'autre part, celui des particuliers.

Requêtes interétatiques

Lorsqu'il ratifie la Convention européenne des Droits de l'Homme, un Etat reconnaît automatiquement que la Commission européenne des Droits de l'Homme est compétente pour connaître des recours interétatiques introduits au titre de l'article 24, libellé comme suit:

> Toute Partie contractante peut saisir la Commission, par l'intermédiaire du Secrétaire Général du Conseil de l'Europe, de tout manquement aux dispositions de la présente Convention qu'elle croira pouvoir être imputé à une autre Partie contractante.

Ce droit est différent de la «protection diplomatique», en vertu de laquelle un Etat peut introduire un recours contre un autre Etat uniquement si l'Etat requérant est lui-même la victime directe de la violation alléguée ou lorsqu'il prend en charge l'affaire d'un de ses ressortissants qu'il juge victime d'un traitement contraire aux règles du droit international, infligé par l'autre Etat. La Convention européenne des Droits de l'Homme prévoit qu'un Etat peut également introduire un recours qui concerne des violations commises à l'encontre de non-ressortissants d'un des Etats contractants, voire même des violations dont sont victimes des ressortissants de l'Etat défendeur. A cet égard, le droit de recours interétatiques ressemble à une «*actio popularis*».

Il n'est pas nécessaire, dans les requêtes entre deux Etats, que l'un de ceux-ci se déclare «victime» et, dès lors, la Commission dispose d'une large compétence *ratione personae* au titre de l'article 24. L'expression «manquement imputé» utilisée à l'article 24 met l'accent sur le fait que la Convention impose aux Etats parties l'obligation unilatérale de garantir les droits et libertés de toutes les personnes qui ressortissent à leur juridiction. La Commission a déclaré, dans le recours interétatique de l'Autriche contre l'Italie:

> [L]es obligations souscrites par les Etats contractants dans la Convention ont essentiellement un caractère objectif, du fait qu'elles visent à protéger les droits fondamentaux des particuliers contre les empiétements des Etats contractants, plutôt qu'à créer des droits subjectifs et réciproques entre ces derniers[1].

Dans les cas où un Etat se plaint de la législation ou des pratiques administratives d'une autre Partie contractante, l'Etat requérant n'est même pas tenu de déclarer qu'il existe des victimes précises des violations alléguées. Dans ce cas, toute violation alléguée des droits garantis est un motif suffisant de recours. Dans l'affaire Irlande c/ Royaume-Uni, la Cour a déclaré que, dans les requêtes interétatiques:

> [U]ne législation entraîne par sa seule existence pareil «manquement» si elle introduit, commande ou autorise des mesures incompatibles avec les droits et libertés protégés....
>
> Les organes de la Convention ne peuvent pourtant découvrir un manquement de ce genre que si la législation attaquée en vertu de l'article 24 use de termes assez clairs et précis pour le vérifier d'emblée; dans le cas contraire, ils doivent statuer en fonction de la manière dont l'Etat défendeur interprète et applique *in concreto* le ou les textes incriminés[2].

En 1956, la Grèce s'est plainte à deux reprises du comportement du Royaume-Uni à Chypre qui, à l'époque, était placée sous administration britannique. Ces trois recours se fondaient sur l'interdiction de la torture et des peines ou traitements inhumains ou dégradants (article 3). Un règlement politique a pu être obtenu dans ces affaires, de sorte que le Comité des Ministres, sur proposition conjointe des gouvernements de la Grèce et du Royaume-Uni, a décidé que l'affaire pouvait être classée[3].

En 1960, l'Autriche a introduit un recours contre l'Italie concernant le déroulement des faits de la procédure contre des activistes du Tyrol du Sud. Le gouvernement autrichien se plaignait d'irrégularités dans la procédure qui, soutenait-il, avaient violé le principe du procès équitable (article 6). Dans son rapport, la Commission a estimé qu'il n'y avait pas eu de violation, avis qui fut entériné par le Comité des Ministres[4]. En 1972, l'Irlande a introduit un recours contre le Royaume-Uni au sujet des activités de l'armée et de la police en Ulster. L'Irlande faisait valoir des violations de plusieurs dispositions de la Convention. L'essentiel des griefs concernait les techniques d'interrogatoire utilisées par l'armée et la police. La Commission, dans son rapport très détaillé, a formulé l'avis que ces techniques constituaient une violation de l'interdiction de la torture (article 3)[5]. L'affaire fut finalement déférée à la Cour qui a jugé qu'il y avait violation de l'article 3 bien que, selon elle, le traitement en question ne constituât pas une torture mais bien un traitement inhumain[6].

De 1974 à 1978, la République de Chypre a introduit trois recours contre la Turquie suite à l'invasion de Chypre par ce pays. La Commission, dans son rapport détaillé, a estimé qu'il y avait eu diverses violations de la Convention, notamment violation du droit au respect

1. N° 788/60, Déc. 11.1.61, Annuaire 4 p. 117 (138-140).

2. Irlande c/ Royaume-Uni, arrêt du 18 janvier 1978, Série A n° 25, p. 91, par. 240.

3. Résolution du Comité des Ministres, du 20 avril 1959, (59) 12, Annuaire 2 p. 187.

4. Résolution du Comité des Ministres, du 23 octobre 1963, (63) DH 3, Annuaire 6 p. 797.

5. Irlande c/ Royaume-Uni, Rapport Comm. 25.1.76, Cour eur. D.H., Série B. n° 23 I-III.

6. Irlande c/ Royaume-Uni, arrêt du 18 janvier 1978, Série A n° 25.

de la vie familiale (article 8), violation du droit à la liberté (article 5), violation du droit à la vie (article 2) et violation de l'interdiction de la torture ou des peines ou traitements inhumains ou dégradants. Puisque, dans cette affaire, aucun règlement n'était possible et que la Turquie n'avait pas reconnu la juridiction de la Cour, le Comité des Ministres a dû finalement trancher l'affaire. Il l'a fait d'une manière insatisfaisante, tout en demandant à la Turquie de prendre des mesures visant à mettre fin aux violations et en invitant instamment les parties «à reprendre les pourparlers entre communautés». Lorsque le Comité a repris l'affaire deux ans plus tard, il a constaté avec regret que sa demande de reprise des négociations entre Chypre et la Turquie était restée sans suite et a décidé alors «d'inviter instamment les parties à reprendre les discussions entre communautés sous les auspices du Secrétaire Général des Nations Unies, en vue de convenir de solutions sur tous les aspects du conflit», et a estimé que «cette décision complète ses réflexions dans l'affaire Chypre c/ Turquie»[7]. Dans ces recours interétatiques, les Etats requérants avaient un certain intérêt. Soit ces recours concernaient des situations dans lesquelles l'Etat défendeur se voyait imputer des violations des droits des ressortissants de l'Etat requérant, soit ils présentaient un lien particulier avec des citoyens des Etats défendeurs.

A ce jour, deux recours interétatiques seulement ont eu trait à des situations dans lesquelles on pouvait dire que les Etats requérants n'avaient pas d'intérêt particulier à introduire le recours. En 1967, les pays scandinaves et les Pays-Bas ont introduit deux fois un recours contre la Grèce à propos de la situation dans ce pays après le coup d'Etat des colonels en 1969. Bien que la Grèce eût dénoncé la Convention et se fût retirée du Conseil de l'Europe alors que la Commission examinait l'affaire, la Commission a estimé que ces actions ne devaient pas mettre fin à ses enquêtes concernant la situation dans ce pays[8]. Dans son rapport, la Commission a estimé qu'il y avait eu diverses violations de la Convention, notamment des cas de torture[9]. En 1982, les pays scandinaves, la France et les Pays-Bas ont introduit un recours contre la Turquie concernant la situation sous le régime militaire. L'affaire s'est terminée par un règlement amiable par lequel le gouvernement turc convenait notamment de faire régulièrement rapport à la Commission européenne sur la mesure dans laquelle le droit et la pratique internes de la Turquie assuraient l'application effective de l'article 3[10].

Il est clair que la réalité politique confère à une requête au titre de l'article 24 une connotation hostile. Il s'ensuit que la Commission n'a eu à examiner qu'un nombre très réduit de requêtes interétatiques. Pour l'heure, dix-huit requêtes de ce type seulement ont été introduites à Strasbourg. Si on procède à un examen critique du recours interétatique au regard du nombre de violations qui ont eu lieu, on pourrait dire que ce mécanisme ne s'est pas avéré très efficace, bien que le recours interétatique introduit au titre de la Convention diffère de la règle traditionnelle du droit international selon laquelle un Etat ne peut agir que pour autant qu'un intérêt qui lui est propre soit en jeu. En insistant sur l'existence d'un

7. Résolution du Comité des Ministres, du 20 janvier 1979, DH (79) 1, Annuaire 22 p. 441.

8. L'article 65 par. 2 prévoit qu'une dénonciation de la Convention ne peut avoir pour effet de délier la Haute Partie contractante intéressée de ses obligations au titre de la Convention en ce qui concerne tout fait qui, pouvant constituer une violation de ces obligations, aurait été accompli par elle antérieurement à la date à laquelle la dénonciation produit effet.

9. Affaire grecque, Rapport Comm. 5.11.69, Annuaire 12, pp. 503-505.

10. France, Norvège, Danemark, Suède, Pays-Bas c/ Turquie, Rapport Comm. 7.12.85, par. 39, D.R. 44 p. 31 (50).

intérêt, chaque Etat partie peut revendiquer une garantie générale des droits et libertés dans tous les autres Etats parties. Hormis les cas décrits ci-dessus, les Etats se sont toutefois montrés très hésitants à recourir au moyen de réparation offert par le mécanisme du recours interétatique.

Requêtes individuelles

L'article 25 de la Convention européenne des Droits de l'Homme permet aux Etats de reconnaître la compétence de la Commission européenne des Droits de l'Homme en matière de requêtes introduite par des particuliers. Conformément à l'esprit de l'article premier de la Convention, si un Etat reconnaît librement cette compétence, celle-ci est garantie à toute personne qui relève de la juridiction de cet Etat partie: ce droit ne peut être limité aux ressortissants, voire aux personnes qui ont leur résidence légale dans cet Etat.

Bien que le droit d'introduction de requêtes par des particuliers soit optionnel, contrairement à la compétence établie par l'article 24 en ce qui concerne les requêtes interétatiques, il n'en constitue pas moins la partie la plus essentielle du système de contrôle établi par la Convention, puisqu'il représente un des moyens les plus efficaces de protéger les droits de l'home au niveau international. A l'heure actuelle, toutes les Hautes Parties contractantes à la Convention ont reconnu le droit d'introduction de recours pour les particuliers conformément à l'article 25 ou ont exprimé leur intention de le faire à bref délai. Le passage clé de l'article 25, à savoir le paragraphe 1, énonce ce qui suit:

> La Commission peut être saisie d'une requête adressée au Secrétaire Général du Conseil de l'Europe par toute personne physique, toute organisation non gouvernementale ou tout groupe de particuliers, qui se prétend victime d'une violation par l'une des Hautes Parties contractantes des droits reconnus dans la présente Convention, dans le cas où la Haute Partie contractante mise en cause a déclaré reconnaître la compétence de la Commission dans cette matière. Les Hautes Parties contractantes ayant souscrit une telle déclaration s'engagent à n'entraver par aucune mesure l'exercice efficace de ce droit.

Une déclaration au titre de l'article 25 peut se faire pour une durée indéterminée mais, dans la plupart des cas, elle est faite pour une période limitée. Pour l'instant, seuls la Finlande, l'Islande, l'Irlande, les Pays-Bas et la Suisse ont reconnu sans condition le droit de recours pour les particuliers, prévu par l'article 25. La protection offerte par la Convention s'applique uniquement à la relation entre le citoyen et les autorités (au sens le plus large). Il s'ensuit qu'une requête introduite par un particulier ne peut concerner qu'une violation alléguée commise par les autorités. Elle ne peut avoir pour objet des actes posés par des personnes privées (professionnels des soins de santé, avocats, etc) lorsque l'Etat concerné ne peut être tenu pour responsable de ces actes. La Commission déclarera ce type de recours irrecevables *ratione personae.*

Locus standi dans le cadre de l'article 25 de la Convention européenne des Droits de l'Homme

La Convention européenne des Droits de l'Homme n'adopte pas la distinction que l'on trouve en droit civil en ce qui concerne la notion de «personne», qui implique la capacité juridique. C'est ainsi qu'en théorie, l'article 25 concerne également les mineurs d'âge, les malades mentaux, les handicapés et les détenus. Le caractère global de cette disposition est renforcé par la formulation de l'article 14, qui interdit toute distinction fondée sur l'origine nationale ou sociale, le sexe, la couleur et autres motifs similaires. Rien, dans l'article 25, ne s'oppose à ce que des «personnes morales», notamment des entreprises, saisissent la Commission[11].

La deuxième catégorie de requérants potentiels, les «organisations non gouvernementales», peut inclure des entités aussi variées que les journaux et les syndicats[12]. Pour qu'elle relève de la définition visée à l'article 25, une organisation non gouvernementale doit être privée plutôt que publique. Les autorités locales ou autres organes autonomes ou semi-autonomes ne tombent pas dans cette catégorie[13]. La Commission et la Cour déterminent elles-mêmes le statut d'organisation non gouvernementale d'un requérant et n'acceptent pas d'emblée les déclarations d'un gouvernement qualifiant une organisation d'entité de droit public[14]. Outre qu'elles exercent le droit de saisir la Commission concernant une violation alléguée de leurs propres droits, les organisations non gouvernementales peuvent jouer en pratique un rôle important en aidant d'autres types de requérants à préparer leur requête et, occasionnellement, en les représentant dans les procédures. En outre, elles peuvent être entendues en qualité de témoin ou d'expert et les organes de Strasbourg peuvent examiner leurs documents dans les affaires interétatiques et dans les affaires qui concernent des particuliers.

La troisième catégorie de requérants potentiels, le «groupe de particuliers», se compose de plus d'une personne faisant valoir une violation de la Convention sur la base de faits identiques, par exemple un groupe de parents qui soutiennent qu'il y a eu violation de leurs droits de décider du caractère que doit avoir l'éducation de leurs enfants, conformément à l'article 2 du Protocole n° 1[15]. Etant donné que la Convention ne prévoit pas d'*actio popularis*, chacun des membres du «groupe de particuliers» doit constituer séparément une «victime» au sens de l'article 25 et doit signer le recours adressé à la Commission[16]. Dans certains cas, la Commission a estimé qu'un requérant pouvait être considéré soit comme une organisation non gouvernementale, soit comme un groupe de particuliers[17].

La qualité de victime

Contrairement aux recours interétatiques, le particulier qui introduit un recours devant la Commission européenne des Droits de l'Homme doit faire valoir qu'il est victime d'une violation d'un des droits ou d'une des libertés garantis par un ou plusieurs Etats contractants conformément à la Convention[18]. Cette condition implique que la violation de la Convention

11. N° 6538/74, Déc. 21.3.74, Annuaire 18 p. 203 (231-233).

12. N° 6538/74, Déc. 21.3.75, D.R. 2 p. 97 (102).

13. N°s 5767/72, 5922/72, 5929-31/72, 5953-57/72, 5984-88/73 et 6011/73, Déc. 31.5.74, Annuaire 17 p. 339 (353).

14. Saints Monastères, arrêt du 9 décembre 1994, Série A n° 301-A (le gouvernement grec tente de qualifier les requérants d'entités publiques en raison du lien étroit entre l'Eglise et l'Etat).

15. N° 6853/74, Déc. 9.3.77, D.R. 9 p. 27.

16. N° 8765/79, Déc. 18.12.80, D.R. 21 p. 226 (237-328).

17. *Ibidem* concernant le statut d'un parti politique britannique.

18. Voir notamment Drozd et Janousek, arrêt du 26 juin 1992, Série A n° 240, qui concernait la France et l'Espagne.

doit avoir causé un préjudice personnel au requérant. Un particulier ne peut soumettre une requête *in abstracto* à propos d'une loi nationale ou une pratique d'un gouvernement qui concerne d'autres personnes privées[19]. Comme observé ci-dessus, le système de la Convention européenne n'autorise pas l'*actio popularis*[20]. Il s'ensuit que, d'ordinaire, une organisation non gouvernementale peut uniquement soutenir être victime d'une violation subie par l'organisation elle-même[21]. La Commission a toutefois modifié sa position au fil des années pour finir par autoriser une Eglise (en l'espèce, l'Eglise de scientologie) à ester au nom de ses membres[22].

Si les faits ou circonstances qui ont été à l'origine de l'introduction du recours devant les organes de la Convention cessent d'exister, le statut de «victime» du requérant ne s'en trouve pas automatiquement annulé. C'est ainsi que, dans une affaire où une requérante alléguait une violation de ses droits au respect de son domicile et de sa vie privé suite à l'existence, à courte distance de son domicile, d'une installation non agréée de traitement des déchets et aux effets nuisibles qui accompagnaient cette présence, la Cour a rejeté les moyens du gouvernement selon lesquels la requérante avait cessé d'en être victime puisqu'elle n'était plus domiciliée dans cette zone et que l'installation n'était plus en fonctionnement[23].

Bien que le système de la Convention ne permette pas l'*actio popularis*, la Commission et la Cour ont élargi la notion de victime par d'autres voies, puisqu'elles ont examiné des affaires dans lesquelles les requérants étaient qualifiés de victimes «potentielles» ou «indirectes».

a. La victime potentielle

Dans certains cas, la Commission a estimé que la menace d'un préjudice futur suffisait à établir la qualité de victime au sens de l'article 25. C'est le cas lorsqu'une loi ou une pratique n'a pas encore été appliquée à la partie requérante mais que la possibilité existe de voir l'Etat le faire à l'avenir. Par exemple, dans les pays qui appliquent une législation qui correctionnalise les actes homosexuels, les homosexuels masculins ont été reconnus comme des victimes potentielles. Dans ces affaires, la Cour et la Commission ont estimé que le maintien en vigueur de la législation incriminée constituait une entrave au droit des requérants au respect de leur vie privée puisque cette législation interdisait les actes homosexuels commis en privé entre personnes consentantes de sexe masculin. Le fait que la législation contestée n'avait pas encore été appliquée en ce qui concernait les requérants n'avait affecté en rien le fait que les requérants avaient dû vivre dans la crainte et l'émoi puisque les autorités n'avaient fait état d'aucune politique de non-application de la loi. Par conséquent, la législation en cause avait affecté directement les requérants dans l'exercice de leur droit au respect de la vie privée. A ce titre, la menace qui planait sur eux était réelle[24].

---

19. N° 867/60, Déc. 29.5.61, Annuaire 4 p. 271 (277), dans laquelle une requête qui concernait l'avortement a été déclarée irrecevable parce que la requérante n'avait pas fait valoir qu'elle était elle-même victime de la législation contestée.

20. N° 9297/81, Déc. 1.3.82, D.R. 28 p. 204; N° 6742/74, Déc. 10.7.75, D.R. 3 p. 98.

21. N° 9900/82, Déc. 4.5.83, D.R. 32 p. 261 concernant la possibilité pour un syndicat d'ester au nom de ses affiliés.

22. N° 7805/77, Déc. 5.5.79, D.R. 16 p. 69 (71).

23. Arrêt López Ostra du 9 décembre 1994, Série A n° 303-C.

24. Arrêt Dudgeon du 22 octobre 1981, Série A n° 45 et arrêt Norris du 26 octobre 1988, Série A n° 142.

De même, lorsqu'une loi en vigueur habilite l'Etat à prendre des décisions de gestion ou à exproprier par la force un monastère de biens dont il est propriétaire, le fait que l'Etat n'ait pas agi au titre de la législation en cause ne lève pas la menace d'ingérence grave dans le droit à la jouissance paisible de ses biens[25].

Les femmes dans les pays qui appliquent une législation restrictive en matière d'avortement ont également été reconnues comme victimes au sens de l'article 25[26]. Dans l'affaire Open Door Counselling et Dublin Well Woman, des injonctions avaient été accordées empêchant notamment les agences de conseil de fournir aux femmes des renseignements concernant les centres pratiquant l'avortement à l'étranger. Deux requérantes s'étaient jointes à la requête en soutenant que ces restrictions constituaient une ingérence interdite dans leur droit au respect de la vie privée, garanti par l'article 8 de la Convention. La Commission et la Cour ont estimé que les requérantes, bien qu'elles ne fussent pas enceintes au moment de l'introduction des requêtes, appartenaient à la catégorie des femmes en âge de procréation. En tant que telles, on pouvait soutenir qu'elles pourraient être négativement affectées par les restrictions imposées par les injonctions et pourraient, dès lors, faire valoir qu'elles étaient des victimes au sens de l'article 25[27].

Dans une requête dirigée contre la Suède et relative à certains aspects du système d'éducation préscolaire alors en vigueur, plusieurs des requérants avaient des enfants qui, au moment du recours, n'avaient pas encore atteint l'âge préscolaire. La Commission a déclaré que les parents pouvaient être considérés comme des victimes au sens de l'article 25, puisqu'il était suffisamment établi que les lois et pratiques incriminées les affecteraient directement à brève échéance[28].

Dans l'affaire Klass et al., les requérants ont fait valoir qu'il y avait eu violation de leurs droits à la protection de la vie privée et du courrier personnel en raison de l'existence, en République fédérale d'Allemagne, d'une législation autorisant la surveillance secrète de personnes sans notification aux parties en cause. Les requérants furent reconnus être des victimes, même s'ils ne pouvaient prouver que la législation concernée leur avait effectivement été appliquée. La Cour a estimé que leur situation de victimes était suffisamment établie par la possibilité qu'ils soient soumis à une surveillance secrète, déclarant ce qui suit:

> «En l'occurrence, la question se pose de savoir s'il faut priver quelqu'un de la faculté d'introduire une requête devant la Commission parce que le caractère secret des mesures litigieuses l'empêche de signaler une mesure concrète qui le toucherait spécifiquement....
>
> La Cour ne saurait admettre que l'assurance de bénéficier d'un droit garanti par la Convention puisse être ainsi supprimée du simple fait de maintenir l'intéressé dans l'ignorance de sa violation. Un droit de recours à la Commission pour les personnes potentiellement touchées par une surveillance secrète découle de l'article 25, faute de quoi l'article 8 risquerait de perdre toute portée.»[29]

Un groupe intéressant d'affaires de «préjudice futur possible» concerne l'extradition, en

25. Arrêt Saints Monastères du 9 décembre 1994, Série A n° 301-A.
26. N° 6959/75, Déc. 19.5.76, D.R. 5 p. 104 (116).
27. Arrêt Open Door et Dublin Well Woman du 29 octobre 1992, Série A n° 246-A, p. 22, par. 44.
28. N° 6853/74, Déc. 9.3.77, Annuaire 20 p. 215 (237).
29. Arrêt Klass et al. du 6 septembre 1978, Série A n° 28, pp. 18-19, par. 34, 36.

particulier à destination d'Etats situés en-dehors du champ de compétence territorial des organes de la Convention. Dans l'affaire Soering, la Cour a estimé que l'extradition du Royaume-Uni vers un Etat des Etats-Unis qui appliquait la peine de mort et – ce qui revêt une importance fondamentale par rapport à l'affaire concernée – les conditions d'attente de l'exécution de cette peine, dont on pouvait soutenir qu'elles violaient l'article 3 de la Convention européenne, constituaient une violation de cet article. Au moment de l'affaire, le requérant n'avait pas encore été extradé mais avait sans peine établi sa qualité de «victime»[30].

b. La victime indirecte

Dans certains cas, la Commission a déclaré recevables des requêtes dans lesquelles des personnes n'avaient pas subi de préjudice direct mais pouvaient être qualifiées de victimes «indirectes». Les parents proches d'une victime directe, les personnes ayant une autre relation étroite avec la victime directe ainsi que celles qui ont subi des préjudices suite à la violation des droits d'une tierce personne, ou celles qui ont intérêt à ce qu'il soit mis fin à la violation sont tous reconnus comme étant des victimes indirectes. Dans les cas où un requérant soutient être une victime indirecte, le nom de la victime directe doit être révélé et celle-ci doit, dans la mesure du possible, avoir autorisé l'introduction de la requête[31].

Plusieurs affaires ont été poursuivies par des survivants après le décès du requérant initial. Par exemple, la Commission et la Cour ont autorisé les héritiers d'un requérant à faire valoir à leur tour qu'ils étaient «victimes» de la violation alléguée en leur qualité de successeurs de plein droit et, dans certaines circonstances, pour leur propre compte[32]. Ce fut le cas, par exemple, lorsque l'allégation de violation concernait un droit qui comprend une partie des biens immeubles du requérant. D'après la Commission, toutefois, les héritiers d'un requérant décédé ne peuvent se prévaloir d'un droit général de poursuite de l'examen de la requête. Tout dépend de la nature du recours et les héritiers doivent «avoir un intérêt légitime suffisant pour justifier la poursuite, pour leur compte, de l'examen de la requête»[33]. Dans l'affaire X c/ France, une infection par le virus du SIDA avait été diagnostiquée chez le requérant après qu'il eut subi une série de transfusions sanguines. Son recours concernant la durée de la procédure administrative a été déclaré recevable. Le requérant est décédé au cours de la procédure, mais ses parents ont exprimé le souhait de poursuivre celle-ci. La Commission a déféré l'affaire à la Cour, qui a reconnu que les parents étaient en droit de se substituer à M. X dans la procédure pendante devant elle[34]. Dans d'autres circonstances, en revanche, la Cour a déclaré que l'intérêt subsistant ne suffisait pas pour exiger la poursuite de l'affaire et a, dès lors, rayé l'affaire du rôle[35]. La Commission a également reconnu comme

---

30. Arrêt Soering du 7 juillet 1989, Série A n° 161.

31. Voir notamment n° 5076/71, Déc. 31.5.72, Rec. 40 p. 69 (71).

32. N° 4427/70, Déc. 24.5.71, Rec. 38 p. 38 (39). Voir aussi l'arrêt Deweer du 27 février 1980, Série A n° 35, p. 19, par. 37.

33. Kofler c/ Italie, Rapport Comm. 9.10.82, par. 16-17, D.R. 30 p. 10 (14).

34. Arrêt X. c/ France du 31 mars 1992, Série A n° 234-C.

35. Arrêts Macaluso et Manunza du 3 décembre 1991, Série A n°s 223-A et 223-B respectivement, qui concernaient la durée de la procédure civile. Les héritiers n'ayant manifesté aucun intérêt par rapport à la procédure pendante devant la Cour, il n'existait pas de raison d'ordre public qui justifiât la poursuite de la procédure.

«victime indirecte» le frère jumeau d'un homme dont le requérant soutenait qu'il avait été injustement détenu dans une institution, dans laquelle il décéda par la suite[36].

c. Annulation du statut de victime par renonciation de droits

Enfin, dans une affaire inhabituelle, l'affaire De Wilde, Ooms et Versyp (l'«affaire vagabondage»), la Commission et la Cour ont examiné si une personne dont on pourrait estimer qu'elle a effectivement renoncé à ses droits protégés par la Convention pouvait encore être considérée comme une «victime» de la violation de ces droits. Dans cette affaire, les requérants s'étaient adressés aux autorités de police belges à la recherche d'un abri temporaire et de nourriture et s'étaient constitués prisonniers. La Cour a déclaré ce qui suit:

> [L]e droit à la liberté revêt une trop grande importance dans une «société démocratique», au sens de la Convention, pour qu'une personne perde le bénéfice de la protection de celle-ci du seul fait qu'elle se constitue prisonnière.... Dans une matière qui relève de l'ordre public au sein du Conseil de l'Europe, un contrôle scrupuleux, de la part des organes de la Convention, de toute mesure pouvant porter atteinte aux droits et libertés garantis, est commandé dans tous les cas[37].

En d'autres termes, une personne ne peut renoncer à ses propres droits fondamentaux et ne peut, dès lors, annuler son statut de «victime» au sens de l'article 25.

Obligation de l'Etat de ne pas faire obstacle à l'exercice du droit de recours

L'article 25 par. 1 énonce qu'un Etat qui reconnaît le droit de recours individuel s'engage «à n'entraver par aucune mesure l'exercice efficace de ce droit». Dans la période qui a suivi immédiatement l'adoption de la Convention, la Commission a souvent eu à connaître de requêtes dans lesquelles des personnes détenues alléguaient de violations de cette disposition. La Commission a conclu dans ces affaires que l'Etat ne pouvait retarder l'échange de courrier entre un prisonnier et la Commission[38], ne pouvait exercer des pressions sur le requérant pour que celui-ci renonce à sa requête[39], et ne pouvait appliquer de sanctions disciplinaires à un détenu ayant introduit une requête en raison des termes dans lesquels il avait saisi la Commission[40].

Ces dernières années, d'autres questions ont surgi à propos de la portée de l'obligation faite à l'Etat de «n'entraver par aucune mesure l'exercice efficace» du droit de pétition pour les particuliers prévu par l'article 25. En 1987, par exemple, la Turquie a déclaré qu'elle reconnaissait que la Commission était compétente pour connaître de requêtes introduites par des particuliers conformément à l'article 25. Toutefois, elle appliquait en même temps à sa reconnaissance de la compétence de la Commission un certain nombre de limitations. Par exemple, le gouvernement turc a déclaré ce qui suit:

36. N° 7467/76, Déc. 13.12.76, D.R. 8 p. 220 (220).

37. Arrêt De Wilde, Ooms et Versyp («affaire vagabondage») du 18 juin 1971, Série A n° 12, p. 36, par. 65.

38. N°s 5351/72 et 6579/74, Déc. 8.10.74, Rec. 46 p. 85 (86-87).

39. N° 5265/71, Déc. 29.9.75, D.R. 3 p. 5.

40. N° 1593/62, Déc. 4.7.64, Annuaire 7 p. 163.

(iii) la compétence attribuée à la Commission en vertu de cette déclaration ne comprendra pas les matières concernant le statut juridique du personnel militaire et en particulier le régime disciplinaire des forces armées;

(iv) aux fins de la compétence attribuée à la Commission en vertu de cette déclaration, la notion de «société démocratique» qui figure aux paragraphes 2 des articles 8, 9, 10 et 11 de la Convention doit être comprise conformément aux principes énoncés dans la Constitution turque et en particulier dans son Préambule et son article 13;

(v) aux fins de la compétence attribuée à la Commission en vertu de cette déclaration, les articles 33, 52 et 135 de la Constitution doivent être compris comme étant conformes aux articles 10 et 11 de la Convention[41].

Lorsque le Secrétaire Général a notifié la déclaration de la Turquie aux autres Hautes Parties contractantes, plusieurs d'entre elles ont exprimé leur mécontentement face à ces conditions et se sont réservé le droit de les contester à l'avenir (Belgique, Suède, Luxembourg, Danemark et Norvège). La Grèce a déclaré qu'elle jugeait la déclaration turque inadmissible. Les principaux problèmes soulevés dans le courrier relatif à cette question tournaient autour de la nature d'une réserve formulée au titre de l'article 64 et en droit international en général. Certains Etats soutenaient que la déclaration de la Turquie au titre de l'article 25 constituait une réserve *de facto* à propos de dispositions de fond de la Convention, ce qui est contraire aux termes explicites de l'article 64.

Dans l'affaire Loizidou, examinée au chapitre précédent[42], La Commission et la Cour ont eu l'occasion d'examiner la validité de cette déclaration et de la déclaration parallèle qui tente d'appliquer des conditions à la reconnaissance de la juridiction obligatoire de la Cour.

A la fin de 1988, la République de Chypre a présenté une déclaration par laquelle elle reconnaissait le droit de recours individuel prévu par l'article 25 de la Convention européenne des Droits de l'Homme. Toutefois, cette déclaration comportait un paragraphe indiquant que le gouvernement cypriote refusait de reconnaître la Commission comme compétente pour connaître de requêtes concernant des actes ou omissions relatifs à «des mesures prises par le gouvernement de la République de Chypre dans le cadre de la situation résultant de l'invasion et de l'occupation militaire permanentes, par la Turquie, d'une partie du territoire de la République de Chypre». A l'heure actuelle, la Commission n'a reçu aucune requête mettant en question la déclaration cypriote au titre de l'article 25.

Procédures devant la Commission européenne des Droits de l'Homme

Bien que l'article 25 prévoie que les requêtes des particuliers doivent être adressées au Secrétaire Général du Conseil de l'Europe, en pratique la quasi-totalité de ces requêtes est envoyée directement au Secrétariat de la Commission européenne des Droits de l'Homme. Dès réception du courrier initial, le Secrétariat ouvre un dossier provisoire pour chaque recours. Il n'existe pas de règles formelles pour l'introduction initiale d'une requête. On peut demander par écrit à la Commission européenne des Droits de l'Homme un formulaire de

41. Annexe à la lettre JJ1939C du 29 janvier 1987.

42. Voir les passages consacrés à cette question aux pp. 28 et 32.

requête sur lequel le recours est exposé, ou l'on peut introduire sa propre requête, auquel cas celle-ci doit comporter les renseignements suivants à propos du requérant, de la requête elle-même et de toute personne agissant au nom du requérant: nom, âge, profession, adresse et signature du requérant; nom, âge, profession et adresse de son représentant éventuel; nom de l'Etat contre lequel le recours est dirigé; objet de la requête et, si possible, dispositions de la Convention dont la violation est alléguée; et exposé des faits et moyens sur lesquels se fonde la requête. Enfin, il y a lieu de joindre en annexe tous documents pertinents, et en particulier les copies des jugements ou décisions éventuels relatifs à l'objet de la requête. Le Secrétariat peut prendre contact avec le requérant en vue de l'aider dans l'introduction de sa requête et de lui fournir tous renseignements supplémentaires requis.

Dans la première phase de pré-enregistrement, le Secrétariat procède à un examen succinct et, s'il apparaît clairement, sur la base d'un des motifs prescrits, que la requête est irrecevable et que la Commission ne peut en connaître, il en informe le requérant. Le Secrétariat conseille également le requérant s'il apparaît clairement que celui-ci n'a pas épuisé les voies de recours internes existantes. Il est important d'observer que, pour que la condition de l'épuisement des voies de recours internes soit remplie, il faut que le requérant ait, dans la procédure interne, argué d'une violation de fond au moins du droit protégé par la Convention, s'il ne cite pas l'article de la Convention lui-même. Lorsque le Secrétariat indique qu'il est probable qu'une requête sera déclarée irrecevable, cette indication n'est pas contraignante et si la partie requérante maintient son souhait, le Secrétariat enregistrera la requête.

Si le requérant a rempli toutes les conditions de procédure, notamment l'épuisement des voies de recours internes et le respect du délai de six mois pour l'introduction de la requête et si le recours révèle des faits appuyant la thèse d'une violation possible de la Convention, le Secrétariat inscrit la requête au registre officiel de la Commission. L'enregistrement de la plainte n'implique pas la reconnaissance de sa recevabilité ou de l'existence d'une violation de la Convention. Enfin, l'introduction de requêtes devant la Commission européenne des Droits de l'Homme n'est soumise ni au paiement d'un droit ni à l'obligation de représentation juridique du requérant (même si celle-ci est conseillée).

Après qu'une requête a été enregistrée, le Secrétariat continue à s'occuper activement de toutes les procédures qui s'ensuivent. Le Secrétariat assiste la Commission dans l'ensemble de ses tâches en rassemblant des informations provenant tant du requérant que du gouvernement, en établissant les procès-verbaux des réunions de la Commission, en apportant son aide à la rédaction des décisions en matière de recevabilité et des rapports et, le cas échéant, en rédigeant des communiqués de presse. Par ailleurs, le Secrétariat notifie aux deux parties la décision finale prononcée dans une affaire, quelle qu'en soit l'issue. Les décisions sur la recevabilité comme les rapports adoptés dans ce contexte sont signés par le président de la Commission et par le secrétaire de celle-ci. Lorsque la Commission défère une affaire à la Cour européenne des Droits de l'Homme, c'est à chaque fois le secrétaire qui transmet à la Cour la demande et les documents à l'appui de celle-ci.

a. Mesures provisoires dans les affaires urgentes

Le droit interne reconnaît souvent la nécessité de suspendre l'exécution d'une décision ou d'une ordonnance qui a été contestée dans une procédure ultérieure en attendant la fin de celle-ci. Il existe normalement deux méthodes pour atteindre ce but au niveau interne. L'une consiste, à l'introduction de la procédure en justice, à conférer un effet suspensif à la mesure attaquée. L'autre est de prononcer une ordonnance provisoire indiquant que le *status quo ante* doit être maintenu. Ces mesures visent toutes deux à éviter tout préjudice irréparable qui pourrait intervenir pendant le déroulement de la procédure.

La Convention européenne des Droits de l'Homme ne contient pas de disposition en matière d'effet suspensif ou de mesures provisoires. La Commission a toutefois estimé assez rapidement après l'entrée en vigueur de la Convention qu'il fallait trouver une solution permettant l'adoption de mesures provisoires. A l'époque, quelques requêtes avaient déjà été introduites dans lesquelles le requérant émettait le grief que son expulsion du territoire d'un Etat contractant vers un pays où il craignait être soumis à la torture ou à des peines ou traitements inhumains ou dégradants, en violation de l'article 3 de la Convention, était imminente. Avant l'adoption de dispositions spéciales régissant les pouvoirs de la Commission permettant à celle-ci d'intercéder au nom du requérant, la Commission, par l'intermédiaire de son Secrétariat, prenait généralement contact de manière officieuse et informelle avec le gouvernement concerné et demandait qu'aucune mesure ne soit prise à l'encontre du requérant en attendant que la Commission examine la requête. En 1974, une disposition spéciale fut finalement ajoutée à cet effet dans le règlement de la Commission. Cet article du règlement prévoit que la Commission, ou son président si la Commission n'est pas en session, peut indiquer au gouvernement défendeur que certaines mesures provisoires sont nécessaires. L'article 36 du règlement de la Cour prévoit également que le président de la Cour peut demander l'adoption de mesures provisoires. Lorsqu'une voie de recours interne est ouverte au requérant, la Commission ou la Cour n'adoptent généralement pas cette démarche mais laissent la procédure interne régler cette question.

Dans la plupart des cas, les Etats membres ont tendance à ne pas ignorer les demandes de mesures provisoires. Il n'en demeure pas moins que la Cour a effectivement eu à connaître d'une affaire dans laquelle se posait le problème du non-respect, par un Etat, d'une demande formulée au titre de l'article 36. Dans l'affaire Cruz Varas, les requérants, contre lesquels une ordonnance d'expulsion avait été prononcée en Suède, ont introduit une requête devant la Commission et demandé que celle-ci invite le gouvernement suédois à suspendre l'ordonnance en question. La Commission a indiqué au gouvernement suédois que l'intérêt même du déroulement correct de la procédure commandait de ne pas déporter les requérants, indication que celui-ci a ignorée[43]. En renvoyant l'affaire à la Cour, la Commission a soulevé explicitement le point de savoir si le fait que le gouvernement n'avait pas donné suite à la demande formulée par la Commission au titre de l'article 36 constituait une violation de l'obligation que lui fait l'article 25 par. 1 de ne pas entraver l'exercice efficace du droit d'introduire une requête. La Cour a fait observer que la Convention ne comportait aucune disposition habilitant les organes de la Convention à ordonner des mesures provisoires et que, en l'absence d'une telle disposition, une indication faite au titre de l'article 36 du règlement ne pouvait, en soi, entraîner d'obligation juridique contraignante.

Si l'article 25 par. 1 prévoit l'obligation de ne pas entraver l'exercice du droit, pour toute personne physique, de présenter et de faire valoir effectivement son grief devant la Commission, il s'agit toutefois d'un droit de caractère procédural qui, comme tel, est distinct des droits fondamentaux contenus dans la Convention. La Cour n'en a pas moins estimé que

43. Arrêt Cruz Varas et al. du 20 mars 1991, Série A n° 201, pp. 35 à 37, par. 97 à 103.

les personnes doivent avoir la possibilité de faire valoir des violations alléguées de toute disposition, fût-elle procédurale. Toutefois, dans les circonstances de l'espèce et, en particulier, face à l'absence, dans la Convention, d'une disposition spécifique autorisant l'imposition de mesures provisoires, ce serait faire violence à l'énoncé de l'article 25 que d'en déduire une quelconque obligation de se conformer à une indication donnée au titre de l'article 36 du règlement. C'est ainsi que la Cour a déclaré que l'on ne pouvait inférer de l'article 25 par. 1 ou d'autres sources l'existence d'un pouvoir d'ordonner des mesures provisoires contraignantes. La Cour a toutefois fait observer que, lorsqu'un Etat décide de ne pas donner suite à une demande formulée en vertu de l'article 36 du règlement, il assume sciemment le risque d'une constatation de violation de l'article 3 lorsqu'il existe des motifs sérieux de penser que la personne extradée ou déportée sera soumise, dans le pays de destination, à un traitement interdit par ce même article[44]. La décision dans l'arrêt Cruz Varas a été prise à dix voix contre neuf, la minorité ayant exprimé son avis avec force. Elle a soutenu que la protection que confère la Convention serait dénuée de sens si un Etat avait le droit d'extrader ou d'expulser une personne sans que les conséquences de son expulsion ne puissent être déterminées clairement au préalable.

Lorsque la Commission a suggéré l'adoption d'une mesure provisoire en vertu de l'article 36 du règlement, la Cour confirme normalement que son application doit être poursuivie à moins et jusqu'à ce que le président ou la Chambre n'en décident autrement. Dans l'affaire Soering, le requérant a demandé à la Commission d'inviter le gouvernement du Royaume-Uni à suspendre l'exécution d'une ordonnance d'extradition au motif que, malgré les assurances données au gouvernement du Royaume-Uni par le gouvernement des Etats-Unis, il y avait de fortes chances qu'il soit exécuté en cas d'extradition. Il a soutenu que, compte tenu des circonstances et, en particulier, du «phénomène du couloir de la mort», il risquait alors d'être soumis à un traitement inhumain ou dégradant, en violation de l'article 3 de la Convention. Le président de la Commission, invoquant l'article 36 du règlement, les intérêts des parties et le déroulement correct de la procédure, a demandé au gouvernement du Royaume-Uni de ne pas extrader le requérant jusqu'à ce que la Commission ait eu l'occasion d'examiner la requête. Le Royaume-Uni a accédé à la demande de la Commission, reprise ensuite par la Cour, de ne pas extrader le requérant avant la conclusion de l'affaire[45].

Il arrive parfois que la législation interne d'un Etat contractant fasse qu'il est difficile pour le gouvernement de donner suite à une demande de mesures provisoires formulée au titre de l'article 36 du règlement. Dans l'affaire Altun, le requérant devait être extradé de l'Allemagne vers la Turquie. La Commission a demandé au gouvernement de suspendre l'extradition jusqu'à ce qu'elle ait l'occasion d'examiner l'affaire. Le gouvernement a accédé à cette demande mais a prié instamment la Commission de prendre sa décision sans retard, étant donné que le droit allemand ne permettait pas de maintenir le requérant en détention dans l'attente de l'extradition. Le gouvernement soutenait que, si l'on libérait le requérant, il prendrait la fuite. Le gouvernement a, dès lors, indiqué au requérant que, s'il voulait être libéré, il devait rester à la disposition des autorités allemandes en attendant la décision de la Commission sur cette question. Le requérant s'est suicidé pendant le déroulement de la

44. *Ibidem.*

45. Arrêt Soering du 7 juillet 1989, Série A n° 161.

procédure interne dans cette affaire. La Commission a décidé qu'il n'existait pas d'intérêt général à poursuivre l'examen de l'affaire et l'a rayée du rôle[46].

Il n'y a eu jusqu'à présent que deux situations dans lesquelles la Commission a demandé à un Etat de prendre certaines mesures provisoires en-dehors de toute question d'expulsion ou d'extradition. Dans une de ces affaires, la Commission a jugé nécessaire de demander des mesures provisoires en vue de préserver certaines preuves. Des membres de la Rote Armee Faktion avaient introduit des recours devant la Commission concernant leur traitement en prison. Après que trois membres décédèrent en prison, la Commission a décidé de visiter la prison concernée. Cette visite avait pour but d'examiner sur place les conditions dans lesquelles ils avaient été détenus[47]. Dans l'affaire Patane contre l'Italie, la requérante purgeait une peine de prison de cinq ans. Elle souffrait par ailleurs d'un état de dépression grave et les rapports médicaux indiquaient que sa santé se détériorait au point que sa vie était en danger. Après qu'elle eut introduit une requête devant la Commission européenne des Droits de l'Homme, celle-ci demanda au gouvernement italien de prendre immédiatement toutes les mesures requises pour préserver la santé de la requérante, soit en la transférant vers une institution mieux adaptée à son cas, soit en la mettant en liberté provisoire. Le gouvernement informa la Commission que la requérante avait été libérée sur ordre des tribunaux italiens. La requérante disparut par la suite et la Commission décida, dès lors, de rayer la requête de son rôle[48].

b. Normes et procédures qui régissent les demandes de mesures provisoires

La Commission peut formuler une demande de mesures provisoires à prendre au titre de l'article 36 du règlement soit de sa propre initiative, soit à la demande de la personne concernée, mais elle ne le fait que dans des cas extrêmes, lorsque les faits présentés à l'appui de la requête établissent clairement que le requérant, non seulement est confronté à une violation de ses droits mais aussi que, *prime facie*, cette violation implique un risque de préjudice irréversible. Comme exposé ci-dessus, ce serait le cas lorsque l'application d'une ordonnance d'extradition ou d'expulsion soumettrait la personne éloignée du pays à un traitement interdit par l'article 3. Toutefois, si un requérant demande la suspension d'une ordonnance d'expulsion dans le cadre d'une affaire touchant à certains droits protégés par d'autres articles de la Convention, la condition du préjudice irréparable sera rarement remplie. Par exemple, lorsqu'un requérant fait uniquement valoir qu'il y a eu violation de l'article 8 (respect de la vie familiale), la Commission et la Cour ne demanderont pas, normalement, à l'Etat de suspendre l'exécution d'une ordonnance d'expulsion, puisque tout préjudice résultant de l'éloignement du requérant pourrait être facilement annulé en autorisant la personne expulsée à réintégrer l'Etat concerné.

Pour ce qui est des modalités d'introduction de requêtes au titre de l'article 36 du règlement, il faut rappeler les points suivants: premièrement, la demande doit être introduite par écrit dès que la décision interne finale a été prononcée et, deuxièmement, dans un délai tel avant son exécution qu'une intervention des organes de la Convention soit possible. Il faut

46. Altun c/ République fédérale d'Allemagne, Rapport Comm. 7.3.84, D.R. 36 p. 236.

47. N°s 7572/76, 7586/76, 7587/76, Déc. 8.7.78, D.R. 14 p. 65 (79).

48. N°s 11488/85, Déc. 3.12.88, non publié.

un certain temps pour que le secrétaire prépare la demande et, lorsque la Commission n'est pas en session, pour communiquer avec son président.

Assistance judiciaire

Dès les premiers stades de la mise en œuvre de la Convention européenne des Droits de l'Homme, il est apparu que l'absence d'assistance judiciaire gratuite aux personnes qui souhaitaient saisir les organes de Strasbourg mais ne disposaient pas de ressources financières suffisantes pour couvrir les dépenses liées à une procédure devant les organes européens pouvait gravement porter atteinte à l'intégrité de la Convention. La Commission européenne des Droits de l'Homme, pour répondre à ce problème, a adopté un addendum à son règlement, dans lequel elle définit certaines lignes directrices en ce qui concerne l'octroi d'une assistance judiciaire aux particuliers dont les autorités nationales attestent de l'incapacité financière à assumer les frais d'un recours devant la Commission européenne des Droits de l'Homme[49]. Le point 2 alinéa b) de l'addendum prévoit, en outre, qu'il doit être essentiel, pour l'accomplissement des missions de la Commission, que le requérant soit représenté. Ces points du règlement présentent toutefois une lacune, en ce sens que la Commission n'envisagera l'octroi d'une assistance judiciaire que lorsque l'Etat concerné aura présenté ses observations écrites concernant la recevabilité d'une requête ou lorsque la Commission aura déclaré celle-ci recevable. Les systèmes internes d'assistance judiciaire de la plupart des pays du Conseil de l'Europe ne couvrent pas les coûts d'un recours au niveau international et il se peut, dès lors, qu'un requérant ait à assumer ces coûts entre le moment de la décision finale devant l'instance nationale compétente et pendant la préparation et l'introduction de sa requête introductive, jusqu'au moment où une des deux conditions ci-dessus soit remplie.

L'assistance judiciaire peut être accordée au plus tôt le jour où la Commission a reçu du gouvernement défendeur les observations écrites sur la recevabilité[50]. Par conséquent, le requérant doit assumer lui-même les coûts liés à l'introduction de sa requête devant la Commission et aux réponses à fournir aux questions du Secrétariat de la Commission. L'assistance judiciaire peut être poursuivie devant la Cour, mais pas devant le Comité des Ministres, dont la procédure ne prévoit pas la participation du requérant. Le requérant qui a obtenu une assistance judiciaire n'a pas, lorsque la Commission ou la Cour déclare qu'il n'y a pas eu violation de la Convention, à rembourser toute somme qui aurait été accordée.

Procédure d'examen de la recevabilité d'une requête

Les procédures de recevabilité sont régies par le règlement intérieur de la Commission européenne des Droits de l'Homme[51]. Dans les requêtes interétatiques, le Président de la Commission donne connaissance à l'Etat défendeur de la requête dirigée contre celui-ci et l'invite à présenter à la Commission ses observations sur la recevabilité de la requête. Toute

49. Cette assistance ne concerne pas les organisations non gouvernementales (voir le texte français de l'article 1 du règlement: *«particulier»).*

50. Point 1 alinéa a) de l'addendum au règlement de la Commission.

51. Articles 45 à 52 du règlement intérieur de la Commission.

réponse est ensuite communiquée à l'Etat requérant, qui a la faculté d'y répondre[52]. La Commission désigne ensuite un ou plusieurs de ses membres pour lui présenter un rapport sur la recevabilité. Celui-ci doit contenir un exposé des faits pertinents, un résumé des observations éventuelles formulées par les parties, soit par écrit, soit au cours des audiences, l'indication des questions que soulève la requête au regard de la Convention, et une proposition quant à la recevabilité de la requête et à toute autre mesure à prendre[53]. Ces procédures sont obligatoires; la Commission peut aussi, à sa discrétion, inviter les parties à présenter des observations complémentaires avant de se prononcer sur la recevabilité.

Les procédures qui régissent les différentes requêtes épousent la même structure que celle décrite ci-dessus. Lorsque le Secrétariat a enregistré une requête, le président attribue l'affaire à un membre de la Commission, qui devient le rapporteur[54]. Celui-ci, en étroite collaboration avec le Secrétariat, rassemble toutes les informations permettant de déterminer si la requête doit ou non être déclarée recevable. Pendant ce processus, il décide en toute liberté s'il y a lieu de prendre directement contact avec la Haute Partie contractante ou avec le requérant en vue d'obtenir des informations supplémentaires. Il est toutefois tenu de communiquer au requérant, pour commentaire, tout renseignement ainsi obtenu de la Haute Partie contractante[55]. Lorsque le dossier est complet, le rapporteur peut recommander soit que la requête soit déclarée irrecevable, soit qu'elle soit transmise au gouvernement concerné pour que celui-ci présente ses observations à propos tant de sa recevabilité que de son bien-fondé.

Il existe deux procédures par lesquelles est évaluée la recevabilité d'une affaire: la procédure sommaire et la procédure normale. Si le rapporteur juge une affaire non recevable et qu'aucune enquête complémentaire n'est nécessaire, il proposera que l'affaire soit traitée selon la procédure sommaire. Si la Commission suit la suggestion du rapporteur, l'affaire est déférée à un comité composé de trois membres qui décide éventuellement, à l'unanimité, de déclarer la requête irrecevable, ce qui met fin à son examen.

Si le rapporteur ne peut déterminer sans peine si une affaire est ou non recevable, celle-ci sera examinée, en principe, par une Chambre et dans des cas exceptionnels par la Commission plénière. La Chambre ou la Commission plénière examine la proposition du rapporteur puis, soit déclare la requête recevable, soit la transmet au gouvernement défendeur afin que celui-ci formule ses observations sur la recevabilité et le bien-fondé. Une fois reçues les observations du gouvernement, l'occasion est donnée au requérant de formuler des remarques à leur sujet dans un délai déterminé. Le rapporteur examine l'affaire sur la base de ces observations et établit une nouvelle proposition destinée à la Commission, réunie soit en assemblée plénière soit en Chambre. La Commission, au départ de cette proposition, peut déclarer la requête recevable ou inviter les parties à une audience. Elle peut aussi déclarer la requête recevable sans audience. Lorsqu'elle organise une audience, la Commission examine tant le bien-fondé que la recevabilité de la requête. Les parties peuvent toutes deux produire à l'audience des éléments supplémentaires pertinents par rapport à l'affaire. Elles doivent

52. L'article 45 du règlement intérieur de la Commission prévoit que toute requête interétatique est automatiquement communiquée à l'Etat défendeur pour que celui-ci puisse formuler des observations concernant sa recevabilité, alors que cette communication n'est pas automatique dans le cas de requêtes introduites par des particuliers.

53. Article 45 du règlement intérieur de la Commission.

54. Article 47 par. 1 du règlement intérieur de la Commission.

55. Article 47 par. 2 du règlement intérieur de la Commission.

avocat. En règle générale, lorsque le requérant et son conseil assistent tous deux à une audience devant la Commission ou la Cour, seul l'avocat prend la parole. Normalement, la Commission autorisera les parties à présenter leurs arguments exclusivement dans une des deux langues officielles du Conseil de l'Europe, à savoir en anglais ou en français. Il est toutefois arrivé occasionnellement que le requérant soit autorisé à utiliser sa propre langue. Cette latitude accordée par la Commission pourrait cependant s'avérer difficile à maintenir avec autant de libéralité à l'avenir, compte tenu de l'adhésion à la Convention d'un grand nombre de nouveaux Etats parties. Les membres de la Commission eux-mêmes formulent leurs questions en français ou en anglais, quelle que soit la langue dans laquelle le requérant présente sa requête.

En principe, les parties ont le droit de plaider chacune une heure, après quoi intervient une suspension de séance. L'audience est ensuite poursuivie par les questions de la Commission. A l'issue de l'audience, la Commission délibère à huis clos. Les membres de la Commission sont invités à donner leur avis sur la recevabilité et le bien-fondé de la cause et votent ensuite sur la recevabilité. La décision est communiquée le plus rapidement possible aux parties. Après l'audience, les parties se réunissent pour convenir des termes d'un communiqué de presse conjoint, qui est ensuite diffusé par le Secrétariat de la Commission. Le communiqué de presse contient un résumé des divers points de vue des parties ainsi que la décision de la Commission sur la recevabilité.

Compte tenu de la charge de travail importante du Secrétariat et de la Commission, un délai de près de deux ans s'écoule entre l'introduction d'une requête et l'examen de la recevabilité. La Commission et la Cour peuvent accorder à titre exceptionnel la priorité à l'examen d'une affaire lorsque celle-ci est urgente[56].

Conditions de recevabilité des requêtes

La détermination de la recevabilité d'une requête est régie par les articles 26 et 27 de la Convention. Certaines des conditions définies dans ces articles ont trait à la fois aux requêtes interétatiques et aux requêtes individuelles (notamment la condition de l'épuisement des voies de recours internes et le délai d'introduction de six mois après la décision définitive), et d'autres uniquement aux requêtes individuelles.

Epuisement des voies de recours internes

Les requêtes interétatiques comme les requêtes de particuliers doivent se conformer aux termes de l'article 26, libellé comme suit:

> La Commission ne peut être saisie qu'après l'épuisement des voies de recours internes, tel qu'il est entendu selon les principes de droit international généralement reconnus et dans le délai de six mois, à partir de la date de la décision interne définitive.

Si les décisions sur la recevabilité sont prises par la Commission, la Cour est souvent appelée à réexaminer des moyens selon lesquels un requérant n'a pas épuisé les voies de recours internes. Souvent, la Cour invoque la forclusion à l'encontre d'un gouvernement qui n'a pas soulevé la question de l'épuisement des voies internes de recours au niveau de la

56. Article 33 du règlement intérieur de la Commission.

Commission, écartant ainsi l'objection préliminaire contestant la recevabilité de la requête sur ce point. Dans une affaire au moins, la Cour a toutefois invoqué la forclusion alors que le gouvernement soutenait que les requérants auraient dû saisir les tribunaux ordinaires, tandis que lui-même avait contesté la compétence de ces mêmes tribunaux dès l'introduction de la procédure interne en cause[57].

En ce qui concerne les requêtes introduites par des particuliers, la règle qui veut que les voies de recours internes doivent être épuisées avant de saisir formellement un organe judiciaire international est un principe général de droit international fondé sur la conviction que la possibilité doit être donnée aux Etats de rectifier toute violation de leurs obligations internationales en recourant d'abord aux voies juridiques internes[58]. Ce n'est que lorsque les autorités de l'Etat ne rétablissent pas un droit qui a été violé ou, selon le cas, n'accordent pas un juste redressement de cette violation que les organes de Strasbourg exercent leurs compétences. Dans le second cas, la Cour a déclaré que l'existence d'un recours en dommages intérêts ne constituait pas nécessairement une voie de recours au sens de l'article 26. Dans une affaire dans laquelle le requérant soutenait l'existence d'une violation du droit à une décision rapide sur la légalité de sa détention, la Cour a déclaré ce qui suit:

> Si une action en indemnité peut entrer en ligne de compte aux fins de l'article 26 de la Convention, il ne prescrit l'épuisement que des recours à la fois relatifs aux violations incriminées, disponibles et adéquats. Ils doivent exister à un degré suffisant de certitude non seulement en théorie mais aussi en pratique, sans quoi leur manquent l'effectivité et l'accessibilité voulues; il incombe à l'Etat défendeur de démontrer que ces exigences se trouvent réunies...
>
> Au demeurant, la Cour constate que le droit d'obtenir une décision à bref délai sur la légalité d'une détention se distingue de celui de recevoir un dédommagement pour une telle détention[59].

Dans leur interprétation de l'expression «épuisement des voies de recours internes», la Commission et la Cour ont déclaré à plusieurs reprises qu'un requérant devait épuiser toutes les voies de recours, tant administratives que judiciaires, offertes en droit interne. Il incombe à l'Etat défendeur de faire valoir toute objection éventuelle selon laquelle un requérant donné n'a pas épuisé les voies de recours internes[60] et de porter la charge de la preuve de l'existence de voies de recours internes accessibles et suffisantes[61].

La réponse au point de savoir quelles sont les voies de recours qui doivent être épuisées est déterminée par le droit interne et la décision appartient, dès lors, aux autorités nationales. Lorsqu'il existe plusieurs voies de recours possibles pour réparer la violation d'un droit déterminé, le requérant est tenu de présenter des arguments raisonnables et objectifs à l'appui

57. Arrêt Raffineries Stran Greek et Stran Andreadis du 9 décembre 1994, Série A n° 301-B.

58. N° 9320/81, Déc. 15.3.84, D.R. 36 p. 24 (37-38).

59. Arrêt Navarra du 23 novembre 1993, Série A n° 273-B, p. 27, par. 24. Voir également l'arrêt Yağcı et Sargın du 8 juin 1995, Série A n° 319-A, et l'arrêt Fayed du 21 septembre 1994, Série A n° 294-B (l'introduction d'une action en diffamation ne constitue pas nécessairement une réparation effective d'un préjudice grave porté à la réputation de quelqu'un).

60. N° 9120/80, Déc. 8.7.83, D.R. 33 p. 80 (86).

61. N° 9013/80, Déc. 11.12.82, D.R. 30 p. 96 (109-111).

de son choix d'une voie de recours donnée[62]. Toutefois, un requérant est tenu d'épuiser uniquement les voies de recours qui lui sont ouvertes de droit, et non en tant que privilège. Il doit, pour cela, interjeter appel devant tous les organes judiciaires auxquels il a accès, mais il n'est pas tenu de solliciter certains services sociaux[63] ou une grâce du pouvoir exécutif, processus que la Commission juge être une «voie de recours extraordinaire» et, partant, non effective[64].

Pour apprécier si un requérant a épuisé les voies de recours internes, la Commission examinera à la fois le fond de l'affaire telle qu'elle a été traitée au niveau interne et l'efficacité des voies de recours disponibles dans le système interne. Il convient de noter que la totalité des faits qui font l'objet du recours international doivent avoir été avancés dans le cadre de la procédure nationale appropriée. La Commission a estimé pendant longtemps qu'un requérant ne devait pas nécessairement invoquer directement la Convention européenne des Droits de l'Homme devant les tribunaux nationaux, pour autant qu'il ait invoqué des dispositions juridiques internes dont le contenu est essentiellement similaire[65]. La Cour a, à cet égard, évalué la condition de l'épuisement des voies de recours internes à la lumière du point de savoir si le requérant a donné aux juridictions nationales «l'occasion que l'article 26 a pour finalité de ménager, en principe, aux Etats contractants: éviter ou redresser les violations alléguées contre eux»[66], quelle que soit la qualification des dispositions légales en cause.

En revanche, un requérant est tenu d'invoquer la Convention lorsque celle-ci est le seul instrument de protection existant[67]. Dans les Etats où la Convention fait partie intégrante du droit interne, il est dès lors exigé, dans certaines circonstances, que les dispositions de la Convention aient été explicitement invoquées devant les autorités nationales, si possible au cours de la procédure en première instance. La référence expresse aux dispositions de la Convention est nécessaire s'il n'existe aucune autre possibilité de soumettre l'affaire de manière appropriée aux organes nationaux. Dans certains pays, le juge peut compléter d'office les motifs juridiques. Cette possibilité ne dispense toutefois pas le requérant d'invoquer lui-même les dispositions des conventions internationales. Dans l'affaire Van Oosterwijck, par exemple, la Cour a déclaré ce qui suit:

> La circonstance que les juridictions belges auraient pu, voire dû, examiner d'office le litige sous l'angle de la Convention ne saurait avoir dispensé le requérant de s'appuyer devant elles sur ce traité ou de leur présenter des moyens d'effet équivalent ou similaire...[68].

Toutefois, dans les Etats contractants dans lesquels la Convention n'a pas d'effet juridique sur le plan interne, il est impossible d'invoquer la Convention devant les autorités nationales. La Commission a dès lors déclaré dans une affaire contre le Royaume-Uni que, «Bien qu'... elle n'ait pas invoqué les droits garantis ... il faut considérer que la requérante a

62. N° 9118/80, Déc. 9.3.83, D.R. 32 p. 159 (172-173).

63. N° 214/56, Déc. 9.6.58, Annuaire 2 p. 215 (245-247).

64. N° 8395/78, Déc. 12.3.80, non publié.

65. N° 788/60, Déc. 11.1.61, Annuaire 4 p. 117 (151 à 153).

66. Arrêt Hentrich du 22 septembre 1994, Série A n° 296-A, p. 18, par. 33.

67. Arrêt Deweer du 27 février 1980, Série A n° 35, p. 15, par. 26.

68. Arrêt Van Oosterwijck du 6 novembre 1980, Série A n° 40, p. 19, par. 39.

épuisé les voies de recours internes, parce que la Convention,... ne constitue pas du droit applicable par les tribunaux britanniques...»[69].

Si l'article 26 impose, certes, que tous les requérants devant la Commission aient épuisé les voies de recours internes avant que leurs requêtes soient examinées, la Commission n'en a pas moins, à deux occasions au moins, dispensé le requérant de cette obligation d'épuisement. La Commission a, dans les deux cas, reconnu que les pays contre lesquels les recours étaient formés étaient en butte à des luttes internes auxquelles ils avaient réagi en suspendant les droits à la liberté et à la sûreté des personnes protégés par l'article 5, en refusant effectivement aux détenus l'accès aux voies de recours légales et aux autres moyens de protéger leurs droits. Dans l'Affaire grecque, la Commission a autorisé que ne soit pas remplie la condition de l'épuisement prévue à l'article 26, le requérant ayant été en mesure d'établir clairement que l'Etat avait mis en œuvre des pratiques administratives de torture ou de mauvais traitements. La Commission a exigé que la preuve soit apportée de deux aspects de ces pratiques interdites: le caractère répété des actes, et leur tolérance officielle. La Commission a estimé que:

> Par «répétition des actes», il faut entendre un bon nombre de tortures ou de mauvais traitements qui correspondent à une situation générale. Ces actes peuvent se présenter soit sous forme d'actes qui ont eu lieu au même endroit; qui ont été imputables aux agents de la même autorité policière ou militaire ou bien que les victimes appartenaient à la même catégorie politique; soit sous forme d'actes qui ont eu lieu en plusieurs endroits ou sous des autorités distinctes ou qui ont été infligés à des personnes de diverses nuances politiques.
>
> Par «tolérance officielle», il faut entendre que les actes de torture ou de mauvais traitements, quoique illégaux, sont tolérés en ce sens que les supérieurs des personnes immédiatement responsables connaissent ces actes mais ne font rien pour punir leurs auteurs ou empêcher leur répétition; ou que l'autorité supérieure, face à de nombreuses allégations, se montre indifférente en refusant toute enquête sérieuse sur leur vérité ou leur fausseté ou que dans la procédure judiciaire ces plaintes ne sont pas entendues équitablement.»[70]

Dans l'affaire Irlande c/ Royaume-Uni, la Cour a légèrement modifié sa définition de la pratique administrative et a déclaré:

> Une pratique incompatible avec la Convention consiste en une accumulation de manquements de nature identique ou analogue, assez nombreux et liés entre eux pour ne pas se ramener à des incidents isolés, ou à des exceptions, et pour former un ensemble ou système; elle ne constitue pas en soi une infraction distincte de ces manquements.

La Cour a estimé, en outre, que le critère de preuve en ce qui concerne les requêtes relatives aux pratiques administratives qui enfreignent l'article 3 devait être l'absence de «tout doute raisonnable», mais a également indiqué que ce critère de preuve pouvait être rempli en établissant la «coexistence d'inférences suffisamment fortes et claires ou de présomptions de fait similaires non réfutées». Elle a observé que:

> On n'imagine pas que les autorités supérieures d'un Etat ignorent, ou du moins soient en droit d'ignorer, l'existence de pareille pratique. En outre, elles assument au regard de la

69. N° 7050/75, Déc. 16.5.77, D.R. 8 p. 123 (138-139).

70. L'Affaire grecque, Rapport Comm. 5.11.69, par. 28-29, Vol. II, 1ère partie pp. 12-16.

Convention la responsabilité objective de la conduite de leurs subordonnés; elles ont le devoir de leur imposer leur volonté et ne sauraient se retrancher derrière leur impuissance à la faire respecter[71].

C'est aux Etats défendeurs, comme c'est le cas lorsque le point litigieux est l'existence de voies de recours internes, qu'il incombe de prouver que les voies de recours existantes sont efficaces, fût-ce uniquement dans les cas où il existe «un doute sérieux»[72]. La Commission a souvent déclaré que les voies de recours internes étaient inefficaces, au motif que les précédents établis dans le droit d'un Etat donné sont clairement contraires aux intérêts du requérant[73] ou même lorsque le sujet de l'affaire qui concerne le requérant correspondait directement à une affaire dans laquelle les autorités nationales avaient déjà pris une décision définitive[74]. Elle a également déclaré que les recours, introduits contre des ordonnances d'expulsion ou de bannissement, qui ne permettent pas de suspendre les ordonnances envisagées ne peuvent être considérés comme des voies de recours efficaces[75]. Enfin, la Commission a examiné la question de l'»efficacité» des voies de recours internes à la lumière des conseils que reçoit un requérant de son avocat. Si celui-ci déclare sans équivoque que l'institution d'un recours donné ne présente aucune perspective d'aboutir, le requérant est dispensé de l'obligation d'intenter le recours en question[76]. En revanche, si l'avocat se borne à exprimer des doutes quant à un aboutissement, le requérant est tenu de respecter la condition de l'épuisement énoncée à l'article 26[77].

La jurisprudence courante veut qu'un requérant soit dispensé de l'obligation d'épuiser les voies de recours internes uniquement s'il peut démontrer qu'il n'existe pas de voies de recours efficaces et suffisantes. Il s'est avéré qu'en pratique, il était difficile d'apporter cette preuve. Lorsqu'une jurisprudence répétée montre qu'une certaine voie de recours n'offre aucune aide, le requérant est en droit de ne pas se saisir de cette possibilité de recours, puisqu'elle peut être considérée comme inefficace. En outre, la Commission a déjà pris en compte certaines circonstances spéciales, notamment le doute à propos de l'efficacité d'une voie de recours donnée, le fait que le requérant ignorait l'existence d'une voie de recours précise, l'absence d'assistance judiciaire gratuite, et les erreurs ou mauvais conseils de l'avocat. Ce sont les circonstances précises d'une affaire qui détermineront si ces situations sont assez convaincantes pour que la Commission dispense le requérant de son obligation d'épuiser les voies de recours internes.

Enfin, il est important de relever que le fait qu'une requête ait été déclarée irrecevable pour non-épuisement des voies de recours internes ne constitue qu'un obstacle temporaire. La Commission réexaminera la même requête, si elle est introduite, lorsque le requérant aura épuisé les voies de recours internes existantes[78]. Il est intéressant d'observer par ailleurs que,

---

71. Irlande c/ Royaume-Uni, arrêt du 18 janvier 1978, Série A n° 25, p. 64, par. 159.

72. N°s 8805/79 et 8806/79, Déc. 7.5.81, D.R. 24 p. 144 (156-157).

73. Voir notamment l'arrêt Keegan du 26 mai 1995, Série A n° 290 (la jurisprudence de la Cour suprême d'Irlande niait l'existence, pour les pères naturels, de tout droit constitutionnel de participer aux procédures d'adoption).

74. N° 7367/76, Déc. 10.3.77, D.R. 8 p. 185 (197-198).

75. N° 10400/83, Déc. 14.5.84, D.R. 38 p. 145 (155-156); N° 10564/83, Déc. 10.12.84, D.R. 40 p. 262 (269-270).

76. N° 10000/82, Déc. 4.7.83, D.R. 33 p. 247 (264-265).

77. N° 10789/84, Déc. 11.10.84, D.R. 40 p. 298 (301-303).

78. N° 347/58, Déc. 30.8.59, Annuaire 2 p. 407 (410).

si c'est à la Commission que reviennent l'obligation et la compétence premières en ce qui concerne la détermination de la conformité d'une requête avec les termes et les conditions de l'article 26, la Cour a néanmoins déclaré qu'elle pouvait examiner la question *de novo*, en particulier pour ce qui concerne la notion de l'épuisement des voies de recours internes[79].

La règle des six mois

Comme signalé ci-dessus, une requête devant la Cour européenne des Droits de l'Homme doit être introduite dans les six mois qui suivent la décision nationale définitive mettant fin à la dernière voie de recours disponible. La date de début du délai (*«dies a quo»*) renvoie non seulement à la date à laquelle une décision interne a été prise mais aussi à la date à laquelle le requérant a eu connaissance de cette décision et, partant, a pu introduire une requête devant la Commission. Si la décision est prise dans le cadre d'une audience publique à laquelle la présence du requérant était autorisée, la date de cette audience est réputée être la date de la décision nationale définitive. Si la décision n'est pas rendue au cours d'une audience publique, cette date est réputée celle à laquelle la décision est annoncée. S'il n'existe pas de voie de recours à l'encontre d'une action, c'est la date de l'action ou la date à laquelle la décision a été prise qui est considérée comme la date de la décision nationale définitive.

Lorsqu'un Etat a reconnu le droit de recours individuel, tel que le prévoit l'article 25, à une date largement postérieure à celle à laquelle il a ratifié la Convention, cet Etat peut déterminer si le délai de six mois pour l'introduction des requêtes peut courir seulement à partir de la date de l'acceptation de la clause optionnelle, c'est-à-dire de la date à laquelle il a été juridiquement possible pour le requérant potentiel d'introduire sa requête[80].

La Commission a estimé que la condition du délai de prescription de six mois ne pouvait raisonnablement s'appliquer qu'aux cas dans lesquels il existe un événement concret et identifiable. C'est ainsi que, dans les cas où il n'existe aucune possibilité d'appel contre une décision ou un acte d'une autorité publique, le délai prend cours au moment où la décision ou l'acte définitifs prennent effet[81]. Lorsqu'une requête concerne l'application d'une disposition légale dont l'effet est d'engendrer une violation permanente, la Commission a estimé qu'il n'existait pas de date *a quo* possible pour le délai de six mois[82].

Le délai de six mois est étroitement lié à la condition de l'épuisement des voies de recours internes. En effet, si un requérant a épuisé la voie de recours A puis juge nécessaire d'utiliser la voie de recours B et si la Commission déclare par la suite que l'épuisement de la voie de recours B n'était pas nécessaire, il est probable que la requête sera déclarée irrecevable. La Commission aura considéré que le délai de six mois a pris cours avec l'épuisement de la voie de recours A. Si le requérant hésite quant aux voies de recours à utiliser, il doit simultanément utiliser la voie de recours concernée et introduire une requête à Strasbourg. Si la Commission estime par la suite que la voie de recours était une voie qu'il n'était pas nécessaire d'utiliser, le requérant sera néanmoins prémuni contre une conclusion de non-épuisement des voies de recours internes.

---

79. Arrêt Van Oosterwijck du 6 novembre 1980, Série A n° 40, p. 13, par. 25.

80. Arrêt Bozano du 18 décembre 1986, Série A n° 111, pp. 21-22, par. 50.

81. N° 8206/78, Déc. 10.7.81, D.R. 25 p. 147 (154-155); N° 8440/78, Déc. 16.7.80, D.R. 21 p. 138 (161).

82. N° 8317/78, Déc. 15.5.80, D.R. 20 p. 44 (132-133).

Si la Commission déclare une requête irrecevable pour non-épuisement des voies de recours, le requérant reste libre d'introduire une nouvelle requête après que ces voies de recours auront été épuisées. La Commission considérera cette décision comme une information nouvelle pertinente, de sorte que la requête ne sera pas déclarée irrecevable au motif qu'elle est essentiellement la même qu'une requête examinée précédemment par la Commission, comme le prescrit l'article 27 par. 1 b).

En ce qui concerne le délai de six mois, la Commission reconnaît, de même, que des circonstances spéciales peuvent surgir qui dispensent le requérant de cette condition. La jurisprudence de la Commission est, à cet égard, quasi identique à celle qui concerne les exceptions à la règle de l'épuisement des voies de recours internes[83].

Autres conditions de recevabilité

Les paragraphes 1 et 2 de l'article 27 de la Convention énoncent d'autres conditions de recevabilité applicables aux requêtes introduites par des particuliers. En ce qui concerne les requêtes interétatiques, les seuls motifs pertinents de rejet d'une requête sont ceux figurant à l'article 27 par. 3, lu conjointement avec les critères énoncés à l'article 26, examinés dans les sections précédentes. Toutefois, dans sa décision concernant la recevabilité des requêtes interétatiques introduites par les pays scandinaves, la France et les Pays-Bas contre la Turquie, la Commission a admis que la formulation de l'article 27 n'excluait pas l'application d'une règle générale, à savoir qu'une requête au titre de l'article 24 peut être déclarée irrecevable s'il est clair, d'emblée, qu'elle est entièrement mal fondée ou ne répond pas, à d'autres égards, aux conditions d'allégation authentique au sens de l'article 24[84].

L'article 27 de la Convention est libellé comme suit:

1. La Commission ne retient aucune requête introduite par application de l'article 25, lorsque

a. elle est anonyme;

b. elle est essentiellement la même qu'une requête précédemment examinée par la Commission ou déjà soumise à une autre instance internationale d'enquête ou de règlement et si elle ne contient pas de faits nouveaux.

2. La Commission déclare irrecevable toute requête introduite par application de l'article 25, lorsqu'elle estime la requête incompatible avec les dispositions de la présente Convention, manifestement mal fondée ou abusive.

3. La Commission rejette toute requête qu'elle considère comme irrecevable par application de l'article 26.

L'article 27 par. 1 a) prévoit que la Commission rejette toute requête introduite de manière anonyme. En réalité, la Commission est très rarement confrontée à des requêtes anonymes. Il arrive qu'une personne adresse une requête à la Commission en omettant de la signer. Toutefois, si la personne a mentionné une adresse dans la requête, le Secrétariat de la Commission lui demandera de s'identifier. Dans un cas, dans lequel le requérant n'avait

83. Voir ci-dessus, pp. 62-66.

84. N°s 9940/82 à 9944/82, Déc. 6.12.83, D.R. 35 p. 143 (188-189).

pas signé de son nom mais s'était qualifié d'«amoureux de la tranquillité», la Commission a rejeté la requête dans la mesure où, dans cette affaire, le dossier ne contenait aucun élément permettant à la Commission d'identifier le requérant[85].

L'article 27 par. 1 b) traduit le principe bien connu *«ne bis in idem»* qui, dans chaque système national, se fonde sur le principe *res judicata*. Il faut observer tout d'abord que cette disposition vise uniquement les requêtes multiples introduites par le même requérant et qui contiennent chacune «essentiellement» les mêmes informations. En pratique, la Commission ne voit apparemment aucune objection à ce que différents requérants introduisent des requêtes identiques, même si ces requêtes sont généralement examinées conjointement.

Dans son interprétation de la notion d'absence de «faits nouveaux», la Commission a déclaré que cette notion comprenait uniquement les faits qui n'étaient pas connus lors de la requête précédente ou qui s'étaient produits après que la Commission ait terminé l'examen de l'affaire[86]. C'est ainsi que la Commission a déclaré recevables des requêtes dans lesquelles les requérants soulevaient des questions que la Commission avait examinées précédemment mais dans lesquelles le requérant faisait valoir l'applicabilité de nouvelles dispositions judiciaires[87] ou des applications de dispositions existantes[88] qui étaient entrées en vigueur après que la Commission eut statué sur les questions en cause. La Commission considérera également comme information nouvelle l'épuisement des voies de recours internes dans une affaire rejetée précédemment pour non-épuisement de ces recours.

Depuis l'entrée en vigueur du Pacte international relatif aux droits civils et politiques et de son Protocole facultatif, la condition *«ne bis in idem»* a acquis une importance nouvelle. Le Protocole facultatif, après tout, donne le droit aux particuliers d'introduire une requête devant le Comité des Droits de l'Homme à Genève.

La coexistence de différentes possibilités de droit de recours individuel soulève en particulier deux questions. Le requérant individuel a-t-il le libre choix des procédures d'introduction d'une requête? Et peut-il introduire des recours pour la même question soit simultanément soit successivement? En ce qui concerne la première question, ni la Convention ni le Pacte international relatif aux droits civils et politiques, ni la Convention internationale sur l'élimination de toutes les formes de discrimination raciale n'interdisent à une personne de choisir un forum plutôt qu'un autre[89]. En ce qui concerne la seconde question, la possibilité existe, tout d'abord, qu'un requérant introduise simultanément des requêtes identiques. Dans ce cas, ce requérant risque de voir sa requête déclarée irrecevable par la Commission européenne des Droits de l'Homme puisque l'article 27 par. 2 prévoit qu'une requête sera rejetée si la même question est déjà en cours d'examen dans le cadre d'une autre procédure d'enquête internationale et si elle ne contient pas de faits nouveaux. Lorsque la même affaire a déjà été examinée au titre du Pacte international relatif aux droits civils et politiques ou de la Convention internationale sur l'élimination de toutes les formes

---

85. N° 361/58, Déc. 1.9.58, non publié.

86. N° 434/58, Déc. 30.6.59, Annuaire 2 p. 354 (362).

87. N° 6832/74, Déc. 10.3.77, non publié.

88. N° 8383/78, Déc. 3.10.79, non publié.

89. Voir: Note du Secrétariat préparée par la Direction des Droits de l'Homme concernant les effets des divers instruments internationaux prévoyant, dans le domaine des droits de l'homme, un système de communications individuelles sur le mécanisme de protection instauré par la Convention européenne des Droits de l'Homme, H (85) 3, n° 23, p. 9.

de discrimination raciale, la requête sera déclarée irrecevable par la Commission si elle ne contient pas de faits nouveaux pertinents[90].

Inversement, si un particulier introduit d'abord une requête à Strasbourg et, après qu'une décision définitive a été prise par les organes de la Convention, soumet la même requête à l'un des organes des Nations Unies, la situation sera différente. L'article 5 par. 2 du Protocole facultatif du Pacte international relatif aux droits civils et politiques dispose que le Comité des Droits de l'Homme n'examinera aucune communication d'un particulier sans s'être assuré que la même question n'est pas déjà en cours d'examen devant une autre instance internationale d'enquête ou de règlement. Il apparaît, par conséquent, qu'un particulier pourrait introduire d'abord une requête devant la Commission européenne des Droits de l'Homme et, s'il n'est pas satisfait du résultat obtenu à Strasbourg, introduire la même requête devant le Comité des Droits de l'Homme. Cet examen secondaire est facilité par deux caractéristiques de la procédure prévue par le Protocole facultatif. Premièrement, celui-ci n'impose pas que la requête soit introduite dans un délai déterminé après la décision interne définitive et, deuxièmement, le Comité peut examiner une communication pour autant que la même question «n'est pas déjà en cours d'examen» dans le cadre d'une autre procédure internationale. Il importe d'observer que le Comité des Ministres du Conseil de l'Europe a pressé les Etats qui ratifient à la fois la Convention européenne des Droits de l'Homme et le Protocole facultatif au Pacte de faire, au moment de la ratification de ce dernier instrument, une déclaration dont l'effet serait que la compétence du Comité des Droits de l'Homme ne porterait pas sur la faculté de recevoir et d'examiner des requêtes de particuliers qui ont déjà fait examiner ou sont en train de faire examiner leur requête selon la procédure prévue par la Convention européenne des Droits de l'Homme, sauf si ces communications invoquent des droits et libertés non garantis dans la Convention[91].

Critères supplémentaires de recevabilité applicables uniquement aux requêtes individuelles

L'article 27 par. 2 définit trois conditions distinctes de recevabilité, outre les deux conditions déjà examinées. Ces trois conditions sont uniquement applicables aux requêtes introduites en application de l'article 25.

Requêtes incompatibles avec les dispositions de la Convention

L'article 27 par. 2 énonce que la Commission déclare irrecevable toute requête qu'elle estime «incompatible avec les dispositions de la présente Convention». La Commission a rencontré certains problèmes, s'agissant d'interpréter la notion d'»incompatibilité» visée à l'article 27 par. 2 puisque, logiquement, chaque fois qu'il existe un motif valable de rejeter une requête, celle-ci peut également être déclarée «incompatible», puisqu'elle n'est pas conforme aux dispositions de la Convention qui régissent les conditions de recevabilité. Par exemple, si une requête est déclarée irrecevable pour non-épuisement des voies de recours internes, elle pourrait également être jugée «incompatible» avec la disposition de l'article 26 qui exige que

90. Voir article 27 par. 1 de la CEDH.

91. Voir Annuaire 13 pp. 75-77.

le requérant épuise les voies de recours internes. La notion d'incompatibilité peut englober toutes les autres conditions de recevabilité et, dès lors, la Commission n'a jamais invoqué ce motif pour déclarer une requête irrecevable si elle pouvait invoquer d'autres motifs énoncés dans la Convention.

En revanche, la Commission a invoqué la notion d'incompatibilité lorsqu'une requête ne relevait pas des dispositions précises des articles 26 et 27 mais que la Commission estimait qu'il était justifié d'aboutir à une décision de rejet de la requête. La Commission a également appliqué la notion d'incompatibilité lorsqu'elle a jugé qu'une requête donnée sortait de sa compétence propre, bien que la Commission n'établisse pas une distinction nette entre l'exercice de sa compétence et la recevabilité d'une requête. La Commission déclarera une requête incompatible avec la Convention lorsqu'un requérant soutient qu'il y a eu violation des ses droits ou libertés protégés par la Convention, mais que leur exercice ne respecterait pas l'interdiction, énoncée à l'article 17, d'accomplir un acte visant à la destruction des droits ou libertés reconnus dans la Convention[92].

La compétence de la Commission

Il existe quatre catégories traditionnelles de compétence que peuvent exercer les organes judiciaires ou quasi-judiciaires. Sa compétence *ratione loci* (territoriale) et *ratione personae* ont été examinées ci-dessus[93]. Ses compétences *ratione temporis* (liée au temps) et *ratione materiae* (liée au sujet) soulèvent des problèmes quelque peu plus complexes, dans la mesure où elles peuvent être différentes selon que la requête concerne des Etats uniquement, ou un ou plusieurs particulier(s) et un ou plusieurs Etat(s).

La compétence ratione temporis

Selon les principes généralement reconnus du droit international, la Convention européenne des Droits de l'Homme ne s'applique pas aux faits antérieurs à son entrée en vigueur. Par conséquent, les violations qui se sont produites avant la date d'entrée en vigueur de la Convention pour ce qui concerne l'Etat concerné échappent à la compétence *ratione temporis* de la Commission. Ce motif d'irrecevabilité dérive du principe de droit international généralement reconnu selon lequel les traités et les conventions n'ont pas d'effet rétroactif.

Dans certains cas, une Partie contractante a reconnu le droit de requête pour les particuliers quelque temps seulement après qu'il a ratifié la Convention elle-même. En principe, la reconnaissance de la compétence de la Commission à connaître de requêtes présentées par des particuliers en application de l'article 25 a un effet rétroactif remontant à la date de la ratification de la Convention[94]. Un particulier peut, dès lors, porter une violation alléguée de la Convention à l'attention de la Commission, même si cette violation a eu lieu avant le moment où l'Etat défendeur concerné a fait une déclaration au titre de l'article 25. Toutefois, un Etat qui reconnaît le droit de recours individuel peut indiquer qu'il s'applique uniquement aux faits et événements qui se sont produits après la date de prise

92. N°s 8348/78 et 8406/78, Déc. 11.10.79, D.R. 18 p. 187 (207-208).

93. Voir ci-dessous, p. 45 et p. 48.

94. N° 9587/81, Déc. 13.12.82, D.R. 29 p. 228 (242-243).

d'effet de la déclaration, position que la Commission a toujours maintenue[95]. Si un Etat ne fait pas de déclaration limitant de la sorte la compétence de la Commission, celle-ci se considérera comme ayant compétence pour examiner toutes les questions qui ont pu surgir entre la date de la ratification de la Convention par l'Etat déclarant et la date de prise d'effet de sa déclaration au titre de l'article 25. Même dans ces circonstances, la Commission exige, toutefois, que soit respectée la règle des six mois prévue par l'article 26[96].

La Cour européenne des Droits de l'Homme ne s'estime pas liée par l'interprétation que donne la Commission de sa compétence *ratione temporis*, mais réexamine les objections formulées à propos de l'exercice de cette compétence, du moins dans les cas où un gouvernement a formulé des exceptions préliminaires à ce propos. Dans les affaires Stamoulakatos[97] et Kefalas et al[98]. , la Cour a maintenu ces exceptions du gouvernement lorsque les requérants avaient formulé des griefs au titre de l'article 6 concernant des procédures qui, bien que clôturées après la date de prise d'effet du droit de recours individuel, étaient étroitement liées à des faits matériels antérieurs à cette date. La Cour a, à cette occasion, souligné le fait que les griefs formulés au titre de l'article 6 avaient une signification liée à un moment et que ce moment était antérieur à la date à laquelle la Commission ou la Cour pouvaient exercer leur compétence pour ce qui est des requêtes introduites par des particuliers. En revanche, lorsqu'on pourrait interpréter une allégation comme permanente plutôt que comme un événement distinct, la Commission et la Cour seront libres d'exercer leur compétence par rapport aux faits et aux questions qui surgissent – ou se prolongent – après la date de prise d'effet de la déclaration reconnaissant la compétence de l'organe concerné. La Cour a réaffirmé cette interprétation de sa compétence dans les affaires récentes Yağcı et Sargın[99], et Mansur[100], où la reconnaissance de la juridiction de la Cour au sens de l'article 46 était en question, plutôt que la reconnaissance du droit de recours individuel, soulevée dans la majorité des affaires.

La Commission a également eu a connaître de requêtes relatives à des violations commises avant la date d'entrée en vigueur de la Convention mais qui se sont poursuivies ensuite. Dans l'affaire De Becker, un ressortissant belge a été reconnu coupable de collaboration avec les Allemands pendant la deuxième guerre mondiale. Sa condamnation et sa peine ont été prononcées avant que la Belgique ne ratifie la Convention, mais la requête dont il a saisi la Commission concernait le fait que la privation constante de certains droits, notamment le droit à la liberté d'expression, entraînaient une violation permanente de ses droits, tels que protégés par la Convention. La Commission a estimé que les faits pouvaient être invoqués à l'appui d'un grief de violation permanente et, partant, que sa requête ne pouvait être déclarée irrecevable *ratione temporis*[101].

La Commission a également eu à connaître de situations dans lesquelles le recours concernait une procédure antérieure à l'entrée en vigueur de la Convention mais dans laquelle

95. N°s 15299/89, 15300/89 et 15318/89, Déc. 4.3.91, D.R. 68 p. 216 (273-276).

96. N° 9587/81, Déc. 13.12.82, D.R. 29 p. 228 (232).

97. Arrêt Stamoulakatos du 26 octobre 1993, Série A n° 271.

98. Arrêt Kefalas et al. du 8 juin 1995, Série A n° 318-A.

99. Arrêt Yağcı et Sargın du 8 juin 1995, Série A n° 319-A.

100. Arrêt Mansur du 8 juin 1995, Série A n° 319-B.

101. N° 214/56, Déc. 9.6.58, Annuaire 2 p. 214 (244-246).

la décision finale avait été rendue avant cette date. Dans les affaires où les faits résultent d'une série de procédures judiciaires, la date d'entrée en vigueur de la Convention pour l'Etat concerné a pour effet de diviser la période en deux parties, dont la première échappe à la compétence de la Commission *ratione temporis* mais où celle-ci est en droit d'examiner la seconde partie[102].

Enfin, il est intéressant d'observer que, lorsqu'un Etat dénonce la Convention conformément à l'article 65 par. 1 et 2, la Convention demeure entièrement applicable audit Etat pendant une période de six mois. Par conséquent, une requête introduite entre la date de dénonciation et la date à laquelle celle-ci devient effective demeure de la compétence de la Commission *ratione temporis*. La Commission a statué sur cette question dans la deuxième affaire grecque. Le 12 décembre 1969, la Grèce a dénoncé la Convention, de sorte qu'en conséquence de cette dénonciation, elle cessait d'être partie à la Convention à dater du 13 juin 1970. La Commission a déclaré qu'il résultait de l'article 65 par. 2 que la Grèce restait liée par la Convention après le 12 juin 1970 pour tout acte susceptible de constituer une violation de la Convention et qui aurait été commis par les autorités grecques avant le 13 juin 1970, date à laquelle la dénonciation prenait effet. En conséquence, la Commission a déclaré qu'elle était compétente *ratione temporis* pour connaître du recours[103].

La compétence ratione materiae

La compétence de la Commission en ce qui concerne les requêtes interétatiques concerne l'ensemble des dispositions de la Convention bien que, pour l'heure, il n'y ait pas eu de requêtes mises en rapport avec des dispositions autres que celles relatives aux droits des personnes ou aux libertés fondamentales. En revanche, l'article 25 énonce que la Commission peut uniquement être saisie de requêtes introduites par des particuliers «qui se prétendent victimes d'une violation par l'une des Hautes Parties contractantes des droits reconnus dans la présente convention». La compétence de la Commission couvre donc non seulement les droits fondamentaux garantis par la Convention ainsi que les dispositions accessoires qui affectent directement le fonctionnement des articles pertinents, notamment les dérogations prévues par l'article 15, les réserves au titre de l'article 64 et les dispositions restrictives visées aux articles 17 et 18, mais aussi des questions telles que les violations alléguées de l'obligation de l'Etat de ne pas entraver l'exercice effectif du droit de recours visé à l'article 25.

Comme on peut l'imaginer, la Commission reçoit une quantité énorme de requêtes qui font état de violations de droits non protégés par la Convention européenne. Si, dans leur toute grande majorité, ces requêtes ne sont jamais enregistrées formellement, certaines, qui comportent des questions qui donnent matière à interprétation, poursuivent leur chemin à travers le système jusqu'au stade où la Commission prend une décision sur la recevabilité. Au fil du temps, la Commission et la Cour ont établi que la Convention ne garantissait pas des droits tels que celui d'occuper une fonction dans les services publics[104], de pénétrer sur le territoire d'un Etat donné où d'y résider[105], ou encore de comptabiliser la détention avant

102. N° 7211/75, Déc. 6.10.76, D.R. 7 p. 104 (105-106); N° 8261/78, Déc. 11.10.79, D.R. 18 p. 150 (152-153).

103. N° 4448/70, Déc. 26.5.70, Annuaire 13 p. 108 (117-121).

104. N° 8160/78, Déc. 12.3.81, D.R. 22 p. 27 (44-45).

105. Requête Abdulaziz, Cabales, et Balkandali du 28 mai 1985, Série A n° 94.

le procès dans la peine d'emprisonnement prononcée contre un condamné[106]. De même, la Convention ne garantit pas les droits inscrits dans d'autres instruments des droits de l'homme, notamment le droit à la libre disposition de soi[107] ou les droits économiques et sociaux en général[108].

Requêtes manifestement mal fondées

L'expression «manifestement mal fondée» utilisée à l'article 27 par. 2 a donné lieu à une jurisprudence abondante. L'analyse des travaux préparatoires de la Convention montre que l'introduction de cette condition de recevabilité visait à empêcher que la Commission ne soit obligée d'examiner le bien-fondé d'une requête si un examen préliminaire faisait apparaître qu'elle ne relevait pas de la protection de la Convention. La jurisprudence pertinente existant à ce jour fait apparaître que la Commission déclare une requête manifestement mal fondée à un stade précoce uniquement si un examen de la requête ne fait rien apparaître qui ressemble à une violation de la Convention[109].Il est de jurisprudence constante qu'une requête sera déclarée manifestement mal fondée lorsque l'examen du dossier de l'affaire ne fait apparaître aucune violation *prima facie* des droits et libertés énoncés dans la Convention. La toute grande majorité des requêtes déclarées irrecevables le sont parce qu'elles sont jugées «manifestement mal fondées».

En revanche, si la requête n'apparaît pas manifestement mal fondée lors d'un examen préliminaire, la Commission préfère examiner conjointement le bien-fondé et la recevabilité et ne rejeter, le cas échéant, la requête comme manifestement mal-fondée qu'après l'examen du bien-fondé. Cette pratique a été critiquée dans certains textes juridiques qui ont jugé non approprié de rejeter une requête comme manifestement mal fondée après un long examen du bien-fondé. Il existerait une espèce de contradiction entre le mot «manifestement» utilisé à l'article 27, d'une part, et un examen long et détaillé. Le problème réside dans le fait que la Commission est obligée de faire référence à une des conditions de recevabilité pour rejeter une requête et, faute de meilleure solution, elle peut être parfois contrainte de recourir en dernier ressort au critère «manifestement mal fondée».

Requêtes qui constituent un abus du droit de requête

La Commission n'a pas invoqué souvent le troisième point de l'article 27 par. 2 («abusive») pour déclarer une requête irrecevable. Elle a utilisé cette expression lorsqu'un requérant a négligé de répondre à des demandes répétées de la Commission dans le cadre de l'examen de sa requête[110]. Elle a aussi déclaré abusive une requête dans laquelle le requérant avait fait des déclarations diffamatoires à propos du gouvernement défendeur[111]. La Commission

106. N° 9019/80, Déc. 7.7.81, D.R. 27 p. 181 (186); arrêt Luberti du 23 février 1984, Série A n° 75, prononcé pour d'autres motifs.

107. N° 6742/74, Déc. 10.7.75, D.R. 3 p. 98 (99-100); N° 7230/75, Déc. 4.10.76, D.R. 7 p. 109 (113-114).

108. N° 6907/75, Déc. 10.12.75, D.R. 3 p. 153 (155).

109. N° 524/19, Déc. 19.12.60, Annuaire 3 p. 323 (337-339); n° 2689/65, Déc. 7.2.67, Annuaire 10 p. 239 (279).

110. Voir, par exemple, n° 244/57, Déc. 16.7.57, Annuaire 1 p. 196 (197).

111. Voir par exemple N° 2424/65, Déc. 24.5.66, Annuaire 9 p. 427 (435); N°s 2169/64, 2204/64 et 2326/64, Déc. 2.10.64, Rec. 14 p. 76 (82-83); N° 6029/73, Déc. 6.10.73, Rec. 44 p. 134.

a conclu à l'absence d'abus du droit de requête lorsqu'une requête était motivée par un souhait de publicité ou de propagande[112]. En revanche, la Commission a déclaré qu'une requête fondée sur la propagande politique ne devait pas être considérée comme abusive lorsque le requérant n'avait pas exagéré les aspects politiques de sa cause[113].

Procédures de la Commission après la décision sur la recevabilité

a. Règlement amiable

Après qu'une requête a été déclarée recevable, la Commission examine le bien-fondé de la cause et se met en même temps à la disposition des parties en vue de négocier un règlement amiable, dont le but et la portée sont précisés à l'article 28 de la Convention.

> 1. Dans le cas où la Commission retient la requête:
>
> *a.* afin d'établir les faits, elle procède à un examen contradictoire de la requête avec les représentants des parties et, s'il y a lieu, à une enquête pour la conduite efficace de laquelle les Etats intéressés fourniront toutes facilités nécessaires, après échange de vues avec la Commission;
>
> *b.* elle se met en même temps à la disposition des intéressés en vue de parvenir à un règlement amiable de l'affaire qui s'inspire du respect des droits de l'homme, tels que les reconnaît la présente Convention.

L'article 28 par. 1 b) attribue à la Commission deux tâches principales. La première consiste à jouer un rôle de médiation entre les parties. Dans ce contexte, la Commission transmet à l'Etat concerné un résumé des observations du requérant, et au requérant les réponses ou remarques du gouvernement. Un délégué de la Commission (ou un membre de son Secrétariat) mène le cas échéant des consultations avec les deux parties en vue d'aboutir, par ce processus, à un règlement amiable.

La deuxième tâche de la Commission se fonde sur l'objectif qui sous-tend cette fonction de médiation: garantir que tout règlement amiable «s'inspire du respect des droits de l'homme», dont la protection effective est la base même de la Convention dans son ensemble. Par conséquent, le rôle de la Commission dans toute procédure de règlement consiste à préserver l'intérêt collectif du point de vue des droits de l'homme, même dans un cas précis où les parties conviennent de régler une affaire donnée entre elles. Il peut être très difficile d'apprécier le «respect des droits de l'homme». Dans de nombreux cas dans lesquels le règlement est réalisé par le versement d'une somme en argent, on peut douter que cette condition ait été remplie. En revanche, on ne peut oublier que, dans certaines situations, «*restitutio in integrum*» n'est nullement possible et que, dès lors, un dédommagement en argent est la seule solution. En outre, la Convention envisage cette possibilité en se référant aux arrêts de la Cour et prévoit, en son article 50, que «si le droit interne de ladite Partie ne permet qu'imparfaitement d'effacer les conséquences de cette décision ... la Cour accorde, s'il y a lieu, à la partie lésée une satisfaction équitable».

---

112. N° 8317/78, Déc. 15.5.80, D.R. 20 p. 44 (126-127).

113. N° 1468/62, Déc. 17.12.63, Annuaire 6 p. 279 (327).

La fonction de la Commission en tant que protectrice impartiale des droits de l'homme inscrits dans la Convention revêt une importance particulière lorsque les conséquences d'une violation donnée transcendent l'intérêt du requérant qui a saisi la Commission et que ces conséquences peuvent obliger l'Etat concerné à adopter des mesures générales en vue d'écarter la possibilité de violations futures du même droit à l'égard d'autres personnes.

Dans de nombreux règlements amiables atteints en vertu de l'article 28, le gouvernement de l'Etat défendeur a pris des mesure administratives ou, dans certains cas, législatives pour corriger sa violation de la Convention. Le Royaume-Uni, par exemple, a modifié à plusieurs occasions son règlement pénitentiaire dans le cadre d'une procédure de règlement amiable[114]. L'Autriche a modifié sa législation et ses articles du règlement du Conseil de l'ordre des avocats concernant l'octroi d'une assistance judiciaire aux personnes démunies[115] et a publié une circulaire ministérielle imposant l'hospitalisation des détenus blessés ou malades[116].

Si la Commission parvient à obtenir un règlement amiable au sens de l'article 28, elle dresse un rapport, qui est transmis aux Etats intéressés, au Comité des Ministres et au Secrétaire Général du Conseil de l'Europe, aux fins de publication conformément à l'article 28 par. 2.

Les règlements amiables visés à l'article 28 peuvent être qualifiés de reflets des concessions réciproques consenties par le requérant et l'Etat défendeur. En réalité, toutefois, la seule «concession» qu'un requérant fait éventuellement à un processus de règlement amiable est le retrait de sa requête, parfois associé à l'engagement de ne pas intenter d'action sur la même question devant d'autres organes judiciaires nationaux ou internationaux.. Ce sont les Etats qui doivent faire des concessions de fond en vue d'aboutir à un règlement amiable au sens de l'article 28.

Il est difficile d'établir une classification des concessions faites par l'Etat parce qu'elles sont directement liées à la nature de l'affaire et aux circonstances spécifiques du requérant. Une solution fréquente est le versement d'une somme d'argent, en particulier dans les affaires dans lesquelles une violation alléguée rend impossible le rétablissement du *status quo ante*. Par exemple, dans l'affaire Amekrane[117], le requérant était la veuve d'un homme extradé par le Royaume-Uni vers le Royaume du Maroc. Il avait censément participé à une tentative d'assassinat du roi, et le gouvernement marocain l'avait exécuté après une procédure sommaire. Le gouvernement du Royaume-Uni a convenu de verser un dédommagement de 30 000 livres sterling pour régler l'affaire. Dans une requête dirigée contre le Portugal[118], le requérant s'était plaint de la longueur de la procédure visant à déterminer sa part des bénéfices dans une association momentanée pour l'exercice fiscal 1967 (le Tribunal du travail de Lisbonne avait fait droit à sa demande en 1984, mais avait déclaré que le montant à payer serait fixé à une date ultérieure). Les parties ont conclu un règlement amiable par lequel le gouvernement portugais versait la moitié environ du montant initialement en cause. Dans une requête introduite contre la Suisse, le requérant s'était plaint que l'obligation qui lui était

114. Seale, Conroy, et McComb c/ Royaume-Uni, Rapport Comm. 15.5.86, non publié.

115. Gussenbauer c/ Autriche, Rapport Comm. 8.10.74, non publié.

116. Simon-Herold c/ Autriche, Rapport Comm. 19.12.72, non publié.

117. Amekrane c/ Etats-Unis, Rapport Comm. 19.7.74, non publié.

118. N° 10303/83, Déc. 18.5.84, non publié.

faite de payer les frais de la procédure alors qu'il avait été acquitté pour le délit pénal en cause constituait une violation de la présomption d'innocence visée à l'article 6 par. 2 de la Convention et d'autres dispositions de celle-ci. Le gouvernement suisse a non seulement remboursé ces frais de procédure mais a également payé les frais judiciaires personnels du requérant pour l'action en première instance, soit un montant égal à sept fois les frais de procédure retenus initialement contre le requérant[119].

Dans certains règlements amiables, les circonstances spécifiques du requérant et la nature de l'affaire ont permis à l'Etat défendeur de faire des concessions autres que financières. Par exemple, dans certaines requêtes qui concernaient l'application irrégulière de règles et de règlements particuliers sur la détention et sur des questions connexes, les Etats défendeurs ont uniquement été amenés à mettre le détenu en liberté provisoire[120], à rayer la condamnation de son casier judiciaire et à veiller à ce qu'une condamnation irrégulière ne mette pas en danger la carrière professionnelle du requérant[121] etc. Dans des requêtes qui concernaient des questions d'immigration, les Etats défendeurs ont délivré un visa ou un permis de séjour et, parfois, payé le coût du billet d'avion permettant à la personne de regagner l'Etat qui l'avait expulsé[122].

La Convention n'établit pas de distinction entre les requêtes interétatiques et les requêtes introduites par des particuliers pour ce qui est de la procédure de règlement amiable visée à l'article 28. Dès lors, la procédure s'applique généralement à toute requête examinée et déclarée recevable par la Commission. Toutefois, le caractère d'»amiable» attribué au règlement, les objectifs concrets des concessions réciproques et l'expérience antérieure montrent clairement que ce type de solution s'applique plus facilement aux requêtes de particuliers dans lesquelles il est souvent possible de rencontrer les intérêts spécifiques du requérant par des concessions que l'Etat est disposé à faire pour éviter le risque d'un jugement défavorable. Cette solution n'est généralement pas applicable dans les requêtes interétatiques dont le caractère politique, renforcé par la caractérisation des problèmes comme questions de principe et l'absence d'intérêt matériel qui puisse être rencontré par les actions d'un Etat, fait que ni l'une ni l'autre partie ne sera disposée à faire les concessions nécessaires pour aboutir à un «règlement amiable».

La requête interétatique introduite contre la Turquie par le Danemark, la France, les Pays-Bas, la Norvège et la Suède concernaient des violations alléguées des articles 3, 5, 6, 9, 10 et 11 qui s'étaient produites entre septembre 1980, lorsque la Turquie a notifié une dérogation, et juillet 1982[123]. La Commission a déclaré les requêtes recevables le 6 décembre 1983. Les représentants des gouvernements ont tenu une série de réunions, à l'issue de laquelle ils ont présenté à la Commission un projet commun de règlement dans lequel ils proposaient que le gouvernement turc s'engage à veiller à ce que toutes les instances publiques respectent les obligations énoncées à l'article 3 (interdiction de la torture et des peines ou traitements inhumains ou dégradants) de la Convention européenne des Droits de l'Homme. L'accord de règlement notait par ailleurs «avec satisfaction» que le gouvernement

119. Geerk c/ Suisse, Rapport Comm. du 4.5.79, D.R. 16 p. 56 (61-62).

120. Poerschke c/ République fédérale d'Allemagne, Rapport Comm. 13.12.66, Annuaire 9 p. 633 (641).

121. Sepp c/ République fédérale d'Allemagne, Rapport Comm. 24.3.72, non publié.

122. Alam et Khan c/ Royaume-Uni, Rapport Comm. 17.12.68, Annuaire 11 p. 789 (795).

123. N°s 9940-9944/82, Déc. 6.12.83, D.R. 35 p. 144.

turc avait réduit progressivement le champ d'application territorial de la loi martiale et qu'il avait modifié ou amendé un certain nombre de décrets ou d'autres textes législatifs depuis la dérogation de 1980. Les parties ont convenu par ailleurs que le gouvernement turc soumettrait trois rapports à la Commission en 1986 dans lesquels il préciserait les mesures législatives et pratiques qu'il mettait en œuvre en vue de garantir l'application effective de l'article 3. Les représentants de la Commission et du gouvernement turc examineraient dans le délai maximum de trois mois le contenu des rapports soumis et rédigeraient un rapport final succinct sur l'application du règlement avant le mois de février 1987. L'accord de règlement ne faisait pas mention des mesures à prendre concernant les autres violations alléguées de la Convention. Le rapport final n'a pas été publié[124].

b. Rayer une requête du rôle

L'article 48 du règlement intérieur de la Commission prévoit que celle-ci prend connaissance du rapport établi par le rapporteur et peut décider sur-le-champ que la requête est irrecevable ou doit être rayée du rôle. La Commission peut, à tout stade de la procédure, décider de rayer une requête du rôle. Elle peut le faire parce que les faits de la cause permettent de conclure que le requérant n'a pas l'intention de maintenir sa requête. Celle-ci sera également rayée du rôle lorsque la Commission parvient à la conclusion que l'affaire a trouvé une solution. Si la Commission a l'intention de rayer de son rôle une requête déjà déclarée recevable, elle doit consulter préalablement l'Etat concerné et établir un rapport succinct sur la question.

Rayer une requête du rôle revêt une importance particulière lorsque le retrait de la requête ou l'inactivité du requérant se fonde sur un accord préalable entre lui et l'Etat défendeur, sans participation ou influence de la Commission. Contrairement à la procédure de «règlement amiable» prévue par l'article 28, cette forme informelle de règlement ne relève pas des procédures d'enquête de la Commission et ne doit donc pas nécessairement s'inspirer «du respect des droits de l'homme». Toutefois, la Commission a déclaré très tôt qu'elle restait libre d'examiner une requête *ex officio*, même lorsque le requérant avait cessé de poursuivre la question ou déclaré son intention de retirer la requête. Ce retrait:

> ne retire pas à la Commission sa compétence *ipso jure*, parce qu'il lui appartient de déterminer qu'il n'existe pas de motif impérieux de caractère général qui affecte les exigences de la Convention ... qui empêche que la requête soit rayée du rôle.

La Commission a ajouté qu'elle «devait ne pas tenir compte d'une déclaration de retrait ... lorsque la requête pose des problèmes graves de principe concernant les intérêts personnels ou matériels du requérant»[125]. La Commission raye dès lors une requête du rôle uniquement lorsqu'elle estime qu'»aucune considération générale affectant le respect de la Convention ne s'oppose à la demande du requérant visant à faire rayer sa requête du rôle...»[126].

---

124. France, Norvège, Danemark, Suède et Pays-Bas c/ Turquie, Rapport Comm. du 7.12.85, D.R. 44 p. 31 (50).

125. N° 1468/62, Déc. 17.12.63, Annuaire 6 p. 279 (327); N°s 2169/64, 2204/64 et 2326/64, Déc. 2.10.64, Rec. 14 p. 76 (82-83).

126. N° 1470/62, Déc. 16.12.63, non publié; n° 10664/83, Déc. 12.12.85, D.R. 45 p. 158; n° 10948/83, Déc. 1.10.84, non publié.

La Commission peut aussi, occasionnellement, rayer une requête du rôle si l'Etat concerné adopte des mesures législatives nouvelles, verse des dommages-intérêts ou entreprend toute autre action visant à corriger une violation alléguée de la Convention. Enfin, il convient de noter que l'article 29 prévoit que la Commission peut encore, pendant l'examen du bien-fondé d'une requête, décider de rejeter celle-ci si elle constate qu'un des motifs d'irrecevabilité énoncé à l'article 27 est présent[127].

c. Examen du bien-fondé d'une requête

Si les efforts visant à aboutir à un règlement amiable au sens de l'article 28 par. 1 b) restent vains, la Commission passera à l'examen approfondi de la requête en vue d'établir s'il y a eu ou non violation de la Convention. A maints égards, le déroulement de cet examen est similaire à celui effectué dans le cadre de la détermination de la recevabilité: un *rapporteur* est désigné – généralement celui-là même qui a préparé la décision sur la recevabilité -, des informations supplémentaires sont demandées aux parties, et l'occasion est encore donnée à chaque partie de formuler des remarques à propos des observations de l'autre partie. Comme signalé ci-dessus à propos de la procédure relative à la recevabilité, si la Commission choisit d'organiser une audience au stade de la recevabilité, elle entendra les preuves et les moyens relatifs à la recevabilité mais aussi, et concomitamment, au bien-fondé de la requête. En outre, la Commission peut décider, dans certains cas, d'inviter des témoins ou des experts à témoigner à Strasbourg ou elle peut, dans certaines occasions, instituer une enquête sur place, voire dans des endroits gardés secrets, afin d'entendre des témoins ou de recueillir des preuves là où la violation alléguée s'est produite.

A l'issue de son examen du bien-fondé de la requête, la Commission établit un rapport dans lequel elle formule son avis concernant l'existence d'une violation de la Convention[128]. Les rapports de la Commission s'intitulent «rapports» à la fois pour traduite le caractère d'enquête du travail effectué et, en particulier, pour souligner que les avis de la Commission ne sont pas juridiquement contraignants pour les parties. L'article 34 de la Convention stipule que la Commission statue sur les violations de la Convention à la majorité des voix, la voix du président étant prépondérante en cas de partage égal des voix[129]. Chaque membre de la Commission peut exprimer une opinion dissidente dans le rapport.

L'article 31 par. 3 stipule que la Commission peut, dans son rapport, «formuler les propositions qu'elle juge appropriées». Cet article a donné lieu à certains problèmes dans le cadre d'une requête introduite par l'Autriche contre l'Italie. La Commission a conclu dans son rapport que l'Italie n'avait pas violé la Convention. Elle a toutefois suggéré simultanément que le gouvernement italien adopte certaines pratiques et attitudes par rapport aux griefs initialement formulés dans la requête. Le gouvernement italien a répondu que l'article 31 par. 3 autorisait uniquement la Commission à formuler des propositions si elle estimait qu'il y avait eu violation de la Convention et que, puisque ce n'était pas le cas, elle ne pouvait formuler des propositions dont on pourrait inférer que l'Italie avait effectivement violé la Convention. Lorsque la question fut soumise au Comité des Ministres pour que

127. N°s 5577-83/72, Déc. 15.12.75, Annuaire 19 p. 85.

128. Article 31 CEDH.

129. Article 18 par. 2 du règlement intérieur de la Commission.

celui-ci règle l'affaire définitivement, le Comité n'a pas évoqué les propositions de la Commission. Toutefois, dans la lettre par laquelle le Secrétaire Général transmettait la résolution du Comité des Ministres aux deux pays concernés, le Secrétaire général a indiqué que le Comité des Ministres avait été informé des propositions. En conséquence, bien que les propositions de la Commission ne fussent pas reproduites dans la résolution adoptée à l'issue de la procédure, elles n'en furent pas moins portées à l'attention du gouvernement italien par des voies quasi officielles.

L'avis de la Commission sur l'existence d'une violation de la Convention n'est pas juridiquement contraignant pour l'Etat défendeur. Seule une décision de la Cour européenne des Droits de l'Homme ou du Comité des Ministres peut avoir cet effet contraignant. Une fois que la Commission a transmis son rapport au Comité des Ministres, deux choses peuvent se produire. D'une part, si les Etats concernés ont reconnu la compétence de la Cour européenne des Droits de l'Homme, l'Etat défendeur, ou l'Etat dont le ressortissant a censément été victime d'une violation peut déférer la question à la Cour dans le délai de trois mois. Pour les Etats qui ont ratifié le Protocole n° 9 à la Convention, le requérant peut également saisir une Chambre formée de juges de la Cour, lesquels décident d'accepter ou non. Dès qu'une requête est déférée à la Cour, le rapport de la Commission est normalement rendu public. D'autre part, si les Etats n'ont pas reconnu la compétence de la Cour ou si la question n'a pas été déférée à la Cour, le Comité des Ministres décide lui-même, à l'issue du délai de trois mois, s'il y a eu ou non violation de la Convention, et décide en même temps de publier ou non le rapport.

Examen d'une requête par la Cour européenne des Droits de l'Homme

L'article 46 de la Convention européenne des Droits de l'Homme énonce que les Etats parties à la Convention peuvent reconnaître comme obligatoire la juridiction de la Cour «sur toutes les affaires concernant l'interprétation et l'application de la présente Convention». Un Etat peut décider de faire à cet effet une déclaration inconditionnelle fondée sur la réciprocité avec un ou plusieurs autres Etats contractants, ou une déclaration pour une durée déterminée. Pour l'heure, tous les Etats parties à la Convention ont soit reconnu comme obligatoire la compétence de la Cour, soit exprimé leur intention de le faire à bref délai.

Les requêtes ne peuvent être soumises directement à la Cour mais doivent avoir été traitées et réglées par la Commission, qui doit avoir établi un rapport concernant la requête. En outre, la Commission doit avoir déclaré formellement qu'il a été impossible d'aboutir à un règlement amiable de l'affaire (article 47). Si la Commission a déclaré une requête recevable, cette décision est définitive et ne peut être revue par la Cour.

L'article 48 de la Convention européenne des Droits de l'Homme prévoit que la Cour peut être saisie d'une requête:

a. par la Commission;

b. par une Haute Partie contractante dont la victime alléguée est le ressortissant;

c. par une Haute Partie contractante qui a saisi la Commission;

d. par une Haute Partie contractante mise en cause.

En règle générale, la Commission fait usage de sa compétence pour déférer une requête à la Cour si elle estime qu'une question importante d'interprétation de la Convention est en jeu. Elle peut également le faire lorsqu'elle est fortement divisée sur le point de savoir s'il y a eu en l'espèce violation de la Convention. Au tout début de son fonctionnement, la Commission était assez peu prompte à déférer les requêtes à la Cour. Il n'a pas fallu longtemps, toutefois, pour que la Commission surmonte ce problème et, en réalité, la toute grande majorité des requêtes dont la Cour est saisie lui ont été déférées par la Commission.

Les alinéas *b*, *c* et *d* de l'article 48 autorisent tous les Hautes Parties contractantes à saisir la Cour européenne des Droits de l'Homme. La plupart des saisines de la Cour par les Etats relèvent de l'alinéa *d* pour ce qui concerne les requêtes initialement introduites en vertu de l'article 25 par des particuliers, des groupes de particuliers ou des organisations non gouvernementales. L'alinéa *c* s'applique uniquement aux requêtes interétatiques et n'est donc pas invoqué souvent. L'alinéa *b* n'a été invoqué qu'à deux occasions à ce jour. Dans l'affaire Soering, un ressortissant de la République fédérale d'Allemagne avait censément commis un délit grave aux Etats-Unis et avait fui ensuite au Royaume-Uni, qui tentait de l'extrader pour qu'il soit jugé en Virginie, un Etat qui applique la peine de mort. Après que la Cour eut été saisie de l'affaire, elle le fut également par le gouvernement de la République fédérale d'Allemagne et, par conséquent, quatre parties étaient représentées à l'audience devant la Cour: la Commission, le requérant, le gouvernement de la République fédérale d'Allemagne et le Royaume-Uni[1]. Dans l'affaire Loizidou, une ressortissante chypriote a introduit une requête dirigée contre la Turquie, au motif qu'il lui était impossible d'occuper la maison qu'elle possédait dans la partie de l'île de Chypre contrôlée par les Turcs. Le gouvernement de Chypre a saisi la Cour de l'affaire et le gouvernement turc a protesté contre cette saisine. Conformément à l'article 34 du règlement de la Cour, le président de celle-ci a soumis la question pour décision à la Cour plénière. La Cour a déclaré que le gouvernement requérant était en droit de saisir la Cour[2].

Le Protocole n° 9 permet à un particulier, une organisation non gouvernementale ou un groupe de particuliers qui ont introduit une requête devant la Commission de saisir la Cour. Toutefois, avant que la Cour puisse être saisie d'une requête introduite par un particulier, celle-ci doit d'abord être soumise à un comité composé de trois membres de la Cour. Si la requête ne soulève pas de question grave qui touche à l'interprétation de la Convention et que, pour une autre raison quelconque, son examen par la Cour n'est pas justifié, le comité peut décider à l'unanimité que la Cour ne l'examinera pas. Au cas où seules la ou les personne(s) physique(s) requérante(s) ont saisi la Cour et où le comité de filtrage décide de ne pas déférer l'affaire à la Cour, c'est le Comité des Ministres qui prend la décision finale sur le point de savoir s'il y a eu violation de la Convention, conformément à l'article 32 de la Convention. Le Protocole n° 9 est entré en vigueur assez récemment et, jusqu'à présent, le comité de filtrage de la Cour a décidé de ne pas refuser l'examen d'une affaire par la Cour dans un cas seulement[3].

Toute partie qui saisit la Cour doit le faire dans le délai d'un mois à compter de la date de transmission du rapport de la Commission au Comité des Ministres. Depuis l'affaire Lawless, on admet que la date d'adoption du rapport et la date de sa transmission au Comité des Ministres ne doivent pas nécessairement coïncider puisque, conformément à l'article 31 par. 3, la Commission peut délibérer pendant un certain temps en vue de formuler des propositions de mesures à prendre par le Comité des Ministres[4]. Dans plusieurs affaires, le gouvernement a formulé des exceptions préliminaires indiquant que la Commission avait déféré ces affaires à la Cour après l'expiration du délai de trois mois et soutenant que, dès lors, la Cour ne pouvait connaître des requêtes. Dans toutes ces affaires, la Cour a indiqué qu'aux termes du texte français de l'article 47, elle pouvait uniquement «être saisie d'une affaire» pendant la période de trois mois prévue à l'article 32. L'utilisation du verbe «saisir» paraît incompatible avec l'interprétation du terme «déféré», telle qu'elle semblait avoir été défendue par les délégués de la Commission puisque, pour saisir un tribunal, il ne suffisait pas de décider de le saisir. Il fallait que la décision soit appliquée. En outre, toute lecture différente de l'article 32 par. 1 et de l'article 47 serait propre – pour ce qui est d'une des

1. Arrêt Soering du 7 juillet 1989, Série A n° 161.

2. Arrêt Loizidou (exceptions préliminaires) du 23 mars 1995, Série A n° 310.

3. Affaire Nsona c/ Pays-Bas, Cour européenne des Droits de l'Homme, Communiqué de presse n° 498 du 12 octobre 1995.

4. Lawless c/ Irlande, Rapport Comm. 19.12.59, Cour eur. D.H., Série B n° 1, pp. 237-241.

conditions à remplir lorsqu'une requête est adressé à la Commission elle-même – à produire des résultats contraires à la lettre et à l'esprit de l'article 26 *in fine* et à la jurisprudence établie à cet égard depuis le tout début du fonctionnement du système de la Convention. En conséquent, les renvois devant la Cour ont été rejetés[5].

La juridiction de la Cour

L'article 45 énonce que la juridiction de la Cour concerne toutes les affaires relatives à l'interprétation et à l'application de la Convention dont elle est saisie par les Etats membres ou la Commission conformément à l'article 48[6]. Le libellé de cet article semble indiquer que la compétence de la Cour est très large mais, si l'on lit cette disposition conjointement avec l'article 47, qui prévoit que la Cour «ne peut être saisie d'une affaire qu'après la conclusion de la procédure devant la Commission», on peut déduire que la juridiction de la Cour n'est pas une juridiction originale mais qu'elle est dérivée de la juridiction de la Commission. Toutefois, la Cour s'estime compétente pour réexaminer toute question déjà examinée par la Commission. Il peut donc arriver que la Cour décide qu'elle ne peut examiner le bien-fondé d'une requête parce qu'une des conditions de recevabilité n'a pas été remplie.

Dès les premiers stades de la constitution d'une jurisprudence dans ce domaine, des problèmes ont surgi dans certains cas dans lesquels la Cour avait réexaminé des questions ayant trait aux décisions de la Commission sur la recevabilité. Par exemple, dans l'affaire De Wilde, Ooms et Versyp[7], le gouvernement belge a soulevé, dans ses observations adressées à la Cour elle-même, certaines questions relatives à la recevabilité de la requête initiale. Le gouvernement a indiqué que la requête aurait dû être déclarée irrecevable pour non-épuisement des voies de recours internes. La Commission a fait valoir que la Cour n'avait pas compétence pour statuer sur les décisions de recevabilité rendues par la Commission, puisque la compétence de cet organe était exclusive dans ce domaine précis. La Cour, siégeant en assemblée plénière, a reconnu qu'elle était elle-même compétente pour réexaminer les décisions de la Commission sur la recevabilité, position que la Cour a réaffirmée par la suite[8]. La compétence ainsi reconnue par la Cour a donné lieu à de nombreuses critiques, non pas tant à propos de l'interprétation purement juridique mais en raison de l'effet négatif qu'elle peut avoir sur la procédure dans son ensemble. Il est clair que, lorsque la Cour accepte des moyens qui ont été rejetés par la Commission, il peut apparaître que les actions de celle-ci entre le moment de sa décision initiale sur la recevabilité et le moment où la Cour réexamine la question ont été fondées sur des bases juridiques précaires, voire inexistantes. Il est tout aussi clair que la revendication de sa propre compétence par la Cour pourrait impliquer une constatation d'irrecevabilité faite a priori. La Cour a toutefois minimisé ce problème en se déclarant incompétente pour connaître de toute exception

5. Voir notamment l'arrêt Morganti du 13 juillet 1995, Série A n° 327 et les arrêts Istituto di Vigilanza, Figus Milone et Goisis du 22 septembre 1993, Série A n° 265-C, 265-D, et 265-E.

6. A l'entrée en vigueur du Protocole n° 9 pour tous les Etats parties à la Convention, l'article 48 sera modifié et intégrera le droit, pour les particuliers, groupes de particuliers et organisations non gouvernementales, de saisir la Cour.

7. Arrêt De Wilde, Ooms et Versyp («affaire vagabondage») du 18 juin 1971, Série A n° 12, pp. 29-30, par. 47-52.

8. Voir notamment l'arrêt Van Oosterwijck du 6 novembre 1980, Série A n° 40, p. 13, par. 25; arrêt Cardot du 19 mars 1991, Série A n° 200, p. 19.

d'irrecevabilité non formulée au niveau de la Commission par l'Etat concerné. La Cour a invoqué cet argument de préclusion dans plusieurs affaires[9].

En ce qui concerne les arguments de forclusion, la Cour a déclaré, dans l'affaire Olsson, que «si une Partie entend soulever une exception préliminaire, elle en formule et motive le texte par écrit, au plus tard au moment où elle avise le président de son intention de ne pas présenter de mémoire». Si le gouvernement ne fait pas cette déclaration et ne fait valoir son exception qu'à l'audience, celle-ci doit être rejetée pour tardiveté[10]. Il importe, toutefois, de comprendre que la Cour ne peut appliquer le principe de la forclusion que dans les cas où elle jouit d'un certain pouvoir discrétionnaire. Par exemple, dans l'affaire Gillow, la Cour a donné plein effet à une déclaration faite par le gouvernement du Royaume-Uni indiquant qu'il n'avait pas étendu les dispositions du Protocole n° 1 à la Convention au bailliage de Guernesey, où l'affaire trouvait son origine. Bien que le Royaume-Uni n'ait soulevé ce point qu'à l'issue de l'ensemble des stades de la requête – à l'exception de la publication de l'arrêt à la Cour – la Cour a néanmoins admis qu'elle ne pouvait conclure à l'intention du gouvernement d'être lié par le Protocole, dont les termes exigeaient une déclaration explicite dans ce sens[11].

La jurisprudence de la Cour est telle aujourd'hui qu'elle se déclare compétente pour soumettre les questions de recevabilité à un nouvel examen. Alors que, dans l'arrêt Ooms, De Wilde et Versyp («affaire vagabondage»), la Commission a mis en doute la compétence de la Cour à cet égard[12], elle a, dans l'affaire Klass, invité la Cour à examiner le point de savoir si les requérants pouvaient être considérés comme les «victimes» d'une violation de leurs droits, tels que garantis par la Convention[13]. En réalité, les conséquences n'étaient pas radicales dans cette affaire, puisque la Cour a souscrit à l'avis de la Commission, à savoir que les requérants pouvaient être considérés comme des «victimes». La situation était différente dans l'affaire Van Oosterwijck, où la Commission a conclu que le requérant avait satisfait à la condition de l'épuisement des voies de recours internes. La Cour a toutefois décidé que le requérant n'avait pas correctement rempli cette condition et a déclaré, en conséquence, qu'elle n'examinerait pas le bien-fondé de la requête[14]. Dans l'affaire Vijayanathan et Pusparajah, la Cour s'est également inscrite en faux contre l'avis de la Commission et a décidé que, compte tenu des faits de la cause, les requérants ne pouvaient pas prétendre «avoir été victime(s) d'une violation» au sens de l'article 25 par. 1[15].

Continuité de la procédure pendant toute la durée de l'examen d'une requête

En ce qui concerne les procédures qui régissent l'examen d'une requête, la Commission et la Cour exercent de nombreux types similaires de contrôle de procédure et de compétence.

9. Voir notamment l'arrêt Schiesser du 4 décembre 1979, Série A n° 34, et l'arrêt Artico du 13 mai 1980, Série A n° 37 (tous deux pour ce qui concerne le non-épuisement des voies de recours internes).

10. Arrêt Olsson du 24 mars 1988, Série A n° 130, p. 28, par. 56.

11. Arrêt Gillow du 24 novembre 1986, Série A n° 109.

12. Arrêt De Wilde, Ooms et Versyp («affaire vagabondage») du 18 juin 1971, Série A n° 12.

13. Arrêt Klass et al. du 6 septembre 1978, Série A n° 28, p. 15, par. 27.

14. Arrêt Van Oosterwijck du 6 novembre 1980, Série A n° 40, p. 20.

15. Arrêt Vijayanathan et Pusparajah du 27 août 1992, Série A n° 241-B.

Par exemple, si la Commission accorde une assistance judiciaire à un requérant démuni, la Cour maintient, normalement, les conditions de cette assistance pendant toute la durée de son propre examen de la requête[16]. A ce stade de la procédure, le requérant doit être représenté devant la Cour. Le président de la Cour peut, toutefois, autoriser le requérant à présenter sa cause lui-même pour autant qu'il soit, si besoin est, assisté d'un avocat ou d'une autre personne[17]. De même, la Cour confirmera, normalement, toute demande formulée précédemment par la Commission invitant un Etat défendeur à prendre certaines mesures provisoires en attendant qu'il soit statué sur une requête[18].

Au niveau de la Commission, les procédures écrites et orales se déroulent généralement dans une des deux langues officielles du Conseil de l'Europe. L'article 27 du règlement de la Cour prévoit toutefois que le président peut autoriser l'utilisation d'une autre langue à l'audience. Si cette autorisation est accordée, la partie concernée devra assurer l'interprétation en français ou en anglais des plaidoiries et déclarations de ses agents, conseils ou conseillers. Le président détermine, par ailleurs, dans quelle mesure la partie concernée devra supporter les frais supplémentaires entraînés par l'emploi d'une langue non officielle. Les autres personnes qui comparaissent devant la Cour, notamment les témoins et les experts, peuvent s'exprimer dans leur propre langue si elles n'ont pas une connaissance suffisante de l'une ou l'autre des deux langues officielles. Le greffier prend, en pareil cas, les dispositions nécessaires pour assurer l'interprétation en anglais ou en français de leurs déclarations. Toutefois, les documents et les actes de procédure, notamment le rapport de la Commission, ne seront pas traduits dans une langue non officielle, pas plus que l'arrêt, sauf décision contraire de la Cour. (La Cour a, dans quelques occasions, pris des dispositions pour faire traduire un arrêt en allemand lorsque celui-ci concernait un pays germanophone.)

Les procédures devant la Cour

Au niveau de la Commission, les procédures au titre de la Convention européenne des Droits de l'Homme peuvent se dérouler soit entièrement par écrit, soit pour partie par écrit et pour partie sous la forme d'audiences. Au niveau de la Cour européenne des Droits de l'Homme, en revanche, la règle est de combiner les deux. Lorsqu'une requête a été déférée à la Cour, le président établit l'échéancier des étapes futures, et notamment le calendrier des audiences. Il tiendra compte pour ce faire du degré d'urgence de la situation concernée, de façon à assurer le règlement le plus prompt possible.

Les mêmes règles de procédures s'appliquent, que la Cour européenne des Droits de l'Homme siège en Chambre, en Grande Chambre ou en assemblée plénière[19]. Ces règles régissent les procédures tant écrites qu'orales devant la Cour.

16. Article 3 par. 1 de l'addendum au règlement de la Cour.

17. Article 30 du règlement de la Cour.

18. Voir notamment l'arrêt Soering du 7 juillet 1989, Série A n° 161 et l'arrêt Vijayanathan et Pusparajah du 27 août 1992, Série A n° 241-B.

19. Les règles applicables au renvoi des requêtes devant la Cour diffèrent selon que l'Etat Partie a ou non ratifié le Protocole n° 9.

La procédure écrite

Les procédures devant la Cour européenne des Droits de l'Homme débutent normalement par une phase écrite. Le président de la Cour consulte les parties sur le point de savoir si elles jugent une procédure écrite nécessaire. Si c'est le cas, il fixe les échéances pour la remise des mémoires et autres documents. Les parties peuvent, dans le délai ainsi imparti, soumettre des exceptions préliminaires concernant la compétence, les questions de recevabilité et les autres questions procédurales et techniques qui appellent une réponse de la Cour. De même, toute demande de satisfaction équitable est, idéalement, incluse dans le mémoire ou dans un document spécial transmis au plus tard un mois avant l'audience. Dans la phase écrite, les parties peuvent, par principe, réagir aux documents des autres parties. La Cour peut recueillir des informations supplémentaires de diverses manières, y compris en procédant à des activités de recherche de faits ou d'enquête. Le rapport de la Commission constitue la source première d'informations, mais la Cour n'est tenue ni par son contenu factuel ni par ses conclusions juridiques.

En principe, tous les documents transmis à la Cour sont accessibles au public. Ces documents comprennent le rapport de la Commission qui, normalement, devient public après que la requête est déférée à la Cour, ainsi que toutes les conclusions ultérieures. Lorsque certains documents ne sont pas rendus publics, le motif de non-publicité peut être révélé, par exemple la nécessité de protéger la vie privée des parties concernées.

La procédure orale

L'audience devant la Cour se compose de trois argumentations distinctes: celle de la Commission (présentée, en règle générale, par le délégué de la Commission qui avait la responsabilité principale de l'affaire au cours des phases antérieures), celle du mandataire légal du requérant, et celle du représentant de l'Etat défendeur. Lorsqu'un deuxième Etat a saisi la Cour, un représentant de cet Etat a également le droit d'être entendu au cours de la procédure orale. La Cour peut, à la demande de l'une des parties, entendre des témoins, des experts ou toute autre personne à un autre titre, dont la déposition ou les déclarations lui paraissent utiles. Les frais engagés par ces personnes incombent à la partie qui a demandé leur comparution, sauf décision contraire de la Cour. Dans les autres cas, la Cour décide si ces frais incomberont au Conseil de l'Europe ou s'il échet de les mettre à la charge du requérant ou d'un tiers à la demande de qui a lieu la comparution[20]. Lorsque la citation d'une personne en qualité de témoin ou d'expert soulève des objections, la Cour décide en dernier ressort si ladite personne sera entendue. La Cour, à l'instar de la Commission, ne dispose d'aucun moyen propre de contraindre un témoin, un expert ou toute autre personne à comparaître devant elle.

Contrairement aux audiences relatives à la recevabilité devant la Commission européenne des Droits de l'Homme, les audiences devant la Cour sont publiques. La Cour peut toutefois, dans certains cas, tenir les audiences à huis clos, par exemple lorsqu'elle juge nécessaire de protéger la vie privée du ou des requérants en l'espèce.

20. Article 42 du règlement de la Cour.

Le rôle de la Commission devant la Cour

Lorsqu'une requête a été déférée à la Cour, la Commission désigne un de ses membres en qualité de délégué de la Commission auprès de la Cour[21]. Ce délégué représente l'ensemble de la Commission et «se conforme aux directives que la Commission peut [lui] donner.»[22] Souvent, ce délégué sera la personne qui a agi en tant que rapporteur pour la requête pendant toute la procédure propre de la Commission. Le rôle de la Commission dans une audience devant la Cour comprend plusieurs fonctions complémentaires qui, toutes, ont acquis divers degrés d'importance au fil de l'évolution de la pratique de la Cour. La Commission déférera une requête à la Cour uniquement lorsqu'elle estime que la requête soulève des questions importantes par rapport à la Convention ou lorsqu'elle était elle-même fortement divisée sur la décision finale à prendre en l'espèce, de sorte qu'une des fonctions de la Commission à l'audience consiste à passer en revue pour la Cour les moyens figurant dans le rapport de la Commission relatif à la requête. On attend du délégué qu'il le fasse avec objectivité et impartialité. Cela étant dit, toutefois, la Cour a elle-même admis l'iniquité possible de ses propres contraintes procédurales, qui autorisent uniquement le requérant à participer à l'audience concernant sa propre requête par la grâce du règlement de la Cour. Dans son tout premier arrêt, la Cour a résolu la question en établissant le principe que la Commission a l'obligation de sauvegarder les intérêts du requérant qui n'a pas eu le droit de comparaître devant la Cour[23].

La position du particulier requérant pendant la procédure devant la Cour

A l'heure actuelle, la position du particulier requérant dans la procédure devant la Cour est relativement complexe. Lorsque la Convention européenne des Droits de l'Homme a été initialement ouverte à la signature et à la ratification, son article 48 énumérait les parties habilitées à saisir la Cour[24]. Etait absent de cette énumération le particulier qui avait initialement fait valoir qu'il était la victime d'une violation de la Convention.

Dans l'affaire Lawless, la Cour a confirmé que les objectifs de l'ensemble de la procédure relative aux garanties établies par la Convention visaient l'individu et qu'une administration correcte de la justice impliquait que la Cour soit informée du point de vue de celui-ci et, le cas échéant, en tienne compte[25]. Dans son arrêt final dans cette affaire, la Cour a déclaré, en outre, qu'il appartenait à la Commission de décider si elle jugeait nécessaire de communiquer les observations propres du requérant à la Cour ou d'inviter soit le requérant lui-même, soit son mandataire, à assister les délégués de la Commission pendant la procédure devant la Cour. Si la Commission décide de faire usage de sa latitude d'offrir ces possibilités au requérant, la Cour ne considérerait pas cela comme interdit en tant que «participation personnelle»[26]. Comme observé plus haut, cette affaire a également consacré

21. Article 29 par. 1 du règlement de la Cour.

22. Article 63 par. 1 du règlement intérieur de la Commission des Droits de l'Homme.

23. Affaire Lawless (exceptions préliminaires) arrêt du 14 novembre 1960, Série A n° 1, pp. 14-15. Voir également l'exposé ci-dessous sous le titre «Position du particulier requérant pendant la procédure devant la Cour».

24. Voir l'exposé ci-dessus.

25. Affaire Lawless (exceptions préliminaires), arrêt du 14 novembre 1960, Série A n° 1, pp. 15-16.

26. Arrêt Lawless du 7 avril 1961, Série A n° 2, p. 24.

le principe selon lequel la Commission avait l'obligation d'agir pour la défense d'un particulier requérant qui n'était pas en mesure de comparaître devant la Cour en tant que partie.

L'affaire De Wilde, Ooms et Versyp («affaire vagabondage») correspond au début d'une deuxième étape de l'évolution du rôle de la Commission en tant que représentant non officiel du particulier requérant. Dans cette affaire, le gouvernement belge s'est élevé contre le fait que la Commission avait fait appel à l'aide de l'avocat même qui avait assisté les requérants au cours des étapes initiales de la procédure à Strasbourg. La Cour a non seulement autorisé l'initiative de la Commission mais a rejeté l'alternative du gouvernement belge au motif que «la personne assistant les délégués doit se borner, dans ses déclarations, à présenter à la Cour des explications sur les points que lui indiquent les délégués, et ce toujours sous le contrôle et la responsabilité de ces derniers»[27].

La tendance consistant à impliquer le particulier requérant dans la procédure de la Cour a finalement été intégrée dans le Règlement de la Cour. L'article 33 par. 3 d) énonce que, dès réception par la Cour d'une requête introduite par une des parties habilitées visant à faire examiner une affaire, le greffier prendra contact avec la personne physique, l'organisation non gouvernementale ou le groupe de particuliers qui avait saisi la Commission en vertu de l'article 25 de la Convention, afin d'inviter le ou les requérant(s) à lui indiquer dans les deux semaines s'il(s) entend(ent) participer à la procédure pendante devant la Cour. Dans l'affirmative, le ou les requérant(s) doi(ven)t ensuite lui indiquer les nom et adresse de la personne désignée en qualité de représentant dans l'affaire. L'article 37 prévoit la participation du requérant à l'échange d'observations écrites, et les articles 38 et 39 régissent sa participation à l'audience.

Le Protocole n° 9 à la Convention européenne des droits de l'homme est entré en vigueur à la fin de 1994. Le Protocole modifie l'article 48 de la Convention et autorise une personne physique à déférer une affaire devant la Cour, sous réserve d'un processus d'examen préalable qui constitue une autorisation d'introduction d'un recours.

Intervention de tierces parties

L'article 37 par. 2 du Règlement de la Cour dispose que le président de la Cour peut, dans l'intérêt d'une bonne administration de la justice, inviter ou autoriser tout Etat contractant non partie en cause à présenter des observations écrites sur des points précis. Cette invitation ou autorisation à intervenir peut également être adressée à une personne physique ou à une organisation non gouvernementale non partie à la cause, si cette personne ou organisation peut établir qu'elle est intéressée à l'issue de l'affaire et peut apporter des informations ou des arguments utiles à la Cour dans son examen de celle-ci. La Cour a autorisé l'intervention d'Etats contractants non parties à certaines procédures (l'Allemagne et le Portugal dans l'affaire Ruiz-Mateos, dans laquelle le litige portait sur l'équité de la procédure devant la Cour constitutionnelle espagnole[28]), d'organisations non gouvernementales possédant une expérience particulière dans un domaine litigieux dans une affaire donnée, et même de

27. Arrêt De Wilde, Ooms et Versyp («affaire vagabondage») (sur les questions de procédure) du 18 novembre 1970, Série A n° 12, pp. 7-8.

28. Arrêt Ruiz-Mateos du 23 juin 1993, Série A n° 262.

particuliers directement intéressés à l'issue de la procédure (par exemple, le cas de grands-parents exerçant la tutelle sur un enfant dont le père contestait à la fois le droit de tutelle et l'accès dont il était assorti[29]). En revanche, la Cour a également rejeté des demandes d'intervention lorsque la jurisprudence de la Cour est fixée (par exemple à l'Association internationale lesbienne et gay dans l'affaire Modinos relative à l'interdiction de relations homosexuelles entre adultes à Chypre[30]).

La Cour peut, au cours de la procédure orale, prier toute personne ou institution de son choix de recueillir des informations, exprimer un avis ou lui faire rapport, sur un point déterminé[31]. Dans l'affaire de l'Union nationale de la police belge, la Cour a marqué son accord au cours de l'audience pour entendre le Secrétaire général de l'Union. La Cour l'a également autorisé à présenter des réponses écrites à deux questions, qui ont été ensuite déférées à la Commission et au gouvernement. Celui-ci a présenté des observations écrites en réponse[32].

Compte tenu de la jurisprudence de la Cour européenne des Droits de l'Homme au regard de la création d'une norme européenne commune pour la protection des droits de l'homme, jointe au fait qu'il est difficile, pour les organisations non gouvernementales, d'établir leur propre statut de victimes au sens de l'article 25 de la Convention, il est étonnant qu'il y ait eu aussi peu d'interventions de parties tierces devant la Cour. Toutefois, la publicité donnée à certaines interventions antérieures a rendu cette forme de recours de plus en plus attrayante aux yeux des organisations non gouvernementales engagées dans les questions qui relèvent des droits de l'homme.

Radiation du rôle

La Cour peut, à l'instar de la Commission, rayer une affaire de son rôle dans certains cas. Elle peut le faire, par exemple, lorsque la Commission a rempli avec succès sa mission de recherche d'un règlement amiable entre les parties alors que l'affaire est pendante devant la Cour, comme ce fut le cas dans l'affaire De Becker[33]. Il va de soi que les parties peuvent conclure un règlement amiable en-dehors du cadre procédural fixé par les organes de Strasbourg, bien qu'il semble s'agir ordinairement de règlements financiers relatifs à des violations déjà constatées par la Cour[34]. L'article 49 par. 1 du Règlement de la Cour prévoit qu'une affaire introduite non pas par la Commission mais par l'Etat mis en cause peut être rayée du rôle si l'Etat requérant fait connaître au greffier son intention de se désister et si les autres parties concernées acceptent le désistement. Il peut arriver qu'un Etat soutienne que le requérant a marqué «implicitement» qu'il n'était plus intéressé par la poursuite de l'affaire et qu'il convient, dès lors, que la Cour raye celle-ci de son rôle. La Cour repoussera ce type

29. Arrêt Hokkanen du 23 septembre 1994, Série A n° 299-A.

30. Arrêt Modinos du 22 avril 1993, Série A n° 259.

31. Article 41 par. 2 du Règlement de la Cour.

32. Arrêt Union nationale de la police belge, du 27 octobre 1975, Série A n° 19. On notera que les règles de procédure qui régissent l'intervention étaient numérotées différemment à l'époque, mais que leur dispositif est resté sensiblement le même.

33. Arrêt De Becker du 27 mars 1962, Série A n° 4.

34. Voir notamment l'arrêt du 29 septembre 1987 dans les affaires Erkner et Hofauer, Série A n° 124-D et Poiss, Série A n° 124-E.

d'argument, sauf si l'intention de retrait du requérant lui semble claire ou si l'Etat apporte la preuve de l'existence d'un arrangement amiable ou de tout autre arrangement qui offre une solution au litige[35]. Après notification par l'Etat, la Commission est invitée à rendre un avis. Ceci se produit habituellement lorsque les parties ont convenu de l'une ou l'autre forme de règlement. Si les parties et les organes de Strasbourg marquent leur accord sur les conditions du règlement négocié, la Cour prend note des faits et des conditions dans un bref arrêt, qu'elle transmet ensuite au Comité des Ministres. Celui-ci vérifie alors l'accomplissement de toute obligation éventuelle contractée par les parties en vertu du règlement négocié.

Arrêt de la Cour

A l'issue de l'audience, la Cour délibère à huis clos. Les décisions sont prises à la majorité des voix, celles-ci étant émises dans l'ordre inverse du rang des juges[36]. En cas de parité des voix, le président émet un vote afin de lever la parité. Après les délibérations, un certain temps se déroule avant que l'arrêt ne soit prononcé. Le délai qui sépare le renvoi d'une affaire devant la Cour et le prononcé de l'arrêt est d'un peu plus d'un an en moyenne.

Outre une partie liminaire qui décrit les questions procédurales pertinentes, tout arrêt de la Cour comprend un exposé des faits de la cause, des extraits, accompagnés le cas échéant de traductions, du droit interne applicable et des décisions des autorités ou juridictions nationales, ainsi qu'une synthèse des positions des parties au litige et de la Commission concernant les questions en cause. La Cour donne sa propre analyse des informations et avis précités et émet son avis quant à l'existence d'une violation de la Convention, en spécifiant la disposition éventuellement violée. Chaque membre de la Cour est en droit de présenter par écrit son propre avis, que celui-ci soit conforme ou dissident par rapport à l'avis majoritaire. Dans *tous* les cas, l'arrêt fait l'objet d'un prononcé en public. Cet arrêt est définitif et contraignant pour l'Etat concerné[37], bien que la Cour n'ait pas elle-même compétence pour exécuter la décision, dont le contrôle est confié au Comité des Ministres.

Satisfaction équitable

L'article 50 de la Convention énonce que, si une Haute Partie contractante viole ses obligations au titre de la Convention et si le droit interne ne prévoit pas de réparation parfaite de cette violation, «la décision de la Cour accorde, s'il y a lieu, à la partie lésée une satisfaction équitable». Il importe de comprendre ici d'emblée que la notion de «satisfaction équitable» recouvre uniquement un dédommagement pécuniaire. Ni la Cour européenne des Droits de l'Homme, ni le Comité des Ministres du Conseil de l'Europe n'a pouvoir pour ordonner à un Etat de prendre une mesure particulière suite à la constatation d'une violation.

35. Voir notamment l'arrêt Gea Catalan du 10 février 1995, Série A n° 309.

36. Article 5 du Règlement de la Cour.

37. Article 53 CEDH.

Applicabilité

Une demande de dédommagement doit être adressée à la Cour par le requérant. L'article 50 du Règlement de la Cour stipule que cette demande doit figurer dans les documents par lesquels la procédure est ouverte ou, si le requérant ne présente pas de mémoire, dans un document spécial déposé par le requérant un mois au moins avant la date fixée pour l'audience. Si aucune demande n'est introduite, la Cour peut fixer un délai au cours duquel la question du dédommagement peut encore être soulevée. Normalement, seul le requérant initial peut introduire une demande de satisfaction au titre de l'article 50. La Cour estime que l'expression «la partie lésée» utilisée à l'article 50 doit être considérée comme synonyme de l'expression «la victime» utilisée à l'article 25. Ces expressions désignent la personne directement affectée par l'acte ou l'omission en cause[38]. Il arrive que la Cour déroge à cette règle lorsque la personne en question peut prétendre être une victime indirecte (par exemple, un membre survivant de la famille d'un requérant décédé).

Bien que la Cour traite généralement les demandes de satisfaction équitable introduites en vertu de l'article 50 dans sa décision concernant le fond de l'affaire, elle use parfois de la latitude qui lui est donnée de faire droit séparément à une demande qui concerne uniquement cette question. Outre le préjudice pécuniaire et la récupération des frais de justice, une demande de dédommagement peut aussi comprendre un élément non pécuniaire.

Dans l'affaire Neumeister, la Cour devait établir si un arrangement conclu entre le requérant et le gouvernement autrichien avait pour effet d'écarter, à l'avance, à toute satisfaction que la Cour pourrait accorder. La Cour a formulé la remarque suivante:

> Eu égard aux responsabilités lui incombant aux termes de l'article 19 de la Convention, la Cour ne se trouverait pas déchargée de sa tâche du seul fait qu'un individu aurait déclaré à son gouvernement renoncer à des droits garantis par la Convention. Même si la Cour aboutissait en l'espèce à la constatation que Neumeister a renoncé à poursuivre sa réclamation, elle ne saurait clore la procédure sans s'assurer au préalable que le but de l'article 50 a été atteint[39].

La Cour a ajouté qu'en revanche, la circonstance qu'un requérant avait dit, à un moment donné, se contenter de la satisfaction obtenue ou à obtenir de son gouvernement, pouvait constituer un élément important, et le cas échéant décisif, quand il s'agit d'apprécier le caractère équitable de cette satisfaction, au sens de l'article 50.

Dans certaines affaires, la Cour a considéré que la constatation d'une violation suffisait à elle seule à offrir une satisfaction équitable[40]. Dans un nombre limité d'affaires, la Cour a, en revanche, accordé des montants importants[41].

38. Arrêt De Wilde, Ooms et Versyp («affaire vagabondage») du 10 mars 1972, Série A n° 14, p. 11, par. 23.

39. Arrêt Neumeister du 7 mai 1974, Série A n° 17, p. 15, par. 33.

40. Arrêt Golder du 21 février 1975, Série A n° 18; dans d'autres affaires, que le versement d'une somme symbolique suffit: 100 florins néerlandais, voir l'arrêt Engel et al. du 23 novembre 1976, Série A n° 22.

41. Arrêt Sunday Times du 6 novembre 1980, Série A n° 38; arrêt Guincho du 10 juillet 1984, Série A n° 81.

Portée de l'article 50

La Cour établit une distinction entre le préjudice résultant d'une violation de la Convention et les frais que le requérant a dû engager pour s'opposer à cette violation devant les juridictions nationales ou pour la faire constater par les organes de Strasbourg[42]. L'octroi d'un dédommagement peut couvrir les frais et dépens consentis par la partie lésée pour tenter d'obtenir réparation, au niveau national, d'une violation de la Convention. Ces frais peuvent comprendre les honoraires et frais d'avocat et les frais de procédure. Les frais dont le remboursement peut être accordé à ce titre pour ce qui est des procédures strasbourgeoises doivent avoir été engagés dans le but d'établir une violation de la Convention devant la Commission, puis devant la Cour. Une satisfaction équitable peut être accordée pour les dépenses consenties à tous les stades de la procédure. Le remboursement peut couvrir les frais et honoraires d'avocat ainsi que les frais de déplacements et de séjour. La Cour prendra également en compte d'autres frais, notamment les services d'experts, les photocopies, les frais postaux et de traduction, pour autant que ceux-ci soient indispensables.

Pour ce qui est du préjudice susceptible de donner lieu à l'octroi d'une satisfaction équitable, la Cour a estimé qu'il devait y avoir un lien de cause à effet entre le préjudice et la violation[43]. Dans l'affaire Hauschildt, la Cour a estimé qu'il n'avait pas été établi qu'il existait un lien entre la violation du droit à un procès équitable prévu par l'article 6 par. 1 et les frais engagés dans le cadre des procédures de faillite en Suisse et dans d'autres pays européens[44]. Dans l'affaire Quaranta, le requérant avait demandé un dédommagement uniquement en ce qui concernait le grief principal, relatif au droit à la liberté énoncé à l'article 5, alors que la Cour n'avait constaté de violation qu'en ce qui concernait un des griefs subsidiaires. La Cour a rejeté la demande par défaut de lien de cause à effet[45].

Restitutio in integrum

La Cour peut examiner une demande même s'il existe des voies de recours internes permettant d'obtenir un certain dédommagement, lorsque la violation, par sa nature, exclut la possibilité de *restitutio in integrum*. Dans l'«affaire vagabondage», le gouvernement belge a soutenu que les demandes de dédommagement étaient irrecevables dans la mesure où, en droit belge, un dédommagement pouvait être obtenu de l'Etat pour une violation constatée par la Cour dans un arrêt sur le bien-fondé de la cause. La Cour a rejeté ce moyen. Elle a déclaré que:

> [L]es traités internationaux auxquels le texte de l'article 50 a été emprunté avaient plus spécialement en vue le cas où la nature de la lésion permettrait d'effacer en entier les conséquences d'une violation, mais où le droit interne de l'Etat en cause y fait obstacle. Néanmoins, les termes de l'article 50, qui reconnaissent à la Cour la compétence d'accorder à la partie lésée une satisfaction équitable, couvrent aussi l'hypothèse où l'impossibilité de

42. Voir notamment l'arrêt Neumeister du 7 mai 1974, Série A n° 17, pp. 20-21, par. 43.

43. Arrêt Benthem du 23 octobre 1985, Série A n° 97, p. 19, par. 46.

44. Arrêt Hauschildt du 24 mai 1989, Série A n° 154, p. 25, par. 60.

45. Arrêt Quaranta du 24 mai 1991, Série A n° 205, pp. 18-19, par. 40–43.

restitutio in integrum résulte de la nature même de la lésion; bien mieux, le sens commun indique qu'il doit *a fortiori* en être ainsi[46].

La Cour a ainsi fait une distinction entre les cas dans lesquels la *restitutio in integrum* était possible et ceux où elle ne l'était pas. Elle a estimé, dans les deux affaires, qu'elle était en droit d'accorder une satisfaction équitable à la partie lésée.

D'après la jurisprudence de la Cour, le remboursement des frais et dépens ne sera accordé au titre de l'article 50 que pour autant qu'il soit établi 1) qu'ils ont été effectivement engagés, 2) qu'ils devaient nécessairement l'être et 3) que leur montant était raisonnable[47].

En ce qui concerne la première condition, le requérant doit apporter la preuve qu'il a effectivement payé les frais qu'il fait valoir ou qu'il en est redevable. Tant que le gouvernement ne s'oppose pas à la demande, la Cour considère, normalement, que la partie lésée a effectué les débours ou sera tenue de le faire. Dans l'affaire Wassink et, par la suite, dans l'affaire Koendjbihari, les requérants, qui avaient bénéficié d'une assistance judiciaire gratuite, ont réclamé un certain montant correspondant aux débours et honoraires de leur avocat. Le gouvernement néerlandais a fait valoir que les requérants avait reçu une assistance judiciaire et qu'en droit néerlandais, les règles de la profession interdisaient à l'avocat de réclamer à ses clients un montant en sus de celui versé au titre de cette assistance. La Cour a estimé que le fait que les requérants avaient bénéficié d'une assistance judiciaire ne signifiait pas, à lui seul, qu'ils ne fussent pas tenus de régler la note d'honoraires établie par leurs avocats et jointe à la demande formulée en vertu de l'article 50. La Cour a renversé la charge de la preuve et, en conséquence, il appartenait au gouvernement de prouver que les requérants n'avaient pas eu à débourser les montants qu'ils réclamaient. La Cour a déclaré qu'«en l'absence d'une preuve contraire», elle devait admettre que les requérants étaient tenus de payer à leurs avocats le montant de cette note, moyennant déduction des sommes perçues du Conseil de l'Europe[48].

Lorsque le requérant a bénéficié d'une assistance judiciaire gratuite pour la procédure strasbourgeoise, son avocat ne peut inclure directement ses honoraires dans la demande de dédommagement, à moins que le requérant ne soit en mesure de prouver qu'il est redevable d'un supplément d'honoraires à son avocat. C'est ainsi que, dans l'affaire Luedicke, Belkacem et Koc, la Cour a observé que l'avocat du requérant ne pouvait se fonder sur l'article 50 pour tenter d'obtenir une satisfaction équitable pour lui-même. Il avait accepté librement les conditions applicables à l'assistance judiciaire accordée à son client, y compris le barème des honoraires[49]. Dans l'affaire Pakelli, toutefois, l'avocat n'avait pas renoncé à exercer son droit d'être dédommagé pour ses frais. La Cour a toutefois souligné que, dans une affaire relative aux droits de l'homme, un avocat agissait dans l'intérêt général s'il convenait de représenter ou d'aider une partie à un litige, même si celle-ci n'est pas en mesure de le payer

46. Arrêt De Wilde, Ooms et Versyp («affaire vagabondage») du 10 mars 1972, Série A n° 14, p. 9, par. 20.

47. Arrêt Piermont du 27 avril 1995, Série A n° 314, p. xxx, par. 96; arrêt Neumeister du 7 mai 1974, Série A n° 17, pp. 20-21 par. 43; arrêt König du 10 mars 1980, Série A n° 36, pp. 18-19, par. 23-27; arrêt Sunday Times du 6 novembre 1980, Série A n° 38, p. 13, par. 23.

48. Arrêt Wassink du 27 septembre 1990, Série A n° 185, p. 15, par. 42; arrêt Koendjbihari du 25 octobre 1990, Série A n° 185-B, p. 42, par. 35.

49. Arrêt Luedicke, Belkacem et Koc du 10 mars 1980, Série A n° 36, p. 8, par. 15.

immédiatement, et a inclus, dans les frais à rembourser en vertu de l'article 50, un montant approprié d'honoraires pour l'avocat[50].

La Cour a appliqué de manière large le deuxième critère, à savoir la nécessité d'engager certaines dépenses, de manière à permettre le remboursement des coûts liés à des actes jugés utiles, plutôt que «nécessaires», pour le déroulement correct de la procédure. Dans l'affaire König, le requérant a demandé à recouvrer les dépenses personnelles résultant essentiellement de ses déplacements à Strasbourg. La Cour a observé que, bien qu'il n'eût pas le statut de partie à la procédure devant elle, la présence du requérant dans la salle d'audience n'en revêtait pas moins une grande valeur puisqu'elle pouvait fournir à la Cour le moyen d'avoir directement l'avis du requérant sur les questions qui l'affectaient. La Cour a, dès lors, décidé de dédommager le requérant pour les frais subis dans ce contexte[51].

Dans l'affaire Neumeister, la Cour n'a pas fait de différence entre les frais imputables aux recours qui aboutissent et aux recours qui échouent[52]. La Cour a adopté la même position dans l'affaire Sunday Times, dans laquelle le gouvernement britannique avait contesté la nécessité de certaines dépenses faites dans le cadre de la procédure devant les organes de Strasbourg, dont le requérant réclamait le remboursement. Le gouvernement a fait valoir que ces dépenses concernaient des observations soumises par l'entreprise requérante et qui avaient été rejetées par la Commission et la Cour. Celles-ci ont estimé que ces frais n'étaient pas *ex hypothesi* nécessaires à l'établissement de l'existence d'une violation de la Convention. La Cour n'a pas souscrit à l'opinion du gouvernement et a déclaré que:

> S'il correspond à l'intérêt d'une saine et prompte administration de la justice de ne pas accabler les organes de la Convention de moyens étrangers à la cause, on ne saurait qualifier de la sorte les arguments dont il s'agit ici. Ils avaient tous trait à la situation qui résultait, pour les requérants, de l'injonction ordonnée par la Chambre des Lords et l'article 10 se trouvait au cœur de chacun d'eux. En outre, un juriste a le devoir de présenter la défense de son client avec autant d'ampleur et de talent qu'il en est capable: or on ne saurait jamais prédire à coup sûr quel poids un tribunal attachera à tel moyen, sauf si ce dernier est manifestement oiseux ou sans valeur[53].

La Cour doit enfin vérifier si le montant des frais est raisonnable. Il s'agit d'une question de proportionnalité. La Cour a observé ce qui suit à cet égard, dans l'affaire Young, James et Webster:

> [D]es frais élevés de procédure peuvent constituer en soi un sérieux obstacle à la protection efficace des droits de l'homme. [La Cour] aurait tort d'encourager pareille situation dans les décisions qu'elle rend en la matière au titre de l'article 50. Il importe qu'un requérant ne rencontre pas de difficultés financières anormales en présentant des griefs en vertu de la

---

50. Arrêt Pakelli du 25 avril 1983, Série A n° 64, p. 20, par. 47.

51. Arrêt König du 10 mars 1980, Série A n° 36, p. 19, par. 26.

52. Arrêt Neumeister du 7 mai 1974, Série A n° 17, pp. 19-20, par. 42. Il convient de ne pas confondre la notion de frais imputables et celle de lien de cause à effet entre les violations alléguées et la demande formulée en vertu de l'article 50. La seconde a été examinée ci-dessus, dans la partie consacrée au champ d'application de l'article 50.

53. Arrêt Sunday Times du 6 novembre 1980, Série A n° 38, pp. 14-15, par. 28.

> Convention; la Cour s'estime en droit d'escompter qu'en fixant leurs honoraires les juristes des Etats contractants concourront à la poursuite de ce but[54].

La Cour a répété cet avis dans plusieurs affaires[55].

Honoraires conditionnels

Les accords en matière d'honoraires conditionnels, qui fixent les honoraires de l'avocat à un certain pourcentage du montant éventuellement accordé par la Cour à la partie concernée, sont opposables, par exemple dans le droit des Etats-Unis d'Amérique. Bien que la Cour reconnaisse la légalité de ces accords, elle a rejeté une demande fondée sur ce type d'accord dans l'affaire Dudgeon. Le requérant réclamait un certain montant pour les services professionnels rendus par ses conseillers juridiques avant l'octroi d'une assistance judiciaire par la Commission, qui n'avait pris cours qu'à la date de la décision de recevabilité de la requête. Ce montant était en partie payable selon le système des honoraires conditionnels, en d'autres termes, cette partie n'était due que pour autant que la requête fût déclarée recevable. La Cour a estimé que le système juridique de l'Irlande du Nord n'imposait au requérant aucune obligation légale de paiement de ces honoraires[56].

Relation entre l'article 50 et les autres articles de la Convention

L'article 5 par. 5 prévoit une réparation pour toute détention illicite, et l'article 3 du Protocole n° 7 une indemnisation lorsqu'une personne est condamnée suite à une erreur judiciaire. Les Parties contractantes sont donc tenues de prévoir, dans ces cas, un recours au niveau national. Les demandes formulées au titre de l'une ou l'autre de ces dispositions ne portent pas préjudice à l'octroi d'une satisfaction équitable en vertu de l'article 50. L'article 5 par. 5 de la Convention et l'article 3 du Protocole n° 7 se situent à un niveau différent de celui de l'article 50 de la Convention. Les deux premiers arrêtent des règles de fond, comme le montre leur classement dans les dispositions «normatives» du Titre I de la Convention. Ils garantissent aux personnes un droit dont le respect est obligatoire en tout premier lieu pour les autorités des Etats contractants. L'article 50, en revanche, fixe une règle de compétence, comme le montre son classement au titre IV de la Convention. La compétence relève du niveau international plutôt que du niveau national et attribue à la Cour européenne des Droits de l'Homme le pouvoir, sous certaines conditions, d'accorder une satisfaction équitable à la «partie lésée». La Cour a fait cette distinction entre ces fonctions dans l'affaire Neumeister:

> Si le paragraphe 5 de l'article 5 a soin de spécifier que «toute personne victime» d'une telle infraction «a droit à réparation», il ne s'ensuit nullement que la Cour ne puisse appliquer l'article 50 quand elle a constaté une violation du paragraphe 3, par exemple; il en résulte, sans plus, que dans l'exercice de la large compétence que lui attribue l'article 50 elle doit prendre en considération, entre autres éléments, la règle de fond du paragraphe 5 de l'article 5[57].

---

54. Arrêt Young, James et Webster du 18 octobre 1982, Série A n° 55, p. 8, par. 15.

55. Voir notamment l'arrêt Granger du 28 mars 1990, Série A n° 174 et l'arrêt Lingens du 8 juillet 1986, Série A n° 103.

56. Arrêt Dudgeon du 24 février 1983, Série A n° 59, p. 10, par. 22.

57. Arrêt Neumeister du 7 mai 1974, Série A n° 17, p. 13, par. 30.

A ce jour, il n'y a pas eu de requête au titre de l'article 3 du Protocole n° 7.

Une demande de dédommagement en vertu de l'article 50 est considérée comme une procédure indépendante, mais est étroitement liée à réparation dont doit décider la Cour pour la violation qu'elle a constatée. Dans l'affaire De Wilde, Ooms et Versyp, la Cour a estimé qu'une demande de ce type ne pouvait être considérée comme une nouvelle requête à laquelle s'appliquent les articles 25, 26 et 27 de la Convention. C'est la raison pour laquelle les requérants, en l'espèce, n'avaient pas à épuiser les voies de recours internes dans le cadre de leur demande de satisfaction équitable[58].

Interprétation d'un arrêt

L'article 57 du Règlement «A» de la Cour[59] et l'article 59 du Règlement «B» de la Cour[60] autorisent soit une partie soit la Commission à «demander l'interprétation d'un arrêt dans les trois ans qui suivent le prononcé». Cette demande est adressée, pour autant que faire se peut, aux mêmes juges que ceux qui ont rendu la décision. Cet article n'a été invoqué qu'une seule fois à ce jour, par l'Autriche, pour un arrêt rendu en vertu de l'article 50 dans l'affaire Ringeisen[61]. Dans cette affaire, l'Autriche avait procédé à la saisie des biens du requérant en vue de récupérer des sommes dues à l'Etat autrichien. En droit autrichien, les biens ainsi saisis comprenaient le montant adjugé que l'Autriche était tenue de verser au requérant en exécution de l'arrêt de la Cour européenne des Droits de l'Homme rendu en vertu de l'article 50, ce qui annulait l'effet du montant adjugé. La Cour a interprété son propre arrêt en la matière en précisant que le montant adjugé en vertu de l'article 50 devait être versé personnellement à la partie lésée et ne pouvait faire l'objet d'une saisie. Dans l'affaire Hauschildt, toutefois, la Cour a estimé que le gouvernement devait verser au requérant une certaine somme pour les frais et dépens[62]. Le gouvernement a considéré que, puisque la somme adjugée par la Cour ne concernait aucun préjudice pécuniaire ou non pécuniaire subi par le requérant, elle pouvait légitimement être portée en déduction du montant restant dû par le requérant aux autorités du Danemark. Le Comité des Ministres, exerçant sa compétence de contrôle en vertu de l'article 54, a pris note de cette information fournie par le gouvernement danois et a décidé qu'un recours supplémentaire était superflu[63].

Demande en révision d'un arrêt

Une des parties à un litige peut demander la révision d'un arrêt en cas de découverte d'un fait nouveau de nature à exercer une influence décisive sur l'affaire[64]. Il doit s'agir d'un fait

---

58. Arrêt De Wilde, Ooms et Versyp («affaire vagabondage») du 10 mars 1972, Série A n° 14, p. 8, par. 15.

59. Le Règlement «A» de la Cour s'applique aux Etats Parties qui n'ont pas ratifié le Protocole n° 9 à la Convention européenne des Droits de l'Homme.

60. Le Règlement «B» de la Cour s'applique aux Etats Parties qui ont ratifié le Protocole n° 9 à la Convention européenne des Droits de l'Homme.

61. Arrêt Ringeisen du 23 juin 1973, Série A n° 16.

62. Arrêt Hauschildt du 24 mai 1989, Série A n° 154.

63. Résolution du Comité des Ministres, du 13 février 1991, DH (91)9, Conseil de l'Europe, Feuille d'information n° 28, pp. 134-135.

64. Article 58 du règlement «A» de la Cour; article 60 du règlement «B» de la Cour.

qui, à l'époque du prononcé de l'arrêt, était inconnu de la Cour, de la Commission ou du demandeur en révision. La demande en révision d'un arrêt doit être introduite dans le délai de six mois à compter du moment où le fait est découvert. A ce jour, la Cour n'a jamais été saisie d'une demande en révision d'un arrêt.

Examen d'une affaire par le Comité des Ministres du Conseil de l'Europe

Si une affaire n'est pas soumise à la Cour dans les trois mois qui suivent sa présentation au Comité des Ministres, c'est ce dernier qui doit déterminer s'il y a eu violation de la Convention[65]. L'article 2 des Règles adoptées par le Comité des Ministres en vue de l'application de l'article 32 de la Convention européenne des Droits de l'Homme prévoit que tous les membres du Comité sont pleinement habilités à participer aux délibérations et au processus décisionnel concernant les affaires liées à la Convention européenne des Droits de l'Homme, qu'un Etat membre ait ou non ratifié la Convention.

La Commission européenne des Droits de l'Homme n'est pas partie à la procédure devant le Comité des Ministres, même si ses rapports forment la base des délibérations du Comité. Le Comité ne s'estime lié ni par les conclusions de la Commission ni par les observations transmises à la Commission par les parties. Mieux, l'article premier du Règlement prévoit que le Comité des Ministres peut demander aux parties de déposer d'autres observations, entendre des témoins ou des experts, etc.

Après un examen du rapport, dont le contenu n'est généralement pas communiqué au requérant à ce stade, le Comité doit déterminer, à la majorité des deux tiers de ses membres, s'il y a eu violation de la Convention. Si cette majorité ne peut être réunie, le Comité adopte, normalement, une Résolution par laquelle il déclare qu' «il n'y a pas lieu de prendre d'autres mesures» dans l'affaire donnée. Bien que la forme de cette décision soit légalement correcte, elle a pour effet de laisser un requérant lésé, dont l'affaire a bénéficié de l'appui des organes judiciaires du système de Strasbourg, privé de toute réparation ou protection effectives, ce qui peut être considéré comme un déni de justice au sens de la Convention elle-même. Le 25 mars 1992, le Protocole n° 10 à la Convention européenne a été ouvert à la signature. Ce protocole modifie la procédure de vote du Comité des Ministres, telle qu'elle est fixée par l'article 32, en substituant la majorité simple à la majorité des deux tiers prévue dans cet article. Le protocole entrera en vigueur lorsque toutes les parties à la Convention auront exprimé leur consentement à être liées par lui.

Lorsque le Comité des Ministres estime qu'il y a eu violation de la Convention, l'Etat contractant concerné est tenu de prendre les mesures appropriées, dans un délai à prescrire par le Comité. Par ailleurs, le Comité est habilité à formuler des conseils, suggestions ou recommandations à l'adresse de l'Etat concerné pour autant qu'ils soient strictement liés à la violation en question. Il peut également recommander le versement d'un certain montant au requérant en tant que dédommagement des dépenses consenties dans le cadre de la procédure devant la Commission, ou en tant que satisfaction équitable pour d'autres préjudices subis[66]. Le Comité invitera généralement la Commission à formuler des

65. Article 32 CEDH.

66. L'article 5 du Règlement du Comité des Ministres, dans la formulation antérieure à 1992, prévoyait uniquement une recommandation, adressée à l'Etat défendeur, de versement d'un dédommagement.

propositions concernant, en particulier, le caractère approprié, la nature et l'ampleur de la satisfaction équitable à accorder à la partie lésée[67].

Contrôle et exécution des décisions du Comité des Ministres

Le stade final de la procédure – le contrôle de l'exécution de ses propres décisions – intervient à l'issue du délai prescrit pour l'adoption des mesures spécifiées par le Comité des Ministres en vertu de l'article 32 par. 2. Si le Comité, à l'issue du délai prescrit, constate que l'Etat concerné n'a pas adopté de manière satisfaisante les mesures indiquées, il peut décider de l'effet à donner à sa décision initiale et peut aussi, à titre de sanction implicite, publier le rapport de la Commission concernant l'affaire.

Il n'y a pas eu, à ce jour, d'affaire dans laquelle le Comité ait prescrit pareil délai. Dans l'Affaire grecque, le Comité des Ministres a estimé qu'un grand nombre d'articles de la Convention avaient été violés. Toutefois, la Grèce s'est retirée du Conseil de l'Europe et a dénoncé la Convention avant que le Comité n'adopte sa résolution dans cette affaire. Le Comité a indiqué que le gouvernement grec n'était pas disposé à se conformer à ses obligations continues en vertu de la Convention et, ainsi, au système de garantie collective des droits de l'homme institué par elle et que «par conséquent, le Comité des Ministres se trouve appelé à traiter d'une affaire dans des conditions qui ne sont pas précisément celles prévues par la Convention». Il a conclu qu'il n'y avait pas de base permettant de prendre d'autres mesures en vertu de l'article 32 par. 2[68]. Toutefois, le Comité a publié le volumineux rapport de la Commission dans cette affaire[69].

Contrôle et exécution, par le Comité des Ministres, des arrêts de la Cour européenne des Droits de l'Homme

D'une manière générale, les compétences du Comité des Ministres en matière de contrôle et d'exécution sont beaucoup plus simples dans les affaires pour lesquelles la Cour européenne des Droits de l'Homme a rendu un arrêt, puisque les principes concernés sont définis par la Convention européenne elle-même.

L'article 52 de la Convention énonce que l'arrêt de la Cour est définitif. L'article 53 oblige les Hautes Parties contractantes à s'engager à se conformer à la décision de la Cour dans tout litige auquel elles sont parties.

L'article 54 énonce que «l'arrêt de la Cour est transmis au Comité des Ministres qui en surveille l'exécution». Ce contrôle peut consister à surveiller les réformes législatives ou administratives adoptées par les Etats en réponse à une constatation de violation ou, dans le cas des arrêts accordant une «satisfaction équitable» en vertu de l'article 50, à s'assurer que l'Etat a effectué le paiement à la personne en cause. Il va de soi que le Comité, dans le cadre de cet article, traite uniquement les arrêts par lesquels la Cour conclut à une violation de la Convention ainsi que ceux par lesquels une affaire est rayée du rôle de la Cour suite à la conclusion, par les parties, d'un règlement amiable.

67. Article 9 par. 2 du Règlement du Comité des Ministres.

68. Résolution du Comité des Ministres DH (70) 1, du 15 avril 1970.

69. Annuaire de la Convention européenne des Droits de l'Homme, vol. II, première partie, 1969: L'Affaire grecque.

Il importe de se souvenir que le Comité des Ministres n'a pas compétence pour intervenir directement dans le contrôle et l'exécution des arrêts par l'Etat contrevenant dans une affaire précise. Si un Etat membre ne s'acquitte pas de ses obligations, le Comité peut décider des mesures à prendre à la majorité des deux tiers des voix et à la majorité de l'ensemble des membres. Si un Etat décide d'ignorer ou de ne pas exécuter entièrement un arrêt de la Cour ou une décision du Comité des Ministres, il peut arriver fréquemment qu'aucun de ces deux organes ne puisse entreprendre grand-chose pour convaincre l'Etat de respecter la décision qu'ils ont prise. Par exemple, des problèmes peuvent surgir lorsque le seul moyen efficace d'appliquer un arrêt consiste à adopter des réformes législatives et que le pouvoir législatif refuse d'agir dans ce sens. Dans l'affaire Vermeire, la Cour a fait droit au moyen du gouvernement belge selon lequel la loi successorale modifiée suite à l'arrêt dans l'affaire Marckx ne pouvait avoir d'effet rétroactif, mais a rejeté son moyen selon lequel l'arrêt ne pouvait être exécuté avant que la réforme du droit interne n'aboutisse. La Cour a déclaré ce qui suit:

> La liberté de choix reconnue à l'Etat quant aux moyens de s'acquitter de son obligation au titre de l'article 53 ne saurait lui permettre de suspendre l'application de la Convention en attendant l'aboutissement d'une pareille réforme, au point de contraindre la Cour à rejeter en 1991, pour une succession ouverte le 22 juillet 1980, des griefs identiques à ceux qu'elle a accueillis le 13 juin 1979.»[70]

Il est clair qu'il existe des sanctions plus graves, non définies dans la Convention européenne des Droits de l'Homme elle-même. Par exemple, l'article 3 du Statut du Conseil de l'Europe énonce que le respect des droits de l'homme est un principe fondamental qui sous-tend l'accession au Conseil de l'Europe. L'article 8 de ce Statut habilite le Comité des Ministres à suspendre, voire à exclure, du Conseil de l'Europe tout membre qui se rend coupable de violations caractérisées des droits de l'homme. Si le gouvernement grec n'avait pas dénoncé la Convention européenne des Droits de l'Homme et ne s'était pas retiré du Conseil de l'Europe, il est tout à fait possible que le Comité des Ministres aurait exercé son pouvoir de suspendre ou d'exclure la Grèce.

Ce qui précède correspond à une situation exceptionnelle dans l'exécution de décisions par le Comité des Ministres. A cet égard, il convient d'observer que ces circonstances radicales se sont produites dans le contexte d'affaires qui n'avaient pas été déférées à la Cour mais se fondaient essentiellement sur l'activité de la Commission et du Comité.

Faits nouveaux: l'institution d'une Cour unique en vertu du Protocole n° 11

Depuis l'entrée en vigueur de la Convention européenne, le nombre de Parties contractantes a presque triplé. Il s'ensuit que le nombre d'affaires pendantes devant la Commission européenne et la Cour européenne des Droits de l'Homme a connu une croissance exponentielle, imposant une réforme des mécanismes de contrôle. Ces réformes visent à améliorer l'efficacité des moyens de protection, à abréger les procédures et à maintenir le niveau actuel de qualité de la protection des droits de l'homme. Le Comité des Ministres et le Conseil de l'Europe ont, en mai 1994, adopté à cette fin le Protocole n° 11 à la

70. Arrêt Vermeire du 29 novembre 1991, Série A n° 214-C, p. 83, par. 26.

Convention, qui entrera en vigueur un an après sa ratification par toutes les parties à la Convention.

La caractéristique principale du Protocole n° 11 est la substitution, aux deux organes de contrôle existants, à savoir la Commission européenne des Droits de l'Homme et la Cour européenne des Droits de l'Homme, d'une nouvelle Cour unique qui remplira les fonctions assurées par ces organes. Par conséquent, une personne physique aura directement accès à cette nouvelle Cour. Le Comité des Ministres du Conseil de l'Europe conservera sa compétence au titre de l'ancien article 54 (surveillance de l'exécution des arrêts de la Cour), tandis que sa compétence au titre de l'ancien article 32 en ce qui concerne les requêtes introduites par des particuliers sera supprimée.

La compétence de la nouvelle Cour deviendra obligatoire et s'étendra à toutes les questions concernant l'interprétation et l'application de la Convention, tant pour les affaires interétatiques que pour les requêtes individuelles. La Cour pourra en outre, comme actuellement, émettre des avis consultatifs lorsque le Comité des Ministres l'y invitera. La Cour fonctionnera de façon permanente et se composera d'un nombre de juges égal à celui des Etats parties à la Convention. Pour l'examen des affaires portées devant elle, la Cour siégera en comités, en Chambres et en une Grande Chambre. Le juge élu au titre d'un Etat partie sera membre de droit de la Chambre et de la Grande Chambre. Les comités seront composés de trois juges, et la Grande Chambre de dix-sept juges. La Cour examinera les requêtes introduites par:

a. toute personne physique, toute organisation non gouvernementale ou tout groupe de particuliers qui se prétend victime d'une violation de la Convention par un des Etats parties, ou

b. un Etat partie dans le cas de requêtes interétatiques.

Les requêtes individuelles seront examinées par un comité, qui aura le pouvoir, par un vote unanime, de déclarer une requête irrecevable ou de la rayer du rôle lorsqu'une telle décision pourra être prise sans examen complémentaire. Si le comité ne déclare pas la requête irrecevable, l'affaire sera déférée à une Chambre, qui se prononcera sur la recevabilité et le bien-fondé de l'affaire. Une Chambre, et non un comité, se prononcera sur la recevabilité des requêtes interétatiques. Dans des cas exceptionnels, la Cour pourra choisir de ne pas prendre de décision séparée sur la recevabilité, par exemple lorsqu'un Etat ne se sera pas opposé à la recevabilité d'une requête.

Les critères qui régissent la recevabilité des requêtes restent les mêmes que ceux définis dans la Convention, le but du Protocole n° 11 étant de simplifier les procédures plutôt que de modifier des questions de fond. C'est ainsi que la Cour exercera la fonction de filtrage actuellement assurée par la Commission. Les Chambres seront d'office compétentes pour se prononcer sur la recevabilité et sur le fond de toutes les requêtes interétatiques ou individuelles, sous réserve des compétences spécifiques attribuées aux comités et à la Grande Chambre. Le bien-fondé d'une requête sera examiné par une Chambre et, dans des cas exceptionnels, par la Grande Chambre.

Le Protocole n° 11 prévoit que les parties continueront à présenter leurs observations dans le cadre d'une procédure écrite. La procédure orale consistera en une audience au cours de laquelle le requérant, ou un Etat partie dans une affaire interétatique, ainsi que l'Etat défendeur pourront prendre la parole. Le Protocole prévoit également la participation de tierces parties aux procédures devant la Cour. Si l'affaire soulève une question grave, une

Chambre pourra, tant qu'elle n'aura pas rendu son arrêt, se dessaisir *proprio motu* au profit de la Grande Chambre, à moins que l'une des parties ne s'y oppose.

Un arrêt rendu par une Chambre deviendra définitif lorsque les parties déclareront qu'elles ne demandent pas le renvoi devant la Grande Chambre ou trois mois après la date de l'arrêt, si le renvoi devant la Grande Chambre n'a pas été demandé entre-temps. Seules les parties (et non la Chambre elle-même) pourront demander le renvoi de l'affaire devant la Grande Chambre. Dans ce cas, un collège de cinq juges de la Grande Chambre déterminera si l'affaire soulève une question grave relative à l'interprétation ou à l'application de la Convention ou de ses protocoles, ou encore une question grave de caractère général. Si c'est le cas, le collège acceptera la demande de renvoi. L'application de ce critère a pour but de garantir la qualité et la constance de la jurisprudence de la Cour en permettant le renvoi des affaires les plus importantes lorsque les conditions ci-dessus seront réunies. Tous les arrêts seront définitifs et contraignants et le Comité des Ministres surveillera leur exécution. Comme dans le système actuel, une affaire pourra être rayée du rôle à tout stade de la procédure par un arrangement amiable entre les parties.

Au moment de l'entrée en vigueur du protocole, le bureau de l'ancienne Cour et de l'ancienne Commission ainsi que le greffier et le greffier adjoint disparaîtront. La Commission poursuivra toutefois son travail pendant une période transitoire d'un an afin de traiter les affaires qui étaient pendantes devant elle avant l'entrée en vigueur du protocole. Dans les cas où la Commission ne déclarera pas une requête irrecevable, c'est la Cour qui poursuivra son examen. Les requêtes déjà déclarées recevables avant cette entrée en vigueur seront menées à terme selon l'ancien système. Toute requête sur laquelle il n'aura pas été statué pendant la période transitoire sera examinée par la Cour, mais uniquement sur le fond. Pour les affaires pour lesquelles la Commission aura adopté un rapport au cours des douze mois qui suivront l'entrée en vigueur du protocole, la procédure applicable de renvoi des affaires devant la Cour sera celle définie à l'article 48 de la Convention (ou, le cas échéant, au Protocole n° 9). De même, les affaires qui n'auront pas été déférées à la nouvelle Cour seront examinées par le Comité des Ministres conformément à l'ancien article 32 de la Convention. La Cour européenne des Droits de l'Homme, dans sa forme actuelle, cessera de fonctionner à la date d'entrée en vigueur du Protocole n° 11. L'ensemble des affaires pendantes devant l'ancienne Cour devront être renvoyées à la Grande Chambre de la nouvelle Cour[71].

71. Voir *Rapport explicatif concernant le Protocole n° 11 à la Convention de sauvegarde des Droits de l'Homme et des Libertés fondamentales (STE n° 155)*, 1994, Éditions du Conseil de l'Europe, ISBN 92-871-2482-5.

Les droits fondamentaux garantis par la Convention européenne des Droits de l'Homme

Les chapitres qui suivent visent à donner une description fiable de la portée de la protection juridique des droits et libertés qu'offre la Convention européenne des Droits de l'Homme et ses protocoles. Cette description de leur contenu ne répond pas nécessairement aux attentes des défenseurs des droits de l'homme, à une époque où cette branche du droit est en plein développement. Certains seront déçus. D'autres estimeront que cette présentation manque pour le moins de cohérence et de structure.

Il convient, dès lors, de rappeler au lecteur l'intention des auteurs de la Convention: «premières mesures», «certains des droits». Comme nous l'avons vu, ces mesures ont été suivies de onze protocoles, dont quatre (les protocoles n°s 1, 4, 6 et 7) développent le contenu de certains droits déjà énoncés dans la Convention ou introduisent de nouveaux droits dans le système. Il convient toutefois de se rappeler que, par leur portée, ils restent limités pour l'essentiel à la catégorie des «droits civils et politiques». Les droits économiques, sociaux et culturels relèvent essentiellement de la Charte sociale européenne, qui fait l'objet d'un titre différent du présent ouvrage.

Le droit à la vie et l'abolition de la peine de mort (article 2 et Protocole n° 6)

Contexte général

Le droit à la vie est, au sens le plus évident, un droit élémentaire de l'être humain. Il constitue un préalable logique à tous les autres droits. Il était naturel, compte tenu du mépris flagrant pour la vie humaine manifesté au cours de la deuxième guerre mondiale, que les catalogues des droits de l'homme établis dans l'après-guerre commençassent par le droit à la vie. Le précurseur de l'article 2 est l'article 3 de la Déclaration universelle des droits de l'homme, qui énonce assez succinctement que «Tout individu a droit à la vie, à la liberté et à la sûreté de sa personne». Ni la Déclaration universelle, ni la Convention européenne ne contiennent de disposition concernant l'abolition de la peine de mort. Bien que le Pacte international relatif aux droits civils et politiques ne prévoie pas l'obligation d'abolition de la peine de mort, l'article 6 du Pacte contient un certain nombre de restrictions à l'application de cette peine, notamment l'interdiction de prononcer une peine de mort contre les jeunes et d'exécuter cette peine s'agissant de femmes enceintes. L'article 6 par. 2 pourrait être interprété comme une interdiction de l'adoption de la peine de mort, puisqu'il utilise les termes «dans les pays qui n'ont pas aboli la peine de mort». Le Deuxième Protocole au Pacte international relatif aux droits civils et politiques et le Protocole n° 6 à la Convention européenne, en revanche, prévoient cette interdiction. Le Deuxième Protocole au Pacte est entré en vigueur le 11 juillet 1991, tandis que le Protocole n° 6 à la Convention est entré en vigueur quelque 6 ans plus tôt, le 1er mars 1985. Par conséquent, la Convention est le premier instrument de droit international qui fait de l'abolition de la peine de mort une obligation légale.

L'article 6 du Pacte international relatif aux droits civils et politiques est sensiblement plus détaillé que l'article 2 de la Convention, tant par la définition du principe que par le fait qu'il cite des aspects tels que le génocide et le droit de recours contre une condamnation à la peine capitale. Bien que la portée du droit à la vie soit plus précise dans le Pacte, le Comité des droits de l'homme en a donné une interprétation assez large. Dans un commentaire général datant de 1982[1], le Comité a déclaré que la protection du droit à la vie exigeait que les Etats prennent des mesures positives en vue de préserver la vie, par exemple pour diminuer la mortalité infantile et éliminer la malnutrition et les épidémies. Deux ans plus tard, le Comité est allé plus loin et a observé que les armes de destruction massive constituaient une des plus grandes menaces qui pèsent sur le droit à la vie, et a déclaré que «La fabrication, la mise à l'essai, la possession, le déploiement et l'utilisation d'armes nucléaires devraient être interdits et qualifiés de crimes contre l'humanité»[2]. Il s'agissait toutefois d'une recommandation, et non d'une interprétation du Pacte.

Ces remarques vont bien au-delà de la portée de l'article 2 de la Convention européenne des Droits de l'Homme, qui ne protège ni la qualité de la vie, ni la vie elle-même. Il se borne à protéger le droit à la vie. A cet égard, l'article 2, comme c'est le cas pour les autres articles fondamentaux de la Convention, offre une protection directe contre les actes des Etats mais non des particuliers. L'article 2 vu dans son ensemble a pour principe essentiel de protéger la personne contre toute privation arbitraire de la vie par l'Etat. Une requête peut néanmoins être introduite contre une personne physique lorsque la violation est due à un manque de protection de la part du gouvernement, puisque les recours peuvent uniquement viser des actes ou omissions dont le gouvernement porte la responsabilité. La Commission estime toutefois que les Etats sont tenus de prendre les mesures appropriées en vue de préserver la vie[3]. La Commission a estimé par ailleurs que l'article 2 entraînait effectivement des obligations positives pour l'Etat[4]. Par conséquent, la protection offerte par l'article 2 peut être plus vaste qu'il n'y paraît à première vue.

Protection par la loi/privation intentionnelle de la vie

L'article 2 par. 1 de la Convention européenne des Droits de l'Homme est libellé comme suit:

> Le droit de toute personne à la vie est protégé par la loi. La mort ne peut être infligée à quiconque intentionnellement, sauf en exécution d'une sentence capitale prononcée par un tribunal au cas où le délit est puni de cette peine par la loi.

1. 6[16], 27-7-1982; A/37/40 (1982), annexe V, pp. 93-94.
2. 14[23], 2-11-1984, A/40/40 (1985), annexe VI, pp. 162-163.
3. N° 7154/75, Déc. 12.7.78, D.R. 14 p. 31 (35-37).
4. N° 9348/81, Déc. 28.2.83, D.R. 32 p. 190 (208-210).

L'intention claire de l'article 2 est d'offrir une protection contre un Etat qui, lui-même, inflige la mort à des personnes. Dans l'affaire Díaz Ruano, le requérant était le père d'un jeune homme qui avait été abattu par un policier au cours d'une échauffourée survenue au cours d'un interrogatoire. Le policier responsable avait été inculpé et jugé pour homicide. Bien qu'en première instance, il eût été reconnu coupable, condamné et sommé de verser un dédommagement à la famille du jeune homme, cette condamnation fut finalement annulée. Pourtant, le requérant ne fit pas valoir en réalité, dans sa requête adressée à la Commission européenne des Droits de l'Homme, une violation de l'article 2, mais la Commission décida de sa propre initiative d'examiner la question du droit à la vie. La Commission conclut à l'absence de violation et l'affaire fit l'objet d'une règlement amiable[5]. La Commission a examiné au titre de l'article 2 par. 1 des affaires dans lesquelles le litige portait sur le caractère intentionnel d'un homicide. Dans une requête dirigée contre la Belgique[6], le grief formulé par la requérante concernait le fait que son mari avait été tué par un policier qui avait tiré dans la foule lors de troubles, ce qui constituait une violation de son droit à la vie tel qu'il est protégé par l'article 2. La Commission a conclu que le policier n'avait pas donné la mort intentionnellement et que son acte n'était, dès lors, concerné par aucune des prescriptions de l'article 2. Dans une requête dirigée contre le Royaume-Uni[7], la Commission a revu cette interprétation étroite et a conclu que l'article 2 pouvait, dans certaines circonstances, s'appliquer aux homicides involontaires. L'article 2 impose, par ailleurs, aux Etats de s'assurer que la législation nationale criminalise l'intention de donner la mort de la part de personnes privées et applique cette législation.

La Commission a également examiné plusieurs arguments plus liés à la politique, selon lesquels l'Etat a l'obligation positive de protéger la vie lorsqu'il existe une forte probabilité qu'il sera attenté à la vie d'un particulier. Dans une requête dirigée contre le Royaume-Uni, par exemple, les membres de la famille de deux hommes tués par l'IRA en Irlande du Nord ont soutenu que le gouvernement était tenu de les protéger contre cette éventualité. La Commission a estimé que l'article 2 ne prévoyait par d'obligation, pour un Etat, d'assurer un déploiement tel de ses forces de police et ses forces armées qu'il exclue la possibilité de pareils actes de violence[8].

En revanche, dans une requête contre l'Irlande, un homme qui avait été blessé dans une tentative d'assassinat de l'IRA avait bénéficié, pendant plusieurs années, d'une protection policière, protection qui avait été ensuite supprimée. Il a formulé le grief que la suppression de cette protection permanente constituait une violation de son droit à la vie, en vertu de l'article 2. La Commission, observant que l'article 2 énonce que «le droit de toute personne à la vie est protégé par la loi» et que le requérant n'avait pas soutenu que le droit irlandais lui-même était déficient, a déclaré qu'il n'incombait à l'Etat aucune obligation de fournir des gardes du corps, «du moins pas pour une durée indéterminée»[9].

5. Arrêt Díaz Ruano du 26 avril 1994, Série A n° 285-B.

6. N° 2758/66, Déc. 21.5.69, Annuaire 12 p. 175 (191-193).

7. N° 10044/82, Déc. 10.7.84, D.R. 39 p. 163 (182-184).

8. N° 9348/81, Déc. 28.2.83, D.R. 32 p. 190 (209-210).

9. N° 6040/73, Déc. 20.7.73, Annuaire 16 p. 389 (393).

L'article 2 à la fois limite les circonstances dans lesquelles un Etat peut infliger la mort à une personne et exige que l'Etat empêche, dans la mesure du possible, les citoyens de commettre des homicides. En revanche, l'article fait des concessions aux besoins et aux exigences des autorités publiques, tantôt en raison d'impossibilités logistiques et pratiques, comme dans les affaires qui concernent les «gardes du corps», tantôt parce que l'article comprend des dispositions qui, dans une certaine mesure, laissent les coudées franches à l'Etat sur le plan des homicides prémédités. Cette dernière circonstance s'applique aussi de manière implicite aux particuliers qui agissent en tant qu'agents de l'Etat.

Abolition de la peine de mort

L'Assemblée parlementaire, dans une Résolution de 1980, a invité «les parlementaires des Etats membres qui ont maintenu la peine de mort pour des délits commis en temps de paix à supprimer cette peine dans leur système pénal». L'Assemblée a recommandé en outre que le Comité des Ministres du Conseil de l'Europe «modifie l'article 2 de la Convention européenne des Droits de l'Homme en vue de l'aligner sur la résolution 727». Entre-temps, les ministres de la Justice européens ont estimé que «l'article 2 de la Convention européenne des Droits de l'Homme ne traduit pas à suffisance la situation atteinte aujourd'hui en Europe en ce qui concerne la peine de mort», et a recommandé au Comité des Ministres «d'étudier les possibilités de définir des normes européennes nouvelles et appropriées en ce qui concerne l'abolition de la peine de mort».

Le droit à la vie garanti par l'article 2 a donc été élargi par l'addition du Protocole n° 6 à la Convention. L'article premier du Protocole n° 6 énonce ce qui suit:

> La peine de mort est abolie. Nul ne peut être condamné à une telle peine ni exécuté.

Il convient de lire l'article premier du protocole conjointement avec l'article 2. La deuxième phrase de l'article 1 vise à souligner le fait que le droit garanti est un droit subjectif. D'après l'article 2 du protocole, l'obligation d'abolition de la peine capitale est limitée au temps de paix. Un Etat peut donc devenir partie au protocole, même si sa législation prévoit cette peine pour des actes commis en temps de guerre ou de menace imminente de guerre. L'article 2 précise toutefois que, lorsque c'est le cas, la peine de mort ne sera appliquée que dans les cas prévus par cette législation et conformément à ses dispositions. L'Etat dont le droit prévoit la peine de mort dans ces cas est tenu d'en communiquer les dispositions pertinentes au Secrétaire Général du Conseil de l'Europe. Il va de soi que toute déclaration faite peut être retirée ou modifiée par notification adressée au Secrétaire Général. Sauf dans les situations envisagées à l'article 2, l'Etat doit, le cas échéant, supprimer cette peine de son droit s'il veut devenir partie au protocole.

L'article 2 comme le Protocole n° 6 ne souffrent aucune dérogation au titre de l'article 15 de la Convention[10]. Il n'existe à ce jour aucune jurisprudence faisant autorité ni aucun document de théorie juridique examinant les divergences entre le terme «guerre» utilisé dans la disposition dérogatoire et l'expression «danger imminent de guerre» du Protocole n° 6. Il importe d'observer que l'article 3 du protocole prévoit qu'aucune dérogation n'est autorisée à l'interdiction de la peine de mort. Lu conjointement avec l'article 2 du Protocole,

10. L'article 15 «n'autorise aucune dérogation à l'article 2, sauf pour le cas de décès résultant d'actes licites de guerre.»

cette clause de non-dérogation signifie qu'une peine de mort peut être exécutée en temps de guerre ou de danger imminent de guerre uniquement si l'Etat a arrêté cette possibilité pendant le temps de paix. La solution adoptée pour le Protocole n° 6 est plus restrictive que l'article 15 de la Convention. Il s'ensuit que la législation existante ne peut être modifiée en temps de guerre. Il est actuellement envisagé, au sein du Conseil de l'Europe, d'adopter un nouveau protocole à la Convention européenne des Droits de l'Homme, qui inviterait à abolir la peine de mort en temps de guerre.

Bien qu'elle soit envisagée à l'article 2, on peut considérer que la peine de mort est aussi indirectement liée à l'article 3 de la Convention, qui interdit les peines ou traitements inhumains ou dégradants. Nombreux sont ceux qui estiment que la peine capitale correspond *ipso facto* à cette définition. Bien que cet avis puisse être convaincant sur le plan moral, il n'a pas d'incidence sur la légalité de la peine de mort visée à l'article 2 de la Convention.

Dans l'affaire Kirkwood, la Commission s'est trouvée confrontée au dilemme que pose la procédure de recours qui, inévitablement, retarde l'exécution de la peine de mort. Ce retard peut entraîner pour le condamné une longue période d'incertitude correspondant à la procédure de recours dans un système judiciaire complexe. La Commission a déclaré que l'on ne pouvait considérer que cette longue période d'incertitude («phénomène du couloir de la mort») était étrangère à la notion de traitements ou de peines inhumains ou dégradants. Dans cette affaire, le gouvernement du Royaume-Uni avait estimé que, dès lors que la deuxième phrase de l'article 2 par. 1 prévoyait explicitement l'imposition de la peine capitale par un tribunal suite à une condamnation pour un délit légalement passible de cette peine, il fallait considérer que les retards liés à la procédure de recours étaient compatibles avec les articles 2 et 3 lus conjointement. La Commission a rejeté cette thèse. Elle a admis qu'il fallait lire la Convention de manière globale. Toutefois, il convient d'attribuer à ses différentes dispositions un poids approprié lorsqu'il peut exister un chevauchement implicite, et les organes de la Convention doivent se garder de tirer d'un passage du texte des déductions qui restreindraient les termes explicites d'un autre passage. Comme l'ont reconnu tant la Cour que la Commission, l'article 3 ne peut faire l'objet de nuances quelconques. Il est énoncé en termes forts et absolus. Cet aspect fondamental de l'article 3 traduit sa position clé dans la structure des droits de la Convention et est illustré par ailleurs par le libellé de l'article 15 par. 2, qui n'autorise aucune dérogation à l'article 2, même en temps de guerre ou d'autre danger public menaçant la vie de la nation. La Commission considère, dans ces circonstances, que l'on ne peut exclure, en dépit des termes de l'article 2 par. 1, que les circonstances entourant la protection d'un des droits contenus dans la Convention puisse soulever un problème par rapport à l'article 3[11].

Cette question a été portée à nouveau à l'attention des organes de Strasbourg dans l'affaire Soering. La Commission a répété, dans son rapport, que l'extradition d'une personne vers un pays où elle risquait la peine de mort ne pouvait, en soi, soulever un problème par rapport ni à l'article 2 ni à l'article 3 de la Convention. Toutefois, la disposition ci-dessus n'exclut pas la possibilité de voir soulever au titre de l'article 3 de la Convention un problème en ce qui concerne les modalités et les circonstances de l'exécution de la peine de mort. Dans son arrêt dans cette même affaire, la Cour a déclaré que la Convention «doit être interprétée à la lumière des conditions actuelles» et a observé qu'»en fait, la peine capitale n'existe plus

11. N° 10479/83, Déc. 12.3.84, D.R. 37 p. 159 (216-217).

en temps de paix dans les Etats contractants». La Cour a toutefois estimé que les auteurs de la Convention «ne peuvent certainement pas avoir entendu inclure dans l'article 3 une interdiction générale de la peine de mort, car le libellé clair de l'article 2 par. 1 s'en trouverait réduit à néant». En outre, l'ouverture à la signature, en 1983, du Protocole n° 6, montre que:

> en 1983 encore les Parties contractantes, pour instaurer une obligation d'abolir la peine capitale en temps de paix, ont voulu agir par voie d'amendement, selon la méthode habituelle, et, qui plus est, au moyen d'un instrument facultatif laissant à chaque Etat le choix du moment où il assumerait pareil engagement[12].

Le point de savoir si la peine de mort reste autorisée au titre de la Convention pour les pays qui n'ont pas encore ratifié le Protocole n° 6 doit être examiné dans le contexte de plusieurs dispositions de la Convention. Conformément à l'article 6, la décision judiciaire de condamnation à la peine de mort doit répondre au critère d'équité du jugement et doit être rendue par un tribunal indépendant et impartial. Dans l'affaire Soering, la Cour a décrit, dans des remarques incidentes, certains des facteurs à prendre en compte pour décider si la peine de mort est permise dans un cas déterminé, à savoir, notamment, les modalités de l'imposition ou de l'exécution de cette peine, les circonstances personnelles du condamné et la disproportion entre la gravité du délit et l'imposition d'une peine capitale. Toutefois, ces facteurs concernaient des violations possibles de l'interdiction qui frappe la torture et les traitements ou peines inhumains ou dégradants plutôt que la peine de mort comme telle. Dans son dispositif, la Cour s'est également bornée à conclure à une violation de l'interdiction des traitements ou peines inhumains ou dégradants (article 3 de la Convention), suite aux conditions qui régnaient dans le couloir de la mort de la prison où le requérant allait sans doute être incarcéré[13].

L'article 7 prévoit que le délit doit avoir constitué une infraction au moment où il a été commis et, enfin, l'article 14 implique l'absence de toute discrimination dans l'imposition et l'exécution de la peine de mort ou dans l'octroi d'une grâce.

Enfin, l'article 2 est indirectement lié à l'article 8 de la Convention, et en particulier au respect de la vie privée, dans le contexte des affaires d'avortement et d'euthanasie. Ces affaires ont soulevé, par ailleurs, la question du moment où débute et finit la vie, au sens de la protection de celle-ci par l'article 2.

Exceptions prévues au paragraphe 2 de l'article 2

Comme pour la plupart des droits et libertés garantis, les exceptions prévues par l'article 2 impliquent que la protection du droit ou de la liberté n'est pas illimitée. En d'autres termes, la Convention ne protège pas le droit à la vie dans toutes les circonstances et à tout moment. Il est exact qu'un Etat ne peut, en aucun cas, déroger aux dispositions de l'article 2 et du Protocole n° 6 (concernant l'interdiction de la peine de mort), mais une exception est faite pour les morts résultant d'actes de guerre licites et de condamnations liées à la guerre (article 15 par. 2 de la Convention et article 3 du Protocole). Cette circonstance confirme, elle aussi, l'existence de situations et de conditions dans lesquelles la privation de la vie par

---

12. Arrêt Soering du 7 juillet 1989, Série A n° 161, pp. 40-41, par. 102-104. Voir également Soering c/ Royaume-Uni, Rapport Comm. 19.1.89, par. 101-103, Série A n° 161, pp. 56-57.

13. *Ibidem*, p. 41, par. 104.

une autorité publique peut être permise. Quatre séries différentes de situations sont énumérées dans lesquelles la privation de la vie n'est pas considérée comme une violation du droit à la vie. La première est énoncée dans la deuxième phrase du premier paragraphe et les trois autres sont exposées au paragraphe 2. Ce paragraphe n'indique pas explicitement si les dispositions se réfèrent à des privations intentionnelles ou non intentionnelles de la vie, ou aux deux.

L'article 2 par. 2 est libellé comme suit:

> La mort n'est pas considérée comme infligée en violation de cet article dans les cas où elle résulterait d'un recours à la force rendu absolument nécessaire:
>
> *a.* pour assurer la défense de toute personne contre la violence illégale;
>
> *b.* pour effectuer une arrestation régulière ou pour empêcher l'évasion d'une personne régulièrement détenue;
>
> *c.* pour réprimer, conformément à la loi, une émeute ou une insurrection.

La Commission a indiqué que le paragraphe 2 interdisait tout recours non nécessaire, par les autorités, à la force qui entraîne la mort[14], que le résultat soit voulu ou non. Toute interprétation différente ne serait pas conforme à l'objet et au but de la Convention ou à une interprétation stricte de l'obligation générale de protéger le droit à la vie. Le texte de l'article 2, considéré dans son ensemble, indique que le paragraphe 2 ne définit pas, avant tout, des situations dans lesquelles il est permis de priver intentionnellement une personne de la vie mais bien des situations où est autorisé l'usage de la violence, usage qui peut ensuite, en tant que conséquence non voulue, entraîner la mort. Il faut que ce recours à la violence soit absolument nécessaire aux fins mentionnées dans les différents alinéas. Ce recours doit être strictement proportionnel à la fin légitime poursuivie. Cette proportionnalité doit être évaluée en tenant compte de la nature du but poursuivi, des dangers pour l'intégrité physique inhérents à la situation et du risque de voir la force utilisée entraîner la mort. Le fait que le terme «nécessaire» utilisé à l'article 2 par. 2 soit qualifié par l'adverbe «absolument» indique qu'il y a lieu d'appliquer un critère de nécessité plus strict et plus contraignant.

La Cour a évalué à la lumière de ces critères stricts les mesures prises par le gouvernement dans l'affaire McCann et al. Dans cette affaire, des militaires rattachés aux forces britanniques de sécurité à Gibraltar avaient abattu trois membres d'une unité active de l'Armée républicaine irlandaise (IRA). Les personnes abattues étaient un expert en explosifs et des personnes condamnées précédemment comme poseurs de bombes. A l'époque où ils ont été abattus, les autorités du Royaume-Uni dans la région avaient été informées de l'imminence d'actes de terrorisme à Gibraltar. Les autorités ont donc dû mettre en balance leur devoir de protection de la vie des personnes à Gibraltar et l'obligation, pour remplir ce devoir, de n'utiliser la force entraînant la mort que dans la mesure où cela était «absolument nécessaire». En même temps, l'avertissement préalable leur donnait largement le temps de planifier leurs réactions possibles et de les coordonner avec les autorités locales de Gibraltar. La Cour a identifié deux questions distinctes à examiner: le point de savoir si la force utilisée par les militaires était strictement proportionnelle au but de la protection des personnes

14. N° 10044/82, Déc. 10.7.84, D.R. 39 p. 174 (181).

contre la violence illicite, et celui de savoir si l'opération anti-terroriste dans son ensemble avait été planifiée et contrôlée par les autorités de manière à réduire au minimum le recours à la force entraînant la mort. Pour ce qui est de la proportionnalité des interventions des militaires, ces derniers avaient été informés qu'ils devaient s'attendre à l'explosion immédiate d'une bombe placée dans une voiture si les autorités s'opposaient aux suspects. La Cour a disculpé les militaires en ces termes:

> La Cour admet que les militaires pensaient de bonne foi, compte tenu des informations qu'ils avaient reçues ... qu'il était nécessaire de tirer sur les suspects pour les empêcher de déclencher la bombe et de causer ainsi d'importantes pertes en vies humaines ... Ils ont donc accompli leurs actes, obéissant en cela aux ordres de leurs supérieurs, en les considérant comme absolument nécessaires pour protéger des vies innocentes.
>
> Elle estime que le recours à la force par des agents de l'Etat pour atteindre l'un des objectifs énoncés au paragraphe 2 de l'article 2 de la Convention peut se justifier au regard de cette disposition lorsqu'il se fonde sur une conviction honnête considérée, pour de bonnes raisons, comme valable à l'époque des événements mais qui se révèle ensuite erronée. Affirmer le contraire imposerait à l'Etat et à ses agents chargés de l'application des lois une charge irréaliste qui risquerait de s'exercer aux dépens de leur vie et de celle d'autrui.
>
> Eu égard au dilemme devant lequel se trouvaient les autorités en l'espèce, il s'ensuit que les actes des militaires ne suffisent pas, en eux-mêmes, à donner lieu à une violation de cette disposition[15].

La Cour s'est exprimée plus négativement à propos du contrôle et de l'organisation de l'opération anti-terroriste dans son ensemble et a notamment indiqué que des plans avaient été mis en place pour arrêter les suspects à la frontière, qu'il aurait été relativement facile de les empêcher d'emblée d'entrer à Gibraltar, et autres considérations soulignant l'existence d'autres moyens de protéger les citoyens de Gibraltar contre l'éventualité d'un acte de terrorisme. En outre, l'évaluation, par le gouvernement, de la forme probable que prendrait l'attentat se fondait sur l'expérience antérieure des actions terroristes de l'IRA, sans prendre en compte les autres hypothèses possibles, par exemple le fait que la visite pouvait avoir un but de reconnaissance du terrain. D'autres erreurs avaient été commises au moment de la fusillade, en particulier la transmission aux militaires responsables de la fusillade de la confirmation de la présence d'une voiture piégée, alors qu'il leur avait simplement été dit au départ que l'on ne pouvait exclure la présence d'une bombe de ce type. Ces erreurs de jugement ont été aggravées par le fait que les militaires avaient été entraînés à tirer pour tuer dans des circonstances où, autrement, les suspects auraient pu faire exploser toute bombe éventuelle. La Cour a conclu à l'existence d'une violation de l'article 2.

Dans ce contexte, pour s'acquitter de leur obligation de respecter le droit à la vie des suspects, les autorités se devaient d'évaluer avec la plus grande prudence les informations en leur possession avant de les transmettre à des militaires qui, lorsqu'ils se servent d'armes à feu, tirent automatiquement pour tuer.

15. Arrêt McCann et al. du 27 septembre 1995, Série A n° 324, p. 58, par. 199.

> ... Il est difficile de savoir si les militaires ont reçu une formation ou des instructions les incitant à rechercher si, dans les circonstances particulières où ils se trouvaient au moment de l'arrestation, ils n'auraient pas pu utiliser leurs armes pour blesser leurs cibles.
>
> Leur acte-réflexe sur ce point vital n'a pas été accompli avec toutes les précautions dans le maniement des armes à feu que l'on est en droit d'attendre de responsables de l'application des lois dans une société démocratique, même lorsqu'il s'agit de dangereux terroristes, et contraste nettement avec la norme de prudence figurant dans les instructions sur l'usage des armes à feu par la police qui avaient été transmises aux policiers et qui en soulignent la responsabilité individuelle au regard de la loi, en fonction de la situation prévalant au moment de l'ouverture du feu ...
>
> Cette négligence des autorités indique également un défaut de précautions dans l'organisation et le contrôle de l'opération d'arrestation.[16]

Il s'agit de la seule affaire dans laquelle le Cour a conclu à l'existence d'une violation de l'article 2.

a. Pour assurer la défense de toute personne contre la violence illégale

Des trois situations décrites au paragraphe 2 de l'article 2, l'auto-défense ou l'auto-défense du fait d'autrui est la seule qui permette nécessairement des actes de personnes publiques ou privées. Par sa construction, cette disposition pose toutefois certains problèmes potentiels d'interprétation puisque, même lue conjointement avec la réserve introductive concernant le recours à la force «rendu absolument nécessaire», il n'en demeure pas moins que l'on peut facilement imaginer une situation dans laquelle la menace de violence peut être illicite et où, pourtant, l'homicide pourrait constituer une réponse disproportionnée à cette menace. Par exemple, on ne voit pas clairement si cette disposition dérogatoire permettrait à une personne de tuer quelqu'un qui, peut-être, menace uniquement de commettre des voies de fait simples, si la mort est la seule manière d'empêcher le délit. Une question similaire s'est posée dans l'affaire Farrell, dans laquelle une femme avait introduit un recours contre le fait que son mari avait été abattu sans motif légitime par des militaires britanniques. Le jury britannique avait jugé l'homicide justifié, en partie au motif que le commandant militaire avait raisonnablement lieu de suspecter l'homme d'avoir tenté de poser une bombe dans une banque. La Commission a déclaré la requête recevable en partie, en vue d'examiner si le critère du caractère «raisonnable» était conforme au critère de la nécessité absolue énoncé à l'article 2[17]. L'affaire a trouvé une solution par un règlement amiable, de sorte que la question reste actuellement sans réponse. Sous un angle différent, il est intéressant d'observer que le gouvernement de Malte a formulé à propos de ce paragraphe une réserve, en ce sens qu'une personne peut, dans certaines circonstances, tuer quelqu'un en défendant son bien.

---

16. *Ibidem*, par. 211-212.

17. N° 9013/80, Déc. 11.12.82, D.R. 30 p. 109 (109-110).

b. Pour effectuer une arrestation régulière ou pour empêcher l'évasion d'une personne régulièrement détenue

L'interprétation de l'article 2 par. 2 b) soulève également des questions de proportionnalité. A ce jour, la seule affaire qui ait posé un problème par rapport à cette disposition dérogatoire est l'affaire Farrell[18], dans laquelle a été contesté le verdict du jury interne qui estimait raisonnable le fait que la police ait tiré pour tuer en effectuant l'arrestation régulière du suspect. Cette affaire a débouché sur un règlement amiable par lequel la veuve a obtenu le versement d'un montant *ex gratia* après que son mari eut été abattu par des militaires britanniques en Irlande du Nord. Le gouvernement britannique a accordé ce dédommagement pour des motifs de compassion, sans reconnaître qu'il y ait eu violation de la Convention, affirmant que la mort de l'époux de la requérante était une erreur regrettable.

c. Pour réprimer, conformément à la loi, une émeute ou une insurrection

C'est par rapport à cette disposition dérogatoire que se sont produits la plupart des litiges au titre de l'article 2. Dans l'affaire Chypre contre Turquie, une des rares requêtes interétatiques introduites au titre de la Convention, la Commission a conclu que l'armée turque avait, dans au moins douze cas recensés, tué des civils en violation de l'article 2. La Commission a conclu, par ailleurs, que le faisceau d'indices permettait de déduire que la Turquie s'était rendue coupable d'un nombre nettement supérieur d'homicides illicites[19]. Dans une requête introduite contre le Royaume-Uni, une femme s'était plainte du fait que le gouvernement avait, par l'intermédiaire de son armée, agit à l'encontre de l'article 2 par. 2 en tuant son fils suite à l'utilisation d'une balle-matraque en plastique lors de troubles de l'ordre public en Irlande du Nord. La Commission a estimé tout d'abord que l'article 2 par. 2 décrivait des situations dans lesquelles l'usage de la force est admissible, que le résultat visé soit ou non la mort. La Commission a ensuite examiné les circonstances de l'homicide et conclu que l'armée s'était bornée à un recours à la force «absolument nécessaire» et respectant les conditions énoncées à l'article 2 par. 2 c)[20]. La Commission a abouti à une conclusion similaire dans une affaire dans laquelle le litige portait sur le recours, par le gouvernement, à du gaz CS en vue de réprimer une émeute[21].

Le début de la vie: questions liées à l'avortement

Les questions liées à l'acceptabilité et à la portée des droits en matière d'avortement ont été, pendant longtemps, un brandon de discorde en droit tant national qu'international. Outre les aspects juridiques préoccupants, les questions liées à l'avortement comportent des éléments éthiques, politiques, religieux et de santé qui, tous, affectent les appréciations judiciaires dans ce domaine. La Commission n'a examiné que peu d'affaires dans lesquelles des questions liées à l'avortement ont été caractérisées comme relevant de l'article 2. Dans l'affaire Brüggemann et Scheuten, deux femmes avaient fait valoir que limiter les avortements à certaines

18. *Ibidem.*

19. Chypre c/ Turquie, Rapport Comm. 10.7.76, par. 352-355, non publié.

20. N° 10044/82, Déc. 10.7.84, D.R. 39 p. 162 (181-183).

21. N° 7126/75, Déc. 9.3.77 et n° 7349/76, tous deux non publiés.

circonstances, par exemple une menace pour la vie ou la santé de la femme concernée, la crainte que l'enfant puisse souffrir d'une affection incurable, ou une grossesse résultant d'actes délictueux, violait leurs droits tels qu'ils sont protégés par plusieurs articles de la Convention. L'affaire a été tranchée essentiellement sur la base de motifs relevant de l'article 8 et la Commission n'a évoqué qu'incidemment l'article 2 en déclarant qu'elle:

> n'estime pas nécessaire d'examiner ... si l'enfant à naître doit être considéré comme une «vie» au sens de l'article 2 de la Convention, ou s'il doit être considéré comme une entité qui puisse, sur le plan de l'article 8, par. 2, justifier une ingérence «pour la protection d'autrui».»[22]

Dans une requête dirigée contre le Royaume-Uni, le requérant a formulé le grief que l'Etat avait autorisé son épouse à mettre fin à une grossesse de dix semaines pour des motifs médicaux, en violation du droit du bébé à la vie tel qu'il est protégé par l'article 2. La Commission a examiné le point de savoir si l'article 2, en l'absence de toute limitation expresse concernant le foetus, devait être interprété comme excluant celui-ci; comme reconnaissant au foetus un «droit à la vie» assorti de certaines limitations implicites; ou comme lui reconnaissant un «droit à la vie» absolu. La Commission n'a guère eu de difficulté à décider que la troisième de ces interprétations, celle qui reconnaît au foetus un droit absolu à la vie, serait contraire à l'objet et au but de la Convention[23]. La Commission a jugé superflu de prendre une décision à propos des deux autres options, estimant qu'en l'espèce, l'avortement, qui avait été pratiqué dans les premiers stades de la grossesse, pouvait être considéré comme une limitation implicite du droit à la vie du foetus «en vue de protéger la vie et la santé de la femme à ce stade de la grossesse.» La Commission a déclaré que:

> l'usage généralement fait de l'expression «toute personne» dans la Convention ... et le contexte dans lequel ce terme est employé à l'article 2 ... tendent à étayer la thèse qu'il ne s'applique pas à l'enfant à naître[24].

Dans une décision récente sur la recevabilité, dans l'affaire Hercz c/ la Norvège, le requérant, qui cohabitait avec une femme qui était tombée enceinte, avait convenu avec la mère de ne pas priver l'enfant de sa vie et s'était explicitement engagé à en prendre soin après la naissance. La mère avait néanmoins opté pour l'avortement. Le requérant a soutenu que, dans les circonstances de l'espèce, l'absence de protection de la vie de l'enfant à naître en droit norvégien était contraire à l'article 2 de la Convention. La Commission n'a «pas exclu que dans certaines circonstances», le foetus pouvait bénéficier d'une certaine protection au titre de l'article 2 même si, dans les Etats contractants, les opinions diffèrent considérablement sur le point de savoir si l'article 2 protège la vie de l'enfant à naître et jusqu'à quel point. Dans ce contexte, et compte tenu du fait que les droits nationaux sont extrêmement différents, la Commission a conclu que les Etats contractants devaient bénéficier d'une certaine latitude dans un domaine aussi délicat. La loi norvégienne sur l'avortement elle-même autorise l'avortement librement décidé dans les 12 premières semaines de la grossesse. A partir de la 12e semaine et jusqu'à la 18e semaine de la grossesse, l'avortement thérapeutique peut être autorisé par deux médecins agissant conjointement, pour autant que certaines

22. Brüggemann et Scheuten c/ République fédérale d'Allemagne, Rapport Comm. 12.7.77, D.R. 10 p. 100 (138).

23. Par exemple, l'article 2 lui-même ne déclare pas que la vie commence à la conception, comme le fait l'article parallèle de la Convention américaine des Droits de l'Homme.

24. N° 8416/79, Déc. 13.5.80, D.R. 19 p. 245 (259).

conditions aient été remplies. La Commission a rappelé que la mère, après avoir été informée et conseillée, avait comparu devant un collège de deux médecins qui, comme il ressort de l'arrêt de la Haute Cour du 17 novembre 1989, avaient décidé d'autoriser l'avortement, ayant estimé que la grossesse, la naissance ou les soins à donner à l'enfant pourraient placer la mère dans une situation difficile, au sens du titre 2 point 3.*b* de la loi. La Commission a estimé que:

> [C]ompte tenu des remarques ci-dessus à propos de la législation norvégienne, des conditions à remplir pour l'interruption de grossesse ainsi que des circonstances particulières de l'espèce, la Commission n'estime pas que l'Etat défendeur ait été au-delà du pouvoir dont il dispose selon elle dans ce domaine sensible de l'avortement.

Dès lors, le grief du requérant au titre de l'article 2 était manifestement mal fondé[25].

Dans le domaine de l'avortement, les avis diffèrent sur le point de savoir si l'autorisation d'avortement réalise un équilibre équitable entre les intérêts légitimes de la femme concernée et le besoin légitime de protection du foetus. Dans ce contexte, la Commission a fait preuve, à juste titre, de retenue et laisse donc les coudées très franches au législateur en ce qui concerne la définition des critères. C'est la raison pour laquelle, dans toutes les affaires d'avortement, la Commission a évité jusqu'ici de se prononcer sur la définition du terme «vie» dans le contexte de l'avortement, ainsi que sur la mesure dans laquelle un enfant à naître peut prétendre à la protection de l'article 2 de la Convention européenne des Droits de l'Homme.

Mettre fin à la vie: les problèmes liés à l'euthanasie et au suicide

Ce n'est qu'assez récemment que les Etats contractants ont eu à faire face à des problèmes liés à l'euthanasie et/ou aux accords relatif à «la volonté de vivre» (documents juridiques demandant qu'en cas de maladie ou de lésion grave et irréversible, l'on ne recoure pas à des systèmes artificiels de réanimation ou autres mesures extraordinaires). La Commission et la Cour n'ont pas, à ce jour, eu à connaître de cas relevant de l'article 2 dans ce domaine. De même, la Convention ou sa jurisprudence ne traitent pas de l'acceptabilité juridique du suicide et laissent en suspens le point de savoir si le droit à la vie implique l'obligation de vivre et, parallèlement, si une personne peut refuser d'exercer ce droit. La valeur de la vie peut être contrebalancée par d'autres droits de la personne en question, en particulier par l'article 3, à savoir le droit d'être protégé contre des traitements ou des peines inhumains ou dégradants.

25. N° 17004/90, Déc. 19.5.92, non publié.

Le droit à l'intégrité physique (Article 3)

Contexte général

Comme cela est indiqué plus haut à propos de l'article 2, les dispositions de l'article 3 sont indirectement reliées à la protection du droit à la vie prévue à l'article 2. Ce qui est toutefois beaucoup plus significatif, c'est le parallélisme entre les dispositions de l'article 3 et celles d'autres instruments internationaux voire, dans certains cas, ces instruments aux-mêmes. Le précurseur de l'article 3 de la Convention est l'article 5 de la Déclaration universelle des Droits de l'homme, dans lequel l'unique différence est l'ajout du mot «cruels» dans la description des traitements ou des peines interdits. Le successeur de l'article 3 de la Convention, à savoir l'article 7 du Pacte international relatif aux droits civils et politiques, épouse le libellé de la Déclaration universelle tout en ajoutant une disposition supplémentaire aux termes de laquelle, en particulier, nul ne peut être soumis sans son consentement à des expérience médicales. En sus de la protection apportée par ces articles analogues, les droits protégés par l'article 3 de la Convention européenne le sont également par deux autres conventions: la Convention contre la torture et autres peines ou traitements cruels, inhumains ou dégradants, des Nations Unies (entrée en vigueur en janvier 1987), et la Convention européenne pour la prévention de la torture et des peines ou traitements inhumains ou dégradants (entrée en vigueur en février 1989).

L'article 3 de la Convention européenne des Droits de l'Homme est libellé comme suit:

> Nul ne peut être soumis à des peines ou traitements inhumains ou dégradants.

Les droits de ne pas être soumis à la torture et de ne pas subir de traitements ou de peines inhumains ou dégradants comptent parmi les droits de l'homme les plus fondamentaux, puisqu'ils sont liés à l'intégrité personnelle et à la dignité humaine de l'individu. La place extrêmement élevée qu'occupent ces droits dans la hiérarchie internationale des droits de l'homme traduit leur statut spécial à cet égard. Par exemple, l'article 15 par. 2 de la Convention européenne des Droits de l'Homme, qui autorise un Etat à déroger à ses obligations au titre de la Convention en temps de crise, met en évidence l'importance des droits protégés par l'article 3: un Etat ne peut en aucun cas déroger à ses obligations en vertu de cet article. Le caractère de gravité des droits protégés par l'article 3, associé au caractère nécessairement subjectif des normes qui l'accompagnent, ont eu un double effet sur l'évolution de la jurisprudence de la Commission et de la Cour. Premièrement, les requérants invoqueront souvent l'article 3 pour tenter de donner plus de poids à des griefs assez mal fondés, formulés au titre d'autres articles de la Convention, ce qui risque de réduire la valeur de la protection conférée par l'article 3. Deuxièmement, la Commission et la Cour interprètent avec beaucoup de circonspection les dispositions de l'article 3, préservant ainsi son caractère de gravité de toute éventualité d'application non appropriée. L'existence ou l'absence d'une violation de l'article 3 doit s'évaluer à la lumière des circonstances de l'affaire et des opinions qui prévalent au moment concerné. Toutefois, il n'existe pas de critère absolu pour les traitements et peines qu'interdit l'article 3.

Dans l'affaire Irlande c/ Royaume-Uni, la Cour a indiqué que, pour déterminer s'il y a eu violation de l'article 3:

> elle se rallie au principe de la preuve «au-delà de tout doute raisonnable», mais [a ajouté] qu'une telle preuve peut résulter d'un faisceau d'indices, ou de présomptions non réfutées, suffisamment graves, précis et concordants. Le comportement des Parties lors de la recherche des preuves entre en ligne de compte dans ce contexte[1].

Dans les requêtes interétatiques du Danemark, de la France, de la Norvège, de la Suède et des Pays-Bas contre la Grèce (l'Affaire grecque), dans l'affaire Irlande c/ Royaume-Uni ainsi que dans les affaires du Danemark, de la France, de la Norvège, de la Suède et des Pays-Bas contre la Turquie, les organes de Strasbourg ont examiné un grand nombre d'allégations de mauvais traitements. Dans toute affaire déclarée recevable au titre de l'article 3, la Commission a pour premier souci de déterminer si les faits établis font apparaître une violation de la Convention dont serait victime une personne quelconque. La constatation de violations dans un certain nombre d'affaires pourrait signifier qu'il existe une «pratique» contraire à la Convention. Pour aboutir à cette conclusion, on procède ensuite à un choix parmi les éléments de preuve et l'on tente de déterminer s'il existe une pratique administrative de non-respect de certaines dispositions de la Convention. S'il existe effectivement une pratique administrative de torture ou de mauvais traitements, celle-ci tendrait à rendre les recours judiciaires inefficaces. Deux éléments sont nécessaires pour qu'il y ait une pratique administrative: la répétition des actes et la tolérance officielle.

> Par «répétition des actes», il faut entendre un bon nombre de tortures ou de mauvais traitements qui correspondent à une situation générale. Ces actes peuvent se présenter soit sous forme d'actes qui ont eu lieu au même endroit; qui ont été imputables aux agents de la même autorité policière ou militaire ou bien que les victimes appartenaient à la même catégorie politique; soit sous forme d'actes qui ont eu lieu en plusieurs endroits ou sous des autorités distinctes ou qu'ils ont été infligés à des personnes de diverses nuances politiques.
>
> Par «tolérance officielle», il faut entendre que les actes de torture ou de mauvais traitement, quoique illégaux, sont tolérés en ce sens que les supérieurs des personnes immédiatement responsables connaissent ces actes mais ne font rien pour punir leurs auteurs ou empêcher leur répétition; ou que l'autorité supérieure, face à de nombreuses allégations, se montre indifférente en refusant toute enquête sérieuse sur leur vérité ou leur fausseté ou que dans la procédure judiciaire, ces plaintes ne sont pas entendues équitablement[2].

---

1. Arrêt Irlande c/ Royaume-Uni du 18 janvier 1978, Série A n° 25, p. 65, par. 161.
2. L'Affaire grecque, Rapport Comm. 5.11.69, par. 28-29, Vol. II, 1ère partie, pp. 12-16.

Torture, traitements inhumains ou dégradants: une question de degré

La Commission et la Cour des Droits de l'homme considèrent généralement les trois notions fondamentales de l'article 3 comme différenciées essentiellement sur le plan du degré. Dans l'Affaire grecque précitée, la Commission a établi tout d'abord une distinction dans les degrés du comportement interdit par l'article 3. La Commission a déclaré:

> [T]oute torture ne peut être qu'un traitement inhumain et dégradant et tout traitement inhumain ne peut être que dégradant. La notion de traitement inhumain couvre pour le moins un traitement qui provoque volontairement de graves souffrances mentales et physiques et qui, en l'espèce, ne peut se justifier.
>
> Le mot «torture» s'applique souvent à un traitement inhumain ayant pour but, par exemple, d'obtenir des informations ou des aveux ou d'infliger une peine, et c'est généralement une forme aggravée de traitement inhumain. Un traitement (ou une peine) appliqué à un individu peut être dit dégradant s'il l'humilie grossièrement devant autrui ou le pousse à agir contre sa volonté ou sa conscience[3].

Les organes de Strasbourg ont précisé les distinctions entre degrés de comportement interdit dans l'affaire postérieure Irlande c/ Royaume-Uni. Cette affaire concernait les formes de techniques d'interrogatoire (désignées communément de l'expression «les cinq techniques») appliquées à des suspects en Irlande du Nord par la police et les forces de sécurité du Royaume-Uni. Ces cinq techniques consistaient:

1. à contraindre les suspects à se tenir pendant plusieurs heures debout contre un mur, dans une position extrêmement inconfortable;

2. à couvrir la tête des suspects d'un sac de teinte foncée pendant les interrogatoires;3. à priver les suspects de sommeil;

4. à soumettre les suspects au bruit, et

5. à priver les suspects de nourriture et de boisson en quantité suffisante.

Dans sa décision, la Commission a estimé que ces cinq techniques constituaient une torture et des traitements inhumains au sens de l'article 3[4]. La Cour, en revanche, a estimé dans son arrêt relatif à la même affaire que ces techniques constituaient des traitements inhumains ou dégradants, mais non une torture. La Cour a établi comme suit une distinction entre les trois niveaux de comportement interdit:

> 1. Torture: traitements inhumains délibérés provoquant de fort graves et cruelles souffrances.
>
> 2. Traitements inhumains: l'imposition de vives souffrances physiques et morales.
>
> 3. Traitements dégradants: mauvais traitements de nature à créer chez ceux qui les subissent des sentiments de peur, d'angoisse et d'infériorité propres à les humilier, à les avilir et à briser éventuellement leur résistance physique et morale[5].

Dans son arrêt dans l'affaire Tyrer, la Cour a estimé «que la souffrance provoquée doit se situer à un niveau particulier pour que l'on puisse qualifier une peine d'«inhumaine» au

3. *Ibidem*, p. 186, par. 2.

4. Irlande c/ Royaume-Uni, Rapport Comm. 25.1.76, par. B, Cour eur. D.H., Série B n° 23-1, p. 496.

5. Arrêt Irlande c/ Royaume-Uni du 18 janvier 1978, Série A n° 25, pp. 66-67, par. 167.

sens de l'article 3.»[6], indiquant clairement par là que les différences entre les trois types de traitements sont essentiellement une question de gradation.

Torture

Compte tenu du caractère grave de la torture, c'est dans un nombre très réduit d'affaires seulement que les organes de Strasbourg ont conclu à l'existence de celle-ci. Il est extrêmement difficile de faire clairement le départ entre la torture et les traitements inhumains, même si la Cour et la Commission ont tenté de le faire. Dans certaines affaires, l'Etat accusé d'enfreindre l'interdiction de la torture a fini par conclure un règlement amiable avec le particulier victime de cette violation ou par trouver une solution politique avec un Etat requérant plutôt que de courir le risque d'être déclaré coupable de violation d'un droit aussi important. C'est ce qui s'est passé dans l'affaire interétatique Grèce c/ Royaume-Uni et dans l'affaire Danemark, France, Norvège, Suède et Pays-Bas c/ Turquie[7]. Dans son rapport dans l'Affaire grecque, la Commission a qualifié de torture ou de mauvais traitements contraires à l'article 3 des actes tels que le «falanga» (coups portés sur les pieds au moyen d'une baguette ou d'une barre de bois ou de métal), les coups violents portés sur toutes les parties du corps des victimes, les chocs électriques, les simulacres d'exécution et les menaces d'abattre ou de tuer les victimes. La Commission a indiqué, par ailleurs, que la notion de «torture non physique» était utilisée pour couvrir l'imposition de souffrances morales résultant d'un état d'angoisse et de stress provoqué par des moyens autres que l'agression physique[8].

Traitements inhumains

Les termes «dégradants» et «inhumains» sont souvent cités conjointement. Tous deux demeurent des notions insuffisamment développées dans la jurisprudence de la Commission et de la Cour. Dans l'affaire Irlande c/ Royaume-Uni ci-dessus, la Cour a fait observer que:

> pour tomber sous le coup de l'article 3, un mauvais traitement doit atteindre un minimum de gravité. L'appréciation de ce minimum est relative par essence; elle dépend de l'ensemble des données de la cause, notamment de la durée du traitement et de ses effets physiques ou mentaux ainsi que, parfois, du sexe, de l'âge, de l'état de santé de la victime, etc[9].

La Commission n'a guère eu de difficulté à conclure à l'existence de ce seuil de gravité dans la requête en question, compte tenu de l'application des «cinq techniques» dans les prisons britanniques.

En revanche, la Commission a estimé que ce seuil de gravité n'était pas atteint dans une requête plus récente dirigée contre la Suisse. Dans celle-ci, deux détenus soutenaient que l'isolement et la privation sensorielle de leur régime carcéral constituaient une violation de l'article 3. Ils avaient été détenus dans des cellules pourvues uniquement d'un éclairage artificiel permanent, et totalement isolés des autres détenus. Ils avaient été privés de livres,

---

6. Arrêt Tyrer du 25 avril 1978, Série A n° 26, p. 14, par. 29.

7. N° 299/57, Déc. 12.10.57, Grèce c/ Royaume-Uni, Annuaire 2 p. 186 (196); voir également, France, Norvège, Danemark, Suède, Pays-Bas c/ Turquie, Rapport Comm. 7.12.85, D.R. 44 p. 31 (39).

8. L'Affaire grecque, Rapport Comm. 5.11.69, par. 2, Vol. II, 1ère partie, p. 364.

9. Arrêt Irlande c/ Royaume-Uni du 18 janvier 1978, Série A n° 25, p. 65, par. 162.

de magazines, de radio, de télévision et de communication avec les autres détenus et avec le monde extérieur. Ils n'avaient pu quitter leur cellule que vingt minutes par jour, cinq jours par semaine, seuls et sous surveillance constante. Il leur avait été interdit de porter une montre ou leurs propres vêtements ou de tenir un journal. Ce régime strict avait été progressivement allégé suite, en partie, à l'aboutissement d'un recours interne et, en partie, à l'intervention des médecins de la prison qui avaient déclaré que certains aspects du régime carcéral portaient atteinte à la santé des détenus. La Commission a mis en balance la sévérité de ces mesures et leur durée réduite (l'isolement total du monde extérieur avait duré un mois), la dangerosité des détenus et le fait que leurs problèmes de santé étaient partiellement dus à la grève de la faim qu'ils avaient entamée et que leur isolement résultait en partie de leur refus de recevoir certains visiteurs. La Commission a estimé que le seuil de gravité que requiert l'article 3 n'était pas atteint[10].

Dans plusieurs autres affaires, des détenus se sont plaints qu'ils avaient été victimes, de la part des autorités pénitentiaires, de manque de soins ou de mauvais traitements d'un niveau tel qu'ils constituaient une violation de la disposition de l'article 3 relative aux traitements inhumains. Dans une série d'affaires, les requérants ont soutenu qu'ils avaient reçu des soins médicaux insuffisants pour des affections telles qu'un glaucome, des troubles graves liés à une obésité héréditaire, un diabète et une affection cardiaque, et les suites d'une hémorragie cérébrale. Dans ces affaires, la Commission a conclu à l'absence de violation de l'article 3[11]. En revanche, la Commission a estimé qu'il y avait violation de l'article 3 dans l'affaire Hurtado, dans laquelle le requérant avait été contraint de porter des vêtements souillés pendant une arrestation sous contrainte qui lui valut une côte fracturée non traitée pendant six jours. L'affaire s'est terminée par un règlement amiable[12].

Dans une autre série d'affaires, les requérants en détention ont fait valoir des violences physiques et psychologiques de la part des autorités pénitentiaires, en violation de la disposition de l'article 3 relative aux traitements inhumains. Bon nombre de ces requérants ont soutenu que la durée ou les conditions de leur détention en isolement cellulaire constituait un traitement inhumain. La Commission a déclaré à plusieurs occasions que la séparation d'un détenu de la communauté carcérale ne constitue pas en soi une forme de traitement inhumain, mais que la Commission doit prendre en compte les conditions particulières, la sévérité de la mesure, sa durée, l'objectif poursuivi et les effets sur la personne concernée pour déterminer si une mesure particulière d'isolement tombe sous le coup de l'article 3[13]. Dans le cas de détenus condamnés, la Commission a estimé qu'il n'y avait pas de violation de l'article 3 du fait de la mise à l'écart de criminels dangereux[14] ou de malades mentaux[15]. La Commission a toutefois fait observer que la détention prolongée en isolement cellulaire n'était pas souhaitable, en particulier lorsque le prisonnier concerné était

10. Kröcher et Möller c/ Suisse, Rapport Comm. 16.12.82, D.R. 34 p. 24 (39-40).

11. Voir notamment N° 6181/73, Déc. 5.10.74, Annuaire 17 p. 431; N° 9044/80, Déc. 17.12.81, D.R. 27 p. 200; N° 9559/81, Déc. 9.5.83, D.R. 33 pp. 158-159; N° 8224/78, Déc. 5.12.78, D.R. 15 p. 211; N° 7994/77, Déc. 6.5.78, D.R. 14 p. 238-239.

12. Arrêt Hurtado du 28 janvier 1994, Série A n° 280-A.

13. N°s 7572/76, 7586/76 et 7587/76, Déc. 8.7.78, D.R. 14 pp. 65-66; N° 8463/78, Déc. 9.7.81, D.R. 26 pp. 24-25.

14. N° 8158/78, Déc. 10.7.80, D.R. 21 p. 95 (105-106).

15. N° 11701/85, Déc. 7.3.88, non publié.

en détention préventive[16]. La Commission a parfois estimé que le comportement de l'Etat était devenu inférieur aux normes définies dans l'Ensemble de règles minima pour le traitement des détenus des Nations Unies (1957), ou dans les Règles pénitentiaires européennes (1987)[17]. Par exemple, dans une requête dirigée contre la Suisse, le requérant avait subi une détention stricte de cinq jours, sans lit pendant la journée, sans exercice, sans lecture hormis la Bible et avec un éclairage électrique médiocre. La Commission a observé qu'il y avait violation des normes internationales applicables mais a rejeté l'allégation de violation de l'article 3[18].

Les requérants détenus se sont parfois plaints que les autorités pénitentiaires leur aient fait subir des violences physiques, en violation de l'article 3. Dans une requête dirigée contre le Royaume-Uni, le requérant s'était plaint que les violences répétées du personnel à son égard suite à une émeute dans la prison constituaient une violation de l'article 3. La Commission en a convenu, mais a estimé, en revanche, que la détention en isolement cellulaire du requérant pendant 12 semaines, pendant lesquelles les violences incriminées s'étaient produites, ne constituait pas une violation[19]. Dans une requête antérieure dirigée contre le Royaume-Uni, le requérant s'était également élevé contre sa détention en isolement cellulaire et les mauvais traitements infligés par le personnel carcéral: «violences, harcèlement, victimisation, discrimination raciale, etc.». Après avoir examiné les allégations, la Commission a conclu à l'absence de violation de l'article 3[20]. Dans l'affaire Díaz Ruano, le requérant était le père d'un jeune homme abattu d'une balle dans la tête par un policier au cours d'une échauffourée survenue pendant un interrogatoire. La requête initiale faisait uniquement état d'une violation de l'article 3 (et de l'article 6 par. 3 c), lequel grief fut déclaré irrecevable), mais la Commission a également examiné l'affaire sous l'angle de l'article 2, qui protège le droit à la vie. Tant les faits entourant l'incident initial que les poursuites engagées ensuite contre le policier auteur de l'homicide ont amené la Commission à conclure à l'absence de violation de l'un et l'autre article. L'affaire a débouché sur un règlement amiable[21].

Dans l'affaire Herczegfalvy, la Cour a estimé que la situation d'infériorité et d'impuissance qui caractérise les patients enfermés dans des hôpitaux psychiatriques imposait l'exercice d'une vigilance accrue lors de l'examen du respect de la Convention. Il appartient, certes, aux autorités médicales de décider, sur base des règles reconnues de la médecine, des méthodes thérapeutiques à appliquer, éventuellement de force, en vue de préserver la santé physique et mentale de patients totalement inaptes à décider par eux-mêmes et dont ces autorités ont dès lors l'entière responsabilité, mais il n'en demeure pas moins que ces patients continuent à bénéficier de la protection de l'article 3, dont les dispositions ne tolèrent aucune dérogation. La Cour s'est surtout inquiétée de la durée du recours aux menottes et au lit de sûreté. Elle a toutefois estimé que les éléments dont elle disposait ne suffisaient pas à réfuter le moyen, formulé par le gouvernement, selon lequel le traitement était justifié pour des motifs de

16. N° 6038/73, Déc. 11.7.73, Rec. 44 p. 115.

17. Il s'agit toutefois d'instruments non juridiquement contraignants qui ne relèvent pas de la juridiction de la Commission.

18. N° 7341/76, Déc. 11.12.76, Annuaire 20 p. 449 (461); voir aussi N° 7408/76, Déc. 11.7.77, D.R. 10 p. 221 (223).

19. N° 7630/76, Déc. 6.12.79, D.R. 19 p. 113 (164-167).

20. N° 5613/72, Déc. 5.3.76, Annuaire 19 p. 257 (275).

21. Arrêt Díaz Ruano du 26 avril 1994, Série A n° 285-B.

nécessité médicale, compte tenu des principes psychiatriques généralement reconnus à l'époque. Par conséquent, les faits ne dénotaient aucune violation de l'article 3[22].

Dans l'affaire Tomasi, le requérant avait soutenu qu'il avait fait l'objet de mauvais traitements au cours de sa garde à vue. Quatre médecins différents avaient examiné le prévenu dans les jours ayant suivi la garde à vue. Leurs rapports comportaient des observations médicales précises et concordantes ainsi que des dates d'apparition des lésions qui coïncidaient avec la période de garde à vue du requérant. Le gouvernement a reconnu qu'il ne pouvait fournir d'explication de la cause des lésions mais a soutenu que celles-ci ne découlaient pas du traitement dont se plaignait le requérant. La Cour ne fut pas de cet avis, et a fondé sa position sur plusieurs considérations. Premièrement, personne n'avait soutenu que les marques observées sur le corps du requérant pouvaient être antérieures à son arrestation ou être la conséquence d'un acte du requérant dirigé contre lui-même, ou encore d'une tentative d'évasion. En outre, lors de sa première comparution devant le magistrat instructeur, le requérant avait attiré l'attention de celui-ci sur les marques qu'il portait. La Cour a estimé qu'elle n'avait pas à examiner le système de garde à vue en France et les règles qui s'y appliquent ni, en l'espèce, la durée et le moment des interrogatoires du requérant. Il suffisait d'observer que les attestations et rapports médicaux établis en toute indépendance par des médecins praticiens attestaient de la gravité et du grand nombre de coups subis par le requérant. Ces deux éléments étaient suffisamment graves pour qualifier ces traitements d'inhumains et de dégradants. La Cour a estimé, en outre, que les besoins de l'enquête et les difficultés indéniables qui sont inhérentes à la lutte contre le terrorisme ne pouvaient avoir pour effet de limiter la protection de l'intégrité physique des personnes. Par conséquent, il y avait eu violation de l'article 3[23].

Traitements dégradants

L'article 3 exige que les traitements visés, pour être concernés, atteignent un certain seuil de gravité[24] et c'est la raison pour laquelle il est rare que la Commission et la Cour constatent qu'il y a eu violation des dispositions dudit Article, même de la plus mineure d'entre elles, celle qui interdit les traitements dégradants. La Commission a estimé que ce seuil n'était pas atteint dans des affaires dans lesquelles un homme n'avait pas été autorisé à introduire une procédure en paternité[25], un tribunal avait ordonné l'examen psychiatrique d'un inculpé[26], un homme s'était vu refuser l'accès à ses enfants[27]. Dans de nombreux cas, la Commission a estimé que le terme «dégradants» utilisé à l'article 3 n'était pas synonyme de désagréable ou d'inconfortable[28]. La Cour a également estimé que la menace de subir des traitements dégradants ne constituait pas une violation de l'article 3[29].

22. Arrêt Herczegfalvy du 24 septembre 1992, Série A n° 244, pp. 25-26, par. 79-84.
23. Arrêt Tomasi du 27 août 1992, A. 241-A, pp. 39-42 par. 104-116.
24. Arrêt Tyrer du 25 avril 1992, A. 241-A, pp. 39-42 par. 104-116.
25. N° 9707/82, Déc. 6.9.82, D.R. 31 p. 223 (230).
26. N° 8334/78, Déc. 7.5.81, D.R. 24 p. 103 (108-109).
27. Hendriks c/ Pays-Bas, Rapport Comm. 8.3.82, D.R. 29 p. 6 (39-40).
28. Voir notamment l'arrêt López Ostra du 9 décembre 1994, Série A n° 303-C.
29. Arrêt Campbell et Cosans du 25 février 1982, Série A n° 48, p. 13, par. 29.

En revanche, la Commission et la Cour ont défini certains principes en ce qui concerne l'interprétation de la disposition relative aux «traitements ou peines dégradants». Par exemple, depuis l'Affaire grecque de 1969 jusqu'à l'affaire Irlande c/ Royaume-Uni, de 1978, la Cour a adopté un facteur important, s'agissant de déterminer si un comportement donné devait être considéré comme dégradant. Dans la première de ces deux affaires, il fallait encore qu'un acte ait eu lieu en public pour être dégradant mais, dans la seconde, la Cour en était arrivée à admettre que des actes accomplis dans une relative confidentialité pouvaient être dégradants pour le particulier qui les subit.

La Commission et la Cour ont également adopté pour principe que, pour constituer des violations de la disposition de l'article 3 relative aux traitements dégradants, il fallait que certaines pratiques soient institutionnalisées ou formalisées. Dans l'affaire relative aux Asiatiques d'Afrique orientale, le Royaume-Uni avait refusé d'admettre à l'immigration quelque trente Asiatiques détenteurs de passeports britanniques mais forcés de quitter l'Ouganda ou le Kenya, leurs pays de résidence. La Commission, estimant que la législation du Royaume-Uni établissait, à l'égard de ces personnes, une distinction fondée sur la couleur et la race, a conclu que ce racisme institutionnalisé était dégradant au sens de l'article 3[30]. Dans l'affaire Tyrer, le Royaume-Uni avait condamné un jeune garçon à trois coups de verges pour une infraction pénale. La Cour, jugeant que le fait d'être condamné au pénal n'était pas dégradant en soi, a estimé que l'exécution, à titre de sentence, d'une peine corporelle était dégradante au sens de l'article 3, au motif que cette violence était institutionnalisée et que le garçon était traité «en objet aux mains de la puissance publique», ce qui le plaçait dans une position dans laquelle sa dignité et son intégrité physique étaient compromises[31].

Dans l'affaire Albert et Le Compte, la Cour a été amenée à examiner le point de savoir si une mesure de retrait du droit de pratiquer appliquée à un médecin constituait un traitement dégradant. D'après la Cour:

> [L]e retrait incriminé avait pour but de sanctionner les manquements imputés [au requérant], et non de le rabaisser dans sa personnalité; considéré dans ses effets, il n'a pas atteint celle-ci d'une manière incompatible avec l'article 3[32].

Catégories spéciales de griefs formulés au titre de l'article 3

L'analyse ci-dessus concernait pour l'essentiel le traitement des personnes détenues. La Commission a été amenée à examiner, outre des griefs formulés par des détenus, un certain nombre de requêtes invoquant l'article 3 en relation avec trois autres types de circonstances: l'extradition/expulsion, les châtiments corporels appliqués aux jeunes, et la discrimination.

Extradition/expulsion

La Convention européenne ne prévoit ni le droit de résider dans un pays spécifique, ni le droit de ne pas être expulsé d'un pays, même si l'article 4 du Protocole n° 4 interdit les

30. N° 4403/70, Déc. 10.10.70, Rec. 36, p. 92 (117); N° 4626/70 et autres, Déc. 6.3.78, D.R. 13 p. 5 (13-14).

31. Arrêt Tyrer du 25 avril 1978, Série A n° 26, p. 16, par. 33.

32. Arrêt Albert et Le Compte du 10 février 1983, Série A n° 58, p. 13 par. 22.

expulsions collectives d'étrangers. Toutefois, la Commission a parfois été saisie d'une requête dans laquelle un particulier s'élevait contre une mesure d'extradition ou d'expulsion prise à son encontre par un Etat, au motif que cette extradition ou cette expulsion aurait pour effet de le soumettre à un traitement contraire à l'article 3. La Commission a formulé le critère à remplir dans les cas où une expulsion ou une extradition peuvent, dans des circonstances exceptionnelles, être contraires à la Convention et en particulier à l'article 3, à savoir qu'il existe de fortes raisons de penser que la personne concernée sera soumise à des traitements que cet article interdit. Ce faisant, la Commission se réserve le droit d'examiner non seulement les procédures judiciaires internes du pays qui prend la mesure d'éloignement mais aussi les risques auxquels la personne pourrait être exposée dans le pays vers lequel elle doit être renvoyée[33].

La Commission a répété cette norme dans des requêtes dirigées contre le Danemark et dans deux requêtes dirigées contre la République fédérale d'Allemagne, dans lesquelles la Commission a estimé que le fait de faire l'objet de poursuites pénales pour désertion de l'armée ne constituait pas une violation de l'article 3[34]. Dans une requête dirigée contre les Pays-Bas, le requérant, un ressortissant pakistanais, avait demandé l'asile politique au motif qu'il était menacé de persécution dans son pays d'origine en raison de son appartenance à un certain parti politique. La Commission a fait observer que ce risque concernait uniquement les membres de rang élevé de ce parti et a donc conclu à l'absence de violation de l'article 3[35].

Dans une affaire contre la République fédérale d'Allemagne, le requérant, un ressortissant turc qui avait été un militant politique dans son pays d'origine, avait soutenu que son extradition vers la Turquie entraînerait sa torture, une peine d'emprisonnement disproportionnée et une persécution politique, en violation de l'article 3. La Commission a déclaré la requête recevable et indiqué qu'il était:

> incontesté que des cas de torture se sont produits dans ce pays ... et il n'est pas établi ... qu'on pourrait éliminer aujourd'hui tout risque dans ce domaine ...
>
> [P]our ce qui est du requérant lui-même, il ne peut pas être décrit comme quelqu'un qui serait à l'abri de tout danger. En effet, vu son passé de militant politique et l'allégation selon laquelle il aurait entravé la poursuite pénale contre les assassins d'une personnalité politique, on ne saurait exclure avec certitude qu'il soit considéré comme pouvant donner des informations d'une importance telle qu'elle entraînerait la tentation d'utiliser des moyens de pression non compatibles avec l'article 3 de la Convention pour les lui arracher....[36].Le requérant s'est suicidé avant que la question ne soit réglée et la Commission a rayé l'affaire de son rôle[37].

33. Voir notamment N° 984/61, Déc. 29.5.61, Rec. 6 p. 39 (40); N° 1802/63, Déc. 26.3.63, Rec. 10 p. 26 (36); N° 6315/73, Déc. 30.9.74, D.R. 1 p. 73 (75); N° 7465/73-74, Déc. 29.9.76, D.R. 7 p. 155; N° 10308/83, Déc. 3.5.83, D.R. 36 p. 209 (219-220).

34. N° 7465/76, Déc. 29.9.76, D.R. 7 p. 153 (156-157); N° 7334/76, Déc. 9.3.76, D.R. 5 p. 154 (156) et N° 10564/83, Déc. 10.12.84, D.R. 40 p. 262.

35. N° 10760/84, Déc. 17.5.84, D.R. 38 p. 224 (227-229).

36. N° 10308/83, Déc. 3.5.83, D.R. 36 p. 210 (220-221).

37. Altun c/ République fédérale d'Allemagne, Rapport Comm. 7.3.84, par. 32, D.R. 36 p. 236 (247-248).

Dans l'affaire Amekrane, un officier de l'armée marocaine qui avait participé à une tentative d'assassinat sur la personne du Roi du Maroc, s'était réfugié à Gibraltar. Le Royaume-Uni a donné suite immédiatement à la demande d'extradition du Maroc et a renvoyé l'homme au Maroc. Il fut exécuté par la suite. La Commission a déclaré irrecevable la requête de sa veuve: l'affaire déboucha finalement sur un règlement amiable[38].

L'affaire Cruz Varas et al. concernait des requérants de nationalité chilienne arrivés en Suède en 1987. Le Conseil national de l'immigration a décidé d'expulser les requérants et a rejeté leur demande d'octroi du statut de réfugiés. Le premier requérant a fait valoir par la suite qu'il avait travaillé en Suède pour une organisation radicale qui avait tenté d'assassiner le général Pinochet et qu'il risquait la persécution politique s'il retournait au Chili. Il a soutenu, par ailleurs, avoir été torturé à plusieurs reprises au Chili. Le premier requérant a présenté, devant le gouvernement, deux certificats médicaux concernant ses allégations de torture. Le gouvernement a estimé que rien ne s'opposait, dans la loi sur les étrangers, à l'expulsion des requérants. Le Conseil national de l'immigration décida de ne pas faire obstacle à l'expulsion. Le jour même où l'expulsion devait avoir lieu, le gouvernement fut informé du fait que la Commission avait décidé, conformément à l'article 36 de son Règlement intérieur, d'indiquer au gouvernement qu'il était souhaitable, dans l'intérêt des parties et du bon déroulement de la procédure devant la Commission, de ne pas déporter les requérants vers le Chili avant que la Commission n'ait eu l'occasion d'examiner plus avant la requête. Malgré cela, le premier requérant fut expulsé en direction du Chili le jour même. Son épouse et son fils son restés secrètement en Suède.

En ce qui concerne l'article 3, la Cour a estimé que l'existence d'un risque de mauvais traitements devait être appréciée essentiellement par rapport aux faits dont l'Etat avait connaissance au moment de l'expulsion. Toutefois, des informations révélées après l'expulsion pouvaient contribuer à confirmer ou à infirmer l'appréciation des craintes du requérant par l'Etat. La Cour a estimé que des motifs de fond permettant de penser que l'expulsion du premier requérant l'exposerait à un risque réel de soumission à des traitements inhumains ou dégradants à son retour au Chili n'avaient pas été mis en évidence. Si les éléments médicaux corroboraient l'idée que le requérant avait été soumis dans le passé à des traitements inhumains, la crédibilité de celui-ci se trouvait mise en doute par le fait que, pendant les dix-huit mois qui avaient suivi son premier interrogatoire par les autorités de police, il n'avait pas fait état de ses activités clandestines et de sa torture par la police chilienne. Ces allégations sont apparues comme plus douteuses encore suite aux modifications incessantes de sa relation des faits après chaque interrogatoire de la police et à l'absence d'éléments étayant sa prétendue activité politique clandestine. En outre, l'amélioration de la situation politique au Chili, le retour spontané de réfugiés et le fait que la décision finale avait été prise après examen approfondi de son cas étaient également des facteurs à prendre en compte. La Cour a estimé que l'expulsion du requérant n'excédait pas le seuil fixé par l'article 3, dès lors qu'aucun fondement substantiel de ses craintes n'avait été mis en évidence[39].

Dans l'affaire Vilvarajah et al., les requérants étaient des Tamouls de Sri Lanka qui étaient arrivés au Royaume-Uni à différentes dates en 1987 et avaient demandé l'asile

38. Amekrane c/ Royaume-Uni, Rapport Comm. 19.7.74, non publié.

39. Arrêt Cruz Varas et al. du 20 mars 1991, Série A n° 201, pp. 27-32, par. 68-86.

politique au titre de la Convention relative au statut des réfugiés (1951) des Nations Unies (modifiée). Ils soutenaient qu'ils craignaient réellement d'être persécutés s'ils étaient renvoyés à Sri Lanka, où eux-mêmes et leurs familles avaient souffert des excès de l'armée sri-lankaise à l'égard de la communauté tamoule. Leurs demandes furent examinées et rejetées par le ministre de l'Intérieur. Les requérants furent transférés à Sri Lanka. Les premier, deuxième et troisième requérants ont soutenu qu'ils ont été arrêtés, placés en détention et maltraités (deuxième et troisième requérants) par des membres de la Force indienne de maintien de la paix. Le quatrième requérant a fait valoir qu'il avait été arrêté et roué de coups par la police. Leur recours en appel contre leur éloignement a été accueilli par l'arbitre. Ils furent par la suite, autorisés à réintégrer le Royaume-Uni et bénéficièrent d'un permis de séjour exceptionnel de douze mois.

Les requérants ont formulé le grief que leur transfert à Sri Lanka par le Royaume-Uni constituait une violation de l'article 3, dès lors que ce transfert les exposait à un risque grave de persécution. La Cour a fait observer que l'examen de l'existence de ce risque devait être fait avec rigueur, compte tenu du caractère absolu de l'article 3 et du fait qu'il consacre une des valeurs fondamentales des sociétés démocratiques qui forment le Conseil de l'Europe. Toutefois, il n'a pas été établi qu'il existait des motifs substantiels de penser que les requérants courraient, à leur retour à Sri Lanka en février 1988, un risque réel d'exposition aux traitements visés à l'article 3. A cette date, la situation dans le nord et l'est de Sri Lanka s'était améliorée. Même s'il subsistait des combats occasionnels, la Force indienne de maintien de la paix avait, conformément à l'Accord de juillet 1987, succédé aux forces de sécurité dominées par les Cinghalais, et les combats à Jaffna avaient pris fin. De plus, les Tamouls avaient spontanément regagné Sri Lanka en grand nombre dans le cadre du programme de rapatriement volontaire du HCR. Les éléments disponibles en ce qui concerne le contexte des requérants et la situation générale n'établissaient pas que leur position était en quoi que ce soit moins bonne que celle de la majorité des autres Tamouls qui regagnaient leur pays. Dans ces conditions, la simple éventualité d'un mauvais traitement ne suffisait pas en soi à entraîner une violation de l'article 3.

En ce qui concerne les deuxième, troisième et quatrième requérants maltraités après leur retour, leur cas ne présentait aucune caractéristique distinctive particulière qui aurait pu ou dû permettre au ministre de l'Intérieur de prévoir qu'ils seraient maltraités à leur retour au pays. En outre, l'éloignement des quatrième et cinquième requérants, qui n'étaient pas en possession d'une pièce d'identité, ne les exposait pas, par ce simple fait, à un risque réel de traitement dépassant le seuil fixé par l'article 3. La Cour a, par ailleurs, considéré comme important le fait que chaque cas avait été examiné avec soin par le ministre de l'Intérieur ainsi que les connaissances et l'expérience des autorités du Royaume-Uni acquises suite à l'examen d'un grand nombre de demandes d'asile de personnes provenant de Sri Lanka. En conséquence, la Cour a conclu à l'absence de violation de l'article 3[40].

Dans certaines affaires d'extradition ou d'expulsion, la Commission et la Cour invitent d'initiative l'Etat à s'abstenir de prendre la mesure envisagée, et celui-ci donne souvent suite à cette demande. Les organes de la Convention ont notamment agi de la sorte dans plusieurs affaires qui concernaient des expulsions d'enfants. Dans une requête dirigée contre les Pays-Bas, un garçon turc vivait sous la menace d'une ordonnance d'expulsion. Sa famille directe

40. Arrêt Vilvarajah et al. du 30 octobre 1991, Série A n° 215, pp. 34-37, par. 101-116.

habitait en Suède, de sorte qu'en cas d'expulsion, il aurait dû se débrouiller seul en Turquie. Dans cette affaire, les parties ont conclu un règlement amiable suite auquel un permis de séjour fut accordé[41]. Un règlement amiable fut également conclu dans l'affaire Giama, dans laquelle le requérant avait fait l'objet de déportations répétées suite à l'impossibilité de déterminer avec certitude son identité et sa nationalité. Conformément aux termes de l'arrangement, les autorités belges ont procuré au requérant les documents nécessaires à son émigration au Sénégal, comme il en avait exprimé le souhait, et ont pris en charge ses frais de voyage[42]. Dans d'autres affaires de contestation de la déportation ou de l'expulsion de mineurs d'âge, le litige portait sur le droit au respect de la vie familiale visé à l'article 8 ainsi que sur des allégations de mauvais traitements. Dans ce type d'affaires, la Commission et la Cour ont examiné le grief relatif à l'article 8 et ont déclaré qu'il était superflu d'examiner en outre la violation alléguée de l'article 3[43].

Le «phénomène du couloir de la mort»

Dans l'affaire Kirkwood, le requérant, soupçonné d'avoir commis un meurtre à San Francisco, avait été arrêté à Londres. Les autorités des Etats-Unis avaient demandé son extradition. Le requérant avait notamment fait valoir que les assurances fournies par les Etats-Unis, selon lesquelles le ministère public ne réclamerait pas la peine de mort dans cette éventualité, n'étaient pas suffisamment contraignantes pour le protéger d'une condamnation à mort et que, si l'Etat de Californie le condamnait, il risquerait de séjourner longtemps dans le couloir de la mort, où les conditions et les incertitudes constitueraient un traitement inhumain au sens de l'article 3. La Commission a déclaré la requête manifestement mal fondée dans la mesure où la protection prévue du processus offerte par la Californie constituait une protection suffisante contre les violations de l'article 3[44].

Dans l'affaire Soering, le requérant, un jeune ressortissant allemand, avait soutenu que la décision du gouvernement du Royaume-Uni de l'extrader vers les Etats-Unis constituait une violation de ses droits au titre de l'article 3, au motif qu'il risquait une condamnation à mort et une longue incarcération (6 à 8 ans) dans le couloir de la mort d'une prison de Virginie, où le régime carcéral était particulièrement rigoureux et qui présentait un passé incontesté de violences homosexuelles et de violences physiques entre détenus. Contrairement à l'affaire Kirkwood, les autorités des Etats-Unis se refusaient à assurer qu'elles ne réclameraient pas la peine de mort. La République fédérale d'Allemagne, qui ne connaît pas la peine de mort, avait également demandé l'extradition du jeune homme en vue de le juger pour les délits allégués en l'espèce. La Cour, par une décision unanime en rupture radicale avec la jurisprudence des organes de Strasbourg, a conclu à l'existence d'une violation de l'article 3. La Cour a déclaré que:

> En principe, il n'appartient pas aux organes de la Convention de statuer sur l'existence ou l'absence de violations virtuelles de [la Convention]. Une dérogation à la règle générale s'impose pourtant si un fugitif allègue que la décision de l'extrader enfreindrait l'article 3 au

41. Taspinar c/ Pays-Bas, Rapport Comm. 9.10.85, par. 12-15, D.R. 44 p. 262 (265-267).
42. Giama c/ Belgique, Rapport Comm. 17.7.80, par. 43-55, D.R. 21 p. 73 (80-84).
43. Voir notamment l'arrêt Nasri du 13 juillet 1995, Série A n° 324.
44. N° 10479/83, Déc. 12.3.84, D.R. 37 p. 158-159 (122-123).

cas où elle recevrait exécution, en raison des conséquences à attendre dans le pays de destination ... vu la gravité et le caractère irréparable de la souffrance prétendument risquée ...

En résumé, pareille décision peut soulever un problème au regard de l'article 3, donc engager la responsabilité d'un Etat contractant au titre de la Convention ... Il ne s'agit pas pour autant de constater ou prouver la responsabilité [du pays de destination] ... Dans la mesure où une responsabilité se trouve ou peut se trouver engagée sur le terrain de la Convention, c'est celle de l'Etat qui extrade, à raison d'un acte qui a pour résultat direct d'exposer quelqu'un à des mauvais traitement prohibés[45].

La Cour, concluant à l'existence d'une violation, a mis l'accent sur le fait que le requérant, au moment où les délits avaient été commis, était un jeune homme de 18 ans souffrant de troubles psychologiques et que les Etats du Conseil de l'Europe étaient en train d'abolir progressivement la peine de mort en temps de paix[46]. Après le prononcé de l'arrêt de la Cour, le Royaume-Uni a obtenu du ministère public de l'Etat de Virginie l'assurance qu'il ne réclamerait pas la peine de mort contre Soering; celui-ci fut ensuite extradé vers les Etats-Unis.

Peines corporelles appliquées à des jeunes

La Commission et la Cour ont examiné plusieurs affaires au titre de l'article 3, dans lesquelles des enfants avaient soutenu que le fait d'être soumis à des peines corporelles en tant que sanction pénale ou que sanction disciplinaire dans les écoles constituait un traitement ou une peine dégradants. Dans l'affaire Tyrer déjà citée, le requérant, un adolescent de 15 ans, avait été condamné à la fustigation pour s'être livré à des voies de fait sur un élève plus âgé à son école. La Cour a déclaré ce qui suit:

> Les peines judiciaires corporelles impliquent, par nature, qu'un être humain se livre à des violences physiques sur l'un de ses semblables. En outre, il s'agit de violences institutionnalisées, en l'occurrence autorisées par la loi, prescrites par les organes judiciaires de l'Etat ... Ainsi, quoique le requérant n'ait pas subi de lésions physiques graves ou durables, son châtiment, consistant à le traiter en objet aux mains de la puissance publique, a porté atteinte à ce dont la protection figure précisément parmi les buts principaux de l'article 3: la dignité et l'intégrité physique de la personne. On ne saurait davantage exclure que la peine ait entraîné des séquelles psychologiques néfastes[47].

Dans l'affaire Campbell et Cosans, les parents de deux enfants avaient fait valoir que le recours au châtiment corporel en tant que mesure disciplinaire dans une école britannique publique constituait une violation des droits des enfants au sens de l'article 3. La Cour a estimé que le simple risque de subir une peine corporelle ne créait pas un degré d'humiliation ou d'avilissement tel qu'il excédât le seuil de protection requis par l'article 3[48].

45. Arrêt Soering du 7 juillet 1989, Série A n° 161, pp. 35-36, par. 90-91.

46. Pour l'examen de ce processus, voir le chapitre précédent concernant l'article 2 et le Protocole n° 6.

47. Arrêt Tyrer du 25 avril 1978, Série A n° 26, p. 16, par. 33.

48. Arrêt Campbell et Cosans du 25 février 1982, Série A n° 48, p. 13, par. 29.

En revanche, dans une affaire postérieure dirigée contre le Royaume-Uni, la requérante avait effectivement subi un châtiment corporel et la Commission a conclu à l'existence d'une violation de l'article 3, aux motifs suivants:

> [L]a Commission estime utile de relever qu'en l'espèce, la commission régionale compétente n'avait établi aucune règle formelle en ce qui concerne les punitions corporelles, dont l'usage était laissé à la discrétion des chefs d'établissement.
>
> ... Elle accorde une importance au fait que la punition a consisté en une blessure corporelle infligée par un homme, en présence d'un autre homme, à une jeune fille de 16 ans, nubile en droit interne.
>
> En outre, la blessure infligée à la requérante ... ne saurait être considérée comme insignifiante. On ne saurait exclure non plus que la punition ait eu également des effets psychologiques néfastes.
>
> En conséquence, eu égard à l'ensemble de la situation, la Commission estime que la punition corporelle infligée à la deuxième requérante a humilié cette dernière et a atteint un degré suffisant de gravité pour être considérée comme dégradante au sens de l'article 3 de la Convention[49].

La Commission a estimé qu'il y avait eu violation de l'article 3, dès lors que le châtiment corporel infligé à la requérante avait entraîné une humiliation et atteint un degré de gravité propres à le faire considérer comme un traitement ou une peine dégradants. Au cours de l'examen de cette affaire par le Comité des Ministres, celui-ci a relevé que le gouvernement du Royaume-Uni l'avait informé que la loi (n° 2) sur l'éducation, de 1986, prévoyait l'abolition des peines corporelles dans les écoles de l'Etat. Le Comité n'a pas réuni la majorité des deux tiers sur le point de savoir s'il y avait eu ou non violation de l'article 3[50].

Plusieurs requêtes dirigées contre le Royaume-Uni et relatives à des peines corporelles ont été résolues par la procédure du règlement amiable[51]. Dans l'affaire Costello-Roberts, qui concernait un châtiment corporel appliqué à un élève de sept ans par le chef d'établissement d'un pensionnat privé, la Cour a estimé que le requérant n'avait apporté aucun élément prouvant l'existence, suite au traitement incriminé, de séquelles graves ou durables excédant ce que l'on pouvait attendre de mesures prises dans un contexte purement disciplinaire. Une peine qui n'entraîne pas ce type de séquelles peut tomber sous le coup de l'article 3 pour autant qu'elle puisse être considérée comme excédant le seuil de sévérité requis. La Cour a émis certaines critiques à propos du caractère automatique du châtiment et à propos du délai de trois jours avant son infliction, mais a considéré qu'en l'espèce, le seuil de sévérité n'avait pas été atteint[52].

---

49. Warwick c/ Royaume-Uni, Rapport Comm. 18.7.86, par. 85-88, D.R. 60 p. 5-6 (35-36).

50. Résolution du 2 mars 1989, DH (89) 5, D.R. 60 pp. 40-41.

51. N°s 9114/80, 9303/81 et 10592/83, Rapport Comm. 16.7.87, non publié; arrêt Y c/ Royaume-Uni, du 29 octobre 1992, Série A n° 247-A pp. 12-14, par. 37-46.

52. Arrêt Costello-Roberts du 25 mars 1993, Série A n° 247-C, pp. 58-60, par. 29-32.

Discrimination

Comme relevé ci-dessus, la Commission a, dans son rapport concernant l'affaire des Asiatiques d'Afrique orientale, établi le principe selon lequel la discrimination raciale institutionnalisée pouvait constituer une violation de la disposition de l'article 3 relative aux traitements dégradants.

Dans l'affaire Abdulaziz, Cabales et Balkandali, la Cour a spécifié que, pour qu'il y ait violation de l'article 3 par un Etat, il fallait que celui-ci ait l'intention d'avilir quelqu'un:

> [L]a différence de traitement litigieuse ne dénotait aucun mépris ou manque de respect pour la personnalité des requérantes; elle ne tendait pas à humilier ou rabaisser, et ne l'a pas fait, mais visait uniquement les buts indiqués ... On ne saurait donc la considérer comme «dégradante»[53].

Dans une requête dirigée contre l'Autriche, la requérante a soutenu que le refus de l'Etat de l'autoriser à déclarer son appartenance ethnique dans le cadre d'un recensement linguistique était contraire à la clause de l'article 3 relative aux traitements dégradants. La Commission a conclu à l'absence de violation et a déclaré:

> La Convention ne reconnaît pas de droits à une minorité linguistique en tant que telle et la protection des membres de cette minorité se limite à ne pas faire l'objet d'une discrimination, dans la jouissance des droits reconnus par la Convention, en raison de leur appartenance à une minorité ... Comme en l'espèce, aucun autre droit garanti par la Convention ne se trouve en jeu, la question de la discrimination ne saurait se poser.»[54]

53. Arrêt Abdulaziz, Cabales et Balkandali du 28 mai 1985, Série A n° 94, p. 42, par. 91.

54. N° 8142/78, Déc. 10.10.79, D.R. 18 p. 88 (98-99).

Interdiction de l'esclavage et des pratiques apparentées (Article 4)

Contexte général

D'après une théorie célèbre de l'histoire, l'esclavage a précédé la féodalité et le capitalisme en tant qu'étapes de l'évolution inévitable de l'humanité vers une société sans classes. Que l'on souscrive ou non à cette théorie, l'esclavage en tant qu'institution et pratique légales est aujourd'hui universellement condamné. Les Etats membres du Conseil de l'Europe l'ont supprimé depuis longtemps, du moins en métropole. En revanche, l'évolution dans leurs colonies ou ex-colonies a été plus ambiguë, comme l'a montré la guerre civile aux Etats-Unis. C'est au début du XIXe siècle que l'ont voit apparaître les premiers textes internationaux concernant des problèmes liés aux droits de l'homme, et l'un d'eux concernait l'esclavage. Il n'a pas été possible d'assurer la libération immédiate des esclaves et la première étape fut, dès lors, l'abolition de la traite des esclaves. Une série de traités bilatéraux furent conclus entre 1815 et 1850. Par la suite, le système des territoires sous mandat, défini par l'article 22 eu Pacte de la Société des Nations, a proclamé que le bien-être et le développement des populations dans les territoires sous mandat devaient constituer une "mission sacrée de civilisation" et que les puissances mandataires devaient administrer les territoires dans des conditions qui interdisent les abus, notamment la traite des esclaves.

La Convention internationale relative à l'abolition de l'esclavage, de la traite des esclaves et des institutions et pratiques analogues à l'esclavage, de 1926, conclue sous les auspices de la Société des Nations, a été décrite comme le premier traité véritable des droits de l'homme au niveau mondial. A l'étape suivante, à l'issue de la deuxième guerre mondiale, l'article 4 de la Déclaration universelle des droits de l'homme énonce: "Nul ne sera tenu en esclavage ni en servitude; l'esclavage et la traite des esclaves sont interdits sous toutes leurs formes." En ce qui concerne l'interdiction de l'esclavage et de la servitude, l'article 8 du Pacte international relatif aux droits civils et politiques diffère uniquement de l'article 4 de la Déclaration universelle par le fait qu'il consacre deux paragraphes distincts à cette question. Le troisième paragraphe de l'article 8 interdit le travail forcé ou obligatoire dans les mêmes termes que ceux de l'article 4 par. 2 de la Convention européenne des Droits de l'Homme, et les deux articles ajoutent un certain nombre d'exceptions à cette interdiction.

La Convention européenne des Droits de l'Homme, sans définir l'esclavage, réaffirme l'interdiction de celui-ci et de la servitude en y ajoutant l'interdiction du «travail forcé ou obligatoire». Même cette dernière interdiction existait déjà, et sa formulation est empruntée à une convention de l'Organisation internationale du travail, datant de 1930. Ces notions, bien que liées entre elles, peuvent se distinguer: l'esclavage est la possession à titre privé d'êtres humains («l'état ou la condition d'un individu sur lequel s'exercent les attributs du droit de propriété ou certains d'entre eux», selon la définition de la Convention de 1926 sur l'esclavage). La servitude, en revanche, est une forme moins extrême d'exploitation du travail d'autrui telle que le servage, la servitude pour dettes, la vente des épouses en tant que biens meubles, etc. Ces pratiques ont disparu ou, du moins, n'existent plus sous une forme ouverte sur le territoire juridictionnel des Etats parties à la Convention européenne. Le commerce des enfants en vue de leur mise au travail ou sous le déguisement de l'adoption existe peut-être encore et pourrait tomber sous le coup de ces interdictions. La servitude vise l'ensemble des conditions de travail auxquelles la personne concernée ne peut échapper et qu'elle ne peut modifier. La notion de servitude n'est pas définie plus avant et le texte ne comporte aucune explication concernant la différence entre cette notion et celle de travail forcé. Dans son rapport dans l'affaire Van Droogenbroeck, la Commission décrit cette notion comme suit:

> en plus de l'obligation de fournir à autrui certains services, la notion de servitude englobe l'obligation pour le «serf» de vivre sur la propriété d'autrui et l'impossibilité de changer sa condition.

La Commission a, à cet égard, renvoyé en particulier à l'article premier de la Convention supplémentaire relative à l'abolition de l'esclavage, de la traite des esclaves et des institutions et pratiques analogues à l'esclavage, du 30 avril 1956.[1]

Esclavage et servitude

L'article 4 par. 1 est libellé comme suit:

> Nul ne peut être tenu en esclavage ni en servitude.

Le premier paragraphe de l'article 4 a essentiellement été invoqué par des détenus refusant d'accomplir un travail pendant leur détention. Dans ces affaires, la Commission a estimé que les termes «esclavage» ou «servitude» n'étaient pas applicables à une situation normalement imposée aux condamnés dans la plupart des pays du monde et explicitement reconnue par la Convention dans le contexte de son interdiction du «travail forcé ou obligatoire» au sens de l'article 4 par. 3 *a*).

Dans l'affaire Van Droogenbroeck ci-dessus, le requérant avait fait valoir que le fait d'avoir été mis à la disposition du gouvernement en tant que récidiviste l'avait réduit à l'état de servitude, dès lors qu'il était détenu dans une colonie pénitentiaire dans laquelle il était contraint de travailler et qu'il ne pouvait quitter sans autorisation, dont l'octroi dépendait du bon vouloir de l'exécutif. La Commission et la Cour ont estimé qu'il n'était pas question de servitude puisque la mesure était limitée dans le temps et susceptible de révision, qu'elle résultait d'une décision du tribunal rendue après un procès pénal et que, dès lors, elle n'affectait pas le statut juridique de la personne concernée.[2] De même, dans la décision concernant la recevabilité des requêtes n°s 3435-3438/67 (quatre jeunes gens qui s'étaient

1. Van Droogenbroeck c/ Belgique, Rapport Comm. 9.7.80, par. 78-80, Cour eur. DH, Série B n° 44, p. 30.
2. Arrêt Van Droogenbroeck du 24 juin 1982, Série A n° 50, p. 32, par. 58.

engagés dans la marine militaire à l'âge de quinze et seize ans pour une durée de neuf ans ont soutenu que le service qui leur était imposé sans aucune possibilité de démission constituait une servitude), la Commission a déclaré que ce service formait une exception à l'interdiction du «travail forcé ou obligatoire» visée à l'article 4 par. 3 b). La Commission a déclaré ensuite que la clause excluant explicitement le service militaire du champ d'application de l'expression «travail forcé ou obligatoire» n'interdisait pas nécessairement dans toutes les circonstances de soumettre ce service à un examen à la lumière de l'interdiction frappant «l'esclavage ou la servitude». Elle a toutefois rejeté la plainte des requérants au motif que la loi concernée imposait l'accord parental pour les mineurs d'âge et que cet accord avait été effectivement donné.[3]

Travail forcé ou obligatoire

Les paragraphes suivants de l'article 4 sont libellés comme suit:

> 2. Nul ne peut être astreint à accomplir un travail forcé ou obligatoire.
>
> 3. N'est pas considéré comme «travail forcé ou obligatoire» au sens du présent article:
>
> *a.* tout travail requis normalement d'une personne soumise à la détention dans les conditions prévues par l'article 5 de la présente Convention, ou durant sa mise en liberté conditionnelle;
>
> *b.* tout service de caractère militaire ou, dans le cas d'objecteurs de conscience dans les pays où l'objection de conscience est reconnue comme légitime, un autre service à la place du service militaire obligatoire;
>
> *c.* tout service requis dans le cas de crises ou de calamités qui menacent la vie ou le bien-être de la communauté;
>
> *d.* tout travail ou service formant partie des obligations civiques normales.

Les organes de Strasbourg n'ont jamais donné de définition de l'expression «travail forcé ou obligatoire». Dans sa décision concernant la recevabilité de la requête n° 7641/76, la Commission a renvoyé à cet égard à la Convention de l'OIT, en particulier au n° 105, qui définit cinq catégories de travail forcé: les mesures de coercition ou d'éducation politique, ou les sanctions à l'égard de personnes qui nourrissent ou professent certaines opinions politiques ou manifestent leur opposition idéologique à l'ordre politique, social ou économique établi; les méthodes de mobilisation et d'utilisation de la main-d'oeuvre à des fins de développement économique; les mesures de discipline de travail; les punitions pour avoir participé à des grèves; et les mesures de discrimination raciale, sociale, nationale ou religieuse. La Commission a estimé que, pour qu'il y ait travail forcé ou obligatoire, il fallait, premièrement, que le travail ou le service soit accompli par le travailleur contre sa volonté et, deuxièmement, que l'exigence de l'accomplissement du travail ou du service soit injuste ou tyrannique, ou que le travail ou service lui-même représente une gêne évitable.[4]

Les notions de travail forcé et de travail obligatoire sont distinctes, en ce sens qu'elles peuvent renvoyer à des tâches imposées par l'Etat mais non par un autre particulier, et il ne

3. N°s 3435-3438/67, Déc. 19.7.68, *Annuaire* 11 p. 563 (597-599).

4. N° 7641/76, Déc. 11.12.76, D.R. 10 p. 224 (235-237).

fait pas de doute que ces notions ne sont pas tombées en désuétude au XXe siècle. Il est possible, au contraire, que les mesures de coercition de masse concernant le travail deviennent partie intégrante des systèmes totalitaires de tout type. Il est beaucoup plus difficile de définir et de délimiter cette interdiction, comme le montre l'article 4 par. 3 lorsqu'il énonce que l'expression «travail forcé ou obligatoire» n'inclut pas certaines catégories de travail ou de service imposés. Toutefois, la notion qui sous-tend ces dispositions est celle du consentement. Comme il ressort de l'affaire ci-dessus, dans laquelle quatre jeunes gens s'étaient engagés dans la marine militaire, le consentement donné ôte au travail ou au service son caractère obligatoire. C'est également la question du consentement préalable qui a été mise en doute dans l'affaire Van der Mussele. La Commission a estimé, majoritairement, que le requérant avait consenti par avance à la situation dont il se plaignait, de sorte qu'il était malvenu à la dénoncer par la suite. Il ne fait pas de doute que Van der Mussele avait choisi d'embrasser la profession d'avocat qui, en Belgique, est une profession libérale, en étant conscient du fait qu'en vertu des règles de celle-ci il serait parfois tenu, conformément à une longue tradition, d'assurer ses services à titre gratuit et sans remboursement de ses frais. Il lui fallait toutefois souscrire à cette exigence pour accéder au barreau, et son assentiment était déterminé par les modalités normales d'exercice de la profession à l'époque. La Cour a conclu que:

> A lui seul, l'accord préalable de l'intéressé n'autorise donc pas à conclure que les obligations de Me Van der Mussele au titre de l'assistance judiciaire ne constituaient pas un travail obligatoire au regard de l'article 4 par. 2 de la Convention.[5]

Situations non incluses dans l'interdiction du travail forcé ou obligatoire

Du point de vue technique, les interdictions qui frappent le travail forcé ou obligatoire sont absolues, mais la liste des activités qui ne relèvent pas de ce type de travail définit, en pratique, les exceptions à cette règle. Le fait que ces interdictions n'étaient pas nouvelles dans la Convention signifie que son interprétation peut être influencée par des dispositions antérieures et plus explicites, déjà citées dans la section ci-dessus. La Cour a toutefois déclaré dans l'affaire Van der Mussele:

> [il importe] de ne perdre de vue ni les caractères particuliers de [la Convention] ni la nature d'instrument vivant qui doit se lire «à la lumière des conceptions prévalant de nos jours dans les Etats démocratiques».[6]

Mais le nouvel élément du système de la Convention est le mécanisme par lequel les requêtes individuelles débouchent sur une décision contraignante de la Commission, de la Cour ou du Comité des Ministres. Et ces organes, bien qu'ils prennent occasionnellement en compte les autres instruments, se soucient avant tout d'établir la signification de la Convention comme telle. Ce que leur pratique montre par-dessus tout, c'est que l'on ne peut interpréter à la lettre l'article 4 et qu'il faut tenir compte de nombreux facteurs autres que le texte. Il s'agit d'un trait général du droit de la Convention qui, comme c'est le cas pour les articles 5 et 6, devient ici de plus en plus manifeste au fil des ans et des affaires inscrites au rôle.

5. Arrêt Van der Mussele du 23 novembre 1983, Série A n° 70, pp. 17-19, par. 36-38.

6. *Ibidem* p. 16, par. 32.

Les quatre catégories mentionnées à l'article 4 par. 3 concernent des situations dans lesquelles un travail ou un service peuvent être imposés (par l'Etat ou par la loi, au bénéfice d'autrui) sans tenir compte de l'interdiction de l'article 4 par. 2. Comme la règle principale, cette limitation s'inspire de la Convention de 1930 de l'OIT.

La première catégorie concerne le travail imposé aux personnes privées de leur liberté au sens de l'article 5. Elle vise le travail accompli dans des prisons ou autres institutions similaires, y compris les hôpitaux. Cette exception s'applique uniquement au travail accompli dans le cadre normal de la détention ce qui, comme l'a déclaré la Cour dans l'«affaire vagabondage», implique que le travail a pour but la réadaptation du détenu. Dans cette affaire, la Commission a estimé que la détention pour vagabondage n'était pas conforme aux conditions définies à l'article 5 et, en particulier, au paragraphe 4 de cet article (le droit d'une personne privée de sa liberté d'introduire un recours devant un tribunal, afin qu'il statue sur la légalité de sa détention). La Commission a conclu, dès lors, que le travail imposé aux requérants pendant leur détention ne pouvait être justifié par l'article 4 par. 3 a) de la Convention. Dans cette affaire, la Cour, tout en concluant également à l'existence d'une violation des droits garantis par l'article 5 par. 4, n'en a pas déduit qu'il y avait violation de l'article 4. En réalité, elle a estimé que l'article 4 par. 3 a) autorisait un travail ordinairement imposé aux personnes privées de leur liberté au sens de l'article 5 par. 1 de la Convention.[7]

La deuxième catégorie concerne le service militaire ou le service imposé aux objecteurs de conscience dans les pays où ceux-ci sont reconnus. La Commission a estimé que cette catégorie comprenait aussi le service militaire volontaire. Dans l'affaire ci-dessus des quatre jeunes gens qui s'étaient engagés dans la marine militaire, la Commission a souligné la différence de formulation entre l'article 4 par. 3 b) et l'article 2 par. 2 a) de la Convention de 1930 de l'OIT, libellé comme suit:

> ... le terme «travail forcé ou obligatoire» ne comprendra pas, aux fins de la présente convention, ... tout travail ou service exigé en vertu des lois sur le service militaire obligatoire et affecté à des travaux d'un caractère purement militaire.

Tous les textes des Nations Unies ont remplacé, dès l'origine, l'expression «tout travail ou service exigé en vertu des lois sur le service militaire obligatoire», utilisée dans la Convention de l'OIT, par l'expression «tout service à caractère militaire», et l'on peut donc présumer sans risque que l'intention, en supprimant le mot «obligatoire», était d'englober également l'obligation de poursuivre un service entamé à titre volontaire.[8]

Que la Convention mentionne également «service civil exigé» plutôt que «service militaire obligatoire» dans le cas des objecteurs de conscience ne signifie pas que la Convention confère un droit à pareil service alternatif.[9] L'article 4 par. 3 b) montre clairement qu'en introduisant l'expression «dans les pays où l'objection de conscience est reconnue comme légitime», le choix est laissé aux Parties contractantes de reconnaître ou non les objecteurs de conscience et, si elles le font, de prévoir pour eux un service de remplacement quelconque. Cela implique que l'objection de conscience est un exercice du droit à la

7. De Wilde, Ooms et Versyp, Rapport Comm. 19.7.69, par. 184, Cour eur. DH, Série B n° 10, pp. 96-97; arrêt De Wilde, Ooms et Versyp du 18 juin 1971, Série A n° 12, pp. 44-45, par. 89-90.

8. N°s 3435-3438/67, Déc. 19.7.68, *Annuaire* 11 p. 563 (595).

9. Arrêt Grandrath c/ République fédérale d'Allemagne, par. 32, Rapport Comm. 29.6.67, *Annuaire* 10 p. 627 (675).

liberté de conscience protégé par l'article 9 de la Convention. La Commission a toutefois déclaré clairement que

> [l]'article 9, tel que qualifié par l'article 4 par. 3 b) de la Convention, n'impose pas à un Etat l'obligation de reconnaître les objecteurs de conscience et, partant, de prendre des dispositions particulières pour assurer l'exercice du droit à la liberté de conscience et de religion, dans la mesure où elle affecte le service militaire obligatoire.[10]

Troisièmement, si la vie ou le bien-être de la communauté sont menacés par une situation d'urgence ou une catastrophe, un «service» peut être imposé. Dans l'affaire Iversen, le gouvernement norvégien avait estimé que la situation dans le secteur des soins dentaires publics et scolaires constituait une situation d'urgence qui menaçait le bien-être de la communauté dans le nord du pays. Dans cette affaire, le requérant s'est plaint que le service obligatoire qu'il devait effectuer dans les services dentaires du nord de la Norvège constituait un travail obligatoire contraire à l'article 4 de la Convention. Cette requête a été rejetée et, pour la déclarer irrecevable, une partie des membres de la Commission (4) a argué que l'on ne pouvait prendre l'interdiction littéralement, tandis que deux autres membres ont estimé que l'on se trouvait en présence d'une des exceptions ou situations non comprises dans l'interdiction, à savoir la situation d'urgence. D'autres membres (4) souhaitaient examiner le bien-fondé de la requête.[11] Dans sa conclusion, la Commission s'est fondée sur les dispositions correspondantes de la Convention de l'Organisation internationale du travail (OIT), qui limite la notion de travail obligatoire au travail «injuste» ou «oppressif». Bien que cette méthode d'interprétation ne soit manifestement pas la bonne, elle doit être autorisée en l'absence de définition du travail obligatoire. La Commission a, dès lors, conclu que le «service» effectué par Iversen était un service qui était raisonnablement exigé de lui dans une situation d'urgence qui menaçait le bien-être de la communauté et qu'il ne constituait donc par un travail forcé ou obligatoire.[12]

La quatrième catégorie comprend tout travail ou service qui fait partie des «obligations civiques normales». Le but est principalement d'englober les obligations civiles qui incombent à tout citoyen, par exemple, venir en aide aux personnes en détresse, remplir des documents officiels à des fins fiscales, respecter les consignes de sécurité, ou autres activités similaires. Dans l'affaire Karlheinz Schmidt, la Cour a conclu que le fait que le gouvernement autrichien exigeait des citoyens de sexe masculin soit qu'ils servent dans le corps des sapeurs-pompiers, soit qu'ils versent une cotisation en lieu et place de ce service, constituait une violation de l'article 4 par. 3 d). La Cour a refusé d'examiner la plainte liée de discrimination fondée sur le sexe.[13]

La question de savoir si les obligations spéciales d'une profession (soigner les malades pour un médecin, délivrer des médicaments pour un pharmacien ou apporter une assistance juridique gratuite aux démunis pour un avocat) pourraient ou non relever de cette dernière catégorie reste, pour l'heure, assez indécise. Dans l'affaire Van der Mussele, un jeune avocat avait soutenu que le fait qu'il était tenu d'apporter une assistance juridique non rémunérée

10. N° 5591/72, Déc. 2.4.73, Recueil 43 p. 161.

11. N° 1468/62, Déc. 17.12.63, *Annuaire* 6 p. 279 (327-329).

12. N° 1468/62, Déc. 17.12.63, *Annuaire* 6 p. 278 (330).

13. Arrêt Karlheinz Schmidt du 18 juillet 1994, Série A n° 291-B.

à des clients démunis constituait un travail obligatoire. La Commission avait déjà été saisie précédemment de plaintes similaires provenant d'avocats autrichiens et allemands. Les différentes solutions adoptées qui, en réalité, ont accédé à certaines de ces plaintes n'ont pas réglé la question de l'interprétation de l'article 4. Dans l'affaire Van der Mussele, la Cour a conclu, suivant en cela la majorité des membres de la Commission, que, tout bien pesé, l'obligation imposée en droit belge ne constituait pas un travail obligatoire au sens de l'article 4 par. 2 et, partant, qu'il n'était pas nécessaire de déterminer si le travail en question était d'une quelconque manière justifié en tant qu'«obligation civique normale» au sens de l'article 4 par. 3 d). Pour aboutir à cette conclusion, la Cour a relevé plusieurs facteurs, notamment les suivants: le type de travail était identique à celui normalement effectué par les avocats; les tâches contribuaient à la formation pratique du requérant; le travail comportait un élément de solidarité sociale; la charge de travail n'était pas disproportionnée par rapport à sa charge de travail totale.[14] Enfin, la Cour a indiqué que l'obligation d'apporter une aide juridique sans rémunération ni remboursement des frais constituait un moyen de garantir l'exercice du droit à une assistance juridique gratuite, tel qu'il est protégé par l'article 6 par. 3 c) de la Convention. La Cour a estimé qu'il était, dès lors, nécessaire de prendre en compte toutes les circonstances de l'affaire au vu des objectifs sous-jacents à l'article 4, en interprétant le paragraphe 2 à la lumière du paragraphe 3 et de ses idées directrices: l'intérêt général et ce qu'il faut considérer comme le cours normal ou habituel des choses.

> Dans cette mesure, [l'obligation contre laquelle s'insurge le requérant] se fondait sur une idée de solidarité et ne saurait passer pour déraisonnable. Par là même, elle entrait dans un cadre comparable au domaine des «obligations civiques normales» mentionnées à l'article 4 par. 3 d).[15]

Dans ces affaires, il semble que les organes de Strasbourg aient accordé beaucoup de poids au point de savoir si le travail ou le service requis fait partie du travail professionnel normal. Si c'est le cas, la condition que le travail effectué est injuste ou oppressif ou qu'il est pénible n'est pas remplie.

---

14. Arrêt Van der Mussele du 23 novembre 1983, Série A n° 70, pp. 16-21, par. 32-41.

15. Arrêt Van der Mussele du 23 novembre 1983, Série A n° 70, pp. 19-20, par. 39.

Le droit à la liberté et à la sûreté et l'interdiction de privation de liberté pour défaut d'exécution d'une obligation contractuelle (article 5 et Protocole n° 4, article 1)

L'article 5 est une des pierres angulaires de la protection de la personne humaine. La première phrase de l'article 5, «Toute personne a droit à la liberté et à la sûreté», reprend des termes de la Déclaration universelle des Droits de l'homme (qui ajoute le mot «vie» devant le mot «liberté»), que l'on retrouve dans tous les autres grands instruments des droits de l'homme, notamment à l'article 9 du Pacte international relatif aux droits civils et politiques, à l'article 7 de la Convention américaine des Droits de l'Homme et à l'article 6 de la Charte africaine des droits de l'homme et des peuples. L'article 5 par. 1 énonce en outre que «Nul ne peut être privé de sa liberté». Ce droit ne peut, cependant, pas être un droit absolu et le reste du premier paragraphe énumère les situations dans lesquelles l'arrestation ou la détention sont permises. Toutefois, les paragraphes 2 à 5 de l'article 5 garantissent que la personne privée de sa liberté bénéficie de certaines protections procédurales contre l'arrestation ou la détention arbitraires ou abusives.

Le droit à la liberté et à la sûreté de la personne en tant que principe

Le terme «liberté» est invoqué par rapport à des concepts sensiblement plus vastes que ceux visés aux dispositions applicables de la Convention. Les privations de liberté que vise l'article 5, la principale de ces dispositions, sont des privations de la liberté *physique*. L'article 5 concerne avant tout l'interdiction d'arrestation et de détention arbitraires[1]. Les dispositions liées de la Convention supposent ou prévoient certaines limitations de cette liberté personnelle et physique, notamment l'article 4 (qui autorise un gouvernement à imposer certains types d'obligations de travail ou de service qui, dans certaines circonstances, pourraient limiter la liberté de mouvement), et l'article 2 du Protocole n° 4, qui régit la liberté de circulation et la liberté de choix de la résidence. D'autres dispositions complètent la protection assurée par l'article 5, par exemple, l'article premier du Protocole n° 4, qui énonce que «Nul ne peut être privé de sa liberté pour la seule raison qu'il n'est pas en mesure d'exécuter une obligation contractuelle.»

1. Arrowsmith c/ Royaume-Uni, Rapport Comm. 12.10.78, par. 64, D.R. 19 p. 5 (37).

Le principe de départ est que personne n'a de comptes à rendre à l'Etat ou à la société sur l'endroit où il passe ses journées. Il peut se trouver chez lui ou ailleurs et n'a aucune obligation de signalement – c'est la liberté au sens personnel ou physique. La Commission et la Cour ont toutefois établi une distinction entre, d'une part, les restrictions générales qui frappent l'ensemble de la population et auxquelles ne s'applique pas l'article 5 et, d'autre part, les restrictions qui concernent une personne en particulier qui, elles, relèvent de ce même article. Parmi les restrictions générales dont on considère qu'elles sortent du champ d'application de l'article 5, il y a notamment l'obligation, pour tous les habitants, de faire enregistrer leur lieu de résidence habituel auprès des autorités, de se conformer au code de la route, etc. Relèvent aussi de cette catégorie les restrictions générales de la liberté telles que les couvre-feux proclamés dans le cadre de situations de tension[2]. En revanche, la Commission et la Cour ont estimé que l'article 5 s'appliquait lorsque les autorités plaçaient une personne en détention en prison ou dans une cellule de police ou ailleurs, ou qu'elles assignaient une personne à demeurer dans un espace étroitement limité. Bien que ces restrictions puissent constituer des privations de liberté au sens de la Convention, les organes de la Convention apprécieront la légitimité de cette détention à la lumière des motifs et procédures admissibles, tels qu'énumérés à l'article en question. Souvent, cette appréciation comportera une notion de degré, comme ce fut le cas lorsque la Commission a soutenu qu'une restriction personnalisée de la liberté, notamment l'assignation à un certain lieu ou l'obligation de se présenter à un commissariat une fois par semaine, ne tombait pas sous le coup de l'interdiction de privation de liberté[3]. Dans d'autres cas, en revanche, la Cour a déclaré qu'un séjour forcé sur une île, où la liberté de mouvement était limitée à un bâtiment la nuit et à une petite partie de l'île le jour, constituait une privation interdite de liberté[4]. Dans l'affaire Engel, les requérants purgeaient des peines disciplinaires militaires, notamment des «arrêts légers» et des «arrêts qualifiés», l'une et l'autre n'empêchant pas les requérants d'exécuter leurs tâches militaires normales. La Cour a déclaré que, si le service militaire en général et les peines infligées aux requérants en particulier restreignaient, certes, la liberté de mouvement, ces restrictions ne constituaient pas des privations de la liberté au sens de l'article 5, compte tenu de leur degré trop faible de sévérité. En revanche, dans le cas des «arrêts de rigueur», la Cour a estimé que la privation de liberté de mouvement présentait un caractère de sévérité tel qu'il nécessitait des justifications compatibles avec les prescriptions de l'article 5[5].

Il arrive que la Commission et la Cour aient des avis différents sur l'applicabilité de l'article 5 à une série particulière de faits. L'affaire Nielsen concernait l'hospitalisation d'un garçon de 12 ans dans un service psychiatrique, contre sa volonté mais à la demande de la mère. La Commission a conclu que, bien que le requérant disposât d'une chambre personnelle dans le service et fût autorisé à rendre de brèves visites à sa mère au domicile de celle-ci et à fréquenter l'école, le placement contraint du requérant n'en constituait pas moins une privation interdite de liberté, tant au regard des motifs de fond invoqués pour justifier la détention qu'au regard de l'impossibilité, pour le requérant, de contester personnellement

2. Chypre c/ Turquie, Rapport Comm. 10.7.76, par. 100-101, non publié.

3. N° 7690/77, Déc. 16.7.77, non publié.

4. Arrêt Guzzardi du 6 novembre 1980, Série A n° 39, pp. 32-35, par. 90 à 95.

5. Arrêt Engel du 8 juin 1976, Série A n° 22.

la détention[6]. La Cour a toutefois déclaré que l'hospitalisation de l'enfant «relevait de l'exercice, par une mère consciente de ses responsabilités, de ses droits parentaux dans l'intérêt de l'enfant»[7]. En conséquence, l'article 5 n'était pas applicable.

Les alinéas a) à f) de l'article 5 par. 1 contiennent des dispositions relativement détaillées concernant les six catégories de cas dans lesquels les privations de liberté peuvent être admises. La «liberté» de la personne est, dès lors, relativement bien délimitée, tandis que le principe général de la «sûreté» de la personne au sens de l'article 5 est moins bien défini. Une lecture globale de l'article semble indiquer que cette disposition vise uniquement la sûreté personnelle et physique et non, par exemple, la sûreté juridique, économique ou psychologique. Le terme «sûreté» semble, dès lors, ne pas avoir de signification autonome par rapport à celui de «liberté», mais le principe premier qui régit toute mesure des Etats visant à restreindre la jouissance de l'un ou l'autre de ces droits est qu'il faut éviter l'arbitraire. Par exemple, dans son rapport dans l'affaire Arrowsmith, la Commission a mis sur le même pied le droit à la liberté et le droit à la sûreté, en déclarant que «Le droit à la sûreté de la personne contient la garantie qu'un individu ne sera arrêté et détenu que pour les motifs et selon les procédures que prévoit la loi»[8]. Cette formulation est parallèle à celle de l'article 9 du Pacte international relatif aux droits civils et politiques, qui énonce que «Nul ne peut faire l'objet d'une arrestation ou d'une détention arbitraires. Nul ne peut être privé de sa liberté, si ce n'est pour des motifs et conformément à la procédure prévus par la loi». Il convient d'observer que la Convention européenne énumère les motifs spécifiques pour lesquels une personne peut être privée de liberté, ce qui constitue une norme plus objective et un champ plus étroit que la simple privation «arbitraire» de liberté prévue par la Convention.

La notion de légalité visée à l'article 5

Deux expressions évoquent la notion de légalité, qui est au cœur de l'article 5. La première, «selon les voies légales», concerne en grande partie des questions de procédure, puisqu'elle apparaît dans la disposition générale relative au moyen par lequel un gouvernement peut priver une personne de sa liberté, à savoir «dans les cas suivants [alinéas a) à f) du paragraphe 1) et selon les voies légales». La signification de la seconde occurrence de l'expression est moins claire, du moins à première vue. L'alinéa b) énonce que l'Etat peut priver quelqu'un de sa liberté «en vue de garantir l'exécution d'une obligation prescrite par la loi». La Cour a déclaré que cette obligation devait être spécifique et concrète[9]. Les admonestations générales par lesquelles on indique à une personne qu'elle doit se comporter de telle ou telle manière ne constituent pas une «obligation prescrite par la loi» et ne peuvent donc être imposées à une personne par la contrainte[10].

Le deuxième aspect de la légalité a davantage trait au fond, puisque le terme «légal» apparaît une fois au moins dans chacune des six catégories de privation admissible de liberté.

6. Nielsen c/ Danemark, Rapport Comm. 12.3.87, par. 103-129, Cour eur. D.H. Série A n° 144, pp. 38-43.

7. Arrêt Nielsen du 28 novembre 1988, Série A n° 144, p. 26, par. 73.

8. Arrowsmith c/ Royaume-Uni, Rapport Comm. 12.10.78, par. 64, D.R. 19 p. 5 (47).

9. Voir notamment l'arrêt Lawless du 1er juillet 1962, Série A n° 3, et l'arrêt Engel et al. du 8 juin 1976, Série A n° 22.

10. Arrêt Guzzardi du 6 novembre 1980, Série A n° 39.

En réalité, on peut prétendre que la «légalité» de tout type de détention est l'unique facteur qui détermine son acceptabilité au regard de la Convention. Dans ce sens, il s'ensuit que le critère de la légalité appliqué dans d'autres contextes de la Convention doit peut-être s'appliquer également dans celui de l'article 5, bien qu'à ce jour, la jurisprudence relative à cet article ne reflète pas cette approche mais adopte un caractère plus formel.

Comme examiné en détail ailleurs dans le présent ouvrage, la Commission et la Cour n'ont pas défini de manière spécifique le terme «loi». Dans l'affaire Sunday Times et, par la suite, dans l'affaire Malone, la Cour a déclaré que le terme *loi* devait s'interpréter comme englobant non seulement le droit écrit mais aussi le droit non écrit[11]. En outre, «Il faut que la loi soit suffisamment accessible: le citoyen doit pouvoir disposer de renseignements suffisants, dans les circonstances de la cause, sur les normes juridiques applicables à un cas donné». En second lieu, on ne peut considérer comme une loi qu'une norme énoncée avec assez de précision pour permettre au citoyen de régler sa conduite[12]. Et, enfin, il faut que la loi ait une certaine qualité pour que la condition de légalité prévue par la Convention soit remplie. Ces critères sont applicables, dans une certaine mesure, à l'article 5 par. 1, mais la loi au titre de laquelle une personne a été privée de sa liberté a été contestée sur le fond dans un nombre relativement limité d'affaires. Il n'en va pas de même pour le droit procédural qui s'applique aux privations de liberté.

Sauf dans certains cas, l'interdiction de privation de liberté implique nécessairement qu'en principe, la Commission et la Cour sont tenues, dans les affaires dont elles sont saisies, d'examiner la légalité des décisions prises au niveau national. Cet examen peut être très difficile en pratique, essentiellement suite au fait que les organes de la Convention ne se sont pas vu attribuer de compétence pour agir en tant que «quatrième instance d'examen» des décisions de fond prises par les autorités nationales. Il s'ensuit qu'une grande partie de la jurisprudence au titre de l'article 5 concerne essentiellement le moyen par lequel les autorités nationales sont parvenues à la décision de priver quelqu'un de sa liberté.

Par conséquent, bien que les organes de la Convention examineront si l'une des différentes justifications de privation de liberté énumérées dans la Convention est à la base des mesures prises par les autorités nationales, une fois ce seuil franchi, elles n'examineront plus la «légalité» que par rapport aux procédures adoptées. Dans certains cas, cette légalité peut dépendre du point de savoir si les prescriptions de droit interne ont été respectées, comme ce fut le cas dans l'affaire Van der Leer, dans laquelle la requérante se plaignait d'avoir été internée dans un hôpital psychiatrique, internement autorisé sans audience et sans qu'elle eût été informée de la décision de la priver de sa liberté. La Cour européenne des Droits de l'Homme a estimé qu'il y avait eu violation de l'article 5 par. 1, dans la mesure où le juge n'avait pas respecté les dispositions applicables du droit interne en autorisant la privation de liberté de la requérante sans que celle-ci ait été entendue au préalable[13]. Si, dans bon nombre de cas, le seul facteur entraînant une conclusion de violation de l'article 5 peut être l'écart existant entre le droit et la pratique internes, dans certains cas, la Commission et la Cour examineront la question plus avant en vue de déterminer si les

---

11. Arrêt Sunday Times du 26 avril 1979, Série A n° 30, p. 30, par. 47; arrêt Malone du 2 août 1984, Série A n° 82, p. 31, par. 66.

12. Arrêt Silver et al. du 25 mars 1983, Série A n° 61, p. 33, par. 86-88.

13. Arrêt Van der Leer du 21 février 1990, Série A n° 170, pp. 11-12, par. 21-23.

mesures prises par les autorités publiques l'ont été de bonne foi où si elles étaient manifestement arbitraires. Dans l'affaire Winterwerp, le requérant s'était notamment plaint du fait que la décision de l'interner dans une institution psychiatrique n'ait pas été conforme à une procédure prescrite par la loi, en ce qu'elle avait été prise par un juge unique plutôt que par un tribunal. La Cour européenne des Droits de l'Homme a estimé que la circonstance que la décision avait été prise par un juge unique n'était pas manifestement contraire au droit et à la pratique internes et a conclu à l'absence de violation de la disposition de l'article 5 relative à la légalité. La considération essentielle, en ce qui concerne tant l'intervention d'un juge unique que la prorogation automatique de l'ordre d'internement en attendant que le tribunal interne compétent puisse examiner un recours introduit contre cet ordre, était la notion d'arbitraire.

Privations autorisées de liberté

Les six catégories de privations admissibles de liberté énumérées à l'article 5 forment une liste exhaustive dont les termes sont interprétés de manière restrictive[14]. L'article 5 interdit, dès lors, les privations de liberté qui ne relèvent pas des six catégories, même si le droit interne les autorise et qu'il est appliqué correctement. On ne pourrait guère qualifier d'»arbitraire» une privation de liberté intervenant dans ces circonstances. Toutefois, les motifs réels de la privation de liberté pourraient être ressentis comme injustes, circonstance que veut prévenir la délimitation de certaines catégories de motifs admis de privation de liberté.

Globalement, les six catégories relèvent soit du droit et de la procédure pénaux, soit de ce que l'on peut qualifier de détention administrative, dans laquelle l'élément pénal n'est pas prédominant même s'il peut être présent dans certains cas. Cette dernière catégorie est celle qui soulève les problèmes les plus difficiles, dans la mesure où la détention administrative est souvent une mesure de protection ou de contrôle social dans laquelle le souci de la société (par exemple, la prévention d'une maladie telle que le SIDA) peut entrer en conflit avec celui de personnes plus ou moins innocentes (affaires qui touchent à la santé mentale ou affaires sociales, concernant des personnes qu'il faut à la fois contrôler et aider).

Deux affaires qui concernaient une loi italienne adoptée en vue de tenter de lutter contre la mafia ont soulevé la question de l'applicabilité de plusieurs alinéas du premier paragraphe de l'article 5 par. 1[15]. Dans chacune de ces affaires, les requérants avaient été soumis à des mesures de «surveillance spéciale» appliquées aux «personnes dangereuses pour la sécurité et pour la moralité publique». Parmi les catégories de personnes ainsi définies, on trouvait celles dont le comportement et le style de vie indiquent qu'elles vivent, directement ou indirectement, du produit de délits, et celles que le comportement extérieur permet raisonnablement de considérer comme enclines à la délinquance.Le chef de la police peut, à titre de mesure préliminaire dans le cadre de la législation contestée, enjoindre à toute personne de changer de conduite et l'avertir qu'à défaut, entreront en jeu les mesures précitées de «surveillance spéciale»[16]. Dans chacune des affaires en cause, les requérants étaient considérés comme des membres de la mafia ou comme se livrant à des activités mafieuses.

---

14. Arrêt Guzzardi du 6 novembre 1980, Série A n° 39, pp. 36-37, par. 98.
15. Arrêt Guzzardi du 6 novembre 1980, Série A n° 39 et arrêt Ciulla du 22 février 1989, Série A n° 148.
16. Voir notamment l'arrêt Guzzardi du 6 novembre 1980, Série A n° 39, p. 17, par. 46.

Dans l'affaire Guzzardi, le requérant avait été déporté sur une petite île, sur laquelle ses déplacements étaient eux-mêmes limités. La Cour européenne des Droits de l'Homme a examiné en détail les facteurs comprenant des restrictions de la liberté de circulation du requérant et a conclu qu'ils constituaient effectivement une privation de liberté relevant, dès lors, nécessairement de l'article 5 de la Convention. La Cour a ensuite examiné les divers motifs invoqués par le gouvernement italien en vue de justifier la privation de liberté. La Cour a rejeté d'emblée le moyen du gouvernement italien selon lequel le requérant était détenu conformément à l'article 5 par. 1 e), qui régit la détention de vagabonds, de drogués et de personnes similaires. Elle a déclaré en outre que, puisque le requérant n'avait pas, en réalité, été condamné pour un délit, il ne pouvait être privé de liberté en vertu de l'alinéa *a)*. De même, la détention n'était pas conforme à l'alinéa *b)*, puisqu'une injonction à modifier son comportement ne pouvait être considérée comme une «obligation prescrite par la loi» qu'il convient d'exécuter. A propos de la non-applicabilité de l'alinéa *c)*, la Cour a noté tout d'abord que cette disposition se rapprochait le plus d'un motif valable de détention, mais a observé ce qui suit:

> [L]e membre de phrase sous examen ne se prête pas à une politique de prévention générale dirigée contre une personne ou catégorie de personnes qui, à l'instar des *mafiosi*, se révèlent dangereuses par leur propension permanente à la délinquance; il se borne à ménager aux Etats contractants le moyen d'empêcher une infraction concrète et déterminée[17].

La Cour a estimé que les restrictions constituaient une privation interdite de liberté puisqu'aucun des motifs admissibles compris dans la liste exhaustive de ceux-ci ne s'appliquait en l'espèce[18]. De même, dans l'affaire Ciulla, la Cour a conclu à une violation de l'article 5, en raison de l'absence de lien spécifique entre l'introduction d'une procédure pénale et la privation de liberté qui était imposée[19].

a. Détention régulière d'une personne après sa condamnation par un tribunal compétent

La première catégorie de privation légale de liberté au titre de l'article 5 est celle de tout détenu purgeant une peine ou se trouvant dans toute autre situation similaire, dans laquelle la «détention régulière» doit se fonder sur une «condamnation par un tribunal compétent». Cette notion renvoie normalement à l'emprisonnement en tant que peine, bien qu'aucun de ces deux mots ne soit utilisé. Cette disposition inclut également la détention visant à assurer un traitement après une condamnation. La privation de liberté par emprisonnement existe dans tous les pays, les conditions préalables essentielles à son application étant la régularité de la détention, le caractère définitif de la condamnation qui donne lieu à la privation de liberté, et la compétence du tribunal qui a prononcé la condamnation à la peine. Aucun de ces critères n'est nettement défini; ils sont plutôt nuancés. Dans certains cas, les facteurs qui sont pris en compte pour l'évaluation du comportement d'un Etat par rapport à l'article 5 peuvent recouper les protections garanties par une autre disposition de la Convention. Par

17. Arrêt Guzzardi du 6 novembre 1980, Série A n° 39, p. 38, par. 102.

18. Arrêt Guzzardi du 6 novembre 1980, Série A n° 39, pp. 37-38, par. 100-102.

19. Arrêt Ciulla du 22 février 1989, Série A n° 148, p. 16, par. 36.

exemple, l'article 5 de la Convention ne régit pas les garanties en matière d'équité des procédures pénales; c'est l'article 6 de la Convention qui les établit. Toutefois, dans certains cas, la compétence de la Cour au sens de l'article 5 peut aussi couvrir l'indépendance et l'impartialité d'un tribunal, prévues à l'article 6.

Il convient de noter que l'article 5 par. 1 a), par sa formulation même, ne requiert pas ou n'implique pas que la condamnation doit être régulière en soi. C'est ainsi que, dans l'affaire Krzycki, la Commission a conclu que le simple fait qu'une condamnation judiciaire ait été cassée en appel ne rendait pas illégale la peine d'emprisonnement infligée en exécution de cette condamnation[20]. Tout résultat autre impliquerait que la Commission et la Cour réexaminent les faits et l'entièreté de la conduite de la procédure en cause, ce qui pourrait constituer un examen judiciaire de quatrième instance et, partant, outrepasser la compétence des organes de la Convention.

De même, l'expression «après condamnation» n'implique pas qu'un jugement doive être définitif avant l'imposition d'une peine. La détention peut être justifiée au titre de l'article 5 par. 1 a) même lorsqu'une condamnation ou une peine fait l'objet d'un appel devant une juridiction supérieure[21]. Dans certains pays, le maintien en détention dans l'attente de cet appel est considéré comme une détention préventive et, même si l'appel finit par déboucher sur un acquittement ou que le nouveau procès a la même issue, la personne qui a utilisé ces voies judiciaires reste considérée comme régulièrement détenue au sens de l'article 5. Le terme «après» signifie non seulement que la détention doit être postérieure à la «condamnation» mais aussi qu'elle doit être le résultat de la «condamnation» et dépendre de celle-ci, ou intervenir à cause d'elle. Dans l'affaire Monnell et Morris, la Cour d'appel a ordonné que la période passée en garde par les détenus en attendant qu'il soit statué sur leurs demandes (non fondées) d'autorisation d'interjeter appel ne soit pas comptabilisée dans la peine à purger. Les requérants ont soutenu que ces périodes de détention ne relevaient d'aucune des catégories de détention régulière énumérées à l'article 5 par. 1. La Cour a dû examiner l'existence d'un lien suffisant et légitime entre la condamnation et la détention non comptabilisée des requérants. Elle a conclu que ce lien existait effectivement, en raison de la nécessité de dissuader les requérants d'introduire des appels non fondés, et de veiller à ce que les recours en matière pénale soient examinés dans des délais raisonnables[22].

L'exécution d'une peine telle que l'emprisonnement fait, en règle générale, l'objet d'une décision ultérieure qui ne relève pas du tribunal mais du Parquet ou des autorités pénitentiaires. Par conséquent, il se peut que l'ordre lui-même d'exécution de la peine ne soit pas prononcé par un «tribunal compétent», ce qui n'empêche pas la détention d'être régulière au sens de l'article 5 par. 1 a). C'est le cas même après une libération conditionnelle si une violation des conditions de cette libération entraîne une réincarcération en vue de purger le reste de la peine ou de la détention de sûreté ce qui, dans l'affaire Christinet, est intervenu après un délai de 11 ans[23]. Il n'est pas toujours évident que ce soit le cas, en particulier lorsque l'autorité dispose d'un large pouvoir discrétionnaire pour ordonner la privation de liberté, parfois longtemps après la condamnation. Dans l'affaire Van Droogenbroeck, dans

20. Krzycki c/ République fédérale d'Allemagne, Rapport Comm. 9.3.78, D.R. 13 p. 57 (67).

21. Arrêt Wemhoff du 27 juin 1968, Série A n° 7, pp. 23-24, par. 9.

22. Arrêt Monnell et Morris du 2 mars 1987, Série A n° 115, pp. 17-20, par. 38-48.

23. Christinet c/ la Suisse, Rapport Comm. 1.3.79, par. 30-37, D.R. 17 p. 35 (53-56).

laquelle le requérant avait été, en droit belge, mis «à la disposition du gouvernement» avec un large pouvoir de réincarcération dans les dix ans, ce pouvoir a été exercé sept ans après la condamnation et longtemps après sa libération, après qu'il eut purgé une peine de deux ans. Par conséquent, à partir d'actes nouveaux pour lesquels une condamnation n'était pas requise, le requérant a subi plusieurs années de privation de liberté simplement parce que l'ancienne condamnation était encore considérée comme valable[24]. Toutefois, cet arrêt n'exclut pas la possibilité de voir le lien avec la condamnation initiale devenir trop lâche.

Si le pouvoir qui lui est conféré de donner effet à la condamnation permet à l'autorité de poursuivre librement d'autres fins, notamment l'incarcération de personnes pour des motifs qui devraient être examinés dans une procédure nouvelle relative à des délits ultérieurs, cette privation de liberté ne devrait pas être considérée comme régulière au sens de l'article 5 par. 1. Dans l'affaire Weeks, la question débattue était «le lien causal suffisant» entre la condamnation et la privation de liberté. Dans cette affaire, le requérant avait été condamné à l'emprisonnement à perpétuité mais mis en liberté conditionnelle dix ans plus tard, libération qui fut suspendue après quinze mois par le ministre de l'Intérieur. Les objectifs à poursuivre dans le cadre de l'exercice du pouvoir discrétionnaire du ministre de libérer sous condition et de réincarcérer n'étaient pas définis dans la loi de 1967 sur la justice pénale, mais les juges qui ont prononcé la condamnation ont déclaré qu'en infligeant une peine d'emprisonnement à perpétuité au requérant, leur intention était que cette peine soit une peine «indéterminée», c'est-à-dire une peine permettant au ministre de suivre l'évolution du requérant et de le libérer lorsqu'on estimerait qu'il ne constituait plus un danger pour la société ou pour lui-même.

Contrairement à une peine d'emprisonnement à perpétuité infligée en raison de la gravité du délit, les motifs de l'application d'une mesure de liberté sont, par leur nature même, susceptibles d'évoluer dans le temps. La Cour a appliqué ces principes dans l'arrêt Van Drooge et a déclaré que le lien formel entre la condamnation de M. Weeks en 1966 et sa réincarcération dix ans plus tard ne suffisait pas en soi à justifier la détention contestée au titre de l'article 5 par. 1 a). Le lien causal requis serait considéré comme rompu si la décision de ne pas libérer ou de réincarcérer se fondait sur des motifs non conformes aux objectifs du tribunal qui a prononcé la peine. La Cour a abouti à la conclusion qu'il fallait présumer que les juges qui avaient imposé la peine savaient et voulaient que la peine d'emprisonnement à perpétuité infligée à M. Weeks impliquât que sa libération relevait de la discrétion du pouvoir exécutif pendant le reste de ses jours et qu'il n'appartenait pas à la Cour européenne des Droits de l'Homme, dans le contexte de l'article 5, de se prononcer sur le caractère approprié de la condamnation initiale[25].

Un arrêt prononcé dans un pays peut, dans certains cas, être exécuté dans un autre, par exemple lorsque le prisonnier est extradé à cette fin, notamment au titre de la Convention européenne sur la valeur internationale des jugements répressifs[26]. Cette privation de liberté peut être légale, en ce sens que l'expression «tribunal compétent» ne vise pas nécessairement un tribunal situé dans le pays d'exécution de la peine[27]. Toutefois, ce point a soulevé

24. Arrêt Van Droogenbroeck du 24 juin 1982, Série A n° 50, pp. 19-22, par. 34-41.

25. Arrêt Weeks du 2 mars 1987, Série A n° 114, pp. 25-27, par. 46-53.

26. Série des traités européens, 1970, n° 70.

27. N° 1322/62, Déc. 14.12.63, Annuaire 6 p. 495 (517-519).

certaines controverses lorsque des doutes sont apparus à propos du respect de la primauté du droit dans le pays où s'est déroulé le procès.

b. Arrestation ou détention, en vue de garantir l'exécution d'une obligation prescrite par la loi, d'une personne pour insoumission à une ordonnance rendue, conformément à la loi, par un tribunal

L'article 5 par. 1 b), qui autorise les privations de liberté dans deux situations, est moins spécifique que les autres alinéas de ce paragraphe. L'insoumission à une ordonnance rendue conformément à la loi par un tribunal, par exemple à une injonction ou à une ordonnance de mise ou de maintien en détention, peut être sanctionnée par une mesure d'arrestation ou de détention. Il en va de même, par exemple, pour un témoin requis par le tribunal d'assister à une audience, pour une analyse de sang dans une action en recherche de paternité, ou pour un examen psychiatrique. Il suffit que le tribunal ait rendu l'ordonnance à laquelle la personne ne s'est pas soumise. Une autre autorité, par exemple la police, peut ensuite ordonner l'arrestation ou la détention. En pratique, cette catégorie n'a pas suscité de problèmes particuliers pour autant que les prescriptions générales de régularité soient respectées.

Le groupe suivant de la même catégorie est beaucoup plus délicat, étant donné le grand nombre d'interprétations possibles de la formule générale d'arrestation ou de détention «en vue de garantir l'exécution d'une obligation prescrite par la loi». Par exemple, cette disposition ne précise pas qui est habilité à prendre une décision. Si n'importe quelle autorité habilitée en vertu de n'importe quelle loi pouvait faire exécuter n'importe quelle obligation en procédant à une arrestation, cette situation permettrait l'établissement d'un «Etat policier» ou, du moins, des mesures de «détention administrative» ou de «détention préventive» dans un sens beaucoup trop large pour être compatible avec le principe de la primauté du droit. Heureusement, il est impossible de garantir le respect de la loi de cette manière.

La pratique, qui a débuté par l'affaire Lawless, a permis de préciser que, bien que la formulation de cette disposition soit très générale, il convenait de l'interpréter à la lumière du contexte et du but poursuivi. Dans l'affaire Engel, la Cour a déclaré que cette règle concernait uniquement les cas «où la loi autorise à détenir quelqu'un pour le forcer à exécuter une obligation spécifique et concrète qu'il a négligé jusqu'ici de remplir»[28]. Il convient de mettre ici l'accent sur les termes *spécifique* et *concrète*. Les affaires qui ont trait au service militaire illustrent combien il est difficile de savoir à quel point l'obligation doit être concrète. Un militaire a le devoir d'obéir aux ordres, mais on ne peut prétendre que la «mise aux arrêts pour motif disciplinaire» motivée par un comportement antérieur garantisse l'exécution d'une obligation future particulière, même si elle peut avoir un effet préventif[29]. Le système norvégien consistant à incarcérer les «objecteurs inconditionnels» au service militaire a également été considéré comme justifiable au regard de l'article 5 par. 1 b)[30]. L'alinéa b) de l'article 5 doit être interprété de manière à établir une distinction claire entre la détention en tant que sanction d'un comportement antérieur et celle qui vise à contraindre

---

28. Arrêt Engel du 22 juin 1976, Série A n° 22, p. 28, par. 69.

29. Eggs c/ Suisse, Rapport Comm. 4.3.78, par. 71, D.R. 15 p. 35 (47).

30. N° 10600/83, Déc. 14.10.85, D.R. 44 p. 155 (172).

quelqu'un à exécuter une obligation. La Commission a estimé que, dans le cas du requérant, la détention différait, par sa nature, de la détention après une condamnation; le requérant pouvait être libéré à tout moment pour autant qu'il change d'attitude et exécute l'obligation. En revanche, un prisonnier de droit commun ne peut être libéré simplement en raison d'un changement d'attitude.

La Commission a toutefois jugé nécessaire de faire une exception dans l'application de la loi de 1976 sur la prévention du terrorisme (disposition temporaire) au Royaume-Uni. Les requérants avaient été arrêtés en vertu de cette loi, qui autorise la détention pendant une période de sept jours au plus, et libérés après 45 heures de fouille, de prise d'empreintes digitales, de réalisation de photos et d'interrogatoires. La Commission a estimé que la nécessité de prévenir le terrorisme en Irlande du Nord justifiait que ce type de mesures soit pris à l'encontre des passagers se rendant d'Angleterre en Irlande, même si ces personnes ne s'étaient pas précédemment soustraites à l'obligation de contrôle. Ce contrôle était une question de nécessité immédiate et l'exécution de cette obligation ne pouvait, en pratique, être raisonnablement assurée par une autre mesure[31].

Comme pour d'autres dispositions de l'article 5 par. 1 de la Convention, la portée de la privation admissible de liberté en vue de garantir par la contrainte le respect d'une ordonnance légale d'un tribunal ou de garantir l'exécution d'une obligation prescrite par la loi est limitative. Les autorités nationales ne peuvent pas non plus invoquer cette disposition pour justifier la privation de liberté par des motifs vagues, lorsqu'il n'existe pas de loi interne plus spécifique. Cela vaut tant pour la condition de légalité en général – assurer que la personne comprenne les exigences de la loi et la sanction qu'entraîne sa violation – que pour la notion fondamentale de liberté elle-même: un Etat ne peut avoir recours à la privation de liberté en tant que moyen arbitraire de contrôle social[32].

Le principe énoncé à l'article 5 par. 1 b) peut se résumer comme suit: l'expression «garantir l'exécution d'une obligation prescrite par la loi» concerne uniquement les cas dans lesquels la loi autorise la détention de quelqu'un en vue de le contraindre à exécuter «une obligation spécifique et concrète qu'il n'a pas remplie». Une interprétation large de cette notion n'est pas permise. En outre, la détention doit tendre ou contribuer à garantir l'exécution d'une obligation, et non sanctionner un comportement antérieur. De plus, il faut que la nature de l'obligation dont l'exécution est recherchée soit elle-même compatible avec la Convention.

c. L'arrestation ou la détention, selon les voies légales, d'une personne en vue de conduire celle-ci devant l'autorité judiciaire compétente lorsqu'il y a des raisons plausibles de soupçonner qu'elle a commis une infraction ou qu'il y a des motifs raisonnables de croire à la nécessité de l'empêcher de commettre une infraction ou de s'enfuir après l'accomplissement de celle-ci

Les privations de liberté liées à une procédure pénale sont régies exclusivement par l'article 1 a) et c) et par l'article 5 par. 3, qui doivent être lus conjointement[33]. Il convient

31. McVeigh et al. c/ Royaume-Uni, Rapport Comm. 18.3.81, par. 168-196, D.R. 25 p. 15 (80-88).

32. Voir l'examen ci-dessus des affaires Guzzardi et Ciulla.

33. Arrêt De Jong, Baljet et van den Brink du 22 mai 1984, Série A n° 77, p. 22, par. 44.

de faire une distinction entre l'incarcération après une condamnation (article 5 par. 1 a)), et l'arrestation ou la détention préventives. L'article 5 par. 1 c) s'applique uniquement aux procédures pénales en tant que première mesure privant quelqu'un de sa liberté, normalement parce qu'il existe «des raisons plausibles» de soupçon. Cette disposition autorise l'arrestation et la «détention préventive». Elle est la première d'une série de dispositions et de garanties qui tentent d'établir un équilibre entre le besoin de réagir à un délit (même lorsqu'il n'existe que des soupçons) et le droit à la liberté personnelle, qui est l'apanage normal de tout un chacun et qui doit être sauvegardé par des règles garantissant la primauté du droit. Si la présomption d'innocence pèse lourdement dans la balance face à la détention préventive, elle doit céder le pas devant la nécessité de prendre des mesures pour diverses raisons, par exemple le risque de voir les délinquants fuir ou commettre de nouveaux délits. D'un autre côté, pareille arrestation ou détention est soumise à examen judiciaire (article 5 par. 3) et doit être suivie d'un procès, comme le prévoit l'article 6. Ce n'est qu'»après condamnation» que la détention peut se justifier en tant que peine (voir article 5 par. 1 a) ci-dessus). A tous les stades précédents, le but de l'arrestation ou de la détention, dans une procédure répressive, est temporaire et de nature procédurale. Puisqu'elle sert souvent à inciter le suspect à avouer, elle confère inévitablement à la police des avantages que certains critiquent parce que, disent-ils, ils peuvent entraîner des abus.

C'est le droit interne qui détermine si une ordonnance d'un tribunal ou d'un parquet d'instance est nécessaire. De même, les motifs sur lesquels une arrestation peut être fondée varient considérablement et le texte de la Convention ne donne pas une description exhaustive dans cette catégorie. L'arrestation peut être nécessaire, par exemple, pour empêcher la destruction des preuves d'un délit, même si ce but n'est pas mentionné à l'article 5 par. 1 c). La condition de base de l'existence de soupçons «plausibles», en revanche, doit être vue comme une condition générale, même si la formulation suggère qu'elle n'est qu'une possibilité parmi d'autres. Dans les affaires De Jong, Baljet et Van den Brink, la Commission a relevé, à l'article 5 par. 1 c), les trois circonstances différentes dans lesquelles il peut y avoir ordonnance de mise en détention: lorsqu'il y a des raisons plausibles de soupçonner qu'une personne a commis une infraction, *ou* qu'il y a des motifs raisonnables de croire à la nécessité de l'empêcher de commettre une infraction, *ou* de s'enfuir après l'accomplissement de celle-ci. Le mot «ou» qui sépare ces trois catégories de personnes indique clairement que cette énumération n'est pas cumulative et qu'il suffit que la personne arrêtée relève de l'une de ces catégories. Le droit militaire néerlandais a prévu une condition supplémentaire d'arrestation ou de détention de ce type, à savoir la nécessité de maintenir la discipline parmi les autres militaires. La Cour a estimé que, dans ces affaires, elle ne créait pas ainsi une catégorie supplémentaire de privation de liberté qui ne relèverait pas de celles autorisées par le paragraphe 1. Le point de savoir si la simple persistance de soupçons suffit à justifier le maintien de la détention préventive est traité non pas au premier mais au troisième paragraphe de l'article 5[34].

La Commission et la Cour ont interprété de manière restrictive l'article 5 par. 1 c), exigeant des gouvernements qu'ils respectent strictement tant l'esprit que la lettre de cet alinéa. Dans l'affaire Quinn, le requérant avait été placé en détention par les autorités françaises pendant le déroulement d'une enquête pénale contre lui. Le tribunal national

34. Arrêt De Jong, Baljet et van den Brink du 22 mai 1984, Série A n° 77, p. 22, par. 44.

compétent a ordonné son élargissement immédiat, sous réserve de certaines garanties assurant qu'il resterait dans le pays en vue de comparaître au procès. Les autorités françaises n'ont ni informé le requérant de cette décision, ni accompli les formalités nécessaires à son exécution, mais l'ont maintenu en détention en attendant de recevoir une demande d'extradition de la Suisse. Elles ont reçu ladite demande onze heures plus tard et ont placé le requérant en détention préventive, alors qu'il n'avait pas encore été libéré comme il aurait dû l'être suite à l'ordonnance antérieure du tribunal français. La Cour européenne des Droits de l'Homme a déclaré que le requérant n'avait pas été détenu régulièrement, en ce sens que la période de détention de onze heures ne relevait d'aucune des catégories de détention admissible au titre de l'article 5 par. 1[35].

L'article 5 par. 1 c) a été au centre d'un certain nombre d'affaires qui concernaient la détention et l'arrestation au titre de la législation anti-terroriste applicable au Royaume-Uni. La Cour européenne des Droits de l'Homme a adopté une position constante à savoir que la lutte contre le terrorisme appelait des considérations spéciales:

> Dès lors, pour interpréter et appliquer les dispositions pertinentes de la Convention, [la Cour] tiendra dûment compte de la spécificité de la criminalité terroriste, de la menace que celle-ci représente pour la société démocratique et des difficultés inhérentes à la lutte contre elle[36].

En particulier, la Cour a admis les moyens du gouvernement indiquant que le critère des «motifs raisonnables» avait une portée plus large dans le cas d'une enquête portant sur des délits de terrorisme que ce qui est admissible pour les délits conventionnels. Le point particulier mis en évidence par la Cour à cet égard est l'importance de la protection des sources confidentielles d'information, y compris la non-divulgation de faits corroborant les soupçons «plausibles» lorsque ces faits pourraient permettre l'identification de ces sources. La Cour européenne des Droits de l'Homme a exprimé des doutes concernant les dispositions du droit interne qui ne sont pas conformes à la norme édictée par l'article 5 par. 1 c):

> [L]a Cour doit (...) pouvoir déterminer si la substance de la garantie offerte par l'article 5 par. 1 c) est demeurée intacte. Dès lors, il incombe au gouvernement défendeur de lui fournir au moins certains faits ou renseignements propres à la convaincre qu'il existait des motifs plausibles de soupçonner la personne arrêtée d'avoir commis l'infraction alléguée. Il en va d'autant plus ainsi lorsque, comme en l'espèce, le droit interne n'exige pas de soupçons plausibles mais uniquement des soupçons sincères[37].

Lors de son examen des faits dans chacune de ces affaires, la Cour a toutefois déclaré que la norme en matière de soupçons avait satisfait à la condition seuil de l'article 5 par. 1 c), malgré la formulation plus large utilisée dans les dispositions du droit interne.

L'affaire Murray a soulevé deux problèmes relatifs à l'article 5 par. 1 c), tous deux concernant la détention d'un des six requérants en l'espèce. La requérante en question avait été arrêtée et maintenue en détention parce qu'elle était soupçonnée d'avoir violé plusieurs dispositions de la législation anti-terroriste en vigueur. La détention et l'interrogatoire avaient duré moins de trois heures au total, soit un laps de temps conforme à la limite de quatre

35. Arrêt Quinn du 22 mars 1995, Série A n° 311.

36. Voir notamment l'arrêt Murray du 28 octobre 1994, Série A n° 300-A, p. 23, par. 47, et l'arrêt Fox, Campbell et Hartley du 29 novembre 1988, Série A n° 145-B, p. 27, par. 48.

37. Arrêt Fox, Campbell et Hartley du 30 août 1990, Série A n° 182, p. 18, par. 34.

heures imposée par la loi interne au titre de laquelle elle avait été privée de liberté. Dans son recours, la requérante a soutenu que son arrestation n'avait pas eu pour but de la conduire devant l'autorité judiciaire compétente et qu'aucun motif n'avait permis d'étayer l'affirmation du gouvernement selon laquelle il existait des «raisons plausibles de soupçonner» qu'elle s'était rendue coupable d'une infraction pénale. Dans cette affaire, tout comme dans d'autres où a été soulevée la question du fonctionnement de la législation sur la prévention du terrorisme, la Cour a observé que le niveau de suspicion requis pour justifier la détention au titre de l'article 5 par. 1 c) n'était pas le même que celui qui est requis pour justifier l'inculpation pénale:

> L'objet d'un interrogatoire pendant une détention au titre de l'alinéa c) de l'article 5 par. 1 est de compléter l'enquête pénale en confirmant ou en écartant les soupçons concrets fondant l'arrestation. Ainsi, les faits donnant naissance à des soupçons ne doivent pas être du même niveau que ceux nécessaires pour justifier une condamnation ou même pour porter une accusation, ce qui intervient dans la phase suivante de la procédure de l'enquête pénale[38].

La requérante avait fait valoir, par ailleurs, que la circonstance que l'arrestation et la détention avaient été effectuées par l'armée, mais que les poursuites pénales éventuelles avaient été prises en charge par la police, n'avait pas été conforme aux prescriptions de l'article 5 par. 1 c). La Cour a rejeté ce moyen au motif que le mécanisme formel utilisé pour conduire quelqu'un «devant l'autorité judiciaire compétente» n'était pas déterminant par rapport à l'essence du droit.

L'arrestation et la détention dans les procédures pénales doivent déboucher soit sur d'autres mesures qui font entrer en jeu l'article 5 par. 2 et 3 ainsi que l'article 6 (normalement par une mise en inculpation), soit sur l'élargissement de la personne. Les arrestations ou détentions collectives ne sont pas permises par la Convention: l'Etat doit agir cas par cas lorsqu'il enquête sur la perpétration d'un délit précis ou lorsqu'il procède à l'arrestation d'une personne soupçonnée de l'avoir commis. Dans l'affaire Guzzardi, la Cour a déclaré que la Convention n'autorisait pas la privation de liberté d'une personne parce qu'elle était généralement jugée encline aux activités criminelles, mais uniquement en tant que moyen d'empêcher que fût commise «une infraction concrète et déterminée»[39]. La détention préventive est examinée plus avant ci-dessous (article 5 par. 3).

d. La détention régulière d'un mineur d'âge décidée pour son éducation surveillée, ou sa détention régulière afin de le traduire devant l'autorité compétente

L'article 5 par. 1 d) autorise la détention d'enfants (mineurs) pour leur «éducation surveillée» – qui implique à la fois soins et contrainte – et en tant que mesure judiciaire (détention préventive). Ce membre de phrase vise non pas à traiter les enfants comme des délinquants mais à autoriser leur éloignement d'un environnement nuisible. C'est la raison pour laquelle il ne mentionne pas le terme «arrestation». L'âge-limite de la minorité dans les Etats du Conseil de l'Europe est variable, bien que, dans la Résolution (72) 29, le Comité des Ministres ait recommandé que cet âge soit fixé à 18 ans. L'affaire Nielsen, examinée au

38. Arrêt Murray du 28 octobre 1994, Série A n° 300-A, p. 27, par. 55.

39. Arrêt Guzzardi du 6 novembre 1980, Série A n° 39, p. 38, par. 102.

début du présent chapitre, montre combien il est difficile de protéger les droits des enfants au titre de la Convention, dès lors que la Cour européenne des Droits de l'Homme estime qu'un mineur d'âge ne peut avoir de droits autonomes au regard de l'article 5.

Il a été jugé que le placement d'un jeune, accusé de délits, dans une institution fermée pour observation et établissement d'un rapport d'expertise psycho-médicale constituait une détention régulière conforme à la procédure prescrite par la loi[40]. C'est un système de surveillance éducative visant à mettre en œuvre une politique de la délinquance juvénile qui était au cœur de l'affaire Bouamar, dans laquelle un mineur d'âge avait été placé à plusieurs reprises dans un établissement de détention provisoire «pour son éducation surveillée». La Cour a déclaré que la Belgique avait l'obligation de créer des institutions appropriées qui répondent aux critères de sécurité et d'objectifs éducatifs, afin d'être en mesure de satisfaire aux exigences de l'article 5 par. 1 d). La détention d'un jeune dans un établissement de détention provisoire, dans des conditions de quasi-isolement et sans l'assistance de personnel ayant reçu une formation éducative, ne pouvait être considérée comme poursuivant un objectif éducatif quelconque et, partant, la détention n'était pas conforme aux prescriptions de l'article 5[41].

e. La détention régulière d'une personne susceptible de propager une maladie contagieuse, d'un aliéné, d'un alcoolique, d'un toxicomane ou d'un vagabond

Toutes ces catégories de cas ont en commun le motif de protection sociale, mais le paragraphe est mal formulé dans la mesure où il regroupe, dans une même notion simpliste de détention, un certain nombre de situations humaines tout à fait distinctes, sans autre précision ni dispositions en matière d'arrestation. Dans ces questions, les droits internes présentent des différences beaucoup plus importantes qu'en matière de procédure pénale. Dans certains cas, les deux systèmes se chevauchent. Les aliénés peuvent avoir commis des délits graves. Ils peuvent être jugés et déclarés coupables s'ils sont considérés comme responsables. Qu'une personne soit hospitalisée ou incarcérée, une décision judiciaire dans ce sens peut faire tomber la privation de liberté dans le champ d'application de l'article 5 par. 1 a). Dans l'affaire X[42], il fallait répondre à la question de savoir si la mise d'un aliéné à la disposition du gouvernement en tant que mesure prise après une condamnation pénale relevait du paragraphe 1 e) ou bien du paragraphe 1 a). La Cour a conclu que, bien qu'elle reconnaisse les différences entre ces paragraphes, tous deux pouvaient être et étaient applicables à la privation de liberté subie par le requérant, initialement du moins. Toutefois, dans toutes ces catégories de cas, la détention administrative par une autorité sanitaire ou une commission d'aide sociale peut satisfaire aux exigences de l'article 5 par. 1 e). La législation nationale n'établit pas nécessairement ce même type de distinction entre les catégories et, dès lors, on ne voit pas toujours clairement laquelle doit être appliquée lorsqu'une requête est examinée au titre de la Convention.

Le point de savoir si cette interférence avec le droit à la liberté de la personne peut se justifier au regard de la Convention peut dépendre d'évaluations difficiles des faits et du

40. N° 8500/79, Déc. 14.12.79, D.R. 18 p. 238 (241-242).

41. Arrêt Bouamar du 29 février 1988, Série A n° 129, pp. 19-22, par. 41-53.

42. Arrêt X du 5 novembre 1981, Série A n° 46, pp. 17-18, par. 38-40.

droit. Il faut non seulement que la décision soit prise conformément à une procédure prescrite par la loi, mais elle doit aussi être régulière quant au fond, comme indiqué ci-dessus. Outre l'examen judiciaire de ces aspects des décisions nationales rendues, la Commission et la Cour attribuent à certaines expressions utilisées dans la Convention une signification autonome. A cet égard, le droit national ne constitue qu'un point de départ. L'établissement des faits par les autorités nationales et leur interprétation de ces notions peuvent avoir pour effet que la Commission et la Cour n'ont guère plus à contrôler que la procédure suivie. Il est difficile d'établir, dans des procédures internationales, si quelqu'un est un aliéné, un alcoolique ou un drogué. Le fait que l'on dépende pour cela de témoins et d'experts, notamment de médecins, impose aux organes internationaux de se fier très largement aux conclusions nationales, ce qui n'empêche qu'ils se réservent un pouvoir d'examen. Par exemple, la notion de vagabond requiert une interprétation qui peut évoluer avec la société et les attitudes: l'origine ethnique ou sociale d'une personne ainsi qualifiée ne peut plus constituer un facteur, comme cela a été proposé dans le passé. Dans l'affaire De Wilde, Ooms et Versyp («affaire vagabondage»), la Cour a estimé que la définition du droit belge, aux termes de laquelle sont considérés comme «vagabonds» les personnes sans domicile fixe, sans moyens de subsistance et qui n'exercent pas régulièrement un commerce ou une profession, est conciliable avec l'expression «vagabond» telle qu'utilisée dans la Convention[43].

Les définitions d'autres expressions utilisées dans cet alinéa peuvent soulever des problèmes similaires d'interprétation. Les organes de Strasbourg ont été saisis d'un certain nombre de requêtes introduites par des personnes qui ont été privées de liberté pour des motifs d'aliénation mentale. Dans l'affaire Winterwerp[44], par exemple, la Commission a examiné la conformité du droit néerlandais avec la Convention en établissant une comparaison avec la signification habituelle du terme «aliéné», et a examiné si cette définition avait été appliquée de manière arbitraire à la personne en cause. En d'autres termes, c'est aux organes de contrôle qu'il appartient de décider si les conditions d'application de l'article 5 par. 1 e) sont réunies. La Cour a confirmé cette jurisprudence et souligné que l'expression «aliéné» impliquait que trois conditions minimales soient remplies:

1. l'aliénation du requérant doit avoir été établie «de manière probante» (ce qui «appelle une expertise médicale objective»);

2. la nature ou le degré du trouble mental doivent être tels qu'ils justifient la privation de liberté; et

3. l'internement ne peut être maintenu que tant que le trouble persiste[45].

Les conditions qui peuvent justifier la privation de liberté sont susceptibles d'évoluer dans le temps, par exemple lorsque le patient est guéri. Cela signifie-t-il que la privation de liberté n'est plus «régulière»? Si la Commission ou la Cour devaient répondre à cette question indépendamment des autorités nationales, la même difficulté surgirait que dans le cas de l'évaluation initiale. Toutefois, s'il n'existe aucun moyen d'obtenir un examen judiciaire de la décision au niveau national, il se peut que le maintien de l'internement soit contraire à l'article 5 par. 3, examiné plus en détail ci-dessous.

Dans bon nombre d'affaires, l'article 5 par. 4 s'est substitué à l'article 5 par. 1 e) en tant

---

43. Arrêt De Wilde, Ooms et Versyp («affaire vagabondage») du 18 juin 1971, Série A n° 12, p. 37, par. 68.

44. Winterwerp c/ Pays-Bas, Rapport Comm. 15.12.77, par. 73-78, Cour eur. D.H., Série B n° 31, pp. 36-37.

45. Arrêt Winterwerp du 24 octobre 1979, Série A n° 33, pp. 16-18 par. 36-40.

qu'article central de la Convention. En d'autres termes, la protection procédurale est, en pratique, plus efficace que le contrôle des critères de fond de la privation de liberté. Il est plus facile de convaincre la Commission ou la Cour que le processus décisionnel national n'offre pas de garanties satisfaisantes d'une décision justifiée que de les amener à statuer sur le bien-fondé de la requête d'un malade ou d'un vagabond. Un autre problème concerne le point de savoir si une privation de liberté ainsi motivée doit prévoir un traitement pour le malade ou le drogué. Cette exigence existe-t-elle implicitement dans la Convention? Certaines requêtes concernaient le fait que les personnes étaient simplement écartées de la société sans qu'on leur offrît d'aide. La personne peut avoir un droit légitime à cet égard, selon le motif de la détention. Toutefois, il existe des cas où le risque pour la société doit être admis en tant que motif principal, même s'il n'y a pas d'espoir de traitement.

f. L'arrestation ou la détention régulières d'une personne pour l'empêcher de pénétrer irrégulièrement sur le territoire, ou contre laquelle une procédure d'expulsion ou d'extradition est en cours

La «personne» visée dans cet alinéa est normalement un étranger. Comme expliqué ailleurs, la Commission ne réglemente pas comme telle la migration des étrangers vers et à partir d'un pays. Toutefois, puisque les Etats sont autorisés à empêcher l'entrée illégale des étrangers ou à les déporter ou les extrader conformément à leur propre législation, le paragraphe 1 f) les autorise, dans ce contexte, à recourir également à la privation de liberté dans le but d'appliquer ce contrôle de l'immigration.

La Commission a soutenu que la légalité d'une ordonnance de déportation n'était pas une condition préalable pour que la détention soit conforme au paragraphe 1 f)[46]. En d'autres termes, (comparer également avec le paragraphe 1 a) ci-dessus), la décision d'arrestation et de détention peut être «régulière» au regard de l'article 5 sans qu'il soit nécessaire d'examiner l'entièreté du contexte. La Commission examinera néanmoins la régularité, au regard du droit interne, d'une détention opérée en vue d'une extradition[47]. Cet examen peut comprendre l'examen du contexte, lorsqu'on a affaire à une loi qui autorise la détention de personnes entrées illégalement en attendant leur déportation. La Commission a, dans une affaire de ce type, examiné si le requérant était entré illégalement, afin d'établir si la détention était «régulière»[48]. Elle l'est si elle possède une base juridique et ne peut être considérée comme arbitraire, même lorsqu'elle se fonde sur une interprétation nouvelle mais prévisible de la loi[49].

L'affaire Quinn, examinée ci-dessus dans le contexte de la détention au titre de l'article 5 par. 1 c), a également donné lieu à une allégation de violation de l'alinéa f), au motif que le maintien en détention du requérant pendant la procédure d'extradition avait duré deux ans. La Cour européenne des Droits de l'Homme a déclaré que la détention elle-même était justifiée au regard de l'article 5 par. 1 f), mais que sa durée constituait une violation de cette même disposition, en partie parce que le requérant avait été maintenu en détention même

46. Caprino c/ Royaume-Uni, Rapport Comm. 17.7.80, par. 65, D.R. 22 p. 5 (22-23).

47. N° 9012/80, Déc. 9.12.80, D.R. 24 p. 205 (211-213).

48. N° 9403/81, Déc. 5.5.82, D.R. 28 p. 235 (240-242).

49. N° 9174/80, Déc. 13.7.82, D.R. 29 p. 153 (173-174).

après la décision formelle de l'extrader vers la Suisse, et en partie parce que le temps passé en prison n'était pas comptabilisé dans la peine qui lui avait été infligée par la France[50].

Dans l'affaire Bozano[51], il a été conclu que la détention en vue de la déportation (après rejet de la demande d'extradition) était contraire à l'article 5 par. 1 parce qu'elle n'était ni «régulière», ni compatible avec le «droit à la sûreté» de la personne. Elle a été considérée comme une forme déguisée d'extradition destinée à contourner le rejet de celle-ci par le tribunal compétent, et non comme une procédure ordinaire couverte par le paragraphe 1 f). La Commission a également estimé que, si les procédures d'extradition ne sont pas accomplies avec toute la célérité voulue, la privation de liberté pouvait ne plus être justifiée[52].

Les camps de réfugiés et de demandeurs d'asile sont bien connus dans de nombreuses régions du monde. Souvent, le régime qui leur est appliqué équivaut à une restriction, voire parfois à une privation de liberté. S'il est certain que, par exemple, un afflux de demandeurs d'asile peut donner le droit à un Etat de priver ces personnes de leur liberté pendant l'examen de leur cas, leur arrestation et leur détention peuvent sembler paradoxales, en particulier s'il s'agit de «réfugiés authentiques». L'article 5 par. 1 f) implique la garantie que la détention ne peut avoir d'autre but que celui d'empêcher l'admission dans le pays de l'étranger en question, ou de permettre de statuer sur sa déportation ou son extradition. L'article 18 de la Convention, qui interdit les restrictions des droits et des libertés dans tout but autre que celui pour lequel elles ont été autorisées, est également d'application ici.

Remarques générales concernant l'article 5 par. 1

Les six catégories de privation de liberté admissible – qu'elle s'intitule arrestation, détention, internement ou autrement – constituent les exceptions reconnues au principe du droit à la liberté et à la sûreté des personnes. Elles ne forment pas un système complet et, comme la pratique l'a confirmé, la méthode même de l'énumération ainsi que la formulation ont fait apparaître des faiblesses. L'absence de disposition visant la privation «arbitraire» de liberté, le statut peu clair du droit interne, l'imprécision de l'alinéa 1 b) et le fait que la Convention ne dise rien des restrictions, opposées aux privations, de liberté, pas plus que du traitement réservé aux détenus, n'en sont que quelques exemples. Toutefois, la révision de la Convention est un processus complexe et sa modification risquerait d'être toujours en retard sur la pratique, puisqu'il semble que des problèmes nouveaux ne cessent de surgir. Il est nécessaire, dès lors, de poursuivre l'application dynamique de la Convention par le biais de la pratique et de la jurisprudence. En pratique, des domaines tels que la discipline dans les prisons ou à l'armée, le traitement réservé aux enfants et aux personnes âgées, les camps de réfugiés ou de prisonniers de guerre ainsi que d'autres régimes stricts peuvent soulever des problèmes par rapport à l'article 5 par. 1. Il faut parfois considérer que ces régimes ne relèvent d'aucune des catégories précitées et qu'ils sont, dès lors, interdits. Dans la plupart des pays, la loi interdit toutefois à toute personne d'en interner une autre dans des homes, des hôpitaux pour enfants, pour malades mentaux ou autres groupes de personnes handicapées. De nombreux cas-limites

50. Arrêt Quinn du 22 mars 1995, Série A n° 311.

51. Arrêt Bozano du 18 décembre 1986, Série A n° 111, pp. 25-27, par. 59-60.

52. N° 9172/80, Déc. 17.12.81, D.R. 27 p. 222 (223-224).

surgissent dans ce type d'environnements. Toutefois, les catégories reconnues par l'article 5 par. 1 sont souples sur certains points. Il est, dès lors, possible, si la loi le prévoit, que des formes autres que les prisons ou les institutions similaires de détention soient couvertes.

Un principe établi en pratique est que la liberté personnelle n'est pas négociable. La détention dite «volontaire» résultant d'un contrat, par exemple l'engagement dans l'armée, l'exécution d'un contrat d'apprentissage, l'inscription dans un pensionnat ainsi que d'autres institutions de prise en charge plus ou moins «totale», peut poser des problèmes si la personne change d'avis. Dans l'affaire De Wilde, Ooms et Versyp («affaire vagabondage»), la Cour a déclaré que:

> le droit à la liberté revêt une trop grande importance dans une société «démocratique», au sens de la Convention, pour qu'une personne perde le bénéfice de la protection de celle-ci du seul fait qu'elle se constitue prisonnière. Une détention pourrait enfreindre l'article 5 quand bien même l'individu dont il s'agit l'aurait acceptée[53].

En cas de danger imminent pour le public, les catégories de l'article 5 par. 1 peuvent être étendues, par exemple, à l'internement politique de groupes de personnes dont la loyauté est mise en question, aux conditions fixées par l'article 15. C'est une des manières dont la sécurité nationale peut être invoquée pour interférer avec la liberté personnelle dans des cas autres que ceux explicitement autorisés. Ce domaine est très délicat, comme l'ont montré dans le passé certains abus des pouvoirs d'exception. La Cour a toutefois adopté dès 1961, dans l'affaire Lawless, le point de vue que l'internement destiné à empêcher des délits pénaux sans que l'accusé soit conduit devant un tribunal ou que l'intention existe d'ouvrir une action n'était pas autorisé. C'est ce même point de vue qui a été adopté dans l'Affaire grecque, dans l'affaire Irlande c/ Royaume-Uni, et dans l'affaire Brogan[54]. En temps normal, les questions de sécurité nationale, de santé ou de moralité publiques, de bien-être économique du pays, de droits et de réputation de tiers, ou d'autorité et d'impartialité du pouvoir judiciaire ne justifient pas la détention, même lorsqu'il a été soutenu que ces mesures étaient «nécessaires dans une société démocratique». Si la détention n'est pas prévue par l'article 5 par. 1, elle est contraire à la Convention. La situation en matière de droit à la liberté diffère ici, par exemple, de celle en matière de respect du domicile ou du courrier, et du droit d'expression, d'assemblée ou d'association.

Garanties procédurales dans les affaires de privation de liberté

Le pouvoir de maintenir quelqu'un en détention au titre du paragraphe 1 n'est pas régi par l'article 5 mais laissé au droit interne, pour autant que ce pouvoir soit exercé régulièrement dans le cadre d'une procédure respectant les voies légales. La Convention prévoit toutefois, dans les paragraphes suivants de l'article 5, diverses formes de contrôle de ce pouvoir en vue d'empêcher les abus et de garantir l'élargissement de ceux dont la détention n'est pas régulière.

Il convient d'établir une distinction importante entre les procédures pénales et les autres cas de privation de liberté. Néanmoins, la plupart des garanties procédurales des paragra-

53. Arrêt De Wilde, Ooms et Versyp («affaire vagabondage») du 18 juin 1971, Série A n° 12, p. 36, par. 65.

54. Arrêt Brogan et al. du 29 novembre 1988, Série A n° 145-B, pp. 28-30, par. 49-53.

phes 2 à 5 de l'article 5 s'appliquent aux deux domaines. Ces garanties concernent les informations sur les motifs de l'arrestation ou de la détention, l'examen judiciaire et la réparation des privations de liberté contraires à l'article 5. Les besoins de la personne privée de liberté ne sont pas tous prévus. Par exemple, le droit à une assistance juridique n'est pas explicitement prévu à l'article 5. De même, d'autres besoins, notamment celui de bénéficier d'un traitement humain et de conditions supportables pendant la privation de liberté, ne sont pas prévus explicitement par cet article. Le droit d'un détenu de communiquer avec le monde extérieur, par exemple pour avertir sa famille ou écrire des lettres à ses amis, relève d'autres dispositions de la Convention. Dans les premières années d'activité de la Commission, la tendance était de soutenir que la privation de liberté devait avoir des «effets inhérents», de sorte qu'il n'était pas possible d'invoquer en tant que droit les visites et autres contacts. Cette théorie et cette pratique sont aujourd'hui abandonnées. Dans l'affaire De Wilde, Ooms et Versyp («affaire vagabondage») et ensuite dans l'affaire Golder, la Cour à rejeté la théorie des «caractéristiques inhérentes» et déclaré que toute restriction devait être examinée en vue de vérifier si elle était justifiée sur base d'un des motifs énoncés explicitement dans la Convention.

Le droit de toute personne d'être informée des raisons de l'arrestation et de toute accusation portée contre elle

Le paragraphe 2 de l'article 5 énonce un principe d'ouverture important, sans lequel les autres dispositions de l'article n'auraient pas d'effet. Ce paragraphe énonce ce qui suit:

> Toute personne arrêtée doit être informée, dans le plus court délai et dans une langue qu'elle comprend, des raisons de son arrestation et de toute accusation portée contre elle.

Toute personne arrêtée doit être informée des motifs de son arrestation, partant du principe qu'il y va de son intérêt dans cette situation difficile et que cette information peut être nécessaire pour l'exercice de ses autres droits. L'article 5 par. 2 prévoit qu'elle doit, dans tous les cas, être informée des raisons de son arrestation «dans le plus court délai et dans une langue qu'elle comprend». Lorsqu'il y a suspicion de délit, le texte ajoute «et de toute accusation portée contre elle». Les mineurs d'âge et les malades mentaux ont également droit à cette information même si, pour des raisons de droit et de fait, il peut être difficile pour eux d'en faire usage. Les conditions de cette information dépendent de nombreux facteurs, et aucune forme ne peut être prescrite. Si un policier arrête un étranger, il convient de prévoir une interprétation aussi rapidement que possible, sinon dans la rue, du moins au bureau de police. Il n'est pas nécessaire que l'information soit écrite ni qu'un mandat d'arrêt soit exhibé. Le droit interne peut formuler des exigences plus strictes à cet égard, mais une violation de celles-ci n'est pas synonyme de violation de la Convention. La Commission et la Cour européennes ont estimé qu'il ne suffisait pas de déclarer que l'arrestation était opérée en vertu d'une législation d'exception[55]; il est nécessaire de fournir plus de détails. Dans les phases suivantes d'un processus, en particulier lorsqu'il y a inculpation, l'accusé a le droit d'être informé «d'une manière détaillée de la nature et de la cause de l'accusation portée contre lui» (article 6 par. 3 a)), mais une information plus sommaire peut suffire au stade

55. Arrêt Irlande c/ Royaume-Uni du 18 janvier 1978, Série A n° 25, pp. 75-77, par. 198-200.

initial. Le contenu de l'information peut dépendre du type de détention. Par exemple, l'arrestation en vue de la déportation ou de l'expulsion au titre de l'article 5 par. 1 f) confère uniquement au détenu le droit de savoir que pareille procédure est en cours, sans que le motif de celle-ci doive lui être communiqué[56].

Si la personne n'est pas en mesure de comprendre, il convient d'habiliter une autre personne agissant en son nom à recevoir l'information. Dans l'affaire X, la Cour a souligné le lien étroit qui unit les paragraphes 2 et 4 de l'article 5[57]. Nulle personne qui a le droit d'agir en vue de faire statuer sans délai sur la régularité de sa détention ne peut effectivement exercer ce droit si elle n'est pas informée rapidement et de manière suffisante des raisons pour lesquelles elle a été privée de sa liberté. Dans l'affaire Van der Leer, la Cour a déclaré le fait que la requérante n'avait pas été informée de l'ordonnance autorisant son internement dans un institut psychiatrique constituait une violation de l'article 5 par. 2[58]. Il semble que cette information doive au minimum comporter les détails nécessaires en vue de montrer laquelle des six catégories de privation de liberté est visée. Il s'agit d'un aspect pratique qui a son importance. Si une personne s'entend déclarer uniquement qu'elle va être interrogée à propos d'un délit sans qu'il y ait de soupçon particulier contre elle, l'arrestation sera contraire à l'article 5 par. 1, et il importe qu'elle le sache. La police doit soit révéler les soupçons qui pèsent sur elle et ce dont elle est accusée, soit renoncer à l'arrêter. S'il n'existe pas d'accusation, l'article 5 par. 1 et l'article 5 par. 2 combinés assurent une protection parfaitement efficace pour celui qui connaît ses droits. En revanche, la Commission a estimé que, si les raisons sont évidentes, par exemple parce que la personne a été interrogée avant son arrestation et confrontée à un autre suspect, elle doit avoir pleinement connaissance des raisons de son arrestation et de la nature des accusations portées contre elle, et il n'est pas nécessaire de fournir des informations plus explicites[59].

L'article 5 par. 2 prévoit que cette information doit être communiquée «dans le plus court délai». La personne sera normalement informée en termes généraux, au moment de l'arrestation, du fondement juridique de celle-ci. Si celui qui opère l'arrestation ne parle pas lui-même la langue de la personne arrêtée, il suffit, pour respecter les dispositions de l'article 5 par. 2, que cette information soit communiquée par le procureur ou par le magistrat, pour autant que la personne soit conduite immédiatement devant l'un ou l'autre. L'article 5 par. 2 ne garantit pas le droit de prendre contact avec un avocat, et il n'est pas nécessaire que l'information adopte une formulation précise, ni même qu'elle soit faite par écrit.

Comme dans d'autres dispositions de l'article 5, la notion «dans le plus court délai» revêt une importance capitale. Normalement, un intervalle de quelques heures entre le moment de l'arrestation et la communication du chef d'accusation ne sera pas contraire à l'article 5 par. 2, que la personne ait été ou non soumise à interrogatoire pendant ce temps[60].

---

56. Caprino c/ Royaume-Uni, Rapport Comm. 17.7.80, par. 65, D.R. 22 p. 5 (22).

57. Arrêt X du 5 novembre 1981, Série A n° 46, pp. 27-28, par. 65-66.

58. Arrêt Van der Leer du 21 février 1990, Série A n° 170-A, pp. 20-21, par. 103-107.

59. N° 1936/63, Déc. 6.7.64, Annuaire 7 p. 225 (245).

60. Voir notamment l'arrêt Murray du 28 octobre 1994, Série A n° 300-A.

Protections procédurales relatives aux personnes placées en détention préventive (Article 5 par. 3)

L'article 5 par. 1 c) de la Convention européenne des droits de l'homme autorise l'arrestation ou la détention lorsqu'il existe des «raisons plausibles de soupçonner» que l'intéressé a commis une infraction, lorsqu'il y a des motifs raisonnables de croire à la nécessité de l'empêcher de commettre une infraction ou de s'enfuir après l'accomplissement de celle-ci. Ces trois motifs sont toutefois étroitement liés à l'obligation associée de l'Etat vis-à-vis de la personne détenue ou arrêtée de conduire celle-ci devant l'autorité judiciaire compétente. Le paragraphe 3 de l'article 5 précise et complète cette obligation de l'Etat:

> Toute personne arrêtée ou détenue, dans les conditions prévues au paragraphe 1 c) du présent article, doit être aussitôt traduite devant un juge ou un autre magistrat habilité par la loi à exercer des fonctions judiciaires et a le droit d'être jugée dans un délai raisonnable, ou libérée pendant la procédure. La mise en liberté peut être subordonnée à une garantie assurant la comparution à l'audience.

II ressort clairement de la formulation de cette disposition que l'article 5 par. 3 ne s'applique pas à la détention en attendant l'exécution d'une ordonnance de déportation ou d'extradition[61]. Dans l'affaire Lynas, la Commission a déclaré que la formulation de la Convention indiquait très clairement que la durée de la détention était mentionnée exclusivement au paragraphe 3 de l'article 5 et que cette disposition se référait uniquement à la détention visée au paragraphe 1 c), et non pas aux cas de détention dans l'attente d'une décision suite à une demande d'extradition. La Commission dit ensuite:

> Il s'ensuit que si, par exemple, la procédure n'est pas menée avec la diligence requise ou si le maintien en détention résulte de quelque abus de pouvoir, la détention cesse d'être justifiée au regard de l'article 5 par. 1 f)[62].

Bon nombre de pays fixent des délais précis dans lesquels une personne détenue doit être conduite devant l'autorité judiciaire compétente. L'exigence exprimée par le terme «aussitôt» peut souvent avoir pour effet que les juges doivent être disponibles le week-end ou pendant les congés, mais elle n'implique pas qu'ils soient disponibles 24 heures sur 24. Le délai couramment mentionné dans la législation interne des pays européens est de 24 à 48 heures, mais la Commission et la Cour n'ont pas fixé de limite temporelle rigide en ce qui concerne l'article 5 par. 3. La nature des délits dont est soupçonnée la personne peut jouer un rôle, s'agissant de déterminer si la condition exprimée par le terme «aussitôt» a été respectée. Dans l'affaire Brogan et al., où il était question d'une enquête sur des délits de terrorisme, la Commission a accepté les moyens du gouvernement selon lesquels des périodes de détention plus longues que dans le cas d'une enquête portant sur un délit de droit commun étaient admissibles. Si la Cour a, certes, exprimé sa compréhension de principe pour les difficultés inhérentes aux enquêtes concernant les actes de terrorisme, elle n'en a pas moins conclu à une violation de l'article 5 par. 3. La Cour a déclaré ce qui suit:

> On élargirait de manière inacceptable le sens manifeste d'«aussitôt» si l'on attachait aux caractéristiques de la cause un poids assez grand pour justifier une si longue détention sans

61. Arrêt Quinn du 22 mars 1995, Série A n° 311.

62. N° 7317/75, Déc. 6.10.76, Annuaire 20 p. 413 (443).

comparution devant un juge ou un «autre magistrat». On mutilerait de la sorte, au détriment de l'individu, une garantie de procédure offerte par l'article 5 par. 3 et l'on aboutirait à des conséquences contraires à la substance même du droit protégé par lui[63].

Il est clair que les préparatifs qu'autorise une audience à si bref délai sont limités et que l'on ne peut exiger de preuves ou d'accusation détaillées. En revanche, si la plupart des pays accordent au détenu le droit à l'assistance juridique dès ce stade, ce droit n'est pas prescrit par la Convention. L'avocat de la défense peut comparaître avec le détenu, mais le souhait de bénéficier des services d'un avocat peut retarder l'audience.

La notion «un juge ou un autre magistrat habilité par la loi à exercer des fonctions judiciaires» implique que cette personne soit non seulement habilitée mais exerce effectivement des fonctions judiciaires. La Cour a déclaré dans l'affaire Schiesser que:

> A cela s'ajoutent, d'après l'article 5 par. 3, une exigence de procédure et une de fond. A la charge du magistrat, la première comporte l'obligation d'entendre personnellement l'individu traduit devant lui; la seconde, celle d'examiner les circonstances qui militent pour ou contre la détention, de se prononcer selon les critères juridiques sur l'existence de raisons la justifiant et, en leur absence, d'ordonner l'élargissement[64].

Dans certains pays, le droit prévoit que, dans les affaires pénales, il ne peut y avoir d'arrestation et de détention si celles-ci ne sont pas ordonnées ou approuvées préalablement par un juge, sauf dans des situations d'urgence. La Convention ne va pas jusque là.

Il appartient à l'instance qui a ordonné la détention de conduire le détenu devant le juge. Cela implique son transfert de la cellule à la salle d'audience, de manière que le juge puisse le voir et l'entendre en personne. L'indépendance du juge et le face-à-face personnel constituent des garanties essentielles pour toute personne relevant de l'article 5 par. 1 c) et, partant, de l'article 5 par. 3. La seule présence, à cette audience, de l'avocat ou d'un autre représentant du détenu ne suffit pas.

Une autre question qui a surgi en ce qui concerne l'application en droit interne de l'article 5 par. 3 est celle de l'identité et de la fonction du «juge» ou «autre magistrat» habilité à exercer «des fonctions judiciaires». Il se peut, par exemple, que les codes nationaux de procédure pénale établissent une distinction entre juges d'instruction et tribunaux. La première catégorie de juges ne statue pas sur la culpabilité mais établit le dossier d'instruction en vue du procès de l'accusé; ce dossier est soumis au ministère public, qui prononce alors l'inculpation formelle. Cette coopération entre le ministère public et les autorités judiciaires peut donner lieu à des problèmes d'indépendance du juge par rapport au procès. Elle ne peut, toutefois, être critiquée au regard de l'article 5 par. 3. Il n'en va pas de même, toutefois, lorsque la décision d'examen de la détention n'est pas prise par un juge appartenant au pouvoir judiciaire mais par un autre magistrat qui fait partie du pouvoir exécutif, en particulier le ministère public. Dans certaines régions de la Suisse, par exemple, le ministère public est autorisé à examiner la détention, et la Cour a accepté ce système dans l'affaire Schiesser[65]. Toutefois, la Cour a mis l'accent sur la fonction d'indépendance dans les circonstances de l'espèce. Il ne serait pas admissible que la même personne mène l'enquête

63. Arrêt Brogan et al. du 29 novembre 1988, Série A nº 145-B, pp. 33-34, par. 62.

64. Arrêt Schiesser du 4 décembre 1979, Série A nº 34, pp. 13-14, par. 31.

65. Arrêt Schiesser du 4 décembre 1979, Série A nº 34, p. 16, par. 39.

et soit habilitée à agir au stade de l'examen du maintien en détention. Dans trois affaires dirigées contre les Pays-Bas[66], la question soulevée concernait le point de savoir si l'*auditeur militaire* pouvait être considéré comme un «magistrat habilité par la loi à exercer des fonctions judiciaires». Se référant à l'affaire Schiesser, la Cour a conclu que l'*auditeur militaire* ne pouvait être considéré comme indépendant des parties dès lors qu'il était seul compétent pour formuler des recommandations à propos du maintien en détention du requérant mais n'était pas habilité à ordonner son élargissement, et qu'il pouvait en outre se voir confier des fonctions de poursuite dans la même affaire. De même, dans l'affaire Pauwels[67], le fait que l'*auditeur militaire* avait le droit d'exercer des fonctions d'enquête et de poursuite dans une seule et même affaire a amené la Cour à conclure que son impartialité pouvait apparaître comme susceptible d'être mise en doute.

La circonstance qu'une personne a fait des aveux à la police ou que sa culpabilité peut apparaître comme établie est sans pertinence par rapport à l'application de l'article 5 par. 3. Le juge doit confirmer la décision de maintien en détention d'une personne sur la base de l'existence de motifs raisonnables de le faire, conformément à la formulation de cet article. La décision de maintien en détention au titre de l'article 5 par. 3 n'implique aucune conclusion de culpabilité. Même si, normalement, il existera déjà à ce stade une accusation au pénal, celle-ci n'est pas une condition préalable à la décision de détention. Il suffit, techniquement, que le juge confirme qu'il existe des soupçons plausibles et que la détention est nécessaire en vue d'empêcher la personne de se soustraire à la juridiction, de détruire des indices, voire de commettre d'autres délits. Le soin de préciser ces détails est laissé au droit interne mais il est clair qu'un juge national doit jouir d'un pouvoir suffisant pour déterminer s'il est approprié ou sage de priver une personne de sa liberté. Le droit d'être aussitôt traduit devant un juge peut avoir une valeur plus grande en principe qu'en pratique. Cette valeur peut être réduite, par exemple, dans les circonstances où l'on perçoit que les fonctions d'un juge consistent à approuver une arrestation ou une détention, sans qu'il y ait d'examen indépendant des raisons de maintenir la détention. Dans bon nombre de pays, l'apposition, par la police ou le parquet, d'un cachet au bas de la décision après une très brève audition est la règle plutôt que l'exception. Si le droit interne autorise alors le maintien en détention sans limite dans le temps, la personne concernée devra se rabattre sur la seconde disposition: son droit d'être jugée «dans un délai raisonnable».

Le droit d'être jugé dans un délai raisonnable en l'absence de libération

Le droit, à défaut de libération, d'être jugé dans un délai raisonnable est le second élément de l'article 5 par. 3. Il est essentiellement différent du premier et vise à garantir que nul ne demeure indéfiniment en détention provisoire. Si la formulation du texte du paragraphe 3 peut donner l'impression que les autorités ont le choix entre la mise en jugement dans un délai raisonnable ou l'élargissement dans l'attente de celle-ci, il n'en est rien en réalité. Dans l'affaire Neumeister, la Cour a déclaré clairement que:

66. De Jong, Baljet et Van den Brink, Série A n° 77, pp. 22-24, par. 46-50; Van der Sluys, Zuiderveld et Klappe, Série A n° 78, pp. 18-19, par. 42-45; Duinhof et Duijf, Série A n° 79, pp. 15-16, par. 33-35 – la date de tous ces arrêts est le 22 mai 1984.

67. Arrêt Pauwels du 26 mai 1988, Série A n° 135, pp. 18-19, par. 37-38.

> cette disposition ne peut pas être comprise comme offrant aux autorités judiciaires une option entre la mise en jugement dans un délai raisonnable et une mise en liberté provisoire, fût-elle subordonnée à des garanties. Le caractère raisonnable de la durée de la détention s'écoulant jusqu'à la mise en jugement doit s'apprécier en fonction de l'état de détention dans lequel se trouve une personne accusée. Jusqu'à condamnation, celle-ci doit être réputée innocente et l'objet de la disposition analysée est essentiellement d'imposer la mise en liberté provisoire du moment où le maintien en détention cesse d'être raisonnable[68].

Le risque est grand de voir la police ou le ministère public, compte tenu de leur charge de travail, se tourner, une fois le suspect sous garde, vers d'autres affaires plutôt que poursuivre les charges jusqu'à l'inculpation et au procès, ou agir avec trop de lenteur à cet égard. Pour éviter ces atermoiements, un grand nombre de législations nationales imposent la confirmation des raisons de la détention dans des délais limités (ce délai est toujours fixé en Norvège: il est normalement de quelques semaines et de 12 semaines au plus). Mais une série de décisions judiciaires confirmant la détention, avec une certaine automaticité peut-être, ne suffit pas pour sauvegarder les intérêts de la personne en cause. L'article 5 par. 4 (voir ci-dessus) l'autorise à introduire un recours contre son maintien en détention, mais même cela ne suffit pas: l'article 5 par. 3 énonce qu'«elle a le droit d'être jugée dans un délai raisonnable, ou libérée pendant la procédure».

Cet aspect des choses a beaucoup occupé la Commission et la Cour dans les premières années de leur existence. Sur les dix premières affaires dont la Cour a été saisie, la majorité concernait la durée de la détention préventive, qui se chiffrait en années. La Commission et la Cour examinaient quel était leur rôle par rapport à celui des juridictions nationales qui avaient permis ou autorisé ces longues périodes de détention. La Commission s'est efforcée de définir une série de critères à appliquer. Dans l'affaire Haase, la Commission a estimé que:

> La notion «dans un délai raisonnable» figurant à l'article 5, paragraphe 3 doit être interprétée en tenant compte du fait que la personne est privée de sa liberté. La durée acceptable en pareil cas est plus courte que celle qui l'est sous l'angle de l'article 6, paragraphe 1, du fait que l'objectif est de limiter la durée de la détention d'une personne, et non pas de faire en sorte que la cause soit jugée à bref délai[69].

La condition du «délai raisonnable» appliquée à la mise en jugement est parallèle à cette même notion telle qu'exprimée à l'article 6 par. 1 de la Convention. En réalité, dans la plupart des affaires où il a été question de violation du droit de mise en jugement dans un délai raisonnable, l'argumentation s'est fondée sur l'article 6. Cela étant dit, certains retards peuvent toutefois constituer une violation de l'article 5 par. 3 tout en étant compatibles avec l'article 6 par. 1. Il se peut qu'il apparaisse de façon évidente que lorsque les «raisons plausibles» de soupçon évoquées à l'article 5 par. 1 c) cessent d'exister, le maintien en détention devient irrégulier. Dans son arrêt dans l'affaire Stögmüller, la Cour a déclaré qu'«il est clair que la persistance de tels soupçons est une condition *sine qua non* de la régularité du maintien de l'intéressé en détention»[70]. C'est aux autorités nationales qu'il appartient

68. Arrêt Neumeister du 27 juin 1968, Série A n° 8, p. 37, par. 4.

69. Haase c/ République fédérale d'Allemagne, Rapport Comm. 12.7.77, par. 120, D.R. 11 p. 78 (108-109).

70. Arrêt Stögmüller du 10 novembre 1969, Série A n° 9, p. 40, par. 4.

avant tout de trouver un équilibre équitable entre, d'une part, l'intérêt de l'accusé en tant qu'opposé à l'intérêt de la protection de la société et à l'intérêt de poursuites effectives et de la procédure pénale, et, d'autre part, l'intérêt d'une mise en jugement équitable. La Commission et la Cour se jugent, toutefois, compétentes pour examiner la compatibilité avec la Convention des motifs pour lesquels l'élargissement a été rejeté par les autorités nationales. C'est ainsi que le risque de fuite pourrait constituer un motif suffisant de mise en détention préventive; toutefois, dans l'affaire Neumeister et l'affaire Stögmüller, la Cour a conclu que le risque de fuite avait cessé d'exister compte tenu de la possibilité d'une mise en liberté sous caution[71].

En ce qui concerne la période à prendre en compte pour déterminer si la mise en jugement est intervenue dans un délai raisonnable, la Cour a estimé qu'il s'agissait de l'intervalle qui sépare le moment de l'arrestation de celui du jugement en première instance. La Cour et la Commission ont toujours estimé que la période passée en détention après une condamnation en première instance ne devait pas être considérée comme une privation de liberté au sens de l'article 5 par. 1 c) et 3 de la Convention même si, en droit interne, cette période est encore considérée comme une période de détention préventive[72]. La condition du «délai raisonnable» de l'article 5 par. 3 doit être déterminée à la lumière des faits concrets de chaque cas. La jurisprudence constante montre que les éléments suivants sont pertinents par rapport à l'évaluation des circonstances d'une affaire donnée:

1. la durée effective de la détention;
2. la durée de la détention préventive par rapport à la nature du délit, à la peine prescrite et à laquelle il faut s'attendre en cas de condamnation;
3. les effets matériels, moraux ou autres sur le détenu;
4. le comportement de l'accusé;
5. la manière dont l'enquête a été menée;
6. le comportement des autorités judiciaires concernées.

Il est clair que le droit garanti au titre de l'article 5 par. 3 s'inscrit dans le contexte du droit à la liberté et de la présomption d'innocence (articles 5 par. 1 et 6 par. 2). Même si un soupçon peut justifier une privation temporaire (préventive) de liberté, on ne peut perdre de vue ces principes. En effet, même dans les affaires pénales les plus graves, la Convention ne contraint pas les autorités à poursuivre. En fixant les alternatives, soit la mise en jugement dans un délai raisonnable, soit la libération, la Convention veut exercer une pression sur les autorités nationales dans un sens favorable à la personne. Cette pression n'est, toutefois, que relative. Le critère vague du délai raisonnable, sans précision de limite précise pour la détention préventive, est peut-être trop faible. Les pratiques diffèrent fortement d'un pays à l'autre. En Angleterre et en Scandinavie, ces détentions préventives excèdent rarement quelques mois, voire un an peut-être pour les affaires particulièrement complexes ou lorsqu'une longue période d'observation psychiatrique est nécessaire. Le délai nécessaire à la préparation suffisante du procès est sans rapport avec le délai nécessaire pour justifier la détention préventive. Par conséquent, si l'expression «dans le plus court délai» vise un délai de quelques jours, le «délai raisonnable» peut, dans certains cas, s'étendre sur de nombreux

71. Arrêt Neumeister du 27 juin 1968, Série A n° 8, p. 40, par. 14; arrêt Stögmüller du 10 novembre 1969, Série A n° 9, pp. 43-44, par. 15.

72. N° 9610/81, Déc. 10.3.83, non publié.

mois voire, dans les cas extrêmes, sur plusieurs années. Les organes de la Convention considèrent avec beaucoup de scepticisme des durées de détention aussi longues. De même, la Commission et la Cour ont considéré avec désapprobation les moyens développés par un gouvernement, par lesquels celui-ci a fait valoir que des durées importantes de détention préventive pouvaient être imposées sur la base de présomptions légales. Par exemple, dans les affaires Yağcı et Sargın[73], et Mansur[74], les autorités turques maintenaient les requérants en détention en partie sur base d'une loi instaurant la présomption que toute personne accusée d'un délit grave risquait de prendre la fuite. Elles ont évoqué également «l'état des indices», une clause citée de manière purement formelle sans qu'elle repose sur des éléments factuels de fond. La Cour a estimé, dans les deux affaires, qu'il y avait eu violation de l'article 5 par. 3.

Enfin, il convient de mentionner que l'article 5 par. 3 permet de subordonner l'élargissement d'une personne en détention préventive à des garanties de comparution à l'audience. Cela ne signifie pas que l'article 5 par. 3 confère un droit absolu de libération sous caution. Toutefois, la Cour et la Commission ont, de manière constante, estimé que si le seul motif du maintien en détention est le risque de fuite du détenu, l'élargissement, assorti des garanties autorisées par l'article 5 par. 3 *in fine*, est un moyen offert aux autorités judiciaires et aux personnes soupçonnées d'un délit de réduire la durée de la détention dans l'attente du jugement, durée qui, sans cela, resterait justifiée par le risque de voir la personne concernée prendre la fuite. L'accusé que les autorités judiciaires se déclarent disposées à libérer sous caution doit loyalement fournir des renseignements suffisants, vérifiables au besoin, sur son état de fortune, afin de leur permettre d'évaluer le montant de la caution à fixer, faute de quoi il ne pourra plus introduire de recours visant la durée ultérieure de sa détention. Dans l'affaire Schertenleib, la Commission a souligné que cette obligation qui incombe au requérant ne dispense pas l'autorité compétente d'examiner attentivement les informations dont elle dispose sur les ressources de l'intéressé[75]. La Cour a conclu à l'absence de violation de l'article 5 par. 3 dans l'affaire Van der Tang, dans laquelle le requérant s'était, en réalité, soustrait au jugement. Dans cette affaire, un chauffeur néerlandais de poids lourd avait été arrêté en Espagne pour trafic de drogue et maintenu plus de trois ans en détention préventive. Etant donné que son recours devant les organes de la Convention concernait la durée de sa détention précédant le jugement, la Commission et la Cour ont rejeté le moyen du gouvernement selon lequel il eût fallu empêcher le requérant d'introduire un recours au titre de la Convention, compte tenu de la théorie «des mains propres», puisqu'il avait lui-même agi contrairement à la loi[76].

Le pouvoir dont dispose l'Etat de libérer un détenu avant sa mise en jugement pour autant qu'il fournisse des garanties de comparution au procès n'a guère suscité de controverses au fil des années. Le refus d'accorder la libération sous caution et les autres questions similaires relèvent, plus que toute autre décision discrétionnaire tombant dans le champ

73. Arrêt Yağcı et Sargın du 8 juin 1995, Série A n° 319-A.

74. Arrêt Mansur du 8 juin 1995, Série A n° 319-B.

75. Schertenleib c/ la Suisse, Rapport Comm. 11.12.80, par. 166-171, D.R. 23 p. 137 (163-164).

76. Arrêt Van der Tang du 13 juillet 1995, Série A n° 326.

d'application de la Convention, de la faculté d'appréciation de l'Etat.

Le droit de faire vérifier la légalité de l'arrestation ou de la détention par un tribunal (Article 5 par. 4)

L'article 5 par. 4 de la Convention européenne des Droits de l'Homme est le pendant, au niveau international, du droit d'*habeas corpus*, une voie de recours des régimes de *common law* qui a été adaptée ou adoptée dans de nombreux autres régimes juridiques nationaux. Cette disposition est libellée comme suit:

> Toute personne privée de sa liberté par arrestation ou détention a le droit d'introduire un recours devant un tribunal, afin qu'il statue à bref délai sur la légalité de sa détention et ordonne sa libération si la détention est illégale.

Il ressort clairement de ce texte que l'article 5 par. 4 a une portée générale. L'existence de ce droit ne dépend pas du motif de l'arrestation ou de la détention. Cela signifie, en ce qui concerne la Convention européenne des Droits de l'Homme, qu'une personne peut introduire un recours en violation de ses droits au titre de l'article 5 par. 4, même si elle a été détenue régulièrement pour une ou plusieurs des rasions énumérées à l'article 5 par. 1. Cela signifie encore qu'une personne peut introduire un recours en violation de l'article 5 par. 4 lorsqu'elle a été détenue pour une raison à laquelle ne s'applique aucune des dispositions de l'article 5 par. 1, auquel cas il est clair qu'il y aura violation de cette dernière disposition ainsi que de l'article 5 par. 4.

Le droit que protège l'article 5 par. 4 est un droit procédural, qui garantit l'accès à un tribunal en vue d'introduire une procédure juridique. Cette disposition est donc similaire à cet égard, à l'article 6 par. 1 de la Convention, lequel garantit un jugement équitable. Bien que les recours judiciaires auxquels s'appliquent ces dispositions soient extrêmement différents par leur portée – la première concernant uniquement les recours visant la régularité de la détention tandis que l'autre vise à faire statuer sur une accusation au pénal ou sur un droit ou une obligation au civil – bon nombre de principes similaires s'appliquent à la mise en œuvre tant de l'article 5 par. 4 que de l'article 6 par. 1. Dans l'affaire Winterwerp, la Cour a déclaré que:

> Certes, les instances judiciaires relevant de l'article 5 par. 4 ne doivent pas toujours s'accompagner de garanties identiques à celles que l'article 6 par. 1 prescrit pour les litiges civils ou pénaux ... Encore faut-il que l'intéressé ait accès à un tribunal et l'occasion d'être entendu lui-même ou, au besoin, moyennant une certaine forme de représentation, sans quoi il ne jouira pas des «garanties fondamentales de procédure appliquées en matière de privation de liberté»[77].

Un des principes les plus importants qui régissent l'article 5 par. 4 comme l'article 6 par. 1 est celui de l'égalité des armes. Dans l'affaire Kampanis, le tribunal national avait refusé d'autoriser un détenu à comparaître devant lui en vue de présenter des arguments à l'appui de sa demande de libération, alors que ce même tribunal avait entendu le réquisitoire du ministère public contre cette libération. La Cour européenne des Droits de l'Homme a conclu à une violation de l'article 5 par. 4 en raison du non-respect du principe de l'égalité

77. Arrêt Winterwerp du 24 octobre 1979, Série A n° 33, p. 24, par. 60.

des armes. La Cour a estimé, à cet égard, que l'égalité des armes peut être respectée lorsque l'intéressé est entendu en personne mais que celui-ci peut, au besoin, avoir également droit à l'une ou l'autre forme de représentation dans la procédure au titre de l'article 5 par. 4[78]. Il s'agit d'un aspect important dans les cas où un détenu peut ne pas avoir les connaissances juridiques requises pour protéger efficacement ses propres intérêts. Il se peut qu'un certain nombre de régimes juridiques internes n'aient pas donné connaissance de ce principe, en particulier pour les personnes n'ayant pas capacité juridique, par exemple les mineurs d'âge ou les malades mentaux, ou de capacité pratique, tels les vagabonds ou les drogués.

Différents types de décisions de détention peuvent être pris, par le jeu des divers mécanismes procéduraux au niveau national. Il s'ensuit que les recours contre ces procédures dont sont saisis les organes de la Convention soulèvent toute une série de considérations qui vont au-delà des principes sous-jacents de l'article 5 par. 4. Par exemple, la Cour européenne des Droits de l'Homme a établi une distinction entre une décision initiale de détention et les périodes suivantes de détention, pour lesquelles d'autres aspects ou faits peuvent être pertinents. Dans les deux cas, toutefois, tout organe qui répond aux critères d'un «tribunal» au sens de l'article 5 par. 4 doit être indépendant du pouvoir exécutif et en mesure d'exercer toute la gamme des compétences, à la fois pour prendre une décision en matière de détention fondée sur des points de droit et de fait et pour ordonner l'élargissement d'un détenu lorsque l'Etat n'a pas justifié la détention[79]. La Cour a examiné la conformité de fond de différents organes administratifs avec ces critères et a, par exemple, estimé qu'une commission des libérations conditionnelles pouvait répondre aux conditions requises d'un «tribunal» aux fins de l'article 5 par. 4.

Plusieurs personnes se sont plaintes devant les organes de la Convention de l'impossibilité d'instituer un recours devant un tribunal concernant la régularité de leur détention, compte tenu du caractère discrétionnaire de leur maintien en détention. Ces actions ont souvent été introduites par des personnes condamnées pour des délits graves, auquel cas la Cour européenne des Droits de l'Homme a déclaré que le contrôle prévu à l'article 5 par. 4 était compris dans la décision du tribunal qui avait prononcé la peine[80]. Néanmoins, une fois qu'un détenu a bénéficié d'une libération conditionnelle, les décisions ultérieures de détention le concernant peuvent faire l'objet d'un recours au titre de la Convention. Les facteurs déterminants par rapport à la validité du maintien ou de la remise en détention sont liés aux buts poursuivis par les différents types de condamnations.

Dans l'affaire Thynne, Wilson et Gunnell, les requérants s'étaient vu infliger des peines discrétionnaires d'emprisonnement à perpétuité. Après quelque temps, ils ont chacun bénéficié d'une libération conditionnelle mais ont été réincarcérés ensuite sur décision du Secrétaire d'Etat. La Cour européenne des Droits de l'Homme a examiné le but poursuivi par les peines perpétuelles discrétionnaires en droit anglais:

---

78. Voir notamment l'arrêt Sánchez-Reisse du 21 octobre 1986, Série A n° 107. Il faut observer qu'une personne qui introduit un recours au titre de l'article 5 par. 4 n'a pas le droit de revendiquer sa présence physique, contrairement aux articles 5 par. 3 et 6 par. 3 c).

79. Voir notamment l'arrêt De Wilde, Ooms et Versyp du 18 juin 1971, Série A n° 12 et l'arrêt Weeks du 2 mars 1987, Série A n° 114.

80. Voir notamment l'arrêt Weeks du 2 mars 1987, Série A n° 114.

Sans doute peut-il se révéler malaisé de tracer la ligne de démarcation dans certains cas, mais il paraît clair que les principes sous-jacents à pareille peine, contrairement aux peines perpétuelles «obligatoires», ont évolué de telle sorte qu'ils comprennent un élément répressif, puis un élément de sécurité destiné à confier au ministre le soin de déterminer quant l'intérêt public permet de relâcher le prisonnier. La jurisprudence le confirme en définissant le «tarif» comme la période d'incarcération estimée nécessaire pour répondre aux impératifs de la rétribution et de la dissuasion[81].

Compte tenu de la double nature des peines perpétuelles, la Cour a estimé qu'une fois la période «tarifaire» écoulée, le détenu a ensuite le droit de faire contrôler par les voies normales son maintien en détention ou les décisions de réincarcération prises contre lui après sa libération conditionnelle. Dans l'affaire Wynne, en revanche, le requérant s'était vu infliger, pour avoir commis deux délits distincts, à la fois une peine perpétuelle obligatoire et une peine perpétuelle discrétionnaire, la deuxième pour un délit commis alors qu'il avait bénéficié d'une libération conditionnelle pour sa peine perpétuelle obligatoire. La Cour européenne des Droits de l'Homme a estimé que le refus des autorités d'autoriser des recours répétés contre le maintien ou la remise en détention du requérant qui s'était vu infliger deux peines simultanées ne constituait pas une violation de l'article 5 par. 4[82].

Outre des requêtes de personnes purgeant des peines, la Commission et la Cour européennes des Droits de l'Homme ont également examiné un certain nombre de recours relatifs à des contrôles judiciaires tardifs, voire irréguliers, d'internement dans des institutions psychiatriques. Comme examiné ci-dessus, dans l'hypothèse où une décision initiale est prise par un «tribunal» au sens de l'article 5 par. 4 et où les motifs de fond de la détention de la personne relèvent d'une des catégories définies à l'article 5 par. 1, celle-ci ne pourra pas, dans la pratique, introduire de recours contre cette décision. Toutefois, les personnes qui ont été internées pour aliénation mentale sont souvent, par leur nature même, sujettes à des fluctuations radicales de leurs capacités et de leur compréhension, et ces fluctuations requièrent un examen et une prise en compte plus attentifs de l'acceptabilité du maintien de leur internement que pour la plupart des autres catégories de personnes privées de liberté. Par conséquent, l'ordonnance initiale ne peut répondre pleinement aux critères de l'article 5 par. 4, dans la mesure où les raisons qui ont conduit à l'internement d'un aliéné mental peuvent se modifier et perdre de leur force. Il ne suffit pas que la décision initiale ait été prise par un tribunal: «Par nature, la privation de liberté dont il s'agit paraît appeler la possibilité de semblable contrôle, à exercer à des intervalles raisonnables»[83]. L'affaire Van Droogenbroeck concernait la mise d'un récidiviste à la disposition du gouvernement pour une durée de dix ans. Cette ordonnance avait été prononcée en même temps qu'une peine d'emprisonnement de deux ans. La Cour a déclaré que la privation de liberté qui en résultait était intervenue «après condamnation», conformément à l'article 5 par. 1 et que l'article 5 par. 4 était applicable[84]. Dans l'affaire De Jong, Baljet et Van den Brink[85], la Cour a

81. Arrêt Thynne, Wilson et Gunnell du 25 octobre 1990, Série A n° 190, p. 29, par. 73.

82. Arrêt Wynne du 18 juillet 1994, Série A n° 294-A.

83. *Ibidem*, p. 23, par. 55, confirmé par la suite dans l'arrêt X du 5 novembre 1981, Série A n° 6, p. 23, par. 52.

84. Arrêt Van Droogenbroeck du 24 juin 1982, Série A n° 50, p. 19, par. 35.

85. Arrêt De Jong, Baljet et Van den Brink du 22 mai 1984, Série A n° 77, pp. 25-27, par. 57-58.

conclu que l'article 5 par. 4 accordait aux personnes en détention provisoire un droit de recours devant un tribunal après une décision de maintien ou de prolongation de la détention. La nature de la procédure prévue à l'article 5 par. 4 n'est pas entièrement définie. Il se peut que ces personnes doivent satisfaire à toutes les conditions de l'article 5 par. 4; des procédures simplifiées peuvent être appliquées. Il n'est pas nécessaire que la personne soit présente ni que la décision soit prononcée en public. On ne voit pas clairement si une audience est requise. Toutefois, l'absence de procédure contradictoire entraînera une conclusion de violation[86].

Réparation pour arrestation ou détention irrégulières (article 5 par. 5)

Diverses dispositions de la Convention européenne des Droits de l'Homme établissent un droit à réparation pour la violation d'un ou plusieurs des droits formels garantis. L'article 50 de la Convention, examiné dans un chapitre précédent du présent ouvrage, est une disposition générale régissant l'octroi d'une «satisfaction équitable» dans les affaires dans lesquelles la Cour européenne des Droits de l'Homme a conclu à la violation d'un des droits ou d'une des libertés garantis et où le droit interne applicable ne prévoit pas de réparation suffisante. L'article 3 du Protocole n° 7[87] et le paragraphe 5 de l'article 5 sont de natures différentes, chacun exigeant de l'Etat partie de prendre des mesures au niveau national en vue d'indemniser une personne dont les droits matériels ont été violés. L'article 5 par. 5 est libellé comme suit:

> Toute personne victime d'une arrestation ou d'une détention dans des conditions contraires aux dispositions de cet article a droit à réparation.

Le droit à réparation prévu dans ce paragraphe concerne les dommages tant matériels que moraux. La jurisprudence de la Commission et de la Cour européennes des Droits de l'Homme a précisé l'applicabilité de l'article 5 par. 5. Premièrement, si une personne souhaite introduire une demande de réparation pour une détention ou une arrestation contraires à l'article 5, elle doit introduire toute demande analogue au niveau de la procédure nationale. Deuxièmement, les organes de la Convention n'examineront une demande de réparation au titre de l'article 5 par. 5 que pour autant qu'ils aient conclu à l'existence d'une violation d'une ou de plusieurs dispositions formelles comprises dans cet article[88].

Dans l'affaire Brogan, la Cour a rejeté le moyen du gouvernement britannique selon lequel les requérants n'auraient droit à une réparation au titre du paragraphe 5 que si la privation de liberté avait été jugée irrégulière en droit interne. La Cour a fait observer que pareille interprétation de l'applicabilité du paragraphe 5 ne faisait pas droit à son objet et à son but puisque, par sa formulation, ce paragraphe indique clairement qu'il convient d'accorder une réparation lorsque l'arrestation ou la détention sont intervenues «dans des conditions contraires aux dispositions de cet article». La Cour a conclu que les requérants avaient été arrêtés et détenus régulièrement en droit interne, mais en violation de l'article 5 par. 3. Etant donné qu'il n'existe pas, en droit interne, de droit opposable à réparation en cas

86. Arrêt Sánchez-Reisse du 21 octobre 1986, Série A n° 107, p. 19, par. 51.

87. Le passage concerné de l'article 3 du Protocole n° 7 traite de l'indemnisation liée aux erreurs judiciaires ayant entraîné une condamnation.

88. Voit notamment l'arrêt Murray du 28 octobre 1994, Série A n° 300-A (pas de violation de l'article 5 par. 3).

de constatation de viol de la disposition matérielle, il n'y a pas eu violation de l'article 5 par. 5[89]. Comme observé ci-dessus, la Cour est habilitée à accorder «une satisfaction équitable» uniquement au titre de l'article 50. Par conséquent, même dans les affaires où elle conclut à l'existence d'une violation de l'article 5 par. 5, elle n'a pas pouvoir d'accorder une indemnisation au titre de cette disposition.

Protection contre la privation de liberté pour non-exécution d'une obligation contractuelle (article 1 du Protocole n° 4)

Bien que l'article 5 par. 1 b) de la Convention prévoie la privation de liberté «pour insoumission à une ordonnance rendue, conformément à la loi, par un tribunal ou en vue de garantir l'exécution d'une obligation prescrite par la loi», l'article 1 du Protocole n° 4 énonce une exception à cette règle. Cet article est libellé comme suit:

> Nul ne peut être privé de sa liberté pour la seule raison qu'il n'est pas en mesure d'exécuter une obligation contractuelle.

Les Etats qui ont ratifié le Protocole n° 4 se voient donc interdire de placer quiconque en détention pour incapacité de rembourser une dette. On trouve une disposition similaire à l'article 11 du Pacte international relatif aux droits civils et politiques, qui utilise l'expression «nul ne peut être emprisonné ... La portée de l'article 1 du Protocole n° 4 à la Convention est, dès lors, plus large puisque cet article peut également concerner les privations de liberté, même de courte durée, en-dehors d'une prison.

La Commission a fait observer que l'article 1 du Protocole n° 4 vise à interdire, en tant que contraire à la notion de liberté et de dignité humaines, toute privation de liberté au seul motif que la personne ne dispose pas des moyens matériels d'exécuter ses obligations contractuelles. Il n'interdit pas la privation de liberté s'il existe des facteurs autres que l'incapacité de s'acquitter d'une dette ou d'exécuter une tâche ou un service correspondant à un engagement contractuel. Par exemple, si quelqu'un refuse délibérément d'exécuter une obligation tout en ayant les moyens de le faire, il peut être privé de liberté en vertu de l'article 5 par. 1 b). Il est également permis de détenir une personne en vue de lui faire signer une déclaration sous serment à la demande de son débiteur[90].

Dans ses rapports explicatifs sur les Protocoles n°s 2 à 5 à la Convention de sauvegarde des Droits de l'Homme et des Libertés fondamentales, le Comité d'experts auprès du Comité des Ministres a mentionné certains exemples de cas dans lesquels l'article 1 du Protocole n° 4 ne s'applique pas, notamment lorsqu'un individu, par négligence, se place dans l'impossibilité de fournir des marchandises alors qu'il a l'obligation contractuelle de le faire, ou lorsqu'un débiteur s'apprête à partir pour l'étranger, afin d'échapper au paiement de ses dettes contractuelles[91].

89. Arrêt Brogan et al. du 30 mai 1989, Série A n° 152-B, pp. 44-45, par. 8-9. Voir aussi l'arrêt Thynne, Wilson et Gunnell du 25 octobre 1990, Série A n° 190-A et l'arrêt Fox, Campbell et Hartley du 30 août 1990, Série A n° 182.

90. N° 5025/71, Déc. 18.12.71, Annuaire 14 p. 693 (697-699).

91. Rapports explicatifs sur les Protocoles n°s 2 à 5 de la Convention de sauvegarde des Droits de l'Homme et des Libertés fondamentales, H (71) 11, p. 29.

Le droit à un procès équitable (article 6 et articles 2, 3 et 4 du Protocole n° 7)

Contexte général

Comme l'énonce le préambule de la Convention, un des éléments fondamentaux du patrimoine commun dont se réclament les pays européens est la prééminence du droit, dont un des nombreux aspects est le rôle que jouent les tribunaux indépendants et impartiaux dans le système juridique. Ce rôle est reflété par l'article 5, qui prévoit que la liberté est protégée par le principe de l'*habeas corpus*, mais les dispositions principales sont celles de l'article 6, qui définit l'administration correcte de la justice. L'article 6 a pour but de garantir que justice soit rendue par le biais d'une procédure judiciaire. Ce principe est énoncé au premier paragraphe, qui contient des dispositions générales concernant la procédure en matière pénale et civile et vise à garantir un procès équitable et public, dans un délai raisonnable, devant des tribunaux indépendants et impartiaux établis par la loi. Les deux paragraphes suivants de cet article ont trait, en particulier, aux affaires pénales et définissent un certain nombre d'applications particulières du principe du procès équitable. On ne peut toutefois considérer ces dispositions comme exhaustives. Les dispositions du premier paragraphe peuvent avoir des conséquences autres que celles énoncées aux paragraphes 2 et 3. En outre, les articles 2, 3 et 4 du Protocole n° 7 ont ajouté plusieurs dispositions qui complètent l'article 6 de la Convention pour ce qui est des droits de la personne contre laquelle une procédure pénale a été intentée. L'adoption de ce protocole s'inscrit dans l'effort visant à mieux aligner la Convention sur les instruments des Nations Unies.

Tout comme l'article 5 de la Convention, l'article 6 a trait à l'administration de la justice dans le contexte tant civil que pénal. Il importe de comprendre d'emblée qu'une administration correcte de la justice revêt deux aspects: l'aspect institutionnel (par exemple, l'indépendance et l'impartialité du tribunal), et l'aspect procédural (notamment l'équité du procès). L'article 6 a également ceci de commun avec l'article 5 que l'on peut dire qu'il s'agit du seul article de la Convention européenne des Droits de l'Homme qui crée une obligation qui est exclusivement une *obligation de faire* pour les Hautes Parties contractantes, et non une obligation qui impose, du moins en partie, à un Etat de s'abstenir d'interférer avec l'exercice d'un droit par une personne. Pour satisfaire à cette *obligation de faire*, les Etats parties à la Convention doivent à la fois créer et entretenir les infrastructures institutionnelles nécessaires à l'administration correcte de la justice et promulguer et appliquer des lois et règlements garantissant que les procédures elles-mêmes soient justes et équitables. L'article 6 a une incidence sur la structure de l'Etat et, partant, une incidence indirecte, au-delà de la protection des personnes, sur des principes constitutionnels, et il importe, dès lors, de rappeler que cet article protège néanmoins les droits de la personne en tant que partie soumise à une procédure judiciaire. Les autres parties, tels les juges, les procureurs ou les victimes, ne peuvent revendiquer de droits indépendants au titre de l'article 6.

L'article 6 de la Convention garantit le droit à un procès équitable et public en vue de statuer soit sur les droits et obligations de caractère civil d'une personne, soit sur toute accusation en matière pénale dirigée contre elle. L'article 6 est au centre d'un plus grand nombre de requêtes que tout autre article de la Convention.

L'article 6 énonce ce qui suit:

> 1. Toute personne a droit à ce que sa cause soit entendue équitablement, publiquement et dans un délai raisonnable, par un tribunal indépendant et impartial, établi par la loi, qui décidera, soit des contestations sur ses droits et obligations de caractère civil, soit du bien-fondé de toute accusation en matière pénale dirigée contre elle. Le jugement doit être rendu publiquement, mais l'accès de la salle d'audience peut être interdit à la presse et au public pendant la totalité ou une partie du procès dans l'intérêt de la moralité, de l'ordre public ou de la sécurité nationale dans une société démocratique, lorsque les intérêts des mineurs ou la protection de la vie privée des parties au procès l'exigent, ou dans la mesure jugée strictement nécessaire par le tribunal, lorsque dans des circonstances spéciales la publicité serait de nature à porter atteinte aux intérêts de la justice.
>
> 2. Toute personne accusée d'une infraction est présumée innocente jusqu'à ce que sa culpabilité ait été légalement établie.
>
> 3. Tout accusé a droit notamment à:
>
> *a.* être informé, dans le plus court délai, dans une langue qu'il comprend et d'une manière détaillée, de la nature et de la cause de l'accusation portée contre lui;
>
> *b.* disposer du temps et des facilités nécessaires à la préparation de sa défense;
>
> *c.* se défendre lui-même ou avoir l'assistance d'un défenseur de son choix et, s'il n'a pas les moyens de rémunérer un défenseur, pouvoir être assisté gratuitement par un avocat d'office, lorsque les intérêts de la justice l'exigent;
>
> *d.* interroger ou faire interroger les témoins à charge et obtenir la convocation et l'interrogation des témoins à décharge dans les mêmes conditions que les témoins à charge.
>
> *e.* se faire assister gratuitement d'un interprète, s'il ne comprend pas ou ne parle pas la langue employée à l'audience.

Le premier paragraphe de l'article 6 concerne à la fois les procédures civiles et les procédures pénales, tandis que les paragraphes 2 et 3 s'appliquent uniquement aux affaires pénales. La Commission et la Cour donnent une interprétation large de l'article, motivée par le fait que les droits qu'il garantit sont essentiels pour le fonctionnement de la démocratie.

Dans une société démocratique au sens de la Convention, le droit à une bonne administration de la justice occupe une place si éminente qu'une interprétation restrictive de l'article 6 par. 1 ne correspondrait pas au but et à l'objet de cette disposition[1].

L'article 6 par. 2, qui garantit le droit d'être présumé innocent, est la principale exception à cette règle: la Commission et la Cour interprètent normalement cette disposition de manière assez restrictive.

L'article 6 par. 1: aperçu

La formulation générale du premier paragraphe de l'article 6 a pour effet que cette disposition est devenue une disposition polyvalente pour tous les recours qui ne relèvent pas clairement d'autres dispositions de la Convention. En outre, les requérants font souvent valoir des prétentions au titre de cette disposition conjointement avec des prétentions formulées au titre d'autres articles de la Convention, lorsqu'ils souhaitent contester non seulement le fond d'une décision qui affecte un de ses droits protégés par la Convention mais aussi les procédures appliquées pour parvenir à cette décision. Même à l'intérieur de l'article 6 lui-même, il arrive que ni le requérant ni même les organes de la Convention ne qualifient ces prétentions comme relevant des dispositions spécifiques du deuxième ou du troisième paragraphe, mais déclarent plutôt qu'il y a violation générale du droit à un procès équitable, conservant ainsi une justification d'examen la plus large possible. Ces facteurs, associés à une certaine confusion quant à la portée des deux expressions «droits et obligations de caractère civil» et «accusation en matière pénale», ont débouché sur la constitution d'une jurisprudence au titre de l'article 6 assez informe. Par conséquent, les paragraphes qui suivent tenteront de structurer quelque peu cette matière, afin de la rendre plus accessible, à défaut d'examiner en détail les différentes requêtes introduites au titre de cet article.

Portée de l'article 6 par. 1: accès à un tribunal

L'article 6 par. 1 énumère un certain nombre d'éléments qui constituent l'administration équitable de la justice. On peut considérer que, dans une certaine mesure, ce paragraphe décrit les caractéristiques générales des institutions judiciaires et esquisse les grands paramètres permettant de juger, en fin de compte, de l'équité d'une procédure. Toutefois, avant d'en arriver au stade où ces évaluations peuvent être faites, il faut que la personne ait eu au préalable l'occasion de voir sa cause entendue. La Cour européenne des Droits de l'Homme a examiné plusieurs affaires dans lesquelles la question centrale était le point de savoir si le requérant avait eu accès à une procédure judiciaire.

Il existe deux grandes catégories d'affaires dans lesquelles la Commission et la Cour européennes ont traité la question de l'accès à un tribunal au titre de l'article 6 par. 1. Dans la première, la contestation portait sur le refus de *locus standi* dans le cadre de l'introduction de certains types de requêtes au civil introduites devant des tribunaux nationaux ou des juridictions administratives. Dans la seconde, l'objet du litige était le fait que des coûts importants ou des procédures compliquées avaient interdit, en pratique, l'accès à une juridiction, bien que cet accès fût formellement possible.

1. Arrêt Delcourt du 17 janvier 1970, Série A n° 11, p. 15, par. 25.

Un principe important en cause dans les requêtes où il est fait état d'une violation alléguée du droit d'accès à une juridiction est que l'Etat ne peut restreindre ou supprimer l'examen judiciaire dans certains domaines ou pour certaines catégories de personnes. Certains recours importants mettant en cause les pratiques de l'Etat dans ce domaine ont été introduits par des détenus. Dans l'affaire Golder, un prisonnier qui souhaitait introduire une action en diffamation au civil contre un gardien qui l'avait faussement accusé d'être l'instigateur d'une émeute dans la prison avait vu les autorités pénitentiaires censurer ou retenir les lettres qu'il avait adressées à un avocat et à la Commission européenne des Droits de l'Homme. La Cour européenne a déclaré qu'il y avait eu violation du droit au respect de sa correspondance, protégé par l'article 8, et de son droit d'accès à un tribunal, visé à l'article 6 par. 1[2]. Dans l'affaire Campbell et Fell, des détenus accusés d'infractions à la discipline pour avoir participé à une manifestation sur le tas avaient vu rejeter leur demande de consultation d'un avocat. Bien que cet accès leur ait finalement été accordé, ils n'avaient été autorisés à se concerter avec l'avocat qu'en présence et à portée de voix d'un membre du personnel pénitentiaire. La Cour européenne des Droits de l'Homme, concluant à l'existence d'une violation de l'article 6 par. 1 de la Convention, a déclaré que l'absence de contact privilégié entre l'avocat et son client constituait une ingérence dans le droit d'accès à un tribunal[3].

Dans l'affaire Philis, un ingénieur a fait valoir que l'application d'un décret royal grec désignant une association professionnelle comme seule habilitée à introduire un recours en recouvrement d'honoraires dus aux ingénieurs lui interdisait de saisir seul la justice et, partant, violait son droit d'accès à un tribunal. La Cour européenne des Droits de l'Homme lui a donné raison[4]. Et dans l'affaire des Saints Monastères, plusieurs monastères non signataires d'un accord entre d'autres monastères, les organes ecclésiastiques et l'Etat grec attribuant la propriété présumée de biens fonciers détenus par ces organes à l'Etat et autorisant uniquement les entités de l'Eglise parties à l'accord à contester les limitations frappant l'utilisation des biens retenus après leur attribution, se sont élevés contre l'impossibilité d'introduire un recours contre les décisions de présomption et les décisions à venir concernant l'usage de ces biens. Les monastères non parties à l'accord dépendaient entièrement de l'Eglise orthodoxe grecque pour défendre leurs intérêts par rapport aux biens exemptés de transfert à l'Etat. La Cour européenne des Droits de l'Homme a conclu à l'existence d'une violation et a formulé la remarque suivante:

> En les privant désormais de toute possibilité de saisir les juridictions compétentes de tout grief relatif à leurs droits de propriété qu'ils pourraient formuler à l'encontre de l'Etat grec, de tiers, ou de l'Eglise de Grèce elle-même, ou encore d'intervenir dans une telle procédure, l'article 1 par. 1 porte atteinte à la substance même de leur «droit à un tribunal»[5].

Ces affaires concernent toutes deux la protection du droit au respect des biens garanti par l'article 1 du Protocole n° 1. Dans l'affaire Keegan, un père biologique a soutenu que le placement de son enfant en vue de son adoption sans son information ou son accord

2. Arrêt Golder du 21 février 1975, Série A n° 18.
3. Arrêt Campbell et Fell du 28 juin 1984, Série A n° 80.
4. Arrêt Philis du 27 août 1991, Série A n° 209.
5. Arrêt Saints Monastères du 9 décembre 1994, Série A n° 301-A, p. 37, par. 83.

préalables constituait une violation de son droit au respect de sa vie familiale, protégé par l'article 8 de la Convention, et que le fait que la législation irlandaise lui refusait tout droit dans la procédure d'adoption en général ou le droit de contester le placement de son enfant en vue de son adoption constituait une violation de son droit d'accès à un tribunal. La Cour européenne des Droits de l'Homme lui a donné raison[6].

Un autre principe important qui régit l'article 6 par. 1 est que l'accès à un organe judiciaire doit être un droit portant sur le fond, et non un droit purement formel. La Commission et la Cour ont appliqué ce principe dans plusieurs affaires qui concernaient différents aspects du droit d'accès à un tribunal. Dans deux affaires, les requérants se sont plaints du fait que les frais liés à l'institution d'une procédure judiciaire relative à la protection de droits garantis par la Convention constituaient une violation de leur droit d'accès à un tribunal. Dans l'affaire Airey, la Cour a déclaré que le refus d'accorder une assistance judiciaire à une femme démunie qui cherchait à obtenir de son mari, qui la maltraitait, une réparation par la voie judiciaire constituait une violation de son droit d'accès à un tribunal, protégé par l'article 6 par. 1[7]. Dans l'affaire Tolstoy Miloslavsky, le requérant a soutenu que le fait de subordonner l'autorisation d'interjeter appel au dépôt, par ses soins, d'une somme de 124 900 livres sterling à titre de sécurité pour les frais de la partie adverse lui interdisait, en pratique, l'accès à une juridiction d'appel. La Cour, invoquant la jurisprudence antérieure dans ce domaine sans toutefois citer l'arrêt Airey, a déclaré qu'en imposant ces conditions à l'autorisation d'interjeter appel, l'Etat n'avait pas outrepassé sa marge d'appréciation[8]. La Cour a examiné, en dehors de la situation financière du requérant, d'autres moyens d'empêcher dans les faits une personne d'exercer son droit d'accès à un tribunal. Dans l'affaire Geouffre de la Pradelle, la Cour a estimé que l'application d'une procédure administrative extrêmement compliquée en matière de classement de sites d'une beauté exceptionnelle avait, dans la pratique, empêché le requérant d'avoir accès à un tribunal. La Cour, citant l'affaire Philis, a déclaré ce qui suit:

> La Cour rappelle que «le droit à un tribunal», consacré par l'article 6, ne revêt pas un caractère absolu: il peut donner lieu à des limitations, mais elles ne sauraient restreindre l'accès ouvert à l'individu d'une manière ou à un point tels que le droit s'en trouve atteint dans sa substance même[9].

La Cour a conclu en l'espèce qu'il y avait eu violation du droit d'accès à un tribunal, protégé par l'article 6 par. 1.

Bien que les organes de Strasbourg aient, à ce jour, été saisis d'affaires traitant de l'accès à un tribunal uniquement dans le contexte de procédures au civil, dans lesquelles le droit d'accès est exercé activement par la personne, cet accès revêt la même importance pour le déroulement correct d'affaires pénales, dans la mesure où il assure la protection contre toute décision en matière d'inculpation pénale prise par un organe qui ne satisfait pas aux critères de l'article 6 par. 1.

6. Arrêt Keegan du 26 mai 1994, Série A n° 290.
7. Arrêt Airey du 9 octobre 1979, Série A n° 32.
8. Arrêt Tolstoy Miloslavsky du 13 juillet 1995, Série A n° 323.
9. Arrêt De Geouffre de la Pradelle du 16 décembre 1992, Série A n° 253-B, p. 41, par. 28.

Expressions et concepts globaux de l'article 6

Plusieurs expressions et concepts figurant à l'article 6 sont communs aux procédures civiles et pénales. Si les expressions «décidera», «publiquement», «délai raisonnable» et «indépendant et impartial» sont relativement faciles à comprendre, certains concepts établis au travers de la jurisprudence le sont peut-être moins. Par exemple, le critère permettant de déterminer l'«équité» d'un procès recouvre un certain nombre d'éléments subjectifs, notamment la notion d'«égalité des armes». Ces expressions et concepts généraux méritent donc d'être étudiés, avant d'examiner ceux dont la définition est plus rigoureuse.

«Décidera» (des droits et obligations de caractère civil ou d'une accusation en matière pénale)

L'expression «décidera des droits ou des accusations», utilisée à l'article 6 par. 1, comprend deux éléments principaux. Elle suppose, en premier lieu, l'existence d'une forme quelconque d'examen judiciaire de toute question relevant de ces catégories et, ensuite, que l'organe d'examen de cette question soit habilité à rendre une décision définitive et contraignante. Comme on peut l'imaginer, il est souvent plus difficile d'établir l'existence de ces deux conditions dans le contexte des procédures civiles, dans lesquelles plusieurs organes administratifs ou quasi-judiciaires peuvent avoir des rôles à jouer, que dans le contexte pénal, dans lequel la condamnation, le prononcé de la peine et l'épuisement des voies de recours sont normalement suffisamment définis à suffisance dans le droit interne.

Chaque Etat partie à la Convention doit garantir à toute personne relevant de sa compétence le droit de voir statuer sur les questions civiles et pénales qui l'affectent dans le cadre d'une procédure qui présente les attributs d'une forme judiciaire d'examen[10]. Dans un certain nombre d'affaires, le litige portait sur le fait que le déroulement de la procédure administrative n'était pas conforme à cette exigence. La Commission et la Cour ont déclaré que, soit les organes qui prennent les décisions initiales doivent répondre aux conditions procédurales de l'article 6 par. 1, soit leurs décisions doivent être soumises au contrôle ultérieur d'un organe judiciaire qui réponde à cette condition. Toutefois, dans l'affaire Le Compte, Van Leuven et De Meyere, la Cour a admis que l'Etat disposait d'une certaine latitude, qui lui permet de faire statuer sur des requêtes au civil dans le cadre de procédures administratives:

> Des impératifs de souplesse et d'efficacité, entièrement compatibles avec la protection des droits de l'homme, peuvent justifier l'intervention préalable d'organes administratifs, et *a fortiori* d'organes juridictionnels ne satisfaisant pas sous tous les aspects à ces mêmes prescriptions ...[11]

La Cour a précisé les limites de cet avis dans l'affaire Albert et Le Compte:

> [La Convention] commande alors, pour le moins, l'un des deux systèmes suivants: ou bien les deux juridictions remplissent elles-mêmes les exigences de l'article 6 par. 1, ou bien elles n'y

10. Voir notamment l'arrêt Zumtobel du 21 septembre 1993, Série A n° 268-A.

11. Arrêt Le Compte, Van Leuven et De Meyere du 23 juin 1981, Série A n° 43, p. 23, par. 51.

répondent pas mais subissent le contrôle ultérieur d'un organe judiciaire de pleine juridiction présentant, lui, les garanties de cet article[12].

La Commission et la Cour ont toutefois admis que les autorités administratives qui exercent, conformément aux normes reconnues, un pouvoir de décision de type judiciaire peuvent bénéficier d'une latitude d'appréciation importante pour autant qu'elles satisfassent aux prescriptions de fond de l'article 6[13]. Comme c'est le cas pour une bonne partie de la jurisprudence liée à la Convention, la Commission et la Cour ne tentent pas de déterminer à nouveau le bien-fondé d'une requête donnée. En d'autres termes, les organes de Strasbourg se soucient du déni des droits garantis par l'article 6 et non du fait qu'une personne est mécontente d'une décision administrative ou judiciaire.

Les tribunaux et autres organes exerçant des fonctions judiciaires doivent avoir compétence pour statuer dans une matière donnée. Dans les affaires W., O., B., H. et R.[14], plusieurs séries de parents avaient contesté les pratiques du Royaume-Uni, s'agissant de statuer sur des questions liées à l'accès à des enfants et à leur garde. Leurs griefs concernaient notamment le fait que les tribunaux britanniques chargés de ces requêtes n'avaient pas compétence pour examiner le bien-fondé de celles-ci: leur juridiction était limitée à l'examen du déroulement correct du processus décisionnel des autorités administratives, dont les décisions sur le fond ne pouvaient être contestées. La Cour européenne des Droits de l'Homme a déclaré qu'il y avait eu violation de l'article 6 par. 1 dans ces affaires. De même, la Cour a estimé que les décisions prises par des tribunaux constitutionnels sur le bien-fondé d'une requête pouvaient être assimilées à l'expression «déterminera» utilisée à l'article 6, ce qui n'est pas le cas d'une décision de pareil tribunal portant sur la conformité avec le droit constitutionnel des décisions rendues par des tribunaux nationaux. Dans l'affaire Sramek, la Cour a déclaré que la compétence limitée du tribunal constitutionnel, celui-ci ne pouvant examiner la décision d'un tribunal des transactions immobilières chargé d'approuver les contrats d'achat de terrains que du point de vue de sa conformité avec le droit constitutionnel, violait les droits du requérant garantis par l'article 6 par. 1[15].

Dès le début de ses activités, la Cour a déclaré que la notion exprimée par le terme «déterminera» n'est pas associée à l'idée qu'il s'agit nécessairement du point principal d'une procédure donnée, mais uniquement que le résultat de la procédure est décisif par rapport à cette détermination. Ce principe a été établi dans l'affaire Ringeisen, qui concernait le déroulement de la procédure visant à statuer sur des transferts de biens agricoles[16]. La Cour a répété l'exigence du caractère décisif dans l'affaire Fayed, dans laquelle les requérants soutenaient qu'une enquête officielle portant sur la conduite de leurs affaires commerciales, ainsi que la publication du rapport qui en résultait, constituaient une violation de leur droit civil au respect de leur honneur et de leur réputation. La Cour a conclu à l'absence de

12. Arrêt Albert et Le Compte du 10 février 1983, Série A n° 58, p. 16, par. 29.

13. Arrêt Ettl et al. du 23 avril 1987, Série A n° 117; arrêt Obermeier du 28 juin 1990, Série A n° 179; arrêt Skärby du 28 juin 1990, Série A n° 180-B.

14. Arrêt O du 8 juillet 1987, Série A n° 120; arrêt H du 8 juillet 1987, Série A n° 120; arrêt W du 8 juillet 1987, Série A n° 121; arrêt B du 8 juillet 1987, Série A n° 121; arrêt R du 8 juillet 1987, Série A n° 121.

15. Arrêt Sramek du 22 octobre 1984, Série A n° 84.

16. Arrêt Ringeisen du 16 juillet 1971, Série A n° 13.

violation, tout en admettant que ce droit civil existait, mais a précisé la nature d'une «détermination»:

> [L]'issue de la procédure doit être directement déterminante pour un tel droit ou une telle détermination, l'article 6 par. 1 ne se contentant pas, pour entrer en jeu, d'un lien ténu ni de répercussions lointaines[17].

Il n'a pas été décidé que les requérants, en l'espèce, bénéficiaient d'un droit quelconque, compte tenu de la diversité des buts poursuivis par l'enquête portant sur la conduite des opérations commerciales et de l'intérêt public à ce que ces opérations soient menées correctement.

Comme signalé ci-dessus, il est souvent plus facile d'identifier les cas dans lesquels il y a eu décision sur une accusation en matière pénale que ce n'est le cas pour un litige au civil. Dans l'affaire Delcourt, la Cour européenne des Droits de l'Homme a examiné la question de la portée de la «décision sur une accusation pénale» dans le contexte des procédures au niveau de la Cour de Cassation:

> [U]ne accusation pénale n'est pas vraiment «determined» aussi longtemps que le verdict d'acquittement ou de condamnation n'est pas définitif. La procédure pénale forme un tout et doit, normalement, s'achever par une décision exécutoire. L'instance de cassation en constitue une phase particulière dont l'importance peut se révéler capitale pour l'accusé. Partant, on concevrait mal qu'elle échappe à l'empire de l'article 6 par. 1[18].

La levée de poursuites ou le classement d'une affaire pénale ne rend pas nécessairement sans objet l'examen d'un droit au titre de l'article 6, en particulier lorsque les procédures ont, d'une manière ou d'une autre, porté préjudice aux intérêts de l'accusé[19].

L'article 6 ne prévoit pas le droit d'interjeter appel d'une déclaration de culpabilité ou d'une sentence au pénal. Ce droit est toutefois garanti par l'article 2 du Protocole n° 7. Il n'empêche qu'il ressort clairement de la jurisprudence afférente à l'article 6 que, lorsqu'il existe un droit d'appel, ce n'est qu'après épuisement de tous les niveaux du droit d'appel qu'une accusation pénale sera considérée comme «déterminée».

Audience publique

La jurisprudence relative à cette disposition de l'article 6 par. 1 est relativement réduite, en partie parce que le droit à une procédure publique est plus clair que les autres aspects du droit à un procès équitable. Les intérêts que doit servir une procédure publique ne se limitent pas à ceux des parties, mais sont aussi ceux du public en général: assurer la confiance dans l'administration de la justice.

Dans plusieurs affaires, la Cour a déclaré qu'il convenait de respecter intégralement le principe de la publicité, du moins dans le cadre de l'examen du bien-fondé d'une requête, à moins que ne soit présente une des raisons énumérées à l'article 6 par. 1 qui permet d'exclure le public dans certaines circonstances. La prescription de publicité de l'audience est censée servir les intérêts de la personne partie à la procédure. Dans l'affaire De Moor, le requérant

17. Arrêt Fayed du 21 septembre 1994, Série A n° 294-B, p. 45, para. 56.

18. Arrêt Delcourt du 17 janvier 1970, Série A n° 11, p. 14, par. 25.

19. Arrêt Adolf du 26 mars 1982, Série A n° 49.

s'était élevé contre le déroulement des audiences devant le Conseil de l'ordre des avocats concernant sa demande d'admission en qualité d'avocat stagiaire. La Cour a, notamment, déclaré qu'il n'existait aucune raison justifiant soit que l'audience ait lieu à huis-clos, soit que la décision de l'Ordre ne soit pas rendue publique[20]. Une audience ne doit pas être annoncée: il suffit que le public soit effectivement admis dans la salle d'audience[21]. Toutefois, il peut être dérogé à ce principe lorsqu'il est contraire à d'autres intérêts fondés. Ces préoccupations sont énumérées dans la disposition dérogatoire de l'article 6 par. 1:

> l'accès de la salle d'audience peut être interdit à la presse et au public pendant la totalité ou une partie du procès dans l'intérêt de la moralité, de l'ordre public ou de la sécurité nationale dans une société démocratique, lorsque les intérêts des mineurs ou la protection de la vie privée des parties au procès l'exigent, ou dans la mesure jugée strictement nécessaire par le tribunal, lorsque dans des circonstances spéciales la publicité serait de nature à porter atteinte aux intérêts de la justice.

Il est énoncé parallèlement, et apparemment sans exception, que «le jugement doit être rendu publiquement». En d'autres termes, même si la moralité ou la sécurité nationale exigent que le tribunal exclue la presse et le public de la totalité ou d'une partie du procès, le résultat de celui-ci ne peut être secret. La prescription de prononcé public ne devrait pas exclure qu'un jugement soit rendu par écrit, si celui-ci est rendu simultanément accessible aux parties et au public.

L'exigence de publicité ne semblait pas devoir poser de problèmes particuliers, jusqu'à ce que plusieurs affaires se présentent dans lesquelles la juridiction nationale de la plus haute instance avait appliqué une procédure exclusivement écrite, ce qui a donné lieu à des arrêts de la Cour dans lesquels celle-ci confirmait l'avis ci-dessus, à savoir que l'expression «rendu publiquement» ne doit pas nécessairement s'interpréter de manière littérale. Toutefois, il y a violation de l'article 6 par. 1 si aucune disposition n'est prise pour assurer la publication du jugement[22]. Dans l'affaire Le Compte, Van Leuven et De Meyere, la Cour a souligné le principe du droit à une audience publique, mais a indiqué la possibilité de renoncer explicitement ou tacitement à ce droit. Elle a déclaré qu'«une procédure disciplinaire de ce genre se déroulant dans le secret avec l'accord de l'intéressé n'enfreint pas la Convention»[23]. Dans l'affaire Campbell et Fell, la Cour a estimé que le gouvernement défendeur était autorisé à exclure le public et la presse de procédures disciplinaires se déroulant dans les prisons, pour des motifs «d'ordre public et de sécurité». Outre les problèmes de sécurité associés à l'admission du public dans les locaux pénitentiaires, la Cour a fait observer que, si les procédures devaient être organisées à l'extérieur de la prison, le transport des détenus et leur présence à l'audience poseraient des problèmes similaires. Toutefois, aucun effort n'avait été fait pour publier le jugement et il y avait donc violation de l'article 6 par. 1[24].

Ces dernières années, la Cour européenne des Droits de l'Homme a adopté la position que la notion de cause entendue «publiquement», au sens de l'article 6 par. 1, inclut le droit

20. Arrêt De Moor du 23 juin 1994, Série A n° 292-A. Voir également l'arrêt H du 30 novembre 1987, Série A n° 127-B.

21. N° 8512/79, Déc. 2.10.79, non publié.

22. Arrêt Campbell et Fell du 28 juin 1984, Série A n° 80, pp. 42-43, par. 89-92.

23. Arrêt Le Compte, Van Leuven et De Meyere du 23 juin 1981, Série A n° 43, pp. 25-26, par. 59.

24. Arrêt Campbell et Fell du 28 juin 1984, Série A n° 80, p. 43, par. 89-90.

à une audience, du moins au niveau de première instance[25]. En particulier, lorsqu'une personne a demandé explicitement qu'une audience ait lieu et qu'il n'existe aucune circonstance exceptionnelle qui pourrait justifier que celle-ci ne soit pas organisée, la notion de cause entendue «publiquement», telle que l'énonce l'article 6 par. 1, comprend le droit à une audience[26]. Toutefois, lorsqu'une personne ne demande pas qu'une audience soit organisée, on peut considérer qu'elle a renoncé à ce droit, en laissant essentiellement au tribunal national le soin d'évaluer si le litige en cause soulève des questions d'intérêt public qui rendraient l'audience nécessaire[27].

Les affaires qui concernent la protection de la vie privée des parties, à l'exception de celles dans lesquelles sont impliqués des mineurs d'âge, semblent exiger que la décision d'examiner la question à huis-clos ne peut être prise que pour autant que les parties semblent effectivement apprécier cette protection. La publicité d'une audience peut être une sauvegarde pour la personne, comme le montrent les expériences d'autres pays, mais elle peut aussi être gravement préjudiciable, en particulier lorsque les médias centrent l'attention sur les affaires les plus dramatiques. Toutefois, les requérants qui s'élèvent contre le caractère public de la procédure au motif qu'il conviendrait d'exclure la presse verront normalement leur demande déclarée irrecevable[28].

Délai raisonnable

Une des raisons les plus fréquentes qui entraînent une conclusion de violation de l'article 6 est le fait que la procédure a excédé le «délai raisonnable». La condition de la diligence raisonnable des procédures est un critère particulièrement important dans les affaires pénales, en particulier si le défendeur est en détention préventive. Pour ces affaires, l'article 6 par. 1 s'ajoute à la condition du «délai raisonnable» ou de la libération «pendant la procédure», énoncée à l'article 5 par. 3. La nature de la question litigieuse détermine ce qu'il faut entendre par «délai raisonnable». Le principe sous-jacent de cette règle est parfaitement exprimé par le proverbe «justice différée, justice refusée». Le délai visé à l'article 6 comprend non seulement le temps avant le début du procès mais aussi la durée totale de celui-ci, qui inclut le recours éventuel devant une juridiction supérieure, y compris devant la cour suprême ou toute autre autorité judiciaire de dernière instance. La diligence avec laquelle il est statué sur les requêtes au pénal diffère fortement d'un pays européen à l'autre, tout comme la durée normale de la détention provisoire. Dans les litiges au civil, l'initiative d'instituer et d'organiser des poursuites peut venir des parties et, par conséquent, l'obligation de l'Etat de garantir qu'une audience soit organisée dans un délai raisonnable est moins évidente. Toutefois, la jurisprudence de la Commission et de la Cour montre qu'il existe également de nombreux cas de violation de l'article 6 dans les procédures civiles, même si les critères peuvent différer d'un domaine à l'autre. Il importe, à cet égard, de se souvenir que de nombreuses affaires qui concernent une décision sur des droits et obligations de caractère civil sont traitées par des tribunaux de type administratif, notamment des tribunaux du travail, des

25. Arrêt Fredin II du 23 février 1994, Série A n° 283-A.

26. Arrêt Fischer du 26 avril 1995, Série A n° 312.

27. Arrêt Zumtobel du 21 septembre 1993, Série A n° 268-A, p. 14, par. 34.

28. Voir notamment n° 3444/67, Déc. 16.7.70, Recueil 35 p. 37 (48-49) et n° 7945/77, Déc. 4.7.78, D.R. 14 p. 228 (231).

conseils de zonage ou autres organes réglementant l'usage du sol, et par des organes de type similaire[29]. Un certain nombre d'arrêts qui concernaient l'Italie dans les années quatre-vingts ont confirmé que le problème de la lenteur des tribunaux était loin d'avoir disparu, en dépit de dizaines d'années de contrôle par les organes de la Convention. En effet, à cette même époque, ces organes eux-mêmes ont éprouvé de grandes difficultés pour aboutir à des décisions dans un délai raisonnable, ce qui a souvent été critiqué. L'affaire Pretto et al. en est un bon exemple, puisque les tribunaux italiens y ont consacré six ans, et les organes de la Convention six années supplémentaires. Contrairement à la Commission, la Cour a fini pas estimer que les tribunaux nationaux n'avaient pas été trop lents[30].

Comme relevé ci-dessus, le critère du «délai raisonnable» énoncé à l'article 6 par. 1 est un critère subjectif qui peut être différent selon qu'il s'agit d'affaires civiles ou pénales. Dans le contexte des affaires civiles, la Cour a établi que ce délai prenait cours à la «notification officielle, émanant de l'autorité compétente, du reproche d'avoir accompli une infraction pénale», ou lorsqu'il y a eu des «répercussions importantes sur la situation du suspect», soit le même critère que celui qui s'applique pour déterminer si l'on doit considérer avoir été accusé d'une infraction au pénal[31]. La Cour a rejeté les moyens du gouvernement selon lesquels le manque de personnel ou les problèmes administratifs généraux constituent des justifications suffisantes du non-respect du critère du délai raisonnable[32].

La durée totale est évidemment un fait objectif, pour autant que ces jalons chronologiques soient connus. Toutefois, d'autres facteurs entrent en jeu lorsqu'il s'agit d'apprécier le caractère raisonnable du délai. La Commission et la Cour ont notamment appliqué les critères suivants:

a. la complexité de l'affaire;
b. l'enjeu pour les requérants;
c. le traitement par les autorités;
d. le comportement du requérant lui-même.

La complexité de l'affaire

L'examen de la complexité d'une affaire concerne des aspects à la fois factuels et juridiques: la nature et la gravité des questions et des infractions concernées; le nombre de questions ou d'infractions pénales traitées dans une même affaire; la distance physique et chronologique entre les événements ou les faits en cause et le déroulement de la procédure; le nombre de témoins et les autres problèmes qui surgissent dans le cadre du rassemblement des preuves, et autres facteurs similaires. Le gouvernement ne pourra invoquer avec succès la complexité d'une affaire pour réfuter le grief que les procédures en cause enfreignaient la condition du «délai raisonnable» de l'article 6 par. 1 que lorsque ses moyens sont particulièrement solides. Par exemple, la présence de plusieurs parties à une procédure donnée n'entraîne pas

29. Arrêt König du 28 juin 1978, Série A n° 27.

30. Arrêt Pretto et al. du 8 décembre 1983, Série A n° 71, pp. 14-16, par. 30-37.

31. Arrêt Deweer du 27 février 1980, Série A n° 35, p. 24, par. 46. Voir également l'arrêt Eckle du 15 juillet 1982, Série A n° 51, p. 33, par. 73. Dans l'affaire Eckle, la procédure s'était poursuivie pendant dix-sept, puis dix ans.

32. Voir notamment l'arrêt De Cubber du 26 octobre 1984, Série A n° 86 et l'arrêt Guincho du 10 juillet 1984, Série A n° 81.

automatiquement une conclusion de complexité particulière. Pour aboutir à une décision au sujet de la durée excessive de la procédure, la Commission et la Cour considéreront souvent le facteur de complexité conjointement avec le traitement par les autorités ou le comportement du requérant, ou les deux. A ce jour, la procédure pénale la plus longue qui ait été jugée acceptable au regard de l'article 6 par. 1 est celle de l'affaire Neumeister des tout débuts, dans laquelle la procédure a duré plus de 7 ans sans décision définitive concernant l'accusation. La Cour a estimé que cette affaire était d'une complexité exceptionnelle et qu'il n'y avait pas, dès lors, de violation[33].

L'enjeu pour le requérant

Un autre facteur que la Commission et la Cour prennent en compte pour déterminer s'il y a eu violation de la disposition de l'article 6 par. 1 relative à la durée de la procédure est l'enjeu pour le requérant. Les organes de la Convention appliqueront en général un critère plus strict lorsqu'il s'agit de procédures pénales puisque, souvent, le requérant aura été maintenu en détention préventive pendant un certain temps au moment où il saisit la Commission et aussi, évidemment, parce qu'il risque d'être maintenu en détention même après qu'il a été statué définitivement sur l'affaire. La décision dans une procédure civile, en revanche, peut ne pas avoir des implications aussi graves pour le requérant. Par exemple, la Cour a estimé dans une série d'affaires que le gouvernement n'avait pas outrepassé sa marge d'appréciation en vérifiant s'il n'y avait pas eu violation du principe du respect des biens, consacré par l'article 1 du Protocole n° 1, mais a déclaré que les procédures appliquées pour prendre ces décisions du gouvernement avaient enfreint la condition du délai raisonnable énoncée à l'article 6 par. 1. L'unique grande exception à cette constatation d'une plus grande souplesse laissée au gouvernement dans les procédures civiles par rapport aux procédures pénales est révélatrice: il s'agit de l'examen des demandes d'indemnisation formulées par des personnes infectées par le virus VIH suite à des transfusions réalisées au moyen de sang non contrôlé. La Commission et la Cour ont conclu à des violations dans un certain nombre d'affaires où ces procédures avaient duré entre deux et cinq ans[34].

Traitement par les autorités

Les tribunaux concernés ont l'obligation spéciale de veiller à ce que tous ceux qui jouent un rôle dans les procédures s'efforcent au mieux d'éviter des retards inutiles. Dans l'affaire Capuano, par exemple, la Cour a rejeté le moyen du gouvernement italien aux termes duquel les retards des procédures, dont la durée avait excédé six ans, étaient imputables aux experts, dont les avis avaient été remis tardivement. La Cour européenne des Droits de l'Homme a tenu le tribunal national concerné pour responsable des retards dans la préparation des avis des experts[35]. En ce qui concerne une remarque formulée ci-dessus dans le présent chapitre, la Cour a indiqué, dans l'affaire Zimmermann et Steiner, que la Convention impose avant

---

33. Arrêt Neumeister du 27 juin 1968, Série A n° 8, pp. 42-43, par. 21.

34. Arrêt X du 31 mars 1992, Série A n° 236-A (plus de deux ans); arrêt Vallée du 26 avril 1994, Série A n° 289-A (plus de quatre ans); et arrêt Karakaya du 26 août 1994, Série A n° 289-B (plus de quatre ans).

35. Arrêt Capuano du 25 juin 1987, Série A n° 119, pp. 13-14, par. 29-35.

tout aux Etats contractants d'organiser leurs systèmes juridiques de manière telle que les tribunaux respectent les exigences de l'article 6 par. 1, y compris celle relative au procès «dans un délai raisonnable». Il n'empêche qu'une surcharge temporaire de travail n'implique pas qu'il y ait responsabilité de la part des Etats contractants pour autant que ceux-ci prennent avec toute la célérité voulue les mesures correctrices permettant de faire face à une situation exceptionnelle[36].

Dans l'affaire Bock, le requérant s'est plaint de la durée de sa procédure de divorce. La Cour a limité son examen à la période comprise entre le 18 mars 1974 et le 7 juin 1983. Dans son évaluation globale de l'affaire, la Cour a déclaré que celle-ci était différente des autres affaires qui concernaient la condition du «délai raisonnable» énoncée à l'article 6 par. 1. Ce n'est pas tant le manque que l'excès d'activité judiciaire qui était en cause, cette activité concernant essentiellement l'état mental du requérant. Si un doute raisonnable devait surgir à propos de la capacité mentale d'un plaignant possible, les tribunaux nationaux doivent éclaircir la question dans les plus brefs délais. Les préjudices subis par le requérant suite aux doutes jetés sur son état de santé mentale constituaient une atteinte grave à sa dignité humaine. Compte tenu des retards cumulés imputables aux tribunaux compétents et de la diligence particulière requise dans les affaires qui touchent à la situation de famille et à la capacité, la Cour a conclu qu'il y avait eu violation de l'article 6 par. 1 de la Convention[37]. Dans l'affaire Allenet de Ribemont, c'est un autre type de zèle judiciaire qui était contesté: les autorités judiciaires nationales avaient refusé à plusieurs reprises d'autoriser le requérant à présenter un élément de preuve essentiel pour sa propre défense. La Cour a estimé qu'il y avait violation, dans la mesure où cette obstruction du tribunal national avait entraîné un retard de plus de huit ans, dans une procédure qui avait duré au total plus de onze ans[38].

Le comportement du requérant lui-même

On admet généralement qu'un requérant ne peut être contraint de renoncer à ses droits procéduraux ou de coopérer dans une procédure judiciaire dirigée contre lui. Il existe, toutefois, deux positions extrêmes, s'agissant du point de savoir quel doit être l'effet d'une attitude de non-coopération affichée par un requérant lorsque celui-ci fait valoir le grief que la procédure dirigée contre lui a excédé le délai raisonnable. La première est que cette attitude est considérée comme faisant partie de son droit en tant que défendeur et que, par conséquent, cette attitude est sans rapport avec une allégation ultérieure, formulée par lui, de violation de l'article 6 par. 1 en raison de la durée de ladite procédure. La seconde est que l'absence de coopération du requérant, voire a fortiori tout acte délibéré de sa part visant à entraver la procédure dont il fait l'objet devraient, pour une question d'équité, être considérés comme l'empêchant d'introduire un recours au titre de l'article 6 par. 1 concernant la durée de la procédure. Les organes de la Convention n'ont adopté ni l'une ni l'autre position extrême et ont estimé que toute attitude de non-coopération ou d'obstruction affichée par une personne accusée d'une infraction pénale devait être prise en compte et que, dans les

36. Arrêt Zimmerman et Steiner du 13 juillet 1983, Série A n° 66, p. 12, par. 29.

37. Arrêt Bock du 29 mars 1989, Série A n° 150, pp. 17-23, par. 35-49.

38. Arrêt Allenet de Ribemont du 10 février 1995, Série A n° 308.

actions au civil, une partie concernée devait, en réalité, faire preuve de la diligence voulue pour accélérer la procédure.

Le système judiciaire de certains Etats parties à la Convention prévoit que plusieurs tribunaux peuvent exercer des compétences simultanées ou consécutives par rapport à un type particulier de droit. On a vu, dans quelques affaires, le gouvernement avancer le moyen que la procédure avait été indûment retardée parce que le requérant s'était adressé à une instance judiciaire non compétente à ce moment-là. Si la Commission et la Cour admettront que cette erreur est un facteur qui entre en ligne de compte pour l'évaluation de la durée d'une procédure, elle ne sera pas considérée comme un fait juridique déterminant de la cause. Dans l'affaire Beaumartin, par exemple, la Cour a déclaré qu'une erreur semblable commise par le requérant n'avait entraîné qu'un retard de neuf mois dans une procédure qui avait duré plus de huit ans, suite à de longues périodes d'inactivité au niveau du tribunal compétent[39].

Tribunal indépendant et impartial, établi par la loi

La jurisprudence relative à l'article 6 montre que le droit à un tribunal indépendant et impartial établi par la loi comporte des éléments à la fois objectifs et subjectifs. Les critères objectifs sont essentiellement de nature institutionnelle et requièrent la séparation des pouvoirs à l'intérieur de la structure constitutionnelle du pays. La séparation des branches exécutive et judiciaire du gouvernement est particulièrement importante en vue de garantir la base de l'indépendance du pouvoir judiciaire, mais des conditions plus complexes sont requises pour assurer l'indépendance de son fonctionnement. Il est clair que le point crucial est la position des juges: si le gouvernement ou d'autres autorités peuvent les démettre à tout moment, leur indépendance institutionnelle n'est pas garantie. En outre, si des entités non judiciaires contrôlent ou influencent les tribunaux ou les juges eux-mêmes, il peut y avoir violation de l'article 6. Les facteurs qui peuvent caractériser ce contrôle sont les conditions de rémunération des juges, la possibilité pour d'autres branches du gouvernement d'émettre des instructions à l'adresse des tribunaux, ou de menacer de transférer les juges à d'autres postes si leurs décisions ne sont pas conformes aux attentes ou aux instructions. Dans l'affaire Beaumartin, par exemple, la question de la séparation des pouvoirs a surgi lorsque le Conseil d'Etat a renvoyé une question d'interprétation d'un traité au ministre des Affaires étrangères et a rejeté la demande en cause en se fondant sur cette interprétation. La Cour a estimé que les requérants s'étaient vu refuser un procès équitable, aux motifs suivants:

> Seul mérite l'appellation de «tribunal» au sens de l'article 6 par. 1 un organe jouissant de la plénitude de juridiction et répondant à une série d'exigences telles que l'indépendance à l'égard de l'exécutif comme des parties en cause[40].

Dans l'affaire Van de Hurk, le requérant a fait valoir que la possibilité, pour l'exécutif, de décider de ne pas appliquer des décisions rendues par des tribunaux constituait une violation de l'article 6 par. 1. La Cour a été du même avis et a lié l'exigence d'un tribunal indépendant à la notion de «décision» d'un droit ou d'une obligation:

39. Arrêt Beaumartin du 24 novembre 1994, Série A n° 296-B.

40. Arrêt Beaumartin du 24 novembre 1994, Série A n° 296-B, p. 62, par. 38.

> [L]e pouvoir de rendre une décision obligatoire ne pouvant être modifiée par une autorité non judiciaire au détriment d'une partie est inhérent à la notion même de «tribunal», ainsi que le confirment les termes «qui décidera»... Il peut aussi passer pour un élément de l'«indépendance» requise par l'article 6 par. 1[41].

L'article 6 n'impose pas de structure particulière des corps judiciaires, qui peuvent être composés soit exclusivement de juges, soit d'une combinaison de chambres de juges professionnels et de chambres de juges non professionnels, soit de toute autre combinaison de ces éléments. Aucun instrument international des droits de l'homme n'exige la présence d'un jury au procès. Toutefois, lorsqu'un pays a institué un système avec jury, les conditions d'indépendance et d'impartialité s'appliquent également aux jurés. Dans l'affaire Holm, le requérant avait intenté un recours civil en diffamation contre l'auteur et l'éditeur d'un ouvrage où il était allégué qu'il était membre de groupes nazis et fascistes. L'actionnaire majoritaire de la maison d'édition était un parti politique, le SAP, que le requérant avait combattu activement et publiquement. L'auteur du livre avait été conseiller idéologique du SAP et travaillait chez l'éditeur au moment des faits. Après que la défense eut demandé une procédure avec jury, deux listes de noms avaient été fournies parmi lesquels le jury devait être constitué. Plus de la moitié des noms qui figuraient sur une des listes et la moitié de ceux de l'autre liste étaient ceux de membres du SAP. Le jury de neuf membres finalement constitué comprenait cinq militants du SAP qui avaient des liens avec les défendeurs en l'espèce. La Cour européenne des Droits de l'Homme a estimé que les craintes, exprimées par le requérant, que ce jury ne soit pas indépendant et impartial étaient objectivement fondées et a, dès lors, déclaré qu'il y avait eu violation de l'article 6 par. 1[42].

Des pratiques telles que la désignation *ad hoc* de juges ou leur nomination pour une période déterminée n'impliquent pas nécessairement que l'indépendance du tribunal ait été défavorablement affectée[43]. Dans l'affaire Sramek, la Cour a estimé que, bien que la durée du mandat des membres d'un tribunal des transactions immobilières fût limitée et qu'il y eût une possibilité des le démettre, ces circonstances ne suffisaient pas à faire naître des doutes quant à l'indépendance et à l'impartialité desdits membres. Evaluant ensuite ces qualités sur le plan subjectif, la Cour a toutefois déclaré que l'objection du requérant à l'introduction, dans le tribunal, de fonctionnaires du département chargé des questions foncières *(Land)* en Autriche était fondée. La Cour, évoquant l'importance de la justice apparente et observant que la composition du tribunal pourrait amener une personne raisonnable à douter de son indépendance, a conclu à une violation de l'article 6 par. 1. En réalité, un des membres de cet organe était subordonné, pour ce qui est de ses obligations professionnelles, à une des parties à la procédure. La Cour a déclaré que, dans ces circonstances, «les justiciables peuvent légitimement douter de l'indépendance de cette personne. Pareille situation met gravement en cause la confiance que les juridictions se doivent d'inspirer dans une société démocratique»[44]. Dans l'affaire Langborger, le requérant avait contesté la participation, au Tribunal du logement et des baux, de certains juges assesseurs intéressés à l'issue de sa requête.

41. Arrêt Van de Hurk du 19 avril 1994, Série A n° 288-A, p. xxx, par. 45.

42. Arrêt Holm du 25 novembre 1993, Série A n° 279-A.

43. Arrêt Ringeisen du 16 juillet 1971, Série A n° 13.

44. Arrêt Sramek du 22 octobre 1984, Série A n° 84, p. 20, par. 42.

L'organe avait rejeté celle-ci sans audience. La Cour européenne des Droits de l'Homme a conclu à une violation du droit de voir sa cause entendue par un tribunal indépendant et impartial, conformément à l'article 6 par. 1, notamment au motif que, bien que certaines personnes aient pu être techniquement qualifiées pour examiner une question précise et qu'il n'existât pas de raison subjective de douter de leur intégrité personnelle, il importait toutefois que l'apparence de l'impartialité et de l'indépendance objectives fût préservée[45].

Les perceptions subjectives des parties au litige ont également été au centre de l'affaire Kraska, fût-ce dans un contexte quelque peu différent. Dans cette affaire, le requérant avait interjeté appel d'une décision de retrait de son autorisation de pratiquer la médecine. Au niveau d'appel de la procédure, un des juges avait déclaré publiquement qu'il n'avait pas eu le temps de prendre connaissance de l'entièreté du mémoire d'appel, mais il a néanmoins pris part à la décision défavorable rendue contre le requérant. La Cour européenne des Droits de l'Homme a souligné l'importance des apparences par rapport à l'administration correcte de la justice, mais a fait valoir que les circonstances de l'espèce n'appuyaient pas le grief d'iniquité formulé par le requérant, qui devait être justifié par des motifs objectifs mais aussi subjectifs. Etant donné que le juge dont le comportement était mis en cause avait été informé par le rapporteur du tribunal et avait joué un rôle actif dans l'audience et les délibérations, il n'y avait pas de violation de l'article 6 par. 1[46].

Dans l'affaire Piersack, la Cour a également fait une distinction entre les facteurs objectifs et subjectifs à appliquer pour décider de l'impartialité des juges. Etait en cause dans cette affaire la participation d'une personne à la même procédure, d'abord en qualité de représentant du ministère public, ensuite en qualité de président du tribunal. La Cour a défini l'»impartialité» comme étant «l'absence de préjugé ou de parti-pris», le premier élément consistant à tenter «de déterminer ce que tel juge pensait dans son for intérieur en telle circonstance», et le second «à rechercher s'il offrait des garanties suffisantes pour exclure à cet égard tout doute légitime». La Cour a conclu à une violation de l'exigence d'impartialité de l'article 6[47]. Des circonstances similaires étaient présentes dans l'affaire De Cubber (le juge avait été précédemment le magistrat instructeur)[48], l'affaire Ben Yaacoub, (un juge de la juridiction d'appel avait fait antérieurement fonction de président de la chambre de première instance)[49] et l'affaire Hauschildt (le juge qui présidait au procès avait pris précédemment plusieurs décisions concernant la prolongation de la détention préventive du requérant)[50]. La Cour a conclu à des violations dans toutes ces affaires, au motif qu'il n'avait pas été satisfait au critère objectif d'impartialité. En revanche, la Cour a estimé qu'il n'y avait pas de violation dans l'affaire Nortier (le juge qui présidait au procès dans une affaire concernant un jeune délinquant avait pris antérieurement plusieurs décisions en matière de détention préventive)[51], ou dans l'affaire Sairava de Carvalho (le juge présidant au procès avait précédemment prononcé la *despacho de pronuncia*, un jugement sur la viabilité

45. Arrêt Langborger du 22 juin 1989, Série A n° 155.

46. Arrêt Kraska du 19 avril 1993, Série A n° 254-B.

47. Arrêt Piersack du 1er octobre 1982, Série A n° 53, pp. 14-15, par. 30.

48. Arrêt De Cubber du 26 octobre 1984, Série A n° 86.

49. Arrêt Ben Yaacoub du 27 novembre 1987, Série A n° 127.

50. Arrêt Hauschildt du 24 mai 1989, Série A n° 154.

51. Arrêt Nortier du 24 août 1993, Série A n° 267.

de l'acte d'accusation)[52]. La Cour a établi une distinction entre cette affaire et les affaires Piersack et De Cubber, citées ci-dessus, en ce sens que le prononcé du *despacho de pronuncia* était fondé sur un niveau moindre d'implication dans le déroulement des enquêtes ou dans le procès que ce qui s'était produit dans les deux autres affaires.

Equité: contexte général

La notion d'équité dans le contexte de l'article 6 est une notion nébuleuse, qui inclut d'autres éléments qui y sont explicitement mentionnés, notamment l'indépendance et l'impartialité, ou le «délai raisonnable». D'autre part, elle inclut aussi d'autres éléments, non mentionnés mais que la pratique a consacrés. Une évaluation de l'équité est forcément subjective plutôt qu'objective, même si certaines considérations minimums à caractère plus objectif apparaissent au deuxième et au troisième paragraphes de l'article 6. Il importe, à cet égard, de se souvenir que les exigences en matière d'équité ne sont pas nécessairement les mêmes dans les affaires qui touchent à une décision sur des droits et obligations au civil que dans celles qui concernent l'issue d'une accusation pénale. Si certaines des exigences énoncées aux par. 2 et 3 peuvent être pertinentes par rapport aux affaires civiles, la marge d'application est plus importante dans le second cas.

Ni l'article 6 lui-même ni les organes de la Convention n'imposent que les procédures soient contradictoires ou inquisitoires. En effet, les systèmes nationaux de procédure civile et pénale varient fortement. Au niveau institutionnel, la Commission et la Cour ont désapprouvé toute action de l'Etat qui tente de qualifier certaines procédures de manière artificielle, en vue d'échapper à l'examen de leur conformité avec l'article 6 de la Convention. Il faut non seulement que les tribunaux eux-mêmes soient habilités à déterminer l'issue des affaires mais aussi que l'Etat ne puisse transférer la compétence de manière arbitraire entre les tribunaux et les divers types de juridictions administratives.

Le principe de l'égalité des armes

Parmi les principes sous-jacents d«'équité» qui ne sont pas explicitement formulés dans l'article lui-même mais sont importants pour comprendre son fonctionnement, le plus important est celui de l'«égalité des armes», qui traduit notamment l'idée que chaque partie à une procédure doit avoir la même possibilité de présenter sa thèse et qu'aucune ne peut bénéficier d'un avantage important par rapport à la partie adverse. Dans l'affaire Dombo Beheer, la Cour a estimé qu'il y avait eu violation de l'article 6 par. 1 dès lors que, dans un litige relatif à un accord verbal qui aurait été conclu lors d'une réunion à laquelle participaient uniquement les deux parties principales, une seule avait été autorisée à déposer dans le cadre de la procédure, l'autre ayant été placée, de ce fait, dans «une situation de net désavantage»[53].

La Cour a conclu à l'existence de violations de l'article 6 par. 1 dans un certain nombre d'affaires touchant au principe de l'égalité des armes. Dans les affaires Ofner et Hopfinger[54],

52. Arrêt Sairava de Carvalho 22 avril 1994, Série A n° 286-B.

53. Arrêt Dombo Beheer du 27 octobre 1993, Série A n° 274, p. 19, par. 35.

54. N°s 524/59 et 617/59 (jointes), Déc. 19.12.60, Annuaire 6 p. 681.

de la première heure, les requérants avaient soutenu que le principe de l'égalité des armes avait été violé par la présence du procureur général mais l'absence du défendeur ou de son conseil lors de la procédure devant la Cour suprême. La Commission a donné une définition large de l'«égalité des armes», «c'est-à-dire l'égalité dans la procédure entre l'accusé et le Ministère public, [en tant qu']élément inhérent à tout procès équitable»[55], et a ensuite examiné trois critères de compatibilité de la pratique autrichienne avec l'article 6 de la Convention:

a. le rôle du procureur dans la procédure;
b. les circonstances de la procédure; et
c. l'effet de la procédure sur la situation de l'inculpé.

La Commission et la Cour ont appliqué ces critères dans toute la jurisprudence qui a suivi, même si le troisième n'est intervenu que dans de rares affaires.

Le rôle du procureur dans la procédure pénale

Des affaires se sont présentées dans un certain nombre de juridictions du continent mettant en cause le rôle du procureur dans la procédure pénale. Il est important, en particulier pour les praticiens des juridictions de *common law*, de comprendre la différence entre procureurs et représentants du ministère public dans les systèmes de droit civil. Dans l'affaire Ofner et Hopfinger ci-dessus, la Commission a apporté les précisions suivantes:

> Quant à ses attributions, il est généralement admis par la science juridique et la pratique en Autriche qu'elles diffèrent de celles d'un représentant du Ministère public. Son rôle consiste à assurer de manière plus objective le respect de la loi dans les procès pénaux et il n'est pas chargé, au surplus, comme les autres membres du Ministère public, de la tâche de veiller à ce que les individus sur qui pèsent des présomptions suffisantes soient condamnés et frappés d'une peine adéquate[56].

Dans les circonstances de la procédure, la Commission a relevé que le droit autrichien prévoyait deux possibilités: la participation des deux ou d'aucune des deux parties. Dans le cas d'espèce, ni le ministère public ni le défendeur n'avaient présenté de moyens ou n'avaient été représentés lors des délibérations de la Cour suprême et, partant, le principe de l'égalité n'avait pas été enfreint[57]. Quant à l'effet de la procédure sur la situation de l'accusé, le droit autrichien n'autorisait, dans aucun des deux cas, l'imposition d'une demande de poursuites ou d'une recommandation de peine plus sévère[58]. La Commission a conclu à l'absence de violation de l'article 6 dans ces affaires jointes.

Dans l'affaire Delcourt, le procureur général belge était représenté aux délibérations de la Cour de cassation, privilège qui n'avait pas été accordé au défendeur. La Cour européenne des Droits de l'Homme a estimé qu'il n'y avait pas eu violation de l'article 6, dans la mesure où le rôle du procureur général était celui d'interprète objectif de la loi, et non de défenseur

55. *Ibidem*, p. 697.
56. *Ibidem*, p. 699.
57. *Ibidem*.
58. *Ibidem*, p. 701.

de l'une ou l'autre partie[59]. Vingt-et-un ans plus tard, dans l'affaire Borgers, le requérant s'est plaint que la présence d'un avocat général aux délibérations de la Cour de cassation ait violé son droit à un procès équitable et enfreint le principe de l'égalité des armes, en particulier parce qu'il n'avait pas été en mesure de répondre aux conclusions de l'avocat général. L'avocat général opérait sous l'autorité du ministère public, ce qui constituait une unité institutionnelle unique et, par conséquent, l'avocat général pouvait passer pour l'adversaire du requérant, tant au stade du débat qu'à celui des séances à huis-clos devant la Cour. Il s'ensuivait, dès lors, que sa présence, jointe à l'exclusion du requérant, créait une inégalité dans la procédure, en violation de l'article 6 par. 1. Le gouvernement belge a soutenu que la décision prise dans l'affaire Delcourt s'appliquait, puisque la participation du procureur général obéissait, en l'espèce, au même schéma, à savoir que son rôle se bornait à émettre un avis objectif sur les questions juridiques soulevées, y compris attirer l'attention de la Cour sur tout point de droit qui pourrait entraîner l'annulation d'une décision dans une affaire pénale. (On observera que la différence de terminologie existait dans l'arrêt Borgers lui-même). La Cour européenne des Droits de l'Homme a conclu à l'existence d'une violation de l'article 6 par. 1, en observant ce qui suit:

> En recommandant l'admission ou le rejet du pourvoi d'un accusé, le magistrat du ministère public en devient l'allié ou l'adversaire objectif. Dans la seconde hypothèse, l'article 6 par. 1 impose le respect des droits de la défense et du principe de l'égalité des armes[60].

A la lumière des conclusions de l'avocat général en l'espèce, à savoir qu'il convenait de ne pas autoriser le requérant à interjeter appel de la décision du tribunal inférieur, la Cour européenne des Droits de l'Homme a formulé les remarques supplémentaires suivantes:

> A aucun moment [le requérant] ne put y répondre: avant, il n'en connaissait pas la teneur, faute d'en avoir reçu communication au préalable; après, la loi l'en empêchait. [Celle-ci] interdit même le dépôt de notes écrites après l'intervention du ministère public.
>
> On n'aperçoit point ce qui justifie de telles restrictions aux droits de la défense. Dès lors que le parquet avait présenté des conclusions défavorables au requérant, celui-ci avait un intérêt certain à pouvoir les discuter avant la clôture des débats. Que seules les questions de droit ressortissent à la compétence de la Cour de cassation n'y change rien.
>
> Ensuite et surtout, le déséquilibre s'accentua encore du fait de la participation, avec voix consultative, de l'avocat général au délibéré de la Cour[61].

La Cour a donc pris une décision contraire de celle de l'affaire Delcourt.

Un autre aspect de l'égalité des armes a été contesté dans le contexte de procédures d'appel, qu'elles aient été menées essentiellement sur la base d'observations écrites ou que celles-ci fussent accompagnées d'une procédure orale. Dans l'affaire Pataki et Dunshirn[62], l'avocat général avait interjeté appel contre les peines appliquées aux requérants, déposé des conclusions écrites et assisté à la procédure à huis-clos de la juridiction d'appel. Les requérants n'étaient ni présents ni représentés à aucun de ces stades. La Cour d'appel a

59. Arrêt Delcourt du 17 janvier 1970, Série A n° 11.

60. Arrêt Borgers du 30 octobre 1991, Série A n° 214-B, p. 32, par. 26.

61. *Ibidem*, p. 32, par. 27-28.

62. Pataki et Dunshirn c/ l'Autriche, Rapport Comm. 28.3.63, Annuaire 6 p. 715.

aggravé les peines prononcées contre les requérants. La Commission, concluant à une violation, a déclaré ce qui suit:

> Il n'est pas possible d'établir avec certitude si le Ministère public a pris une part active aux délibérations de la Cour. Aucun compte-rendu des délibérations n'a été conservé. Toutefois, même si le Ministère public n'a pas joué un rôle actif à ce stade de la procédure, le fait qu'il ait été présent et par conséquent qu'il ait eu une possibilité d'influencer les membres de la Cour, sans que l'accusé ou son conseil ait bénéficié de cette même opportunité ou ait eu la possibilité de contester l'une quelconque des déclarations faites par le Ministère public, constitue une inégalité qui, de l'avis de la Commission, est incompatible avec la notion de jugement équitable[63].

D'autres manifestations du principe de l'égalité des armes sont examinées ci-dessous, en particulier dans les chapitres consacrés au droit à un avocat et au doit d'être confronté aux témoins.

Circonstances générales de la procédure

La notion de «circonstances générales de la procédure» est, dans une certaine mesure, une réaffirmation de la notion d'«équité» elle-même, qui autorise la Commission à examiner tous les facteurs affectant une personne qui fait valoir une violation de ses droits au titre de l'article 6. Dans les affaires Ruiz Torija[64] et Hiro Balani[65], par exemple, la Cour a déclaré qu'il y avait eu violation de l'article 6 par. 1, dans la mesure où la juridiction d'appel n'avait pas examiné les moyens des requérants présentés au cours de la procédure et où, si le bien-fondé de ces moyens avait été constaté, ils auraient été déterminants. De même, dans l'affaire Kerojärvi, la Cour a conclu que le fait que la Cour suprême avait omis de prendre des dispositions pour que le requérant ait accès à l'ensemble des documents du dossier concernant son recours contre une procédure en dommages-intérêts constituait une violation[66].

Un certain nombre d'affaires qui concernaient la notion générale d'«équité» ont donné lieu à des griefs de violation simultanée de l'article 6 par. 1 et du paragraphe 3 b) (temps et facilités nécessaires à la préparation de la défense) ou 3 c) (droit à l'assistance d'un défenseur), qui représentent les deux protections procédurales les plus larges garanties par cet article.

Plusieurs affaires ont contesté le fonctionnement d'un système de «croquis» par lequel le ministère public définissait devant le juge du tribunal de première instance, mais pas devant la défense, l'argumentation qu'il se proposait de développer, en violation du principe de l'égalité des armes. Dans l'affaire Brandstetter, le requérant s'était plaint que les jugements prononcés contre lui au niveau de la juridiction d'appel avaient été fondés sur des arguments du ministère public qui n'avaient pas été communiqués au requérant et dont il ignorait l'existence. Le gouvernement et l'avocat du requérant n'étaient pas du même avis au sujet de la facilité d'accès à ces dossiers dont avait bénéficié l'avocat de la défense. La Cour européenne des Droits de l'Homme a déclaré:

---

63. *Ibidem*, p. 733.

64. Arrêt Ruiz Torija du 9 décembre 1994, Série A n° 303-A.

65. Arrêt Hiro Balani du 9 décembre 1994, Série A n° 303-B.

66. Arrêt Kerojärvi du 19 juillet 1995, Série A n° 328.

> Le principe de l'égalité des armes constitue un élément de la notion plus large de procès équitable, qui englobe aussi le droit fondamental au caractère contradictoire de la procédure pénale....
>
> Le droit à un procès pénal contradictoire implique, pour l'accusation comme pour la défense, la faculté de prendre connaissance des observations ou éléments de preuve produits par l'autre partie, ainsi que de les discuter. La législation nationale peut remplir cette exigence de diverses manières, mais la méthode adoptée par elle doit garantir que la partie adverse soit au courant du dépôt d'observations et jouisse d'une possibilité véritable de les commenter...[67].

La Commission, examinant les effets concrets du système du «croquis» en l'espèce, a admis le moyen du gouvernement selon lequel, puisque l'arrêt de la Cour d'appel «reproduisait presque mot pour mot le texte du «croquis», la seconde série de procédures donna au requérant l'occasion de répondre aux arguments y figurant»[68]. La Cour n'a pas souscrit à cette opinion et a conclu à une violation de l'article 6 par. 1 en déclarant:

> La possibilité indirecte et purement hypothétique, pour un prévenu, de discuter les arguments de l'accusation insérés dans le texte d'une décision ne peut guère passer pour un équivalent valable du droit de les examiner et combattre directement[69].

La Belgique a également dû répondre devant la Commission européenne des Droits de l'Homme de la compatibilité de son système de «croquis» avec le principe de l'égalité des armes énoncé à l'article 6. Dans l'affaire Jespers[70], la police belge avait transmis à la défense des dossiers incomplets. Ce n'est qu'après que le requérant eut été condamné que les «dossiers administratifs» (dossiers spéciaux) complets furent mis à la disposition de la défense. En outre, la police avait omis de citer au procès des informations disculpant le défendeur. Le requérant a contesté l'équité de ce procès au regard de l'article 6 par. 1 et a soutenu qu'il y avait eu violation de son droit de disposer du temps et des facilités nécessaires à la préparation de sa défense, tel que protégé par l'article 6 par. 3 b). La Commission a formulé les commentaires suivants concernant la nature du principe de l'égalité des armes:

> Dans l'interprétation de ce dernier terme [«facilités»], la Commission relève d'abord que dans toute procédure pénale où l'action est exercée par une autorité étatique, la partie poursuivante dispose, pour étayer l'accusation, des facilités qui découlent de ses pouvoirs d'investigation s'appuyant sur un appareil judiciaire et policier pourvu de larges moyens techniques de coercition. C'est pour établir, dans toute la mesure du possible, l'égalité entre la partie poursuivante et la partie poursuivie que, par exemple, la plupart des législations internes confient l'instruction préliminaire à un magistrat du siège ou bien, si elles la confient au parquet, prescrivent à ce dernier de réunir les éléments à décharge aussi bien qu'à charge. C'est également et surtout pour établir cette même égalité qu'ont été instituées les «garanties de la défense», dont l'article 6, paragraphe 3, de la Convention donne une énumération non exhaustive. La Commission a d'ailleurs déjà eu l'occasion de signaler que le principe dit de

---

67. Arrêt Brandstetter du 28 août 1991, Série A n° 211, pp. 27-28, par. 66-67.

68. *Ibidem*, par. 68.

69. *Ibidem*.

70. Jespers c/ Belgique, Rapport Comm. 14.12.81, D.R. 27 p. 71-72.

«l'égalité des armes» pourrait avoir son fondement non seulement à l'article 6, paragraphe 1, mais aussi à l'article 6, paragraphe 3, notamment litt. b)[71].

D'autres affaires qui, en gros, tombent dans la sous-catégorie «circonstances générales de la procédure» du principe de l'égalité des armes sont notamment l'affaire Neumeister, (dans laquelle la Cour a déclaré que les deux parties à une procédure pénale devaient être représentées à tous les stades de l'examen d'une cause)[72], l'affaire Bönisch (où il a été déclaré que les témoins experts des deux parties devaient être entendus)[73], et l'affaire Feldbrugge (qui a établi le principe que chacune des parties devait avoir l'occasion de répondre aux moyens de l'autre partie)[74]. La Cour a également estimé que le fait que l'acoustique médiocre de la salle d'audience empêche les deux parties d'entendre et, partant, de suivre la procédure peut étayer une allégation de violation de l'article 6, sauf si cet aspect n'a pas été évoqué au moment du procès[75].

L'effet de la procédure sur la situation de l'accusé

Comme signalé ci-dessus, la Commission et la Cour n'ont eu à connaître que d'un nombre relativement limité d'affaires dans lesquelles l'accent a été mis sur l'effet de la procédure sur la situation de l'accusé. Dans l'affaire Stran Greek Refineries et Stratis Andreadis, les requérants avaient participé à une procédure d'arbitrage qui concernait la dénonciation d'un contrat conclu avec l'Etat grec, lequel contrat avait été conclu sous le régime militaire et dénoncé après le rétablissement de la démocratie. La procédure d'arbitrage s'était terminée par une décision condamnant l'Etat grec, qui avait ensuite interjeté appel devant les juridictions ordinaires. Après que l'Etat eut été débouté aux deux premières instances et qu'il eut appris qu'il le serait aussi au niveau de la Cour de cassation, le parlement a adopté une loi supprimant la compétence du tribunal d'arbitrage, déclarant toutes ses décisions inopposables et non exécutoires, frappant de prescription les prétentions découlant de contrats conclus sous la dictature militaire et déclarant nulles toutes les procédures judiciaires pertinentes pendantes au moment de la promulgation de la nouvelle loi. La Cour européenne des Droits de l'Homme a déclaré qu'il y avait eu violation de l'article 6 par. 1, en observant qu'il apparaissait, à l'évidence, que le tournant de la procédure était l'adoption de la loi au cours des étapes finales de la procédure au niveau national, alors que l'Etat était la partie perdante. La Cour a ensuite lié la notion de procès équitable au principe de la prééminence du droit qui régit tout le fonctionnement de la Convention:

> L'exigence d'équité s'applique à l'ensemble de la procédure et ne se limite pas aux audiences contradictoires.

71. *Ibidem*, par. 55.

72. Arrêt Neumeister du 27 juin 1968, Série A n° 8.

73. Arrêt Bönisch du 6 mai 1985, Série A n° 92.

74. Arrêt Feldbrugge du 29 mai 1986, Série A n° 99.

75. Arrêt Stanford du 23 février 1994, Série A n° 282-A.

Le principe de la prééminence du droit et la notion de procès équitable consacrés par l'article 6 s'opposent à toute ingérence du pouvoir législatif dans l'administration de la justice dans le but d'influer sur le dénouement judiciaire d'un litige[76].

Dans l'affaire McMichael, un des requérants avait soutenu que le refus, par l'autorité publique compétente, de communiquer des documents importants relatifs à une procédure qui concernait une décision de placement d'un enfant dans une institution publique d'accueil constituait une violation de l'article 6. La Cour a souscrit à ce point de vue en soulignant les incidences graves du déni du droit formel en cause:

> [L]a circonstance que des documents aussi essentiels que les rapports sociaux n'ont pas été communiqués est propre à affecter la capacité des parents participants d'influer sur l'issue de l'audience de la commission dont il s'agit, et aussi celle d'apprécier leurs perspectives d'appel...[77]

Droits et obligations de caractère civil

La jurisprudence de Strasbourg concernant la portée des «droits et obligations de caractère civil» comprend un certain nombre d'aspects et de problèmes divers. La Cour européenne des Droits de l'Homme n'a pas donné de définition générale de cette expression, et cette notion peut donc être confuse. En théorie, elle est censée s'appliquer à des questions de droit privé (par exemple, entre des personnes physiques). En pratique, cette distinction entre droit privé et droit public est floue dans la plupart des systèmes juridiques européens. Le seul critère appliqué dans la jurisprudence au titre de l'article 6 est l'existence d'un litige entre des parties, celles-ci pouvant être soit des personnes physiques, soit une personne physique et l'Etat. Exprimée en termes anglo-saxons, la notion-clé est celle de «*suit-at-law*» (procès) en tant qu'opposée au pouvoir discrétionnaire de l'exécutif. Dans ce domaine comme dans d'autres, la Commission et la Cour n'autorisent toutefois pas les gouvernements à déplacer certaines matières vers le champ de compétence de l'exécutif pour contourner les exigences de l'article 6. La Commission et la Cour n'accepteront pas ce déplacement comme argument permettant de considérer qu'une question relève du champ d'application du droit public, même dans les cas où le droit interne laisse aux autorités administratives une large latitude pour trancher une question[78].

La Commission et la Cour donnent de la notion de «droits et obligations de caractère civil» une interprétation très large. Dans l'affaire Ringeisen, la Cour a déclaré que ces termes devaient être autonomes et que, dès lors, il n'était pas nécessaire d'établir une distinction entre questions de droit privé et de droit public, ou de limiter l'application de cette expression aux litiges entre personnes physiques[79]. La Cour a déclaré, à plusieurs occasions, que l'article 6 par. 1 s'appliquait aux procédures dont l'issue affecte directement la décision concernant un droit ou une obligation de caractère privé et/ou leur contenu de fond. Appliquant ce critère d'»affectation directe des droits et obligations de caractère privé» pour

76. Arrêt Stran Greek Refineries et Stratis Andreadis du 9 décembre 1994, Série A n° 301-B, p. 82, par. 49.

77. Arrêt McMichael du 24 février 1995, Série A n° 307-B, p. 53, par. 80.

78. Voir notamment l'arrêt Allan Jacobsson du 25 octobre 1989, Série A n° 163.

79. Arrêt Ringeisen du 16 juillet 1971, Série A n° 13.

déterminer si une question tombe dans le champ d'application de l'article 6, les organes de la Convention ont déclaré que cet article s'appliquait à plusieurs catégories de ce que l'on considérerait souvent comme des litiges de droit public, par exemple lorsqu'une disposition légale fixe certaines obligations d'intérêt public contraignantes pour les entreprises exerçant des activités dangereuses, mais sans préciser quels sont les bénéficiaires visés par ces obligations. Dans pareil cas, les personnes affectées par ces activités peuvent faire valoir un droit d'être entendues dans le cadre des décisions prises en vertu de ladite loi[80].

Dans un certain nombre d'affaires, des prétentions ont été formulées qui ont trait à d'autres droits garantis par la Convention, outre ceux de l'article 6. Bon nombre d'entre elles concernaient des procédures administratives qui affectent les contrats de vente de terrains[81], l'expropriation foncière[82]; la consolidation d'avoirs immobiliers agricoles[83], et des questions similaires. D'autres touchaient à des recours en dommages-intérêts portant sur une série de plaintes, notamment le bruit occasionné par des avions[84], la nationalisation de biens[85], voire des mandats d'arrêt irréguliers[86]. De même, la Cour a déclaré que l'article 6 était applicable aux procédures relatives à l'exercice de professions[87] ou à la réglementation sur l'octroi des autorisations nécessaires à l'exercice de certaines activités économiques[88]. La Cour a également estimé que la notion de droit de caractère civil énoncée à l'article 6 incluait certains types de prestations sociales[89], notamment certaines plaintes relatives à des licenciements injustes[90]. Cet article s'applique également à des décisions en matière de placement d'enfants dans des institutions d'accueil publiques et d'accès parental à des enfants déjà placés[91]. Enfin, la Cour a déclaré que la notion de droit de caractère civil englobait le droit au respect de l'honneur et de la réputation[92].

---

80. Arrêt Zander du 25 novembre 1993, Série A n° 279-B.

81. Voir notamment l'arrêt Ringeisen du 16 juillet 1971, Série A n° 13 et l'arrêt Sramek du 22 octobre 1987, Série A n° 84.

82. Arrêt Sporrong et Lönnroth du 23 septembre 1982, Série A n° 52; arrêt Boden du 27 octobre 1987, Série A n° 125.

83. Arrêt Erkner et Hofauer du 23 avril 1987, Série A n° 117; arrêt Poiss du 23 avril 1987, Série A n° 117; arrêt Ettl et al. du 23 avril 1987, Série A n° 117.

84. Arrêt Powell et Rayner du 21 février 1990, Série A n° 172.

85. Arrêt Lithgow et al. du 8 juillet 1986, Série A n° 102.

86. Arrêt Baraona du 8 juillet 1987, Série A n° 122.

87. Arrêt König du 28 juin 1978, Série A n° 27 (retrait du droit de pratiquer la médecine et de diriger un établissement médical); arrêt Le Compte, Van Leuven et De Meyere du 23 juin 1981, Série A n° 43; arrêt Albert et Le Compte du 10 février 1983, Série A n° 58 (procédure disciplinaire entraînant la suspension du droit de pratiquer la médecine); arrêt De Moor du 23 juin 1994, Série A n° 292-A (droit d'être admis au Barreau sous réserve de remplir certaines conditions d'admission fixées par une loi).

88. Arrêt Benthem du 23 octobre 1985, Série A n° 97 (autorisation d'exploitation d'une installation de distribution de gaz); arrêt Pudas du 27 octobre 1987, Série A n° 125-A (révocation d'une licence de transports publics); arrêt Tre Traktörer AB du 7 juillet 1989, Série A n° 159 (révocation d'une licence de vente d'alcools).

89. Arrêt Schouten et Meldrum du 9 décembre 1994, Série A n° 304 (obligation de cotiser à des régimes de sécurité sociale); arrêt Schuler-Zgraggen du 24 juin 1993, Série A n° 263 (droit à certaines prestations au titre de régimes de sécurité sociale); arrêt Deumeland du 29 mai 1986, Série A n° 100 (pension complémentaire de veuve dans le cadre d'une assurance accidents du travail); arrêt Feldbrugge 29 mai 1986, Série A n° 99 (allocation d'assurance-santé).

90. Arrêt Obermeier du 28 juin 1990, Série A n° 179 (licenciement d'un handicapé).

91. Arrêt Olsson du 24 mars 1988, Série A n° 130; arrêt Olsson du 27 novembre 1992, Série A n° 250; arrêt Ericksson du 22 juin 1989, Série A n° 156. Voir également les affaires O, H, R, B et W déjà citées.

92. Arrêt Tolstoy Miloslavsky du 13 juillet 1995, Série A n° 323; arrêt Helmers du 29 octobre 1991, Série A n° 212-A.

Bien que la portée des «droits et obligations de caractère civil» visés à l'article 6 par. 1 soit très large, il existe néanmoins certaines questions qui ne tombent pas sous sa protection. Les principales questions exclues sont les procédures d'immigration et d'asile en tant que telles. Normalement, ces questions sont considérées comme revêtant essentiellement un caractère juridique public, sauf si le requérant peut démontrer qu'un autre droit protégé par la Convention est en cause. Dans la toute grande majorité des affaires où c'est le cas, les plaintes concernent le droit au respect de la vie familiale protégé par l'article 8, associé à des droits résultant de l'article 6. L'article 6 par. 1 ne s'applique pas aux litiges concernant l'accès à un emploi, la promotion ou le licenciement dans la fonction publique et d'autres types d'emploi dans le secteur public. Il ne s'applique pas non plus au contentieux fiscal.

Accusation en matière pénale

La notion d'«accusation en matière pénale», comme bon nombre d'autres dispositions de la Convention, implique une interprétation autonome par les organes de contrôle, en particulier à la lumière de l'existence d'un «droit pénal administratif» dans un certain nombre d'Etats parties. Les Etats dans lesquels pareils systèmes sont en vigueur attribuent à des instances administratives spécialement créées la compétence pour connaître de certaines infractions pénales, y compris celle d'imposer des sanctions aux délinquants. La Commission et la Cour européennes des Droits de l'Homme interprètent les expressions qui figurent dans les trois paragraphes de l'article 6 («accusation en matière pénale» et «accusé d'une infraction») comme ayant la même signification dans l'entièreté de cet article[93]. La Cour a déclaré que l'article 6 par. 1 traduisait une conception de fond plutôt que formelle de l'expression «accusation en matière pénale» utilisée à l'article 6[94]. La nature d'une «accusation» formulée au sens de la Convention européenne des Droits de l'Homme est également reflétée dans la qualité de l'information que prescrit l'article 6 par. 3 a), qui renvoie à son tour à d'autres aspects des droits de la défense, notamment le droit de disposer du temps et des facilités nécessaires à la préparation de la défense (article 6 par. 3 b)) et le droit d'avoir l'assistance d'un défenseur (article 6 par. 3 c)).

Par conséquent, l'article 6 a pour objet et pour but de protéger les droits de la défense. C'est ainsi que la jurisprudence strasbourgeoise considère que, aux fins de l'article 6 de la Convention, une accusation en matière pénale doit être considérée comme présente dès l'instant où des actes du gouvernement fondés sur des présomptions dont une personne fait l'objet «ont des répercussions importantes» sur sa situation: le moment de la formulation formelle des accusations n'est pas déterminant pour le déclenchement de ses droits au titre de l'article 6[95]. Dans l'affaire Eckle, la Cour a également déclaré que l'accusation, au sens de l'article 6 par. 1, pouvait se définir «comme la notification officielle, émanant de l'autorité compétente, du reproche d'avoir accompli une infraction pénale"[96]. Dans l'affaire Foti, la Cour a étendu la notion aux «autres mesures impliquant un tel reproche et entraînant elles

93. Voir notamment l'arrêt Lutz du 25 août 1987, Série A n° 123, p. 22, par. 52 et l'arrêt Minelli du 25 mars 1983, Série A n° 62, p. 15, par. 27.

94. Voir notamment l'arrêt Deweer du 27 février 1980, Série A n° 35.

95. Arrêt Neumeister du 27 juin 1968, Série A n° 8.

96. Arrêt Eckle du 15 juillet 1982, Série A n° 51, p. 33, par. 73.

aussi des répercussions importantes sur la situation du suspect»[97]. La Commission et la Cour ont estimé que des actes tels que la délivrance d'un mandat d'arrêt ou la perquisition de locaux ou la fouille de personnes répondaient au critère des «répercussions importantes». En revanche, elles ont estimé que cette condition n'était pas remplie par l'ouverture d'une enquête de police, l'interrogatoire de témoins ou d'autres activités sans répercussions directes sur la personne.

La Commission et la Cour, en vérifiant si une action précise au niveau national constituait une «accusation en matière pénale» au sens de l'article 6, ont souvent été amenées à examiner le fonctionnement des procédures disciplinaires et des systèmes administratifs de droit pénal au sens large. On ne peut considérer que la notion de délit a un contenu inhérent et naturel. Certes, l'ensemble ou, du moins, la majorité des systèmes juridiques utilisent cette notion, mais dans des sens très différents. La Convention laisse les Etats libres de qualifier tout acte de délit, mais à certaines conditions seulement. Les dispositions juridiques internes qui définissent les infractions ne constituent, pour les organes de Strasbourg, qu'un point de départ. Dans l'affaire Öztürk, par exemple, la Cour a étendu la notion d'accusation en matière pénale aux «infractions réglementaires» (*Ordnungswidrigkeiten*), en partie pour veiller à ce qu'un Etat ne puisse qualifier des infractions différemment pour justifier des restrictions au fonctionnement des garanties procédurales énoncées à l'article 6. La Cour a précisé très clairement que les Etats ne peuvent donner à une infraction pénale une coloration administrative pour contourner les prescriptions de l'article 6. La Cour a déclaré dans l'affaire Öztürk:

> [S]i les Etats contractants pouvaient à leur guise, en qualifiant une infraction d'«administrative» plutôt que de pénale, écarter le jeu des clauses fondamentales des articles 6 et 7, l'application de celles-ci se trouverait subordonnée à leur volonté souveraine. Une latitude aussi étendue risquerait de conduire à des résultats incompatibles avec l'objet et le but de la Convention.[98]

Dans l'affaire Engel, plusieurs soldats néerlandais s'étaient plaints que le déroulement des procédures dirigées contre eux, relatives à des infractions alléguées à la discipline militaire, avait violé leurs droits tels que garantis par plusieurs articles de la Convention. En vue de déterminer si l'article 6 s'appliquait aux procédures en cause, la Cour a fixé trois critères pour évaluer si un type d'action donné devait être qualifié d'»accusation en matière pénale»:

1. Les dispositions qui définissent l'infraction relèvent-elles, dans le système juridique de l'Etat défendeur, du droit pénal, du droit disciplinaire ou des deux à la fois?

2. Quelle est la nature de l'infraction?

3. Quel est le degré de sévérité de la peine que la personne concernée risque d'encourir?[99] Les organes de la Convention ont appliqué ces critères dans un certain nombre de

97. Arrêt Foti et al. du 10 décembre 1982, Série A n° 56, p. 18, par. 52.

98. Arrêt Öztürk du 21 févier 1984, Série A n° 73, p. 18, par. 49.

99. Arrêt Engel du 8 juin 1976, Série A n° 22. Voir également l'arrêt Weber du 22 mai 1990, Série A n° 177 et l'arrêt Öztürk du 21 février 1984, Série A n° 73.

contextes, y compris des procédures disciplinaires pénitentiaires dont l'issue pouvait être une prolongation de la peine[100].

L'affaire Weber concernait une procédure judiciaire menée sans audience, qui avait débouché, pour un journaliste, sur la condamnation et le prononcé d'une peine pour violation du secret d'une enquête judiciaire lors d'une conférence de presse. La Cour européenne des Droits de l'Homme a estimé que la procédure avait trait à une accusation en matière pénale au sens de l'article 6, tout en établissant une distinction entre les sanctions pénales et les sanctions disciplinaires:

> Les sanctions disciplinaires ont en général pour but d'assurer le respect, par les membres de groupes particuliers, des règles de comportement propres à ces derniers. Par ailleurs, la divulgation de renseignements sur une enquête encore pendante constitue, dans une large majorité des Etats contractants, un acte incompatible avec de telles règles et réprimé par des textes de nature diverse. Tenus par excellence au secret de l'instruction, les magistrats, les avocats et tous ceux qui se trouvent étroitement mêlés au fonctionnement des juridictions s'exposent en pareil cas, indépendamment de sanctions pénales, à des mesures disciplinaires qui s'expliquent par leur profession. Les «parties», elles, ne font que participer à la procédure en qualité de justiciables; elles se situent donc en dehors de la sphère disciplinaire de la justice. Comme l'article de [la loi nationale en cause] concerne virtuellement la population tout entière, l'infraction qu'il définit, et qu'il assortit d'une sanction punitive, revêt un caractère «pénal»..."[101].

Dans l'affaire Demicoli, la Cour a également, pour déterminer le caractère pénal de l'accusation, mis l'accent sur le fait que la législation en cause sur la diffamation était applicable au public en général:

> [L]a procédure ouverte contre [le requérant], du chef d'un acte accompli en dehors de la Chambre, se distingue d'autres types de poursuites pour atteinte aux privilèges, que l'on peut dire disciplinaires en ce qu'elles ont trait à l'organisation interne et au bon fonctionnement du Parlement. L'article 11 par. 1 k) [de la loi sur la presse] concerne virtuellement la population tout entière: il s'applique même si le suspect n'appartient pas à la Chambre et à quelque endroit de Malte que soit publié l'écrit diffamatoire. L'ordonnance assortit l'infraction qu'elle définit d'une sanction civile en réparation. De ce point de vue, l'atteinte litigieuse aux privilèges ressemble donc à une infraction pénale à la loi de 1974 sur la presse[102].

Dans l'affaire Ravnsborg, une amende symbolique avait été infligée au requérant pour avoir usé d'un langage malséant et déplacé dans ses observations à l'adresse du tribunal national. La Cour a distingué ces faits de ceux qui s'étaient produits dans les affaires Weber et Demicoli, et a déclaré inapplicable l'article 6 aux motifs suivants:

> Des règles juridiques habilitant un tribunal à réprimer les comportements déplacés qui surviennent devant lui sont monnaie courante dans les Etats contractants. Pareilles normes et sanctions dérivent du pouvoir, indispensable à toute juridiction, d'assurer le déroulement correct et discipliné des procédures dont elle a la charge. Les mesures ordonnées de la sorte

100. Arrêt Campbell et Fell du 28 juin 1984, Série A n° 80.

101. Arrêt Weber du 22 mai 1990, Série A n° 177, p. 18, par. 33.

102. Arrêt Demicoli du 27 août 1991, Série A n° 210, p. 17, par. 33.

par les tribunaux se rapprochent plus de l'exercice de prérogatives disciplinaires que de l'imposition de peines du chef d'infractions pénales[103].

Dans l'affaire Bendenoun, la Cour a estimé que le but répressif et l'importance des majorations fiscales infligées au requérant dans le contexte d'une procédure pour fraude en matière douanière et fiscale faisaient relever la question du domaine de l'»accusation en matière pénale», au sens de l'article 6[104].

Le droit d'être présumé innocent jusqu'à ce que la culpabilité ait été légalement établie (Article 6 par. 2)

La garantie de la présomption d'innocence est un des principes fondamentaux de l'article 6. Elle ne peut imposer l'impossible: qu'aucun innocent soit jamais déclaré coupable. En revanche, toute personne – même coupable – a le droit d'être présumée innocente jusqu'au jugement définitif. Le droit d'être présumé innocent présente plusieurs dimensions et plusieurs effets, dont certains sont relatifs et d'autres absolus. Son application la plus évidente et la mieux connue est le principe *in dubio pro reo*: l'accusé a droit au bénéfice du doute. Ce principe implique que la charge de la preuve incombe avant tout à l'accusation et que, même si la Cour elle-même a l'obligation d'enquêter sur les faits, comme c'est le cas dans certains systèmes, tout doute relatif aux éléments de preuve doit profiter à la défense. Le droit d'être présumé innocent concerne uniquement une personne accusée d'une infraction pénale et ne joue donc pas par rapport à «une décision sur une accusation en matière pénale»[105].

En interprétant le droit d'être présumé innocent, la Commission et la Cour européennes des Droits de l'Homme ont adopté une approche extrêmement étroite et formaliste, en particulier si on la compare à leur interprétation large de la notion de «procès équitable» visée à l'article 6 par. 1. Dans la jurisprudence strasbourgeoise, on trouve l'énumération la plus complète des fonctions et des attributs de la présomption d'innocence dans l'affaire Barberà, Messegué et Jabardo, dans laquelle les requérants ont soutenu qu'un certain nombre d'irrégularités procédurales dans le déroulement de la procédure à leur charge avaient constitué une violation de leurs droits au titre de l'article 6. La Cour européenne des Droits de l'Homme, examinant l'applicabilité de l'article 6 de la Convention, s'est prononcée sur les critères qui régissent la mise en œuvre du droit à la présomption d'innocence:

> Il exige, entre autres, qu'en remplissant leurs fonctions les membres du tribunal ne partent pas de l'idée préconçue que le prévenu a commis l'acte incriminé; la charge de la preuve pèse sur l'accusation et le doute profite à l'accusé. En outre, il incombe à celle-ci d'indiquer à l'intéressé de quelles charges il fera l'objet – afin de lui fournir l'occasion de préparer et présenter sa défense en conséquence – et d'offrir des preuves suffisantes pour fonder une déclaration de culpabilité[106].

Malgré ces précisions concernant les éléments du droit à la présomption d'innocence protégé par l'article 6 par. 2 de la Convention, la Cour européenne des Droits de l'Homme

103. Arrêt Ravnsborg du 23 mars 1994, Série A n° 283-B, p. 30, par. 34.

104. Arrêt Bendenoun du 24 février 1994, Série A n° 284.

105. Voir notamment l'arrêt Tre Traktörer Aktiebolag du 7 juillet 1989, Série A n° 159, p. 19, par. 46.

106. Arrêt Barberà, Messegué et Jabardo du 6 décembre 1988, Série A n° 146, p. 33, par. 77.

a déclaré qu'il n'y avait pas violation, en appuyant sa décision exclusivement sur les motifs suivants:

> La présomption d'innocence se trouve méconnue si, sans établissement légal préalable de la culpabilité d'un prévenu, une décision judiciaire le concernant reflète le sentiment qu'il est coupable. En l'occurrence, il ne ressort pas du dossier que [le tribunal espagnol] ou le magistrat [le] présidant aient pris, pendant la procédure et notamment les débats, des décisions ou attitudes révélant un tel sentiment[107].

Cette interprétation restrictive du droit d'être présumé innocent apparaît régulièrement dans toute la jurisprudence de la Convention. La Commission a appliqué le principe ci-dessus aux actes posés par tout représentant de l'Etat, et pas simplement par le pouvoir judiciaire. Dans une affaire dirigée contre la Suisse, la requérante s'est plainte du fait que certaines déclarations télévisées faites par le Conseiller fédéral violaient son droit d'être présumée innocente, conformément à l'article 6 par. 2. La Commission a déclaré:

> L'article 6, par. 2, de la Convention, qui pose le principe de la présomption d'innocence, est certainement avant tout une garantie de caractère procédural s'appliquant à toute procédure pénale... La Commission estime toutefois que sa portée est plus étendue. Le principe fondamental que consacre cet article garantit à tout individu que les représentants de l'Etat ne pourront pas le traiter comme coupable d'une infraction avant qu'un tribunal compétent ne l'ait établi selon la loi. Il peut donc y avoir violation de l'article 6 par. 2 lorsque des magistrats déclarent qu'une personne est coupable d'une infraction sans qu'un tribunal n'en ait ainsi décidé. Il ne s'ensuit évidemment pas que les autorités doivent s'abstenir d'informer le public des enquêtes pénales en cours. Elles ne méconnaissent pas l'article 6 par. 2 en déclarant qu'il existe des soupçons, que certaines personnes ont été arrêtées, qu'elles ont fait des aveux, etc. Ce qui, par contre, doit être exclu, c'est une déclaration formelle qu'une personne est coupable[108].

Plus récemment, dans l'affaire Allenet de Ribemont, la Cour a estimé qu'il y avait violation du droit d'être présumé innocent par le fait que le ministre de l'Intérieur et l'officier de police chargé de mener l'enquête pénale dans le dossier du requérant l'aient déclaré coupable à une conférence de presse organisée peu après son arrestation et avant son inculpation[109].

L'affaire Minelli fut la première dans laquelle la Cour a conclu à une violation de l'article 6 par. 2. Dans cette affaire, le requérant avait été défendeur dans des poursuites privées en diffamation. Bien que la prescription eût été prononcée en ce qui concernait la plainte au pénal, le tribunal a néanmoins ordonné que le requérant supportât certains frais judiciaires et dédommageât les parties civiles de leurs débours judiciaires. La Cour a conclu à une violation de la présomption d'innocence et a déclaré ce qui suit:

> L'article 6 par. 2 régit l'ensemble de la procédure pénale, indépendamment de l'issue des poursuites, et non le seul examen du bien-fondé de l'accusation....

107. *Ibidem*, p. 38, par. 91.

108. N° 7986/77, Déc. 3.10.78, D.R. 13 p. 73 (78-79).

109. Arrêt Allenet de Ribemont du 10 février 1995, Série A n° 308.

> [L]a présomption d'innocence se trouve méconnue si, sans établissement légal préalable de la culpabilité d'un prévenu et, notamment, sans que ce dernier ait eu l'occasion d'exercer les droits de la défense, une décision judiciaire le concernant reflète le sentiment qu'il est coupable. Il peut en aller de même en l'absence de constat formel; il suffit d'une motivation donnant à penser que le juge considère l'intéressé comme coupable[110].

On notera que, contrairement aux autres arrêts invoquant le critère exprimé par «une décision judiciaire le concernant reflétant le sentiment qu'il est coupable», cette décision affirme, en outre, l'importance de la circonstance que l'inculpé «ait eu l'occasion d'exercer les droits de la défense».

Dans l'affaire Lutz, le requérant avait refusé de payer les frais et dépens judiciaires résultant de la décision de l'Etat de suspendre la procédure réglementaire dirigée contre lui pour raison de prescription, en attendant son recours contre une amende. Le tribunal national avait refusé d'ordonner au gouvernement de payer les frais et dépens du requérant, au motif que «l'intéressé aurait très probablement été condamné pour infraction au règlement relatif à la circulation routière»[111]. Bien que la Commission, comme dans l'affaire Minelli, ait conclu à une violation de l'article 6 par. 2[112], la Cour a estimé que les faits étaient différents dans l'affaire Lutz, en signalant qu'en droit allemand, les tribunaux nationaux étaient tenus de prendre, notamment, en compte le poids de la présomption à l'encontre d'un individu dont les frais encourus suite à la suspension d'une action judiciaire font l'objet d'une évaluation. La Cour a conclu son examen en observant que:

> [L]a Convention et notamment son article 6 par. 2 n'astreint pas les Etats contractants, en cas d'arrêt des poursuites, à indemniser un «accusé» des désavantages qu'il a pu subir[113].

Dans l'affaire Englert, le requérant avait été condamné pour extorsion avec circonstances aggravantes, mais acquitté de l'inculpation de viol. Le requérant a demandé que l'Etat le dédommage pour son séjour en détention préventive. Le tribunal allemand a sursis à statuer et a rejeté la demande de réparation aux motifs que les éléments de preuve qui contredisaient la présomption d'innocence étaient à ce point écrasants qu'une condamnation était à l'évidence plus probable qu'un acquittement. La Cour européenne des Droits de l'Homme a déclaré qu'il n'y avait pas eu violation de l'article 6 par. 2, dans la mesure où le refus de verser une indemnisation pour détention n'impliquait pas une conclusion de culpabilité pénale[114].

L'affaire Nölkenbockhoff[115] présentait une autre variation sur le thème des frais. Dans cette affaire, le mari de la requérante était décédé après avoir été condamné mais aussi après avoir interjeté appel de cette condamnation. La requérante demandait le remboursement des frais juridiques exposés par son mari défunt: le tribunal national l'avait déboutée au motif

110. Arrêt Minelli du 25 mars 1983, Série A n° 62, pp. 15-16, 18, par. 30 et 37.

111. Arrêt Lutz du 25 août 1987, Série A n° 123, p. 11, par. 16.

112. Voir également n° 10107/82, Déc. 12.7.84, D.R. 38 p. 90.

113. Arrêt Lutz du 25 août 1987, Série A n° 123, p. 26, par. 63.

114. Arrêt Englert du 25 août 1987, Série A n° 123.

115. Arrêt Nölkenbockhoff du 25 août 1987, Série A n° 123.

qu'en toute probabilité, la condamnation de son mari aurait été confirmée. La décision de la juridiction nationale confirmant l'évaluation des frais comportait le raisonnement suivant:

> Quand une procédure prend fin par décès de l'accusé, les frais et dépens nécessaires de celui-ci incombent en principe au Trésor, mais il doit en aller autrement si, abstraction faite de cet obstacle de procédure, on pouvait escompter presque à coup sûr la condamnation, ou le maintien de la condamnation, de l'intéressé ... L'argumentation ... de la défense ne donne pas à penser que l'accusé aurait été acquitté si la procédure avait continué. Les moyens de forme invoqués ... n'auraient de l'importance pour la décision à prendre en l'espèce que si l'on devait s'attendre, en cas de nouveaux débats, à un autre verdict, à savoir un acquittement.»[116]

La Commission, concluant à une violation de la présomption d'innocence au sens de l'article 6 par. 2, a souligné que, dans les systèmes qui prévoient des voies de recours contre des condamnations pénales, la présomption d'innocence s'applique à tous les niveaux de la procédure. La Cour a, elle, estimé par 16 voix contre une qu'il n'y avait pas eu violation, pour des motifs similaires à ceux invoqués dans les affaires Lutz et Englert.

La Cour a, par contre, conclu à une violation de l'article 6 par. 2 dans l'affaire Sekanina, dans laquelle le requérant avait été acquitté d'une inculpation de meurtre et avait demandé réparation pour le temps passé en détention préventive. Le tribunal régional autrichien avait refusé d'accorder un dédommagement quelconque, arguant que «les soupçons n'ont pu être entièrement dissipés» et que «le décompte des voix des jurés révèle que l'acquittement n'a été acquis qu'au bénéfice du doute.»[117] La Cour d'appel a confirmé cette décision. Les juridictions s'appuyaient toutes deux sur une loi autrichienne qui prévoyait un droit de réparation en cas d'acquittement lorsque «les soupçons pesant sur [l'accusé] ont été dissipés»[118]. Le requérant a soutenu que cette loi, dans son application, enfreignait ses droits au titre de l'article 6 par. 2 de la Convention. La Cour européenne des Droits de l'Homme a épousé cette thèse et a déclaré:

> L'expression de soupçons sur l'innocence d'un accusé se conçoit tant que la clôture des poursuites pénales n'emporte pas décision sur le bien-fondé de l'accusation, mais ne saurait s'appuyer à bon droit sur de tels soupçons après un acquittement devenu définitif. Par conséquent, le raisonnement du tribunal régional et de la cour d'appel de Linz se révèle incompatible avec le respect de la présomption d'innocence[119].

La Commission et la Cour ont également été saisies de requêtes faisant valoir que, outre les questions de réparation et de frais, les moyens utilisés pour classer une affaire ou le contenu de l'avis de désistement constituent une violation du droit d'être présumé innocent. Par exemple, dans l'affaire Adolf, l'allégation était que le requérant avait occasionné des blessures à une femme, qui avait ensuite introduit une procédure civile contre lui. L'Etat a finalement classé l'affaire au motif que les blessures subies par la femme étaient mineures. Bien qu'il n'y ait pas eu de conclusion explicite de culpabilité, le requérant a estimé que l'avis de désistement de l'affaire énumérait en tant que faits les allégations de la femme, qui

116. *Ibidem*, p. 70, par. 17.

117. Arrêt Sekanina du 25 août 1993, Série A n° 266-A, p. 9, par. 12.

118. *Ibidem*, p. 11, par. 16.

119. *Ibidem*, p. 16, par. 30.

impliquaient une culpabilité. La Cour européenne des Droits de l'Homme a déclaré que, dès lors qu'il n'y avait pas de conclusion explicite de culpabilité et que l'Etat avait classé l'affaire, il n'y avait pas eu violation de l'article 6 par. 2[120].

Dans l'affaire I. et C[121]., les requérants ont soutenu que la formulation utilisée dans l'avis de désistement de la procédure engagée contre eux et l'évaluation de certains frais encourus dans le contexte de cette procédure violaient leur droit d'être présumés innocents, au sens de l'article 6 par. 2 de la Convention. Les requérants avaient été accusés d'infraction aux dispositions d'un décret fédéral régissant l'acquisition de biens immeubles par des personnes domiciliées en-dehors de la Suisse: l'affaire avait finalement été classée pour prescription. Dans les observations présentées devant la Cour européenne des Droits de l'Homme, le gouvernement suisse, citant l'affaire Minelli[122], a fait valoir que les requérants avaient eu la possibilité d'exercer les droits de la défense comme le prescrit en termes généraux l'article 6 dans son ensemble et que, dès lors, leurs droits au titre de l'article 6 par. 2 avaient été protégés. La Commission n'a pas été de cet avis et a déclaré:

> [L]a conclusion des organes de la Convention dans l'affaire Minelli ne saurait autoriser la conclusion que la présomption d'innocence énoncée à l'article 6 par. 2 de la Convention n'entre pas en ligne de compte si les autres droits de l'article 6 sont respectés. L'article 6 par. 2 jouit au contraire d'une position indépendante dans le système des droits consacrés par l'article 6 et la Commission a fréquemment examiné des griefs sur le terrain de l'article 6 par. 2 exclusivement.... La Commission n'estime donc pas devoir d'abord examiner si d'autres droits garantis par la Convention ont été respectés pour pouvoir se prononcer sur le respect de l'article 6 par. 2....
>
> L'article 6, par. 2, a pour but de protéger une personne qui n'a pas été reconnue coupable par un jugement définitif contre toute décision judiciaire qui refléterait le sentiment que l'intéressé est coupable ...

Le principe que l'Etat ne peut préjuger une affaire pénale a une notion qui lui est associée, à savoir qu'un individu accusé d'une infraction pénale ne peut être contraint de déposer contre lui-même: il a le droit de garder le silence. A l'instar du principe de l'égalité des armes, le droit de ne pas avoir à déposer contre soi-même et le droit de garder le silence sont inscrits explicitement dans la Convention européenne des Droits de l'Homme. La Commission et la Cour ont, toutefois, eu à connaître d'un nombre croissant d'affaires qui soulevaient des questions liées à ces droits et donc, comme c'est le cas pour le principe de l'«égalité des armes», la jurisprudence au titre de la Convention sert à combler les lacunes de l'instrument lui-même. La plupart de ces affaires surgissent dans le contexte de l'effet de présomptions légales qui déplacent la charge de la preuve sur l'accusé au pénal, ou de l'application de sanctions ou de peines d'emprisonnement pour refus de produire des indices à charge ou de faire des dépositions contre ses propres intérêts.

Dans l'affaire Pham Hoang, le requérant avait été condamné, en vertu de la législation douanière française, pour détention d'articles de contrebande. Il s'était, par ailleurs, vu refuser l'assistance judiciaire dans le cadre de l'appel qu'il avait interjeté devant la Cour d'appel

120. Arrêt Adolf du 26 mars 1982, Série A n° 49.

121. I. et C. c/ Suisse, Rapport Comm. 4.12.85, D.R. 48 p. 35 (54).

122. Arrêt Minelli du 25 mars 1983, Série A n° 62.

contre sa condamnation. Il a soutenu devant les organes de Strasbourg que sa condamnation fondée sur des présomptions légales était contraire à l'article 6 par. 1 et 2 de la Convention. La Cour a indiqué que:

> [L]a loi prévoit que le détenteur peut s'exonérer par la preuve de la force majeure et que l'intérêt à la fraude ne peut être imputé à celui qui a agi en état de nécessité ou par suite d'une erreur invincible[123].

La Cour européenne a conclu que les juridictions nationales s'étaient appuyées, pour condamner le requérant, sur des faits, dépassant l'application des dispositions incriminées du Code douanier et que, dès lors, il n'y avait pas eu de violation de l'article 6 par. 1 et 2[124].

Dans l'affaire Funke[125], les autorités douanières françaises avaient procédé, dans les locaux du requérant, à une perquisition au cours de laquelle elles lui avaient demandé de leur remettre des relevés bancaires et d'autres documents légaux. Le requérant avait refusé de remettre ces documents, et le juge de paix local l'avait condamné à une astreinte journalière. Le requérant a formulé le grief que le déroulement de la procédure dirigée contre lui pour son refus de produire les documents demandés par les autorités douanières violait son droit à un procès équitable au sens de l'article 6 par. 1 et son droit à être présumé innocent au sens de l'article 6 par. 2:

> L'administration aurait violé le droit de ne pas témoigner contre soi-même ... : bien que n'ayant pas porté plainte pour infraction à la réglementation des relations financières avec l'étranger, elle engagea une procédure pénale qui tendait à forcer [le requérant] à collaborer à son accusation[126].

La Commission a jugé qu'il n'y avait pas de violation de la Convention:

> [N]i le devoir de produire des relevés bancaires, ni l'imposition d'astreintes ne porteraient atteinte au principe du procès équitable: le premier refléterait la confiance de l'Etat envers tout citoyen, par la renonciation à l'usage de mesures de surveillance plus strictes; la responsabilité du préjudice causé par la seconde retomberait en entier sur le justiciable dès lors qu'il refuse de collaborer avec l'administration[127].

La Cour n'a pas été de cet avis et a déclaré:

> La Cour constate que les douanes provoquèrent la condamnation de M. Funke pour obtenir certaines pièces, dont elles supposaient l'existence sans en avoir la certitude. Faute de pouvoir ou vouloir se les procurer par un autre moyen, elles tentèrent de contraindre le requérant à fournir lui-même la preuve d'infractions qu'il aurait commises. Les particularités du droit douanier ... ne sauraient justifier une telle atteinte au droit, pour tout «accusé» au sens autonome que l'article 6 attribue à ce terme, de se taire et de ne point contribuer à sa propre incrimination[128].

---

123. Arrêt Pham Hoang du 25 septembre 1992, Série A n° 243, pp. 21-22, par. 34.
124. *Ibidem*, p. 22 par. 35-36.
125. Arrêt Funke du 25 février 1993, Série A n° 256-A.
126. *Ibidem*, p. 21, para. 41.
127. *Ibidem*, par. 43.
128. *Ibidem*, p. 22, par. 44.

La Cour, sans expliquer le fondement de son raisonnement, a ensuite déclaré qu'il y avait violation de l'article 6 par. 1 et a refusé d'examiner l'infraction alléguée au principe de la présomption d'innocence[129].

Les protections procédurales minimales garanties par l'article 6 par. 3

Outre la protection qu'apporte l'article 6 par. 2, la Convention protège d'autres droits minimums des personnes accusées d'une infraction pénale dans les cinq alinéas de l'article 6 par. 3. Ces protections procédurales correspondent, en gros, à des dispositions similaires du Pacte international relatif aux droits civils et politiques, bien qu'avec des différences de détail importantes. Certaines des garanties qu'apporte le Pacte ont été ajoutées à la Convention par le biais de son Protocole n° 7. L'accusé peut prétendre à tous les droits définis au paragraphe 3 de l'article 6, qu'il soit ou non arrêté et détenu mais, pour que ces droits prennent cours, il faut qu'il soit inculpé d'une infraction pénale. Les droits énumérés à l'article 6 par. 3 sont introduits en tant que droits minimums et doivent se lire dans le contexte des codes nationaux de procédure pénale, qui offrent souvent des garanties supérieures. Toutefois, les différentes séries de principes sur lesquels se fondent ces codes ne se trouvent pas exprimées dans la Convention. L'article 6 par. 3 a pour but sous-jacent d'assurer que le défendeur ne soit pas abandonné à lui-même et dépourvu de moyen de se défendre, en particulier lorsqu'il est en détention. Certains droits, en revanche, n'ont de sens qu'au stade du procès (notamment le droit de procéder au contre-interrogatoire de témoins), ou sont clairement limités à ce cadre (notamment l'interprétation de «la langue employée à l'audience»).

Le droit «d'être informé, dans le plus court délai, dans une langue qu'il comprend et d'une manière détaillée, de la nature et de la cause de l'accusation portée contre lui»: article 6 par. 3 *a*)

Le principe établi dans cette disposition est que toute personne accusée d'une infraction pénale a le droit de comprendre les accusations portées contre elle. L'exercice de ce droit implique uniquement que l'accusé comprenne la langue employée, non pas qu'il puisse choisir une langue précise dans laquelle les accusations doivent être traduites. Il suppose, par ailleurs, que les autorités fournissent assez de détails pour que l'inculpé puisse préparer correctement sa défense. La Commission a, à cet égard, comparé les prescriptions de l'article 6 par. 3 a) et celles de l'article 5 par. 2, et a déclaré que l'information devait être «plus spécifique et plus détaillé[e] à propos du droit à un procès équitable ... qu'à propos du droit à la liberté et à la sûreté». L'article 5 par. 2 n'impose pas que l'ensemble du dossier de l'instance soit communiqué, mais l'article 6 par. 3 a) exige qu'une information détaillée soit fournie[130]. En revanche, la notion exprimée par «dans le plus court délai» dans cette disposition ne correspond pas exactement à cette même notion telle qu'elle figure à l'article 5 par. 2.

---

129. Voir également l'arrêt Crémieux du 25 février 1993, Série A n° 256-B et l'arrêt Miailhe du 25 février 1993, Série A n° 256-C.

130. N° 347/57, Déc. 2.9.59, Annuaire 2 p. 412 (463); voir également n° 9614/81, Déc. 12.10.83, non publié.

Les procédures qui précèdent le procès peuvent prendre énormément de temps avant l'annonce de l'inculpation en bonne et due forme. Toutefois, l'obligation d'information prévue par la Convention ne dépend ni de cet acte formel ni d'aucun autre, et peut donc s'appliquer avant elle. Si «dans le plus court délai» signifie «dans les heures» qui suivent l'arrestation à l'article 5 par. 2, on peut accepter un délai de quelques jours dans le cas de l'article 6 par. 3 a). La Commission a estimé qu'informer quelqu'un le 22 juin d'une demande datant du 14 juin d'autorisation de mener une enquête judiciaire liée à une perquisition, et communiquer le 3 juillet les informations concernant la nature et la cause de l'accusation constituait un délai qui n'est pas excessif[131]. Les termes «nature» et «cause» renvoient à la fois aux faits et à l'infraction alléguée. Par exemple, il est important qu'un accusé sache si le délit dont il est accusé est un meurtre ou «simplement» un homicide involontaire (violence criminelle ayant entraîné la mort sans intention de la donner). Si le juge d'un tribunal de première instance estime que les faits d'une affaire appuient des accusations non formulées dans l'acte initial d'inculpation mais n'en informe pas l'accusé dans un délai raisonnable, il peut y avoir violation de cette disposition[132].

La jurisprudence liée à l'article 6 par. 3 a) est peu abondante, en partie parce que, bien qu'il s'agisse du point de départ évident de l'exercice des droits protégés par l'article 6, le déroulement de la procédure dans son ensemble soulèvera probablement des questions qui relèvent de dispositions plus larges de l'article 6, notamment l'article 6 par. 3 b) ou c), ou la question de l'équité au titre de l'ensemble de l'article 6. A ce jour, la Cour n'a conclu qu'une seule fois à une violation de l'article 6 par. 3 a), dans l'affaire Brozicek. Dans cette affaire[133], le requérant, un Tchèque résidant en Allemagne, avait reçu signification d'une accusation pénale portée contre lui dans une langue (l'italien) qu'il ne comprenait pas. Lorsqu'il ne répondit pas à la signification, le tribunal italien de première instance invoqua la présomption juridique que le requérant ne souhaitait pas fournir une adresse de domiciliation en Italie. Le requérant, qui avait déménagé dans l'intervalle, avait demandé la traduction de l'ensemble des communications officielles du tribunal dans «une des langues des Nations Unies». Le tribunal national ignora cette demande et transmit la totalité des documents, assignations et autres documents officiels à son propre greffe, désigna un défenseur commis d'office et jugea le requérant par contumace. Celui-ci fut reconnu coupable et le tribunal italien signifia le verdict à la Cour fédérale de justice allemande et l'inscrivit au casier judiciaire. Bien que le gouvernement eût fait valoir que le requérant disposait d'un certain délai pour faire appel de toute décision ou de tout jugement prononcés par contumace, la Cour a néanmoins estimé qu'il y avait violation de l'article 6 par. 1 et 6 par. 3 a) de la Convention (droit d'être informé des chefs d'accusation dans une langue qu'il comprend)[134].

Dans l'affaire Kamasinski, la Cour a rejeté le grief du requérant, à savoir que certaines informations relatives aux accusations portées contre lui, au déroulement de la procédure d'enquête, au verdict ou au jugement ne lui avaient pas été communiquées dans une langue

131. N° 8361/78, Déc. 17.12.81, D.R. 27 p. 37.

132. N° 8490/79, Déc. 12.3.81, D.R. 22 p. 140. Voir également l'arrêt Chichlian et Ekindjian du 28 novembre 1989, Série A n° 162-B.

133. Arrêt Brozicek du 19 décembre 1989, Série A, n° 167.

134. *Ibidem.*

qu'il comprenait. En revanche, la Cour a estimé que la mise à disposition par l'Etat d'un avocat capable de communiquer à la fois dans la langue du tribunal et dans celle du requérant satisfaisait aux prescriptions de l'article 6 par. 3 a)[135].

Le droit «de disposer du temps et des facilités nécessaires à la préparation de sa défense»: article 6 par. 3 b)

Cette disposition est étroitement liée au droit d'être informé d'une manière détaillée, garanti par l'article 6 par. 3 a), et au droit d'avoir l'assistance d'un défenseur, garanti par l'article 6 par. 3 c). Dans l'affaire Chichlian et Ekindjian, les requérants ont soutenu qu'il y avait eu violation de leurs droits au titre des alinéas a) et b), en raison du fait qu'au moment du procès, le juge avait qualifié les faits de la cause comme constitutifs de deux délits différents, et non un seul comme c'était le cas dans l'acte d'accusation initial. Le juge a déclaré les requérants coupables à la fois des chefs d'accusation originaux et de celui nouvellement créé et a alourdi la peine en conséquence. Les requérants ont soutenu qu'ils n'avaient pas été informés de la nouvelle accusation, qu'ils n'avaient pas disposé du temps et des facilités nécessaires à la préparation de leur défense et qu'ils n'avaient pas bénéficié de la présomption d'innocence. Les parties sont parvenues à un règlement amiable de l'affaire[136]. Dans l'affaire Hadjianastassiou, la Cour a conclu à une violation de l'article 6 par. 3 b) lu conjointement avec l'article 6 par. 1. Dans cette affaire, un tribunal avait donné une motivation insuffisante dans le cadre d'un appel interjeté contre un arrêt rendu par une cour martiale et n'avait accordé qu'un délai très court pour introduire l'appel[137].

Dans l'affaire Jespers, le requérant s'est plaint de violations des alinéas b) et c). La Commission a défini les «facilités» comme incluant la possibilité, pour un accusé, de prendre connaissance des résultats des enquêtes effectuées au cours de l'ensemble de la procédure, quels que soient le moment où elles ont lieu et leur qualification. La Commission a toutefois déclaré dans la foulée qu'une personne ne pouvait invoquer cette définition pour en déduire un droit illimité d'accès aux dossiers des autorités chargées des enquêtes dans une affaire. Elle a déclaré en outre que, pour qu'il y ait violation de l'article 6 par. 3, l'inculpé pouvait avoir à établir que les procédures imparfaites alléguées avaient été préjudiciables à sa cause[138]. Dans les affaires Jespers et Kamasinski, la Commission (de même que la Cour dans la seconde affaire) a estimé que le seul fait que le défenseur d'un accusé avait eu accès aux dossiers pertinents suffisait à remplir les conditions de l'article 6 par. 3 b): l'accusé lui-même n'avait pas de droit distinct et automatique à l'examen des dossiers qui le concernaient.

Un aspect important de l'exercice du droit à un défenseur relève du champ d'application, outre de l'alinéa c), de l'alinéa b): l'accès à un défenseur pendant la phase qui précède la procédure pénale proprement dite. Il va de soi qu'une des «facilités» les plus importantes pour la préparation de la défense est la possibilité de s'entretenir avec son avocat. Dans l'affaire Campbell et Fell, les requérants avaient soutenu que la présence de la police ou d'autres autorités lors des entretiens entre l'avocat et les défendeurs au pénal violait le droit aux

135. Arrêt Kamasinski du 19 décembre 1989, Série A n° 168.

136. Arrêt Chichlian et Ekindjian du 28 novembre 1989, Série A n° 162-B.

137. Arrêt Hadjianastassiou du 16 décembre 1992, Série A n° 252.

138. Jespers c/ Belgique, Rapport Comm. 14.12.1981, par. 55-58, D.R. 27 p. 61 (71-72).

facilités suffisantes visé à l'article 6 par. 3 b) ainsi que le droit à un défenseur, protégé par l'article 6 par. 3 c). La Commission a estimé qu'en principe, les entrevues entre un défendeur et son conseil devaient se dérouler en privé, de manière à préserver les rapports confidentiels entre eux et le secret professionnel de l'avocat. La Cour a indiqué que, dans certaines circonstances exceptionnelles, l'Etat pouvait restreindre ces concertations en privé, par exemple lorsqu'on pouvait raisonnablement soupçonner qu'un avocat abuse de sa position professionnelle, notamment en étant de connivence avec son client pour cacher ou détruire des preuves ou par toute autre obstruction grave du processus judiciaire. En l'espèce, toutefois, la Cour a déclaré qu'il y avait eu violation des paragraphes b) et c) de l'article 6[139].

Le droit, pour l'accusé, de se défendre lui-même ou d'avoir l'assistance d'un défenseur de son choix et, s'il n'a pas les moyens de rémunérer un défenseur, de pouvoir être assisté gratuitement par un avocat d'office, lorsque les intérêts de la justice l'exigent: article 6 par. 3 c)

Une des protections procédurales les plus importantes accordées par l'article 6 par. 3 de la Convention est le droit à un avocat: l'exercice de ce droit garantit, de façon presque certaine, un niveau plus élevé de protection que tous les autres droits procéduraux couverts par cet article. La Commission et la Cour ont généralement reconnu l'importance de cet alinéa et ont précisé ses buts et ses attributs dans trois grandes catégories d'affaires:

a. assistance effective d'un avocat et jugements par contumace;
b. communication en privé avec l'avocat;
c. désignation d'un avocat lorsque les intérêts de la justice l'exigent.

a. Assistance effective d'un défenseur et jugements par contumace

Que l'on choisisse de se défendre soi-même ou d'engager ou de faire désigner un avocat, le principe qui sous-tend l'article 6 par. 3 c) de la Convention est l'existence effective d'une défense dans une procédure pénale. La Commission et la Cour ont été saisies de plusieurs affaires dans lesquelles les requérants ont fait valoir que le droit à un avocat leur avait été refusé dans le contexte de procédures pénales par contumace. Dans l'affaire Colozza[140], le requérant avait déménagé pendant le déroulement d'une enquête pénale dont il faisait l'objet. Le juge d'instruction, n'ayant pu trouver le requérant à une de ses adresses, l'avait déclaré non localisable, désigné un défenseur public pour le représenter, et poursuivi l'enquête. Au cours de celle-ci, la police locale avait adressé à son domicile une citation à comparaître pour interrogatoire et le parquet lui avait signifié une série différente de procédures pénales en cours contre lui. Aucun des mandats d'arrestation finalement émis à l'encontre du requérant ne portait l'adresse correcte. Le juge d'instruction a déclaré qu'il se dérobait volontairement à l'exécution d'un mandat et a inscrit l'affaire au rôle. Le tribunal de première instance a désigné deux défenseurs, dont aucun n'a comparu à l'audience. Après deux ajournements, le tribunal a désigné un autre défenseur encore au cours de l'audience pendant laquelle le

139. Arrêt Campbell et Fell du 28 juin 1984, Série A n° 80.

140. Arrêt Colozza du 12 février 1985, Série A n° 89.

requérant fut condamné. La Cour européenne des Droits de l'Homme a estimé que le fonctionnement d'une présomption légale selon laquelle la défaillance des défendeurs pourrait être considérée comme une renonciation, par ceux-ci, au droit à un procès équitable constituait une violation de l'article 6:

> Quoique non mentionnée en termes exprès au paragraphe 1 de l'article 6, la faculté pour l'«accusé» de prendre part à l'audience découle de l'objet et du but de l'ensemble de l'article. Du reste, les alinéas c), d) et e) du paragraphe 3 reconnaissent à «tout accusé» le droit à «se défendre lui-même», «interroger ou faire interroger les témoins» et «se faire assister gratuitement d'un interprète», s'il ne comprend pas ou ne parle pas la langue employée à l'audience», ce qui ne se conçoit guère sans sa présence."[141]

La Cour a ainsi confirmé le principe qui veut que la personne accusée d'un délit pénal détienne des droits inconditionnels, en ce sens que le gouvernement ne peut fixer des présomptions légales qui portent atteinte à la substance du droit en question, par exemple faire porter sur un défendeur «non localisable» la charge de la preuve de son droit à être présent à son propre procès. Ces présomptions légales, contrairement à certaines présomptions légales instituées par exemple pour régir la soumission des éléments de preuve au cours du procès lui-même, sont incompatibles avec le principe sous-jacent d'équité.

Dans l'affaire Artico[142], le requérant avait sollicité et reçu une assistance judiciaire gratuite dans le cadre de ses requêtes visant à faire annuler des condamnations prononcées contre lui dans des procès par contumace. Le président du tribunal correctionnel avait désigné un défenseur, qui n'a pas pris contact avec le requérant. Le requérant et l'avocat se sont tous deux mis en rapport avec le tribunal et le parquet pour demander le remplacement de l'avocat, à quoi le tribunal a répondu que, légalement, le premier avocat ne pouvait refuser la désignation. Suite à l'absence persistante d'activité de celui-ci, le requérant s'est plaint aux organes compétents mais s'est vu opposer la même réponse. La Cour européenne des Droits de l'Homme a conclu à une violation de l'article 6 par. 3 c) et a déclaré:

> [L]e but de la Convention consiste à protéger des droits non pas théoriques ou illusoires, mais concrets et effectifs; la remarque vaut spécialement pour ceux de la défense eu égard au rôle éminent que le droit à un procès équitable, dont ils dérivent, joue dans une société démocratique ... L'article 6 par. 3 c) ... parle d'«assistance» et non de «nomination». Or la seconde n'assure pas à elle seule l'effectivité de la première car l'avocat d'office peut mourir, tomber gravement malade, avoir un empêchement durable ou se dérober à ses devoirs. Si on les en avertit, les autorités doivent le remplacer ou l'amener à s'acquitter de sa tâche. Adopter l'interprétation restrictive avancée par le gouvernement conduirait à des résultats déraisonnables, incompatibles avec le libellé de l'alinéa c) comme avec l'économie de l'article 6 considéré dans son ensemble: l'assistance judiciaire gratuite risquerait de se révéler un vain mot en plus d'une occasion."[143]

La Cour a souligné que, si on ne peut tenir un Etat pour responsable de tout manquement d'un avocat désigné dans le cadre du système d'assistance judiciaire, les autorités

141. *Ibidem*, p. 14, par. 26-27.

142. Arrêt Artico du 13 mai 1980, Série A n° 37.

143. *Ibidem*, pp. 15-16, par. 33.

ont, en l'espèce, choisi de demeurer passives, «alors que le respect de la Convention appelait de leur part des mesures positives»[144].

Dans l'affaire Alimena[145], le requérant s'était plaint que la Cour de Cassation ait rejeté son appel après avoir omis d'informer le défenseur de la date de l'audience puis tenu celle-ci sans qu'il soit présent. La Cour européenne des Droits de l'Homme a estimé qu'il y avait eu violation de l'article 6 par. 3 c) de la Convention et a répété sa déclaration dans l'affaire Artico, à savoir qu'»une violation de la Convention se conçoit même sans préjudice», et son avis selon lequel les Etats parties à la Convention peuvent imposer des obligations expresses de satisfaire à ses exigences[146].

Dans l'affaire Tripodi[147], l'avocat de la requérante n'avait pu assister à une audience en appel de la Cour de Cassation, étant souffrant. Bien qu'elle eût introduit dans les délais une demande d'ajournement, la Cour a rejeté celle-ci à l'audience même, qui eut alors lieu sans que la défenderesse fût représentée ni par son propre conseil ni par celui désigné par la Cour de Cassation elle-même. La Commission a estimé qu'il y avait eu violation de l'article 6 par. 3 c) de la Convention et a relevé que le Code italien de procédure pénale en vigueur à l'époque prévoyait qu'il était interdit aux parties à une procédure devant la Cour de Cassation de comparaître en personne, et que les faits de la cause indiquaient que seules les autorités poursuivantes avaient participé à la procédure, à l'exclusion de tout représentant de la défense. Le gouvernement italien a soutenu devant la Commission que la requérante elle-même était responsable de la violation de ses droits, «par son "imprudence" – en escomptant un renvoi d'audience qui pouvait être refusé – et son "manque de diligence" – en omettant de désigner un remplaçant à son avocat empêché...»[148]. Cet argument n'a pas convaincu la Commission, qui a déclaré:

> [La Commission] considère ... que les circonstances qualifiées d'«imprudence» et l'«absence de diligence» que le gouvernement reproche à la requérante, à les supposer établies, ne constituent pas, en l'espèce, des circonstances de nature à pouvoir justifier la perte irréparable par la requérante du droit de se défendre[149].

Dans l'affaire Poitrimol, le requérant avait, pour tenter d'échapper à l'exécution d'un mandat d'arrêt contre lui, renoncé à son droit d'être présent à l'audience d'appel, tout en précisant qu'il avait l'intention de s'y faire représenter par un avocat. La cour d'appel nationale a refusé d'autoriser l'avocat à être présent en lieu et place du défendeur. Au niveau de la Cour de cassation, l'absence constante de celui-ci a été citée comme motif pour lui refuser le droit d'être représenté dans le cadre d'un recours portant sur des points juridiques. La Cour européenne des Droits de l'Homme a estimé qu'il y avait eu violation de l'article 6 par. 1 et 3 c) aux deux niveaux de la procédure.

> Que la cour d'appel d'Aix-en-Provence et la Cour de cassation aient statué sans offrir au requérant la possibilité de se faire représenter, de déposer des conclusions par l'intermédiaire

144. *Ibidem*, p. 18, par. 36.

145. Arrêt Alimena du 19 février 1991, Série A n° 195-D.

146. *Ibidem*, p. 56, par. 20.

147. Tripodi c/ Italie, Rapport Comm. du 14.10.92, Série A n° 281-B.

148. *Ibidem*, par. 40.

149. *Ibidem*, par. 41.

de son conseil et d'en obtenir la prise en compte, méconnaîtrait la lettre et l'esprit de l'article 6 par. 1 de la Convention. Il s'agirait d'un système de contrainte, parce que conçu pour obliger l'accusé à comparaître et à se prêter ainsi à l'exécution du mandat d'arrêt décerné contre lui....

En l'espèce, il n'y a pourtant pas lieu de se prononcer sur le point de savoir s'il est en principe loisible de les sanctionner en dérogeant au droit à l'assistance d'un défenseur, car en tout cas la suppression de ce droit se révèle disproportionnée dans les circonstances de la cause. ...

La Cour estime que l'irrecevabilité du pourvoi, pour des raisons liées à la fuite du requérant, s'analysait elle aussi en une sanction disproportionnée, eu égard à la place primordiale que les droits de la défense et le principe de la prééminence du droit occupent dans une société démocratique[150].

La Cour a, dans les affaires Lala[151] et Pelladoah[152], réaffirmé sa position en ce qui concerne l'importance du droit à un avocat dans les procédures par contumace. Dans chacune de ces affaires, le requérant n'avait pas réagi à une citation à comparaître à l'audience d'appel, mais était représenté par son défenseur. Le tribunal national a, dans les deux cas, refusé d'autoriser l'avocat à assurer la défense au motif que le requérant n'avait pas motivé son absence. La Cour européenne des Droits de l'Homme a conclu à une violation de l'article 6 par. 3 c) lu conjointement avec l'article 6 par. 1 et indiqué que le droit d'être présent à son propre procès et le droit d'avoir l'assistance d'un défenseur sont des droits importants, mais que l'équité commande que le fait de ne pas exercer le premier ne peut entraîner la déchéance du second. Cet avis était appuyé par le fait que la Cour a distingué ces affaires de l'arrêt Poitrimol, en ce sens qu'en droit néerlandais, l'accusé n'est généralement pas tenu d'assister à son procès.

b. Caractère confidentiel des communications avec l'avocat

La Convention européenne des Droits de l'Homme ne contient pas de disposition explicite établissant le droit d'un accusé de communiquer avec son avocat. Toutefois, ce droit a été établi par la jurisprudence de la Convention, même si le contexte était souvent celui de détenus souhaitant intenter des actions au civil. D'autre part, le principe de la confidentialité de la communication a également été développé par la Commission et la Cour européennes des Droits de l'Homme dans le contexte de procédures pénales, plutôt que civiles.

Dans l'affaire S., les autorités avaient surveillé les rencontres entre le requérant et son défenseur, noté les propos échangés et intercepté les lettres du requérant à son avocat en vue de faire établir des rapports graphologiques à utiliser au procès. Répondant au grief du requérant que cette surveillance enfreignait ses droits au titre de l'article 6 par. 3 c), le gouvernement a soutenu que la possibilité de collusion entre l'avocat du requérant et d'autres avocats ou co-inculpés autorisait ce procédé. La Cour européenne des Droits de l'Homme a déclaré que le gouvernement suisse avait violé les droits du requérant protégés par l'article 6 par. 3 c), en observant que l'absence, dans la Convention, de garantie spécifique du droit de communiquer librement avec le défenseur ne faisait pas obstacle à l'application de ce

150. Arrêt Poitrimol du 23 novembre 1993, Série A n° 277-A, pp. 14-15, par. 33-38.

151. Arrêt Lala du 22 septembre 1994, Série A n° 297-A.

152. Arrêt Pelladoah du 22 septembre 1994, Série A n° 297-B.

principe. A l'appui de sa thèse, la Cour a renvoyé, d'une part, à l'article 93 de l'Ensemble des règles minima pour le traitement des détenus (annexé à la Résolution (73)5 du Comité des Ministres)[153] et, d'autre part, à l'article 3.2 de l'Accord européen concernant les personnes participant aux procédures devant la Commission et la Cour européennes des Droits de l'Homme (accord contraignant pour la Suisse depuis 1974)[154]. Citant ensuite l'affaire Artico[155], la Cour a conclu son examen de l'article 6 par. 3 c) en déclarant:

> La Cour estime que le droit, pour l'accusé, de communiquer avec son avocat hors de portée d'ouïe d'un tiers figure parmi les exigences élémentaires du procès équitable dans une société démocratique et découle de l'article 6 par. 3 c) de la Convention. Si un avocat ne pouvait s'entretenir avec son client sans une telle surveillance et en recevoir des instructions confidentielles, son assistance perdrait beaucoup de son utilité, alors que le but de la Convention consiste à protéger des droits concrets et effectifs[156].

La Cour a examiné les allégations du gouvernement concernant l'existence d'un risque de «collusion», mais a observé que

> [N]i la probité déontologique de [l'avocat du requérant], nommé défenseur d'office par le président de la chambre d'accusation ... ni la régularité de son comportement n'ont jamais prêté à contestation en l'espèce.[157]

c. Désignation d'un avocat «lorsque les intérêts de la justice le requièrent»

L'article 6 par. 3 c) lie la mise à disposition d'une assistance judiciaire gratuite aux «intérêts de la justice», ce qui correspond largement au respect du principe de l'égalité des armes examiné ci-dessus. On peut considérer que la notion d'«intérêts de la justice» au sens de l'article 6 par. 3 c) de la Convention doit recevoir une interprétation large, afin de faire jouer ce droit à tout moment auquel une aide judiciaire peut être profitable à l'accusé. La Cour a estimé que le droit de bénéficier d'une assistance judiciaire gratuite lorsque les intérêts de la justice l'exigent ne constituait pas une alternative par rapport au droit de se défendre soi-même, mais un droit indépendant obéissant à des critères objectifs.

---

153. Cet article est libellé comme suit:
Un prévenu doit, dès son incarcération, pouvoir choisir son avocat ou être autorisé à demander la désignation d'un avocat d'office, lorsque cette assistance est prévue, et à recevoir des visites de son avocat en vue de sa défense. Il doit pouvoir préparer et remettre à celui-ci des instructions confidentielles, et en recevoir. Sur sa demande, toute facilité doit lui être accordée à cette fin. Il doit notamment pouvoir se faire assister gratuitement par un interprète dans ses rapports essentiels avec l'administration et la défense. Les entrevues entre le prévenu et son avocat peuvent être à portée de vue, mais ne peuvent être à portée d'ouïe directe ou indirecte d'un fonctionnaire de la police ou de l'établissement.

154. L'article 3.2 est libellé comme suit:
En ce qui concerne les personnes détenues, l'exercice de ce droit implique notamment que:
...
c. ces personnes ont le droit, au sujet d'une requête à la Commission et de toute procédure qui en résulte, de correspondre avec un conseil admis à plaider devant les tribunaux du pays où elles sont détenues, et de s'entretenir avec lui sans pouvoir être entendues par quiconque d'autre.

155. Arrêt Artico du 13 mai 1980, Série A n° 37.

156. Voir arrêt du 28 novembre 1991, Série A n° 220, p. 16, par. 48. Voir également l'arrêt Can du 30 septembre 1985, Série A n° 96 (arrangement amiable).

157. Voir arrêt du 28 novembre 1991, Série A n° 220, p. 16, par. 49. Voir également l'arrêt Campbell et Fell du 28 juin 1984, Série A n° 80, cité ci-dessus.

Si une affaire précise soulève des questions juridiques qui exigent la mise en œuvre de connaissances professionnelles spécialisées d'un certain niveau, l'Etat ne peut exiger qu'un accusé tente de les aborder lui-même. Dans l'affaire Granger, le requérant s'était vu refuser une aide judiciaire en vue de couvrir les coûts de sa représentation à une audience en appel dans le cadre d'un recours contre une condamnation pour parjure: la cour d'appel nationale avait elle-même reporté l'audience afin d'examiner un point de droit complexe relatif au bien-fondé de la requête. La Cour a estimé que l'Etat avait violé les articles 6 par. 1 et 6 par. 3 c) lus conjointement. La Cour a également conclu à une violation de ces deux dispositions dans l'affaire Kremzow, dans laquelle le requérant était absent à une audience dans le cadre d'un appel intenté contre une condamnation au pénal. La question centrale concernait et la durée de la peine (détention allant de vingt ans à perpétuité), et les conditions d'incarcération (transfert d'une institution psychiatrique vers une prison)[158]. La Cour a invoqué des facteurs similaires lorsqu'elle a conclu à une violation de l'article 6 par. c) dans les affaires Boner et Maxwell. Dans ces deux affaires, les requérants avaient été condamnés à de longues peines d'emprisonnement mais s'étaient vu refuser une aide pour la préparation de leurs appels concernant des points de droit. Si la Cour a recommandé certaines modifications de la pratique, instituées suite à la décision dans l'affaire Granger, elle a néanmoins estimé que les protections offertes à Boner et Maxwell n'étaient pas conformes aux prescriptions de l'article 6[159].

La Commission et la Cour européennes ont affirmé le droit des Etats de désigner un défenseur «lorsque les intérêts de la justice l'exigent», même en dépit d'objections spécifiques de l'accusé ou de sa demande de se défendre lui-même. Dans l'affaire Brandstetter, le requérant avait soutenu que les poursuites dont il avait fait l'objet et sa condamnation pour calomnie suite à des déclarations qu'il avait faites en assurant sa propre défense avaient violé son droit de se défendre lui-même, tel que garanti par l'article 6 par. 3 c) de la Convention. Le requérant avait soutenu que le rassemblement des preuves sur lesquelles se fonderait sa condamnation ultérieure n'avait pas été mené correctement. Le requérant a fait valoir devant la Cour européenne des Droits de l'Homme que la possibilité, pour un accusé, «de formuler des déclarations afin de se défendre ne doit pas être limitée ou contrecarrée par la crainte de se voir poursuivre plus tard pour allégations mensongères»[160]. La Cour en est disconvenu et a déclaré:

> [L]'article 6 par. 3 c) ne prévoit pas un droit illimité à user de n'importe quel argument pour sa défense.....
>
> On élargirait outre mesure la notion de droits de la défense si l'on admettait qu'un accusé échappe à toute poursuite lorsque, dans l'exercice de ses droits, il incite intentionnellement à soupçonner à tort d'un comportement répréhensible un témoin ou toute autre personne participant à la procédure....

---

158. Arrêt Kremzow du 21 septembre 1993, Série A n° 268-B, p. 43, par. 58-59. Voir également l'arrêt Quaranta du 24 mai 1991, Série A n° 205.

159. Arrêt Boner du 28 octobre 1994, Série A n° 300-B; Arrêt Maxwell du 28 octobre 1994, Série A n° 300-C.

160. Arrêt Brandstetter du 28 août 1991, Série A n° 211, p. 23, par. 50.

> [I]l découle des considérations ci-dessus que la simple possibilité de poursuivre ultérieurement un prévenu à raison d'allégations formulées pour sa défense ne saurait passer pour porter atteinte aux droits garantis à l'article 6 par. 3 c)[161].

Dans l'affaire Pakelli[162], le gouvernement avait refusé de désigner un défenseur *pro deo* en vue d'assister le requérant à une audience d'appel concernant certains points de droit. La Cour européenne des Droits de l'Homme a indiqué que les connaissances du requérant ne lui permettaient pas de débattre valablement des points de droit complexes en cause dans la requête en appel. Toutefois, le requérant aurait été en mesure de répondre aux moyens de l'accusation s'il n'y avait pas eu d'audience mais uniquement des conclusions écrites. La Cour a, dès lors, estimé que le critère des «intérêts de la justice» commandait l'octroi d'une assistance juridique à l'audience[163].

Dans l'affaire Croissant, le requérant, dans une procédure pénale complexe et susceptible d'être longue qui concernait ses activités en qualité d'avocat de plusieurs membres de la «Rote Armee Faktion», avait été représenté par deux avocats de son choix ainsi que par un troisième désigné par le tribunal à la demande des autorités poursuivantes. Les motifs invoqués pour justifier cette désignation étaient notamment les «garanties d'une défense adéquate et efficace compte tenu de l'objet du procès, de la complexité des questions de fait et de droit en jeu et de la personnalité de l'accusé»[164]. Le tribunal a rejeté la demande du requérant visant à faire annuler la désignation du troisième défenseur ou à le remplacer par un autre, choisi par le requérant. Il a refusé, en outre, de décharger l'avocat désigné par le tribunal de ses obligations de représentation du requérant. Les tribunaux nationaux allemands ont évoqué la norme définie par la jurisprudence du *Bundesverfassungsgericht*, à savoir que «la désignation d'un avocat d'office ne devait être révoquée que si le but poursuivi – une défense adéquate de l'accusé et la bonne marche de la procédure – se trouvait gravement menacé»[165], conditions qui n'étaient pas réunies en l'espèce. Le requérant s'est plaint devant les organes de Strasbourg que la désignation du défenseur supplémentaire et l'ordre de payer ses honoraires violaient ses droits contenus dans l'article 6 par. 1 et par. 3 c) de la Convention. La Cour européenne des Droits de l'Homme a déclaré que cette désignation n'entraînait pas de violation et a cité le critère des «intérêts de la justice» en tant que motif permettant aux autorités nationales de déroger à la règle du choix du défenseur par le requérant[166].

161. Ibid., pp. 23-24, par. 52-53.

162. Arrêt Pakelli du 25 avril 1983, Série A n° 64.

163. *Ibidem*, p. 18, par. 38-40. Voir également l'arrêt Pham Hoang du 25 septembre 1992, Série A n° 243.

164. Arrêt Croissant du 25 septembre 1992, Série A n° 237-B, pp. 25-26, par. 9.

165. *Ibidem*, p. 26, par. 10.

166. *Ibidem*, pp. 32-33, par. 29.

Le droit d'«interroger ou faire interroger les témoins à charge et obtenir la convocation et l'interrogation des témoins à décharge dans les mêmes conditions que les témoins à charge»: article 6 par. 3 d)

Cette clause définit une des manifestations les plus évidentes du principe de l'égalité des armes. Ce droit vise essentiellement à garantir qu'à l'un ou l'autre stade de la procédure à sa charge, une personne accusée d'une infraction pénale ait la possibilité adéquate et suffisante de contester un témoignage quelconque qui l'accable. La Cour européenne a, dès lors, déclaré que tout élément de preuve dans une affaire pénale devait normalement être produit en présence de l'accusé, dans le cadre d'une audience, en vue d'un débat contradictoire[167]. Dans l'affaire Bönisch, la Cour a estimé, en outre, qu'une juridiction de jugement devait épouser le même schéma d'interrogation pour l'examen de ses propres juré-experts que pour ceux cités par la défense[168]. A d'autres occasions, la Cour a estimé, en revanche, que le droit de confronter des témoins n'impliquait pas que l'Etat citât tous les témoins demandés par la défense: le tribunal national dispose d'une latitude raisonnable pour limiter le nombre des témoins ainsi cités.

Plusieurs affaires déférées à la Cour européenne des Droits de l'Homme ont concerné le grief que le recours au témoignage incontesté en tant que fondement d'une condamnation pénale violait le droit de confrontation garanti par l'article 6 par. 3 d). Ces affaires correspondent *grosso modo* à deux catégories:

1. témoins anonymes;
2. autres témoins privilégiés ou protégés.

Dans l'affaire Kostovski, le requérant avait été condamné sur base de procès-verbaux de dépositions de deux personnes anonymes entendues toutes deux par la police, et l'une d'entre elles, en outre, par le magistrat instructeur. Aucune ne fut entendue à l'audience. La Cour a exprimé dans la déclaration suivante ses doutes quant à la fiabilité des témoignages anonymes:

> Si la défense ignore l'identité d'un individu qu'elle essaie d'interroger, elle peut se voir privée des précisions lui permettant justement d'établir qu'il est partial, hostile ou indigne de foi. Un témoignage ou d'autres déclarations chargeant un accusé peuvent fort bien constituer un mensonge ou résulter d'une simple erreur; la défense ne peut guère le démontrer si elle ne possède pas les informations qui lui fourniraient le moyen de contrôler la crédibilité de l'auteur ou de jeter le doute sur celle-ci. Les dangers inhérents à pareille situation tombent sous le sens[169].

Le gouvernement a soutenu que les témoins anonymes craignaient des manœuvres d'intimidation ou des représailles si leur identité était révélée. La Cour a indiqué que, bien que le recours à des sources anonymes au cours de la phase d'enquête d'une procédure pénale puisse se justifier, l'importance accordée à ces témoignages pour aboutir à la condamnation du requérant n'était pas conciliable avec les garanties contenues dans l'article 6[170]. Des faits

---

167. Arrêt Kostovski du 20 novembre 1989, Série A n° 166; arrêt Barberà, Messegué et Jabardo du 6 décembre 1988, Série A n° 146.

168. Arrêt Bönisch du 6 mai 1985, Série A n° 92.

169. Arrêt Kostovski du 20 novembre 1989, Série A n° 166, p. 20, par. 42.

170. Voir également l'arrêt Windisch du 27 septembre 1990, Série A n° 186.

similaires se sont produits dans l'affaire Saïdi, dans laquelle la condamnation se fondait exclusivement sur les déclarations de deux personnes anonymes qui avaient identifié et impliqué le requérant dans l'exécution d'un délit. L'accusation n'a présenté aucune preuve supplémentaire corroborant ces témoignages. La Cour a conclu à une violation de l'article 6 par. 1 et 6 par. 3 d)[171].

Dans l'affaire Delta[172], le requérant avait été condamné sur la base de déclarations faites par la victime de l'infraction alléguée et d'un compagnon d'un officier de police. Les deux témoins ont ignoré une citation de l'accusation les invitant à comparaître au procès, et le requérant a été condamné sur base de leurs déclarations antérieures: aucun des témoins n'a été interrogé par un juge d'instruction ou par le tribunal. La Cour européenne des Droits de l'Homme a estimé qu'il y avait violation de la Convention, en déclarant:

> Les éléments de preuve doivent normalement être produits devant l'accusé en audience publique, en vue d'un débat contradictoire. Il n'en résulte pourtant pas que la déclaration d'un témoin doive toujours se faire dans le prétoire et en public pour pouvoir servir de preuve: utiliser de la sorte des dépositions remontant à la phase de l'instruction préparatoire ne se heurte pas en soi aux paragraphes 3 d) et 1 de l'article 6, sous réserve du respect des droits de la défense. En règle générale, ils commandent d'accorder à l'accusé une occasion adéquate et suffisante de contester un témoignage à charge et d'en interroger l'auteur, au moment de la déposition ou plus tard[173].

La Cour a conclu à l'absence de violation dans l'affaire Isgro, dans laquelle le requérant contestait l'utilisation de la déposition d'un témoin déclaré «non localisable» par le gouvernement. La Cour a relevé qu'il y avait eu au moins une confrontation entre le témoin et le requérant au stade de l'instruction de la procédure, que le témoin n'était pas anonyme, et que la condamnation était fondée également sur les dépositions d'autres témoins. Elle a fait observer, en outre, que le gouvernement avait, en tout état de cause, déployé des efforts concertés pour localiser le témoin afin de le citer à comparaître au procès. Considérées dans leur globalité, les circonstances de l'affaire n'avaient pas privé le requérant de son droit à un procès équitable[174].

La Cour a été saisie de deux catégories d'affaires dans lesquelles les droits de confrontation avaient été limités en raison du statut privilégié accordé à certains témoins par le jeu du droit interne. Dans la première, les personnes portant des accusations contre des membres de leur famille avaient le droit, selon la législation interne, de refuser de déposer au procès. Dans l'affaire Unterpertinger, le requérant avait été condamné sur base du témoignage de sa femme et de sa belle-fille, qu'il n'avait pas été en mesure de contester, compte tenu du statut privilégié dont bénéficiaient ces personnes en droit autrichien. Si la Commission a estimé convaincant le moyen du gouvernement selon lequel il n'y avait pas eu inégalité entre les parties puisque ni l'accusation ni la défense n'avaient pu interroger ces témoins privilégiés, la Cour, elle, a déclaré que l'interdiction de confrontation avait considérablement restreint les droits du requérant au titre de l'article 6, dès lors qu'il avait

---

171. Arrêt Saïdi du 20 septembre 1993, Série A n° 261-C.

172. Arrêt Delta du 19 décembre 1990, Série A n° 191-A.

173. *Ibidem*, p. 16, par. 36.

174. Arrêt Isgro du 19 février 1991, Série A n° 194-A.

été admis que les dépositions des témoins démontraient l'exactitude de certaines accusations[175]. L'affaire Asch, postérieure, présentait des circonstances similaires, mais les éléments de preuve présentés au procès comprenaient également des rapports médicaux attestant des lésions sur lesquelles se fondait la requête initiale et du témoignage incohérent du requérant lui-même. La Cour a estimé qu'il n'y avait pas eu, dans cette affaire, de violation de l'article 6[176].

La Cour n'a été saisie que d'un seul cas relevant de la seconde catégorie d'affaires («témoin privilégié»). Dans l'affaire Bricmont, le requérant avait été accusé d'une infraction pénale liée à la gestion de biens appartenant à un prince belge, sur le témoignage duquel reposaient les accusations. Le prince avait également, parallèlement à l'action au pénal, introduit une action en dommages-intérêts au civil pour les mêmes faits. Au cours de la procédure d'instruction, le requérant avait demandé, à plusieurs reprises, à être confronté avec le prince, mais aucune confrontation complète n'avait eu lieu. Toutefois, le magistrat instructeur avait parlé au prince de ses allégations, sans que celui-ci déposât sous serment. La Cour européenne a conclu à une violation de l'article 6 pour déni du droit de confrontation associé à l'importance excessive accordée par les tribunaux au témoignage sans serment[177].

Le droit de «se faire assister gratuitement d'un interprète, s'il ne comprend pas ou ne parle pas la langue employée à l'audience»: article 6 par. 3 e)

La Cour européenne des Droits de l'Homme a donné une interprétation large du droit à l'assistance gratuite d'un interprète lorsque l'accusé ne comprend ou ne parle pas la langue employée à l'audience. Il convient d'observer que, contrairement à la disposition analogue de l'article 6 par. 3 c) (qui garantit l'assistance judiciaire gratuite lorsque l'accusé est démuni et que les intérêts de la justice l'exigent), la garantie de l'interprétation gratuite n'est soumise à aucun type de condition. C'est ainsi que, dans l'affaire Öztürk, la Cour a jugé qu'une estimation des coûts d'interprétation encourus pour une personne convaincue d'une infraction pénale violait l'article 6 par. 3 d), en partie parce que la crainte des conséquences financières pourrait fort bien avoir un effet inhibiteur sur l'exercice de ce droit[178].

La Cour a précisé la signification de l'expression «langue employée à l'audience» dans l'affaire Luedicke, Belkacem et Koc, en déclarant que cette disposition s'appliquait à «tous les actes de la procédure ... qu'il lui faut comprendre pour bénéficier d'un ... procès [équitable]». Elle a exposé cette condition en détail en énumérant parmi les éléments dont la traduction ou l'interprétation doit être assurée aux frais des autorités: l'accusation, comme l'exige également l'article 6 par. 3 a); les raisons de l'arrestation, comme l'impose l'article 5 par. 2; et l'audience elle-même[179]. En théorie, la jurisprudence ci-dessus prévoit que l'accusé lui-même doit comprendre la quasi-totalité des aspects de sa procédure. La Cour a toutefois estimé, dans l'affaire Kamasinski, qu'il n'y avait pas de violation de l'article 6 par. 3 e) dans

175. Arrêt Unterpertinger du 24 novembre 1986, Série A n° 110.

176. Arrêt Asch du 26 avril 1991, Série A n° 203.

177. Arrêt Bricmont du 7 juillet 1989, Série A n° 158.

178. Arrêt Öztürk du 21 février 1984, Série A n° 73.

179. Arrêt Luedicke, Belkacem et Koc du 28 novembre 1978, Série A n° 29.

la mesure ou l'avocat de la défense avait une connaissance suffisante de la langue maternelle de l'accusé[180]. L'article 6 par. 3 e) n'impose pas l'interprétation dans une langue choisie par le défendeur, mais uniquement dans une langue qu'il comprend.

Garanties supplémentaires dans les procédures pénales: articles 2 et 4 du Protocole n° 7

Certains principes de justice pénale n'ont pas été inclus dans l'article 6 au moment de l'élaboration de la Convention européenne des Droits de l'Homme. On les trouve, en revanche, dans le Protocole n° 7 à la Convention qui, pour la partie pertinente, est libellé comme suit:

Article 2

1. Toute personne déclarée coupable d'une infraction pénale par un tribunal a le droit de faire examiner par une juridiction supérieure la déclaration de culpabilité ou la condamnation. L'exercice de ce droit, y compris les motifs pour lesquels il peut être exercé, est régi par la loi.

2. Ce droit peut faire l'objet d'exceptions pour des infractions mineures telles qu'elles sont définies par la loi ou lorsque l'intéressé a été jugé en première instance par la plus haute juridiction ou a été déclaré coupable et condamné à la suite d'un recours contre son acquittement.

Article 3

Lorsqu'une condamnation pénale définitive est ultérieurement annulée, ou lorsque la grâce est accordée, parce qu'un fait nouveau ou nouvellement révélé prouve qu'il s'est produit une erreur judiciaire, la personne qui a subi une peine en raison de cette condamnation est indemnisée, conformément à la loi ou à l'usage en vigueur dans l'Etat concerné, à moins qu'il ne soit prouvé que la non-révélation en temps utile du fait inconnu lui est imputable en tout ou en partie.

Article 4

1. Nul ne peut être poursuivi ou puni pénalement par les juridictions du même Etat en raison d'une infraction pour laquelle il a déjà été acquitté ou condamné par un jugement définitif conformément à la loi et à la procédure pénale de cet Etat.

2. Les dispositions du paragraphe précédent n'empêchent pas la réouverture du procès, conformément à la loi et à la procédure pénale de l'Etat concerné, si des faits nouveaux ou nouvellement révélés ou un vice fondamental dans la procédure précédente sont de nature à affecter le jugement intervenu.

On trouve le pendant de cette disposition à l'article 14 (5) du Pacte international relatif aux droits civils et politiques. Ces dispositions précisent qu'il s'agit uniquement de l'examen des affaires pénales par une juridiction supérieure. Le Rapport explicatif du Protocole n° 7[181] précise que le terme «tribunal» a été ajouté pour qu'il soit bien clair que cet article ne

180. Arrêt Kamasinski du 19 décembre 1989, Série A n° 168.

181. Les Editions du Conseil de l'Europe, 1985, ISBN 92-871-0759-9.

concerne pas les infractions jugées par des autorités qui ne sont pas des tribunaux au sens de l'article 6 de la Convention. En outre, le Rapport explicatif indique que l'article 2 du Protocole n° 7 n'impose pas, dans chaque cas, l'examen à la fois de la déclaration de culpabilité et de la condamnation, mais bien l'un ou l'autre. Par exemple, si la personne condamnée s'est avouée coupable de l'infraction dont elle est inculpée, cette disposition autorise à restreindre l'examen à l'appréciation de la peine infligée.

De plus, le paragraphe 2 de cet article autorise l'examen soit des questions de fait et de droit, soit des seules questions de droit. Et dans les pays dans lesquels les personnes qui souhaitent interjeter appel auprès d'une juridiction supérieure doivent solliciter l'autorisation de le faire, ces demandes d'autorisation constituent une forme d'examen au sens du Protocole. Enfin, le Rapport explicatif indique que le critère pour déterminer si une exception existe aux termes de la disposition relative aux «infractions mineures» est la question de savoir si l'infraction est passible ou non d'emprisonnement.

L'article 3 du Protocole n° 7 trouve son pendant quasi littéral dans l'article 14 (6) du Pacte. Le Rapport explicatif précise qu'une personne qui introduit une requête au titre de cet article doit avoir été condamnée au pénal par une décision définitive et doit avoir subi une peine à raison de cette condamnation. Cet article s'applique uniquement lorsque la condamnation a été annulée ou lorsque la personne en question a bénéficié d'une mesure de grâce parce qu'un fait nouveau ou nouvellement révélé prouve qu'il s'est produit une erreur judiciaire. Le critère à remplir est strict, dans la mesure où un dysfonctionnement important du processus judiciaire entraîne un préjudice grave pour le condamné. C'est la raison pour laquelle la procédure doit avoir été entachée d'une irrégularité caractérisée pour que cette disposition soit applicable. De même, l'annulation d'une condamnation, l'octroi d'une grâce ou tout autre moyen similaire de réparation de l'injustice dispense l'Etat de l'obligation d'indemnisation. Il va sans dire qu'il n'existe pas de droit à réparation lorsqu'il est possible de démontrer que la non-révélation du fait ignoré était imputable en tout ou en partie au condamné.

L'article 4 du Protocole n° 7 établit le principe *ne bis in idem*, dont on trouve l'équivalent à l'article 14 (7) du Pacte international relatif aux droits civils et politiques, sans toutefois qu'il y soit fait mention de la possibilité de réouverture du procès. En outre, la Convention européenne ne prévoit aucune possibilité de déroger à cette disposition, ce qui n'est pas le cas de l'article 14 (7) du Pacte.

L'article 4 du Protocole n° 7 consacre le principe selon lequel une personne ne peut être jugée ou sanctionnée dans le cadre de deux procédures pénales menées par des juridictions d'un même Etat. Ce principe s'applique, que la personne ait été précédemment acquittée ou condamnée. L'expression «par les juridictions du même Etat» limite l'application de cet article au niveau national. La Convention européenne d'extradition, la Convention européenne sur la valeur internationale des jugements répressifs et la Convention européenne sur la transmission des procédures répressives régissent le principe *ne bis in idem* au niveau international. Il est intéressant de noter que la notion de jugement définitif au sens du Protocole n° 7 signifie que la décision en question a acquis force de *res judicata*, ce qui est uniquement le cas lorsqu'une décision est irrévocable, c'est-à-dire lorsqu'il n'existe plus de voie de recours, que les parties ont épuisé ces voies, ou que le délai pour introduire ces recours est écoulé.

Le deuxième paragraphe de cet article prévoit la réouverture du procès si des faits nouveaux ou nouvellement révélés ou un vice fondamental dans la procédure précédente sont de nature à affecter le jugement intervenu. Le Rapport explicatif précise que l'expression «faits nouveaux ou nouvellement révélés» comprend les nouveaux moyens de preuve relatifs à des faits existant précédemment. De plus, cet article permet la réouverture du procès en faveur d'une personne condamnée ou la simple modification d'un jugement dans un sens qui lui est favorable. Toutefois, cet article s'applique uniquement aux procès et aux condamnations au pénal et n'exclut donc pas la possibilité de voir la personne qui bénéficie de sa protection dans le contexte pénal soumise à une procédure en-dehors de ce contexte, par exemple des procédures disciplinaires ou des recours au civil.

L'entrée en vigueur du Protocole n° 7 est récente et aucun cas n'a encore été examiné par la Cour européenne des Droits de l'Homme. Il n'est donc pas nécessaire d'examiner plus avant ces dispositions.

L'interdiction de l'application rétroactive du droit pénal (Article 7)

La Convention, telle qu'appliquée en pratique, traite de façon détaillée de la procédure pénale, mais l'essence du droit pénal est moins affectée. Le droit de l'infraction et de la peine est essentiellement une préoccupation nationale et le droit interne détermine ce qui constitue une infraction pénale. Toutefois, le droit matériel pénal des Etats parties à la Convention ne peut aller au-delà des dispositions de l'article 7, qui exprime les principes bien connus *nullum crimen sine lege* et *nulla poena sine lege.*

L'article 7 trouve son origine dans l'article 11 (2) de la Déclaration universelle. La seule différence réside dans le remplacement de l'expression «acte délictueux» par le terme «infraction». Ce dernier est plus vaste et comprend non seulement les infractions pénales au sens strict mais aussi tout fait qui pourrait donner lieu à une peine. Si l'on compare le texte de l'article 7 par. 1 et celui du premier paragraphe correspondant de l'article 15 du Pacte international relatif aux droits civils et politiques, on constate que ce dernier comprend l'ajout suivant: «Si, postérieurement à cette infraction, la loi prévoit l'application d'une peine plus légère, le délinquant doit en bénéficier». La Cour européenne des Droits de l'Homme a fait référence à cette disposition dans l'affaire G. Dans cette affaire, un homme avait été condamné pour attentat à la pudeur avec contrainte, en vertu d'une loi postérieure à la perpétration de l'infraction en cause. Si la loi en vigueur au moment des faits avait été appliquée, il aurait été jugé pour viol. La Cour a estimé qu'il n'y avait pas violation de l'article 7, au motif que la modification de la législation jouait en faveur du requérant[1]. Le Comité d'experts auprès du Comité des Ministres du Conseil de l'Europe a estimé que l'expression «postérieurement à cette infraction» n'impliquait pas qu'une personne déjà condamnée puisse également tirer des droits d'une atténuation de la peine adoptée après sa condamnation.

L'article 7 énonce ce qui suit:

> 1. Nul ne peut être condamné pour une action ou une omission qui, au moment où elle a été commise, ne constituait pas une infraction d'après le droit national ou international. De même il n'est infligé aucune peine plus forte que celle qui était applicable au moment où l'infraction a été commise.

1. Arrêt G. du 27 septembre 1995, Série A n° 325-B.

2. Le présent article ne portera pas atteinte au jugement et à la punition d'une personne coupable d'une action ou d'une omission qui, au moment où elle a été commise, était criminelle d'après les principes généraux de droit reconnus par les nations civilisées.

Le paragraphe 1 prévoit que l'infraction et la peine dépendent toutes deux du droit qui était applicable au moment de l'action ou de l'omission constitutives du délit. La Cour a examiné dans deux affaires la nature de la «peine» au sens de l'article 7. Dans l'affaire Welch, la Cour a déclaré que l'expression «peine», tout comme «droits et obligations de caractère civil» et «accusation en matière pénale», était un concept autonome dans le cadre de la Convention:

> [L]e point de départ de toute appréciation de l'existence d'une peine consiste à déterminer si la mesure en question est imposée à la suite d'une condamnation pour une «infraction». D'autres éléments peuvent être jugés pertinents à cet égard: la nature et le but de la mesure en cause, sa qualification en droit interne, les procédures associées à son adoption et à son exécution, ainsi que sa gravité[2].

Le requérant, qui avait été condamné pour trafic de drogue, avait contesté une ordonnance de confiscation rendue au titre d'une loi, adoptée après sa condamnation, qui permettait au gouvernement de présumer que tous les biens qui avaient transité par les mains d'un délinquant au cours des six années précédentes étaient, sauf preuve du contraire, le produit de ce trafic. Le juge du fond appliquant les termes de la loi dans une affaire quelconque disposait d'une latitude importante pour fixer le montant de toute ordonnance de confiscation et pour ordonner la mise en détention du délinquant en cas de défaut de paiement. La Cour a énuméré ces facteurs et a conclu à une violation de l'article 7, déclarant en outre:

> Enfin, si, par delà les apparences, on s'attache à cerner la réalité, indépendamment de la qualification de la mesure de confiscation, le fait demeure que le requérant a subi un préjudice plus grand du fait de l'ordonnance que celui auquel il était exposé à l'époque de la commission des infractions dont il a été convaincu[3].

C'est encore la nature de la «peine» que la Cour a examiné dans l'affaire Jamil, dans laquelle le requérant s'était plaint de la prolongation de vingt mois de sa peine d'emprisonnement pour des infractions pénales liées, prolongation imposée pour non-paiement d'une amende douanière.

> Destinée à garantir le paiement notamment d'une amende par l'exécution sur la personne du débiteur qui ne démontre pas son insolvabilité, la mesure en question a pour but de contraindre audit paiement par la menace d'une incarcération sous un régime pénitentiaire. Ce régime se révèle plus sévère qu'en droit commun principalement parce qu'il ne comporte pas les atténuations accordées aux peines de droit commun, telles les mesures de liberté conditionnelle et de grâce. Survivance de l'ancien système de la prison pour dette, l'emprisonnement au titre de la contrainte par corps ne subsiste plus qu'au seul profit de l'Etat et ne libère pas le débiteur de l'obligation de payer qui a causé son incarcération: si l'intéressé ne peut plus y être contraint «sur son corps», il peut encore l'être sur ses biens ... Prononcée

---

2. Arrêt Welch du 9 février 1995, Série A n° 307-A, p. 13, par. 28.

3. *Ibidem*, p. 14, par. 34.

par la juridiction répressive et destinée à exercer un effet dissuasif, la sanction infligée à M. Jamil pouvait aboutir à une privation de liberté de caractère punitif… Elle constituait donc une peine."[4]

Au moment des infractions pénales originales pour lesquelles le requérant avait été condamné, la peine maximale de prison à titre subsidiaire qu'il encourrait était de 4 mois. Il y a donc eu violation de l'article 7[5].

L'article 7 par. 1 «ne se borne pas à prohiber ... l'application rétroactive», mais il

> consacre, plus généralement, le principe de la légalité des délits et des peines («*nullum crimen, nulla poena sine lege*»); ... [et] interdit, en particulier, l'application extensive de la loi pénale «*in malam partem*» par voie d'analogie...[6].

Bien qu'il n'incombe normalement pas aux organes de la Convention de s'assurer de l'interprétation correcte de la réglementation municipale par les tribunaux nationaux, la Commission a estimé qu'en principe, elle devait, sur ce point, prendre connaissance des allégations d'interprétations incorrectes. Dans une affaire relative à une fraude douanière, le requérant avait importé 730 paires de jeans sans la licence requise. Il avait emballé les marchandises dans de petits colis qui, séparément, bénéficiaient d'une mesure d'exemption de l'obligation de licence, mais il fut néanmoins condamné au titre de la Loi sur le commerce extérieur. La Commission a estimé que les limites d'une interprétation raisonnable n'avaient en aucune manière été franchies.

L'article 7 par. 1 ne prescrit pas une interprétation restrictive du droit pénal, point de vue que la Commission n'a pas admis explicitement[7]. La Commission a estimé que l'interprétation large de certaines dispositions légales, appliquées pour la première fois par les tribunaux après la commission des actes dont le requérant était accusé, pouvait, dans certains cas, entraîner une violation de cette disposition[8]. La Commission a souligné que les lois écrites, mais aussi les règles du droit commun ou coutumier, pouvaient offrir une base juridique suffisante à la fois pour les restrictions des droits fondamentaux soumis à des clauses restrictives telle que celle contenue dans l'article 10 par. 2 de la Convention et pour les sanctions pénales envisagées à l'article 7 de la Convention.

> La question cruciale est plutôt celle de la certitude du droit et du rôle des tribunaux pour préciser ou développer des dispositions ou des notions juridiques vagues. ...
>
> Ce qui est notamment interdit, c'est d'appliquer la loi pénale «*in malam partem*» à propos de faits auxquels le texte de la loi ne saurait raisonnablement s'étendre. ...
>
> Dans le domaine du droit pénal ... il est exclu, par le jeu de l'article 7, paragraphe 1, de la Convention, que tout acte qui n'était pas jusqu'alors punissable se voie attribuer par les

4. Arrêt Jamil du 8 juin 1995, Série A n° 317-B, p. 28, par. 32.

5. Arrêt Jamil du 8 juin 1995, Série A n° 317-B.

6. N° 1169/61, Déc. 24.9.63, Annuaire 6 p. 521 (587-589), également cité dans le n° 1852/63, Déc. 22.4.65, Annuaire 8 p. 191 (199) et plus récemment dans le n° 10505/83, Déc. 4.3.85, D.R. 41 p. 178 (180-182).

7. Voir notamment le n° 4161/69, Déc 22.7.70, Annuaire 13 p. 799 (805-807), concernant la condamnation pour certains types de relations homosexuelles; voir également n° 4681/70, Déc. 3 & 4.10.72, Recueil 43 p. 1 (10) et n° 5327/71, Déc. 14.12.72, Recueil 43 p. 85 (88).

8. N° 8490/70, Déc. 12.3.81, D.R. 22 p. 140 (144-146).

tribunaux un caractère pénal, ou que la définition d'infractions existantes soit élargie de façon à englober des faits qui jusqu'alors, ne constituaient pas clairement une infraction pénale. Cela suppose que la jurisprudence ne modifie pas substantiellement -, du moins au détriment de l'accusé, les éléments constitutifs d'une infraction, par exemple la forme de culpabilité requise pour que l'infraction soit réalisée. En revanche, il n'y a rien à objecter à ce que les éléments constitutifs existants de l'infraction soient précisés et adaptés à des circonstances nouvelles pouvant raisonnablement rentrer dans la conception originelle de l'infraction[9].

Dans une affaire, une requérante convaincue d'outrage au tribunal s'était plainte d'avoir été déclarée coupable d'un acte qui ne constituait pas, au moment où il avait été commis, une infraction pénale en droit britannique. Elle a soutenu plus précisément que, jusqu'aux décisions prononcées par les tribunaux dans la procédure menée contre elle, montrer à un journaliste, après que lecture en eut été donnée à l'audience, des documents qui avaient été découverts n'était pas considéré comme une infraction. Elle a fait valoir, en résumé, que les tribunaux avaient créé, dans son cas, une infraction pénale nouvelle. Le gouvernement répondeur a soutenu qu'elle n'avait pas été convaincue d'une infraction pénale au sens de l'article 7 par. 1, puisque les tribunaux avaient conclu qu'elle s'était rendue coupable d'un outrage au tribunal de caractère civil, et non pénal. L'affaire donna lieu à un règlement amiable[10].

Des lois manifestement rétroactives n'ont pas été évoquées dans le cadre de procédures devant la Cour, si ce n'est certaines relevant de l'exception énoncée au paragraphe 2. Toutefois, lorsque l'article 7 a été invoqué par l'Irlande contre le Royaume-Uni en 1972, le gouvernement irlandais s'est engagé devant la Commission à ce que la loi de 1972 sur l'Irlande du Nord, contestée en l'espèce, ne soit pas appliquée de manière rétroactive. L'affaire fut rayée du rôle après que la partie adverse eut accepté cet engagement[11]. De même, une loi ne peut être appliquée à des actes après qu'elle a été abrogée. Les doutes qui surgissent à propos de cette abrogation doivent être levés par les tribunaux nationaux, bien que les organes de la Convention aient un rôle de surveillance, qu'ils doivent exercer avec prudence, comme l'a déclaré la Commission dans le cas d'un ressortissant allemand condamné au titre d'une loi datant d'avant la guerre, dont il soutenait qu'elle avait été abrogée. La Commission a considéré que:

> [S]i, d'ordinaire, il ne lui appartient pas de contrôler la bonne observation du droit interne par ces juridictions, ... il en va autrement dans les matières où la Convention renvoie au droit interne, ce qui est précisément le cas de l'article 7; qu'en ces matières, la violation éventuelle du droit interne entraîne la méconnaissance de la Convention, de sorte que la Commission peut et doit la constater sans s'ériger pour autant en une Cour de «quatrième instance»»[12].

En jurisprudence constante, ni l'article 7 ni aucun autre article de la Convention ne garantit, explicitement ou implicitement, le principe *ne bis in idem*[13]. L'article 7 n'exclut pas qu'une peine déjà infligée soit exécutée sous une forme modifiée si aucune condition plus

9. N° 8710/79, Déc. 7.5.82, D.R. 28 p. 77 (86-88).

10. N° 10038/82, Déc. 11.5.84, D.R. 38 p. 53 (73).

11. N°s 5310/71 et 5451/72, Déc. 1.10.72, Annuaire 15 p. 81 (229-241, 255).

12. N° 1169/61, Déc. 24.9.63, Annuaire 6 p. 521 (589).

13. Voir toutefois p. 218 ci-dessus pour ce qui concerne le Protocole n° 7.

pénible n'est appliquée que ce qui eût été autorisé au moment où l'infraction a été commise. L'exception pour certains délits énoncée à l'article 7 par. 2 était destinée, comme le montrent les travaux préparatoires, à être appliquée aux circonstances tout-à-fait exceptionnelles qui existaient à l'issue de la deuxième guerre mondiale, lorsque des lois rétroactives «ont été passées pour réprimer les crimes de guerre et les faits de trahison et de collaboration avec l'ennemi et [cette exception] ne vise à aucune condamnation juridique ou morale de ces lois»[14]. L'Allemagne a formulé ici une réserve pour une clause constitutionnelle interdisant la rétroactivité. Toutefois, ceci n'a pas protégé les criminels de guerre en pratique, puisque leurs actes ont été considérés comme illégaux au titre de la loi antérieure à l'époque nazie, en faisant abstraction des «lois» du régime hitlérien, qui furent considérées comme inopposables.

14. N° 1028/61, Déc. 18.9.61, Annuaire 4 p. 325 (337).

Restrictions admissibles de certains droits et libertés protégés par la Convention

Plusieurs articles de la Convention européenne ont une structure similaire. Dans leur premier paragraphe, les articles 8 à 11 définissent un large éventail d'éléments ou de valeurs qui constituent des droits essentiels à protéger: la vie privée, la vie familiale, la conscience, l'expression, l'association, etc. Toutefois, ils énoncent, dans leur deuxième paragraphe, à la fois les grandes lignes directrices et les motifs plus spécifiques que peut invoquer l'Etat pour limiter les droits garantis. L'article 1 du Protocole n° 1, l'article 2 du Protocole n° 4 et l'article 1 du Protocole n° 7 épousent également ce même schéma. Si ces articles diffèrent quelque peu par leurs détails, chacune des dispositions se fonde sur des clauses générales et des théories juridiques identiques. Il est intéressant, dès lors, d'apprendre à mieux connaître ces éléments communs avant d'examiner les droits essentiels eux-mêmes et les clauses plus spécifiques invoquées pour en limiter l'exercice.

Fonctions des restrictions

Les restrictions qu'autorise le deuxième paragraphe des articles 8 à 11, de l'article 1 du Protocole n° 1, de l'article 2 du Protocole n° 4 et de l'article 1 du Protocole n° 7 ont deux fonctions, liées entre elles. Premièrement, elles énumèrent les motifs que peut invoquer l'Etat pour restreindre l'exercice d'un droit donné. Deuxièmement, en établissant cette énumération, elles contribuent à préserver l'individu des restrictions arbitraires des droits par l'Etat. La formulation illustre la tension qui existe, dans la Convention, entre les droits des personnes et les intérêts de l'Etat. La Cour décrit comme suit cette tension dans l'affaire Klass *et al.*:

> [L]a Cour juge inhérente au système de la Convention une certaine forme de conciliation entre les impératifs de la défense de la société démocratique et ceux de la sauvegarde des droits individuels ...
>
> Ainsi que le déclare le préambule de la Convention, "le maintien des libertés fondamentales repose essentiellement sur un régime politique véritablement démocratique, d'une part, et, d'autre part, sur une conception commune et un commun respect des Droits de l'Homme dont [les Etats contractants] se réclament" ... [C]ela signifie qu'il faut chercher un équilibre

> entre l'exercice par l'individu du droit que lui garantit le paragraphe 1 et la nécessité, d'après le paragraphe 2, ... (de) protéger la société démocratique dans son ensemble[1].

Cet équilibrage des intérêts de l'Etat et de l'individu, en particulier dans le contexte des restrictions, a occupé la Commission et la Cour dans des affaires importantes. Les organes de contrôle, outre l'équilibre à réaliser entre ces intérêts, ont également examiné le point de savoir si les restrictions spécifiques prévues par les divers articles étaient exhaustives. Il s'agit de savoir si la Commission et la Cour doivent considérer les restrictions comme des exceptions à une règle, pour le reste applicable, qui est celle que la liberté individuelle ne peut subir de contraintes. Dès les débuts de la constitution de la jurisprudence, la Commission a répondu à ce dilemme en acceptant les prétentions des gouvernements à une large compétence en matière de restriction des agissements des individus. La Commission s'est, en tant qu'organe, inscrite sans ambiguïté dans une doctrine de limitations inhérentes, doctrine rejetée par la Cour dès les premiers temps de son fonctionnement.

Limitations inhérentes

Exprimé brièvement, on peut dire que la doctrine des limitations inhérentes soutient que les Etats peuvent restreindre la portée des droits et des libertés protégés par la Convention sur la base de «limitations implicites» et de restrictions explicites, sans pour autant faire violence à la Convention. Autrement dit, un Etat pourrait invoquer des «limitations inhérentes» pour restreindre l'exercice de certains droits essentiels sans devoir fournir aucune justification de ces restrictions au regard de la Convention. La Commission a généralement appliqué cette doctrine aux personnes qui se trouvaient dans des situations spéciales du point de vue juridique, notamment les détenus. Dans ce contexte, il est toutefois intéressant de noter que l'article 11 énumère spécifiquement certaines catégories de personnes qui se trouvent précisément dans pareille situation juridique spéciale: membres des forces armées, de la police et de l'administration publique. La Cour a, toutefois, rejeté la doctrine des limitations inhérentes, du moins par rapport aux articles de la Convention qui autorisent expressément certaines restrictions. Dans l'affaire De Wilde, Ooms et Versyp (affaire «vagabondage»), les requérants, considérés comme des vagabonds en droit belge, s'étaient plaints que leur détention ainsi que d'autres contraintes personnelles constituaient des violations de l'article 5, qui protège les droits à la liberté et à la sûreté des personnes. Le gouvernement et la Commission ont admis que, dès lors qu'une personne était légalement privée de liberté, tous les autres inconvénients connexes constituaient des caractéristiques inhérentes à cette situation. La Cour, en revanche, a déclaré que les justifications incluses dans les restrictions étaient exhaustives et, partant, que les articles qui contenaient ces dispositions ne laissaient pas la place à des arguments de «limitations inhérentes». Par contre, la Cour autorise l'Etat à considérer la situation d'une personne qui est membre d'un groupe particulier comme un des facteurs à prendre en compte lorsque l'exercice de certains droits et libertés par cette personne est restreint[2]. Par exemple, dans l'affaire Golder, le requérant, un détenu, avait fait valoir que le refus de l'Etat de l'autoriser à correspondre avec un avocat au sujet de la possibilité de poursuivre en diffamation un membre du personnel pénitentiaire constituait une

1. Arrêt Klass du 6 septembre 1978, Série A n° 28, p. 28, par. 59.

2. Arrêt De Wilde, Ooms et Versyp (affaire «vagabondage») du 18 juin 1971, Série A n° 12, pp. 45-46, par. 93.

violation de l'article 6, qui garantit l'accès à un tribunal, et de l'article 8, qui protège le droit au respect de la correspondance. La Cour a déclaré que l'Etat était en droit de fixer des «prescriptions ordinaires et raisonnables» visant à réglementer l'exercice de certains droits par les personnes qui se trouvent dans une situation juridique spéciale. La Cour s'est, toutefois, réservé à elle-même la compétence d'examiner le respect, par l'Etat, de cette norme «ordinaire et raisonnable» et a donc rejeté toute thèse selon laquelle un Etat pourrait librement priver de leurs droits les personnes appartenant à certaines catégories. La Cour a établi une distinction entre la nature des droits que protègent les deux articles, et a déclaré que l'article 6 laissait place, en-dehors des frontières qui délimitent le contenu même de tout droit, à certaines limitations autorisées implicitement, alors que l'article 8 énonce que:

> La tournure restrictive dont se sert le paragraphe 2 («Il ne peut y avoir d'ingérence ... que pour autant que ...») ne laisse pas place à l'idée de limitations implicites. A cet égard, le régime juridique du droit au respect de la correspondance, défini par l'article 8 avec une certaine précision, offre un net contraste avec celui du droit à un tribunal[3].

En ce qui concerne la «défense de l'ordre» et la «prévention des infractions pénales», la poursuite de ces objectifs peut justifier des ingérences plus amples à l'égard d'un tel détenu que d'une personne en liberté.

Interprétation stricte des restrictions

Tant en ce qui concerne la doctrine des limitations inhérentes que dans d'autres contextes, la Cour a reconnu que les restrictions autorisées étaient elles-mêmes très larges. Afin d'assurer la protection des personnes contre les abus possibles de l'Etat compte tenu du caractère large de ces dispositions, la Commission a fixé une règle d'interprétation stricte dans l'affaire Sunday Times, dans laquelle elle a déclaré:

> Il découle du caractère de clause exceptionnelle que revêt le paragraphe 2 ... que cette disposition doit, conformément à une règle universellement admise, être interprétée de manière stricte. C'est particulièrement vrai dans le contexte de la Convention qui a pour objet de sauvegarder les droits fondamentaux de l'homme. Une interprétation stricte signifie qu'aucun autre critère que ceux mentionnés dans la clause d'exception elle-même ne peut justifier une restriction quelle qu'elle soit et que ces critères à leur tour doivent être interprétés de manière telle que le sens des mots ne soit pas élargi au-delà de leur acception habituelle.
>
> Dans le cas de clauses d'exception ... le principe de l'interprétation stricte se heurte à certaines difficultés du fait du libellé assez vague de la clause elle-même. Il impose néanmoins un certain nombre d'obligations clairement définies aux autorités ...[4]

En rejetant toute doctrine générale des limitations inhérentes et en établissant le principe de l'interprétation stricte des restrictions, la Cour a contribué à garantir que, dans les cas-limites, les droits de la personne pèsent d'un juste poids face aux prétentions des Etats invoquant des intérêts majeurs. Lorsqu'elles sont saisies d'une affaire dans laquelle une restriction a été invoquée, la Commission et la Cour adoptent le schéma d'examen suivant.

3. Arrêt Golder du 21 février 1975, Série A n° 18, p. 21, par. 44.

4. Sunday Times c/ Royaume-Uni, Rapport de la Commission du 18.5.77, par. 194-195. Cour eur. DH, Série B n° 28, p. 64.

Tout d'abord, elles examinent si l'ingérence était «conforme à la loi». Dans la négative, elles concluront à l'existence d'une violation et tout examen supplémentaire sera superflu. Si elles estiment que l'ingérence était «conforme à la loi», elles examineront ensuite si elle pouvait être considérée comme «nécessaire dans une société démocratique» dans un des buts énumérés dans l'article concerné.

Conforme à la loi/prévue par la loi

La Convention fixe les motifs pour lesquels un Etat peut restreindre ou limiter l'exercice des droits garantis ou, plus généralement, s'ingérer dans cet exercice. Deux conditions générales sont communes à tous ces paragraphes conditionnels: les restrictions imposées doivent être légales et elles doivent être «nécessaires dans une société démocratique». Les organes strasbourgeois, lorsqu'ils ont examiné les conditions qui devaient régir le fonctionnement du système de restrictions, ont souvent souligné que le pouvoir législatif interne jouissait d'un certain pouvoir discrétionnaire[5]. Dans l'affaire Barthold, la Cour a déclaré:

> [L]'économie du système de sauvegarde instauré par la Convention assigne des limites à l'ampleur du contrôle de la Cour en la matière. Il incombe au premier chef aux autorités nationales, et notamment aux cours et tribunaux, d'interpréter et d'appliquer le droit interne: par la force des choses, elles sont spécialement qualifiées pour trancher les questions surgissant à cet égard[6].

Si la terminologie anglaise diffère dans les divers articles, la version française de la clause de «légalité» est «*prévues par la loi*» dans l'ensemble de la Convention. Dans l'affaire Silver et al., la Cour a déclaré qu'elle donnerait de toutes les clauses de légalité la même interprétation dans la mesure où, si elle ne le faisait pas, «on risquerait d'aboutir à des conclusions dissemblables pour une même ingérence»[7]. La Commission et la Cour, dans leur pratique en ce qui concerne la légalité au regard de la Convention, ont traité tous les types de législations internes: administrative, statutaire et constitutionnelle, tant écrites que non écrites. Elles ont déclaré de manière constante que, pour qu'un acte ou une disposition législative de l'Etat soit légal, il fallait que certaines caractéristiques soient réunies. Dans l'affaire Sunday Times, la Cour a formulé comme suit deux grandes exigences:

> D'abord que la «loi» soit suffisamment accessible: le citoyen doit pouvoir disposer de renseignements suffisants, dans les circonstances de la cause, sur les normes juridiques applicables à un cas donné. En second lieu, on ne peut considérer comme une «loi» qu'une norme énoncée avec assez de précision pour permettre au citoyen de régler sa conduite; en s'entourant au besoin de conseils éclairés, il doit être à même de prévoir, à un degré raisonnable dans les circonstances de la cause, les conséquences de nature à dériver d'un acte déterminé[8].

---

5. Voir notamment l'arrêt De Wilde, Ooms et Versyp (affaire «vagabondage»), du 18 juin 1971, Série A n° 12, pp. 45-46, par. 93; arrêt Golder du 21 février 1975, Série A n° 18, pp. 21-22, par. 45; arrêt Handyside du 7 décembre 1976 Série A n° 24, p. 22, par. 48 et arrêt Klass et al. du 6 septembre 1978, Série A n° 28, p. 23, par. 49.

6. Arrêt Barthold du 25 mars 1985, Série A n° 90, p. 23, par. 48.

7. Arrêt Silver et al. du 25 mars 1983, Série A n° 61, pp. 32-33, par. 85.

8. Arrêt Sunday Times du 26 avril 1979, Série A n° 30, p. 31, par. 49.

En d'autres termes, il faut, pour qu'il y ait légalité au regard de la Convention, qu'il y ait *connaissance préalable* (accessibilité) et *précision* (prévisibilité) à un degré raisonnable et suffisant dans un contexte donné de circonstances. Les organes strasbourgeois ont établi par ailleurs que le principe de la légalité impliquait que les tribunaux se devaient de donner de la nature de la légalité une interprétation non formaliste, ce qui constituait un aspect important dans l'application des principes de la Convention européenne, soit devant les instances internes, soit devant la Commission et la Cour elles-mêmes. Si la Cour a souligné que le terme «loi» utilisé dans la Convention renvoyait au droit interne[9], la Cour a aussi déclaré que cette expression concerne aussi la «qualité» de la «loi»; (elle doit être) compatible avec la prééminence du droit, mentionnée dans le préambule de la Convention ... [L'expression] implique ainsi ... que le droit interne doit offrir une certaine protection contre des atteintes arbitraires de la puissance publique aux droits garantis par le paragraphe 1[10]. La Cour a lié, en outre, la notion de légalité aux fonctions sous-jacentes aux restrictions et a déclaré:

> [L]a «loi» irait à l'encontre de la prééminence du droit si le pouvoir d'appréciation accordé à l'exécutif ne connaissait pas de limites. En conséquence, elle doit définir l'étendue et les modalités d'exercice d'un tel pouvoir avec une netteté suffisante – compte tenu du but légitime poursuivi – pour fournir à l'individu une protection adéquate contre l'arbitraire[11].

Dans les affaires Kruslin et Huvig, les éléments de preuve à charge des requérants comprenaient notamment la transcription d'une conversation téléphonique qu'ils avaient tenue. Les plaintes formulées par les requérants au regard de l'article 8 de la Convention (droit au respect de la vie privée et de la correspondance) ont été limitées à l'absence alléguée d'autorisation des écoutes téléphoniques en droit français. La Cour a noté que, pendant de nombreuses années, les tribunaux français avaient estimé que plusieurs articles du Code de procédure pénale fournissaient une base juridique aux écoutes téléphoniques. La Cour a déclaré qu'elle avait toujours entendu le terme «loi» dans son sens de fond, non dans son sens formel, et avait englobé sous ce terme les dispositions de rang inférieur aux lois et le droit non écrit. Par conséquent, même si les ingérences litigieuses avaient un fondement dans le droit français[12], ce droit, tant écrit que non écrit, n'indiquait pas avec un degré raisonnable de clarté la portée et les modalités de l'exercice du pouvoir discrétionnaire pertinent conféré aux autorités publiques. C'était encore plus le cas au moment des faits, de sorte que les requérants n'avaient pas bénéficié du degré minimum de protection auquel ont droit les citoyens dans le cadre de la primauté du droit qui caractérise une société démocratique. La Cour a, dès lors, conclu à l'existence d'une violation de l'article 8 de la Convention[13].

Par conséquent, les expressions «conformément à» ou «prévu par» la loi signifient que les restrictions doivent non seulement être clairement précisées et liées à des résultats

9. Arrêt Sunday Times du 26 avril 1979, Série A n° 30, p. 30, par. 47; arrêt Silver et al., du 24 mars 1983, Série A n° 61, p. 33, par. 86.

10. Arrêt Malone du 2 août 1984, Série A n° 82, p. 32, par. 67.

11. *Ibidem*, p. 33, par. 68.

12. Arrêt Kruslin du 24 avril 1990, série A n° 176-A, pp. 20-22, par. 27-29; arrêt Huvig du 24 avril 1990, série A n° 176-B, pp. 52-54, par. 26-28.

13. *Ibidem*, arrêt Kruslin pp. 22-25, par. 30-36 et arrêt p. 54-57, par. 29-35 respectivement.

prévisibles mais aussi fondés sur l'exercice d'un pouvoir discrétionnaire qui a été lié comme il se doit à des motifs admissibles.

La condition de prévisibilité dans le contexte spécial des contrôles secrets du personnel dans des secteurs affectant la sécurité nationale ne peut être la même que dans de nombreux autres domaines. C'est ainsi qu'il ne peut impliquer qu'une personne doit être en mesure de prévoir exactement quelles seront les vérifications effectuées à cet égard. Dans l'affaire Malone, la Cour a déclaré que, dans un système applicable aux citoyens en général, la loi devait être suffisamment claire dans sa formulation pour leur fournir une indication suffisante des circonstances ou des conditions qui autorisaient les autorités publiques à recourir à ce type d'ingérence secrète et potentiellement dangereuse dans le droit au respect de la vie privée et de la correspondance[14]. Dans l'affaire Leander, la Cour a déclaré:

> Pour s'assurer du respect du critère de la prévisibilité, il faut tenir compte aussi des instructions ou des pratiques administratives n'ayant pas force de loi, pour autant que les intéressés les connaissent suffisamment[15].

Dans l'affaire Leander, la Cour a été confrontée au point de savoir si l'utilisation de renseignements consignés dans un registre de police confidentiel pour évaluer si une personne convenait pour un poste important du point de vue de la sécurité nationale constituait une atteinte au droit au respect de la vie privée du requérant. La Cour a déclaré:

> [L]orsque [la] mise en œuvre [de la loi] s'opère au moyen de mesures secrètes, échappant au contrôle des personnes concernées comme du public, la loi elle-même, par opposition à la pratique administrative dont elle s'accompagne, doit définir l'étendue du pouvoir d'appréciation attribué à l'autorité compétente avec assez de netteté – compte tenu du but légitime poursuivi – pour fournir à l'individu une protection adéquate contre l'arbitraire[16].

La Cour a jugé que le droit suédois donnait aux citoyens des indications suffisamment précises quant à la portée et aux modalités de l'exercice du pouvoir discrétionnaire conféré aux autorités responsables d'enregistrer et de communiquer des informations dans le cadre du système de contrôle du personnel.

Dans l'affaire Olsson, les requérants s'étaient plaints de la mise sous tutelle publique de leurs enfants et des modalités d'application de cette mesure. La Cour a déclaré qu'elle reconnaissait que la formulation de la législation suédoise appliquée en l'espèce était plutôt générale et conférait un large pouvoir discrétionnaire s'agissant, en particulier, de l'application des décisions de mise sous tutelle. D'un autre côté, les circonstances dans lesquelles il peut être nécessaire de placer un enfant sous tutelle publique et dans lesquelles une décision de ce type est appliquée sont à ce point variables qu'il ne serait guère possible de formuler une loi qui prévoie toutes les éventualités. Limiter le droit des autorités d'agir aux seuls cas où l'enfant a déjà subi un dommage pourrait réduire indûment l'efficacité de la protection dont il a besoin. En outre, dans le cadre de l'interprétation et de l'application de la décision, le travail préparatoire pertinent fournit des lignes directrices quant à l'exercice du pouvoir discrétionnaire que confère ladite législation. Ici aussi, le fait que l'exercice de la quasi-totalité

14. Arrêt Malone du 2 août 1984, Série A n° 82, p. 32, par. 67.

15. Arrêt Leander du 26 mars 1987, Série A n° 116, p. 23, par. 51; voir également l'arrêt Silver et al. du 25 mars 1983 Série A n° 61, p. 34, par. 88.

16. Arrêt Leander du 26 mars 1987, Série A n° 116, p. 23, par. 50.

des pouvoirs légaux est confié aux tribunaux administratifs de divers niveaux ou soumis au contrôle de ceux-ci assure des sauvegardes contre toute ingérence arbitraire. C'est le cas de la mise sous tutelle d'un enfant, du refus de mettre fin à cette tutelle, ainsi que de la plupart des mesures prises dans le cadre de l'application des décisions de mise sous tutelle. Il est apparu, compte tenu de ces sauvegardes, que la portée du pouvoir discrétionnaire conféré aux autorités par les lois en question était raisonnable et acceptable aux fins de l'article 8. La Cour a donc conclu que les ingérences en question étaient «prévues par la loi»[17].

Nécessaire dans une société démocratique

Pour que des restrictions puissent être appliquées, la condition «prévue par la loi» est essentielle mais non suffisante. La plupart des affaires sont examinées dans le cadre de la clause «nécessaire dans une société démocratique», en tant que critère déterminant utilisé par les organes de contrôle pour évaluer les restrictions aux droits essentiels de la Convention appliquées par les Etats. L'interprétation de l'expression «nécessaire dans une société démocratique» résume la tension sous-jacente dans la Convention entre les droits de la personne et les intérêts de la société dans son ensemble.

Les organes de contrôle ont rejeté l'idée que les Etats pouvaient appliquer isolément la norme «nécessaire dans une société démocratique». Ils doivent lier cette norme à une ou plusieurs clauses spécifiques de la même disposition restrictive. Quelques-unes de ces restrictions spécifiques figurent dans plusieurs articles, d'autres dans un ou deux seulement. La «sécurité publique» et la «protection de la santé ou de la morale» figurent dans les quatre articles. La «sécurité nationale» et la «défense de l'ordre» et la «prévention des infractions pénales» sont citées aux articles 8, 10 et 11; la «protection des droits et libertés d'autrui», aux articles 8, 9 et 11. Des quatre articles, trois contiennent en outre des restrictions uniques. L'article 8 mentionne le «bien-être économique du pays», l'article 9 cite la «protection de l'ordre», et l'article 10, l'«intégrité territoriale», la «protection de la réputation ou des droits d'autrui», «empêcher la divulgation d'informations confidentielles», et «garantir l'autorité et l'impartialité du pouvoir judiciaire».

Marge d'appréciation

Bien que la Commission et la Cour invoquent le principe de l'interprétation stricte et, partant, l'établissement d'un équilibre favorable entre les droits des personnes et les intérêts de l'Etat, elles laissent, en réalité, une certaine latitude d'appréciation aux Etats pour décider si un certain type d'action est compatible avec les prescriptions de la Convention. Cette latitude laissée aux Etats se traduit par l'expression «marge d'appréciation».

La doctrine de la «marge d'appréciation» découle de la prise de conscience du fait que l'exercice d'un contrôle pratique ou politique complet de la mise en œuvre de la Convention dépasse les capacités de la Cour et de la Commission. En réalité, celles-ci ont souvent rejeté l'idée qu'elles sont, en principe, compétentes pour constituer une sorte de cour d'appel (de quatrième instance) située au-dessus de l'instance suprême des Etats membres. La notion de «marge d'appréciation» a été introduite au début de 1959, lorsque la Commission a formulé

17. Arrêt Olsson du 24 mars 1988, Série A n° 130, pp. 30-31, par. 60-63.

cette doctrine dans le cadre du recours interétatique de la Grèce contre le Royaume-Uni[18]. Dans cette affaire, la question s'est posée de savoir quels étaient les pouvoirs de la Commission lorsqu'un Etat, invoquant l'article 15, dérogeait aux obligations fixées par la Convention. La Commission a montré qu'elle était disposée, dans le contexte d'une dérogation à l'article 15, d'accorder à l'Etat concerné «une certaine marge d'appréciation quant à la stricte mesure exigée par la situation»[19]. Dans l'affaire Lawless, la Commission s'est à nouveau penchée sur la question de la dérogation au titre de l'article 15 et a laissé à l'Etat concerné une large marge d'appréciation[20].

Dans l'affaire Handyside, la Cour a indiqué son avis concernant cette doctrine dans le contexte de son interprétation de ces articles, y compris des restrictions:

> Grâce à leurs contacts directs et constants avec les forces vives de leur pays, les autorités de l'Etat se trouvent en principe mieux placées que le juge international pour se prononcer sur le contenu précis de ces exigences comme sur la «nécessité» d'une «restriction» ou «sanction» destinée à y répondre[21].

Il n'en demeure pas moins que les organes strasbourgeois se réservent à eux-mêmes la compétence de vérifier les actes des Etats à la lumière des principes et des limites fixés au titre des restrictions (et sous l'angle d'autres articles de la Convention).

Dans l'affaire Sunday Times, la Cour a déclaré:

> [La Cour] n'a pas pour tâche de se substituer aux juridictions internes compétentes, mais de contrôler ... les décisions qu'elles ont rendues dans l'exercice de leur pouvoir d'appréciation ...
>
> Il ne s'ensuit pas qu'elle doive se borner à rechercher si l'Etat défendeur a usé de ce pouvoir de bonne foi, avec soin et de façon raisonnable. Même un Etat contractant qui agit de la sorte reste soumis au contrôle de la Cour quant à la compatibilité de son comportement avec les engagements résultant pour lui de la Convention[22].

Dans l'affaire Klass, la Cour a déclaré:

> [La Cour] n'a certainement pas qualité pour substituer à l'appréciation des autorités nationales une autre appréciation de ce que pourrait être la meilleure politique en ce domaine ...
>
> [N]éanmoins ... les Etats contractants ne disposent pas pour autant d'une latitude illimitée ... ils ne sauraient prendre ... n'importe quelle mesure jugée par eux appropriée[23].

C'est à la Cour qu'il incombe de prononcer la décision finale sur la comptabilité des restrictions avec la Convention. Dans l'affaire Handyside, la Cour a également déclaré sans équivoque possible:

> La marge nationale d'appréciation va ... de pair avec un contrôle européen[24].

18. Voir p. 64.
19. Grèce c/ Royaume-Uni, Rapport Comm. 2.10.58, Annuaire 2 p. 174 (176).
20. Lawless c/ Irlande, Rapport Comm. 19.12.59, par. 90, Cour eur. D.H., Série B n° 1, p. 81.
21. Arrêt Handyside du 7 décembre 1976, Série A n° 24, p. 22, par. 48.
22. Arrêt Sunday Times du 26 avril 1979, Série A n° 30, p. 36, par. 59.
23. Arrêt Klass et al. du 6 septembre 1978, Série A n° 28, p. 23, par. 49.
24. Arrêt Handyside du 7 décembre 1976, Série A n° 24, p. 23, par. 49.

Les organes strasbourgeois ont donc noté que les Etats comme la Cour et la Commission étaient collectivement habilités à interpréter et à appliquer les dispositions restrictives de la Convention. Dans l'affaire Lingens, la Cour a relevé que:

> Dans l'exercice de son pouvoir de contrôle, la Cour ne saurait se borner à examiner isolément les décisions judiciaires incriminées; il lui faut les considérer à la lumière de l'ensemble de l'affaire ... Il lui incombe de déterminer si l'ingérence attaquée devant elle demeurait «proportionnée au but légitime poursuivi» et si les motifs invoqués ... pour la justifier apparaissent «pertinents et suffisants»[25].

Toutefois, toute évaluation comparative des intérêts à la lumière d'une de ces dispositions dépendra des facteurs de la cause pendante devant l'organe judiciaire. Dans l'affaire Sunday Times, par exemple, la Cour n'a pas accepté l'argument de l'Etat selon lequel il fallait appliquer la même marge d'appréciation aux clauses «protection de la morale» et «autorité du pouvoir judiciaire» de l'article 10 par. 2. L'Etat, invoquant l'arrêt de la Cour dans l'affaire Handyside, a fait valoir sa capacité supérieure à déterminer le contenu approprié des deux restrictions. La Cour a rejeté cette prétention et refusé de mettre sur le même pied la «morale» et:

> la notion, beaucoup plus objective, d'»autorité» du pouvoir judiciaire. En la matière, une assez grande concordance de vues ressort du droit interne et de la pratique des Etats contractants. Elle se reflète dans une série de clauses de la Convention, dont l'article 6, qui n'ont pas d'équivalent pour la «morale»[26].

Par conséquent, les organes de contrôle n'ont pas fixé une fois pour toutes l'importance de la marge d'appréciation dont dispose un Etat. Ils sont toutefois tenus d'appliquer les critères qui permettent de justifier les restrictions.

Dans l'affaire James (qui concernait le transfert obligatoire de propriété en vertu de la loi de 1967 sur la réforme de la tenure à bail) et dans l'affaire Lithgow (qui touchait au droit à l'indemnisation et aux modalités de celle-ci), les requérants ont soutenu qu'il y avait eu violation de l'article 1 du Protocole n° 1. La Cour a jugé naturel, dans les deux affaires, que le pouvoir législatif dispose d'une large marge d'appréciation en matière de mise en œuvre des politiques sociales et économiques et que soit respecté le jugement de ce pouvoir quant à ce qui relève de l'intérêt public, sauf si ce jugement ne repose manifestement sur aucun fondement raisonnable. La Cour a ajouté, s'agissant des aspects de la politique économique d'un Etat contractant:

> Grâce à une connaissance directe de leur pays, de ses besoins et de ses ressources, les autorités nationales se trouvent en principe mieux placées que le juge international pour déterminer les mesures appropriées en la matière, de sorte qu'elles doivent disposer ici d'une ample latitude[27].

L'importance de cette latitude peut varier en fonction des éléments d'une clause particulière qui sont en jeu. Dans l'affaire Dudgeon, le recours concernait l'existence, en

25. Arrêt Lingens du 8 juillet 1986, Série A n° 103, pp. 25-26, par. 40.

26. Arrêt Sunday Times du 26 avril 1979, Série A n° 30, p. 36, par. 59.

27. Arrêt Lithgow et al. du 8 juillet 1986, Série A n° 102, p. 51, par. 122; arrêt James et al. du 21 février 1986, Série A n° 98, p. 32, par. 46; arrêt Mellacher et al. du 19 décembre 1989, Série A n° 169.

Irlande du Nord, de dispositions législatives qui avaient pour effet de faire de certains actes homosexuels, même entre adultes consentants, des infractions pénales. La Cour a déclaré:

> [L]'étendue de la marge d'appréciation dépend non seulement du but de la restriction, mais aussi de la nature des activités en jeu. Or la présente affaire a trait à un des aspects les plus intimes de la vie privée. Il doit donc exister des raisons particulièrement graves pour rendre légitimes, aux fins du paragraphe 2 de l'article 8, des ingérences des pouvoirs publics[28].

S'agissant de la question des obligations positives, la Cour a tendance à laisser aux autorités nationales une ample latitude. C'est ainsi que, dans l'affaire Rees et dans l'affaire Cossey (qui concernaient toutes deux la non-reconnaissance, à des fins juridiques, de la nouvelle identité sexuelle d'un transsexuel après son opération), la Cour a déclaré qu'il n'existait pas, pour le Royaume-Uni, d'obligation positive de modifier son système d'enregistrement des naissances. «Compte tenu de la marge d'appréciation importante accordée dans ce domaine aux Etats ... on ne peut considérer que les obligations expresses résultant de l'article 8 aillent jusque là»[29]. La Cour a adopté le même point de vue dans l'affaire B. c/ la France. La Cour a estimé qu'il était indéniable que les attitudes s'étaient modifiées en ce qui concerne la transsexualité, que la science avait progressé et qu'une importance de plus en plus grande était accordée à ce problème. Toutefois, il n'existait pas encore pour l'heure de consensus suffisamment large entre les Etats membres du Conseil de l'Europe pour que la Cour puisse se persuader de formuler des conclusions différentes de celles des arrêts Rees, du 17 octobre 1986 et Cosey, du 27 septembre 1990[30].

Clauses restrictives spécifiques

La Commission et la Cour ont tracé le portrait de ce qu'est une société démocratique en termes, non seulement des droits essentiels qui y sont garantis, mais aussi en notions plus générales et non écrites: pluralisme, tolérance et largeur de vues[31]. Dans les affaires Silver et Handyside, la Cour a défini le terme «nécessaire» comme n'étant:

> pas synonyme d'«indispensable» ... il n'a pas non plus la souplesse de termes tels qu'«admissible», «normal», «utile», «raisonnable» ou «opportun»[32].

Pendant toute la constitution de la jurisprudence relative au critère «nécessaire dans une société démocratique», la Commission et la Cour ont appliqué aux actes spécifiques en cause des Etats une analyse en deux étapes. Premièrement, ils ont déterminé si le but de la restriction imposée était légitime. Conformément à l'interprétation ci-dessus du terme «nécessaire», la Cour a déclaré que toute ingérence de l'Etat dans l'exercice d'un droit devait

28. Arrêt Dudgeon du 22 octobre 1981, Série A n° 45, p. 21, par. 52. La Cour a rappelé cette déclaration dans un arrêt ultérieur; voir l'arrêt Norris du 26 octobre 1988, Série A n° 142.

29. Arrêt Rees du 17 octobre 1986, Série A n° 106, p. 14, par. 35; arrêt Cossey du 27 septembre 1990, Série A n° 184, p. 16, par. 40.

30. Arrêt B. c/ la France du 25 mars 1992, Série A n° 232-C.

31. Arrêt Handyside du 7 décembre 1976, Série A n° 24, p. 23, par. 49; arrêt Lingens du 8 juillet 1986, Série A n° 103, p. 26, par. 41.

32. Arrêt Handyside du 7 décembre 1976, Série A n° 24, p. 22, par. 48; arrêt Silver et al. du 25 mars 1983, Série A n° 61, p. 37, par. 97.

répondre à un «besoin social impérieux». Ensuite, ils ont vérifié si la portée et les modalités du moyen de restriction étaient «proportionnées au but légitime recherché[33].

Buts légitimes des restrictions de droits par l'Etat

Des deux critères ci-dessus, celui de la «légitimité du but» est souvent le plus facile à remplir pour l'Etat. La Commission et la Cour examineront tout d'abord si les motifs invoqués par l'Etat concerné pour justifier la limitation de l'exercice d'un droit relèvent de l'une des catégories spécifiques énumérées au deuxième paragraphe de l'article en cause, par exemple «protection de la santé ou de la morale», «ordre public», «droits et libertés d'autrui», etc. Dans ce contexte, un Etat pourra, toutefois, justifier plus facilement les restrictions de certains droits que d'autres. Par exemple, dans les affaires Golder et Silver, la Cour a déclaré qu'en principe, les Etats pouvaient contrôler la correspondance des détenus dans l'intérêt de la prévention des désordres ou des infractions pénales[34]. Dans l'affaire Dudgeon, la Cour a accepté l'interdiction, par l'Etat, du comportement homosexuel masculin dans la tranche d'âge 18-21 (mais pas chez les plus de 21 ans) dans l'intérêt de la protection de la santé ou de la morale[35].

La proportionnalité d'une restriction par l'Etat à des fins légitimes

La condition de la proportionnalité est souvent plus difficile à remplir pour l'Etat que celle du but légitime. Dans l'affaire Golder ci-dessus, par exemple, la Cour a déclaré que le refus des autorités pénitentiaires d'autoriser un détenu à écrire une lettre à son avocat ne pouvait être considéré comme un «but légitime» dans la mesure où l'accès à un tribunal était garanti et que communiquer avec un avocat pouvait être le principal moyen d'exercer ce droit[36]. Dans l'affaire Silver, en revanche, la Cour a déclaré que les autorités pénitentiaires pouvaient uniquement censurer les lettres contenant des menaces de violence ou des précisions concernant des délits[37]. Et, dans l'affaire Dudgeon et Norris, la Cour a estimé que l'Etat ne pouvait criminaliser le comportement homosexuel d'adultes consentants et a déclaré: «Du point de vue de la proportionnalité, les conséquences dommageables ... prédominent ... sur les arguments plaidant contre tout amendement au droit en vigueur»[38]. Il est intéressant de relever que, dans certains cas, dont l'affaire Dudgeon est un exemple, les organes strasbourgeois peuvent considérer la portée du droit correspondant dans les autres pays du Conseil de l'Europe comme un facteur, fût-il non décisif, pour déterminer si une mesure

33. Arrêt Handyside du 7 décembre 1976, Série A n° 34, pp. 22-23, par. 48-49; arrêt Silver et al. du 25 mars 1983, Série A n° 61, pp. 37-38, par. 97.

34. Arrêt Golder du 21 février 1975, Série A n° 18, p. 21 par. 45; arrêt Silver et al. du 25 mars 1983, Série A n° 61, p. 38, par. 98.

35. Arrêt Dudgeon du 22 octobre 1981, Série A n° 45. Voir également l'arrêt Norris du 26 octobre 1988, Série A n° 142.

36. Arrêt Golder du 21 février 1975, Série A n° 18, pp. 21-22, par. 45.

37. Arrêt Silver et al. du 25 mars 1983, Série A n° 61, p. 39, par. 101.

38. Arrêt Dudgeon du 22 octobre 1981, Série A n° 45, p. 24, par. 60; arrêt Norris du 26 octobre 1988, Série A n° 142, p. 21, par. 46.

donnée est «nécessaire dans une société démocratique», à la fois sur le plan de la légitimité du but poursuivi et sur celui de la proportionnalité[39].

Un certain nombre de requêtes soulevant à la fois la question de la légitimité du but poursuivi et de la proportionnalité ont été introduites dans le contexte des droits protégés par l'article 10. La Commission et la Cour ont déclaré à maintes reprises que la liberté d'expression constituait le fondement essentiel d'une société démocratique. La proportionnalité implique, à cet égard, qu'il convient de mettre en balance la poursuite des buts mentionnés à l'article 10 paragraphe 2 et la valeur que revêt la discussion ouverte de sujets d'intérêt public[40]. La liberté d'expression consacrée par l'article 10 souffre un certain nombre d'exceptions qu'il convient, toutefois, d'interpréter de manière stricte et la nécessité de restreindre cette liberté pour un des motifs énumérés à l'article 10 paragraphe 2 doit être établie de façon convaincante[41]. Dans l'affaire Barfod, la Cour a déclaré en outre:

> Pour établir entre [ces intérêts] un juste équilibre, la Cour ne saurait oublier ... qu'il faut se garder de décourager les citoyens, par peur de sanctions pénales ou autres, de se prononcer sur de tels problèmes[42].

Ces principes revêtent une importance particulière s'agissant de la presse. Il convient dès lors de tenir compte du rôle prééminent de la presse dans un Etat régi par le principe de la primauté du droit[43]. Dans l'affaire de l'Observer et du Guardian, la Cour a déclaré:

> [S]i elle ne doit pas franchir les bornes fixées en vue, notamment, de préserver la «sécurité nationale» ou de «garantir l'autorité du pouvoir judiciaire», il lui incombe néanmoins de communiquer des informations et des idées sur des questions d'intérêt public[44].

Appliquant ces principes, la Cour a déclaré dans l'affaire Thorgeirson (dans laquelle le requérant avait été condamné pour diffamation suite à deux articles publiés par lui dans lesquels il alléguait de brutalités policières) que la condamnation et la peine étaient susceptibles de décourager un débat ouvert sur des questions d'intérêt public. Elle a conclu que les motifs avancés par le gouvernement ne démontraient pas à suffisance que l'ingérence incriminée était proportionnée au but légitime poursuivi[45].

Dans l'affaire Castells, un député espagnol avait été condamné pour diffamation du gouvernement suite à la publication d'un article dans lequel il affirmait que celui-ci était responsable d'agressions et de meurtres commis par des groupes d'extrême-droite dans le pays basque. La Cour européenne des Droits de l'Homme a observé, lors de son examen de cette affaire, que la publication, par un homme politique, de son opinion concernant des questions d'intérêt public représentait un des meilleurs moyens pour le public de prendre connaissance des idées et des attitudes de ses représentants élus et de se forger une opinion à ce sujet. Si la Cour a noté que la liberté de débat politique n'était pas absolue, elle a estimé toutefois que les limites permises étaient plus larges lorsque la critique visait le gouvernement plutôt qu'un

39. *Ibidem*, pp. 23-24, par. 60; arrêt Norris du 26 octobre 1988, Série A n° 142, p. 20, par. 46.

40. Arrêt Lingens du 8 juillet 1986, Série A n° 103, p. 26, par. 42.

41. Arrêt Barthold du 25 mars 1985, Série A n° 90, p. 28, par. 58.

42. Arrêt Barfod du 22 février 1989, Série A n° 149, p. 12, par. 29.

43. Voir l'arrêt Castells du 23 avril 1992, Série A n° 236, p. 23, par. 43.

44. Arrêt Observer et Guardian du 26 novembre 1991, Série A n° 216, p. 30, par. 59 (b).

45. Arrêt Thorgeir Thorgeirson du 25 juin 1992, Série A n° 239, p. 28, par. 68-69.

citoyen, voire un homme politique. La Cour a dès lors déclaré que l'Etat avait outrepassé sa marge d'appréciation de l'article 10[46].

Dans leur examen des affaires mettant en cause des restrictions de la liberté d'expression dans lesquelles le contenu de l'expression concernait des questions d'intérêt public, la Commission et la Cour ont imposé aux Etats des critères stricts et ont uniquement autorisé des restrictions formulées de manière précise et poursuivant des fins décrites avec précision. En revanche, dans les affaires dans lesquelles la restriction attaquée concernait d'autres types d'expression, les organes de la Convention ont laissé beaucoup plus de latitude aux Etats. Par exemple, dans l'affaire Handyside ci-dessus, les autorités britanniques avaient interdit la vente et la diffusion d'un ouvrage traitant de questions sexuelles et qui, par sa formulation et sa commercialisation, visait un public d'adolescents. Le livre avait été traduit du danois en plusieurs langues européennes et vendu et diffusé dans certains Etats du Conseil de l'Europe. En dépit de cela et malgré son attitude dans l'affaire Dudgeon, à savoir qu'elle pouvait prendre en compte le droit et la pratique dans d'autres Etats parties à la Convention, la Cour a déclaré que le gouvernement britannique était resté dans les limites de sa marge d'appréciation et avait agi dans l'intérêt de la santé et de la morale de la jeunesse britannique[47]. De même, dans l'affaire Müller, le gouvernement suisse avait condamné et mis à l'amende un artiste pour avoir exposé des œuvres que le gouvernement jugeait obscènes. La Cour européenne des Droits de l'Homme a conclu à l'absence de violation de l'article 10.

Limitations autorisées au titre des articles 17 et 18

Outre la possibilité de restrictions examinée ci-dessus, les articles 17 et 18 fournissent encore des motifs distincts de restreindre l'exercice des droits essentiels prévus dans d'autres articles de la Convention.

Interdiction de l'abus de droits (Article 17)

L'article 17 de la Convention européenne prévoit également certains motifs pour lesquels les Etats parties peuvent limiter l'exercice de certains droits essentiels. Cet article est libellé comme suit:

> Aucune des dispositions de la présente Convention ne peut être interprétée comme impliquant pour un Etat, un groupement ou un individu, un droit quelconque de se livrer à une activité ou d'accomplir un acte visant à la destruction des droits ou libertés reconnus dans la présente Convention ou à des limitations plus amples de ces droits et libertés que celles prévues à ladite Convention.

L'article 5 paragraphe 1 du Pacte international relatif aux droits civils et politiques, qui est le pendant de cette disposition, est formulé en termes identiques. L'article 17 fournit des critères pour l'interprétation d'autres articles de fond plutôt qu'il n'autorise les Etats à restreindre l'exercice de certains droits.

46. Arrêt Castells du 23 avril 1992, Série A n° 236.

47. Arrêt Handyside du 7 décembre 1976 Série A n° 24, pp. 27-28, par. 57.

L'article 17 ne prive pas les personnes qui tentent de détruire des droits et libertés reconnus dans la Convention de la protection générale des droits et libertés qu'elle protège. Il a pour but, s'agissant de groupes ou d'individus, d'empêcher ceux-ci de déduire de la Convention le droit de se livrer à une activité ou de commettre un acte, quels qu'ils soient, visant à détruire un des droits ou une des libertés définis dans la Convention. Il s'ensuit, par exemple, que personne ne peut invoquer le droit à la liberté de pensée, à la liberté de la presse ou à la liberté de réunion ou d'association en vue de détruire l'ordre libre et démocratique que protège la Convention.

La Commission et la Cour n'ont eu à connaître que d'un nombre limité d'affaires dans lesquelles l'Etat a invoqué l'article 17. Dans l'affaire la plus ancienne, le Parti communiste de la République fédérale d'Allemagne avait soutenu que le fait qu'il ait été déclaré inconstitutionnel constituait une violation de l'article 10 (liberté d'expression) et de l'article 11 (liberté d'association). La Commission a relevé que le Parti communiste avait pour objectif de renverser le gouvernement par une révolution violente et d'instaurer une dictature du prolétariat. La Commission a confirmé l'interdiction, estimant que le recours à une dictature en vue de modifier un régime politique était incompatible avec la Convention européenne, dès lors qu'il impliquerait la suppression de nombreux droits et libertés garantis par elle[48].

Dans des requêtes jointes dirigées contre les Pays-Bas, deux membres d'un parti politique qui prônait l'expulsion de tous les travailleurs non blancs (et autres mesures similaires) ont soutenu que le gouvernement néerlandais avait violé leur droit à la liberté d'expression garanti par l'article 10 en les condamnant pour avoir distribué des dépliants défendant ces points de vue. La Commission a conclu à l'absence de violation et a relevé que le paragraphe 2 de cet article prévoyait que la personne qui exerce son droit à la liberté d'expression acceptait par là-même certains devoirs et certaines responsabilités. La Commission a poursuivi en déclarant que les devoirs et les responsabilités visés à l'article 10 étaient exprimés plus radicalement encore à l'article 17, dont le but général est d'empêcher des groupes totalitaires d'exploiter, au service de leurs propres intérêts, les principes énoncés dans la Convention. Il n'est pas nécessaire, pour atteindre ce but, de priver de la totalité des droits et libertés garantis les personnes dont il apparaît qu'elles se livrent à des activités visant la destruction de l'un de ces droits ou de l'une de ces libertés. La Commission a approuvé les restrictions appliquées par le gouvernement aux activités des requérants en relevant l'interdiction de discrimination contenue dans l'article 14 de la Convention, la prohibition de l'expulsion de ressortissants nationaux prévue par le Protocole n° 4, le rapport de la Commission dans l'affaire des Asiatiques d'Afrique orientale (dans laquelle la Commission avait estimé que, dans certaines circonstances, la discrimination raciale équivalait à un traitement dégradant au sens de l'article 3) et autres remarques similaires. La Commission a conclu que les requérants tentaient essentiellement de trouver dans l'article 10 de la Convention le fondement d'un droit à se livrer à ces activités, qui, comme démontré ci-dessus, heurtent la lettre et l'esprit de la Convention; lequel droit, s'il était accordé, contribuerait à la destruction des droits et libertés mentionnés ci-dessus. La Commission a conclu, en conséquence, que les dispositions de l'article 17 de la Convention ne permettaient pas aux requérants de se fonder sur l'article

48. N° 250/57, Déc. 20.7.57, Annuaire 1 p. 222 (223-224).

10 de celle-ci[49]. Par conséquent, la Commission a considéré jusqu'ici que l'article 17 énonçait des dispositions limitatives qui ont préséance sur celles contenues dans l'article 10 lui-même[50].

Dans l'affaire Lawless, le requérant s'était plaint que sa détention pendant plusieurs mois sans procès constituait une violation des articles 5 et 6 de la Convention. Le gouvernement irlandais a fait valoir que le requérant était impliqué dans les activités de l'IRA, une organisation «visant à la destruction des droits et libertés reconnus dans la Convention» et que, dès lors, l'article 17 s'opposait à ce qu'il invoquât une violation de ses propres droits au titre de la Convention. La Commission, dans son rapport en date du 19 décembre 1959, n'a pas souscrit à cette thèse et a déclaré:

> L'article 17 n'ôte en aucune façon la garantie générale des droits et libertés assurée par la Convention à ceux qui tentent de détruire ces droits et libertés. Il rend simplement impossible le fait que ces personnes, qui visent un tel résultat, puissent tirer de la Convention un droit leur permettant de se livrer à une activité ou d'accomplir un acte tendant à la destruction des droits et libertés reconnus dans la Convention.»[51]

La Cour a émis le même avis que la Commission et a ajouté:

> [P]ersonne ne doit pouvoir se prévaloir des dispositions de la Convention pour se livrer à des actes visant à la destruction des droits et libertés ci-dessus visés ... cette disposition ... ne saurait être interprétée *a contrario* comme privant une personne physique des droits individuels fondamentaux garantis aux articles 5 et 6 de la Convention."[52]

Dans l'affaire De Becker, la Commission a déclaré que l'article 17 ne pouvait être invoqué pour priver une personne de manière permanente de ses droits et libertés au seul motif qu'à un moment donné, elle avait fait étalage de convictions totalitaires et avait agi en conséquence. On pourrait certes considérer que les antécédents de M. De Becker s'inscrivaient dans le contexte de l'article 17. Cela n'impliquait pas, toutefois, que le requérant ait dû continuer à se voir opposer les dispositions de cet article, à moins qu'il ait tenté d'abuser de la liberté d'expression qu'il revendiquait[53].

L'article 17 présente un caractère non autonome de sorte que, si une restriction imposée en vertu d'un autre article de la Convention est jugée fondée, cette constatation dispense les organes strasbourgeois d'avoir à prendre en compte l'article 17. De même, lorsqu'une violation de la Convention a été constatée, il n'est pas nécessaire que l'affaire soit examinée au regard de l'article 17[54]. C'est ainsi que, dans l'affaire Sporrong et Lönnroth, la Cour a déclaré: «Ayant constaté que l'article 1 du Protocole n° 1 se trouvait enfreint, la Cour ne juge pas devoir se placer, de surcroît, sur le terrain des articles 17 ... de la Convention»[55]. Dans l'affaire Lithgow et al., la Commission a déclaré que l'exercice du pouvoir de l'Etat était compatible avec les articles de fond et que les mesures prises ne visaient pas à la destruction

49. N° 8348/78 et 8406/78, Déc. 11.10.79, D.R. 18 p. 187 (207-208).

50. Voir également la section consacrée à l'article 7, ci-dessus.

51. Lawless c/ Irlande, Rapport Comm. 19.12.59, par. 141, Cour eur. D.H., Série B n° 1, p. 180.

52. Arrêt Lawless du 1er juillet 1961, Série A n° 3, p. 45, par. 7.

53. De Becker c/ Belgique, Rapport Comm. 8.1.60, par. 279, Cour eur. D.H., Série B n° 2, pp. 137-138.

54. Arrêt Engel et al. du 8 juin 1976 Série A n° 22, p. 42-43, par. 104.

55. Arrêt Sporrong et Lönnroth du 23 septembre 1982, Série A n° 52, p. 28, par. 76.

ou à une limitation excessive des droits du requérant[56]. Dans cette affaire, la Cour n'avait pas à traiter cet aspect dès lors qu'elle n'avait pas été saisie de la question de l'article 17.

Limitations de l'application de restrictions (Article 18)

Cette disposition est sans équivalent dans le Pacte international relatif aux droits civils et politiques.

L'article 18 est libellé comme suit:

> Les restrictions qui, aux termes de la présente Convention, sont apportées auxdits droits et libertés ne peuvent être appliquées que dans le but pour lequel elles ont été prévues.

Il est important de noter d'emblée que l'article 18 ne peut être invoqué que simultanément avec d'autres dispositions de la Convention qui autorisent des restrictions de l'exercice dudit droit ou liberté.

Dans l'affaire Kamma contre les Pays-Bas, le requérant avait soutenu que la police néerlandaise, en menant une enquête à sa charge concernant des délits autres que ceux à l'origine de sa mise en détention initiale, avait violé l'article 18 lu conjointement avec l'article 5. La Commission a relevé ce qui suit:

> L'article 18 de la Convention, tout comme l'article 14, n'a pas un rôle indépendant; il ne peut être appliqué que conjointement à d'autres articles de la Convention. Il peut toutefois y avoir violation de l'article 18 conjointement à un autre article sans pour autant qu'il y ait violation de cet article en soi ... Il découle, en outre, des termes de l'article 18 qu'il ne saurait y avoir violation que si le droit ou la liberté en question est soumis aux «restrictions qui, aux termes de la présente Convention» y sont apportées[57].

La Commission a estimé que, si le droit à la liberté garanti par l'article 5 par. 1 pouvait faire l'objet de restrictions, les circonstances de l'espèce n'établissaient pas l'existence d'une violation de l'article 18.

Dans l'affaire Engel, les requérants ont notamment fait valoir que la Cour martiale avait fondé la sanction disciplinaire dont ils avaient fait l'objet, pour avoir écrit des articles dans une revue de casernement, sur l'article 10 par. 2 mais que cette sanction visait, en réalité, à restreindre leur liberté syndicale. La Commission a fait référence à l'avis qu'elle avait déjà formulé dans le contexte de la violation alléguée de l'article 10, à savoir que l'ingérence de la Haute cour militaire dans le droit en question était justifiée. Il apparaissait, dès lors, à l'évidence qu'il n'y avait pas eu de violation de l'article 18 à cet égard. La Commission a également souligné, concernant le grief formulé par les requérants au titre de l'article 6 combiné avec l'article 18, que cette disposition visait explicitement «les restrictions qui, aux termes de la présente Convention, sont apportées auxdits droits et libertés». Elle a, dès lors, estimé que cet article ne s'appliquait pas au grief des requérants qui concernait le choix entre la procédure pénale et la procédure disciplinaire[58]. De même, la Cour n'a pas examiné l'affaire sous l'angle de l'article 18[59].

---

56. Lithgow et al. c/ le Royaume-Uni, Rapport Comm. 7.3.84, par. 448, Cour eur. D.H., Série A n° 102, p. 116.

57. Kamma c/ les Pays-Bas, Rapport Comm. 14.7.74, D.R. 1 p. 4 (16-17).

58. Engel et al. c/ les Pays-Bas, Rapport Comm. 19.7.74, par. 191-193, Cour eur. D.H., Série B n° 20, p. 86.

59. Arrêt Engel et al. du 8 juin 1976, Série A n° 22, p. 43, par. 108.

L'article 18 présente un caractère non autonome et complémentaire. Dans l'affaire Engel, par exemple, la Cour a déclaré qu'elle n'avait pas à prendre en compte l'article 18, compte tenu de l'absence de toute ingérence dans le droit des deux requérants au titre du paragraphe 1 de l'article 11[60]. La Commission semble attribuer à l'article 18 un caractère plus indépendant. Dans l'affaire Handyside, dans laquelle la Commission avait déjà conclu que l'ingérence dans le droit à la liberté d'expression était justifiée au regard des termes de l'article 10 par. 2 de la Convention, la Commission a déclaré:

> En outre, l'examen de l'affaire ne révèle rien qui puisse laisser penser que les autorités et les tribunaux du Royaume-Uni, en prenant la mesure incriminée à l'encontre de la publication et de la distribution du Schoolbook, s'étaient inspirés d'autres motifs que ceux énoncés à l'article 10 par. 2[61].

La Cour, s'agissant de l'article 18, a déclaré dans cette affaire qu'elle n'avait pas à examiner la question sous l'angle de cet article dès lors que les restrictions appliquées en vertu de l'article 10 étaient légitimes[62].

C'est le même principe qui a été appliqué dans l'affaire Bozano, dans laquelle le requérant soutenait que son expulsion vers la Suisse par les autorités françaises et la privation de liberté qui s'en était suivi étaient, notamment, contraires à l'article 5 de la Convention. La Commission a également examiné l'affaire sous l'angle de l'article 18. Elle a signalé que les juridictions françaises avaient déjà jugé illégale l'extradition au motif que le pouvoir exécutif, en procédant de la sorte, avait tenté de contourner le veto opposé par l'autorité judiciaire compétente à l'extradition du requérant, veto qui était contraignant pour le gouvernement français. La Commission a estimé en conséquence que, dès lors que la détention précédant l'extradition n'était plus possible en France, le but de la détention du requérant n'était pas celui d'une détention avant expulsion tel que prévu par l'article 5 par. 1 f)[63]. La Cour, en revanche, tout comme dans l'affaire Handyside, a estimé que, compte tenu des raisons existantes de conclure à la violation de l'article 5 par. 1, il n'était pas nécessaire d'examiner la question sous l'angle de l'article 18[64].

---

60. Arrêt Engel et al. du 8 juin 1976, Série A n° 22, pp. 39-40, par. 93.

61. Handyside c/ le Royaume-Uni, Rapport Comm. 30.9.75, par. 175, Cour eur. D.H., Série B n° 22, p. 52.

62. Arrêt Handyside du 7 décembre 1976, Série A n° 24, p. 30, par. 64.

63. Bozano c/ France, Rapport Comm. 7.12.84, par. 82, Cour eur. D.H., Série A n° 111, p. 34.

64. Arrêt Bozano du 18 décembre 1986, Série A n° 111, p. 27, par. 61.

Le droit au respect de la vie privée et familiale, du domicile et de la correspondance, le droit de se marier et de fonder une famille, et l'égalité entre époux (Articles 8 et 12 et Protocole n° 7, Article 5)

Le droit au respect de la vie privée est fermement établi dans les principes fondamentaux des droits civils et politiques, puisque ce droit affecte directement le fonctionnement effectif de la démocratie. La clause concernant la vie privée (article 8) joue, à cet égard, un rôle direct par rapport aux articles 9 (pensée, conscience et religion), 10 (expression), 11 (réunion, association), 5 (liberté), 6 (procès équitable) et 12 (fonder une famille). Le droit au respect de la vie familiale, en revanche, est moins solidement relié à des principes démocratiques spécifiques. Il porte, en outre, le germe de droits économiques, sociaux et culturels. A cet égard, la clause de l'article 8 relative à la vie familiale joue un rôle direct par rapport à l'article 12 (se marier/fonder une famille), à l'article 2 du Protocole n° 1 (contrôle parental sur l'éducation des enfants) et, enfin, à l'article 5 du Protocole n° 7 (égalité entre époux et responsabilités des époux durant le mariage et après sa dissolution).

Parallèlement, les droits au respect de la vie privée et au respect de la vie familiale présentent entre eux des liens conceptuels suffisants pour qu'ils puissent être compatibles et inscrits dans un même article. La formulation ou l'inclusion, dans la Convention européenne, d'une disposition relative au respect de la vie privée n'a guère suscité de controverse. De même, il n'existe pas d'écarts notables entre cette disposition et les dispositions similaires d'autres instruments des droits de l'homme. Par exemple, l'article 12 de la Déclaration universelle des droits de l'homme et l'article 17 du Pacte international relatif aux droits civils et politiques comprennent des dispositions visant la protection de l'honneur et de la réputation, (disposition intégrée non pas à l'article 8 mais à l'article 10 de la Convention européenne, en tant que motif de restriction). En revanche, la formulation de la disposition relative à la vie familiale a suscité certaines controverses et il existe plusieurs différences entre cette disposition et les dispositions apparentées des autres instruments des droits de l'homme.

Le droit au respect de la vie familiale garanti par l'article 8 s'applique aux différents membres de la cellule familiale plutôt qu'à cette cellule elle-même. D'autres instruments des droits de l'homme, par contre, considèrent la famille comme une unité (article 16 par. 3 de la Déclaration universelle; article 23 par. 1 du Pacte relatif aux droits civils et politiques). La protection assurée par l'article 8 ne joue que dans les cas où des actes des pouvoirs publics sont en jeu, et non des actes de personnes privées. D'autres instruments des droits de l'homme, en revanche, tentent de prescrire des normes de comportement pour les entités non publiques, par exemple dans les clauses de «protection par la société» de l'article 16 par. 3 de la Déclaration universelle et dans l'article 23 par. 1 du Pacte relatif aux droits civils et politiques.

L'article 8 est libellé comme suit:

1. Toute personne a droit au respect de sa vie privée et familiale, de son domicile et de sa correspondance.

2. Il ne peut y avoir ingérence d'une autorité publique dans l'exercice de ce droit que pour autant que cette ingérence est prévue par la loi et qu'elle constitue une mesure qui, dans une société démocratique, est nécessaire à la sécurité nationale, à la sûreté publique, au bien-être économique du pays, à la défense de l'ordre et à la prévention des infractions pénales, à la protection de la santé ou de la morale, ou à la protection des droits et libertés d'autrui.

Le droit au respect

a. Non-ingérence

Au cours de la rédaction de l'article 8 par. 1, le terme «respect» a été substitué au terme «inviolabilité» pour qualifier la nature de la protection des droits, entraînant un affaiblissement apparent de la protection offerte. Il est, toutefois, apparu au fil de l'évolution de la jurisprudence liée à la Convention européenne que la flexibilité inhérente au terme «respect» avait permis la mise en place d'une protection qui puisse, néanmoins, réagir aux changements ultérieurs dans la société. La question fondamentale, c'est-à-dire le point de savoir si la protection représente uniquement une interdiction d'ingérence par les pouvoirs publics ou si elle confère à l'individu le droit à un soutien actif contre son gouvernement, est souvent soulevée dans le cadre de l'article 8. Dans les domaines de la vie protégés par l'article 8 par. 1, les organes de la Convention ont interprété le droit au respect conjointement avec la clause introductive de l'article 8 par. 2, qui énonce qu'«[i]l ne peut y avoir d'ingérence d'une autorité publique dans l'exercice de ce droit». Deux types de problèmes ont surgi dans la jurisprudence relative à ces clauses liées. Le premier, le devoir de non-ingérence par l'Etat, correspond au sens littéral des termes utilisés. Le second, le droit à une intervention positive de la part de l'Etat, a été extrapolé à partir des principes qui sous-tendent cet article. Dans les deux cas, la Commission et la Cour ont adopté l'approche analytique décrite ci-dessus dans le chapitre consacré aux clauses restrictives. Lorsque les organes de la Convention constatent qu'il y a «ingérence» dans l'exercice d'un des droits essentiels protégés au titre du paragraphe 1, ils examinent ensuite si cette ingérence est «conforme à la loi» et «nécessaire dans une société démocratique» dans un des intérêts énumérés au paragraphe 2: sécurité nationale, sûreté publique, etc.

La doctrine de la non-ingérence par les pouvoirs publics est fermement établie dans le droit à la protection de la vie privée, pour ce qui concerne l'article 8. Dans une société démocratique, le citoyen a le droit de vaquer à ses activités quotidiennes sans que celles-ci soient surveillées ou contrôlées par l'Etat. La Cour a confirmé cette obligation première de l'Etat de s'abstenir de toute ingérence dans son arrêt dans l'affaire Airey, en déclarant que l'article 8 «a essentiellement pour objet de prémunir l'individu contre des ingérences arbitraires des pouvoirs publics»[1]. Par exemple, les citoyens jouissent du droit général de recevoir du courrier non censuré, de vivre à l'abri de toute publicité, et de nouer et de développer des relations avec d'autres personnes. Il est clair que ce dernier aspect du droit au respect de la vie privée a des implications pour le droit simultané à la protection de la vie familiale même si rien, dans la Convention, ne s'oppose à ce qu'un Etat réglemente certains domaines des relations entre personnes. L'article 8 par. 2 lui-même légitime un certain nombre de restrictions, par exemple celles qui concernent l'âge du consentement sexuel, le divorce, etc. Par contre, c'est dans le domaine des relations entre personnes que les organes de la Convention invoquent le plus souvent le principe de non-ingérence. La Commission et la Cour estiment généralement, du moins lorsqu'il s'agit d'adultes, qu'il n'y a pas d'ingérence dans le droit au respect de la vie privée et familiale tant que l'Etat n'interfère pas dans l'existence et le comportement quotidien *de facto*. Par exemple, dans l'affaire Johnston et al. qui concernait l'impossibilité de divorcer en droit irlandais ou de reconnaître la vie familiale en-dehors du mariage après la dissolution du mariage d'une des parties et d'une tierce personne, la Cour a déclaré qu' «on ne saurait considérer que les engagements assumés par l'Irlande au titre de l'article 8 impliquent l'obligation d'adopter des mesures autorisant le divorce et le remariage»[2].

En ce qui concerne les questions liées aux relations homosexuelles entre adultes consentants, la Cour a toutefois déclaré que l'existence d'une législation qui criminalise ces activités privées constituait une ingérence, même si l'Etat n'entame jamais de poursuites[3]. En revanche, la Commission a estimé qu'il n'y avait pas d'ingérence lorsque la législation ne prévoyait pas de sanctions, en réponse à des parents suédois qui soutenaient qu'une loi interdisant les châtiments corporels à l'encontre d'enfants constituait une violation de leur droit au respect de la vie familiale, tel que garanti par l'article 8[4].

b. Obligations positives

Si, en principe, l'Etat ne peut s'ingérer dans le droit privé d'une personne de nouer des relations avec une autre personne, la Commission et la Cour ont déclaré de plus en plus souvent qu'une fois établies, l'Etat pouvait être tenu d'assurer le respect de ces relations au moyen de dispositions législatives, de réglementations ou de tout autre moyen approprié. Dans ces affaires, la Commission ou la Cour a effectivement exigé des Etats qu'ils lèvent tous les obstacles appliqués par les pouvoirs publics à l'exercice du droit au respect de la vie familiale. Une affaire-clé dans ce domaine est l'affaire Marckx, dans laquelle une mère et son enfant naturel ont attaqué des lois belges qui imposaient à la mère de prendre des mesures juridiques particulières en vue de régulariser sa relation avec son enfant et qui s'opposait même à la participation juridique entière à la vie familiale et à l'inclusion dans celle-ci de l'enfant ainsi «régularisé». La Cour a déclaré:

1. Arrêt Airey du 9 octobre 1979, Série A n° 32, p. 17, par. 32.

2. Arrêt Johnston et al. du 18 décembre 1986, Série A n° 112, p. 26, par. 57.

3. Voir arrêt Dudgeon du 22 octobre 1981, Série A n° 45, pp. 17-25, par. 37-63 et l'arrêt Norris du 26 octobre 1988, Série A n° 142, pp. 15-21, par. 28-47.

4. N° 8811/79, Déc. 13.5.82, D.R. 29 p. 104 (127-128).

> [L]'Etat, en fixant dans son ordre juridique interne le régime applicable à certains liens de famille comme ceux de la mère célibataire avec son enfant, doit agir de manière à permettre aux intéressés de mener une vie familiale normale[5].

La Cour a répété ce principe dans l'affaire Johnston et al., plus récente, qui concernait également la régularisation de la situation d'un enfant illégitime au sein de la famille[6]. Dans l'affaire Airey, la requérante, qui souhaitait obtenir un jugement de séparation de corps d'avec son mari, coupable à son égard de violences et d'abus sexuels, a soutenu que le refus du gouvernement irlandais de fournir une aide judiciaire en vue de faire valoir ses revendications constituait une violation de son droit au respect de sa vie familiale, protégé par l'article 8. La Cour a partagé cet avis et a souligné le principe des obligations positives de l'Etat, tel qu'établi dans l'affaire Marckx:

> [S]i l'article 8 a essentiellement pour objet de prémunir l'individu contre des ingérences arbitraires des pouvoirs publics, il ne se contente pas d'astreindre l'Etat à s'abstenir de pareilles ingérences: à cet engagement plutôt négatif peuvent s'ajouter des obligations positives inhérentes à un respect effectif de la vie privée ou familiale ...
>
> Un respect effectif de la vie privée ou familiale impose à l'Irlande de rendre [les ordonnances de séparation de corps] effectivement accessible[s], quand il y a lieu, à quiconque désire [les] employer. Or la requérante n'y a pas eu effectivement accès: n'ayant pas été mise en mesure de saisir la *High Court* ... elle n'a pu réclamer la consécration juridique de sa séparation de fait d'avec son mari. Elle a donc été victime d'une violation de l'article 8[7].

La distinction *de facto/de jure* a pris une autre importance dans l'affaire Kroon, dans laquelle une femme mariée soutenait que l'impossibilité juridique dans laquelle elle se trouvait de nier la paternité de son mari vis-à-vis de son enfant et de permettre ainsi au père biologique de l'enfant de reconnaître légalement sa paternité constituait une violation de leur droit au respect de la vie familiale, tel que garanti par l'article 8. La Cour a partagé cet avis et a cité à l'appui de sa position l'impossibilité de retrouver la trace du mari (devenu l'ex-mari entre-temps), le fait que les parents naturels ne souhaitaient pas se marier et, partant, le manque d'intérêt pour les adoptions en tant que parents nourriciers[8].

Dans une affaire unique, la Cour a déclaré qu'un Etat avait l'obligation positive d'agir en vue de respecter le droit à la vie privée protégé par l'article 8. Dans l'affaire X et Y c/ les Pays-Bas, une jeune Néerlandaise handicapée mentale et son père avaient fait valoir qu'ils étaient dans l'impossibilité, l'un comme l'autre, d'introduire une procédure pénale contre un homme qui s'était rendu coupable d'agression sexuelle contre ladite jeune-fille, et que cette impossibilité constituait une violation du droit de celle-ci au respect de sa vie privée, tel que garanti par l'article 8. La Cour a convenu que l'Etat avait l'obligation expresse de veiller à ce que toutes les personnes disposent du moyen effectif de faire respecter leur vie privée et que, partant, il y avait eu violation de l'article 8[9].

---

5. Arrêt Marckx du 13 juin 1979, Série A n° 31, p. 15, par. 31.
6. Arrêt Johnston et al. du 18 décembre 1986, Série A n° 112, p. 25, par. 55.
7. Arrêt Airey du 9 octobre 1979, Série A n° 32, p. 17, par. 32-33.
8. Arrêt Kroon du 27 octobre 1994, Série A n° 297-C.
9. Arrêt X et Y c/ les Pays-Bas du 26 mars 1985, Série A n° 91, pp. 13-14, par. 27-30.

Les thèmes interconnectés de la non-ingérence de l'Etat et de l'obligation expresse jouent un rôle important dans l'interprétation du «droit au respect» énoncé à l'article 8 par. 1. Il semblerait que l'affaire X et Y c/ les Pays-Bas établisse un précédent en matière d'obligation positive d'agir pour l'Etat. Toutefois, dans l'affaire Rees et l'affaire Cossey, la Cour a autorisé l'Etat à refuser de modifier le sexe sur le certificat de naissance d'un transsexuel alors que ce même Etat ne s'était pas ingéré dans l'exercice initial de ce droit de caractère privé et avait même facilité, par la suite, la modification juridique de bon nombre de documents d'identification du requérant[10]. Il est possible qu'à l'avenir, les organes de la Convention aient à résoudre des conflits entre les deux doctrines en ce qui concerne leur application aux droits essentiels garantis. Par exemple, si la Cour, voire l'Etat, affirme l'existence, au titre de l'article 8, d'un droit déterminé qui concerne la protection de la vie privée, peuvent-ils refuser ensuite à un individu le droit corrélatif de voir l'Etat agir expressément en vue de garantir la protection de ce droit?

Le droit au respect de la vie privée

La doctrine de la non-ingérence est prééminente dans toute caractérisation du droit formel au respect de la vie privée, protégé par l'article 8 par. 1 de la Convention européenne. Comme l'a déclaré la Commission dans le cadre de la requête n° 6825/74:

> [L]e droit au respect de la «vie privée» est le droit à l'intimité, le droit de vivre autant qu'on le désire à l'abri des regards étrangers ... toutefois, là ne s'épuise pas le droit au respect de la vie privée. Ce droit comprend également, dans une certaine mesure, le droit d'établir et d'entretenir des relations avec d'autres êtres humains, notamment dans le domaine affectif, pour le développement et l'accomplissement de sa propre personnalité[11].

Les relations sexuelles figurent au nombre des relations de caractère privé protégées par la Convention et sa jurisprudence[12]. Dans l'affaire Brüggemann et Scheuten, la Commission a fait allusion aux paramètres qui délimitent l'exercice du droit à la protection de la vie privée:

> [L]a prétention au respect de sa vie privée est automatiquement réduite dans la mesure où l'individu lui-même met sa vie privée en contact avec la vie publique ou la place dans un rapport étroit avec d'autres intérêts protégés[13].

Il faut aussi relever, dans le contexte des affaires qui concernent des transsexuels, que l'on ne peut présumer que la personne a renoncé à son droit au respect de la vie privée ou a restreint ce droit par des contacts publics «volontaires». A la limite, c'est l'inverse qui est le cas, puisque le refus d'agir de l'Etat contraint la personne à s'exposer publiquement – en raison du refus de l'Etat de modifier les documents publics d'enregistrement.

---

10. Arrêt Rees du 17 octobre 1986, Série A n° 106, pp. 16-19, par. 39-47 et dans l'arrêt Cossey du 27 septembre 1990, Série A. 184, p. 16, par. 39.

11. N° 6825/74, Déc. 18.5.74, D.R. 5 p. 86 (88-89); voir également Van Oosterwijck c/ la Belgique, Rapport Comm. 1.3.79, 651, Cour eur. D.H., Série B n° 36, p. 26.

12. Arrêt Dudgeon du 22 octobre 1982, Série A n° 45, p. 18, par. 41 (voir ci-dessus), et arrêt Norris du 26 octobre 1988, Série A n° 142, p. 17, par. 36.

13. Brüggemann et Scheuten c/ la République fédérale d'Allemagne, Rapport Comm. 12.7.77, par. 56, D.R. 10 p. 100 (138).

La Commission et la Cour ont fait plusieurs déclarations au sujet de la collecte et de l'utilisation de données et de renseignements obtenus par surveillance, et de leur incidence sur le droit au respect de la vie privée. Quelle que soit l'utilisation à laquelle l'Etat destine les renseignements rassemblés, les organes de la Convention jugeront qu'il n'y a pas d'ingérence contraire à l'article 8 par. 1 si la personne s'est placée elle-même ou a placé ses activités dans le domaine public. Par exemple, la Commission a conclu à l'absence d'ingérence dans le droit au respect de la vie privée dans une affaire dans laquelle la police avait pris des photos d'une femme alors qu'elle se trouvait dans un lieu public[14]. La Commission et la Cour ont été plus vagues en ce qui concerne la nature des droits protégeant la vie privée par rapport à d'«autres intérêts protégés»; ceci s'explique en partie parce que la caractérisation du droit peut être clarifiée de manière «négative», par référence à la portée de l'activité admissible de l'Etat visée au paragraphe 2, en particulier à la clause de ce paragraphe relative aux «droits et libertés d'autrui», et en partie parce que les intérêts d'autrui eux-mêmes peuvent ne pas être exprimés de manière spécifique dans cet article, voire dans l'ensemble de la Convention. Par exemple, dans l'affaire Brüggemann et Scheuten ci-dessus, la Commission s'est penchée sur le point de savoir si le refus d'un Etat d'autoriser une femme à obtenir un avortement constituait une violation du droit de celle-ci au respect de sa vie privée. La Commission a estimé que la législation allemande qui, dans certaines circonstances, criminalise l'avortement, ne constituait pas une ingérence dans le droit au respect de la vie privée, tel que protégé par l'article 8 par. 1. La Commission a refusé, en particulier, de déterminer si un enfant à naître «doit être considéré comme une entité qui puisse, sur le plan de l'article 8 par. 2, justifier une ingérence "pour la protection d'autrui"». En revanche, la Commission a estimé que la vie d'une femme enceinte était étroitement liée au foetus en développement et a déclaré:

> [T]oute réglementation de l'interruption des grossesses non désirées ne constitue pas une ingérence dans le droit au respect de la vie privée de la mère. L'article 8 par. 1 ne peut s'interpréter comme signifiant que la grossesse et son interruption relèvent, par principe, exclusivement de la vie privée de la mère[15].

Par conséquent, même si elle n'a pas exprimé son point de vue sur la question, la Commission a admis implicitement qu'un Etat pouvait invoquer d'autres intérêts protégés non énoncés dans la Convention elle-même pour justifier ses actes dans un domaine déterminé.

Ces dernières années, les organes de la Convention ont examiné plusieurs affaires dans lesquelles des personnes ont fait valoir que des restrictions imposées par les autorités publiques aux modifications de noms constituaient des violations du droit à la protection de la vie privée garanti par l'article 8. Dans l'affaire Stjerna, le requérant souhaitait rétablir l'orthographe de son patronyme utilisée par sa famille lors d'une période antérieure de l'histoire. Sa demande a été rejetée par le gouvernement finlandais. La Cour a conclu à l'absence de violation et a fait observer que le gouvernement avait formulé à l'appui de sa

14. N° 5877/72, Déc. 12.10.73, Annuaire 16 p. 329 (337-339).

15. Brüggemann et Scheuten c/ République fédérale d'Allemagne, Rapport Comm. 12.7.77, par. 61, D.R. 10 p. 100 (138-139).

décision des motifs raisonnables et objectifs[16]. L'affaire Burghartz a soulevé une question d'application plus vaste que l'affaire Stjerna. Dans l'affaire Burghartz, un ressortissant suisse a soutenu que l'impossibilité de faire précéder le patronyme de son épouse, qui avait été choisi comme nom de famille, du sien représentait un traitement discriminatoire, dès lors que l'ordre inverse était accepté en droit suisse. La Cour a partagé cet avis et a estimé qu'il y avait violation du droit à la protection de la vie privée au regard de l'article 8 lu conjointement avec l'interdiction de toute discrimination fondée sur le sexe, énoncée à l'article 14[17].

Droits des homosexuels et des transsexuels

Les affaires qui concernent les homosexuels et les transsexuels sont importantes à deux égards. Tout d'abord, si ces deux types d'affaires établissent un principe commun, à savoir que l'identité et les activités sexuelles d'une personne relèvent du droit à la protection de la vie privée garanti par l'article 8 par. 1, ils établissent aussi le principe selon lequel un Etat peut restreindre l'exercice de ce droit pour des motifs vagues d'intérêt politique qui ne sont pas spécifiquement prévus au paragraphe 2. Ensuite, bien que les organes de la Convention aient, du moins dans une certaine mesure, retenu la doctrine de la non-ingérence des pouvoirs publics dans les questions liées à l'homosexualité, ils ont, s'agissant de transsexualité, introduit la notion de latitude de l'Etat pour limiter la doctrine de l'obligation positive d'action des pouvoirs publics. Dans les décennies qui ont suivi l'entrée en vigueur de la Convention, la Commission et la Cour ont suivi la tendance à la libéralisation qui est apparue dans les Etats membres du Conseil de l'Europe dans le domaine de l'homosexualité. Par exemple, dans une de ses premières prises de position sur l'homosexualité, la Commission a déclaré manifestement non fondée une requête contestant la validité de sanctions pénales frappant l'activité homosexuelle masculine[18]. Toutefois, près de trente ans plus tard, dans l'affaire Dudgeon et l'affaire Norris, la Cour a, à une large majorité, déclaré que l'interdiction par un Etat d'actes homosexuels (entre adultes consentants âgés de plus de 21 ans) constituait une ingérence dans la vie privée, interdite par l'article 8 par. 1. Malheureusement, les arrêts Dudgeon et Norris ont laissé sans réponse tant la question de la validité des limites d'âge que celle, liée, des réglementations différentes selon qu'il s'agit de relations homosexuelles ou hétérosexuelles[19].

Dans une série d'affaires de transsexualité soumises à la Commission et à la Cour, la quasi-totalité des victimes présumées a contesté l'exercice du pouvoir discrétionnaire des autorités publiques, s'agissant de déterminer dans quelle mesure celles-ci doivent reconnaître le changement de sexe d'une personne: presque tous ces changements de sexe ont été jugés comme sortant du champ d'application du droit à la protection de la vie privée garanti par l'article 8 par. 1. Dans les affaires Rees et Cossey déjà citées, les requérants ont soutenu que, pour protéger pleinement leur droit à la protection de la vie privée comme l'impose l'article 8 par. 1, il fallait que l'autorité publique soit tenue de modifier le registre des naissances. La

16. Arrêt Stjerna du 25 novembre 1994, Série A n° 299-B.

17. Arrêt Burghartz du 22 février 1994, Série A n° 280-B.

18. N° 104/55, Déc. 17.12.55, Annuaire 1 p. 228 (229).

19. Arrêt Dudgeon du 22 octobre 1981, Série A n° 45, pp. 17-25, par. 37-63 et arrêt Norris du 26 octobre 1988, Série A n° 142, pp. 17-21, par. 35-47.

Cour a relevé, tout d'abord, que la notion de «respect» n'était pas nettement définie. Pour déterminer s'il existe ou non une obligation expresse, il faut prendre en compte le juste équilibre à atteindre entre l'intérêt général et l'intérêt de l'individu. La Cour a, toutefois, déclaré que, compte tenu de sa marge d'appréciation, l'Etat pouvait invoquer ses difficultés administratives pour refuser de procéder à ce type de modification. La Cour n'avait pas besoin de justification de l'Etat au regard des dispositions du paragraphe 2[20].

Dans une affaire contre la France, la Cour a toutefois estimé qu'il existait des écarts notables de droit et de pratique entre la France et l'Angleterre en matière d'état-civil, de modification de prénoms, d'utilisation des documents d'identité, etc. Un grand nombre de juridictions françaises de première instance et d'appel avaient déjà ordonné que des insertions semblables soient faites dans des affaires relatives à d'autres transsexuels. La Cour de cassation avait adopté une position contraire dans sa jurisprudence, mais cette situation pouvait évoluer. La Cour a jugé que, dans les circonstances de l'espèce, la volonté manifeste du requérant était un facteur qui était suffisamment important pour être pris en compte, parallèlement à d'autres facteurs, au regard de l'article 8. Le refus d'autoriser la requérante à changer de prénom, comme elle le demandait, était, par conséquent, un autre facteur pertinent sous l'angle de l'article 8. La Cour a estimé que les inconvénients subis par la requérante en raison de la différence entre son sexe juridique, tel qu'il figurait dans divers documents, et son sexe apparent étaient d'un degré de gravité qui suffisait à justifier leur prise en compte aux fins de l'article 8. La Cour a dès lors conclu, sur la base des facteurs ci-dessus qui distinguaient cette affaire des affaires Rees et Cossey et sans qu'il soit nécessaire d'examiner les autres moyens de la requérante, que celle-ci vivait au quotidien une situation qui, prise globalement, n'était pas compatible avec le respect dû à sa vie privée. En conséquence, même en tenant compte de la latitude laissée aux pouvoirs publics, le juste équilibre entre l'intérêt général et les intérêts de la personne n'avait pas été réalisé et il y avait donc eu violation de l'article 8[21]. Si la Cour autorisait l'Etat à restreindre sa propre obligation de respecter ce droit, elle qualifierait la nature du droit lui-même et, dès lors, elle le dévaloriserait.

Surveillance et collecte de données

La Commission et la Cour ont, toutefois, adopté une approche différente dans les affaires qui concernaient la surveillance et la collecte de données dans le contexte des enquêtes pénales, lorsque la personne ne s'était pas placée elle-même dans le domaine public. Dans ces affaires, la Commission et la Cour ont constaté, sous l'angle de l'article 8 par. 1, des ingérences que l'Etat doit ensuite justifier au regard du paragraphe 2. Dans l'affaire McVeigh et al., par exemple, la Commission a laissé sans réponse le point de savoir si la conservation d'empreintes digitales, de photographies et d'autres enregistrements après une enquête n'ayant pas abouti, effectuée dans le cadre de la législation anti-terroriste, constituait une ingérence dans le droit des suspects au respect de leur vie privée et a conclu qu'en tout état de cause, la conservation de ces enregistrements était acceptable dans l'intérêt, visé au paragraphe 2, de «la sécurité nationale ou la sûreté publique» ou de «la défense de l'ordre ou la prévention

20. Arrêt Norris du 26 octobre 1988, Série A n° 142, pp. 20-21, par. 45-46.

21. Arrêt B. c/ la France du 25 mars 1992, Série A n° 232-C, pp. 52-53, par. 60-62.

des infractions pénales». La Commission, mettant en balance les intérêts de l'individu et ceux de l'Etat, a estimé que la conservation des enregistrements était «tout au plus une ingérence assez légère dans le droit des requérants au respect de leur vie privée face à la nécessité pressante de combattre les activités terroristes»[22].

Dans le domaine des enquêtes criminelles, certaines questions importantes ont trait à la surveillance secrète, une pratique qui touche simultanément deux droits protégés par l'article 8: le respect de la vie privée et le respect de la correspondance, ce dernier terme englobant toutes les formes de communication entre personnes. Les organes de la Convention ont déclaré avec constance que les activités de surveillance constituaient une ingérence de l'Etat au sens de l'article 8 par. 1 et, par conséquent, leur examen se concentre sur les dispositions limitatives du paragraphe 2. Dans l'affaire Klass et al., la Cour a examiné la compatibilité d'une loi de l'Allemagne de l'Ouest sur la surveillance avec les prescriptions du paragraphe 2. Dans cette affaire, les requérants s'étaient plaints que leur droit au respect de leur vie privée avait été violé par le fait que des personnes soumises à la surveillance prévue par la loi en cause n'en avaient pas été informées par la suite et n'avaient pas eu accès à des voies de recours judiciaires contre la justification des mesures de surveillance prises. La Cour a estimé que l'«ingérence» de l'Etat ouest-allemand était «compatible avec la loi» et que la loi en question, non seulement définissait avec précision les buts dans lesquels l'Etat pouvait appliquer des mesures restrictives mais énonçait en outre que «toute mesure individuelle de surveillance doit se conformer aux conditions et procédures rigoureuses fixées par la législation elle-même»[23]. La Cour, déclarant que cela était, «dans une société démocratique, ... nécessaire à la sécurité nationale [et] à la défense de l'ordre et à la prévention des infractions pénales», a admis le besoin, pour l'Etat, de défendre «contre des dangers imminents» menaçant «l'ordre fondamental démocratique et libéral» et d'assurer la sécurité de la République fédérale, des *Länder*, ou des forces armées[24], ce qui correspond, en effet, à des buts légitimes de l'Etat. La Cour a estimé, par ailleurs, que les procédures d'examen instituées en vertu de la loi en cause contribuaient à garantir que toute action de l'Etat soit proportionnée à ces buts légitimes. La Cour, relevant pas ailleurs deux facteurs pertinents par rapport à leur décision, a déclaré:

> Les progrès techniques réalisés en matière d'espionnage et parallèlement de surveillance; en second lieu, le développement du terrorisme en Europe au cours des dernières années. Les sociétés démocratiques se trouvent menacées de nos jours par des formes très complexes d'espionnage et par le terrorisme, de sorte que l'Etat doit être capable, pour combattre efficacement ces menaces, de surveiller en secret les éléments subversifs opérant sur son territoire. La Cour doit donc admettre que l'existence de dispositions législatives accordant des pouvoirs de surveillance secrète ... des envois postaux et des télécommunications est, devant une situation exceptionnelle, nécessaire dans une société démocratique[25].

Elle a poursuivi en ces termes:

22. McVeigh et al. c/ le Royaume-Uni, Rapport Comm. 18.3.81, par. 231, D.R. 25 p. 15 (95-96).

23. Arrêt Klass et al. du 6 septembre 1978, Série A n° 28, p. 22, par. 43.

24. *Ibidem*, p. 22, par. 44-46.

25. *Ibidem*, p. 23, par. 48.

... les Etats contractants ne disposent pas pour autant d'une latitude illimitée pour assujettir à des mesures de surveillance secrète les personnes soumises à leur juridiction. Consciente du danger, inhérent à pareille loi, de saper, voire de détruire, la démocratie au motif de la défendre, elle affirme qu'ils ne sauraient prendre ... n'importe quelle mesure jugée par eux appropriée....

[Q]uel que soit le système de surveillance retenu, la Cour doit se convaincre de l'existence de garanties adéquates et suffisantes contre les abus. Cette appréciation ne revêt qu'un caractère relatif: elle dépend de toutes les circonstances de la cause, par exemple la nature, l'étendue et la durée des mesures éventuelles, les raisons requises pour les ordonner, les autorités compétentes pour les permettre, exécuter et contrôler, le type de recours fourni par le droit interne[26].

Certaines de ces mêmes préoccupations sont apparues dans l'affaire Malone. Dans cette affaire, la Cour a examiné le droit au respect de la vie privée dans le contexte, d'une part, de l'interception d'appels téléphoniques par la police (écoute téléphonique) et, d'autre part, de la tenue d'un «registre» des numéros formés à partir d'un poste téléphonique précis (comptage) dans le contexte général d'une enquête pénale ainsi que du cadre juridique et administratif pertinent de ces interceptions. La Cour a estimé que ces pratiques étaient toutes deux «prévues par la loi». En ce qui concerne la question de l'écoute téléphonique, la Cour s'est intéressée aux deux éléments qui font pendant à la protection juridique requise, à savoir la prévisibilité et la précision, et a déclaré:

... la loi doit user de termes assez clairs pour indiquer à tous de manière suffisante en quelles circonstances et sous quelles conditions elle habilite la puissance publique à opérer pareille atteinte secrète, et virtuellement dangereuse, au droit au respect de la vie privée et de la correspondance ...

[L]a loi irait à l'encontre de la prééminence du droit si le pouvoir d'appréciation accordé à l'exécutif ne connaissait pas de limites. En conséquence, elle doit définir l'étendue et les modalités d'exercice d'un tel pouvoir avec une netteté suffisante – compte tenu du but légitime poursuivi – pour fournir à l'individu une protection adéquate contre l'arbitraire[27].

La Cour a estimé ensuite que la formulation de la loi en cause était trop vague et utilisait des expressions telles que «peut» et «à des fins et selon des modalités analogues». Elle s'est expliquée plus longuement à propos de cette dernière expression et a déclaré:

A supposer même que le renvoi aux «fins et ... modalités analogues» se borne à consacrer la pratique antérieure, et non tout ce qui eût été juridiquement admissible, [on] ne discerne point clairement à quels égards les «fins» et «modalités» d'autrefois ont acquis une base légale, de sorte que seule une intervention des Chambres pourrait les modifier, ni lesquels de leurs aspects demeurent tributaires de l'administration, donc susceptibles de changer par décision de l'exécutif. [La Commission] constate à ce sujet que la notion d'infraction «grave», qui dans

26. *Ibidem*, p. 23, par. 49-50.

27. Arrêt Malone du 2 août 1984, Série A n° 82, pp. 32-33, par. 67-68.

la pratique sert de condition d'émission d'un mandat aux fins de découverte d'une infraction, a subi deux élargissements successifs ... sans recours au Parlement[28].

La Cour a conclu en ces termes:

> [L]es données communiquées à la Cour ne permettent pas de dire avec l'assurance souhaitable à quels égards le pouvoir d'interception se trouve intégré à des normes juridiques et sous quels rapports il reste tributaire de l'exécutif. En raison de l'ambiguïté et de l'incertitude qui subsistent sur cet aspect capital du droit en vigueur, ... fait défaut le degré minimal de protection juridique voulu par la prééminence du droit dans une société démocratique[29].

Pour ce qui est de la question du comptage, la Cour a relevé que la pratique elle-même était légitime et courante, contrairement à l'écoute téléphonique. Elle a toutefois estimé que la communication des comptages à la police sans l'accord de la personne qui en a fait l'objet constituait une ingérence injustifiable dans le droit à la protection de la vie privée.

> [O]n n'a jamais recouru à ... la loi (de 1969 sur le Post Office) pour inviter [les autorités publiques], en vertu d'un mandat du ministre de l'Intérieur, à divulguer à la police judiciaire des informations recueillies par comptage. Cependant, le droit interne n'interdit pas au *Post Office* de déférer volontairement à une demande de la police le priant d'établir et produire des relevés de comptage ... Toutefois ... Les pièces du dossier ne révèlent aucune norme juridique relative à l'étendue et aux modalités d'exercice du pouvoir d'appréciation dont jouissent les autorités. En conséquence,... l'ingérence résultant de l'existence de ladite pratique dans le cas du requérant n'était pas «prévue par la loi» au sens de l'article 8 par. 2[30].

Le fait que la Cour a conclu qu'en l'espèce, les deux pratiques contestées n'étaient pas «prévues par la loi» a levé la nécessité de déterminer si les ingérences étaient «nécessaires dans une société démocratique». Dans les affaires Kruslin et Huvig, une partie des éléments de preuve à charge de M. Kruslin dans la procédure pour tentative de vol à main armée et complicité de meurtre dont il avait fait l'objet était la transcription d'une communication téléphonique à laquelle il avait pris part. Le téléphone de M. Huvig avait été mis sur écoute dans le contexte de l'enquête relative à une fraude fiscale alléguée du requérant et de son épouse. La Cour a déclaré, sous l'angle du paragraphe 2 de l'article 8 et d'autres clauses similaires, qu'elle avait toujours compris le terme «loi» dans son sens de fond et non dans son sens formel, et considéré que ce terme englobait aussi les dispositions de rang inférieur aux lois ainsi que le droit non écrit. En conséquence, la Cour a estimé que les ingérences incriminées trouvaient un fondement juridique dans le droit français. Cependant, le droit français, tant écrit que non écrit, n'indiquait pas avec l'assurance souhaitable la portée et les modalités de l'exercice de la latitude en question conférée aux autorités publiques. C'était, encore davantage, le cas au moment des faits, de sorte que les requérants n'avaient pas bénéficié du degré minimum de protection auquel les citoyens ont droit en vertu de la primauté du droit dans une société démocratique. La Cour a jugé, dès lors, qu'il y avait eu

---

28. *Ibidem*, p. 35, par. 76.

29. *Ibidem*, p. 36, par. 79.

30. *Ibidem*, p. 38, par. 87.

violation de l'article 8 de la Convention[31]. Enfin, dans l'affaire A, la Cour a estimé qu'il y avait eu violation de l'article 8, s'agissant d'un citoyen qui avait procédé à l'enregistrement clandestin d'une conversation téléphonique avec l'aide d'un fonctionnaire supérieur de la police[32].

La Commission et la Cour ont généralement laissé aux Etats plus de latitude, s'agissant de la collecte et de l'utilisation d'informations, dans les contextes non pénaux que dans ceux ou des poursuites pénales sont envisagées. Dans l'affaire Leander, le requérant s'était plaint de la rétention, par le gouvernement suédois, d'informations secrètes le concernant et de l'utilisation faite de ces informations pour lui refuser un emploi dans le secteur public pour lequel une habilitation de sécurité était nécessaire. La Cour, citant notamment les affaires Klass et Malone, a tout d'abord évalué l'accessibilité, la prévisibilité et la précision de l'ordonnance en cause afin de déterminer si les agissements des pouvoirs publics répondaient au critère «prévu par la loi». La Cour a conclu que, si l'ordonnance accordait aux autorités publiques une marge d'appréciation importante en ce qui concerne l'inscription de renseignements dans le registre, la portée de cette latitude était limitée à d'importants égards, par exemple par l'interdiction explicite d'inscriptions basées sur les opinions politiques professées par la personne concernée[33]. Après avoir jugé que l'ingérence était «prévue par la loi», la Cour s'est ensuite intéressée à la légitimité du but poursuivi afin de savoir si les mesures prises par les pouvoirs publics correspondaient à une nécessité sociale impérieuse, et si ces mesures étaient proportionnées à cette nécessité. La Cour a répété le principe selon lequel la latitude laissée aux autorités publiques dépend:

> [N]on seulement de la finalité, mais encore du caractère propre de l'ingérence, il échet de mettre en balance l'intérêt ... à protéger [l]a sécurité nationale avec la gravité de l'atteinte au droit du requérant au respect de sa vie privée[34].

Dans cette affaire, il n'a pas été suggéré que le gouvernement suédois avait soumis le requérant à une surveillance secrète, par exemple à une écoute téléphonique. Les autorités publiques s'étaient bornées à rassembler et à enregistrer des renseignements sur le requérant qui étaient accessibles sans enfreindre la loi. La Cour a relevé que la Convention ne consacre aucun droit d'accès à un service public et que, par ailleurs, l'ingérence de l'Etat dans le droit du requérant à la protection de sa vie privée «n'a pas empêché le requérant de mener sa vie privée à sa guise». La Cour, en soupesant les intérêts de l'Etat par rapport à ceux du citoyen, a estimé que les circonstances de l'espèce imposaient une latitude importante. La Cour a ensuite examiné toute une série de protections juridiques, politiques et administratives contre l'arbitraire de l'Etat et a conclu que «le gouvernement défendeur était en droit de considérer que les intérêts de la sécurité nationale prévalaient en l'occurrence sur les intérêts individuels du requérant.... Partant, il n'y a pas eu violation de l'article 8»[35].

31. Arrêt Kruslin du 24 avril 1990, Série A n° 176-A, pp. 20-25, par. 27-36 et arrêt Huvig du 24 avril 1990, Série A n° 176-B, pp. 52-57, par. 26-35.

32. Arrêt A du 23 novembre 1993, Série A n° 277-B.

33. Arrêt Leander du 26 mars 1987, Série A n° 116, p. 23-24, par. 50-57.

34. *Ibidem*, p. 25, par. 59.

35. *Ibidem*, p. 27, par. 67-68.

Dans l'affaire Gaskin, le requérant, un jeune homme qui avait passé la quasi-totalité de son enfance dans une série de foyers d'accueil, s'était plaint que le refus du Royaume-Uni de l'autoriser à consulter l'entièreté des dossiers administratifs concernant la période où il était sous tutelle publique constituait une violation de son droit à la protection de sa vie privée, tel que garanti par l'article 8. Le gouvernement a fait valoir que les personnes qui avaient contribué à l'établissement de ces dossiers l'avaient fait sous réserve du maintien de la confidentialité de leurs témoignages et qu'il fallait, dès lors, obtenir leur accord avant de communiquer le contenu des dossiers au requérant. Il n'avait pas été possible d'obtenir cet accord dans tous les cas, dans la mesure où les données en question portaient sur une période de 18 années, et le gouvernement n'avait donc autorisé l'accès qu'à une partie d'entre elles. La Cour a d'emblée différencié cette affaire de l'affaire Leander et a relevé que celle-ci concernait des obligations négatives – la garantie contre l'ingérence arbitraire des autorités publiques – alors que l'affaire Gaskin concernait des obligations positives des pouvoirs publics – l'absence de mesure concrète suite aux demandes d'accès à son dossier formulées par le requérant. La Cour a partagé l'avis de la Commission et a déclaré:

> [L]e caractère confidentiel des pièces du dossier contribuait à la bonne marche du système d'assistance à l'enfance et, dans cette mesure, tendait à une fin légitime: il protégeait les droits non seulement des personnes à l'origine de ces pièces (»informateurs»), mais aussi des enfants ayant besoin d'aide[36].

La Cour a examiné ensuite les procédures relatives aux demandes d'accès à des renseignements confidentiels lorsque l'auteur de ces renseignements soit refuse abusivement de les communiquer, soit ne peut être retrouvé:

> [L]es personnes se trouvant dans la situation du requérant ont un intérêt primordial, protégé par la Convention, à recevoir les renseignements qu'il leur faut pour connaître et comprendre leur enfance et leurs années de formation. Cependant, on doit aussi considérer que le caractère confidentiel des dossiers officiels revêt de l'importance si l'on souhaite recueillir des informations objectives et dignes de foi; en outre, il peut être nécessaire pour préserver des tiers. Sous ce dernier aspect, un système qui subordonne l'accès aux dossiers à l'acceptation des informateurs, comme au Royaume-Uni, peut en principe être tenu pour compatible avec l'article 8, eu égard à la marge d'appréciation de l'Etat. Il doit toutefois sauvegarder, quand un informateur n'est pas disponible ou refuse abusivement son accord, les intérêts de quiconque cherche à consulter des pièces relatives à sa vie privée et familiale; il ne cadre avec le principe de proportionnalité que s'il charge un organe indépendant, au cas où un informateur ne répond pas ou ne donne pas son consentement, de prendre la décision finale sur l'accès. Or il n'en allait pas ainsi en l'espèce[37].

La Cour a dès lors jugé que les procédures du Royaume-Uni n'assuraient pas le respect de la vie privée et familiale du requérant et violaient, dès lors, l'article 8. Il semble probable, vu le progrès rapide des techniques, que le nombre d'affaires qui touchent la surveillance et la collecte de données par l'Etat ne cessera d'augmenter. Les risques potentiels d'ingérence dans la vie privée, d'abus de données et d'autres types de problèmes croîtront parallèlement à la sophistication accrue des télécommunications et de l'informatique. Il s'ensuit qu'un

---

36. Arrêt Gaskin du 7 juillet 1989, Série A n° 160, p. 17, par. 43.

37. *Ibidem*, p. 20, par. 49.

nombre croissant de personnes contesteront l'effet de ces activités sur l'exercice des droits protégés par l'article 8 et réclameront un contrôle renforcé des pouvoirs de l'Etat dans ces domaines, l'adoption du principe selon lequel une personne est en droit de contester l'exactitude de toute information détenue par l'Etat et qui la concerne, ainsi que d'autres mesures similaires de protection.

La nature de la famille

En rédigeant l'article 8, les auteurs du texte n'auraient guère pu prévoir les problèmes que soulèverait dans les années qui suivirent un terme aussi simple que celui de «famille». A l'époque, tout comme aujourd'hui, la plupart des gens donnent à ce terme son interprétation quotidienne, à savoir qu'il désigne un couple hétérosexuel marié ayant des enfants. Toutefois, l'interprétation juridique du terme est plus complexe. Dans l'affaire Marckx, la Cour a étendu la définition courante de la famille et a déclaré:

> la «[V]ie familiale» au sens de l'article 8 englobe pour le moins les rapports entre proches parents, lesquels peuvent y jouer un rôle considérable, par exemple entre grands-parents et petits-enfants[38].

La Commission a également répété qu'elle soutenait l'idée que les grands-parents étaient des membres putatifs légitimes de la famille au sens de l'article 8[39]. Dans une requête dirigée contre le Royaume-Uni, la Commission a estimé qu'en principe, les arrière-grands-parents pouvaient, eux aussi, prétendre au droit à la protection de la vie familiale avec leurs petits-enfants[40]. La Cour a estimé, par ailleurs, que des frères et sœurs avaient droit, les uns vis-à-vis des autres, à la protection de leur vie familiale indépendamment de la relation parents/enfants et que la séparation, par le gouvernement suédois, des trois enfants d'une même famille placés sous tutelle publique constituait une violation de l'article 8[41].

Dans les affaires où sont contestées des ingérences dans le droit à la protection de la vie familiale, la Commission et la Cour autorisent les requérants à invoquer, pour établir l'existence d'une vie familiale, les liens du sang comme point de départ mais non comme facteur juridique. En revanche, les organes de la Convention attribuent un poids plus important à «certains liens (qui doivent exister) entre des personnes pour que leurs relations puissent être considérées comme représentant «une vie familiale» au sens de l'article 8 de la Convention»[42]. Toutefois, la jurisprudence des organes strasbourgeois défend, d'une manière générale, l'idée que les membres d'une famille «verticale» jouissent des droits prévus par l'article 8 pour autant que la cellule familiale compte des enfants mineurs. En revanche, la Commission et la Cour appliquent un critère plus strict en matière de preuve de l'existence d'un lien familial dans les affaires où les requérants font état de relations «horizontales» qui nécessitent une protection en vertu de l'article 8[43]. Toutefois, les organes de la Convention

38. Arrêt Marckx du 13 juin 1979, Série A n° 31, p. 21, par. 45.

39. N° 8924/80, Déc. 10.3.81, D.R. 24 p. 183 (190-191) et n° 12402/86, Déc. 9.3.88, D.R. 55 p. 224.

40. N° 12451/86, Déc. 13.7.88, non publié.

41. Arrêt Olsson du 24 mars 1988, Série A n° 130, pp. 36-37, par. 81.

42. N° 12451/86, Déc. 13.7.88, non publié et n° 7229/75, Déc. 15.12.77, D.R. 12 p. 32 (36).

43. N° 3110/67, Déc. 19.7.68, Annuaire 11 p. 495 (519) qui a estimé qu'un lien oncle/nièce/neveu était insuffisant, ou dans des relations dans lesquelles les enfants sont eux-mêmes des adultes; n° 2991/66, Déc. 15.7.67, Annuaire 10 p. 479 (501),

autorisent les requérants, dans ces circonstances ou dans des circonstances similaires, à faire valoir l'existence d'une vie de famille *de facto* en établissant certains faits, par exemple une situation de dépendance financière ou psychologique. Dans l'affaire Boyle, par exemple, le requérant s'était plaint du refus d'accès à son neveu, placé sous tutelle publique. La Commission a estimé qu'il y avait eu violation de l'article 8: les parties ont conclu un règlement amiable[44]. L'indication la plus péremptoire de l'existence d'un lien familial est, évidemment, la preuve de l'existence antérieure d'une relation familiale[45].

D'une manière générale, la Commission a soutenu que les projets de mariage n'établissaient pas l'existence d'une vie familiale[46]. La Cour a, toutefois, changé de position dans l'affaire Abdulaziz, Cabales et Balkandali, dans laquelle elle a déclaré que cela ne signifiait pas que toute vie familiale projetée sortait entièrement du champ d'application de l'article 8[47]. Dans cette affaire, certains des requérants étaient mariés devant la loi mais, en raison de lois restrictives sur l'immigration, n'avaient pu établir entièrement l'existence d'une vie familiale normale. Il semble, par conséquent, que les organes de la Convention accordent un certain poids à la vie familiale *de jure* consacrée par les liens du mariage, mais plus encore à la vie familiale *de facto,* telle qu'elle s'établit par la pratique quotidienne. La Commission et la Cour se réservent ainsi le loisir d'apprécier, cas par cas, chaque requête touchant la cellule familiale en vue de déterminer s'il existe une vie familiale au sens de l'article 8. Les organes de la Convention doivent s'autoriser cette souplesse, compte tenu des modifications récentes des structures sociales et culturelles de la vie familiale. C'est ainsi que, dans l'affaire Berrehab, la Cour a déclaré que, dans le cas d'un mariage légal et non fictif:

> La notion de famille sur laquelle repose l'article 8 a pour conséquence qu'un enfant dès l'instant de pareille union s'insère de plein droit dans cette relation; partant, dès l'instant et du seul fait de sa naissance il existe entre lui et ses parents, même si ces derniers ne cohabitent pas alors, un lien constitutif d'une «vie familiale»[48].

Si la Cour n'a pas estimé que la cohabitation constituait une condition *sine qua non* de l'existence d'une vie familiale entre parents et enfants mineurs, les arrangements de vie «irréguliers» ont compliqué la détermination, par les organes de la Convention, de l'existence d'une vie familiale et de l'obligation de l'Etat vis-à-vis de l'individu.

Enfants nés hors des liens du mariage

Les organes de la Convention ont été confrontés à deux types d'affaires touchant le droit à la protection de la vie familiale des membres de cellules familiales «irrégulières». Le premier concerne les droits des enfants illégitimes, le second, celui des pères biologiques. La Commission et la Cour ont défendu le principe selon lequel les enfants illégitimes ne

dans laquelle il a été déclaré qu'un fils adulte ne pouvait faire venir son père avec lui au Royaume-Uni et n° 5269/71, Déc. 8.2.67, Annuaire 15 p. 565 (575), dans laquelle une fille adulte mariée vivant avec son mari n'a pu soutenir qu'elle menait une vie familiale avec ses parents.

44. Arrêt Boyle du 28 février 1994, Série A n° 282-B.

45. N° 7334/76, Déc. 9.3.76, D.R. 5 p. 154.

46. N° 8347/78, Déc. 7.12.78, non publié.

47. Abdulaziz, Cabales et Balkandali du 28 mai 1985, Série A n° 94, p. 32, par. 62.

48. Arrêt Berrehab du 21 juin 1988, Série A n° 138, p. 14, par. 21.

devaient pas être défavorisés en raison de leur naissance. Les organes de la Convention ont estimé, par ailleurs, que la non-ingérence dans la vie familiale de fait d'un enfant illégitime ne suffisait pas à assurer le respect du droit de l'enfant à cette vie. L'Etat doit agir de manière active en vue de veiller à ce que l'enfant en question bénéficie du même statut juridique que tout autre enfant de la famille. Dans l'affaire Marckx, dans laquelle une mère célibataire et son enfant avaient contesté des lois qui obligeaient la mère à adopter son propre enfant et qui n'accordaient pas même à cet enfant adopté l'entièreté des droits légaux familiaux, la Cour a déclaré que:

> [L]'Etat, en fixant dans son ordre juridique interne le régime applicable à certains liens de famille comme ceux de la mère célibataire avec son enfant, doit agir de manière à permettre aux intéressés de mener une vie familiale normale[49].

La Cour a réaffirmé cette obligation expresse dans l'affaire Johnston, dans laquelle les parents d'un enfant n'avaient pu se marier en raison de l'interdiction du divorce en Irlande. La Cour a déclaré que, si l'article 8 n'imposait pas aux Etats d'appliquer des lois sur le divorce (en partie parce que le respect de la vie privée et de la vie familiale de fait constitue une protection suffisante des droits des adultes), il exigeait de l'Etat qu'il place l'enfant «juridiquement et socialement, dans une position voisine de celle d'un enfant légitime ... [et que] l'absence d'un régime juridique approprié reflétant les liens familiaux naturels de la troisième requérante constitue un manque de respect pour la vie familiale de l'intéressée.»[50]

Ce n'est que récemment que l'approche, par les organes de la Convention, des droits au respect de la vie familiale des pères biologiques a commencé à adopter une structure similaire à celle de son approche des droits des enfants illégitimes. En ce qui concerne les droits des pères naturels, la Commission et la Cour ont, dans un premier temps, autorisé les Etats à adopter l'hypothèse juridique selon laquelle toute mère célibataire devait automatiquement avoir la garde et la surveillance entières de son enfant, dans l'intérêt supérieur de celui-ci[51]. Par la suite, les organes de Strasbourg ont permis que la présomption soit réfutable en tenant compte de la relation préexistante entre le père et son enfant biologique. Dans l'affaire McMichael, la Cour a été plus loin, en refusant d'établir une distinction entre les deux membres du couple des requérants qui vivaient en couple avec leur enfant. Cette affaire concernait un retard d'enregistrement de sa paternité par le père avant une procédure en tutelle obligatoire. La Cour a déclaré simultanément que, la mère n'ayant jamais sollicité une ordonnance concernant ses droits parentaux, il ne pouvait prétendre que le refus qui lui était opposé d'accéder au dossier de l'affaire constituait une discrimination à son égard[52].

Dans certaines affaires, la Commission a autorisé l'Etat à imposer des conditions de preuve très strictes pour l'octroi de la garde au père, la norme étant la «nécessité» plutôt que l'«intérêt supérieur»[53]. Dans le rapport de la Commission dans l'affaire K. c/ le Royaume-Uni, un père biologique a soutenu que le droit devait lui être accordé d'être entendu sur les questions touchant la garde et l'accès au cas où son enfant serait placé sous tutelle publique.

49. Arrêt Marckx du 13 juin 1979, Série A n° 31, p. 15, par. 31.

50. Arrêt Johnston et al. du 18 décembre 1988 Série A n° 112, p. 30, par. 74-75.

51. N° 9639/82, Déc. 15.3.84, D.R. 36 p. 130 (151-152).

52. Arrêt McMichael du 24 févier 1995, Série A n° 307-B.

53. N° 13557/88, Déc. 9.10.89, D.R. 63 p. 167.

La promulgation, par le gouvernement, d'une loi prévoyant cette participation a permis un règlement amiable de l'affaire[54]. Dans l'affaire Keegan, la Cour a conclu également à la violation du droit du père biologique à la protection de sa vie familiale, son enfant ayant été donné en adoption sans qu'il en ait été informé ou y ait consenti[55]. Un autre aspect de la jurisprudence relative aux pères biologiques concerne le droit d'être reconnu comme père d'un enfant. La Commission a déclaré que les Etats pouvaient décider ou non d'autoriser un père biologique à établir sa paternité par la voie d'une procédure juridique[56]. La Cour a même été plus loin et a affirmé, dans l'affaire Rasmussen, que si un Etat optait pour une procédure en paternité, il pouvait malgré tout appliquer des règles différentes aux pères et aux mères, «car les intérêts de la mère rejoignaient d'ordinaire ceux de l'enfant»[57].

Dislocation de la famille

Il existe deux types différents d'affaires concernant les membres de la famille au moment d'une dislocation de celle-ci:

i. celles qui concernent les effets de la séparation ou du divorce des parents;

ii. celles qui concernent les effets des mesures de retrait de garde ou de surveillance parentale prises par les autorités publiques.

Dans les deux types d'affaires, la Commission et la Cour soutiennent que le critère applicable est l'intérêt supérieur de l'enfant. Lorsqu'on examine l'article 8 dans le contexte de la séparation des familles et du divorce, il importe de se rappeler que la Convention européenne peut être invoquée à l'encontre d'Etats uniquement, et non de personnes, et que sa protection s'applique aux individus et non aux cellules familiales. Il s'ensuit qu'un membre d'un couple en cours de séparation ou de divorce ne peut avec succès soutenir que l'Etat doit, en vertu de l'article 8, contraindre le couple à rester uni. Dans l'affaire Airey, la Cour a même confirmé le droit des couples de vivre séparés et a exigé de l'Etat qu'il veille à ce que soient disponibles les moyens juridiques à cette fin[58]. Bien que des décrets judiciaires de divorce existassent en théorie, l'Etat n'avait prévu aucune assistance juridique aux personnes à revenus modestes qui souhaitaient en obtenir le prononcé. Dans l'affaire Johnston, la Cour a, toutefois, déclaré que l'article 8 n'imposait pas aux Etats de prévoir une procédure de divorce, même aux fins de permettre la régularisation de la situation d'une seconde famille[59].

Garde et visites

Si l'Etat ne peut invoquer l'article 8 pour agir sur les relations réciproques entre personnes privées, il peut, en revanche, invoquer des éléments liés à cet article pour fixer au moins les principes applicables à la protection des droits d'une personne lorsque des relations sont

---

54. K. c/ le Royaume-Uni, Rapport Comm. 15.4.88, par. 23, D.R. 56 p. 138 (146-147).

55. Arrêt Keegan du 26 mai 1994, Série A n° 290.

56. N° 9034/80, Déc. 11.3.81, non publié.

57. Arrêt Rasmussen du 28 novembre 1984, Série A n° 87, p. 15, par. 41. Voir également ci-dessus l'arrêt Kroon du 27 octobre 1994, Série A n° 297-C.

58. Arrêt Airey du 9 octobre 1979, Série A n° 32, p. 17, par. 33.

59. Arrêt Johnston et al. du 18 décembre 1986, Série A n° 112, p. 26, par. 57.

rompues. A cet égard, un des principes les plus importants et les plus fréquemment invoqués est que la rupture de la relation qui unit un couple d'adultes ne détruit pas automatiquement le droit à la protection de la vie familiale dont jouissent séparément les parents vis-à-vis des enfants issus de cette relation. La Commission et la Cour ont affirmé clairement que chacun des parents maintient, après la séparation ou le divorce, un intérêt vis-à-vis de ses enfants, mais elles ont affirmé tout aussi clairement jusqu'ici que les Etats bénéficiaient d'une latitude importante pour décider des questions liées à la garde et à aux visites. Ces dernières années, la complexité de ces questions n'a cessé de croître suite à l'évolution des structures de la vie familiale dans un grand nombre d'Etats membres du Conseil de l'Europe.

Il faut, toutefois, relever que l'article 5 du Protocole n° 7 propose l'égalité des époux en droits et en responsabilités tant pendant qu'après la dissolution du mariage. Tant la jurisprudence que les dispositions de la Convention prévoient qu'un Etat doit toujours prendre ses décisions en respectant le critère de l'intérêt supérieur de l'enfant. Si la Commission et la Cour estiment que les Etats peuvent déterminer celui des parents qui doit avoir la garde d'un enfant, elles affirment aussi que l'autre parent jouit d'un droit de visite en vue de préserver le droit à la protection de la vie familiale tel qu'il est garanti par l'article 8[60]. La Cour a confirmé cet avis tout récemment, dans l'affaire Hokkanen, dans laquelle un père contestait certains aspects de la garde et des visites face aux grands-parents de l'enfant. Le père leur avait confié l'enfant à la mort de la mère. Bien qu'il bénéficiât d'un droit de garde et de visite, les autorités finlandaises n'ont pas fait respecter ce droit et le père a fini par perdre la garde au profit des grands-parents. La Cour européenne des droits de l'homme a estimé qu'il y avait, sur la question du droit de visite, violation de l'article 8 mais que le transfert de la garde relevait du pouvoir d'appréciation de l'Etat[61]. La mise en application de ce principe peut toutefois susciter des difficultés pratiques dans la mesure où la Convention n'est pas juridiquement opposable aux personnes privées. L'Etat peut trancher les questions liées à la garde et aux visites au moment de la rupture des liens familiaux mais ne peut exercer de contrôle sur la manière dont les personnes se comportent ensuite; par conséquent, un parent qui n'a pas la garde des enfants peut être privé de tout recours effectif lorsque le parent qui en a la garde l'empêche d'exercer son droit de visite. Par exemple, un parent qui a la garde d'un enfant peut dresser celui-ci contre l'autre parent, qui ne peut invoquer la Convention pour remédier à cet état de choses, puisqu'il ne s'agit pas d'actes des autorités publiques. La Commission a confirmé cet avis en déclarant que, si l'on peut attribuer la faute à une partie précise, cette conclusion est sans pertinence par rapport à la question essentielle: la victimisation de l'enfant en tant que centre du conflit qui oppose les parents. Les organes de la Convention ont affirmé de manière constante que cette situation de tension ne correspondait pas à l'intérêt supérieur de l'enfant et que, partant, les pouvoirs publics pouvaient raisonnablement interdire, dans ces circonstances, au parent qui n'a pas la garde de l'enfant d'exercer son droit de visite. Dans l'affaire Hendriks, par exemple, la Commission a déclaré que cette mesure de l'autorité pouvait se justifier au regard de la clause de la «protection de la santé» énoncée au paragraphe 2, dès lors que la notion de santé

60. *Ibidem.*

61. Arrêt Hokkanen du 23 septembre 1994, Série A n° 299-A.

englobe les aspects tant psychologiques que physiques du bien-être. La Commission et la Cour ont également appliqué ce raisonnement dans des cas où il s'agissait d'actes des pouvoirs publics et non d'actes privés, par exemple lorsque les autorités publiques sont intervenues pour dissoudre la famille[62].

Tutelle publique

Depuis plusieurs années, on assiste à une augmentation du nombre d'affaires dont les organes strasbourgeois sont saisis par des parents dont les enfants ont été soustraits à leur garde et à leur surveillance par l'Etat. Il est clair que toute intervention de ce type de la part des pouvoirs publics constitue une ingérence dans le droit au respect de la vie familiale, protégé par l'article 8 par. 1. C'est la raison pour laquelle les organes de la Convention centrent leur analyse sur les justifications fournies par l'Etat au regard du paragraphe 2, en particulier la disposition «nécessaire dans une société démocratique». Si la Cour et la Commission européennes concèdent aux pouvoirs publics une certaine latitude pour déterminer les circonstances dans lesquelles il convient de soustraire un enfant à la garde et à la surveillance de parents, ils se réservent le pouvoir d'examiner une telle décision sur le fond. Dans une série d'affaires contre le Royaume-Uni, la Cour a, toutefois, conclu à l'existence de violations de l'article 8 essentiellement au motif que l'Etat avait exclu les parents de toute participation à la procédure qui avait débouché sur la décision de maintenir ou de placer l'enfant en-dehors de son environnement familial et, dans certains cas, de refuser aux parents le droit de visite[63]. Dans l'affaire Olsson, la Cour a estimé que les parents avaient bénéficié d'une protection procédurale suffisante tout au long des processus décisionnels. Elle a, toutefois, constaté qu'il y avait violation de l'article 8 en ce que les autorités publiques avaient placé les trois enfants dans des foyers d'accueil distincts où ils se trouvaient à grande distance les uns des autres et de leurs parents, alors que les autorités n'avaient pas l'intention de les écarter définitivement de leurs parents. La Cour a jugé que la mesure prise par les autorités était contraire à l'objectif de la réunion familiale et n'était pas «nécessaire dans une société démocratique»[64]. Dans l'affaire Eriksson, la Cour a conclu que «les graves et durables restrictions aux visites, combinées avec [une] interdiction de retrait [de six ans de l'enfant de son foyer d'accueil], ne sont pas proportionnées aux buts légitimes poursuivis»[65].

Par conséquent, les pratiques du gouvernement ont constitué une violation du droit à la protection de la vie familiale de la mère et de la fille. Dans l'affaire Rieme, la Cour a

62. Hendriks c/ Pays-Bas, Rapport Comm. 8.3.82, par. 114-125, D.R. 29 p. 5 (37-40).

63. Voir O. et H. c/ le Royaume-Uni, Série A n° 120 et W., B., et R. c/ le Royaume-Uni, Série A n° 121 – la date de tous ces arrêts est le 8 juillet 1987.

64. Arrêt Olsson du 24 mars 1988, Série A n° 130, p. 37, par. 83.

65. Arrêt Eriksson du 22 juin 1989, Série A n° 156, p. 27, par. 71.

toutefois considéré que les motifs de la décision d'interdire le retrait et les arrêts la confirmant étaient pertinents et suffisants. Compte tenu de la marge d'appréciation dont disposaient les autorités suédoises, cette ingérence n'était pas disproportionnée par rapport aux buts légitimes poursuivis[66].

Immigration/extradition/déportation/expulsion

La Convention européenne comme telle ne protège pas explicitement le droit des étrangers d'être admis ou de rester sur le territoire d'un Etat; mais l'exercice, par l'Etat, de son contrôle souverain sur les questions touchant l'immigration peut souvent entrer en opposition avec l'obligation de respecter la vie familiale que lui impose l'article 8. La série des affaires qui concernent l'immigration et la vie familiale rassemble un vaste éventail de questions qui touchent à l'interprétation de l'article 8, notamment parce que les Etats ont, à l'appui de refus d'accès ou d'ordonnances d'expulsion frappant certains étrangers, invoqué plusieurs des clauses limitatives du paragraphe 2. Par exemple, certains Etats ont fait valoir avec succès que «la défense de l'ordre» ou «la prévention des infractions pénales» nécessitaient l'expulsion de personnes convaincues de vol[67]. En revanche, la Commission a observé qu'en principe, un Etat ne peut expulser un membre étranger de la famille pour des motifs de «sûreté publique ou de prévention des infractions pénales» si la personne concernée «ne semble pas avoir commis de délit grave[68]. Plus récemment, la Cour a eu à connaître de plusieurs affaires dans lesquelles il était question d'expulsion d'étrangers pour des motifs de «sûreté publique ou de prévention d'infractions pénales». Dans l'affaire Djeroud, le requérant était un ressortissant algérien arrivé en France avec sa famille en 1959 et qui y avait habité depuis lors sans interruption. Ses proches parents vivaient tous en France. Son expulsion avait été ordonnée au motif que les délits qu'il avait commis faisaient de lui un danger pour l'ordre public. Il regagna l'Algérie librement mais revint ensuite en France, où il résida de 1982 à 1985, muni d'un permis de séjour temporaire. Il commit d'autres délits pendant cette période. Il fut expulsé en 1985, puis en 1987, en vertu de l'ordonnance d'expulsion de 1979, mais revint en France à chaque fois. En décembre 1987, il fut emmené à l'aéroport, mais refusa de prendre place dans l'avion pour Alger et fut condamné, pour cela, à une peine de détention en France. La Cour n'a pas eu à examiner le bien-fondé de l'affaire, dans la mesure où un arrangement est intervenu entre le gouvernement français et le requérant par lequel celui-ci obtint la révocation de l'ordonnance d'expulsion prononcée contre lui et se vit délivrer un certificat de résidence valable dix ans[69].

Dans l'affaire Moustaquim, la Cour s'est trouvée face à un requérant qui était un ressortissant marocain arrivé en Belgique très jeune et qui ne parlait guère l'arabe. Une ordonnance royale, qui se fondait sur de nombreux délits commis par le requérant alors qu'il était mineur d'âge au regard du droit pénal, avait ordonné son expulsion de Belgique au motif qu'il constituait un danger réel pour la société et avait gravement perturbé l'ordre

66. Arrêt Rieme du 22 avril 1992, Série A n° 226-B, pp. 68-72, par. 55-77.

67. N° 7431/76, Déc. 11.7.77, non publié (voies de fait); n° 8110/77, Déc. 7.12.78, non publié (fraude); n° 7816/77, Déc. 19.5.77, D.R. 9 p. 219 (trafic d'héroïne).

68. N° 6357/73, Déc. 8.10.74, D.R. 1 p. 77 (78).

69. Arrêt Djeroud du 23 janvier 1991, Série A n° 191-B, pp. 29-30, par. 11-12.

public. La Cour a estimé qu'il y avait eu ingérence dans le droit au respect de la vie familiale. Au moment de l'ordonnance d'expulsion, les parents proches du requérant vivaient tous en Belgique. Un des aînés de sa famille avait obtenu la nationalité belge et les trois derniers enfants étaient nés en Belgique. Le requérant était arrivé très jeune en Belgique et y avait vécu pendant vingt ans environ avec sa famille ou à courte distance de celle-ci. Par conséquent, sa vie familiale avait été gravement perturbée et les moyens utilisés avaient été disproportionnés par rapport au but légitime poursuivi: il y avait donc eu violation du droit du requérant au respect de sa vie familiale[70].

Dans l'affaire Beldjoudi, le dossier pénal du requérant semblait beaucoup plus lourd que celui de M. Moustaquim. Le requérant, de même que son épouse, soutenaient qu'il y avait eu violation de leur droit au respect de la vie familiale. Le requérant était né en France de parents qui, à l'époque, étaient français et avaient la nationalité française. Un an après sa première condamnation et neuf ans avant l'adoption de l'ordre d'expulsion, le requérant avait fait des démarches pour recouvrer la nationalité française. Il avait épousé une Française et tous ses parents proches avaient la nationalité française depuis un certain temps et résidaient en France depuis plusieurs décennies. Enfin, il avait passé toute sa vie (soit plus de 40 ans) en France, avait suivi l'enseignement en français et semblait ignorer l'arabe. En-dehors de sa nationalité, il n'avait, apparemment, aucun lien avec l'Algérie. Mme Beldjoudi était née en France et était de nationalité française. Le requérant et son épouse soutenaient qu'il y avait eu violation de leur droit au respect de leur vie familiale. La Cour a, dès lors, examiné si les autres circonstances de l'affaire qui touchaient les deux requérants ou l'un d'eux seulement suffisaient à compenser ce fait important. Compte tenu des âges des requérants et du fait qu'ils n'avaient pas d'enfants, l'ingérence en question affectait essentiellement leur vie familiale en tant qu'époux. Les périodes de détention subies par le requérant n'avaient pas mis fin à leur vie familiale, qui continuait a bénéficier de la protection de l'article 8. Mme Beldjoudi était née en France et était de nationalité française. Si elle avait dû suivre son mari, elle aurait été contrainte de s'installer à l'étranger, probablement en Algérie, un Etat dont elle semblait ignorer la langue. Ce déracinement pouvait lui occasionner d'importantes difficultés d'adaptation et il pouvait y avoir des obstacles pratiques ou juridiques réels. La décision d'expulsion du requérant, si elle était appliquée, ne serait dès lors pas proportionnée au but légitime poursuivi et violerait l'article 8.

Enfin, la Cour a conclu à l'existence d'une violation de l'article 8 dans l'affaire Nasri, dans laquelle les autorités françaises souhaitaient expulser un sourd-muet de nationalité algérienne qui était arrivé en France avec sa famille à l'âge de 4 ans. La Cour a déclaré que la gravité des délits pour lesquels il avait été condamné, notamment un viol pour lequel la peine avait été purgée et qui était resté sans récidive pendant les 12 années qui suivirent, ne constituait pas un motif suffisant pour séparer de force de sa famille proche une personne qui résidait en France depuis longtemps et qui souffrait de handicaps graves[71].

Les Etats invoquent parfois leur pouvoir souverain en matière d'immigration comme justification générale des ingérences dans la vie familiale, sans citer aucun des motifs précis énoncés à l'article 8 par. 2. C'est ce qu'a fait le Royaume-Uni dans l'affaire Abdulaziz, Cabales, et Balkandali. La Cour a, toutefois, estimé que le gouvernement avait violé

70. Arrêt Moustaquim du 18 février 1991, Série A n° 193, pp. 17-20, par. 34-46.

71. Arrêt Nasri du 13 juillet 1995, Série A n° 320-B.

l'article 14 lu conjointement avec l'article 8. Dans cette affaire, l'Etat avait refusé le droit d'accès au territoire aux époux de trois résidentes permanentes. La Cour a confirmé ces décisions et souscrit au moyen du gouvernement selon lequel les requérantes n'avaient pas «prouvé l'existence d'obstacles qui les aient empêchées de mener une vie familiale dans leur propre pays, ou dans celui de leur mari, ni de raisons spéciales de ne pas s'attendre à les voir opter pour une telle solution»[72]. La Cour, se référant à l'affaire Marckx, a observé en même temps qu'en principe:

> [E]n consacrant le droit au respect de la vie familiale, la Convention «présuppose l'existence d'une famille». ... Il n'en résulte pourtant pas que toute vie familiale projetée sorte entièrement du cadre de l'article 8. Quoi que le mot «famille» puisse désigner par ailleurs, il englobe la relation née d'un mariage légal et non fictif ... même si une vie familiale du genre visé par le Gouvernement ne se trouve pas encore pleinement établie[73].

La Cour a, toutefois, estimé que les requérantes n'avaient pas prouvé l'existence d'obstacles qui les auraient empêchées de mener une vie familiale dans leur propre pays ou dans celui de leur mari et que toutes les requérantes, au moment de leur mariage, étaient conscientes du risque de voir leur mari ne pas obtenir de permis de séjour permanent au Royaume-Uni: elle a, dès lors, conclu qu'il n'y avait pas eu absence de respect de la vie familiale et, partant, pas de violation de l'article 8 pris isolément. La Cour a toutefois déclaré que le gouvernement avait violé l'article 14 combiné avec l'article 8, puisque les requérantes avaient été victimes d'une discrimination fondée sur le sexe. La législation contestée faisait une distinction entre les immigrants de sexe masculin et de sexe féminin établis en Grande-Bretagne pour ce qui est de l'obtention de l'autorisation, pour leur conjoint non ressortissant britannique, de pénétrer dans le pays ou d'y rester.

Dans l'affaire Berrehab, le gouvernement néerlandais avait refusé d'accorder un permis de séjour à un étranger qui avait épousé une ressortissante néerlandaise, avait eu un enfant avec elle puis en avait divorcé. Le requérant, en l'espèce, continuait à voir l'enfant plusieurs fois par semaine et contribuait régulièrement à son entretien. La Cour a jugé qu'il y avait eu violation de l'article 8 en ce que les autorités n'avaient pas opéré un compromis correct entre l'intérêt des requérants à maintenir leurs contacts et l'intérêt général du maintien de l'ordre public[74]. Dans l'affaire Cruz Varas et al., les requérants, de nationalité chilienne, étaient arrivés en Suède en 1987. Le Conseil national de l'immigration avait décidé de les expulser et avait rejeté leur demande d'obtention du statut de réfugié. Les requérants ont soutenu tous trois qu'il y avait eu, notamment, violation de leur droit au respect de la vie privée et familiale, au motif qu'ils avaient été séparés suite à l'expulsion du premier requérant vers le Chili. La Cour a, toutefois, noté que le deuxième et le troisième requérants s'étaient cachés pour se soustraire à l'exécution de l'ordre d'expulsion. Les éléments de preuve n'indiquaient pas l'existence d'obstacles à une vie familiale dans leur pays d'origine. La Cour a estimé que, dans ces circonstances, on ne pouvait imputer à la Suède la responsabilité de la séparation

---

72. Arrêt Abdulaziz, Cabales et Balkandali du 28 mai 1985, Série A n° 94, p. 34, par. 68.

73. *Ibidem*, p. 32, par. 62.

74. Arrêt Berrehab du 21 juin 1988, Série A n° 138, pp. 15-16, par. 25-29.

qui avait suivi[75].

Le droit au respect du domicile

Le droit au respect du domicile comprend à la fois des aspects liés à la propriété et des aspects plus immatériels. Dans l'affaire Gillow, la Cour a déclaré que le refus d'accorder aux requérants l'autorisation d'occuper leur propre maison constituait une violation de l'article 8, en ce qu'il était disproportionné par rapport au but, légitime au demeurant, consistant à assurer le bien-être économique de l'île de Jersey[76]. Dans la requête n° 8127/77, la Commission a confirmé l'octroi, contesté au regard de l'article 8, par une autorité publique locale d'une autorisation d'aménagement concernant une zone industrielle affectant des habitations d'une zone résidentielle, estimant que la latitude dont disposent les pouvoirs publics englobait la mise en balance des intérêts concurrents de particuliers dans ce type de situation[77]. Dans une requête dirigée contre le Royaume-Uni, la Commission a confirmé la restriction appliquée par les pouvoirs publics à l'utilisation de la propriété d'une personne qui se trouvait en «zone verte» (zone naturelle protégée), estimant qu'en l'espèce un compromis acceptable avait été établi entre les intérêts des personnes et ceux de la société[78].

Dans la requête n° 7952/77, la Commission a déclaré qu'une autorité publique pouvait, dans certaines circonstances, expulser des personnes sans violer leurs droits garantis par l'article 8:

> Cette mesure résultait du non-respect constant, par le requérant, pour une question de principe et non par insolvabilité, des injonctions du tribunal l'invitant à rembourser les dommages et les frais. L'expulsion avait été prononcée par un tribunal conformément à la loi ... compte tenu des circonstances spécifiques de l'espèce, l'expulsion était justifiée au regard de l'article 8 par. 2 comme nécessaire dans une société démocratique en vue du maintien de l'ordre et de la protection des droits d'autrui[79].

Dans la requête interétatique Chypre c/ Turquie, la Commission a déclaré:

> ôter aux réfugiés chypriotes grecs la possibilité physique de regagner leur domicile dans le nord de Chypre équivaut à une violation, imputable à la Turquie, de leur droit au respect de leur domicile, tel qu'il est garanti par l'article 8 par. 1 de la Convention[80].

Ces dernières années, la Commission a examiné des requêtes mettant l'accent sur les aspects non matériels du droit au respect du domicile, plutôt que sur les aspects de ce droit qui touchent à la propriété. Par exemple, dans une requête dirigée contre le Royaume-Uni, une personne a fait valoir que le bruit occasionné par l'aéroport de Heathrow, dont une des pistes se trouvait à proximité immédiate de son domicile, interférait avec sa vie familiale et la vie à son domicile[81]. Un arrangement amiable est intervenu dans cette affaire. Par

75. Arrêt Cruz Varas et al. du 20 mars 1991, Série A n° 201, p. 32, par. 87-89.

76. Arrêt Gillow du 24 novembre 1986, Série A n° 109, pp. 18-24, par. 44-58.

77. N° 8127/77, Déc. 7.5.79, non publié.

78. N° 11185/84, Déc. 11.3.85, D.R. 42 p. 275 (285-286).

79. N° 7952/77, Déc. 10.12.79, non publié.

80. Chypre c/ Turquie, Rapport Comm. 10.7.76, par. 208, non publié.

81. N° 9310/81, Déc.16.7.86, D.R. 47 p. 5 (22-23).

ailleurs, dans l'affaire identique Powell et Rayner, la Cour a déclaré qu'il n'existait aucun motif sérieux permettant d'affirmer que soit l'approche de ce problème par les forces de l'ordre, soit le contenu des mesures particulières de réglementation adoptées par les autorités du Royaume-Uni entraînaient une violation de l'article 8[82]. En revanche, la Cour a estimé qu'il y avait violation de l'article 8 dans l'affaire López Ostra. Dans celle-ci, le requérant vivait à proximité d'une usine de traitement des déchets dont les fumées, l'odeur et le bruit constituaient à la fois une nuisance grave et une menace pour l'environnement. Les autorités espagnoles avaient constamment refusé de prendre des mesures face aux procédures civile et pénale parallèles en cours contre les propriétaires de l'usine, ce qui a amené la Cour à conclure à l'existence d'une violation du droit du requérant au respect de son domicile et de sa vie privée et familiale[83].

Dans l'affaire Chappell, il a été soutenu que les circonstances d'une perquisition domiciliaire violaient le droit au respect de la vie privée, protégé par l'article 8. La perquisition avait été menée par onze ou douze policiers dans le cadre d'une affaire pénale et, simultanément, par des avocats privés dans le cadre d'une affaire civile. La Cour a estimé que l'ingérence était «nécessaire dans une société démocratique» en vue de protéger les droits d'autrui, à savoir le droit d'auteur des plaignants. La Cour a convenu que certains aspects de l'exécution pratique du mandat étaient critiquables: le requérant n'avait pas eu la possibilité réelle de refuser aux demandeurs l'accès à ses locaux sur le seuil de ceux-ci, et la perquisition avait été menée simultanément par seize ou dix-sept personnes. Toutefois, la gravité des défauts de la procédure appliquée n'était pas telle que l'exécution puisse, dans les circonstances de la cause, être considérée comme disproportionnée par rapport au but légitime poursuivi[84]. Dans l'affaire Murray, la Cour a déclaré que l'entrée dans le domicile d'une personne et la perquisition de celui-ci en vue de procéder à une arrestation correctement fondée ne constituaient pas une violation de l'article 8[85].

Le droit au respect de la correspondance

La Commission et la Cour définissent de manière large la notion de «correspondance» visée à l'article 8. Dans l'affaire Klass et al., la Cour a établi que les communications téléphoniques étaient couvertes par les notions de «vie privée» et de «correspondance» au sens de l'article 8 par. 1[86]. Dans une requête dirigée contre la Belgique, la Commission a estimé que les émetteurs-récepteurs privés de radiophonie relevaient du champ d'application du droit au respect de la vie privée et de la correspondance[87]. L'affaire Margareta et Roger Andersson concernait des restrictions d'accès entre une mère et son fils, placé sous tutelle publique. Les requérants ont soutenu que les restrictions d'accès, notamment les restrictions appliquées aux communications par correspondance et par téléphone, avaient entraîné des violations de l'article 8. La Cour a observé que:

82. Arrêt Powell et Rayner du 21 février 1990, Série A n° 172, pp. 17-20, par. 37-46.

83. Arrêt López Ostra du 9 décembre 1994, Série A n° 303-C.

84. Arrêt Chappell du 30 mars 1989, Série A n° 152-A, pp. 21-27, par. 50-66.

85. Arrêt Murray du 28 octobre 1994, Série A n° 300-A.

86. Arrêt Klass et al. du 6 septembre 1978, Série A n° 28, p. 21, par. 41.

87. N° 8962/80, Déc. 13.5.82, D.R. 28 p. 112 (117-118).

Une interdiction complète de s'écrire et de se téléphoner s'y ajouta en effet [pendant une certaine période] ... [L]es mesures appliquées durant cette période revêtirent une ampleur particulière. Pour se justifier sous l'angle de l'article 8 par. 2, elles devaient s'appuyer sur des raisons solides et cadrer avec le but ultime: réunir la famille Andersson.

Les motifs invoqués par le gouvernement revêtaient un caractère général. Bien que pertinents, ils "ne suffis(ai)ent pas à montrer qu'il fallait priver les requérants de presque tout moyen de rester en contact pendant un an et demi ... De plus, elles permettaient de douter que les mesures prises fussent conformes au but, à savoir leur réunion. L'ensemble des restrictions était disproportionné par rapport au but légitime poursuivi et n'était, dès lors, pas «nécessaire dans une société démocratique». La Cour a déclaré, en conséquence, qu'il y avait eu violation de l'article 8[88]. Dans une requête dirigée contre la République fédérale d'Allemagne, la Commission a observé que le droit au respect de la correspondance protégeait contre l'ingérence délibérée dans le contenu ou la transmission des communications, mais n'impliquait pas un droit au fonctionnement sans faille des services postaux[89].

Le respect des droits des détenus

Au cours des vingt premières années de son fonctionnement, la Commission a estimé, s'agissant des litiges qui concernent des détenus, que les souffrances occasionnées par la détention étaient des conséquences inévitables de la peine et que la privation de droits était une des «caractéristiques inhérentes» de l'incarcération. Ce point de vue s'est modifié progressivement à mesure que le Conseil de l'Europe, dans son ensemble, ainsi que ses différents Etats membres ont vu évoluer leurs idéologies en matière de sanctions et de système pénal. Il faut dire ici, par souci d'honnêteté, que la Commission et la Cour autorisent les détenus à invoquer légitimement le droit au respect de la vie privée visé à l'article 8 par. 1, et que les pouvoirs publics doivent répondre à ces prétentions en établissant leurs propres justifications au regard du paragraphe 2. Dans le domaine de la correspondance des prisonniers, la Commission et la Cour européennes ont établi un critère double qui traduit les principes qui sous-tendent l'article 8.

Tout d'abord, dans la série des affaires qui touchent au droit du prisonnier d'entretenir une correspondance non censurée avec un avocat ou un organe judiciaire, la Cour a estimé que ce droit était quasiment inviolable puisqu'il représentait, pour la personne concernée, le moyen principal de revendiquer ses droits. Par conséquent, le libre exercice de ce droit contribuait à remplir une fonction démocratique essentielle et impliquait la non-ingérence des pouvoirs publics. Dans l'affaire Golder, les autorités pénitentiaires avaient refusé au requérant l'autorisation de prendre contact avec un avocat en vue d'obtenir des conseils dans une affaire civile. Le gouvernement du Royaume-Uni a soutenu qu'il ne pouvait y avoir eu d'»ingérence» dans le droit, garanti par l'article 8, au respect de la correspondance, puisqu'aucune lettre n'avait été envoyée. La Cour a conclu à l'existence d'une violation et a exprimé cet avis en termes forts:

88. Arrêt Margareta et Roger Andersson du 25 février 1992, Série A n° 226-A, pp. 24-31, par. 71-97.

89. N° 8383/78, Déc. 3.10.79, D.R. 17 p. 227 (229-230).

Un obstacle apporté à la possibilité même de correspondre représente la forme la plus radicale d'»ingérence»... dans l'exercice du «droit au respect de la correspondance»; on n'imagine pas qu'il sorte du domaine de l'article 8 ...

Pour démontrer la «nécessité» de l'ingérence dont se plaint Golder, le gouvernement a invoqué la défense de l'ordre, la prévention des infractions pénales et, jusqu'à un certain point, la sûreté publique et la protection des droits et libertés d'autrui. Même en ayant égard au pouvoir d'appréciation laissé aux Etats contractants, la Cour n'aperçoit pas en quoi ces impératifs, tels qu'ils se comprennent «dans une société démocratique», pouvaient commander au ministre d'empêcher le requérant de correspondre avec un avocat afin d'assigner L. en justice ...

La décision ... se révèle d'autant moins «nécessaire dans une société démocratique» que la correspondance de l'intéressé avec un avocat eût constitué une mesure préparatoire à la saisine d'un tribunal dans un litige de caractère civil et, partant, à l'exercice d'un droit consacré par un autre article de la Convention, l'article 6[90].

L'affaire Campbell concernait le contrôle, par les autorités pénitentiaires en Ecosse, de la correspondance échangée par un détenu avec son avocat et avec la Commission européenne des Droits de l'Homme. La Cour a jugé qu'en principe, les lettres échangées avec un avocat bénéficient de la protection de l'article 8. Les autorités pénitentiaires peuvent ouvrir une lettre adressée par un avocat à un détenu si elles ont des motifs raisonnables de penser qu'elle contient un objet illicite. Toutefois, il convient de prévoir des garanties convenables s'opposant à la lecture de la lettre. Celle-ci ne peut être lue que dans des circonstances exceptionnelles. Il n'a pas été établi que les lettres adressées à la Commission européenne des Droits de l'Homme avaient été ouvertes. Toutefois, la pratique consistant à ouvrir des lettres provenant de la Commission, qu'elles aient ou non été lues, constituait une ingérence dans le droit du requérant au respect de sa correspondance. Le risque d'abus par le requérant était à ce point négligeable qu'il devait être éliminé, et la Cour a conclu à l'existence d'une violation de l'article 8[91].

S'agissant, en revanche, de correspondance autre que juridique, les organes de la Convention ont autorisé le maintien de certaines restrictions, par les pouvoirs publics, des droits des détenus d'envoyer et de recevoir certains types de correspondance. Dans une série d'affaires de la première heure, la Commission a confirmé la position de l'Etat au regard de l'article 8 en ce qui concerne l'ouverture et la rétention de plusieurs lettres[92], sa censure[93], son refus de fournir plus d'une certaine quantité de timbres[94], et son refus d'autoriser le détenu à envoyer un télégramme dès lors que le prisonnier avait accès au service postal ordinaire[95]. Dans l'affaire Silver et al., la Cour a estimé que la censure, par les autorités pénitentiaires, de lettres faisant allusion à la présence de détenus dangereux dans une prison, à l'exercice de pratiques commerciales illégales et à d'autres sujets similaires ne constituait pas

90. Arrêt Golder du 21 février 1975, Série A n° 18, pp. 20-22, par. 43-45.

91. Arrêt Campbell du 25 mars 1992, Série A n° 233, pp. 15-22, par. 30-64.

92. N° 2375/64, Déc. 7.2.67, Recueil 22 p. 45 (47) et n° 3049/67, Déc. 15.7.68, non publié.

93. N° 2720/66, Déc. 3.4.67, non publié.

94. N° 4445/70, Déc. 1.4.70, Recueil 37 p. 119 (122).

95. N° 6870/75, Déc. 14.5.77, D.R. 10 p. 37 (96-97).

une violation de l'article 8. La Cour a déclaré sans ambiguïté que cette censure relevait de la latitude dont dispose l'Etat «dans l'intérêt de la sûreté publique» et «de la défense de l'ordre et la prévention des infractions pénales». Les Etats disposent d'un large pouvoir discrétionnaire pour contrôler la correspondance que les détenus échangent avec des particuliers (par opposition aux juristes et aux organes juridiques)[96]. Dans l'affaire McCallum, le requérant avait été convaincu d'agression et de vol et condamné à une peine d'emprisonnement de six ans. Pendant sa détention, les autorités pénitentiaires avaient intercepté cinq lettres qu'il avait écrites, en avaient retenu deux autres et ne lui avaient pas transmis des copies de deux lettres écrites en son nom. En outre, une sanction disciplinaire qui lui avait été infligée comportait une interdiction de correspondance de 28 jours. La Cour a déclaré à l'unanimité que les mesures en cause qui frappaient la correspondance du requérant étaient, hormis les deux lettres retenues, des violations de l'article 8[97].

Dans l'affaire Pfeifer et Plankl, les requérants ont soutenu qu'il y avait eu violation de l'article 8, le magistrat instructeur ayant effacé certains passages d'une lettre adressée par Mme Plankl à M. Pfeifer. La mesure était «conforme à la loi» et visait un but légitime: la protection des droits d'autrui et la prévention des infractions pénales. Quant à savoir si l'ingérence avait été nécessaire dans une société démocratique, la Cour a admis qu'un certain contrôle de la correspondance des détenus n'était pas, en soi, incompatible avec la Convention pour autant que l'ingérence qu'il entraînait n'outrepassât pas les nécessités du but légitime poursuivi. En l'espèce, les expressions utilisées avaient été plutôt fortes mais figuraient dans une lettre que seuls le destinataire et le juge d'instruction auraient dû lire. Bien que la suppression de certains passages de la lettre fût une ingérence moins grave que son interception, elle était, elle aussi, disproportionnée par rapport aux circonstances de l'espèce[98].

Il n'existe aucune affaire qui traite de manière spécifique de la latitude dont dispose l'autorité pour intervenir dans l'établissement et le développement de relations personnelles par des détenus. Il semble probable que ce type d'affaires finira par se présenter suite à l'élargissement de la portée du droit à la protection de la vie privée dans le domaine des relations interpersonnelles et de l'abandon progressif, par la Cour, de la doctrine des limitations inhérentes. Dans d'autres secteurs de la jurisprudence liée à l'article 8, les organes de la Convention ont établi le principe selon lequel l'Etat a l'obligation expresse d'agir lorsque cette action constitue le seul moyen possible pour assurer la protection du droit en cause[99]. Il faudra voir dans quelle mesure la Commission et la Cour concilieront les deux types d'arguments mettant en parallèle le droit à la protection de la vie privée et le principe de non-ingérence, d'une part, et le principe de l'obligation expresse de l'Etat dans le contexte des droits des détenus. Certains détenus ont soulevé des problèmes importants sous l'angle des droits à la protection de la correspondance et de la vie privée, garantis par l'article 8. Les organes de la Convention ont observé que le rôle de l'Etat par rapport à la garantie du respect de ces droits est, par définition, une obligation positive plutôt qu'une obligation de non-ingérence. C'est plus vrai encore dans le domaine de la vie familiale, puisque le respect

96. Arrêt Silver et al. du 25 mars 1983, Série A n° 61, pp. 32-40, par. 83-105.

97. Arrêt McCallum du 30 août 1990, Série A n° 183, p. 15, par. 31.

98. Arrêt Pfeifer et Plankl du 25 février 1992, Série A n° 227, pp. 18-19, par. 43-48.

99. Voir notamment l'arrêt Marckx du 13 juin 1979, Série A n° 31, p. 15, par. 31.

de ce droit implique que l'on tienne compte d'autres personnes en plus du détenu. En raison des difficultés inhérentes à la garantie du respect des droits des détenus à la protection de leur vie familiale, la Commission et la Cour laissent souvent, dans ce domaine, une marge d'appréciation importante aux Etats. Par exemple, la Commission a confirmé des pratiques des pouvoirs publics consistant à limiter à une fois toutes les huit semaines le droit d'un détenu de recevoir des visites de sa famille[100], à refuser d'autoriser un détenu à recevoir des visites conjugales[101], et à interdire un congé au domicile dans le but d'assister à l'enterrement d'un parent[102]. La Commission a estimé, par ailleurs, que l'ingérence des pouvoirs publics dans la vie familiale était justifiable dans une affaire dans laquelle aucune visite familiale n'était possible en raison du fait qu'un détenu bahamien était incarcéré à 4 500 kilomètres de chez lui, au Royaume-Uni[103]. Elle a jugé qu'il n'y avait pas d'ingérence dans une affaire dans laquelle un détenu avait été transféré d'une institution vers une autre sans que sa famille n'eût été avertie avant de tenter de lui rendre visite[104].

Bien que les organes de la Convention laissent aux Etats une importante marge d'appréciation pour déterminer l'étendue des droits des détenus à une vie familiale, le Conseil de l'Europe, dans son ensemble, a toutefois défini des lignes directrices – les «Règles pénitentiaires européennes» (Recommandation n° R (87) 3) – qui montrent une tendance à élargir les opportunités que doivent offrir les Etats de préserver et de promouvoir la vie familiale des détenus. Il est probable, dès lors, que les litiges futurs portés devant les organes strasbourgeois déboucheront sur un rétrécissement de la latitude laissée aux autorités publiques dans ce domaine.

Domaines qui soulèvent des problèmes sous l'angle de l'article 8

Des domaines qui posent des problèmes sous l'angle de l'article 8 peuvent surgir tant en ce qui concerne les conflits d'intérêts entre membres de la famille que l'évolution de la notion de «famille» comme telle. Dans une seule affaire, le droit à la protection de la vie privée d'un membre d'une famille est entré en conflit avec le droit à la protection de la vie familiale des autres membres de cette famille. Dans cette affaire, une jeune-fille de 14 ans avait fui le domicile pour vivre avec son ami. Les autorités l'ont rendue à ses parents. La Commission a confronté les intérêts propres et reconnus de l'enfant en matière de respect de la vie privée au critère de la «santé et de la morale» et à celui du «droit à la protection de la vie familiale». La Commission s'est expliquée en ces termes:

> En l'absence de circonstances spéciales, il convient d'admettre en principe que l'obligation faite aux enfants de résider avec leurs parents et d'être soumis à certaines formes d'un contrôle particulier, est nécessaire à la protection de leur santé et de leur morale. Sans doute une telle obligation peut-elle néanmoins constituer, à l'égard de tel ou tel enfant, une ingérence dans sa propre vie privée ...

100. N° 7455/76, Déc. 13.12.76, non publié.

101. N° 3603/68, Déc. 4.2.70, Recueil 31 p. 48 (50).

102. N° 5229/71, Déc. 5.10.72, Recueil 42 p. 140 (140-141).

103. N° 5712/72, Déc. 18.7.74, Recueil 46 p. 112 (116).

104. N° 7647/76, Déc. 28.2.77, non publié.

> [L]a Commission considère que l'ingérence constituée par son renvoi forcé auprès de ses parents ... était une mesure destinée à assurer le respect de la vie de la famille de la requérante et nécessaire en outre à la protection de sa santé et de sa morale au sens de l'article 8 par. 2 de la Convention[105].

La Cour est partie de la même hypothèse dans l'affaire Nielsen, considérant que la famille constitue une «entité» dotée de droits qui ont préséance sur les droits de ses membres au respect de leur vie privée, ces droits familiaux reposant sur l'hypothèse que les intérêts des parents et ceux de l'enfant coïncident toujours[106]. Comme indiqué dans l'introduction au présent chapitre, l'histoire de la Convention européenne indique que les intérêts (individuels) en matière de respect de la vie privée doivent l'emporter sur les intérêts (de groupe) de la famille lorsqu'il y a conflit entre les deux, principe qu'éclairent plus en détail les requêtes introduites par des pères contestant la décision de leur épouse de se faire avorter. Ce principe, joint à la reconnaissance croissante, en droit interne comme en droit international, du fait que les enfants possèdent des droits indépendants de leurs parents peut, demain, déboucher sur une modification des perspectives de la jurisprudence strasbourgeoise.

Un autre domaine dans lequel la Commission et la Cour européennes seront confrontées à des affaires complexes est celui de la vie familiale et de l'immigration. Par exemple, les mariages convenus constituent la norme dans bon nombre de pays, tout comme les longues fiançailles au cours desquelles un des membres du futur couple voyage pour établir le nouveau foyer. De nombreux Etats européens sont peu enclins à reconnaître la validité de ces arrangements bien que, en théorie, ils devraient être acceptables en vertu du principe, formulé dans l'affaire Abdulaziz, selon lequel une vie familiale en projet ne sort pas nécessairement du cadre de l'article 8.

Dans bon nombre de cultures, notamment l'islam, l'adoption n'existe pas en tant qu'institution et il n'y a pas non plus de reconnaissance juridique formelle de l'accueil par des parents nourriciers, alors que ces dispositions sont tout à fait courantes dans ces cultures au sein de la famille élargie. Dans d'autres cultures, la norme est la polygamie. Dans d'autres encore, les parents biologiques ont une relation «familiale» moins forte vis-à-vis de l'enfant que ses oncles et ses tantes.

De même, il se peut que les organes de la Convention soient amenés à examiner des relations non conjugales sous l'angle du principe énoncé dans la conclusion formulée par la Commission dans le cadre de la requête n° 8823/79:

> Si, dans certains cas, la relation entre deux personnes non mariées peut être suffisamment étroite pour constituer une vie familiale au sens de l'article 8, il convient de prendre en considération les circonstances factuelles de chaque cas particulier[107].

Il est clair que cette éventualité imposera aux autorités responsables de l'immigration un lourd travail de détermination des faits si des couples non mariés décident de faire valoir cet aspect. Il semble toutefois que la Commission ait évité le dilemme de l'application de cette

105. N° 6753/74, Déc. 19.12.74, D.R. 2 p. 118 (120-121).

106. Arrêt Nielsen du 28 novembre 1988, Série A n° 144.

107. N° 8823/79, 12.3.80, non publié.

doctrine aux couples homosexuels en les excluant explicitement de la vie familiale et en protégeant plutôt leur relation sous l'angle du droit à la protection de la vie privée.

Dans leurs tentatives de peser les intérêts de l'Etat en matière d'immigration par rapport aux intérêts privés de la vie familiale, la Commission et la Cour semblent commencer à adopter une approche plus libérale. Dans les affaires de la première heure, les organes de la Convention s'en tenaient au critère relativement strict de la préexistence d'une vie de famille; aujourd'hui, ils ont modifié ce critère pour y inclure un élément *de jure*, voire un élément d'«intention». Ils semblent aussi plus disposés à examiner la nature d'une relation familiale de fait alléguée, par exemple la dépendance financière et/ou psychologique.

Il se peut qu'à l'avenir, la distinction *de jure/de facto* prenne également une importance accrue dans le contexte de l'adoption d'enfants qui se trouvent dans des situations de prise en charge créées par les pouvoirs publics. Bien que la décision finale, dans ces affaires, s'inspire des préoccupations énoncées au paragraphe 2 ou du critère implicite de l'intérêt supérieur de l'enfant, la Commission a estimé que le respect de la vie familiale exige que l'Etat obtienne le consentement des parents avant de présenter un enfant à l'adoption. A ce jour, la Commission a traité cette question particulière sous l'angle du «caractère raisonnable» du refus de consentement d'un parent. Cette approche laisse le champ libre aux conflits entre divers aspects de l'article 8: la valeur et le caractère sacré des relations au sein de la famille nourricière, c'est-à-dire les relations familiales *de facto*, le devoir de l'Etat de rétablir la situation dans les familles perturbées (affaire Olsson et al.), l'intérêt supérieur de l'enfant et, plus récemment, les intérêts du père biologique et/ou des grands-parents. Des affaires liées à l'adoption surgissent également par rapport au droit de fonder une famille, garanti par l'article 12.

Le droit de se marier et de fonder une famille (Article 12)

Le droit de se marier et de fonder une famille est étroitement lié aux droits au respect de la vie privée et de la vie familiale visés à l'article 8. Toutefois, les deux articles diffèrent à plusieurs égards. L'article 12 protège les actes «isolés», par exemple, l'acte de se marier et/ou d'avoir ou d'adopter des enfants, alors que l'article 8 protège un état permanent, à savoir les relations issues des actes «isolés». Par ailleurs, l'article 12 limite ses effets aux personnes d'âge nubile alors que l'article 8 concerne tout le monde. Il s'ensuit que le terme «famille» est plus étroit au sens de l'article 12 qu'au sens de l'article 8: dans ce dernier, le terme comprend les relations fondées sur les liens du sang et sur des circonstances factuelles et concerne autant les enfants que les adultes. Les auteurs de la Convention européenne des Droits de l'Homme, en rédigeant l'article 12, semblent avoir eu uniquement à l'esprit la situation ordinaire du couple hétérosexuel qui souhaite contracter mariage et fonder une famille. Or, l'évolution en Europe occidentale a rendu complexe l'interprétation d'un article qui, en 1950, semblait aller de soi. Les normes sociales et morales ont subi des transformations rapides et importantes au cours des années qui ont suivi. La portée de l'article 12 est limitée, si on la compare à la disposition équivalente de la Déclaration universelle qui a été intégrée dans l'article 23 du Pacte relatif aux droits civils et politiques. Ces dispositions exigent également le libre et plein consentement des futurs époux «au regard du mariage, durant le mariage et lors de sa dissolution; et la protection nécessaire des enfants en cas de dissolution». Ce principe, dans le cadre de la Convention, n'est que partiellement garanti par l'article 14 et par l'article 5 du Protocole n° 7, de sorte que, sur ce point, l'exigence du Pacte est plus stricte.

L'article 12 est libellé comme suit:

> A partir de l'âge nubile, l'homme et la femme ont le droit de se marier et de fonder une famille selon les lois nationales régissant l'exercice de ce droit.

Il est intéressant de noter, outre les distinctions entre les articles 12 et 8, deux autres caractéristiques de l'article 12 lui-même. Tout d'abord, l'article 12 comprend une disposition qui autorise l'Etat à restreindre l'exercice du droit «selon les lois nationales» qui le régissent. Bien que cette clause semble accorder aux Etats un pouvoir quasi illimité de restreindre les droits essentiels de cet article, cette totale discrétion serait contraire au but de la Convention dans son ensemble: garantir certains droits, quels que soient le statut et le fonctionnement de la législation interne. Ensuite, l'article 12 résume le droit de se marier et le droit de fonder une famille par l'expression «ce droit», ce qui implique que les deux droits sont indissociables. Il est clair que cette formulation soulève des questions. Peut-on se marier sans avoir l'intention, le souhait ou la capacité de fonder une famille? Et peut-on fonder une famille sans se marier?

La nature du droit de se marier

La Commission et la Cour ont examiné, sous l'angle de l'article 12, plusieurs affaires dans lesquelles les requérants ont allégué de violations du droit de se marier. Dans la plupart de ces affaires, les requérants présentaient certaines incapacités civiles que l'Etat a invoquées comme motifs pour restreindre le droit de se marier, protégé par l'article 12.

Détenus

Dans les affaires Draper et Hamer, les détenus requérants se sont plaints du refus du Royaume-Uni de les autoriser à se marier pendant leur détention. Le gouvernement a répondu en partie en faisant valoir que les détenus ne seraient pas en mesure, avant un certain temps, de vivre avec leur épouse après le mariage. La Commission a estimé qu'il y avait violation de l'article 12 et a déclaré qu'elle

> ne [considérait] pas comme important que le requérant ne puisse cohabiter avec son épouse ou consommer son mariage en purgeant sa peine. [L]'essence du droit au mariage est la formation de rapports juridiquement contraignants entre un homme et une femme. C'est à eux de décider s'ils souhaitent ou non établir ces rapports dans le cas où ils ne peuvent cohabiter[108].

En réponse au gouvernement qui prétendait disposer d'une très large latitude d'intervention en vertu de la clause «selon les lois nationales», la Commission a observé que toute mesure de réglementation d'un droit «doit être telle qu'elle n'entraîne pas d'atteinte à la substance de ce droit»[109]. En ce qui concerne le droit de se marier, protégé par l'article 12, la Commission a déclaré:

> Ces lois peuvent donc établir des règles formelles concernant par exemple les bans, la publicité et les formalités de célébration du mariage ... Elles peuvent aussi stipuler des règles de fond

108. Draper c/ Royaume-Uni, Rapport Comm. 10.7.80, par. 60, D.R. 24 p. 72 (93-94).

109. Hamer c/ Royaume-Uni, Rapport Comm. 13.12.79, par. 61, D.R. 24 p. 5 (27-28).

à partir de considérations d'intérêt public généralement reconnues. Il en est ainsi des règles de la capacité de contracter mariage, du consentement, de l'interdiction à des degrés divers des mariages consanguins, de l'interdiction de la bigamie. [T]outefois ... la législation nationale ne peut pas autrement enlever à une personne ou à une catégorie de personnes la pleine capacité juridique du droit de contracter mariage. Elle ne peut non plus porter atteinte de manière substantielle à l'exercice de ce droit[110].

La Commission a estimé que l'obstacle dressé par le gouvernement à l'exercice effectif du droit de se marier était contraire à la Convention.

Transsexuels

La Commission et la Cour ont également examiné des affaires portées devant elles par des transsexuels faisant état de violations du droit de se marier, tel qu'il est garanti par l'article 12. Dans l'affaire Van Oosterwijck, le requérant, qui était passé du sexe féminin au sexe masculin, a soutenu que le refus du gouvernement belge de modifier le registre des naissances l'empêchait d'exercer son droit de se marier. La Commission a estimé, à la majorité, qu'il y avait eu violation de l'article 12 et a déclaré:

> Si le mariage et la famille sont effectivement associés dans la Convention comme dans les droits nationaux, rien ne permet toutefois d'en déduire que la capacité de procréer serait une condition fondamentale du mariage, ni même que la procréation en soit une fin essentielle.
>
> Outre qu'une famille peut toujours être fondée par l'adoption d'enfants, il convient d'observer à cet égard que si l'impuissance est parfois considérée comme une cause de nullité du mariage, il n'en va généralement pas de même pour la stérilité[111].

La Cour a estimé qu'en l'espèce, le requérant n'avait pas épuisé toutes les voies de recours internes et elle n'a donc pas examiné le bien-fondé de l'affaire[112].

Six ans plus tard, en revanche, dans l'affaire Rees, la Commission a conclu à l'absence de violation de l'article 12 au départ de faits pratiquement identiques à ceux de l'affaire Van Oosterwijck. La Commission a émis cet avis à l'unanimité, mais ses membres ont formulé des motivations différentes de cet avis. L'argument le plus clair est celui formulé dans un avis commun de plusieurs membres:

> ... l'article 12 inclut, compte tenu de sa finalité sociale, l'aptitude physique à procréer. Cela résulte du texte de l'article 12 «A partir de l'âge nubile, l'homme et la femme ont le droit de se marier». Cette allusion tant à l'âge nubile qu'à la dualité de sexe des conjoints fait ouvertement référence à la faculté physique d'engendrer ... l'institution du mariage, visant par son essence à la fondation d'une famille, implique en principe l'aptitude à procréer ...
>
> Il s'ensuit qu'un Etat contractant doit être admis à exclure du mariage les personnes dont la catégorie sexuelle emporte par elle-même constatation d'une inaptitude physique à procréer, soit dans l'absolu (hypothèse du transsexuel), soit relativement à la catégorie sexuelle du conjoint (hypothèse d'individus du même sexe).

---

110. *Ibidem*, p. 27, par. 62.

111. Van Oosterwijck c/ Belgique, Rapport Comm. 1.3.79, par. 59, Cour eur. D.H., Série B. n° 36, p. 28.

112. Arrêt Van Oosterwijck du 6 novembre 1980, Série A. n° 40, p. 20.

> Dans de telles situations, dont la consécration légale pourrait apparaître au législateur national comme une dénaturation du mariage et de sa fin sociale, il se justifie que l'Etat puisse refuser le droit au mariage[113].

La Cour a partagé cet avis de la Commission et a déclaré:

> [E]n garantissant le droit de se marier l'article 12 vise le mariage traditionnel entre deux personnes de sexe biologique différent. Son libellé le confirme: il en ressort que le but poursuivi consiste essentiellement à protéger le mariage en tant que fondement de la famille ...
>
> [O]n ne saurait attribuer un tel effet à l'empêchement apporté, au Royaume-Uni, au mariage de personnes n'appartenant pas à des sexes biologiques différents[114].

Par conséquent, au cours des années qui séparent ces deux affaires, la Commission est passée d'une interprétation progressiste du droit de se marier, tel qu'il est garanti par l'article 12, à un avis beaucoup plus restrictif. Dans l'affaire Cossey, toutefois, la Commission a estimé que le mariage et la fondation d'une famille étaient, dans la vie des personnes, des événements particuliers qui vont au-delà du simple déroulement de la vie privée et de la vie familiale, dès lorsqu'ils impliquent deux personnes qui forment une union, reconnue aux plans juridique et social, qui crée à la fois des responsabilités et des privilèges.

L'article 12 garantit, dès lors, un droit spécifique et distinctif, indépendant par rapport au droit à la protection de la vie privée et de la vie familiale garantie par l'article 8 par. 1 de la Convention. La Commission a également souligné que l'affaire Cossey comportait un élément factuel qui la distinguait de l'affaire Rees et d'autres affaires concernant des transsexuels examinées jusqu'alors: la requérante, en l'espèce, avait, selon ses déclarations non contestées, un partenaire masculin qui souhaitait l'épouser. La Commission a convenu en principe, comme la Cour, que l'article 12 renvoyait au mariage traditionnel entre personnes de sexes biologiques opposés. On ne pouvait, toutefois, déduire de l'article 12 que la capacité de procréer était une condition nécessaire de l'exercice du droit en cause. Les hommes et les femmes qui ne sont pas en mesure d'avoir des enfants ont le droit de se marier au même titre que les autres personnes. On ne pouvait donc, pour les besoins de l'article 12, établir de lien entre le sexe biologique et la capacité de procréer. Un médecin expert avait certifié que la requérante, sur le plan anatomique, n'était plus de sexe masculin. Depuis l'intervention chirurgicale modifiant son sexe, elle vivait comme une femme et était socialement acceptée comme telle. La Commission estimait que, dans ces conditions, on ne pouvait soutenir que, pour les besoins de l'article 12, la requérante devait continuer à être considérée comme étant de sexe masculin. Il fallait, par conséquent, que la requérante ait le droit de contracter un mariage reconnu en droit britannique avec l'homme qu'elle avait choisi pour époux[115]. La Cour a déclaré que les limitations introduites par des lois nationales ne pouvaient restreindre le droit de se marier de telle manière et à tel point que l'essence même de ce droit s'en trouve affectée. L'incapacité de la requérante d'épouser une femme ne résultait pas d'un empêchement juridique. Quant à son incapacité d'épouser un homme, les critères du droit

113. Rees c/ le Royaume-Uni, Rapport Comm. 12.12.84, par. 55, Cour eur. D.H., Série A n° 106, pp. 28-29.

114. Arrêt Rees du 17 octobre 1976, Série A n° 106, p. 19, par. 49-50.

115. Cossey c/ le Royaume-Uni, Rapport Comm. 9.5.89, par. 40-46, Série A n° 184, pp. 49-51.

anglais sont conformes à la notion de mariage à laquelle se réfère le droit garanti par l'article 12, à savoir le mariage traditionnel entre personnes de sexes biologiques opposés.

L'évolution qui s'est produite dans certains Etats contractants n'est pas le signe d'un abandon généralisé de la conception traditionnelle du mariage. Il n'est donc pas loisible à la Cour d'adopter une approche nouvelle de l'interprétation de l'article 12 sur le point contesté. En outre, la Cour a estimé que l'attachement à cette conception constituait un motif suffisant pour continuer à se référer aux critères biologiques en vue de déterminer le sexe pour les besoins du mariage. La Cour a conclu qu'il n'y avait pas de violation de l'article 12. Les arguments sur lesquels la Cour a fondé son interprétation restrictive de l'article 12 sont sans doute susceptibles de critiques[116]. Dans son avis divergent, M. le juge Martens a critiqué sans ambiguïté l'attitude de la Cour face aux transsexuels. Selon lui:

> [P]our les besoins de l'article 12, un transsexuel ayant subi une opération réussie de conversion sexuelle doit être réputé appartenir au sexe qu'il a choisi et dès lors avoir le droit d'épouser une personne du sexe opposé à celui-là[117].

Divorce, remariage et légitimation des enfants

La Commission et la Cour ont jugé que le droit de se marier, garanti par l'article 12, n'englobe pas le droit de divorcer, fût-ce pour être en mesure de se remarier. Dans l'affaire Johnston, le requérant principal était un homme séparé à l'amiable de son épouse depuis plusieurs années et vivant avec une femme avec laquelle il avait créé une vie familiale stable. Il se plaignait du fait que l'interdiction du divorce édictée par le gouvernement irlandais constituait une violation de son droit de se marier, tel qu'il est protégé par l'article 12. La Cour a estimé qu'il n'y avait pas de violation, dès lors que l'Etat ne s'ingérait pas dans sa vie familiale de fait et n'avait aucune obligation expresse d'appuyer de quelque manière que ce soit son droit de se remarier. La Cour a déclaré que l'article 12 ne garantissait pas le droit au divorce[118], avis exprimé également par la Commission en d'autres occasions. Par exemple, dans une requête contre la Suisse, la Commission a examiné la plainte d'un ressortissant argentin qui avait été marié puis séparé dans son pays d'origine mais souhaitait épouser une Suissesse. La Commission a estimé que l'article 12:

> n'exige pas des Etats parties à la Convention eux-mêmes qu'ils prévoient dans leur propre législation matrimoniale la possibilité d'un divorce complet emportant dissolution des liens matrimoniaux[119].

A une occasion au moins, les organes strasbourgeois ont eu à se prononcer sur le point de savoir si une personne juridiquement divorcée a le droit de remarier. Dans cette affaire, F. c/ la Suisse, le gouvernement souhaitait empêcher un homme qui avait été marié deux fois et assurait l'entretien de plusieurs enfants mineurs issus de ces mariages de se remarier une troisième fois. La Commission a estimé que cette restriction violait l'article 12[120]. La Cour

116. Arrêt Cossey du 27 septembre 1990, Série A n° 184, pp. 17-18, par. 43-46.

117. *Ibidem*, p. 33, par. 4.6.

118. Arrêt Johnston et al. du 18 décembre 1986, Série A n° 112, p. 25, par. 54.

119. N° 9057/80, Déc. 5.10.81, D.R. 26 p. 207 (209-210).

120. F. c/ la Suisse, Rapport Comm. 14.7.86, par. 54-72, Série A n° 128, pp. 24-27.

a estimé qu'il était douteux que la législation contestée soit propre à assurer la stabilité du mariage. Elle a jugé que les droits de la future épouse du requérant n'étaient pas protégés et que les intérêts des enfants issus de la relation pouvaient être affectés. En outre, la Cour a établi une distinction entre la situation de F. et celle de Johnston, dans la mesure où ce qui était en cause dans celle-ci était le droit d'un homme encore marié de voir dissoudre son mariage. Si la législation nationale autorise le divorce, ce que n'exige pas la Convention, l'article 12 garantit le droit des divorcés de se remarier sans restrictions déraisonnables[121].

Dans une affaire peu ordinaire, dirigée contre la République fédérale d'Allemagne, la Commission a été amenée à examiner le point de savoir si le refus d'autoriser un mariage à titre posthume avec une fiancée décédée violait le droit de se marier visé à l'article 12. Bien que certaines dispositions législatives allemandes en vigueur au moment de l'introduction de la requête autorisassent ces unions posthumes, la Commission a estimé que «la Convention ne garantit pas parmi ses droits et libertés celui d'épouser une personne décédée.»[122] Les affaires ci-dessus montrent que la Commission et la Cour ne s'expriment pas clairement sur le point de savoir si l'Etat peut exiger d'un couple qu'il ait la capacité et la possibilité de procréer pour pouvoir revendiquer le droit de se marier. Dans les affaires qui ont trait aux droits des détenus, la réponse semble être que c'est sans importance: c'est le contraire dans les affaires qui concernent des transsexuels.

La nature du droit de fonder une famille

Comme indiqué ci-dessus, l'article 12 n'interdit pas aux Etats de soumettre le mariage à des conditions de forme pour autant que celles-ci n'affectent pas la substance du droit. Dans certains cas, par exemple celui de détenus qui souhaitent se marier, l'Etat n'a pas l'obligation expresse de faciliter l'exercice de ce droit. Ce n'est pas le cas pour ce qui concerne le droit de fonder une famille, où seul le principe de non-ingérence s'applique: l'article 12 ne prévoit pas le droit d'avoir un enfant. Il semble ressortir clairement de la jurisprudence que l'Etat ne peut s'ingérer dans le droit, protégé par l'article 12, de fonder une famille par la stérilisation obligatoire ou autres mesures directes de régulation démographique. Toutefois, l'Etat n'est pas toujours tenu de veiller à ce qu'un couple marié ait la possibilité d'avoir des enfants. Dans une requête dirigée contre le Royaume-Uni, un détenu avait fait valoir que le refus des pouvoirs publics d'autoriser les visites conjugales ou des congés au domicile violait son droit, garanti par l'article 12, de fonder une famille. La Commission a décidé que, si le droit de fonder une famille est un droit absolu, cela ne signifie pas qu'il faille donner à tout moment à une personne la possibilité effective de procréer[123].

La Commission a examiné plusieurs affaires qui concernaient l'adoption. Dans une affaire dirigée contre le Royaume-Uni, les requérants, un ressortissant britannique et son neveu adolescent qui était un ressortissant indien adopté légalement par son oncle conformément au droit indien, avaient soutenu que le refus du gouvernement britannique d'autoriser le jeune homme à entrer au Royaume-Uni constituait une violation du droit de fonder une famille, tel qu'il est garanti par l'article 12. La Commission a estimé que

121. Arrêt F. c/ la Suisse du 18 décembre 1987, Série A n° 128, p. 18, par. 36-38.

122. N° 10995/84, Déc. 13.12.84, D.R. 41 p. 259 (262-263).

123. N° 6564/74, Déc. 21.5.75, D.R. 2 p. 105 (106-107).

l'adoption d'un enfant par un couple pourrait, dans certaines circonstances, être considérée comme la fondation d'une famille mais que l'article 12 ne garantissait pas le droit d'adopter ou, plus généralement, d'intégrer dans une famille un enfant qui n'est pas l'enfant biologique du couple concerné[124].

Dans une affaire dirigée contre les Pays-Bas, le couple des requérants avait soutenu que l'interdiction néerlandaise frappant l'adoption d'enfants étrangers ayant dépassé l'âge du début de la scolarité et/ou par des couples dont l'âge dépassait de quarante ans ou plus celui de l'enfant dont l'adoption est envisagée constituait une violation de leur droit, garanti par l'article 12, de fonder une famille. La Commission a estimé que le gouvernement néerlandais, en adoptant cette mesure législative, poursuivait un but objectif et raisonnable et que les mesures prises n'étaient pas disproportionnées par rapport à ce but[125]. Dans une autre affaire, dirigée contre les Pays-Bas et *ex officio* contre la Belgique, le requérant, un célibataire qui avait pris en charge pendant plusieurs années un enfant abandonné, s'était plaint que le refus du gouvernement de l'autoriser à adopter l'enfant violait son droit de fonder une famille. La Commission a estimé que:

> [C]ette disposition ne garanti[t] pas le droit d'avoir des enfants en dehors du mariage. L'article 12 *in fine* envisage en effet le droit de se marier et de fonder une famille comme un seul et même droit.
>
> Toutefois, même si l'on admet que le droit de fonder une famille puisse être considéré indépendamment du mariage, le problème n'est pas résolu. L'article 12 reconnaît en effet le droit pour l'homme et la femme d'âge nubile de fonder une famille, c'est-à-dire d'avoir des enfants. L'existence d'un couple est fondamentale..
>
> Que le requérant ne puisse prétendre «fonder une famille» ne signifie pas pour autant que les relations entre un adoptant et un adopté ne seraient pas de la même nature que les relations familiales protégées par l'article 8 de la Convention[126].

Il ne faut, toutefois, pas en déduire que l'Etat ait l'obligation expresse d'accorder un statut particulier – celui de l'adoption – au requérant et à la personne dont il a la charge. Par conséquent, la Commission et la Cour estiment que la responsabilité de l'Etat au regard de l'article 12 est une obligation de non-ingérence dans le droit des couples mariés de fonder une famille par la procréation, mais qu'elle ne comporte pas une obligation expresse concernant les autres moyens d'exercer ce droit. La majeure partie de la jurisprudence qui a trait au droit, garanti par l'article 12, de fonder une famille part du principe que la fondation d'une famille implique le fait d'avoir ou d'adopter des enfants. Dans l'affaire Abdulaziz, Cabales et Balkandali, la Cour a néanmoins reconnu que l'acte du mariage suffisait pour fonder une famille au sens de l'article 12. Dans cette affaire, les requérantes avaient soutenu que le refus du gouvernement britannique d'autoriser leurs époux à entrer dans le pays constituait une violation du droit à la vie familiale (protégé par l'article 8). La Cour a partagé cet avis et a, dans les attendus de son arrêt, fait référence à la notion de «vie familiale» au sens de l'article 12:

---

124. N° 7229/75, Déc. 15.12.77, D.R. 12 p. 32 (36-37).

125. N° 8896/80, Déc. 10.3.81, D.R. 24 p. 176 (180-182).

126. N° 6482/74, Déc. 10.7.75, D.R. 7 p. 75 (76).

> Quoi que le mot «famille» puisse désigner par ailleurs, il englobe la relation née d'un mariage légal et non fictif ... même si une vie familiale ... ne se trouve pas encore pleinement établie ...
>
> En outre, s'il s'agit d'un couple marié l'expression «vie familiale» implique normalement la cohabitation. L'article 12 le confirme car le droit de fonder une famille ne se conçoit guère sans celui de vivre ensemble[127].

Il semble donc que la Cour soit au moins disposée à reconnaître que le mariage comme tel suffit en soi à fonder une famille au sens de l'article 12, que des enfants fassent ou non partie de la relation.

Egalité des époux et responsabilités de ceux-ci pendant et après le mariage (Protocole n° 7, Article 5)

La complexité croissante des questions liées à la vie familiale en Europe se reflète non seulement dans la jurisprudence qui s'est élaborée par rapport aux articles 8 et 12 de la Convention, mais aussi par rapport à son Protocole n° 7. Cet article est libellé comme suit:

> Les époux jouissent de l'égalité de droits et de responsabilités de caractère civil entre eux et dans leurs relations avec leurs enfants au regard du mariage, durant le mariage et lors de sa dissolution. Le présent article n'empêche pas les Etats de prendre les mesures nécessaires dans l'intérêt des enfants.

Aux termes de cet article, l'égalité doit être assurée uniquement entre les époux eux-mêmes en ce qui concerne leur personne ou leurs biens, et dans leurs relations avec leurs enfants. Par conséquent, les droits et responsabilités revêtent un caractère juridique privé et ne s'appliquent pas à d'autres domaines du droit, notamment aux lois administratives, fiscales, pénales, sociales, ecclésiastiques ou du travail. Cet article consacre donc un droit individuel, alors que la disposition similaire contenue dans l'article 23 par. 4 du Pacte relatif aux droits civils et politiques établit plutôt une obligation de l'Etat. L'article du Pacte ne limite toutefois pas sa portée aux droits et aux responsabilités de caractère juridique privé.

Cet article utilise le terme «époux» et ne concerne donc pas les personnes non mariées. De même, il ne s'applique pas aux conditions de capacité à contracter mariage prévues par les législations nationales, contrairement à l'article 12 de la Convention. L'expression «au regard du mariage» a trait aux effets juridiques liés à la conclusion du mariage.

Que les époux «jouissent de l'égalité de droits et de responsabilités» dans leurs relations avec leurs enfants n'empêche pas les Etats de prendre les mesures nécessaires dans l'intérêt des enfants. Il convient d'observer, à cet égard, que l'égalité des époux est déjà garantie dans une large mesure au titre de la Convention, en particulier de l'article 8 combiné avec l'article 14. La Commission et la Cour européennes ont souligné, à cet égard, la nécessité de prendre en compte l'intérêt de l'enfant. Quant à l'article 14, la Cour a établi, dans l'affaire «relative à certains aspects du régime linguistique de l'enseignement en Belgique», la règle selon laquelle toute différence de traitement constitue une violation de cet article «si la

127. Arrêt Abdulaziz, Cabales et Balkandali du 28 mai 1985, Série A n° 94, p. 32, par. 62.

distinction manque de justification objective et raisonnable»[128]. L'article 5 du Protocole n° 7 consacre le principe selon lequel toute dérogation à la règle de l'égalité des époux n'est, par définition, ni objective ni raisonnable.

Enfin, le Rapport explicatif indique que cet article ne doit pas s'entendre comme empêchant les autorités nationales de prendre dûment en compte l'ensemble des facteurs pertinents lorsqu'elles prennent des décisions concernant la répartition des biens en cas de dissolution du mariage. Et l'expression «lors de sa dissolution» n'implique pas, pour l'Etat, l'obligation de prévoir cette dissolution ou toute forme spéciale de dissolution.

128. Arrêt dans l'affaire relative à certains aspects du régime linguistique de l'enseignement en Belgique, du 23 juillet 1968, Série A n° 6, p. 34, par. 10.

Le droit à la liberté de pensée, de conscience et de religion (Article 9)

Les droits à la liberté de pensée, de conscience et de religion constituent les fondements de l'idéologie occidentale des droits de l'homme. Les deux premiers sont des conditions préalables du fonctionnement correct de la démocratie, et tous trois établissent les principes du respect de la personne. L'importance de ces droits est mise en évidence par les relations internes qui les lient à cinq autres articles au moins de la Convention des Droits de l'Homme. Il existe une relation directe entre l'article 9 par. 1 et l'article 4 par. 3 b) concernant l'objection de conscience, l'article 10 sur la liberté d'expression, et l'article 2 du Protocole additionnel sur le droit des parents d'assurer l'éducation de leurs enfants. Il existe une relation moins directe entre l'article 9 et les articles 11 (relatif à la liberté de réunion et d'association) et 12 (sur le droit de se marier et de fonder une famille). On ne peut, toutefois, considérer l'universalité des principes de l'article 9 par. 1 comme allant de soi. Des dispositions similaires figurent dans d'autres instruments des droits de l'homme. La formulation de l'article 9 par. 1 est identique à celle de l'article 18 de la Déclaration universelle des Droits de l'Homme. L'article 18 du Pacte relatif aux droits civils et politiques comporte la même formulation de base mais intègre, en outre, une formule parallèle à la disposition du Protocole additionnel concernant le contrôle parental. Il est intéressant d'observer que la formulation de l'article 18 du Pacte relatif aux droits civils et politiques a fait l'objet d'un débat assez animé, les délégués de certains pays non occidentaux craignant d'autoriser des changements de religion et de voir l'activité des missionnaires étrangers affecter négativement leur culture.

L'article 9 est libellé comme suit:

> 1. Toute personne a droit à la liberté de pensée, de conscience et de religion; ce droit implique la liberté de changer de religion ou de conviction, ainsi que la liberté de manifester sa religion ou sa conviction individuellement ou collectivement, en public ou en privé, par le culte, l'enseignement, les pratiques et l'accomplissement des rites.
>
> 2. La liberté de manifester sa religion ou ses convictions ne peut faire l'objet d'autres restrictions que celles qui, prévues par la loi, constituent des mesures nécessaires, dans une société démocratique, à la sécurité publique, à la protection de l'ordre, de la santé ou de la morale publique, ou à la protection des droits et libertés d'autrui.

La Commission et la Cour adoptent, vis-à-vis des affaires dont elles sont saisies en vertu de l'article 9, la même démarche que pour celles qui touchent aux articles 8, 10 et 11, de structure similaire. Les organes strasbourgeois doivent examiner avec un soin particulier les prétentions formulées par les requérants au titre de l'article 9, dans la mesure où les termes «pensée», «conviction», voire parfois «religion» peuvent couvrir un large éventail d'activités intellectuelles et spirituelles. Après avoir déterminé qu'une conviction, un acte ou une «manifestation» relève effectivement du champ d'application de l'article 9 et de sa protection et qu'il y a eu ingérence des autorités publiques dans l'exercice de ce droit, la Commission et la Cour déterminent ensuite si la restriction de ce droit par l'Etat est «prévue par la loi» et «nécessaire dans une société démocratique» pour un des motifs énumérés au paragraphe 2. Il est intéressant de noter que, des quatre articles de structure similaire, l'article 9 est le seul qui n'autorise pas l'Etat à invoquer la «sécurité nationale» pour restreindre l'exercice des droits protégés.

Qu'est-ce que la pensée, la conscience ou la religion au sens de l'article 9 par. 1?

Les droits à la liberté de pensée, de conscience et de religion s'exercent en grande partie dans le cœur de la personne humaine et ne peuvent être facilement dissociés. Ce n'est que lorsqu'une personne manifeste sa religion ou ses convictions que l'Etat peut connaître leur existence ou leur nature. Toutefois, c'est au moment de cette manifestation que celle-ci peut souvent mériter la protection de l'article 10 (qui protège la liberté d'expression en général) ou de l'article 8 (qui protège la vie privée et la vie familiale), ainsi que celle de l'article 9 lui-même. C'est pourquoi les organes strasbourgeois peuvent décider d'examiner ces questions sous l'angle de l'article 10 ou de l'article 8 en tant que *lex specialis*.

Les organes de contrôle ont rarement estimé qu'une pratique ou une manifestation d'une conviction relevait du champ d'application, relativement limité, de l'article 9 par. 1. D'une part, s'ils peuvent estimer qu'un requérant professe en toute sincérité une conviction donnée, ils exigent que l'acte contesté soit lié directement et étroitement à la conviction elle-même et non pas simplement influencé par elle. D'autre part, ils exigent que l'intention de l'acte allégué des pouvoirs publics restreignant le droit à la liberté de conscience et de religion ait été d'interférer avec ces droits; il ne suffit pas d'un effet restrictif pour mettre en jeu l'article 9. Il est clair qu'il est extrêmement difficile d'établir une motivation ou une intention, alors qu'il est relativement facile d'établir un effet. Les requérants qui tentent de faire valoir qu'il y a eu violation de leur droit à la liberté de conscience et de religion, garanti par l'article 9, doivent, dès le début de la procédure, se conformer à des exigences strictes en matière de preuve. Le nombre d'affaires qui dépassent le stade des dispositions de fond du premier paragraphe pour bénéficier d'un examen complet de l'action contestée des autorités publiques au regard du second paragraphe est extrêmement limité.

Pensée

Comme on peut s'y attendre, très peu d'affaires portées devant la Commission et la Cour concernaient une violation alléguée de la liberté de pensée protégée par l'article 9. Dans ces affaires, les requérants ont soutenu que la pensée et la langue étaient à ce point intimement liées que toute restriction, par les autorités, de l'utilisation d'une langue librement choisie constituait une ingérence dans la liberté de pensée garantie par l'article 9. Ni la Commission ni la Cour n'ont accepté ce moyen. Dans une requête dirigée contre la Belgique, la

Commission a également estimé que l'article 9 ne s'appliquait pas au refus du gouvernement d'autoriser les personnes à utiliser leur langue maternelle dans leurs relations avec les autorités publiques. La Commission a, toutefois, relevé que dans certaines circonstances l'Etat devait faire face au problème des personnes qui n'ont pas une connaissance suffisante de la langue officielle ou de la langue de la majorité, notamment dans le cadre des procédures pénales. L'article 5 par. 2 de la Convention dispose que toute personne arrêtée doit être informée de toute accusation portée contre elle dans une langue qu'elle comprend: l'article 6 par. 3 e) prévoit qu'elle peut se faire assister d'un interprète au moment du procès. Toutefois, comme l'a également fait observer la Commission, ces droits sont indépendants du droit à la liberté de pensée, garanti par l'article 9[1].

Conscience et religion

La Commission et la Cour ont rarement examiné la nature et la portée des termes «conscience» et «conviction» au sens de l'article 9, et elles n'ont jamais abordé la question des différences entre ces deux termes. En règle générale, les organes strasbourgeois acceptent la thèse du requérant selon laquelle une idée ou une position intellectuelle donnée est, pour lui, une question de «conscience» ou de «conviction». Toutefois, ces mêmes organes ont parfois estimé qu'une certaine manifestation d'une conviction ne relevait pas de la protection de l'article 9 par. 1 dans la mesure où l'acte litigieux n'était pas une manifestation de cette conviction elle-même mais était uniquement motivé ou influencé par elle. Dans l'affaire Arrowsmith, par exemple, la requérante a contesté les poursuites et la condamnation dont elle avait fait l'objet pour avoir distribué à des militaires des tracts les dissuadant d'accepter des affectations en Irlande du Nord et les encourageant à envisager de se déclarer objecteurs de conscience. Elle a soutenu que le gouvernement britannique avait violé son droit à la liberté de conscience et de conviction, tel que garanti par l'article 9, étant une pacifiste confirmée. Dans son rapport, la Commission a estimé que le pacifisme, en tant que philosophie, relevait bien du champ d'application de l'article 9, mais que les tracts que la requérante avait distribués ne constituaient pas une manifestation d'une conviction pacifiste, au motif que:

> [L]e terme «pratique», au sens de l'article 9, paragraphe 1, ne désigne pas n'importe quel acte motivé ou inspiré par une religion ou une conviction.
>
> Certes, des déclarations publiques, proclamant d'une manière générale l'idée du pacifisme et exhortant à s'engager pour la non-violence peuvent être considérées comme une manifestation normale et reconnue d'une conviction pacifiste. Par contre, on ne saurait considérer comme protégés par l'article 9, paragraphe 1, les faits et gestes de particuliers qui n'expriment pas réellement la conviction dont il s'agit, même s'ils sont motivés ou inspirés par celle-ci[2].

La Commission a abouti à des conclusions similaires dans une des affaires les plus inhabituelles portées devant les organes strasbourgeois. Dans une requête dirigée contre la République fédérale d'Allemagne, le requérant souhaitait que ses cendres soient répandues sur ses propres terres. La Commission a estimé que:

1. N° 2333/64, Déc. 16.12.68, Annuaire 11 p. 229 (261).
2. Arrowsmith c/ le Royaume-Uni, Rapport Comm. 12.10.78, par. 71-72, D.R. 19 p. 5 (49).

> [L]e désir du requérant de se faire inhumer dans sa propriété ne peut, en l'occurrence, être considéré comme une manifestation, par des pratiques, de ses convictions, au sens de l'article 9, paragraphe 1, de la Convention. Ce vœu a certainement une forte motivation personnelle. Cependant, la Commission ne considère pas qu'il s'agit là d'une manifestation de conviction, au sens où elle pourrait être interprétée comme l'expression d'une vision cohérente sur des problèmes fondamentaux[3].

La Commission a également estimé que les actes liés à la conscience et à la conviction ne relevaient pas de la protection de l'article 9 par. 1 lorsque les pouvoirs publics ont une institution ou une pratique neutres qui imposent à une personne de participer à une activité contraire à sa conviction sincère. Par exemple, dans une requête dirigée contre le Royaume-Uni, un contribuable Quaker revendiquait le droit d'affecter à des programmes pacifiques la part de ses impôts destinée à des activités liées à la défense. La Commission a estimé que:

> L'article 9 protège avant tout le domaine des convictions personnelles et des croyances religieuses, ce que l'on appelle parfois le for intérieur. De plus, il protège des actes intimement liés à ces comportements, tels les actes du culte ou de dévotion qui sont des aspects de la pratique d'une religion ou d'une conviction sous une forme généralement reconnue.
>
> L'obligation d'acquitter l'impôt est une obligation d'ordre général qui n'a en elle-même aucune incidence précise au plan de la conscience ...
>
> Il s'ensuit que l'article 9 ne confère pas au requérant le droit d'invoquer ses convictions pour refuser de se soumettre à une législation ... qui s'applique de manière générale et neutre dans le domaine public, sans empiéter sur les libertés garanties par l'article 9[4].

La Commission a abouti à des conclusions similaires dans des affaires dans lesquelles le requérant contestait le subventionnement, par l'Etat, de certains partis politiques au moyen de recettes fiscales générales[5], des systèmes de vote obligatoire qui ne prévoyaient pas l'obligation de remplir un bulletin de vote avant de le soumettre[6], et la participation obligatoire à certains régimes de pension[7]. Dans une requête dirigée contre l'Italie, la Commission a jugé que le gouvernement avait eu raison d'interdire un parti politique fasciste en vue de protéger la sûreté publique et les droits et libertés d'autrui[8]. La Commission a également confirmé la préséance, sur les convictions religieuses des individus, des intérêts de l'Etat en matière de santé et/ou de droits et libertés d'autrui, en acceptant l'obligation faite par le gouvernement néerlandais à tous les producteurs laitiers d'adhérer au service national de santé;[9] en confirmant l'assurance obligatoire pour les voitures[10], et en confirmant les lois

---

3. N° 8741/79, Déc. 10.3.81, D.R. 24 p. 137 (141).
4. N° 10358/83, Déc. 15.12.83, D.R. 37 p. 142 (153).
5. N° 6850/74, Déc. 18.5.76, D.R. 5 p. 90 (97-98).
6. N° 1718/62, Déc. 22.4.65, Annuaire 8 p. 169 (173).
7. N° 10678/83, Déc. 5.7.84, D.R. 39 p. 267-269.
8. N° 6741/74, Déc. 21.5.76, D.R. 5 p. 83 (86-88).
9. N° 1068/61, Déc. 14.12. 62, Annuaire 5, p. 279 (281-285).
10. N° 2988/66, Déc. 31.5.67, Annuaire 10, p. 473 (477-479).

britanniques sur le port du casque à moto face à l'obligation religieuse du port du turban pour les Sikhs[11].

La Commission a également exclu du domaine de la «religion» au sens de l'article 9 les activités de nature commerciale et a déclaré:

> L'article 9 ... ne protège pas des professions de prétendue foi religieuse, qui apparaissent comme des «arguments» de vente dans des annonces à caractère purement commercial, faites par un groupe religieux[12].

Dans une requête dirigée contre l'Autriche, la Commission a déclaré qu'un Etat pouvait refuser d'autoriser une secte religieuse (en l'espèce la secte Moon) à se constituer en société selon une structure juridique précise au motif que ses membres pouvaient continuer à manifester leurs convictions religieuses même sans cette constitution en société[13].

Dans une affaire qui ne relève pas d'une des catégories ci-dessus, la Commission a opposé les convictions religieuses d'une personne aux intérêts de l'Etat dans le contexte de l'emploi dans le secteur public. Dans une requête dirigée contre le Royaume-Uni, un enseignant musulman d'une école publique avait revendiqué le droit d'assister aux offices religieux dans une mosquée située à proximité de cette école. La Commission a déclaré que l'Etat n'avait pas violé l'article 9 par. 1 en rejetant cette demande au motif qu'il n'existait pas de droit à un emploi dans le secteur public, que l'enseignant avait signé librement son contrat de travail et qu'il n'avait pas émis la même prétention lorsqu'il avait été affecté dans une école plus éloignée de la mosquée[14].

Les requérants ont invoqué plus souvent la clause de l'article 9 relative à la «religion» que celles relatives à «la pensée, la conscience ou la conviction». La Cour a affirmé l'importance, cruciale dans une société démocratique telle que la conçoit la Convention, de l'article 9 en général et de la liberté de religion en particulier:

> Telle que la protège l'article 9, la liberté de pensée, de conscience et de religion représente l'une des assises d'une «société démocratique» au sens de la Convention. Elle figure, dans sa dimension religieuse, parmi les éléments les plus essentiels de l'identité des croyants et de leur conception de la vie, mais elle est aussi un bien précieux pour les athées, les agnostiques, les sceptiques ou les indifférents. Il y va du pluralisme – chèrement conquis au cours des siècles – consubstantiel à pareille société.
>
> Si la liberté religieuse relève d'abord du for intérieur, elle «implique» de surcroît, notamment, celle de «manifester sa religion». Le témoignage, en paroles et en actes, se trouve lié à l'existence de convictions religieuses[15].

Les organes strasbourgeois n'ont pas abordé de manière spécifique les attributs de la «religion» pour les besoins de l'article 9, et la jurisprudence ne précise pas clairement quels seraient ces attributs. La Commission a, toutefois, examiné trois types d'aspects qui

11. N° 7992/77, Déc. 12.7.78, D.R. 14 p. 234 (236-237).

12. N° 7805/77, Déc. 5.5.79, Annuaire 22, p. 244 (250), dans lequel un groupe religieux a soutenu qu'un certain appareil mécanique était «un moyen précieux de mesurer l'état de l'âme humaine et ses variations».

13. N° 8652/79, Déc. 15.10.81, D.R. 26 p. 89 (95-96).

14. N° 8160/78, Déc. 12.3.81, D.R. 22 p. 27-28 (44-47). La Commission a, toutefois, fait observer qu'en principe, il appartient à l'individu et non à l'Etat de déterminer s'il veut manifester sa religion seul ou «en communauté avec d'autres».

15. Arrêt Kokkinakis du 25 mai 1993, Série A n° 260-A, p. 17, par. 31.

contribuent à préciser quelles sont les questions qui ne sont pas protégées par la clause de l'article 9 relative à la liberté de religion. Le premier concerne le point de savoir si les pouvoirs publics peuvent contraindre quelqu'un à embrasser la religion d'Etat ou, plus généralement, à la soutenir. La Commission a estimé qu'un Etat doit créer des mécanismes qui permettent de quitter une religion[16]. Elle a aussi exprimé l'avis qu'un Etat ne pouvait contraindre quiconque à apporter, sous forme de prélèvement fiscal ou autre, sa contribution financière à une religion officielle[17]. La Cour, par contre, n'a guère été encline à examiner ces questions. Dans l'affaire Darby, le requérant, un ressortissant finlandais d'origine britannique, avait travaillé en Suède de 1977 à 1986. Il avait dû verser, de 1979 à 1981, un impôt ecclésiastique aux autorités suédoises. Les personnes qui, comme le requérant, n'étaient pas des fidèles de l'Eglise de Suède avaient droit à un abattement sur leur impôt. Toutefois, en vertu de la législation en vigueur à l'époque, le requérant ne pouvait bénéficier de cet abattement, n'étant pas officiellement domicilié en Suède. Il a soutenu devant la Commission qu'il y avait violation des articles 9 (droit à la liberté de religion) et 14 (interdiction de la discrimination). La Commission a exprimé l'avis qu'il y avait eu violation de l'article 9 et de l'article 14 lu conjointement avec l'article 9[18]. Estimant que les griefs du requérant concernaient essentiellement les effets discriminatoires allégués de la législation fiscale suédoise, la Cour a jugé plus naturel d'examiner l'affaire sous l'angle de l'article 14 de la Convention combiné avec l'article premier du Protocole n° 1, qui concerne le droit au respect des biens. Compte tenu des circonstances de l'espèce et de la conclusion formulée au regard de l'article 14 lu conjointement avec l'article premier du Protocole n° 1, la Cour n'a pas jugé nécessaire d'examiner la plainte du requérant concernant une violation de son droit à la liberté de religion, tel que garanti par l'article 9, ou une discrimination contraire à l'article 14 dans l'exercice de ce droit[19].

Le deuxième aspect concerne le point de savoir si une personne peut invoquer la disposition de l'article 9 relative à la liberté de religion pour justifier un acte qui n'est pas conforme aux pratiques de sa propre religion. Par exemple, la Commission a estimé qu'un Etat pouvait exiger d'un juif orthodoxe qu'il fournisse à son ex-épouse une lettre de répudiation au moment du divorce ou, en l'espèce, qu'il lui verse des dommages-intérêts s'il refusait de le faire[20]. Elle a estimé que l'Etat n'avait pas violé ses droits garantis par l'article 9 dans la mesure où l'action prescrite était conforme aux normes du judaïsme. La Commission a également examiné la validité des prétentions de l'ecclésiastique qui soutenait que l'Eglise officielle avait elle-même violé l'article 9 en exigeant de lui qu'il adhérât à certaines pratiques particulières. La Commission a estimé que l'Etat n'avait violé aucun des droits protégés par l'article 9, puisque l'ecclésiastique était libre de quitter l'Eglise[21].

16. N° 10616/83, Déc. 4.12.84, D.R. 40 p. 284.

17. N° 9781/82, Déc. 14.5.84, D.R. 37 p. 42; n° 11581/85, Déc. 11.4.88, D.R. 56 p. 166.

18. Darby c/ Suède, Rapport Comm. 9.5.89, par. 42-71, Cour eur. D.H., Série A n° 187, pp. 17-22.

19. Arrêt Darby du 23 octobre 1990, Série A n° 187, p. 13, par. 34-35.

20. N° 10180/82, Déc. 6.12.83, D.R. 35 p. 199.

21. N° 7374/76, Déc. 8.3.76, D.R. 5 p. 157 (159-160), concernant certaines pratiques en matière de baptême, n° 11045/84, Déc. 8.3.85, D.R. 42 pp. 247-248, concernant les positions en matière d'avortement, et n° 12356/86, Déc. 8.9.88, D.R. 57 pp. 172-173, concernant l'opposition aux prêtres de sexe féminin.

Le troisième aspect concerne le point de savoir dans quelle mesure une Eglise peut définir ses propres conditions quant à la nécessité d'une pratique donnée par rapport à la religion en cause. Dans l'affaire Kokkinakis, le requérant et son épouse, tous deux témoins de Jéhovah, s'étaient présentés à la porte de Mme N, chrétienne orthodoxe. D'après les conclusions des juridictions nationales, le requérant avait insisté pour qu'elle les laisse entrer, puis avait entamé avec elle une discussion au cours de laquelle il avait tenté de la convertir, notamment en lui lisant divers livres et en lui en donnant d'autres. Son mari a appelé la police, qui a arrêté et placé en détention le requérant et sa femme. Ils furent accusés de prosélytisme, reconnus coupables et condamnés à une amende et à une peine d'emprisonnement. Au degré d'appel, l'épouse du requérant fut acquittée mais la condamnation du requérant fut confirmée. Le gouvernement grec a estimé que la législation pénale sur le prosélytisme visait à réaliser un but légitime au regard de l'article 9, à savoir la «protection des droits et libertés d'autrui». La Cour a toutefois fait une distinction entre la notion de témoignage chrétien et le prosélytisme abusif, notamment les «activités [offrant] des avantages matériels ou sociaux en vue d'obtenir des rattachements à [une] Eglise ou [exerçant] une pression abusive sur des personnes en situation de détresse ou de besoin», voire impliquant le recours à la violence ou au «lavage de cerveau."[22] Les tribunaux grecs n'ayant pas précisé en quoi le requérant avait usé de moyens non appropriés au cours de ses discussions concernant la conviction religieuse, la nécessité sociale impérieuse d'exiger sa condamnation n'avait pas été établie. Celle-ci n'était, dès lors, pas proportionnée au but légitime poursuivi. Il y avait donc eu violation de l'article 9[23].

Les droits des détenus à la liberté de pensée, de conscience et de conviction

Comme pour les autres articles de la Convention européenne, les organes strasbourgeois laissent aux Etats une latitude importante en matière de restriction des droits des détenus au regard de l'article 9. La Commission a estimé qu'il n'y avait pas eu de violation de l'article 9 dans le cas d'un Etat qui avait invoqué les droits et libertés d'autrui pour refuser de mettre à la disposition d'un détenu un ouvrage concernant l'exercice d'une religion ou d'une philosophie données mais qui contenait également un chapitre consacré aux arts martiaux[24], ou lorsque l'Etat avait refusé d'accorder un statut spécial à des détenus adeptes d'une croyance précise, comme ce fut le cas dans une affaire dans laquelle un juif orthodoxe avait demandé à recevoir une nourriture spéciale[25]. La Commission, pour déterminer la portée des droits d'un détenu au regard de l'article 9, examinera souvent le point de savoir si une pratique ou une manifestation particulières sont «nécessaires» par rapport à une religion donnée[26]. Il est clair que cette règle générale d'interprétation peut affecter défavorablement

22. *Ibidem*, p. 21, par. 48.

23. Arrêt Kokkinakis du 25 mai 1993, Série A n° 260-A, p. 19, par. 49.

24. N° 6886/75, Déc. 18.5.76, D.R. 5 p. 100 (101-102).

25. N° 5947/72, Déc. 5.3.76, D.R. 5 p. 8 (9).

26. N° 5442/72, Déc. 20.12.74, D.R. 1 p. 41 (43), dans laquelle un détenu bouddhiste s'était vu refuser l'autorisation de transmettre des documents destinés à être publiés dans une revue religieuse.

les droits des détenus garantis par l'article 9 lorsque leurs convictions et pratiques religieuses s'écartent du domaine des religions organisées dotées de structures formelles.

Le *locus standi* des Eglises vis-à-vis de l'article 25 de la Convention

Une condition générale est que le requérant soit lui-même «victime» de la violation alléguée du droit à la liberté de pensée, de conscience et de religion. L'application de ce principe a, toutefois, présenté des difficultés. Dans la requête n° 3798/68, la question contestée concernait le point de savoir si l'Eglise pouvait se plaindre «que son propre droit à la liberté de pensée, de conscience et de religion a été violé du fait de la politique adoptée par le Gouvernement du Royaume-Uni». La Commission a répondu par la négative:

> ... que la Commission considère toutefois qu'une société, étant donné qu'il s'agit d'une personne morale et non d'une personne physique, ne peut ni jouir ni se prévaloir des droits mentionnés à l'article 9, paragraphe 1, de la Convention ...[27]

Dans deux affaires plus récentes, la Commission a dérogé à cette interprétation restrictive du terme «victime». Elle a exprimé l'avis qu'une Eglise était protégée

> – en ce qui concerne les droits garantis par l'article 9 – par l'intermédiaire des droits accordés à ses membres ... Conformément à cet avis, les divers membres nommés de l'Eglise auraient la possibilité d'introduire – en fait au nom de l'Eglise – une requête en vertu de l'article 25[28].

La Commission a fini par aboutir à la conclusion qu'une personne morale – Eglise ou autre congrégation – était protégée en sa qualité propre:

> La Commission voudrait toutefois saisir cette occasion pour réviser l'avis qu'elle avait exprimé à l'occasion de la requête n° 3798/68. Elle considère maintenant que la distinction qui a été établie plus haut entre l'Eglise et ses membres, au sujet de l'article 9, paragraphe 1, est essentiellement artificielle. Lorsqu'un organe ecclésial introduit une requête en vertu de la Convention, il le fait en réalité au nom des fidèles. Il faut en conséquence admettre qu'un tel organe est capable de posséder et d'exercer à titre personnel, en tant que représentant des fidèles, les droits énoncés à l'article 9, paragraphe 1[29].

Questions qui posent problème par rapport à l'article 9

La Commission est parfois saisie de requêtes introduites par de jeunes-hommes qui soulèvent des griefs touchant la disposition de l'article 9 concernant la liberté de conscience ou de conviction ainsi que l'article 4 par. 3 b) qui autorise, sans les y contraindre, les Etats contractants à la fois à accepter les objecteurs de conscience et à exiger qu'ils accomplissent un service de substitution. A ce jour, la Commission a jugé qu'il n'y avait pas de violation de l'article 9 lorsqu'un Etat (la Suisse en l'espèce) avait condamné à une sanction pénale un homme qui refusait d'accomplir le service militaire[30] et lorsqu'il avait refusé d'autoriser

27. N° 3798/68, Déc. 17.12.68, Annuaire 12 p. 307 (315).

28. N° 7805/77, Déc. 5.5.79, D.R. 16 p. 68 (76-77); voir également le n° 7374/76, Déc. 8.3.76, D.R. 5 p. 157 (159-160).

29. N° 7805/77, Déc. 5.5.79, D.R. 16 p. 68-69 (76).

30. N° 10640/83, Déc. 9.5.84, D.R. 38 p. 219 (220-221).

l'exemption du service civil de remplacement[31]. La Commission a néanmoins examiné, dans un seul cas, si les lois suédoises concernant les objecteurs de conscience étaient discriminatoires dès lors qu'en réalité, elles accordaient uniquement aux membres de certaines communautés religieuses la possibilité d'être exemptés à la fois du service militaire et du service alternatif. Au moment de la requête, la Suède avait uniquement appliqué cette législation aux Témoins de Jéhovah. Le requérant ayant formulé un grief au regard de l'article 9 combiné avec l'article 14, qui interdit toute discrimination dans l'exercice des droits et des libertés garantis par la Convention, la Commission a examiné la nature et les pratiques de la secte des Témoins de Jéhovah en vue de déterminer si le gouvernement exerçait correctement ses compétences. La Commission a déclaré:

> [L]es Témoins de Jéhovah adhèrent à tout un ensemble de règles de comportement couvrant bon nombre d'aspects de la vie quotidienne. Le respect de ces règles fait l'objet d'une surveillance sociale rigoureuse mais informelle parmi les membres de la communauté. L'une de ces règles commande le rejet du service militaire et de tout service de remplacement.
>
> Il s'ensuit que l'appartenance ... constitue une présomption très forte que les objections au service obligatoire s'appuient sur des convictions religieuses authentiques. Aucune présomption comparable n'existe lorsqu'il s'agit d'individus objectant au service obligatoire sans être membres d'une communauté présentant des caractéristiques analogues[32].

La Commission a estimé que l'application de la législation par la Suède ne constituait pas, en l'espèce, une violation de l'article 9. Elle semble, toutefois, avoir également établi un critère de preuve très strict pour les requêtes futures relatives au service civil de remplacement en associant des expressions telles que «surveillance sociale rigoureuse» et «des individus simplement désireux de se soustraire au service militaire», «des individus prétendant avoir des objections de conscience», etc. Il semble donc que la Commission n'exige plus des Etats qu'ils examinent l'intégrité de la conviction professée en conscience par une **personne** mais qu'elle les autorise à accepter uniquement pour preuve de cette intégrité la qualité d'adepte de religions organisées, formelles et formalisées. En revanche, le Comité des Ministres a, dans sa recommandation n° R (87) 8 sur l'objection de conscience, adopté une attitude plus souple sur ce point et a cité comme motifs de l'objection de conscience les «raisons impérieuses de conscience» en précisant que cette expression englobait les raisons de nature religieuse, éthique, morale, humanitaire ou philosophique. Outre les affaires qui peuvent surgir par rapport aux objecteurs de conscience, la Commission et la Cour se trouveront probablement, à l'avenir, confrontées à des affaires dans lesquelles des personnes et des groupes religieux revendiqueront la protection de l'article 9 pour des convictions et des pratiques non traditionnelles et/ou non occidentales et leur manifestation. Bon nombre de ces affaires concerneront également d'autres articles de la Convention, par exemple l'article 12, qui protège le droit de se marier et de fonder une famille (de nombreuses religions autorisent la polygamie même si, pour l'heure, aucun membre du Conseil de l'Europe ne le fait), ou l'article 2 du Protocole n° 1, qui protège le droit des parents de veiller à ce que leurs enfants soient éduqués conformément à leurs propres convictions religieuses et philosophiques (certaines communautés musulmanes d'Europe ouvrent actuellement des écoles spéciales

---

31. N° 7705/76, Déc. 5.7.77, D.R. 9 p. 196 (198-201).
32. N° 10410/83, Déc. 11.10.84, D.R. 40 p. 203 (213).

pour filles qui ne satisfont pas aux normes éducatives prescrites par l'Etat pour les autres écoles). Il est probable, par ailleurs, que des prisonniers et autres personnes détenues qui sont membres de religions minoritaires tenteront à nouveau de s'opposer aux restrictions appliquées par les pouvoirs publics à leurs droits protégés par l'article 9. Enfin, il peut être intéressant de noter que les restrictions énoncées à l'article 9 par. 2 s'appliquent uniquement à une «manifestation» d'une religion ou d'une conviction et ne répondent donc pas à la question de savoir si, et dans quelles circonstances, l'Etat peut restreindre l'exercice d'autres droits garantis par l'article 9 par. 1, notamment la liberté de changer de religion ou de conviction.

Le droit à la liberté d'expression (Article 10)

Le droit à la liberté d'expression est non seulement une des pierres angulaires de la démocratie occidentale mais aussi une condition préalable de l'exercice de bon nombre d'autres droits et libertés que consacre la Convention européenne des Droits de l'Homme. Par exemple, le droit à la liberté d'expression garanti par l'article 10 représente l'évolution logique des droits, protégés par l'article 9, à la liberté de pensée, de conscience et de religion et à leur manifestation. L'article 10 présente en outre des liens évidents avec les droits à la liberté de réunion pacifique et d'association, protégés par l'article 11, et avec le droit au respect de la correspondance garanti par l'article 8. Le prédécesseur historique de l'article 10 de la Convention européenne est l'article 19 de la Déclaration universelle des Droits de l'Homme. Ces deux articles diffèrent toutefois légèrement par leur formulation, en ce que l'article de la Déclaration universelle englobe le droit de rechercher des informations et des idées «par tous les médias». Le successeur de l'article 10, l'article 19 du Pacte relatif aux droits civils et politiques, est similaire par sa formulation à la Déclaration universelle mais cite des exemples de médias auxquels une personne devrait avoir accès.

L'article 10 est libellé comme suit:

> 1. Toute personne a droit à la liberté d'expression. Ce droit comprend la liberté d'opinion et la liberté de recevoir ou de communiquer des informations ou des idées sans qu'il puisse y avoir ingérence d'autorités publiques et sans considération de frontière. Le présent article n'empêche pas les Etats de soumettre les entreprises de radiodiffusion, de cinéma ou de télévision à un régime d'autorisations.
>
> 2. L'exercice de ces libertés comportant des devoirs et des responsabilités peut être soumis à certaines formalités, conditions, restrictions ou sanctions prévues par la loi, qui constituent des mesures nécessaires, dans une société démocratique, à la sécurité nationale, à l'intégrité territoriale ou à la sûreté publique, à la défense de l'ordre et à la prévention du crime, à la protection de la santé ou de la morale, à la protection de la réputation ou des droits d'autrui, pour empêcher la divulgation d'informations confidentielles ou pour garantir l'autorité et l'impartialité du pouvoir judiciaire.

Les articles 8 à 11 de la Convention européenne ont une structure commune. Chacun énumère, dans ses premiers paragraphes, les droits essentiels à protéger. Ensuite, dans leur deuxième paragraphe, ils énumèrent certains motifs que peuvent invoquer les Etats contractants pour justifier la restriction de l'exercice desdits droits. Bien que, d'une manière générale, l'article 10 épouse cette structure, il présente par ailleurs certaines caractéristiques qui le différencient des autres articles et qui donnent à la jurisprudence une certaine coloration. Par exemple, le premier paragraphe de l'article 10 établit la règle selon laquelle les Etats peuvent «soumettre les entreprises de radiodiffusion, de cinéma ou de télévision à un régime d'autorisation» sans pour autant enfreindre l'interdiction d'«ingérence». Outre cette disposition d'habilitation, le paragraphe 2 semble laisser aux Etats une «latitude» plus grande que ne l'autorisent d'autres articles, en observant que l'exercice de la liberté d'expression comporte «des devoirs et des responsabilités» et peut donc «être soumis à» divers types de contrôle de l'Etat. Ces dispositions s'opposent à la formulation apparemment plus restrictive de l'article 8, qui utilise les expressions «Il ne peut y avoir d'ingérence d'une autorité publique», ou à l'article 9 qui énonce que cette «liberté ... **ne peut** faire l'objet d'autres restrictions que ...» [caractères gras ajoutés] et à l'article 11 qui souligne que «l'exercice de ces droits ne peut faire l'objet d'autres restrictions que ...». Comme il ressortira de l'exposé qui suit, la jurisprudence confirme cette interprétation de l'article 10, qui octroie aux autorités publiques une latitude relativement grande dans sa mise en œuvre.

Les buts de la liberté d'expression

Les auteurs de l'article 10 ont assuré à la protection qu'il offre un vaste champ d'application en énumérant de manière non exhaustive les droits essentiels et en déclarant que le droit à la liberté d'expression **comprend** «la liberté d'opinion et la liberté de recevoir ou de communiquer des informations ou des idées». La Cour et la Commission ont toutes deux précisé et détaillé la nature de l'expression protégée par l'article 10. Dans l'affaire Handyside, le requérant avait publié *The Little Red Schoolbook*, un manuel de référence pour les écoliers comportant, entre autres sujets, des conseils sur certaines questions sexuelles. Le gouvernement du Royaume-Uni a poursuivi et condamné le requérant en vertu de la loi sur les publications obscènes. Le requérant a soutenu que cette condamnation violait son droit à la liberté d'expression, garanti par l'article 10. La Commission, suivie par la Cour, n'a pas souscrit à cette thèse. La Cour a précisé sa position en ce qui concerne le rôle du droit à la liberté d'expression dans une société démocratique. Elle a déclaré:

> La liberté d'expression constitue l'un des fondements essentiels de pareille société, l'une des conditions primordiales de son progrès et de l'épanouissement de chacun. ... [Elle] vaut non seulement pour les «informations» ou «idées» accueillies avec faveur ou considérées comme inoffensives ou indifférentes, mais aussi pour celles qui heurtent, choquent ou inquiètent l'Etat ou une fraction quelconque de la population. Ainsi le veut le pluralisme, la tolérance et l'esprit d'ouverture sans lesquels il n'est pas de «société démocratique»[1].

Malgré cette politique fortement affirmée, la Cour a déclaré que les actes de l'Etat étaient dûment justifiés au regard des restrictions du paragraphe 2 et, plus précisément, de la disposition relative à la «protection de la morale». La Cour, observant que le public visé par la publication litigieuse était constitué d'adolescents et réfutant le moyen du requérant selon lequel elle était librement distribuée dans la majorité des Etats membres du Conseil de l'Europe, a laissé aux autorités une marge d'appréciation très large.

> Les Etats contractants ont fixé chacun leur attitude à la lumière de la situation existant sur leurs territoires respectifs ... [les] différentes manières dont on y conçoit les exigences de la

1. Arrêt Handyside du 7 décembre 1976, Série A n° 24, p. 23, par. 49.

protection de la morale dans une société démocratique. Si la plupart d'entre eux ont résolu de laisser diffuser l'ouvrage, il n'en résulte pas que le choix contraire ... ait enfreint l'article 10[2].

La Cour a adopté un raisonnement similaire dans une autre affaire, qui touchait la «protection de la morale». Dans l'affaire Müller *et al.*, les requérants ont soutenu que la confiscation, par les autorités suisses, de plusieurs peintures à contenu manifestement sexuel et l'amende imposée aux artistes pour publication de documents obscènes constituaient une violation de l'article 10. En rendant son avis, la Cour a fait observer d'emblée que le terme «expression» contenu dans l'article 10 englobe l'expression artistique. Elle a déclaré:

> L'article 10 ... englobe la liberté d'expression artistique – notamment dans la liberté de recevoir et communiquer des informations et des idées – qui permet de participer à l'échange public des informations et idées culturelles, politiques et sociales de toute sorte[3].

La Cour, examinant si, s'agissant de l'imposition d'une amende, les actes de l'Etat étaient justifiés au regard du paragraphe 2, a reconnu que les Etats disposaient d'une importante marge d'appréciation lorsqu'ils déterminent ce qui est «nécessaire» pour la «protection de la morale» et a déclaré:

> [O]n chercherait en vain dans l'ordre juridique et social des divers Etats contractants une notion uniforme de [la morale]. L'idée qu'ils se font de ses exigences varie dans le temps et dans l'espace, spécialement à notre époque caractérisée par une évolution profonde des opinions en la matière. Grâce à leurs contacts directs et constants avec les forces vives de leur pays, les autorités de l'Etat se trouvent en principe mieux placées que le juge international pour se prononcer sur le contenu précis de ces exigences comme sur la «nécessité» d'une «restriction» ou «sanction» destinée à y répondre[4].

Dans l'affaire Otto-Preminger-Institut, association ayant notamment pour but de rendre accessibles au public des productions culturelles progressistes, celle-ci avait fait connaître son intention de projeter un film qui se moquait de certaines personnes et de certains objets vénérés par les catholiques romains dévots. Le gouvernement autrichien a fait saisir le film et a procédé ensuite à sa confiscation, dans les deux cas au motif que sa projection provoquerait une «indignation justifiée» parmi les catholiques romains, majoritaires dans la région. La Cour européenne des Droits de l'Homme a cité le passage de l'arrêt Handyside concernant la protection des idées qui choquent, heurtent ou dérangent, mais s'est ensuite concentrée sur la question de la proportion élevée de catholiques romains dans la région, déclarant que l'Etat n'avait pas outrepassé sa marge d'appréciation:

> [Les juridictions internes] n'ont pas considéré que la valeur artistique du film ou sa contribution au débat public dans la société autrichienne l'emportaient sur les caractéristiques qui le rendaient offensant pour le public en général dans leur ressort....

2. *Ibidem*, p. 28, par. 57.

3. Arrêt Müller et al. du 24 mai 1988, Série A n° 133, p. 19, par. 27.

4. *Ibidem*, p. 22, par. 35.

En saisissant le film, les autorités autrichiennes ont agi pour protéger la paix religieuse dans cette région et pour empêcher que certains se sentent attaqués dans leurs sentiments religieux de manière injustifiée et offensante[5].

Dans les affaires Handyside, Müller et Otto-Preminger-Institut, la Cour a relevé que les moyens des requérants, à savoir que les autres Etats n'avaient pas restreint l'accès du public aux documents litigieux, ne mettaient pas en cause les actes des gouvernements du Royaume-Uni, de la Suisse ou de l'Autriche en l'espèce.

Deux fils conducteurs contribuent à relier entre elles les affaires examinées ci-dessus qui concernent l'article 10. Le premier est ce que l'on pourrait appeler le facteur du «moyen exclusif», bien que ni la Cour ni la Commission n'aient jamais formulé clairement son application, voire son existence. Il n'en demeure pas moins que ce facteur joue un rôle important dans la jurisprudence relative à l'article 10. Cette notion s'exprime le plus clairement sans doute par la question suivante, que peuvent poser la Commission ou la Cour: le moyen d'expression choisi par le requérant est-il l'unique moyen pour lui d'exprimer ses idées et de véhiculer ses informations? Si la réponse est «oui», le requérant a franchi le seuil de la protection garantie par l'article 10 par. 1. C'est ainsi que la quasi-totalité des formes d'activité artistique tombe dans le champ des «moyens exclusifs»; alors que ce n'est pas le cas pour l'utilisation de propos offensants par un avocat devant le tribunal[6]. Par ailleurs, le facteur du «moyen exclusif» ne permet pas à quelqu'un de revendiquer avec succès la liberté d'utiliser la langue dans laquelle il s'exprime et donc, indirectement, la langue de son enseignement. Et il est clair qu'une conclusion préliminaire d'«expression protégée» par l'article 10 par. 1 n'empêche pas les Etats de restreindre l'expression pour les motifs énoncés au paragraphe 2.

On pourrait appeler le second fil conducteur l'«intérêt public» ou le «débat public». La Commission et la Cour, lorsqu'elles examinent les activités et les publications qui relèvent de la protection de l'article 10, recherchent dans quelle mesure une expression donnée remplit une fonction dans la vie publique en général. C'est ainsi que, dans l'affaire Barthold, la Cour a cité en tant que facteurs importants qui l'ont amenée à ses conclusions «la communication d'informations sur un sujet d'intérêt général» et le «débat public sur des sujets qui affectent la vie de la communauté»[7]. Dans l'affaire Müller, la Cour est allée plus loin et a déclaré qu'en principe, l'article 10 protège «l'échange public des informations et idées culturelles, politiques et sociales de toute sorte.»[8] On comprend facilement que les organes strasbourgeois, vu l'importance qu'ils accordent au but d'intérêt public poursuivi par l'article 10, aient placé les actes de personnes privées sous la protection de l'article 8 en tant que *lex specialis* lorsque ces activités constituent un aspect du droit à la protection de la vie privée (par exemple l'activité homosexuelle) ou des manifestations publiques relevant de l'article 11, soit une forme davantage «publique» d'expression que celle protégée par l'article 10, et qu'ils aient considéré les manifestations des convictions religieuses relevant de l'article 10 comme plus «publiques» que le simple fait de professer ladite conviction.

---

5. Arrêt Otto-Preminger-Institut du 20 septembre 1994, Série A n° 295-A, p. 21, par. 56.

6. N° 8262/78, Déc. 3.10.79, non publié.

7. Arrêt Barthold du 25 mai 1985, Série A n° 90, pp. 20-21, par. 42.

8. Arrêt Müller et al. du 24 mai 1988, Série A n° 133, p. 19, par. 27.

En règle générale, la Commission et la Cour examineront à la fois le facteur du «moyen exclusif» et celui de l'«intérêt public» lorsqu'elles examinent si une prétention précise relève ou non de l'article 10. En admettant qu'une expression donnée franchisse le seuil du «moyen exclusif», les organes strasbourgeois étudieront aussi la nature et le but de l'expression à la lumière du facteur de l'«intérêt public». C'est ainsi qu'ils garantiront un niveau de protection élevé à l'expression politique, aux débats sur la politique publique, etc. Ils pourront accorder un niveau moindre de protection aux expressions qui sont axées moins directement sur ces questions[9]. Les organes strasbourgeois accordent aussi aux Etats une marge d'appréciation importante dans les affaires qui touchent «à la santé et à la morale» et autres restrictions spécifiques énoncées au paragraphe 2. Et il va de soi que les expressions purement privées tombent entièrement en dehors du champ d'application de l'article 10.

L'article 10 et les autres articles de la Convention

Comme indiqué ci-dessus, l'Etat peut restreindre l'exercice des droits protégés par l'article 10 en invoquant d'autres articles de la Convention, et non pas simplement le deuxième paragraphe de l'article lui-même. Par exemple, il est possible, en vertu de l'article 6, de restreindre l'accès aux salles d'audience des membres de la presse et de s'ingérer ainsi dans le fonctionnement de l'article 10. Dans une requête collective dirigée contre le Royaume-Uni, plusieurs parties ayant participé à l'élaboration et à la diffusion de «*Court Report*», une série télévisée dont le but était de couvrir plus largement les procès présentant une grande importance pour le public, ont soutenu que l'ordonnance d'un tribunal interdisant leur mode favori de reportage du procès de M. Clive Ponting constituait une violation de l'article 10. La Commission a toutefois jugé la requête non recevable et s'est référée *à la fois* à l'article 10 et à l'article 6, en déclarant:

> [L]a liberté d'expression constitue l'un des fondements essentiels d'une société démocratique et l'une des conditions primordiales de son progrès et de l'épanouissement de chacun. Dans ce contexte, la liberté de la presse de communiquer des informations et des idées et le droit pour le public de les recevoir revêtent une importance particulière....[10].

La Commission a rappelé, en outre, la place éminente qu'occupe, dans une société démocratique, le droit à un procès équitable, tel qu'il est garanti par l'article 6 par. 1 de la Convention, ainsi que l'importance accordée à la relation des procès à destination du public, s'agissant d'un des moyens permettant de maintenir la confiance dans les tribunaux de première instance et d'instance supérieure. La Commission n'a pas établi de distinction entre les dispositions limitatives des deux articles lorsqu'elle a examiné si les mesures restrictives des pouvoirs publics pouvaient être considérées comme «nécessaires dans une société démocratique», et a déclaré:

> Il ressort clairement des motifs indiqués par le juge du fond auteur de l'ordonnance qu'il estimait nécessaire de protéger la bonne marche de la justice et notamment le droit de [l'individu] à un procès équitable. La Commission estime que ces objectifs contribuent à

9. N° 7805/77, Déc. 5.5.79, D.R. 16 p. 68 (79-80).

10. N°s 11553/85 et 11658/85, Déc. 9.3.87, D.R. 51 p. 136-137 (154).

«garantir l'autorité et l'impartialité du pouvoir judiciaire» que prescrit l'article 10 par. 2 de la Convention[11].

Dans une des premières affaires pour laquelle la Commission a établi un rapport, le requérant a soutenu qu'une interdiction à vie de participation aux activités publiques, qui était une des conséquences de sa condamnation pour trahison en temps de guerre, constituait une violation de son droit à la liberté d'expression, garanti par l'article 10. Le gouvernement belge a fait valoir que l'Etat pouvait justifier certaines restrictions au titre des articles 2 à 7 de la Convention qui, tous, traitent de l'application de sanctions pénales. La Commission n'a pas été de cet avis:

> [L]orsque la sanction pénale dont il s'agit implique une privation ou une restriction du droit à la liberté d'expression, il est contraire à la conception et à l'économie mêmes de la Convention d'en rechercher la justification dans les articles 2, 5 et 4, qui traitent du droit à la vie, du droit à la liberté et à la sûreté et de la protection contre le travail forcé, plutôt que dans l'article 10, qui garantit le droit à la liberté d'expression[12].

La Commission a fait ensuite la remarque suivante:

> Certes, la peine capitale prive le condamné de toute faculté d'exercer le droit à la liberté d'expression. ... Toutefois, [on ne saurait inférer des] incapacités qui résultent à cet égard de la peine capitale que [l'article 2 autorise] en même temps la privation ou la restriction du droit à la liberté d'expression en tant que sanction pénale distincte, indépendamment des dispositions de l'article 10[13].

L'article 17 de la Convention européenne, qui comporte des dispositions qui interdisent à tout Etat, groupe ou personne de se livrer à toute activité «visant à la destruction des droits ou libertés reconnus dans la présente Convention ou à des limitations plus amples de ces droits et libertés reconnus dans la présente Convention», fournit aux Etats un autre motif leur permettant de justifier la restriction de l'exercice des droits visés à l'article 10.

Enfin, un des articles de la Convention qui méritent d'être mentionnés dans ce contexte est l'article 16, qui autorise explicitement les Etats contractants à appliquer des restrictions aux activités politiques des étrangers. Le gouvernement français a invoqué cet article à l'encontre de Dorothee Piermont, députée allemande du Parlement européen, qui avait pris la parole en Polynésie française à l'occasion d'une manifestation autorisée et pacifique contre les essais nucléaires dans la région et pour l'indépendance par rapport à la France. Mme Piermont a estimé qu'étant citoyenne de la Communauté européenne et députée du Parlement européen, les restrictions prévues par l'article 16 ne lui étaient pas applicables. La Cour européenne des Droits de l'Homme n'a pas accepté le moyen touchant la citoyenneté dans la mesure ou les traités pertinents ne reconnaissaient pas cette citoyenneté au moment des faits. La Cour a, toutefois, estimé que le fait que Mme Piermont détenait la citoyenneté d'un Etat membre de l'Union européenne, de même que son statut de députée du Parlement européen, empêchaient le gouvernement français d'invoquer contre elle l'article 16 étant

11. *Ibidem*, p. 156.

12. De Becker c/ la Belgique, Rapport Comm. 8.1.60, par. 262, Cour eur. D.H., Série B n° 2, p. 125.

13. *Ibidem*.

donné, en particulier, que les citoyens des territoires d'outre-mer, y compris de la Polynésie française, participent aux élections à ce Parlement[14].

Dans certains cas, les organes strasbourgeois ont jugé l'article 10 inapplicable dans la mesure où la question soulevée relève clairement du champ d'application d'un article plus spécifique. La Commission a estimé que le droit de vote aux élections ne tombe pas dans le champ d'application de l'article 10, puisqu'il entre dans le domaine de l'article 3 du Protocole additionnel[15]. Cet avis aurait pu être différent si l'Etat n'avait pas ratifié le Protocole additionnel. Dans les cas où l'article 10 a été invoqué parallèlement à l'article 8 ou à l'article 11, la Commission et la Cour ont estimé que ce deuxième article représentait la *lex specialis* (la règle juridique à appliquer comme plus appropriée aux faits d'une affaire donnée). Dans l'affaire Silver et al., par exemple, la Cour a estimé que le droit spécifique, protégé par l'article 8, au respect de la correspondance était d'application, plutôt que le droit général, garanti par l'article 10, à la liberté d'expression, le problème en cause étant la censure et le contrôle, par les autorités publiques, du courrier de détenus[16]. Dans une requête dirigée contre le Royaume-Uni, la Commission a estimé que, s'agissant de relations homosexuelles, il fallait appliquer le droit au respect de la vie privée, garanti par l'article 8, plutôt que le droit à la liberté d'expression, garanti par l'article 10. La Commission a déclaré:

> [L]e concept «expression» figurant à l'article 10 vise principalement l'expression d'opinions ainsi que la réception et la communication d'informations et d'idées. ... Il n'englobe aucune idée d'expression physique des sentiments[17].

Dans l'affaire Ezelin, le requérant avait, en sa qualité de vice-président d'une association d'avocats de la Guadeloupe, pris part à une manifestation dûment autorisée contre l'incarcération de certains dirigeants d'un mouvement indépendantiste. Pendant cette manifestation, des remarques insultantes avaient été adressées à la police et des inscriptions, dirigées notamment contre l'appareil judiciaire, avaient été peintes sur des bâtiments publics. Des poursuites disciplinaires avaient été instituées par la suite contre le requérant, à l'instigation du parquet. La Cour a déclaré que, compte tenu des circonstances de l'affaire, il convenait de considérer l'article 10 comme une *lex generalis* par rapport à l'article 11, en l'espèce *lex specialis*, de sorte que la Cour a jugé superflu de prendre en compte l'article 10[18].

Dans l'affaire Arrowsmith, la requérante a soutenu que sa condamnation et son incarcération pour avoir distribué des tracts dissuadant les militaires d'accepter des affectations en Irlande du Nord constituaient une violation de son droit de manifester ses convictions (article 9) et de son droit à la liberté d'expression (article 10). La Commission a conclu que l'article 9 n'était pas applicable en l'espèce[19]. Elle a estimé, par contre, que la

14. Arrêt Piermont du 27 avril 1995, Série A n° 314. Pour un examen plus détaillé de cette affaire au regard de l'article 10, voir ci-dessous, p. 307.

15. N° 6573/74, Déc. 19.12.74, D.R. 1 p. 87 (88); voir également le n° 7700/76, Déc. 28.2.79, non publié.

16. Arrêt Silver et al. du 25 mars 1983, Série A n° 61, p. 41, par. 106-107. La Cour a adopté le même type de raisonnement dans l'arrêt McCallum du 30 août 1990, Série A n° 183, p. 25, par. 63, dans lequel elle a déclaré que les mesures affectant la correspondance du requérant, qui était le point en cause, constituaient une violation de l'article 8 et qu'il n'était pas nécessaire d'examiner l'affaire sous l'angle de l'article 10.

17. N° 7215/75, Déc. 7.7.77, Annuaire 21 p. 355 (375).

18. Arrêt Ezelin du 26 avril 1991, Série A n° 202, p. 20, par. 35.

19. Arrowsmith c/ le Royaume-Uni, Rapport Comm. 12.10.78, D.R. 19 p. 5-6 (49-50).

requérante invoquait à juste titre l'article 10, dans la mesure où les tracts et leur distribution exprimaient une opinion politique, tout en concluant que l'«ingérence» de l'Etat était justifiée au regard des restrictions contenues dans le paragraphe 2, plus précisément «la protection de la sécurité nationale» et la «défense de l'ordre» (au sein de l'armée). La Commission a reconnu que:

> [L]a liberté d'expression constitue l'un des fondements essentiels d'une société démocratique. Elle estime toutefois qu'en distribuant les tracts en question, la requérante a fait plus qu'exprimer simplement une opinion politique.....
>
> Il importe de faire la démarcation entre, d'une part, l'expression d'opinions politiques sur la situation en Irlande du Nord, notamment l'emploi des forces armées, et, d'autre part, la présente affaire. En effet, la requérante n'a pas été condamnée pour avoir fait des déclarations montrant son mécontentement de la politique britannique en Irlande du Nord, mais parce que, dans les tracts qu'elle avait distribués, elle incitait individuellement les soldats à déserter en leur indiquant divers moyens de se faire aider[20].

Dans une requête contre la Suède, l'Eglise de Scientologie a soutenu qu'une injonction des autorités publiques relative à leur publicité pour un appareil électronique violait les droits de l'Eglise protégés par les articles 9 et 10. La Commission a estimé que l'article 9 n'était pas applicable et déclaré:

> [L]a Commission voudrait toutefois établir une distinction entre les annonces dont l'objet est uniquement d'«informer» ou de «décrire» et les annonces commerciales qui proposent des articles à la vente. Dès lors qu'une annonce relève de cette dernière catégorie – encore qu'elle puisse concerner des objets religieux essentiels au regard d'un besoin particulier – des déclarations à teneur religieuse expriment ... davantage un désir de commercialiser des marchandises à des fins lucratives qu'une conviction par les pratiques, au sens propre de ce terme. En conséquence,... [elles] n'entrent pas dans le cadre du paragraphe 1 de l'article 9 et ... aucune entrave n'a donc été apportée au droit des requérants de manifester leur religion ou leurs convictions par les pratiques, conformément audit article[21].

Toutefois, comme dans l'affaire Arrowsmith, la Commission a estimé que les requérants étaient en droit de soulever la question sous l'angle, plus large, de l'article 10. Ils ont jugé que les autorités publiques, en restreignant les annonces, avaient agi en restant dans les limites de leur pouvoir d'appréciation.

Liberté de la presse

Certaines des affaires les plus importantes qui ont trait à l'article 10 concernent les droits des journaux en matière de liberté d'expression. La fonction tout entière d'un journal est de publier des informations et des idées et, par conséquent, il est clair que toute question qui touche la restriction de l'exercice de cette fonction franchit le seuil du «moyen exclusif». Dès lors, la Commission et la Cour examineront l'intérêt public de tout article dont l'Etat tente de restreindre la publication et mettra en balance l'intérêt de la presse en tant qu'arbitre du

20. *Ibidem*, p. 53.

21. N° 7805/77, Déc. 5.5.79, D.R. 16 p. 68-69 (78).

droit du public de savoir, et l'intérêt qu'a l'Etat à restreindre la réception des informations par le public.

Dans certains cas, la presse et l'Etat invoqueront tous deux les intérêts de la société pour justifier leurs actes. C'est à ce dilemme que s'est trouvée confrontée la Cour dans l'affaire Sunday Times. Dans celle-ci, les requérants avaient préparé en vue de sa publication un article d'actualité décrivant les procédures scientifiques de recherche et de tests appliquées par une société pharmaceutique avant sa commercialisation de la thalidomide, un tranquillisant. Au moment envisagé pour sa publication, il avait été établi (par le biais d'une information de presse distincte) que de nombreux bébés étaient nés avec des malformations graves suite à l'absorption de thalidomide par la mère pendant la grossesse. Certaines des familles victimes avaient négocié des règlements extra-judiciaires avec la société pharmaceutique, pour d'autres, le processus de négociation était toujours en cours, et quelques-unes se trouvaient en phase initiale d'une procédure judiciaire. La société pharmaceutique, ayant reçu un exemplaire de l'article à publier, avait saisi le Procureur général du Royaume-Uni et demandé le prononcé d'une injonction interdisant sa publication. Le Procureur général avait donné suite à la demande, en attendant la décision des tribunaux sur le point de savoir si la publication de l'article envisagé pouvait être considérée comme un *contempt of court*. En Droit britannique, le *contempt of court* est une infraction de «common law» qui recouvre de nombreuses formes de comportement. Dans l'affaire Sunday Times, le *contempt of court* en cause concernait le point de savoir si la publication de l'article relatif au problème de la thalidomide serait susceptible d'interférer avec le cours de la justice, ou d'y porter atteinte, dans des procédures judiciaires impliquant des particuliers. Les tribunaux anglais, jusqu'à la plus haute instance, ont confirmé l'injonction pour ces motifs et accepté le moyen du gouvernement, à savoir qu'autoriser la publication de l'article constituerait un «procès dans la presse». Les *Law Lords* ont été jusqu'à étendre la portée de l'injonction à «[tout] article ou document ... qui juge prématurément des questions de la négligence, de la violation d'un contrat ou du manquement à une obligation, ou traite des éléments de preuve se rapportant à l'une de ces questions, soulevées dans toute action pendante ou imminente.»[22]

La Commission comme la Cour ont convenu que l'injonction constituait une ingérence dans le droit du journal à la liberté d'expression, tel que protégé par l'article 10 par. 1. Elles ont ensuite examiné, sous l'angle des dispositions de l'article 10 par. 2, les justifications données par le gouvernement pour cette ingérence. Dans l'arrêt final, la Cour a tout d'abord examiné si les actes du gouvernement du Royaume-Uni avaient satisfait au critère de l'expression «prévu par la loi». Malgré le caractère non écrit de la loi anglaise relative au *contempt of court*, la Cour a estimé que les mesures des autorités publiques remplissaient effectivement la condition exprimée par l'expression «prévu par la loi» dès lors que les requérants avaient à la fois eu accès aux règles juridiques applicables à leur comportement et été avertis en temps utile des conséquences possibles d'actes qui violeraient ces règles. La Cour a fait ensuite observer qu'une des fonctions premières de la législation sur le *contempt of court* était de maintenir l'autorité et l'impartialité du pouvoir judiciaire, ce qui correspondait à une des restrictions explicites de l'article 10 par. 2. La coïncidence de ces fonctions du droit interne et du droit de la Convention européenne situait clairement l'injonction du

22. Arrêt Sunday Times du 26 avril 1979, Série A n° 30, p. 29, par. 44.

gouvernement dans le domaine des buts légitimes énumérés au paragraphe 2[23]. Ayant jugé que les actes du gouvernement du Royaume-Uni satisfaisaient à la condition exprimée par l'expression «prévu par la loi», la Cour s'est alors penchée sur la question suivante: l'ingérence des pouvoirs publics était-elle «nécessaire dans une société démocratique»? Cette question a divisé la Cour en deux camps égaux: une très faible majorité a estimé qu'il y avait effectivement eu violation de l'article 10, puisque l'injonction du gouvernement ne remplissait pas la condition exprimée par l'expression «nécessaire dans une société démocratique» en ce qu'elle correspondait à un «besoin social impérieux», qu'elle était «proportionnée au but légitime poursuivi» ou que la justification donnée par les pouvoirs publics était «pertinente et suffisante sous l'angle de l'article 10 par. 2». La Cour a mis en évidence plusieurs faits importants par rapport à sa décision, par exemple l'ampleur et la restriction non qualifiée de l'injonction de la *House of Lords*, le caractère modéré de l'article de presse faisant l'objet de cette injonction, la durée et le caractère inopérant des négociations visant à aboutir à un règlement, et le long débat public qui se poursuivait sur la question elle-même. La Cour a également répondu au moyen du gouvernement selon lequel celui-ci avait correctement mis en balance deux intérêts publics, à savoir la liberté d'expression et l'administration équitable de la justice. La Cour a déclaré:

> On s'accorde en général à penser que les tribunaux ne sauraient fonctionner dans le vide. Ils ont compétence pour régler des différends, mais il n'en résulte point qu'auparavant ceux-ci ne puissent donner lieu à discussion ailleurs, que ce soit dans des revues spécialisées, la grande presse ou le public en général. En outre, si les médias ne doivent pas franchir les bornes fixées aux fins d'une bonne administration de la justice, il leur incombe de communiquer des informations et des idées sur les questions dont connaissent les tribunaux tout comme sur celles qui concernent d'autres secteurs d'intérêt public. A leur fonction consistant à en communiquer s'ajoute le droit, pour le public, d'en recevoir....
>
> La Cour note à cet égard que certains des *Law Lords*, après avoir pesé les intérêts concurrents en jeu, ont formulé une règle absolue selon laquelle il est illicite de préjuger de questions dont la justice est saisie: le droit souffrirait d'un excès d'incertitude si l'on consultait à nouveau la balance dans chaque cas ... la Cour ... doit suivre une démarche différente. Elle ne se trouve pas devant un choix entre deux principes antinomiques, mais devant un principe – la liberté d'expression – assorti d'exceptions qui appellent une interprétation étroite[24].

La Cour a déclaré ensuite que les familles concernées par la tragédie de la thalidomide avaient le droit d'être correctement informées des faits et des problèmes en cause. La Cour a estimé qu'elles

> avaient un intérêt fondamental à connaître chacun des faits sous-jacents et les diverses solutions possibles. Elles ne pouvaient être privées de ces renseignements, pour elles d'importance capitale, que s'il apparaissait en toute certitude que leur diffusion aurait menacé l'«autorité du pouvoir judiciaire».

La Cour a déclaré par ailleurs que le public en général avait le droit de recevoir des informations sur cette question, même si les faits et les problèmes forment le contexte d'une

23. *Ibidem*, pp. 33-5, par. 54-57.

24. *Ibidem*, pp. 40-41, par. 65.

procédure en cours. La Cour a fait observer qu'en rendant publics certains faits, les articles auraient pu mettre fin à des spéculations mal informées[25].

La Cour s'est à nouveau trouvée confrontée à des injonctions temporaires dans les affaires de l'Observer et du Guardian, dans lesquelles ces injonctions concernaient *Spycatcher*, les mémoires de M. Peter Wright, ancien membre des services secrets britanniques. L'ouvrage relatait notamment certaines activités prétendument illégales de ce service. Les faits qu'il citait avaient déjà été publiés en partie au Royaume-Uni, dans d'autres ouvrages ainsi que dans des interviews télévisées. Le Procureur général d'Angleterre et du Pays de Galles a introduit une procédure en Australie en vue de limiter la publication des mémoires. Ceux-ci y furent finalement publiés après un arrêt favorable à l'auteur et à ses éditeurs. De brefs articles parurent ensuite dans deux journaux britanniques, l'*Observer* et le *Guardian*, qui contenaient certains détails concernant le contenu du livre. Le Procureur général institua alors en Angleterre une procédure pour abus de confiance dirigée contre ces journaux. Il obtint le prononcé d'ordonnances interlocutoires dont l'effet était, en gros, d'empêcher les requérants, dans l'attente du jugement sur le fond, de publier d'autres informations concernant les activités censément illégales des services secrets décrites dans *Spycatcher* ou d'autres renseignements provenant de l'auteur et que celui-ci avait obtenus en sa qualité de membre de ces services. Après que des résumés de certaines des affirmations de M. Wright furent parus dans trois journaux britanniques (autres que ceux concernés dans les affaires ci-dessus), les requérants demandèrent la levée des injonctions.

Dans l'intervalle, le livre avait été publié aux Etats-Unis. Un grand nombre d'exemplaires avaient été achetés par des personnes domiciliées au Royaume-Uni et le gouvernement n'avait fait aucune tentative pour faire obstacle à leur importation. Immédiatement avant la publication aux Etats-Unis parut la première tranche d'extraits de l'ouvrage dans le Sunday Times, qui avait acquis les droits de publication par épisodes pour le Royaume-Uni. Cette publication déboucha sur l'institution, par le Procureur général, de procédures en *contempt of court* et en abus de confiance, dirigées contre les requérants dans l'affaire *Sunday Times*. La *House of Lords* décida, par un vote à la majorité, de maintenir les injonctions prononcées contre les requérants dans les affaires de l'Observer et du Guardian. En vertu de loi sur le *contempt of court*, les injonctions liaient l'ensemble des médias britanniques et, notamment, empêchaient les requérants de l'affaire Sunday Times de continuer à publier des extraits de *Spycatcher*. Dans l'intervalle et par la suite, l'ouvrage fut publié dans un certain nombre de pays autres que le Royaume-Uni et sa diffusion ainsi que celle de son contenu se poursuivirent dans le monde entier. Les injonctions restèrent en vigueur jusqu'au 13 octobre 1988 lorsque, à l'issue de la procédure sur le bien-fondé des mesures du Procureur général, la *House of Lords* rejeta sa demande d'injonctions permanentes à l'encontre des requérants.

La Cour européenne des Droits de l'Homme, examinant si l'ingérence était «nécessaire dans une société démocratique», a rappelé les grands principes énoncés dans la jurisprudence de la Cour relative à l'article 10. En ce qui concerne la «nécessité» des restrictions pendant la période précédant la publication de l'ouvrage, les tribunaux anglais s'étaient, pour accorder les injonctions temporaires, fondés sur des raisons pertinentes (à savoir que la publication des documents en cause avant le procès sur lequel devaient déboucher les initiatives prises par

25. *Ibidem*, pp. 41-2, par. 66.

le Procureur général aurait effectivement détruit l'essence même de ces mesures et, en même temps, le but de la protection de la sécurité nationale) et avaient pesé avec soin les intérêts opposés. Compte tenu de la nature et du contenu éventuel de l'ouvrage, des intérêts concernés en matière de sécurité nationale et du préjudice potentiel pour le Procureur général, ces tribunaux avaient le droit, dans le cadre de leur marge d'appréciation, d'estimer nécessaire l'octroi d'une mesure d'injonction, et les motifs à l'appui de cette conclusion étaient suffisants. Enfin, les restrictions effectivement imposées étaient proportionnées aux buts poursuivis. La Cour a donc conclu qu'au cours de cette première période, les autorités nationales avaient pu estimer à juste titre que l'ingérence était «nécessaire».

En ce qui concerne la période postérieure à la publication, la Cour a estimé que le préjudice potentiel pour les mesures prises par le Procureur général ne constituait pas une raison suffisante pour maintenir les injonctions puisque, en supposant même que le Procureur général ait obtenu des injonctions permanentes, celles-ci auraient concerné des documents dont le caractère confidentiel avait été annulé par la publication de *Spycatcher* aux Etats-Unis. Les intérêts de la sécurité nationale sur lesquels se fondaient les injonctions ne constituaient pas non plus une raison suffisante: dès lors que les documents en question n'étaient plus secrets, le but des restrictions se limitait à la promotion de l'efficacité et de la réputation des services secrets, et le maintien des restrictions empêchait les journaux de communiquer des informations déjà disponibles sur une question qui préoccupait légitimement l'opinion publique. La Cour a donc conclu, à l'unanimité, qu'au cours de cette seconde période, l'ingérence n'avait pas été «nécessaire» et que les deux requérants avaient été victimes d'une violation de l'article 10[26].

Dans l'affaire Vereniging Weekblad *Bluf!*, les éditeurs d'un périodique étaient entrés en possession d'un rapport du service intérieur de sécurité (le BVD) concernant ses activités six ans auparavant. Le directeur du BVD avait informé le Procureur général de l'intention de publier le rapport et avait indiqué qu'il pourrait en résulter des violations de certains articles du code pénal. Les autorités responsables de l'enquête relative à ces allégations procédèrent à la saisie du tirage complet du rapport et arrêtèrent trois personnes, qui furent libérées le lendemain. Entre-temps, le personnel du périodique avait réussi à réimprimer le numéro saisi et le vendit dans les rues d'Amsterdam le lendemain. Peu après, le juge d'instruction mit fin à l'enquête et suspendit les poursuites contre les trois personnes arrêtées. Le périodique avait, dans l'intervalle, introduit devant le tribunal une demande de restitution des exemplaires confisqués du tirage original. Le tribunal rejeta cette demande au motif qu'une procédure pénale déboucherait probablement sur une ordonnance visant le retrait du périodique de la circulation. Dans la procédure interne qui suivit, le magazine se fonda en partie sur l'article 10 de la Convention mais, dans la décision finale, il a été déclaré que la saisie et le retrait de publication du rapport étaient admissibles pour des motifs de maintien de la sécurité nationale. Bien que la Cour européenne des Droits de l'Homme eût accepté les moyens du gouvernement, à savoir qu'une importante marge d'appréciation est autorisée s'agissant de déterminer si une question particulière présente des implications en matière de

26. The Observer et the Guardian, Série A n° 216, pp. 26-35, par. 48-71; The Sunday Times (n° 2), Série A n° 217, pp. 27-31, par. 48-56 – la date de tous ces arrêts est le 26 novembre 1991.

sécurité nationale, les principes établis dans les affaires Observer, Guardian et Sunday Times était applicables. Il y avait donc eu violation de l'article 10[27].

Dans l'affaire Lingens, le requérant, éditeur d'un périodique, avait publié deux articles critiquant le Chancelier autrichien et mettant en doute sa capacité à exercer le pouvoir politique. Le Chancelier introduisit contre le requérant deux recours privés en diffamation, tous deux couronnés de succès. Le requérant fit valoir que les décisions des tribunaux autrichiens constituaient une ingérence dans son droit à la liberté d'expression, protégé par l'article 10. La Cour a partagé cet avis, déclarant notamment:

> La liberté de la presse fournit à l'opinion publique l'un des meilleurs moyens de connaître et juger les idées et attitudes des dirigeants. Plus généralement, le libre jeu du débat politique se trouve au cœur même de la notion de société démocratique qui domine la Convention tout entière.
>
> Partant, les limites de la critique admissible sont plus larges à l'égard d'un homme politique, visé en cette qualité, que d'un simple particulier: à la différence du second, le premier s'expose inévitablement et consciemment à un contrôle attentif de ses faits et gestes tant par les journalistes que par la masse des citoyens. ... [L]'article 10 par. 2 permet de protéger la réputation d'autrui ... L'homme politique en bénéficie aussi ... mais en pareil cas les impératifs de cette protection doivent être mis en balance avec les intérêts de la libre discussion des questions politiques[28].

La Cour a critiqué la loi autrichienne sur la diffamation qui fait peser la charge de la preuve sur l'accusé, contraint de démontrer la véracité de ses déclarations, ce qui pourrait en soi constituer une violation de l'article 10. La Cour a déclaré:

> [I]l y a lieu de distinguer avec soin entre faits et jugements de valeur. Si la matérialité des premiers peut se prouver, les seconds ne se prêtent pas à une démonstration de leur exactitude....
>
> [En droit autrichien], les journalistes ne peuvent en pareil cas échapper à une condamnation ... que s'ils peuvent établir la vérité de leurs assertions....
>
> Or, pour les jugements de valeur, cette exigence est irréalisable et porte atteinte à la liberté d'opinion elle-même, élément fondamental du droit garanti par l'article 10 de la Convention[29].

La Cour a relevé, en outre, que la demande de sanctions formulée par le gouvernement à l'encontre d'un journaliste qui avait critiqué une personnalité politique a

> constitué une espèce de censure tendant à l'inciter à ne pas se livrer désormais à des critiques.... Dans le contexte du débat politique, pareille condamnation risque de dissuader les journalistes de contribuer à la discussion publique de questions qui intéressent la vie de la collectivité. Par là même, elle est de nature à entraver la presse dans l'accomplissement de sa tâche d'information et de contrôle[30].

---

27. Arrêt Vereniging Weekblad *Bluf!* du 9 février 1995, Série A n° 306-A.
28. Arrêt Lingens du 8 juillet 1986, Série A n° 103, p. 26, par. 42.
29. *Ibidem*, p. 28, par. 46.
30. *Ibidem*, p. 27, par. 44.

La Cour a adopté le même type de raisonnement dans l'affaire Oberschlick, dans laquelle le requérant et plusieurs autres personnes avaient dénoncé un homme politique autrichien qui avait fait certaines déclarations concernant les prestations familiales versées à des Autrichiennes et à des mères immigrées. Le texte intégral de cette dénonciation avait également été publié par le requérant dans une revue politique. L'homme politique visé introduisit ensuite une action privée en diffamation à la suite de laquelle le requérant fut reconnu coupable et condamné à une amende, et le tribunal ordonna en outre la saisie du numéro en question de la revue. La Cour a estimé que l'article 10 protégeait non seulement la teneur des idées et informations mais aussi la forme dans laquelle elles sont communiquées. Ces principes revêtent une importance particulière lorsqu'il s'agit de la presse. En réalité, la liberté de la presse offre au public un des moyens les meilleurs de découvrir et d'apprécier les idées et les attitudes des dirigeants politiques. Les limites des critiques acceptables sont plus larges dans le cas d'un homme politique que dans celui d'un citoyen ordinaire. Le premier doit faire preuve d'une plus grande tolérance, en particulier lorsqu'il fait des déclarations publiques susceptibles d'être critiquées. Il convient de mettre en balance les impératifs de la protection de sa réputation et les intérêts d'un débat ouvert concernant les questions politiques. La publication du requérant a contribué au débat public sur une question d'importance générale, à savoir le traitement différent réservé, dans le domaine social, aux ressortissants nationaux et aux étrangers. Elle visait à attirer de manière provocante l'attention du public sur des propositions, formulées par un homme politique en campagne électorale, qui étaient susceptibles d'offenser un grand nombre de personnes. Après avoir examiné les décisions judiciaires litigieuses, la Cour a conclu que le requérant avait été condamné parce qu'il n'avait pas été capable de démontrer la véracité de ses allégations. La Cour a estimé que la publication concernée était une reproduction exacte de faits (la proposition de l'homme politique), suivie de l'avis des auteurs sur cette proposition. Cet avis constituait un jugement de valeur pour lequel la condition imposée, à savoir d'en démontrer la véracité, était impossible à remplir et constituait une ingérence dans le droit à la liberté d'opinion. En outre, compte tenu de l'importance de la question en jeu, on ne saurait prétendre que le requérant avait dépassé les frontières de la liberté d'expression en optant pour cette forme particulière de publication[31].

Dans l'affaire Tolstoy Miloslavsky, le requérant avait publié un ouvrage dans lequel il soutenait qu'un personnage public éminent s'était rendu coupable de crimes de guerre pendant la deuxième guerre mondiale. Il fut ordonné au requérant, convaincu de diffamation, de ne pas répéter ces allégations et de payer un montant de 1,5 million de livres à titre de dommages-intérêts. La Cour a conclu à une violation et fait les remarques suivantes:

> La somme accordée représentait trois fois la plus haute jamais attribuée auparavant en Angleterre en matière de diffamation et aucun montant comparable n'a été alloué depuis lors. Une indemnité de pareille ampleur doit être spécialement ouverte à critique là où le droit matériel interne applicable à l'époque ne prévoit pas lui-même d'exigence de proportionnalité.....
>
> En conséquence, eu égard conjointement au montant des dommages-intérêts auxquels le requérant fut condamné et à l'absence, à l'époque, de sauvegardes adéquates et effectives contre

31. Arrêt Oberschlick du 23 mai 1991, Série A n° 204, pp. 24-28, par. 53-64.

des indemnités d'une ampleur disproportionnée, la Cour estime qu'il y a eu violation des droits garantis au requérant par l'article 10 de la Convention[32].

La Commission et la Cour ont parfois eu à connaître d'affaires touchant la liberté d'expression d'hommes politiques. Dans l'affaire Castells, le requérant, député du parlement espagnol, avait publié un article dans lequel il attribuait au gouvernement la responsabilité des agressions et des meurtres commis par des groupes armés d'extrême-droite dans le pays basque. Son immunité parlementaire fut levée et il fut condamné pour avoir diffamé le gouvernement. La Cour européenne des Droits de l'Homme, estimant qu'il y avait eu violation de ses droits protégés par l'article 10, a mis l'accent sur le rôle prééminent de la presse dans un Etat régi par le principe de la primauté du droit et son importance par rapport à un débat politique ouvert. La Cour a toutefois fait observer que, si la liberté du débat politique ne revêtait pas un caractère absolu, les limites des critiques admissibles étaient plus larges lorsqu'il s'agissait du gouvernement que lorsqu'il s'agissait d'un citoyen ordinaire, voire d'un homme politique. Elle a noté, en outre, que la position dominante occupée par le gouvernement contraignait celui-ci à exercer une certaine retenue en matière de recours à des procédures pénales visant à assurer sa propre défense. Il s'ensuit que l'ingérence dans le droit à la liberté d'expression n'était pas, en l'espèce, nécessaire dans une société démocratique[33]. La Cour a répété cet avis dans l'affaire Piermont déjà citée. Observant que les déclarations contestées de Mme Piermont constituaient un apport au débat démocratique en cours en Polynésie française au moment des faits et citant l'affaire Castells, la Cour a conclu à l'existence d'une violation de l'article 10 et a déclaré:

> Un adversaire des idées et positions officielles doit pouvoir trouver sa place dans l'arène politique. Précieuse pour chacun, la liberté d'expression l'est tout particulièrement pour un élu du peuple[34].

La Cour a, toutefois, abouti à la conclusion contraire dans l'affaire Barfod. Dans celle-ci, le requérant avait été condamné pour avoir publié un article dans lequel il critiquait un arrêt de la Cour suprême du Groenland. L'article mettait en doute l'impartialité de deux juges non professionnels dans la mesure où ceux-ci faisaient partie du personnel du pouvoir local, défendeur en l'espèce. Le requérant soutenait que sa condamnation pour diffamation constituait une violation de l'article 10 de la Convention (liberté d'expression). La Cour a estimé qu'à l'évidence, sa condamnation constituait une ingérence, «prévue par la loi», d'une autorité publique dans le droit du requérant à la liberté d'expression; son but était de protéger la réputation d'autrui et, indirectement, de préserver l'autorité du pouvoir judiciaire. L'intérêt légitime qu'avait l'Etat à protéger la réputation des deux juges non professionnels s'opposait à l'intérêt qu'avait le requérant à pouvoir participer au débat public ouvert sur la question de l'impartialité de la Cour suprême. La Cour a estimé qu'il n'avait pas été établi qu'il y ait eu violation de l'article 10 de la Convention[35]. De même, dans une affaire dans laquelle deux journalistes avaient été condamnés pour diffamation après avoir publié un article satirique critiquant les attitudes et la tactique de certains juges des juridictions pénales autrichiennes,

32. Arrêt Tolstoy Miloslavsky du 13 juillet 1995, Série A n° 316-B, pp. 75-76, par. 49 et 51.

33. Arrêt Castells du 23 avril 1992, Série A n° 236, pp. 18-24, par. 23-50.

34. Arrêt Piermont du 27 avril 1995, Série A n° 314, p. 26, par. 76.

35. Arrêt Barfod du 22 février 1989, Série A n° 149, pp. 19-22, par. 59-74.

la Cour européenne des Droits de l'Homme a estimé que le préjudice occasionné à la réputation des juges, l'atteinte portée à la confiance du public dans l'intégrité du pouvoir judiciaire et l'absence de preuves apportées par les journalistes de la véracité de leurs allégations ou de la valeur de celles-ci en tant que commentaire public constituaient des motifs suffisants à l'appui des condamnations en diffamation. Il n'y avait donc pas eu de violation de l'article 10[36].

Les organes strasbourgeois accordent souvent à la presse un niveau de protection élevé sous l'angle de l'article 10, considérant qu'elle joue un rôle important dans une société démocratique, en particulier en ce qu'elle encourage le débat politique et les autres débats publics. L'affaire Barfod, en revanche, montre qu'il arrive que le degré de protection accordé à la presse soit moindre lorsque le débat public touche «la protection de la réputation d'autrui et, indirectement, la sauvegarde de l'autorité du pouvoir judiciaire»[37]. De même, l'Etat peut, dans certaines circonstances, invoquer avec succès les restrictions énoncées au paragraphe 2 en vue de restreindre l'activité journalistique, même dans le domaine du débat exclusivement politique. Dans une requête contre la Suisse, la Commission a estimé qu'il n'y avait pas eu violation de l'article 10. Le gouvernement avait condamné un journaliste parlementaire accrédité pour avoir publié un document parlementaire qui lui avait été communiqué en confiance, même si cette publication contribuait de toute évidence à la discussion politique[38]. Compte tenu de l'accent mis par les organes strasbourgeois sur la fonction que remplit la presse par rapport au débat public, il s'ensuit que ces organes accordent un degré moindre de protection aux aspects de l'activité de la presse qui affectent moins directement l'intérêt public. Par exemple, dans une requête dirigée contre les Pays-Bas, la Commission a estimé que l'article 10 ne protégeait pas les intérêts commerciaux d'un journal qui publiait des programmes de radio et de télévision établis par un autre journal[39]. La Commission a relevé que la liberté de communiquer ces informations se limitait à l'auteur initial. Dans une requête dirigée contre le Royaume-Uni, un journaliste a soutenu qu'une ordonnance d'expulsion dont il faisait l'objet violait l'article 10 en ce que les motifs cités (la sécurité nationale) étaient liés à ses activités professionnelles consistant à recevoir et à communiquer des informations. La Commission a estimé que l'article 10 ne conférait pas un droit indépendant d'asile ou de séjour dans un pays donné. Enfin, la Commission a déclaré à plusieurs occasions qu'une personne ne jouissait pas, au titre de l'article 10, du droit de faire publier des lettres ou des articles dans la presse: il est loisible aux éditeurs d'opérer une sélection parmi les documents qui leur sont soumis en vue d'une publication éventuelle en usant de leur jugement professionnel pour évaluer la valeur d'un document donné en tant que contribution à des questions offrant un intérêt particulier pour le grand public[40].

36. Arrêt Prager et Oberschlick du 26 avril 1995, Série A n° 313.

37. *Ibidem*, p. 12, par. 31.

38. N° 10343/83, Déc. 6.10.83, D.R. 35 p. 224.

39. N° 5178/71, Déc. 12.10.73, Recueil 44 p. 13.

40. N° 7729/76, Déc. 17.12.76, D.R. 7 p. 165 (185-186).

Discours commercial

Si la Commission n'exclut pas le «discours» commercial de la protection offerte par l'article 10 par. 1, elle considère, toutefois, que le niveau de protection qui lui est conféré doit être moindre que celui accordé à l'expression d'idées «politiques» au sens le plus large, qui sont les plus étroitement liées aux valeurs qui sous-tendent, dans la Convention, la notion de liberté d'expression[41]. La Cour elle-même n'a pas encore précisé sa position à propos de l'applicabilité de l'article 10 au discours commercial, mais a fait allusion à cette question dans l'affaire Barthold. Dans cette affaire, le requérant, un chirurgien vétérinaire, avait été interviewé par la presse à Hambourg au sujet de l'existence de services vétérinaires d'urgence dans la ville. Plusieurs autres vétérinaires s'étaient plaints auprès de leur association professionnelle que l'interview constituait une «publicité» contraire aux règles déontologiques applicables aux vétérinaires et autres professions libérales. L'association a obtenu une injonction judiciaire contre le requérant qui interdisait à celui-ci de répéter certaines déclarations à la presse. Le requérant a fait valoir que cette injonction violait son droit à la liberté d'expression, tel que garanti par l'article 10. La Cour a estimé que, pour aboutir à une décision dans cette affaire, il n'était nullement nécessaire qu'elle définisse de manière spécifique la nature de l'expression à laquelle le requérant avait eu recours, et a déclaré:

> Les restrictions considérées en l'espèce portent sur la présence, dans l'énoncé des vues du Dr Barthold sur la nécessité d'un service vétérinaire de nuit à Hambourg, de certains renseignements et affirmations ayant trait, notamment, à sa personne et au fonctionnement de sa clinique . ... Imbriquées les unes dans les autres, ces diverses composantes constituent un ensemble au centre duquel figurent l'expression d'une «opinion» et la communication d'«informations» sur un sujet d'intérêt général. On ne saurait en dissocier les éléments qui touchent moins à la substance qu'au mode de formulation et qui, selon les juridictions allemandes, ont un effet publicitaire ... La Cour constate dès lors l'applicabilité de l'article 10, sans avoir besoin de rechercher en l'espèce si la publicité comme telle bénéficie ou non de la garantie qu'il assure[42].

La Cour a examiné ensuite les mesures prises par l'Etat à la lumière des restrictions contenues dans le deuxième paragraphe et a déclaré

> Pour la cour d'appel hanséatique, il y a intention d'agir à des fins de concurrence, au sens de [la loi applicable], dès lors qu'elle ne s'efface pas entièrement derrière d'autres mobiles. ... Un critère aussi rigide dans la manière d'aborder le problème de la publicité des professions libérales ne cadre pas avec la liberté d'expression. Son application risque de décourager les membres de ces professions de contribuer à la discussion publique des questions concernant la vie de la collectivité, pour peu que pareille contribution ait des chances de passer pour produire quelque effet publicitaire. Par la même, elle est de nature à entraver la presse dans l'accomplissement de sa tâche d'information et de contrôle. En conclusion, les interdictions incriminées n'apparaissent pas proportionnées au but légitime poursuivi ni, partant,

41. N° 7805/77, Déc. 5.5.79, D.R. 16 p. 69 (79-80).

42. Arrêt Barthold du 25 mai 1985, Série A n° 90, par. 42, pp. 20-21.

«nécessaires, dans une société démocratique», «à la protection des droits d'autrui», de sorte qu'elles enfreignent l'article 10 de la Convention[43].

Bien que, dans l'arrêt Barthold, la Cour ait correctement établi la distinction entre la publicité et les commentaires sur des questions touchant l'intérêt public, elle a aussi confirmé les interdictions frappant les annonces publicitaires pour les professions libérales, la confirmation la plus récente concernant des membres du barreau des avocats. La Cour a conclu à l'absence de violation de l'article 10 dans l'affaire Casado Coca, tout en observant que les politiques relatives à ces questions différaient fortement d'un Etat partie à la Convention à l'autre[44].

Dans l'affaire Markt Intern Verlag GmbH et Klaus Beermann, la Cour a été amenée à se pencher sur des informations à caractère commercial. Markt Intern, une maison d'édition, s'efforçait, en particulier par ses publications, à défendre les intérêts des petites et moyennes entreprises face à la concurrence des grandes sociétés de distribution. M. Klaus Beermann avait décrit dans un article un incident impliquant une société anglaise de vente par correspondance qui n'avait pas remboursé un client mécontent d'un de ses produits. En outre, et afin de procéder à une évaluation des pratiques commerciales de cette société, les détaillants spécialisés avaient été invités à communiquer à Markt Intern toute expérience similaire. L'entreprise anglaise a introduit un recours et ordonné à la firme Markt Intern de ne pas reproduire plusieurs des déclarations en question. La Cour fédérale de justice a estimé que les déclarations contestées étaient contraires aux «pratiques honnêtes» et, partant, violaient l'article 1 de la loi de 1909 sur la concurrence déloyale. Dans son arrêt, la Cour européenne des Droits de l'Homme a relevé que l'article contesté s'adressait clairement à un cercle restreint de commerçants et ne concernait pas directement le grand public; toutefois, cet article contenait des informations à caractère commercial. Ce type d'informations ne pouvait être exclu du champ d'application de l'article 10 par. 1.

L'article 10 par. 1 ayant été jugé applicable, la Cour a dû ensuite répondre au point de savoir si l'injonction prononcée par la Cour fédérale de justice était compatible avec les exigences du paragraphe 2 de l'article 10. Elle a estimé, par ailleurs, que l'arrêt contesté visait à protéger la réputation et les droits d'autrui, soit des buts légitimes au regard du paragraphe 2 de l'article 10. Enfin, la Cour a dû examiner si l'ingérence était «nécessaire dans une société démocratique». La Cour a fait référence à la marge d'appréciation dont disposent les Etats pour l'évaluation de l'existence et de l'ampleur de la nécessité d'une ingérence, et a déclaré qu'elle avait dû limiter sont examen du point de savoir si les mesures prises au niveau national étaient justifiables en principe et proportionnées. Elle a dû, pour établir cette proportionnalité, mettre en balance les impératifs de la protection de la réputation et des droits d'autrui, d'une part, et la publication de l'information en question, d'autre part. Pour accomplir sa tâche, la presse spécialisée devait pouvoir révéler des faits qui pouvaient présenter un intérêt pour ses lecteurs et contribuer, ce faisant, à la transparence des activités commerciales. Toutefois, l'obligation de respecter la vie privée d'autrui et le devoir de discrétion, s'agissant de certaines informations commerciales, pourraient parfois justifier l'interdiction de publication d'informations par ailleurs exactes. De même, un incident isolé

43. *Ibidem*, par. 58-59.

44. Arrêt Casado Coca du 24 février 1995, Série A n° 285-A.

pourrait mériter un examen plus attentif avant d'être dévoilé au public, faute de quoi une description précise de pareil incident, en particulier dans un contexte commercial, pourrait susciter l'impression fausse que celui-ci est révélateur d'une pratique générale. La Cour fédérale de justice a estimé qu'il n'existait pas de motif suffisant, au moment de la publication, pour signaler l'incident, puisque la société de vente par correspondance britannique avait consenti à procéder immédiatement à une enquête au sujet de l'incident en cause. Les requérants auraient dû tenir compte du fait que toute publication prématurée de ce type devait forcément avoir des effets négatifs sur la société de vente par correspondance. La Cour, à la lumière de ces constatations et compte tenu des obligations et des responsabilités liées aux libertés garanties par l'article 10, a estimé que la décision finale de la Cour fédérale de justice n'outrepassait pas la latitude laissée aux autorités nationales et a déclaré, par neuf voix contre neuf, le vote du président étant déterminant, qu'il n'y avait pas eu de violation de l'article 10[45].

L'affaire Jacubowski a soulevé des problèmes similaires à ceux de l'affaire ci-dessus. Après avoir été renvoyé de sa fonction d'éditeur en chef d'une agence de presse, le requérant dans l'affaire en cause avait diffusé, parmi un certain nombre de ses collègues de la profession, une circulaire et des coupures de presse critiquant son ancien employeur. Le requérant s'était, par ailleurs, installé à son compte dans le même secteur d'activité que son ancien employeur. Celui-ci introduisit une action contre lui au titre de la loi pertinente régissant la concurrence déloyale en vue de demander que soit prononcée une injonction interdisant toute diffusion future de ces documents. Les juridictions internes, mettant en balance les intérêts de la liberté d'expression et de la libre concurrence, déclarèrent que la disposition pertinente de la Constitution allemande protégeait les déclarations visant à influencer l'opinion publique, ce qui n'était pas l'objet qui sous-tendait le grief formulé en l'espèce. La Cour européenne des Droits de l'Homme a reconnu qu'il n'y avait pas eu violation du droit du requérant à la liberté d'expression, évoquant le critère de la proportionnalité contenu dans la Convention et relevant que l'injonction avait une portée limitée et que M. Jacubowski avait eu la possibilité d'exprimer ses avis par d'autres moyens[46].

Sociétés de radiodiffusion, de télévision et de cinéma

L'article 10 autorise explicitement les Etats à exercer un large pouvoir discrétionnaire dans le domaine de la radiodiffusion, et déclare en son paragraphe 1: «Le présent article n'empêche pas les Etats de soumettre les entreprises de radiodiffusion, de cinéma ou de télévision à un régime d'autorisation».

Bien que cette phrase apparaisse au premier paragraphe de l'article 10, il n'en demeure pas moins que les Etats sont tenus de justifier leurs exigences ou leurs pratiques en matière d'autorisations en mentionnant les restrictions du paragraphe 2 qu'ils invoquent. Dans l'affaire Informationsverein Lentia et al. c/ l'Autriche, les requérants ont soutenu qu'ils n'avaient pas été en mesure d'établir une station de radiodiffusion ou, dans le cas de l'Informationsverein Lentia, une station de télévision étant donné que la législation autrichienne prévoyait que ce droit était réservé à la Société autrichienne de radiodiffusion.

45. Arrêt Markt Intern GmbH du 20 novembre 1989, Série A n° 165, pp. 17-21, par. 25-38.

46. Arrêt Jacubowski du 23 juin 1994, Série A n° 291-A.

La Cour européenne des Droits de l'Homme a déclaré qu'il fallait considérer l'objet et le but de la troisième phrase de l'article 10 par. 1 et la portée de son application dans le contexte de l'ensemble de cet article et, en particulier, par rapport aux prescriptions du paragraphe 2, auxquelles restent soumises les mesures d'autorisation. Il était, dès lors, nécessaire de s'assurer si les règles en question étaient conformes à ces deux dispositions. La Cour a estimé que la troisième phrase du premier paragraphe avait pour but de préciser que les Etats étaient autorisés à réglementer, par un régime d'autorisations, la manière dont la radiodiffusion était organisée sur leur territoire, en particulier dans ses aspects techniques. L'importance de ces aspects est indubitable, mais l'octroi ou le refus d'une autorisation peut aussi être subordonné à d'autres considérations, notamment des aspects tels que la nature et les objectifs de la station envisagée, son public potentiel aux niveaux national, régional ou local, les droits et les besoins d'un public spécifique, et les obligations découlant des instruments juridiques internationaux. Cela pourrait entraîner des ingérences dont les buts seraient légitimes au regard de la troisième phrase du paragraphe 1, même si ces ingérences ne correspondent à aucun des buts énoncés au paragraphe 2. La compatibilité de cette ingérence avec la Convention devait toutefois être appréciée à la lumière des autres prescriptions du paragraphe 2. Le système de monopole appliqué en Autriche était susceptible de contribuer à la qualité et à l'équilibre des programmes grâce aux pouvoirs de contrôle des médias qu'il confère aux autorités. Dans les circonstances de l'espèce, ce système était, dès lors, conforme à la troisième phrase du premier paragraphe.

En ce qui concerne le point de savoir si les ingérences avaient été «nécessaires dans une société démocratique», le gouvernement avait attiré l'attention, avant tout, sur la dimension politique des activités des médias audiovisuels, telle qu'elle est reflétée dans le droit interne autrichien, à savoir garantir l'objectivité et l'impartialité des nouvelles, la diversité des opinions, la programmation équilibrée et l'indépendance des personnes et des organismes responsables des programmes. Le gouvernement estimait que seul le système en vigueur, fondé sur le monopole de la Société autrichienne de radiodiffusion, permettait aux autorités d'assurer que ces impératifs soient respectés. La Cour a noté qu'elle avait, à maintes reprises, mis l'accent sur le rôle fondamental de la liberté d'expression dans une société démocratique, en particulier lorsque cette liberté, par l'intermédiaire de la presse, servait à communiquer des informations et des idées d'intérêt général dont le public avait le droit d'avoir connaissance. Cette tâche ne pouvait s'accomplir avec succès que pour autant qu'elle se fonde sur le principe du pluralisme, dont l'Etat était le garant ultime. De tous les moyens de garantir le respect de ces valeurs, le monopole public était celui qui soumettait la liberté d'expression aux plus grandes restrictions, à savoir l'impossibilité totale de diffusion par tout autre canal qu'une station nationale et, dans certains cas et de manière très limitée, par un réseau local de câblo-distribution. Le caractère radical de ces restrictions impliquait qu'elles ne pouvaient se justifier que pour autant qu'elles répondent à un besoin impérieux. Suite aux progrès techniques accomplis ces dernières décennies, on ne pouvait plus aujourd'hui invoquer, pour justifier ces restrictions, des considérations liées au nombre de fréquences et de canaux disponibles. Le gouvernement avait fait valoir, par ailleurs, un argument économique, à savoir que le marché autrichien était trop restreint pour permettre à plusieurs stations de survivre et qu'il fallait éviter les regroupements et la constitution de «monopoles privés». La Cour a estimé que les affirmations du gouvernement étaient contredites par l'expérience de plusieurs Etats européens de taille comparable à l'Autriche dans lesquels la coexistence de stations privées et publiques selon des règles variant d'un pays à l'autre et assorties de mesures empêchant la formation de monopoles privés, montrait que les craintes exprimées étaient sans fondement. En bref, la Cour a jugé que les ingérences en cause avaient été disproportionnées par rapport au but recherché et, partant, n'avaient pas été nécessaires dans une société démocratique[47].

La Commission, outre son examen des restrictions de contenu en vertu de la disposition de l'article 10 par. 1 sur le régime d'autorisations, a également examiné le point de savoir si le droit de radiodiffusion impliquait le droit à l'absence d'ingérence de l'Etat dans la réception des émissions. Dans une requête dirigée contre la Suisse, une station de radio expérimentale et certains de ses abonnés ont soutenu qu'un règlement suisse interdisant aux câblo-distributeurs dont l'antenne se trouve en dehors d'un périmètre de 10 kilomètres par rapport à l'émetteur des requérants de capter et de transmettre les émissions radiodiffusées de ceux-ci constituait une violation de l'article 10. La Commission n'a pas été de cet avis, bien qu'elle eût observé que «En général, il faut entendre le droit de radiodiffusion prévu par l'article 10 comme comportant le droit à ce que la réception des émissions ne soit pas entravée.»[48] Dans son arrêt dans l'affaire Groppera Radio AG et al., la Cour a déclaré que la diffusion aérienne d'émissions et leur retransmission par câble étaient couvertes par le droit consacré par les deux premières phrases de l'article 10 par. 1. En l'espèce, la Cour a soutenu que la troisième phrase de l'article 10 par. 1 était applicable et a noté que les régimes nationaux d'autorisations étaient nécessaires non seulement en vue de réglementer comme il se doit les sociétés de radiodiffusion au niveau national mais aussi, en grande partie, pour l'application de règles internationales. Elle a déclaré que l'interdiction de diffusion d'émissions sur les ondes et de leur retransmission par câble était entièrement conforme au système suisse des radios locales. La Cour estimait que l'ingérence était prévue par la loi et poursuivait un but légitime: la protection de l'ordre international en matière de télécommunications et la protection des droits d'autrui. La Cour a conclu qu'en l'espèce, les autorités suisses n'avaient pas abusé de la latitude que leur accorde la Convention[49].

Le développement constant de technologies sophistiquées et le caractère de plus en plus hétérogène de la population en Europe auront pour effet que, demain, la Commission et la Cour seront confrontées à tout un éventail de problèmes qu'elles ont à peine abordé jusqu'ici. Par exemple, comme il ressort des dernières affaires ci-dessus, la disposition «sans considération de frontière» pourrait entrer en conflit avec la règle générale concernant les larges pouvoirs des Etats en matière d'octroi d'autorisations. A ce jour, un seul arrêt a été rendu à Strasbourg concernant l'interprétation de cette clause. Dans une requête dirigée contre le Royaume-Uni, la Commission a estimé que, de l'expression «sans considération de frontière»,

> ne découle pas quelque droit d'intervention quant aux actes d'un Etat non contractant pour lesquels l'Etat contractant n'est nullement responsable. Il en découle seulement que, dans l'exercice de sa propre juridiction, l'Etat contractant doit lui-même respecter ce droit[50].

47. Arrêt Informationsverein Lentia du 24 novembre 1993, Série A n° 276.
48. N° 10799/84, Déc. 17.5.84, D.R. 37 p. 236 (244).
49. Arrêt Groppera Radio AG et al. du 28 mars 1990, Série A n° 173, pp. 22-29, par. 53-74.
50. N° 7597/76, Déc. 2.5.78, D.R. 14 p. 117 (132).

Il s'ensuit apparemment qu'en principe, les Etats doivent au moins s'abstenir de s'ingérer dans les activités de radiodiffusion des Etats contractants, voire s'employer activement à contribuer au franchissement des frontières. C'est dans ce sens, en réalité, que va la décision de la Cour dans l'affaire Autronic AG. L'entreprise requérante était spécialisée dans l'électronique domestique, notamment les antennes paraboliques à usage domestique. Elle a demandé l'autorisation de montrer, dans une foire, une émission de télévision soviétique qu'elle captait directement d'un satellite soviétique au moyen d'une antenne parabolique privée. Il ne s'agissait pas d'une diffusion en direct mais d'une retransmission d'un satellite de télécommunications. L'entreprise requérante s'était plainte du fait que la réception libre de communications non codées par satellite destinées au grand public était subordonnée à l'approbation, par l'Etat, de la diffusion en question. La Cour a estimé que la réception d'émissions de télévision au moyen d'une antenne relève du droit protégé par l'article 10 par. 1. Il y avait ingérence dans l'exercice du droit à la liberté d'expression. Cette ingérence n'était pas nécessaire dans une société démocratique puisque des faits nouveaux étaient intervenus sur deux plans. Sur le plan technique, plusieurs autres satellites de télécommunications diffusant des émissions de télévision étaient entrés en service. Sur le plan juridique, plusieurs Etats avaient signé la Convention européenne sur la télévision transfrontalière et avaient autorisé la réception d'émissions non codées en provenance de satellites de télécommunications sans nécessité de demander l'accord des autorités du pays de diffusion et, apparemment, sans que cela n'entraîne de protestations dans le chef des autres Etats signataires de la Convention internationale des télécommunications et des autorités internationales. La Cour a estimé que ces faits nouveaux pouvaient être pris en compte dans les règlements pertinents. En l'espèce, l'intervention des autorités nationales outrepassait la marge d'appréciation que leur accorde la Convention. Tout d'abord, la nature même des émissions en question était telle qu'on ne pouvait les décrire comme non destinées à la réception par le grand public. Ensuite, le gouvernement avait reconnu que l'utilisation d'antennes paraboliques pour la réception d'émissions transmises par les satellites de télécommunications n'entraînait aucun risque d'obtention d'informations confidentielles. En résumé, il y avait eu violation de l'article 10[51].

Le droit de recevoir des informations

Enfin, tant la Commission que la Cour ont examiné le droit de toute personne de recevoir des informations, tel qu'il est protégé par l'article 10. La Commission a estimé que la «réception d'informations» au sens de l'article 10 visait à garantir uniquement l'accès aux sources générales d'information et non aux informations généralement accessibles[52] ou non pertinentes par rapport au fond de la question en cause[53].

---

51. Arrêt Autronic AG du 22 mai 1990, Série A n° 178, pp. 21-28, par. 44-63.

52. N° 8878/80, Déc. 7.12.81, non publié; affaire dans laquelle le requérant a attaqué sans succès le refus du gouvernement de communiquer les résultats de certaines études scientifiques.

53. N° 8575/79, Déc. 14.12.79, D.R. 20 p. 202, affaire dans laquelle le requérant a attaqué sans succès le refus du gouvernement de communiquer les noms de personnes siégeant dans la commission administrative qui classe les détenus condamnés.

Dans l'affaire Leander, le gouvernement suédois avait refusé au requérant une nomination dans la Fonction publique au motif qu'il ne satisfaisait pas aux conditions de sécurité pour ce poste. Le requérant avait demandé à être informé du contenu du dossier le concernant, établi par les autorités publiques, de manière à clarifier ou à réfuter les renseignements inexacts. Le gouvernement n'a pas donné suite à cette demande. La Cour a confirmé ce refus, en partie au motif que l'accès à un emploi dans la Fonction publique n'est pas un droit protégé par la Convention européenne des Droits de l'Homme, et en partie parce que la clause de l'article 10 concernant la «liberté de recevoir des informations»

> interdit essentiellement à un gouvernement d'empêcher quelqu'un de recevoir des informations que d'autres aspirent ou peuvent consentir à lui fournir. Dans des circonstances du genre de celles de la présente affaire, l'article 10 n'accorde pas à l'individu le droit d'accéder à un registre où figurent des renseignements sur sa propre situation, ni n'oblige le gouvernement à les lui communiquer[54].

Dans une affaire plus récente, la Cour a toutefois estimé que, dans certains cas, il peut y avoir obligation pour le gouvernement de communiquer des informations. Dans l'affaire Gaskin, le requérant avait été placé à un très jeune âge sous tutelle publique par une autorité locale, l'ordonnance devant cesser ses effets à sa majorité. Pendant la période de sa tutelle, le requérant fut confié à divers parents nourriciers. Il soutint qu'il avait été mal traité. Souhaitant intenter une action en dommages-intérêts pour négligence contre l'autorité locale, il introduisit une demande en vue de pouvoir prendre connaissance des fiches de renseignement établies par l'autorité locale pendant la période de tutelle. La Cour suprême rejeta cette demande au motif que ces données étaient privées et confidentielles. La Cour européenne des Droits de l'Homme a déclaré que l'article 10 n'impliquait pas l'obligation, pour le gouvernement, de communiquer les informations en question au requérant[55]. La Cour a, toutefois, estimé qu'il y avait eu violation du droit du requérant à la protection de sa vie privée et familiale, en ce que le gouvernement n'avait pas prévu des procédures adéquates lui permettant de contester le refus de l'autorité locale de communiquer les informations demandées.

Dans l'affaire Open Door Counselling Ltd et Dublin Well Woman Centre Ltd et al., la Cour a eu à connaître d'une plainte concernant les restrictions imposées aux deux sociétés requérantes suite à une injonction judiciaire leur interdisant de fournir à des femmes enceintes des renseignements concernant les cliniques pratiquant l'avortement au Royaume-Uni (adresse, identité ou moyen d'entrer en contact avec celles-ci). Suite à l'action introduite contre les sociétés requérantes par le Procureur général à la demande de la Society for the Protection of Unborn Children, la Cour suprême a estimé que ce type de conseils non directifs contribuait à la destruction d'enfants à naître, ce qui est contraire au droit constitutionnel à la vie des enfants à naître tel qu'il est expressément garanti par la Constitution irlandaise. La cour a prononcé une injonction interdisant aux sociétés requérantes et à leur personnel

> d'aider des femmes enceintes à se rendre à l'étranger pour y subir une interruption de grossesse en les renvoyant à une clinique, en prenant des dispositions pour le voyage, en les informant

54. Arrêt Leander du 26 mars 1987, Série A n° 116, p. 29, par. 74.

55. Arrêt Gaskin du 7 juillet 1989, Série A n° 160, p. 21, par. 51.

de l'identité et de l'adresse d'une ou de plusieurs cliniques précises et des moyens de communiquer avec elles, ou de toute autre manière[56].

D'après la Cour européenne des Droits de l'Homme, l'injonction constituait une ingérence dans le droit des sociétés requérantes de communiquer des informations. Compte tenu de la portée de l'injonction, qui interdit également au «personnel ou agents» des sociétés requérantes d'aider «les femmes enceintes», il y avait, indubitablement, aussi ingérence dans les droits des conseillers requérants de communiquer des informations et dans les droits des deux femmes en âge nubile de recevoir des informations si elles venaient à tomber enceintes. La Cour a ensuite examiné le point de savoir si la question de la «nécessité» de la restriction était conforme aux principes développés dans sa jurisprudence. La Cour a pris en compte le fait que, bien que la restriction en cause se limitât à la communication d'informations, se rendre à l'étranger pour y subir une interruption de grossesse n'était pas, pour une femme enceinte, une infraction en droit irlandais. En outre, l'injonction se limitait à la liberté de recevoir et de communiquer des informations concernant des services qui étaient légaux dans d'autres pays de la Convention et qui pouvaient revêtir une importance cruciale pour la santé et le bien-être d'une femme. Les limitations frappant les informations concernant des activités qui, malgré leurs implications sur le plan de l'éthique, étaient et sont encore tolérées par des autorités nationales appellent, de la part des institutions de la Convention, un examen attentif de leur conformité avec les principes d'une société démocratique. La Cour a été frappée d'emblée par le caractère absolu de l'injonction de la Cour suprême, qui imposait une restriction «perpétuelle» à la communication, aux femmes enceintes, de renseignements concernant les institutions pratiquant l'avortement à l'étranger, quels que fussent leur âge, leur état de santé ou les raisons pour lesquelles elles cherchaient des conseils en matière d'interruption de grossesse. En outre, cette évaluation était confirmée par d'autres facteurs, notamment le fait que les conseils prodigués par les requérants ne constituaient ni une promotion ni un encouragement de l'avortement mais se bornaient à expliquer les choix possibles. Par conséquent, le lien entre la communication d'informations et la destruction de vies avant la naissance n'était pas aussi certain que ce qui avait été avancé.

La Cour a également pris en compte le fait que les informations communiquées par les conseillers pouvaient être obtenues auprès d'autres sources et le fait que l'injonction avait, apparemment, eu peu d'effet puisqu'elle n'avait pas empêché un grand nombre d'Irlandaises de continuer à faire pratiquer des interruptions de grossesse au Royaume-Uni. Enfin, la Cour a noté les éléments indiquant que l'injonction avait créé un risque pour la santé des femmes qui, faute de conseils corrects, tentaient à présent l'interruption plus tard dans la grossesse et ne se soumettaient pas au contrôle médical habituel après l'intervention. En outre, l'injonction pourrait avoir eu des effets plus négatifs sur les femmes disposant de ressources ou d'un niveau d'éducation insuffisants pour avoir accès à d'autres sources d'information. Sans mettre en doute, sous l'angle de la Convention, le système de protection des enfants à naître tel qu'il existe en droit irlandais, la Cour a rappelé que l'injonction n'empêchait pas les Irlandaises de se faire avorter à l'étranger et que les informations qu'elle visait à restreindre pouvaient être obtenues auprès d'autres sources. En conséquence, la Cour a déclaré que ce qui rendait possible le maintien du nombre actuel d'interruptions de grossesse effectuées à

56. Arrêt Open Door Counselling Ltd et Dublin Well Woman Centre et al. du 29 octobre 1992, Série A n° 246-A, pp. 24-32, par. 53-80.

l'étranger sur des femmes enceintes n'était pas l'interprétation de l'article 10 mais la position de l'Irlande en ce qui concerne l'application de la loi. La Cour a conclu, à la lumière de ce qui précède, que la restriction de réception ou de communication d'informations imposée aux requérants était disproportionnée par rapport aux buts poursuivis[57].

Les droits des travailleurs du secteur public au regard de l'article 10

Dans ce type d'affaires, les organes de Strasbourg ont déclaré à chaque fois que l'Etat était en droit de restreindre les droits de ses travailleurs en matière de liberté d'expression lorsque cette expression concernait leurs tâches ou leurs fonctions professionnelles. Par exemple, dans une requête dirigée contre le Royaume-Uni, la Commission a estimé que l'Etat pouvait interdire à un enseignant dans un établissement non confessionnel de manifester les signes d'une morale ou d'une conviction religieuse particulières lorsque ces actes pouvaient choquer ou troubler les enfants ou d'autres personnes[58]. Dans l'affaire Engel et al., la Cour a confirmé l'interdiction, par les autorités publiques néerlandaises, de la publication et de la diffusion, par des militaires, d'un document critiquant certains officiers supérieurs. La Cour a relevé tout d'abord que la notion d'»ordre public» visait aussi

> l'ordre qui doit régner à l'intérieur d'un groupe social particulier ... dans le cas des forces armées, le désordre dans ce groupe peut avoir des incidences sur l'ordre dans la société entière[59].

La Cour a reconnu ensuite que l'article 10 protégeait les droits des militaires et des autres personnes relevant de la juridiction des Etats contractants, mais a noté que

> [L]e fonctionnement efficace d'une armée ne se conçoit guère sans des règles juridiques destinées à les empêcher de saper la discipline militaire notamment par des écrits..... [Le droit néerlandais] dérive de cette exigence légitime; il ne se heurte pas en lui-même à l'article 10 de la Convention ...
>
> La Cour ne peut négliger ... ni les particularités de la vie militaire ... les «devoirs et «responsabilités» spécifiques incombant aux membres des forces armées, ni la marge d'appréciation que l'article 10 par. 2 ... laisse aux Etats contractants....
>
> Il ne s'agissait donc pas pour elle de les priver de leur liberté d'expression, mais uniquement de réprimer l'abus qu'ils avaient commis dans l'exercice de cette liberté. Dès lors, il n'apparaît pas que sa décision ait enfreint l'article 10 par. 2[60].

Des problèmes analogues à ceux de l'affaire Engel ont été soulevés dans l'affaire Vereinigung Demokratischer Soldaten Österreichs et Gubi. Dans cette affaire, les autorités autrichiennes avaient refusé d'autoriser la distribution, à des conscrits, d'un périodique critiquant l'administration militaire, alors que les autorités elles-mêmes diffusaient d'autres périodiques publiés par des associations privées de militaires ainsi que le périodique du gouvernement destiné au même public. La Cour a estimé qu'il y avait eu violation de

---

57. *Ibidem.*

58. N° 8010/77, Déc. 1.3.79, D.R. 16 p. 101 (102-103).

59. Arrêt Engel et al. du 8 juin 1976, Série A n° 22, p. 41, par. 98.

60. *Ibidem*, pp. 41-42, par. 100-101.

l'article 10 et a rejeté les moyens du gouvernement, à savoir que le périodique constituait une menace pour la discipline militaire et l'efficacité de l'armée:

> Aucun des numéros de l'*Igel* figurant au dossier ne prône le refus d'obéissance ou la violence, ni même ne conteste l'utilité de l'armée. La plupart, il est vrai, contiennent des doléances, proposent des réformes ou incitent à intenter des procédures légales de réclamation ou de recours. Il n'apparaît pas toutefois qu'en dépit de leur ton souvent polémique, ils aient franchi les limites d'un simple débat d'idées dont l'armée d'un Etat démocratique, pas plus que la société qu'elle sert, ne saurait faire l'économie[61].

Dans une requête dirigée contre la Norvège, un fonctionnaire de haut rang ayant souffert de troubles mentaux a soutenu que son transfert d'un poste public à un autre constituait une violation de l'article 10, étant donné que ce transfert s'était produit après qu'il eut accusé publiquement l'Etat de l'avoir placé sous surveillance, allégation rejetée par les tribunaux norvégiens à l'issue d'une procédure judiciaire. La Commission a été du même avis que le gouvernement, à savoir que

> [L]e prestige et la crédibilité du ministère, tant à l'intérieur qu'à l'extérieur pouvait souffrir si l'on maintenait dans la fonction de chef de cette Division une personne qui paraissait mentalement dérangée ..... Compte tenu ... de l'obligation générale faite aux fonctionnaires, notamment ceux de haut rang, d'observer une certaine réserve, la Commission ne saurait admettre que la mutation du requérant ... , dans les circonstances propres à l'espèce, constitue une violation du droit du requérant à la liberté d'expression telle que le garantit l'article 10 de la Convention. L'exercice de cette liberté comporte en effet des devoirs et des obligations dont l'intéressé doit tenir compte[62].

Dans une requête dirigée contre le Royaume-Uni, la Commission a dû mettre en balance les «devoirs et responsabilités» de fonctionnaires et ceux de représentants élus. Dans cette affaire, le requérant appartenait à la fois aux deux catégories: il était fonctionnaire occupant un poste «frappé des restrictions d'ordre politique» et élu en qualité de conseiller général. Le requérant avait été soumis par les autorités à des mesures disciplinaires après avoir été interviewé dans le cadre d'une émission télévisée abordant des questions liées à son travail en tant que fonctionnaire, alors qu'il avait demandé, sans l'obtenir, l'autorisation de participer à l'émission. La Commission a considéré que les mesures prises par les autorités étaient acceptables au regard de l'article 10 par. 2 et a déclaré:

> [P]rotéger la diversité des opinions contre toute persécution est un aspect fondamental des sociétés démocratiques protectrices des droits de l'homme tels que les définit la Convention....
>
> Les élus du peuple ont un rôle particulier à jouer dans le fonctionnement d'une société démocratique et il faut s'attendre à ce qu'ils soient souvent appelés à faire des commentaires publics dans les médias. Cependant, la Commission estime que les «devoirs et responsabilités», évoqués à l'article 10 par. 2 de la Convention et valables aussi pour les élus, ne peuvent être considérés isolément. Lorsqu'un élu exerce un autre travail dont la nature lui impose des devoirs et des responsabilités, il faut en toutes circonstances mettre en balance les deux séries de responsabilités. En cas de conflit entre ces responsabilités, on ne peut pas présumer qu'un

---

61. Arrêt Vereinigung demokratischer Soldaten Österreichs et Gubi du 19 décembre 1994, Série A n° 302, p. 17, par. 38.
62. N° 9401/81, Déc. 17.12.81, D.R. 27 p. 228 (232).

individu choisira de ne respecter qu'une série aux dépens de l'autre. Généralement, l'appréciation de ces responsabilités contraires est une affaire personnelle. Cependant, lorsque, comme ici, l'exercice de la liberté d'expression implique une responsabilité de l'individu vis-à-vis de l'Etat en ce qui concerne les connaissances qu'il a acquises dans le cadre de son travail à un poste sensible dans un ministère, l'article 10 de la Convention donne à l'instance nationale la possibilité de procéder légitimement elle-même à l'appréciation de ces responsabilités contradictoires, si cela est nécessaire dans une société démocratique pour atteindre l'un des objectifs énumérés à l'article 10 par. 2[63].

Dans deux requêtes, la Commission a estimé que le gouvernement pouvait restreindre les droits, protégés par l'article 10, des hommes de loi. Dans une de ces requêtes, le requérant, un avocat, avait fait «des déclarations tendancieuses voire injurieuses»[64]. Dans l'autre, le requérant, un juge, avait diffusé des tracts comportant des commentaires politiques sur certains services du ministère public. La Commission a estimé que les mesures disciplinaires prises par les autorités à l'encontre des deux requérants étaient acceptables au regard de l'article 10 par. 2, compte tenu des obligations et des responsabilités particulières qui incombent aux avocats et aux juges[65].

Accès à l'emploi

Dans les affaires Kosiek et Glasenapp, la Cour a examiné la doctrine du *Berufsverbot* de la République fédérale d'Allemagne, à savoir que tous les fonctionnaires doivent faire serment d'allégeance à la Constitution et à ses valeurs. Mme Glasenapp avait exprimé certaines sympathies pour les opinions de l'extrême-gauche; Mr Kosiek, pour celles de l'extrême-droite. Dans ces deux affaires, le gouvernement a refusé d'accorder le statut de fonctionnaire aux requérants qui, tous deux, occupaient une fonction de stagiaire dans l'enseignement. La Cour a jugé les mesures prises par les autorités publiques acceptables au regard de l'article 10 et a observé, dans les deux cas, que la Convention européenne des Droits de l'Homme ne garantissait pas l'accès à un poste dans la Fonction publique. Elle a déclaré, pour suivre, que les autorités publiques avaient pris en compte les opinions, les attitudes et les activités des requérants dans le seul but de déterminer s'ils présentaient les «qualifications personnelles nécessaires pour occuper l'emploi en question»[66]. Il est, toutefois, intéressant d'observer à cet égard que l'Organisation internationale du travail a institué une commission d'enquête dans des affaires similaires et a conclu que la République fédérale d'Allemagne ne respectait pas ses obligations au regard de la Convention de l'OIT sur la discrimination (emploi et profession), de 1958 (convention n° 111). La Cour a abouti à la conclusion inverse dans l'affaire Vogt, dans laquelle une enseignante du secondaire, fonctionnaire titulaire, avait été révoquée en raison de son appartenance au parti communiste allemand et de ses activités au sein de ce parti. La Cour a relevé certaines incohérences entre les Etats membres du Conseil de l'Europe sur le plan des serments d'allégeance, des incohérences entre les divers Länder

63. N° 10293/83, Déc. 12.12.85, D.R. 45 p. 42 (67-68).

64. N° 10414/83, Déc. 1.10.84, D.R. 40 p. 215 (222-224).

65. N° 10279/83, Déc. 7.5.84, D.R. 38 p. 124 (128-130).

66. Arrêt Glasenapp du 28 août 1986, Série A n° 104, p. 27, par. 53 et arrêt Kosiek du 28 août 1986, Série A n° 105, p. 21, par. 39.

allemands et le fait que le parti communiste allemand n'était pas un parti politique interdit. Elle a noté, en outre, que ces facteurs, comparés à la gravité de la sanction disciplinaire (révocation) pour faute professionnelle et à l'absence de risque en matière de sécurité que présente l'enseignement du français et de l'allemand dans une école secondaire, permettaient de conclure à l'existence d'une violation des droits de la requérante, tels que définis par l'article 10[67].

Les droits, devoirs et responsabilités des personnes

La Commission et la Cour ont montré clairement, dans toute la jurisprudence relative à l'article 10, que le facteur «devoirs et responsabilités» était étroitement lié au critère contenu dans l'expression «nécessaire dans une société démocratique». Par exemple, dans l'affaire Handyside, la Cour a posé le principe selon lequel elle doit examiner la situation particulière de celui qui exerce son droit à la liberté d'expression et les devoirs et responsabilités liés à cette situation. Dans l'affaire Handyside, la Cour a fait observer que l'âge du public visé par la publication en cause ainsi que les effets possibles de celle-ci sur la moralité des jeunes lecteurs étaient des facteurs importants. Dans les circonstances de l'espèce, la Cour a estimé que l'Etat était fondé à imposer des restrictions à l'éditeur[68]. Elle a abouti à la conclusion inverse dans l'affaire Sunday Times, où le rôle du journal était d'informer le public au sujet d'une question importante touchant l'intérêt général au moment des faits[69].

Les devoirs et les responsabilités des journalistes ont été au centre de l'affaire Jersild, dans laquelle un journaliste danois de télévision s'était vu imposer une amende pour complicité dans la diffusion de remarques racistes, par la diffusion d'une interview de plusieurs jeunes Danois appartenant à un groupe professant des opinions racistes et hostiles à l'immigration. La Cour européenne des Droits de l'Homme a examiné les circonstances particulières de l'espèce.

> La présente affaire renferme un élément de grand poids: l'intéressé n'a pas proféré les déclarations contestables lui-même, mais a aidé à leur diffusion en sa qualité de journaliste de télévision responsable d'une émission d'actualités ...
>
> S'agissant des «devoirs et responsabilités» d'un journaliste, l'impact potentiel du moyen concerné revêt de l'importance et l'on s'accorde à dire que les médias audiovisuels ont des effets souvent beaucoup plus immédiats et puissants que la presse écrite. ... Par les images, les médias audiovisuels peuvent transmettre des messages que l'écrit n'est pas apte à faire passer.
>
> Dans le même temps, un compte rendu objectif et équilibré peut emprunter des voies fort diverses en fonction entre autres du moyen de communication dont il s'agit. Il n'appartient pas à la Cour, ni aux juridictions nationales d'ailleurs, de se substituer à la presse pour dire quelle technique de compte rendu les journalistes doivent adopter. A cet égard, la Cour rappelle que, outre la substance des idées et informations exprimées, l'article 10 protège leur mode d'expression[70].

---

67. Arrêt Vogt du 26 septembre 1995, Série A n° 323.

68. Arrêt Handyside du 7 décembre 1976, Série A n° 24, pp. 24-25, par. 52.

69. Arrêt Sunday Times du 26 avril 1979, Série A n° 30, p. 40, par. 65.

70. Arrêt Jersild du 23 septembre 1994, Série A n° 298, p. 23, par. 31.

Bien que la Cour ait manifesté sa compréhension pour les préoccupations des tribunaux danois face à la diffusion d'idées racistes, elle a estimé que l'on ne saurait interpréter la présentation de ces idées par le requérant comme un soutien à ces idées:

> [I]l convient de noter que le présentateur de la télévision commença son introduction en se référant aux récents débat public et commentaires de la presse sur le racisme au Danemark, invitant par là même le spectateur à regarder l'émission dans cette perspective. Il poursuivit en annonçant que le programme entendait aborder certains aspects du problème, en identifiant certaines personnes racistes et en dépeignant leur mentalité et leur milieu social. Rien ne permet de douter que les entretiens qui ont suivi ont atteint ce but. Pris dans son ensemble, le reportage ne pouvait objectivement paraître avoir pour finalité la propagation d'idées et opinions racistes. Il cherchait au contraire à l'évidence – au moyen d'un entretien – à exposer, analyser et expliquer ce groupe particulier de jeunes, limités et frustrés par leur situation sociale, avec un casier judiciaire et des attitudes de violence, traitant ainsi d'aspects spécifiques d'une question qui préoccupait déjà alors vivement le public[71].

La Cour a déclaré encore, à l'appui de sa conclusion de violation de l'article 10:

> Les reportages d'actualités axés sur des entretiens, mis en forme ou non, représentent l'un des moyens les plus importants sans lesquels la presse ne pourrait jouer son rôle indispensable de «chien de garde» public.... Sanctionner un journaliste pour avoir aidé à la diffusion de déclarations émanant d'un tiers dans un entretien entraverait gravement la contribution de la presse aux discussions de problèmes d'intérêt général et ne saurait se concevoir sans raisons particulièrement sérieuses[72].

Ces raisons n'étaient pas réunies en l'espèce.

A l'avenir, les organes strasbourgeois devront probablement examiner des affaires de plus en plus complexes dans le domaine des droits, devoirs et responsabilités au regard de l'article 10. Par exemple, l'Etat a souvent invoqué, jusqu'ici, la clause concernant les «devoirs et responsabilités» pour restreindre l'exercice du droit à la liberté d'expression des individus. Or, deux autres applications possibles, au moins, de cette clause méritent d'être envisagées. Premièrement, il est possible qu'une personne – un fonctionnaire ou toute autre personne ayant accès à des informations présentant un grand intérêt et une grande importance pour le public – soutienne que son devoir de communiquer ces informations l'emporte sur un souci quelconque de l'Etat de les maintenir secrètes, par exemple dans les cas de corruption à grande échelle au niveau des pouvoirs publics. Deuxièmement, on peut soutenir que l'Etat a, lui aussi, des devoirs et des responsabilités, par exemple dans des affaires futures similaires à l'affaire Leander, dans laquelle l'Etat détient à la fois les informations et un «avis» qui en découle sur une personne, au détriment de l'intérêt de celle-ci[73]. Cette interprétation semble pouvoir résister aux critiques, dans la mesure où les «devoirs et responsabilités» cités à l'article 10 par. 2 ne sont pas des devoirs exclusivement juridiques, mais sont aussi des devoirs moraux caractérisés comme «obligations inhérentes»[74]. Dans ce contexte, il est intéressant

71. *Ibidem*, p. 24, par. 33.

72. *Ibidem*, p. 25, para. 35.

73. Arrêt Leander du 26 mars 1987, Série A n° 116, p. 29, par. 74.

74. N° 10414/83, Déc. 1.10.84, D.R. 40 p. 214 (223).

de relever que ces deux principes ont été longtemps admis aux Etats-Unis, respectivement dans le cadre de la législation protégeant les *whistleblowers* (ceux qui révèlent les fraudes ou les abus de la confiance publique commis par les gouvernements) et de toute une série de lois sur la liberté d'information. Une grande partie du reste de la jurisprudence de l'article 10 a suivi les tendances venant d'outre-Atlantique, et il semble donc probable que les domaines précités en ressentiront également l'influence.

Le droit à la liberté de réunion pacifique et à la liberté d'association (Article 11)

Les droits garantis par l'article 11 sont liés aux valeurs politiques et sociales d'une société démocratique, ou justifiés par elles. Ils constituent, dans une grande mesure, une extension et un élargissement des droits à la liberté de pensée, de conscience et de religion, protégés par l'article 9, et du droit à la liberté d'expression, garanti par l'article 10. En effet, l'article 9 contient implicitement les droits de réunion et d'association dans sa garantie de la liberté de manifester sa religion ou sa conviction «individuellement ou collectivement, en public ou en privé». Comme exposé ci-dessus, la liberté d'expression définie à l'article 10 concerne les activités de groupe telles que les manifestations même si, à ce jour, la Commission et la Cour ont estimé que l'article 11 était la *lex specialis* dans ces affaires.

Sur le plan historique, l'article 11 plonge ses racines dans les articles 20 et 23 par. 4 de la Déclaration universelle des Droits de l'Homme. Le premier garantit les droits de réunion pacifique et d'association, en ajoutant la clause que «nul ne peut être obligé de faire partie d'une association». La Cour, dans le cadre de la Convention européenne, a établi elle-même ce principe dans l'affaire Young, James et Webster, estimant que la menace de licenciement pour refus de s'affilier à un syndicat précis auquel l'adhésion n'était devenue obligatoire qu'alors que les requérants étaient déjà en poste depuis un certain temps constituait une violation de l'article 11[1]. L'article 23 par. 4 de la Déclaration universelle est identique à la clause finale de l'article 11 par. 1 de la Convention européenne. Les articles 21 et 22 du Pacte international relatif aux droits civils et politiques sont également similaires à l'article 11 de la Convention européenne, bien que les premiers prévoient que l'Etat puisse invoquer l'«ordre public» pour restreindre l'exercice de ces droits. En revanche, l'article 22 du Pacte international relatif aux droits civils et politiques, qui concerne les droits d'association et de constitution de syndicats, protège les droits d'une catégorie plus large de personnes que l'article 11, puisqu'il permet à l'Etat de restreindre uniquement les droits de la police et des forces armées, alors que la Convention européenne l'autorise à restreindre les droits de la police, des forces armées et des membres de l'«administration de l'Etat». L'article 22 du Pacte renforce, en outre, explicitement les protections supplémentaires de la Convention de 1948 de l'Organisation internationale du travail concernant la liberté d'association et la protection du droit d'organisation.

L'article 11 est libellé comme suit:

---

1. Arrêt Young, James et Webster du 13 août 1981, Série A n° 44, pp. 23-24, par. 55-57.

1. Toute personne a droit à la liberté de réunion pacifique et à la liberté d'association, y compris le droit de fonder avec d'autres des syndicats et de s'affilier à des syndicats pour la défense de ses intérêts.

2. L'exercice de ces droits ne peut faire l'objet d'autres restrictions que celles qui, prévues par la loi, constituent des mesures nécessaires, dans une société démocratique, à la sécurité nationale, à la sûreté publique, à la défense de l'ordre et à la prévention du crime, à la protection de la santé ou de la morale, ou à la protection des droits et libertés d'autrui. Le présent article n'interdit pas que des restrictions légitimes soient imposées à l'exercice de ces droits par les membres des forces armées, de la police ou de l'administration de l'Etat.

Le droit de réunion pacifique

La Commission et la Cour européennes n'ont, à ce jour, eu à connaître que de quelques affaires touchant la liberté de réunion pacifique, telle qu'elle est protégée par l'article 11. La raison en est, en partie, que le terme «réunion», qui désigne des personnes qui se réunissent et participent à l'expression ou à l'échange d'idées et d'avis, caractérise un groupe plus informel que le terme «association». Dans une requête dirigée contre la Suisse, la Commission a décrit le rôle de la réunion pacifique et a exprimé l'avis, marqué au coin du bon sens, que l'existence d'une procédure d'autorisation préalable pour les réunions publiques ne constituait pas une violation de l'article 11. Elle a déclaré:

> [L]e droit de réunion pacifique consacré à cet article est un droit fondamental dans une société démocratique et ... l'un des fondements de pareille société. ... Comme tel, ce droit couvre à la fois les réunions privées et les réunions sur la voie publique. En ce qui concerne ces dernières, le fait de les soumettre à une procédure d'autorisation ne porte pas atteinte en principe à l'essence du droit. Une telle procédure est conforme au prescrit de l'article 11, paragraphe 1, ne fût-ce que pour le motif que les autorités doivent être mises en mesure de s'assurer du caractère pacifique d'une réunion, et ne constitue donc pas, en tant que telle, une ingérence dans l'exercice dudit droit[2].

La Commission a estimé ensuite que l'interdiction temporaire, par les autorités publiques, de toute manifestation publique dans une certaine ville était acceptable au regard de l'article 11 par. 2, dès lors qu'il existait un risque sérieux de voir menacés la sûreté et l'ordre publics si une certaine manifestation publique avait lieu. Dans une requête dirigée contre le Royaume-Uni, caractérisée par une série de faits similaires, la Commission a rejeté le moyen du gouvernement selon lequel la manifestation envisagée par l'organisation requérante échappait entièrement au champ d'application de l'article 11 dans la mesure où elle aurait pu susciter l'opposition violente de contre-manifestants et d'extrémistes. La Commission a noté ce qui suit:

> [L]e droit à la liberté de réunion pacifique est garanti à quiconque a l'intention d'organiser une manifestation pacifique. ... [L]a possibilité de contre-manifestations violentes, ou celle que des extrémistes aux intentions violentes non-membres de l'association organisatrice se joignent à la manifestation, ne peuvent, comme telles, supprimer ce droit. Même s'il existe un risque

2. N° 8191/78, Déc. 10.10.79, D.R. 17 p. 93-94 (105).

réel qu'un défilé public soit à l'origine de troubles par suite d'événements échappant au contrôle des organisateurs, ce défilé ne sort pas pour cette seule raison du champ d'application de l'article 11, paragraphe 1 de la Convention, et toute restriction imposée à pareille réunion doit être conforme aux termes du paragraphe 2 de cette disposition[3].

Comme dans l'affaire suisse, la Commission a estimé dans cette affaire, dirigée contre le Royaume-Uni, que le gouvernement s'en tenait à la latitude qui lui était accordée en interdisant toute manifestation pour laquelle des indices sérieux existaient d'une menace réelle pour la sûreté et l'ordre public. Dans ces deux affaires, il est intéressant de relever que les interdictions frappant les manifestations publiques ont été limitées dans le temps et dans l'espace.

Dans l'affaire Plattform Ärzte für das Leben, la Cour a examiné l'obligation expresse faite à l'Etat d'assurer la protection des groupes exerçant le droit à la liberté de réunion. Dans cette affaire, le gouvernement avait autorisé une manifestation contre l'avortement dans un lieu précis: l'organisation requérante avait ensuite demandé et obtenu un changement de lieu au profit d'un endroit plus propice au contrôle des rassemblements de masse. Les autorités ont fait savoir aux organisateurs qu'il se pourrait que la police ne soit pas en mesure d'assurer une protection suffisante contre des contre-manifestations, ce qui se produisit en réalité. Des problèmes similaires se posèrent lors d'une deuxième manifestation. L'organisation requérante a soutenu devant les organes strasbourgeois qu'en ne prenant pas de mesures suffisantes pour assurer que la manifestation se déroule sans problème, les autorités autrichiennes avaient violé l'article 11. La Cour a déclaré que l'Etat était tenu d'assurer la protection des groupes exerçant le droit de réunion pacifique. Elle a déclaré ensuite:

> Or, il arrive à une manifestation donnée de heurter ou mécontenter des éléments hostiles aux idées ou revendications qu'elle veut promouvoir. Les participants doivent pourtant pouvoir la tenir sans avoir à redouter des brutalités que leur infligeraient leurs adversaires: pareille crainte risquerait de dissuader les associations ou autres groupes défendant des opinions ou intérêts communs de s'exprimer ouvertement sur des thèmes brûlants de la vie de la collectivité. Dans une démocratie, le droit de contre-manifester ne saurait aller jusqu'à paralyser l'exercice du droit de manifester.
>
> Partant, une liberté réelle et effective de réunion pacifique ne s'accommode pas d'un simple devoir de non-ingérence de l'Etat; une conception purement négative ne cadrerait pas avec l'objet et le but de l'article 11. Tout comme l'article 8, celui-ci appelle parfois des mesures positives, au besoin jusque dans les relations inter-individuelles[4].

La Cour a toutefois accordé aux Etats une latitude importante dans ce domaine:

> S'il incombe aux Etats contractants d'adopter des mesures raisonnables et appropriées afin d'assurer le déroulement pacifique des manifestations licites, ils ne sauraient, pour autant, le garantir de manière absolue et ils jouissent d'un large pouvoir d'appréciation dans le choix de la méthode à utiliser ... En la matière, ils assument, en vertu de l'article 11 de la Convention, une obligation de moyens et non de résultat[5].

3. N° 8440/78, Déc. 16.7.80, D.R. 21 p. 139 (162).
4. Arrêt Plattform Ärzte für das Leben du 21 juin 1988, Série A n° 139, p. 12, par. 32.
5. *Ibidem*, p. 12, par. 34.

Dans les circonstances de l'espèce, la Cour a estimé qu'il n'y avait pas eu violation de l'article 11. La Commission et la Cour ont donc reconnu que les réunions publiques posaient des problèmes pratiques et ont laissé aux Etats un certain pouvoir d'appréciation bien défini en vue de régler ces problèmes, que ce soit en délivrant une autorisation d'organisation d'une manifestation donnée, en assurant une protection policière pour les manifestations prêtant à controverse, ou par d'autres moyens.

Dans l'affaire Ezelin, le requérant, en sa qualité de vice-président d'une association d'avocats guadeloupéens, avait pris part à une manifestation publique dûment autorisée. Au cours de celle-ci, des remarques insultantes avaient été adressées à la police et des graffiti, dirigés notamment contre le pouvoir judiciaire, avaient été tracés sur des bâtiments publics. A l'instigation du Procureur général, une procédure disciplinaire fut ensuite instituée contre le requérant. La Cour a déclaré, sous l'angle de l'article 11, que le terme «restrictions» figurant au paragraphe 2 ne saurait s'interpréter comme n'incluant pas les mesures prises après une réunion. En se joignant à la manifestation (qui avait été dûment notifiée au préalable et n'avait pas été interdite), le requérant avait exercé son droit à la liberté de réunion pacifique. Rien, toutefois, n'indiquait qu'il eût lui-même proféré des menaces ou apposé des graffiti. Par conséquent, il y avait eu violation de l'exercice de son droit à la liberté de réunion pacifique. L'ingérence était prévue par la loi et poursuivait un but légitime, à savoir la défense de l'ordre. Seul subsistait le point de savoir si cette ingérence était «nécessaire dans une société démocratique». Le principe de la proportionnalité voulait qu'un équilibre soit atteint entre les impératifs des buts énumérés à l'article 11 par. 2, d'une part, et ceux de l'expression, par la parole, le geste voire le silence, de l'opinion de personnes assemblées dans la rue ou dans d'autres lieux publics, d'autre part. La recherche d'un juste équilibre ne saurait avoir pour effet de dissuader les avocats, par crainte de sanctions disciplinaires, de manifester leurs convictions en pareilles circonstances. Si la Cour a jugé que la peine appliquée au requérant se situait à l'extrémité inférieure de la hiérarchie des peines disciplinaires et que son effet était essentiellement d'ordre moral, elle a toutefois estimé que la liberté de participer à une réunion pacifique revêtait une importance telle qu'elle ne souffrait aucune restriction, fût-ce pour un avocat, pour autant qu'en pareille circonstance, la personne concernée ne commette elle-même aucun acte répréhensible. La sanction incriminée, toute minimale qu'elle fût, n'apparaissait pas comme «nécessaire dans une société démocratique». En conséquence, la Cour a déclaré qu'il y avait eu violation de l'article 11[6].

Le droit à la liberté d'association

La Commission comme la Cour ont déclaré sans ambiguïté qu'une association revêtait un caractère plus formel et organisé qu'une réunion. La Commission a déclaré par exemple:

> Les relations entre travailleurs employés par un même employeur ne sauraient être entendues comme une association au sens de l'article 11, car elles sont tributaires uniquement des relations contractuelles entre le salarié et l'employeur.

6. Arrêt Ezelin c/ France du 26 avril 1991, Série A n° 202, pp. 20-23, par. 38-53.

Elle a précisé, en outre, que «le terme "association" suppose un groupement volontaire en vue d'un but commun.»[7]. La Commission et la Cour appliquent ces deux critères – «caractère volontaire» et «but commun» – dans toute la jurisprudence. Le critère du «caractère volontaire» revêt une importance particulière dans la série d'affaires qui traitent de l'approche «négative» des droits protégés par l'article 11, à savoir le droit de ne pas faire partie d'une association ou d'un syndicat. Dans l'affaire Young, James et Webster précitée, les requérants ont fait valoir qu'un accord conclu entre British Rail et certains syndicats de cheminots subordonnant l'emploi à la qualité de membre de l'un de ces syndicats constituait une violation de la disposition de l'article 11 relative à la liberté d'association. La Cour a partagé cet avis et a déclaré que les requérants ne pouvaient être contraints, pour conserver leur emploi, de s'affilier à un syndicat. D'après la Cour:

> [L]e droit de fonder des syndicats et de s'y affilier constitue un aspect particulier de la liberté d'association ... une certaine liberté de choix quant à l'exercice d'une liberté est inhérente à la notion de celle-ci ...
>
> [I]l n'en résulterait pas que l'aspect négatif de la liberté d'association de chacun sorte complètement du domaine de l'article 11, ni que contraindre à s'inscrire à un syndicat déterminé cadre toujours avec l'esprit de cette disposition. A interpréter l'article 11 comme autorisant n'importe quelle sorte de coercition en matière d'appartenance syndicale, on toucherait à la substance même de la liberté qu'il entend garantir[8].

Il importe, cependant, de noter que, dans l'*obiter dicta*, la Cour a relevé que ces accords de *closed shop* (appartenance obligatoire à un syndicat comme condition préalable de l'embauche) ne violaient pas nécessairement l'article 11. La Cour, en revanche, a estimé qu'en l'espèce, il y avait eu violation des droits des requérants sous l'angle de l'article 11, puisque leur maintien dans leur emploi était en jeu.

Depuis l'affaire Young, James et Webster qui a fait autorité, la Cour européenne des Droits de l'Homme a examiné deux autres affaires, au moins, dans lesquelles il était question d'affiliation obligatoire à un syndicat. Dans l'affaire Sibson, il était spécifié dans le contrat de travail du requérant que celui-ci avait le droit de ne pas s'affilier à un syndicat. Il était toutefois syndiqué. Après un conflit de travail interne, le requérant avait démissionné de son syndicat pour s'affilier à un autre. Les membres de son ancien syndicat ayant menacé de se mettre en grève, son employeur lui suggéra soit de se réaffilier à son ancien syndicat, soit de chercher du travail ailleurs. Après qu'il eut refusé ces deux options, son employeur l'informa qu'il serait mis en congé sans solde. Le requérant démissionna. Il s'est plaint devant la Cour européenne des Droits de l'Homme que ses droits au regard de l'article 11 avaient été violés. La Cour a estimé qu'en l'espèce, les faits étaient différents de ceux de l'affaire Young, James et Webster, antérieure[9]. La Cour a noté que le refus du requérant de se réaffilier à son ancien syndicat ne se fondait pas sur des convictions précises en ce qui concerne l'appartenance à un syndicat, puisqu'il s'était affilié à un autre syndicat. De même, aucun accord de *closed shop* n'était en vigueur, comme c'était le cas dans l'affaire Young, James et Webster.

---

7. Young, James et Webster c/ le Royaume-Uni, Rapport Comm. 14.12.79, par. 167, Cour eur. D.H., Série B n° 39, p. 47.

8. Arrêt Young, James et Webster du 13 août 1981, Série A n° 44, pp. 21-22, par. 52.

9. Arrêt Young, James et Webster du 13 août 1981, Série A n° 44.

Surtout, le requérant n'était pas menacé de licenciement, contrairement aux requérants dans l'affaire Young, James and Webster. Il avait la possibilité d'obtenir un poste dans un lieu de travail situé à proximité et vers lequel ses employeurs avaient le droit contractuel de le transférer. Cette possibilité n'était pas subordonnée à sa réaffiliation à son ancien syndicat et les conditions de travail sur le nouveau lieu de travail n'étaient pas sensiblement moins bonnes que celles de son lieu de travail initial. La Cour, compte tenu de ces divers facteurs, a conclu que le requérant n'avait pas été soumis à un traitement qui enfreignait, dans son essence, la liberté d'association garantie par l'article 11[10].

Dans l'affaire Sigurjónsson, le requérant avait obtenu l'autorisation d'exploiter un taxi sous réserve de s'affilier à l'Association des automobilistes. Par la suite, il avait informé cette association qu'il ne souhaitait pas maintenir son affiliation et avait suspendu le paiement de sa cotisation. L'Association révoqua sa licence de taxi. Peu après, la police l'interpella et enleva les plaques identifiant son véhicule comme étant proposé à la location par le public. Trois ans plus tard, le Parlement islandais adopta une loi prévoyant explicitement que l'octroi d'une licence d'exploitation d'un taxi serait désormais subordonné à l'affiliation à l'Association des automobilistes. Le requérant se réaffilia ensuite à l'Association, bien qu'il ne le souhaitât pas. La Cour européenne des Droits de l'Homme, examinant la plainte du requérant, n'a pas été convaincue par le moyen du gouvernement indiquant que le requérant avait accepté de son propre gré l'obligation de s'affilier à ladite association, ou que cette obligation existait pour une autre raison au moment où il avait obtenu sa première licence d'exploitation d'un service de taxi. Ce n'est qu'après l'entrée en vigueur de la loi de 1989 qu'il était apparu clairement que l'affiliation à l'Association des automobilistes était une condition d'obtention de la licence. La Cour a estimé que cette forme de contrainte portait atteinte à l'essence même du droit garanti par l'article 11 et équivalait, dès lors, à une ingérence. Il n'a pas été contesté qu'après l'entrée en vigueur de la loi de 1989, l'affiliation attaquée était «prévue par la loi» et poursuivait un but légitime, à savoir la «protection des droits et libertés d'autrui». La Cour a, toutefois, déclaré que l'imposition juridique de cette obligation d'affiliation n'était pas «nécessaire dans une société démocratique». La Cour n'a pas mis en doute le fait que cette association jouait un rôle d'intérêt public et que l'accomplissement de ce rôle était facilité par l'obligation imposée à tous les détenteurs d'une licence d'exploitation d'un service de taxi d'en être membre. Toutefois, les raisons avancées par le gouvernement, si elles pouvaient être jugées pertinentes, ne suffisaient pas à démontrer qu'il était «nécessaire» d'obliger le requérant à s'affilier à l'association sous peine de perdre sa licence et en allant à l'encontre de son propre avis sur la question. En particulier, en dépit de la marge d'appréciation de l'Islande, les mesures incriminées étaient disproportionnées par rapport au but légitime poursuivi. La Cour a estimé, en conséquence, qu'il y avait eu violation de l'article 11[11].

Les affaires précitées, qui touchent à la «liberté négative d'association», apportent deux contributions importantes au moins à la jurisprudence de l'article 11 de la Convention européenne. Tout d'abord, elles fournissent un bon exemple de la relation qui existe entre la disposition relative à la liberté d'association et celle relative au droit de former des syndicats et de s'y affilier. La Cour s'est penchée sur la question de la liberté d'association

10. Arrêt Sibson du 20 avril 1993, Série A n° 258-A.

11. Arrêt Sigurður Sigurjónsson du 30 juin 1993, Série A n° 264.

plutôt que sur celle de la liberté syndicale dans la mesure où ces affaires établissaient un principe global, également applicable en dehors du contexte syndical. Ensuite, ces affaires traduisent la sensibilité de la Cour aux différentes approches de l'activité syndicale existant parmi les Etats membres du Conseil de l'Europe. A l'époque de la rédaction de la Convention européenne, les auteurs se sont spécifiquement refusés à inclure un «droit de ne pas s'affilier à un syndicat», par respect pour le système du *closed shop* en vigueur au Royaume-Uni. Comme observé ci-dessus, la Cour n'a pas jugé nécessaire, dans l'affaire Young, James et Webster, d'examiner la question de la légitimité de ces systèmes mais a limité son examen à la question plus restreinte du maintien de l'emploi lors de la première introduction d'un système de *closed shop*.

Parmi les critères énumérés ci-dessus, celui de l'«objectif commun» au regard de l'article 11 est un peu plus difficile à saisir que celui du «caractère volontaire». Dans une affaire dirigée contre le Royaume-Uni dans laquelle un groupe de détenus avaient fait valoir que leur mise au secret violait leur droit d'association, la Commission a estimé qu'il n'y avait pas d'objectif commun et, partant, pas d'association au sens l'article 11. La Commission a déclaré que «[ce droit] ne vise pas un droit pour les personnes détenues de partager la compagnie d'autres détenus ou de "s'associer" avec d'autres détenus dans ce sens là»[12].

Il existe par ailleurs, dans la jurisprudence, une série d'affaires dans lesquelles la Commission et la Cour ont estimé qu'une personne pouvait être contrainte de faire partie de certaines organisations, au motif qu'il ne s'agissait pas d'«associations» au sens de l'article 11. Dans l'affaire Le Compte, Van Leuven et De Meyere, par exemple, la Cour a jugé que l'on pouvait contraindre les médecins requérants à s'affilier à l'Ordre belge des médecins, dont l'objet est de «veiller au respect de la déontologie médicale et au maintien de l'honneur, de la discrétion, de la probité et de la dignité des membres de l'Ordre». Prise au premier degré, la signification du mandat de l'organisation semble refléter ce qui, dans un autre contexte, constituerait un «objectif commun», à savoir la promotion de ses membres. La Cour a, toutefois, estimé que cet organe n'était pas une «association» au sens de l'article 11 dès lors qu'il remplissait des fonctions relevant du droit public, par exemple le contrôle du comportement professionnel de ses membres[13]. On retrouve ce manque de clarté dans d'autres affaires. C'est ainsi que la Commission a également confirmé le principe de l'appartenance obligatoire à diverses autres organisations, notamment l'organisation des étudiants universitaires en Suède[14] et un Conseil des chirurgiens vétérinaires en République fédérale d'Allemagne[15]. Il est intéressant de noter à cet égard que, dans le cas des syndicats, la Commission et la Cour ont supposé l'existence d'un «objectif commun», à savoir la promotion des intérêts économiques et sociaux des syndiqués.

Dans plusieurs affaires, la Commission a estimé que certaines prétentions ne relevaient pas du droit d'association garanti par l'article 11. Par exemple, dans une requête dirigée contre la Belgique, la Commission a déclaré que l'article 11 ne protégeait pas les intérêts d'une personne au sein d'une association, par exemple celui de siéger au conseil d'administra-

12. N° 8317/78, Déc. 15.5.80, D.R. 20 p. 45-46 (155).

13. Arrêt Le Compte, Van Leuven et De Meyere du 23 juin 1981, Série A n° 43, pp. 26-27, par. 62-65.

14. N° 6094/73, Déc. 6.7.77, D.R. 9 p. 5 (10-11).

15. N° 8734/79, Déc. 12.3.81, D.R. 26 p. 145 (154).

tion, etc[16]. Dans une requête dirigée contre la Suède et l'Italie, la Commission a estimé que le droit d'association ne donnait pas le droit à une association de revendiquer une aide financière publique[17]. Et dans une requête dirigée contre la République fédérale d'Allemagne, la Commission a estimé que l'article 11 n'imposait pas au gouvernement d'accorder à une organisation le *locus standi* en vue d'intenter des actions devant les juridictions nationales, à moins que ses intérêts propres en tant qu'organisation ne soient en jeu[18].

Les droits des organisations syndicales

L'article 11 protège les droits des organisations syndicales, ce qui implique la protection de certains droits économiques et sociaux: il s'ensuit que toute une série d'autres instruments et déclarations internationaux jouent souvent un rôle dans l'interprétation des dispositions de cet article. Par exemple, les organes strasbourgeois ont pris en compte la ratification, par les Etats, de certaines conventions de l'OIT, notamment les conventions n° 87 (relative à la liberté d'association et à la protection du droit d'organiser) et 98 (relative à l'application des principes du droit d'organiser et de mener des négociations collectives). Ils ont aussi pris en compte l'article 6 de la Charte sociale européenne, qui affirme le caractère volontaire des négociations et des conventions collectives[19]. Les organes strasbourgeois ont opté pour une interprétation littérale de la protection du droit de fonder des syndicats et de s'y affilier, tel qu'il est protégé par l'article 11. La jurisprudence montre que les conditions de l'article sont réunies si des syndicats peuvent être constitués et que la qualité de membre est reconnue. A ce jour, ni la Commission ni la Cour n'ont accepté les moyens qui concernent l'efficacité des activités d'un syndicat dans la protection des intérêts de ses affiliés. Par exemple, la Cour a déclaré que l'article 11 n'imposait pas aux Etats de garantir un certain niveau ou un certain type de traitement des syndicats mais qu'ils pouvaient choisir eux-mêmes de quelle manière ils entendaient traiter ces associations.

Dans l'affaire Syndicat national de la police belge, le syndicat requérant a soutenu que les concertations menées entre le gouvernement et plusieurs grands syndicats du secteur public à l'exclusion du syndicat de la police belge constituaient une violation de l'article 11. La Cour a estimé que le droit d'être consulté n'était pas indispensable à l'exercice effectif des droits syndicaux. La Cour a déclaré en outre que l'article 11 protège le droit du syndicat d'être entendu d'une manière ou d'une autre au cours des négociations collectives, mais ne garantit pas le droit d'aboutir à une convention collective. Enfin, la Cour a été jusqu'à affirmer que l'article 11 ne protège pas le droit de grève et autorise l'Etat à choisir d'autres moyens pour garantir la protection, par un syndicat, des intérêts professionnels de ses affiliés[20]. Dans l'affaire Schmidt et Dahlström, la Cour a rappelé que:

16. N° 1028/61, Déc. 18.9.61, Annuaire 4 p. 325 (337-339).

17. N° 8727/79, Déc. 8.7.80, D.R. 20 p. 230.

18. N° 9234/81, Déc. 14.7.81, D.R. 26 p. 270 (272-273).

19. Affaire Syndicat national de la police belge, Rapport Comm. 27.5.74, par. 64-69, Cour eur. D.H., Série B n° 17, pp. 50-52; affaire Syndicat suédois des conducteurs de locomotives, Rapport Comm. 27.5.74, par. 69-71, Cour eur. D.H., Série B n° 18, pp. 43-45; affaire Schmidt et Dahlström, Rapport Comm. 17.7.74, par. 58, Cour eur. D.H., Série B n° 19, p. 37.

20. Arrêt Syndicat national de la police belge, du 27 octobre 1975, Série A n° 19, pp. 17-18, par. 38-40.

[L]a Convention protège la liberté de défendre les intérêts professionnels des adhérents d'un syndicat par l'action collective de celui-ci, action dont les Etats contractants doivent à la fois autoriser et rendre possibles la conduite et le développement ... L'article 11 par. 1 laisse cependant à chaque Etat le choix des moyens à employer à cette fin; l'octroi du droit de grève représente sans nul doute l'un des plus importants d'entre eux, mais il y en a d'autres. Un tel droit, que l'article 11 ne consacre pas expressément, peut être soumis par le droit interne à une réglementation de nature à en limiter dans certains cas l'exercice[21].

Comme c'est le cas pour les droits protégés par d'autres articles de la Convention, l'Etat a le devoir de ne pas s'ingérer dans l'exercice des droits garantis par l'article 11. La Commission a précisé ce principe de non-ingérence dans le contexte d'actes des pouvoirs publics liés aux syndicats. Dans une requête dirigée contre le Royaume-Uni, le requérant avait soutenu que son exclusion d'un syndicat avait constitué une violation de ses droits protégés par l'article 11. La Commission a estimé qu'il n'y avait pas eu de violation et a expliqué que l'article 11 a pour objet de protéger contre l'ingérence des autorités publiques des activités qui sont essentiellement privées:

[L]e droit de fonder des syndicats et de s'affilier à des syndicats est un aspect particulier de la liberté d'association, qui protège d'abord et avant tout contre les agissements de l'Etat. Celui-ci ne peut pas s'immiscer dans la fondation des syndicats ni dans l'affiliation à ceux-ci.....

La question qui se pose en l'espèce concerne cependant la mesure dans laquelle cette disposition oblige l'Etat à protéger le syndicaliste contre des décisions prises à son encontre par son syndicat.

... le droit de fonder des syndicats comporte par exemple le droit pour les syndicats d'établir leurs propres règlements, d'administrer leurs propres affaires, d'instaurer des fédérations de syndicats et d'y adhérer.....

En conséquence, les décisions prises par les syndicats dans ces domaines ne doivent pas être soumises à des restrictions ni au contrôle de l'Etat sauf sur la base de l'article 11 par. 2. A titre de corollaire, ces décisions doivent être considérées comme une activité privée dont, en principe, l'Etat ne saurait être tenu pour responsable au regard de la Convention.

... La protection offerte par cette disposition est avant tout dirigée contre les ingérences de l'Etat.

La Commission a, toutefois, fait observer que, dans certains cas, l'Etat pouvait ressentir la nécessité d'intervenir dans les questions syndicales en vue de protéger l'individu contre:

tout abus de position dominante de la part des syndicats.... Cet abus pourrait se produire par exemple lorsque l'exclusion ou l'expulsion n'a pas été conforme au règlement du syndicat ou lorsque les règles en étaient totalement déraisonnables ou arbitraires ou encore que les conséquences de l'exclusion ou de l'expulsion ont été particulièrement rigoureuses pour

21. Arrêt Schmidt et Dahlström du 6 février 1976, Série A n° 21, p. 16, par. 36.

l'intéressé, par exemple lui ont fait perdre son emploi en raison d'un monopole de l'emploi exercé par ce syndicat[22].

Contrairement à ce qui s'est passé pour les autres articles de la Convention, les organes strasbourgeois ont rarement conclu à l'existence d'une «ingérence» sous l'angle de l'article 11 par. 1, du moins dans les droits syndicaux. C'est ainsi qu'ils examinent rarement l'application des dispositions limitatives du paragraphe 2. La Cour a énoncé sa position dans les affaires Syndicat national de la police belge et Syndicat suédois des conducteurs de locomotive. Dans ces deux affaires, la Commission a estimé que, dans certains cas, l'application, par l'Etat, de mesures qui auraient pour effet de rendre l'affiliation à un syndicat moins attrayante en réduisant ses pouvoirs de négociations avec les employeurs, pouvait constituer une violation de l'article 11. La Cour n'a, toutefois, pas voulu aller jusque là et a fait observer que la diminution de l'utilité de l'affiliation était le résultat d'une «politique générale ... consistant à restreindre le nombre des organisations avec lesquelles conclure des conventions collectives. Cette politique n'est pas à elle seule incompatible avec la liberté syndicale»[23].

Aspects uniques des dispositions restrictives de l'article 11

Contrairement aux autres articles de structure similaire de la Convention, l'article 11 contient, en son deuxième paragraphe, une disposition qui confère à l'Etat le pouvoir de restriction, par certaines catégories de personnes, de l'exercice des droits énoncés au paragraphe 1:

> Le présent article n'interdit pas que des restrictions légitimes soient imposées à l'exercice de ces droits par les membres des forces armées, de la police ou de l'administration de l'Etat.

La Commission a interprété cette disposition dans une requête dirigée contre le Royaume-Uni. Dans cette affaire, les requérants contestaient les mesures par lesquelles les autorités avaient supprimé le droit, pour les travailleurs du Government Communications Headquarters (le département de la Fonction publique chargé notamment d'assurer la sécurité des communications militaires et officielles) de former un syndicat ou de s'affilier à un syndicat. Les fonctionnaires en place au GCHQ avaient, pendant près de 40 ans, pu s'affilier à un syndicat et avaient pris part à une action syndicale peu avant que le gouvernement n'interdise les syndicats sur leur lieu de travail. Toutes les parties ont convenu que cette interdiction des syndicats constituait une ingérence dans l'exercice des droits protégés par l'article 11[24]. L'examen, auquel se livra ensuite la Commission, des moyens développés par le gouvernement sous l'angle du paragraphe 2 est représentatif de l'écart considérable qui existe entre les dispositions restrictives de l'article 11 et les clauses parallèles des autres articles de structure similaire de la Convention européenne. Les requérants dans l'affaire du GCHQ étant, à l'évidence, des «membres de l'administration de l'Etat», la Commission s'est bornée examiner la «légitimité» des mesures des pouvoirs publics interdisant leur apparte-

22. N° 10550/83, Déc. 13.5.85, D.R. 42 p. 178 (193-194).

23. Arrêt Syndicat suédois des conducteurs de locomotives, du 6 février 1976, Série A n° 20, p. 16, par. 42; voir également l'arrêt Syndicat national de la police belge, du 27 octobre 1975, Série A n° 19, pp. 18-19, par. 39-41.

24. N° 11603/85, Déc. 20.1.87, D.R. 50 p. 229.

nance à un syndicat. La Commission a estimé que les dispositions juridiques applicables trouvaient leur fondement dans le droit national et a déclaré que:

> [L]es dispositions juridiques pertinentes fournissent des indications adéquates et suffisantes au personnel employé au GCHQ quant à la possibilité de mesures visant à réglementer l'affiliation à un syndicat. La Commission fait en outre remarquer que ces mesures pouvaient faire l'objet d'un contrôle judiciaire par les tribunaux internes.

La Commission a laissé sans réponse le point de savoir si le terme «légitime» englobait le principe de proportionnalité et a estimé que:

> [M]ême si le terme «légitime» exige un peu plus qu'une base en droit interne et, en particulier, une interdiction de l'arbitraire, on ne peut douter que cette condition ait été respectée dans la présente affaire[25].

La Commission a refusé d'examiner l'affaire à la lumière du critère exprimé par les termes «nécessaire dans une société démocratique», ayant jugé que seule la deuxième phrase de l'article 11 par. 2 était applicable.

25. *Ibidem*, pp. 255-256.

Le droit au respect de ses biens, le droit à l'instruction et le droit à des élections libres (Protocole n° 1, articles 1, 2 et 3)

Lorsque la Convention européenne des Droits de l'Homme a été rédigée, les Etats membres du Conseil de l'Europe n'ont pu se mettre d'accord pour intégrer un certain nombre de droits dans l'instrument de base lui-même, ou sur le caractère de ceux-ci. Il s'ensuit que les auteurs ont proposé d'inclure ceux-ci dans un Protocole additionnel à la Convention. Le Protocole n° 1, qui fut ouvert à la signature et à la ratification moins de deux ans après la Convention, prévoyait les droits au respect de ses biens, à l'instruction et à des élections libres au scrutin secret, dont on peut affirmer qu'il s'agit de droits importants pour le maintien d'une société démocratique et de la prééminence du droit.

Le droit au respect de ses biens (article 1 du Protocole n° 1)

L'article 1 du Protocole n° 1 est la seule disposition de la Convention qui traite d'un droit économique. En rédigeant cet article, les Etats se sont ménagé une marge d'appréciation importante, s'agissant des critères à appliquer pour déterminer la portée de ce droit et les restrictions éventuelles à son exercice. Ce qui est significatif, c'est que le texte de cet article ne garantit pas explicitement un droit quelconque de dédommagement suite à une ingérence dans le droit au respect de ses biens. Contrairement à la plupart des autres dispositions de la Convention, cet article protège explicitement les personnes physiques mais aussi les personnes morales, notamment les entreprises. Cet aspect de l'article est extrêmement important, puisque le système économique des Etats membres se fonde sur le principe de la propriété privée des biens et sur la liberté de constituer des unités économiques ayant statut de «personnes morales». Toutefois, la Cour a donné à la notion de «personne» figurant dans la Convention un sens plus large et a également autorisé les Eglises qui, sans être des entités commerciales, ne sont pas des organisations publiques, à faire valoir des griefs sous l'angle de l'article 1 du Protocole n° 1[1]. De nombreux autres droits de l'homme et libertés fondamentales ne peuvent être logiquement exercés que par des personnes physiques, ou bien les articles qui les régissent doivent s'interpréter comme excluant les «personnes morales».

---

1. Arrêt Saints Monastères du 9 décembre 1994, Série A n° 301-A.

Les principes qui sous-tendent le droit au respect des biens

L'article 1 du Protocole n° 1 est libellé comme suit:

> Toute personne physique ou morale a droit au respect de ses biens. Nul ne peut être privé de sa propriété que pour cause d'utilité publique et dans les conditions prévues par la loi et les principes généraux du droit international.
>
> Les dispositions précédentes ne portent pas atteinte au droit que possèdent les Etats de mettre en vigueur les lois qu'ils jugent nécessaires pour réglementer l'usage des biens conformément à l'intérêt général ou pour assurer le paiement des impôts ou d'autres contributions ou des amendes.

Cet article comprend trois règles distinctes que la Cour européenne des Droits de l'Homme a précisées dans plusieurs affaires:

> La première, qui s'exprime dans la première phrase du premier alinéa et revêt un caractère général, énonce le principe du respect de la propriété; la deuxième, figurant dans la seconde phrase du même alinéa, vise la privation de propriété et la subordonne à certaines conditions; quant à la troisième, consignée dans le second alinéa, elle reconnaît aux Etats contractants le pouvoir, entre autres, de réglementer l'usage des biens conformément à l'intérêt général. La deuxième et la troisième, qui ont trait à des exemples particuliers d'atteintes au droit de propriété, doivent s'interpréter à la lumière du principe consacré par la première[2].

Par conséquent, à l'instar d'un certain nombre d'autres droits matériels garantis par la Convention, un Etat peut restreindre l'exercice du droit de propriété. Il peut priver une personne de ses biens «pour cause d'utilité publique et dans les conditions prévues par la loi». Il peut aussi «mettre en vigueur les lois qu'il juge nécessaires pour réglementer l'usage des biens conformément à l'intérêt général» ou en vue d'assurer le paiement d'amendes, d'impôts, etc. L'Etat jouit donc d'une marge d'appréciation plus importante sous l'angle de cet article que sous celui d'autres articles de la Convention autorisant les restrictions de droits.

La première phrase du premier paragraphe énonce un principe. A première vue, toutefois, il pourrait sembler que ce principe n'a guère de sens en soi, compte tenu de l'importante latitude offerte par les dispositions qui lui font suite. La Cour a examiné cette question dans l'affaire importante Sporrong et Lönnroth, dans laquelle les requérants se plaignaient des effets des autorisations d'expropriation de longue durée assorties d'interdictions de bâtir sur leur propriété. La Cour a affirmé que, pour déterminer si le principe énoncé dans la première phrase de l'article avait été respecté, il était nécessaire d'établir si l'une ou l'autre des deux clauses qui lui font suite était applicable aux faits de l'espèce. La Cour a déclaré qu'en l'espèce, l'exercice, par l'Etat, de son droit de réglementer l'usage de biens enfreignait le principe du respect des biens énoncé dans la première phrase[3]. Dans l'affaire James, la Cour a répété que les trois règles n'étaient pas distinctes au point d'être dépourvues de lien entre elles. La deuxième et la troisième règles concernent des cas particuliers d'ingérence dans le droit au respect des biens et doivent donc s'interpréter à la lumière du principe général énoncé dans la première phrase[4].

---

2. *Ibidem*, p. 31, par. 56 (citant l'arrêt James et al. du 21 février 1986, Série A n° 98-B, p. 29, par. 37).

3. Arrêt Sporrong et Lönnroth du 23 septembre 1982, Série A n° 52, p. 24, par. 61.

4. Arrêt James et al. du 21 févier 1986, Série A n° 98, pp. 29-30, par. 37.

L'arrêt Sporrong et Lönnroth et ses successeurs ont établi des précédents décisifs et importants en ce qui concerne la protection future du droit de propriété. Jusqu'aux arrêts intervenus dans ces affaires, le débat concernant la portée du droit de propriété ou des «biens», visé à l'article 1 du Protocole n° 1, était influencé par l'impression qu'il n'existait pas d'accord sur un niveau minimum de protection. Cette impression remonte aux origines de la Déclaration universelle des Droits de l'Homme, qui avait mis en évidence les différences existant entre les systèmes politiques et économiques dans le monde, différences qui ont sapé le concept traditionnel, occidental ou capitaliste de la propriété en tant que droit de l'homme. Certes, l'article 17 de la Déclaration universelle renvoie à un droit à la propriété, mais en termes vagues, et ni le Pacte international relatif aux droits civils et politiques, ni le Pacte international relatif aux droits économiques, sociaux et culturels ne mentionnent la propriété. Les termes de l'article 1 du Protocole n° 1 semblent indiquer que l'intention n'était pas, ou guère, de prévoir des garanties essentielles, hormis le postulat clair selon lequel nul ne peut être privé de manière arbitraire de ses biens ou de sa propriété et que la Commission et la Cour peuvent vérifier si les lois nationales applicables sont respectées. Même l'application de ces deux points pose forcément des problèmes et le texte n'offre guère d'indications concernant d'autres aspects essentiels.

La notion de «biens»

En pratique, la notion de «biens» a été interprétée et appliquée de manière relativement large. La Cour a déclaré clairement, dans les affaires Handyside et Marckx, que la totalité des divers termes renvoie à la notion de propriété dans son sens normal[5]. Plus précisément, l'historique confirme que cette notion renvoie à la propriété *privée*, tant meuble qu'immeuble[6]. Dans l'affaire Marckx, la Cour a déclaré que l'article 1 du Protocole n° 1 s'appliquait uniquement aux biens existants d'une personne et non au droit d'acquérir des biens, que ce soit par succession *ab intestat* ou par dispositions volontaires. Le droit d'hériter de biens n'est pas un droit dévolu tant que la succession n'est pas exigible. Il protège également le droit de disposer des droits patrimoniaux[7].

Dans certaines affaires, la Cour a estimé que le terme «biens» englobait tous les «droits dévolus» dont un requérant peut établir l'existence. Bien qu'ils ne constituent pas une propriété physique, il est clair que ces avoirs de droit privé, tels qu'actions ou créances monétaires fondées sur un contrat ou un délit civil, sont inclus. Dans l'affaire Stran Greek Refineries et Stratis Andreadis, les requérants ont introduit contre le gouvernement une action en remboursement des frais qu'ils avaient engagés et des cautionnements de garantie qu'ils avaient déposés pendant la durée d'un contrat négocié entre eux-mêmes et le gouvernement militaire grec au pouvoir au début des années soixante-dix. Le contrat fut annulé par la suite, lors du rétablissement de la démocratie en Grèce. Les requérants et le gouvernement convinrent de faire appel à l'arbitrage pour trancher la question des prétentions. Une sentence arbitrale fut prononcée en faveur du requérant. Sa validité ainsi

5. Arrêt Handyside du 7 décembre 1976, Série A n° 24, pp. 29-30, par. 62; arrêt Marckx du 13 juin 1979, Série A n° 31, pp. 27-28, par. 63.

6. N° 7456/76, Déc. 8.2.78, D.R. 13, p. 41 (54).

7. Arrêt Marckx du 13 juin 1979, Série A n° 31, pp. 27-28, par. 63-65.

que le montant de ce qui était dû au requérant furent confirmés par la suite dans le cadre d'une procédure judiciaire. Avant que l'affaire ne fût définitivement tranchée, le pouvoir législatif national adopta, toutefois, une loi déclarant caduque la clause relative à l'arbitrage dans le contrat original et annulant le droit reconnu dans ce cadre. La Cour européenne a estimé qu'il y avait eu violation de l'article 1 du Protocole n° 1 et a déclaré:

> [L]a jurisprudence internationale, juridictionnelle ou arbitrale, reconnaît ... à tout Etat un pouvoir souverain pour modifier, voire résilier, moyennant compensation, un contrat conclu avec des particuliers ... [A]insi le veulent la prééminence des intérêts supérieurs de l'Etat sur les obligations contractuelles et la nécessité de sauvegarder l'équilibre du contrat. Toutefois, la résiliation unilatérale d'un contrat reste sans effet à l'égard de certaines clauses essentielles de celui-ci, telle la clause d'arbitrage; modifier le mécanisme mis en place par un changement apporté d'autorité à une telle clause permettrait à l'une des parties d'échapper à la juridiction dans un différend pour lequel l'arbitrage a précisément été prévu ...
>
> En choisissant d'intervenir à cette étape de la procédure devant la Cour de cassation par une loi qui se prévalait de la résiliation du contrat litigieux pour déclarer caduque la clause compromissoire et nulle la sentence arbitrale ... le législateur a rompu, au détriment des requérants, l'équilibre devant régner entre la sauvegarde du droit de propriété et les exigences de l'intérêt général[8].

Le droit au respect des biens comprend certaines prétentions de nature économique fondées sur le droit public, notamment les prestations accumulées dans le cadre d'un régime d'assurance obligatoire établi par la législation sur la sécurité sociale. En particulier, on peut considérer que les droits établis à une pension de retraite et les régimes de sécurité sociale sont protégés, du moins si la personne y a participé par le versement de cotisations. La Commission, au contraire de la Cour, a distingué, d'une part, les systèmes dans lesquels le participant verse une cotisation à une caisse et constitue ainsi une part précise, calculable à tout moment et, d'autre part, ceux dans lesquels le lien entre la cotisation et la prestation ultérieure est beaucoup plus lâche[9]. Dans le premier système, le versement de cotisations à une caisse crée un droit de propriété sur une part de cette caisse. Dans l'affaire Müller, la Commission a estimé que, si l'on considère que l'article 1 du Protocole n° 1 garantit aux personnes qui ont versé des cotisations dans le cadre d'un régime d'assurances sociales le droit à des prestations, on ne peut l'interpréter comme accordant à la personne concernée le droit à un montant déterminé de pension de retraite[10]. Ce dernier système est fondé sur le principe de la solidarité sociale. Il n'existe pas, dans ce cas de figure, de lien direct entre le niveau des cotisations et les prestations versées[11]. La personne ne possède pas, dans ce cas, une part identifiable de la caisse qu'elle pourrait revendiquer[12]. La Commission a, toutefois, estimé que des fluctuations du montant de la prestation qui entraînent une réduction importante du montant de la pension pouvaient, dans certains cas, constituer une violation[13].

---

8. Arrêt Stran Greek Refineries et Stratis Andreadis du 9 décembre 1994, Série A n° 301-B, pp. 87-88, par. 72 et 74.
9. Voir notamment n° 4130/69, Déc. 20.7.71, Recueil 38 p. 9 (14) et n° 4288/69, Déc. 17.3.70, Recueil 33 p. 53.
10. Müller c/ Autriche, Rapport Comm. 1.10.75, par. 29-30, D.R. 3 p. 25 (39-40).
11. N° 10971/84, Déc. 10.7.85, D.R. 43 p. 190 (192-193).
12. N° 4130/69, Déc. 20.7.71, Annuaire 14 p. 225 (251).
13. N° 7624/76, Déc. 6.7.77, D.R. 19 p. 100 (110-111).

Dans l'affaire Håkansson et Sturesson, les requérants avaient acheté en commun une propriété agricole lors d'une vente publique. La loi sur l'acquisition foncière prévoyait qu'ils étaient tenus de revendre le bien dans les deux ans s'ils n'obtenaient pas un permis d'acquisition délivré par le Conseil agricole départemental. Or, leurs demandes de permis furent rejetées. Une nouvelle vente publique fut organisée à la demande du Conseil. Avant cette vente, le Conseil rejeta quatre des cinq demandes d'autorisation préalable d'acquisition du bien. A la vente publique, il n'y eut, toutefois, aucun autre enchérisseur que le Conseil lui-même qui fût disposé à acheter le bien au prix minimum fixé par la loi. Le point litigieux ne concernait pas le fait que l'ingérence dans le droit des requérants au respect de leurs biens constituait une privation de propriété au sens de l'article 1 du Protocole n° 1. La Cour a toutefois estimé que les requérants n'avaient pas dû supporter une charge distincte et excessive suite aux mesures incriminées: d'abord, en achetant le bien, ils n'ignoraient pas qu'ils risquaient de devoir le revendre aux conditions fixées par la loi de 1979; ensuite, la revente avait été effectuée conformément aux prescriptions de ladite loi; enfin, le prix qu'ils avaient obtenu pouvait être jugé raisonnable, compte tenu de la valeur du bien. Il n'y avait donc pas eu violation de l'article 1 du Protocole n° 1[14].

Dans l'affaire Mellacher, les propriétaires de plusieurs immeubles d'appartements ont soutenu que leur droit de percevoir un loyer mensuel de leurs locataires était protégé par l'article 1 du Protocole n° 1. En ce qui concerne un appartement dans chacun de ces immeubles, les loyers payables en vertu des conventions existantes conclues avec les locataires ont été, suite aux demandes formulées par ceux-ci, ramenés par les tribunaux au montant fixé par la législation interne applicable. Les requérants ont fait valoir que cette réduction constituait une ingérence injustifiée dans leur droit au respect de leurs biens. Ils estimaient que le droit de percevoir un loyer dans le cadre d'une convention locative représentait un droit de propriété distinct du droit d'utiliser un bien. La Cour a déclaré qu'il n'était pas contesté que les réductions opérées conformément à la législation interne constituaient une ingérence dans l'exercice des droits des requérants en tant que propriétaires des biens donnés en location. En ce qui concerne le respect des conditions énoncées au paragraphe 2, la Cour a déclaré que, pour mettre en œuvre les politiques sociales et économiques, en particulier dans le domaine du logement, le pouvoir législatif devait disposer d'une latitude importante, tant en ce qui concerne l'existence d'un problème d'intérêt public justifiant des mesures de contrôle que pour ce qui touche au choix des règles détaillées d'application de ces mesures[15].

Plusieurs affaires ont soulevé le point de savoir si divers types de licences constituaient des biens au sens de l'article 1 du Protocole n° 1. La Cour a déclaré que la réponse à cette question dépendait notamment du point de savoir si l'on pouvait estimer que la licence suscitât chez son détenteur l'attente raisonnable et légitime que cette licence revête un caractère durable et qu'il puisse continuer à tirer profit de l'exercice de l'activité qu'elle autorise. Dans l'affaire Tre Traktörer Aktiebolag, la plainte concernait le retrait d'une licence de vente de boissons alcoolisées accordée au restaurant d'entreprise du requérant. En l'espèce, la licence avait été accordée à plusieurs conditions, dont le non-respect pouvait entraîner le retrait. La Cour a déclaré que l'article 1 du Protocole n° 1 était applicable mais a jugé que le retrait de la licence ne constituait pas une privation de propriété, puisqu'il avait été opéré

14. Arrêt Håkansson et Sturesson du 21 février 1990, Série A n° 171.

15. Arrêt Mellacher du 19 décembre 1989, Série A n° 169.

dans un but d'intérêt général et qu'il n'y avait pas de caractère disproportionné entre la réglementation de l'intérêt économique de l'entreprise du requérant et l'intérêt général de la société. Il n'y avait donc pas de violation de l'article 1 du Protocole n° 1[16].

Dans l'affaire Van Marle, la Cour a déclaré que, dans certaines circonstances, la «clientèle» pouvait être assimilée au droit de propriété visé à l'article 1 du Protocole n° 1:

> [G]râce à leur travail, les intéressés avaient réussi à constituer une clientèle; revêtant à beaucoup d'égards le caractère d'un droit privé, elle s'analysait en une valeur patrimoniale, donc en un bien au sens de la première phrase de l'article 1[17].

La Cour a estimé que l'article 1 du Protocole n° 1 était applicable, mais a conclu à l'absence de violation dès lors que l'ingérence était justifiée.

Dans l'affaire Van der Mussele, la Cour a déclaré que l'absence de rémunération pour les dépenses engagées par le requérant lorsque celui-ci avait rendu des services au public était sans lien avec le «respect» des biens existants du requérant. La Cour a déclaré que les dépenses étaient relativement modestes et découlaient d'obligations d'exécution d'un travail compatibles avec l'article 4 et que, dès lors, il n'y avait pas eu de violation de l'article 1 du Protocole n° 1[18].

Privations de propriété et droit à dédommagement

La deuxième et la troisième phrases de l'article 1 du Protocole n° 1 fixent les conditions des privations de propriété et de la réglementation de l'usage des biens. C'est la distinction entre ces deux types différents d'ingérence qui a été au cœur de l'affaire Air Canada, dans laquelle les autorités du Royaume-Uni avaient saisi un des avions du requérant en vertu de dispositions du Customs and Excise Act (loi sur les douanes et les accises) autorisant ce type de mesure, étant donné que d'importantes quantités de drogue avaient été découvertes dans l'avion et que l'entreprise du requérant avait déjà été sanctionnée plusieurs fois pour infractions à la sécurité dans le contexte d'autres activités liées au trafic de la drogue. L'entreprise a récupéré l'avion le jour même, après avoir payé une amende. Le requérant a ensuite entamé une action devant les juridictions nationales, au motif que l'avion ne pouvait faire l'objet d'une saisie: le gouvernement réagit en introduisant une procédure de confiscation en vue de confirmer le fait que l'avion pouvait être saisi au moment où il l'avait été. La Commission et la Cour ont rejeté le moyen du requérant selon lequel il avait été privé de sa propriété, premièrement, par la retenue momentanée de l'avion et, deuxièmement, par la perte définitive de la somme qu'il avait dû verser pour recouvrer l'appareil. La Cour a formulé les remarques suivantes:

> [L]a saisie de l'avion a constitué une restriction temporaire à son utilisation et n'a pas entraîné de transfert de propriété ... la décision de la Court of Appeal prononçant la confiscation du bien n'a pas eu pour effet de priver Air Canada de la propriété puisque la somme exigée pour la restitution de l'appareil avait été versée ...

---

16. Arrêt Tre Traktörer Aktiebolag du 7 juillet 1989, Série A n° 159.

17. Arrêt Van Marle et al. du 26 juin 1986, Série A n° 101, p. 13, par. 41.

18. Arrêt Van der Mussele du 23 novembre 1983, Série A n° 70, p. 23, par. 48.

En outre, le régime de la législation laisse apparaître que la remise de l'appareil sous condition du versement d'une somme d'argent constituait en fait une mesure prise en application d'une politique tendant à empêcher les avions d'introduire au Royaume-Uni entre autres des drogues prohibées. Comme telle, elle relevait de la réglementation de l'usage de biens[19].

La Cour a reconnu que les mesures prises par les autorités correspondaient à l'intérêt général de la lutte contre le trafic de la drogue et que les dispositions prises dans ce contexte n'étaient pas disproportionnées par rapport à l'objectif consistant à empêcher l'importation de drogues interdites dans le pays. Partant, il n'y avait pas eu violation de l'article 1 du Protocole n° 1.

Dans l'affaire Sporrong et Lönnroth, la Cour a traité un droit à dédommagement pour ingérence dans des droits de propriété comme une caractéristique inhérente du droit de propriété protégé par l'article 1 du Protocole n° 1 dans la mesure où ce dédommagement pouvait former un élément nécessaire du juste équilibre entre des droits publics et privés. Ceci nous amène à la plus importante restriction au respect des biens d'une personne que le paragraphe 1 permette aux autorités d'imposer: l'expropriation dans l'intérêt général.

L'affaire James concernait une législation qui accordait aux personnes occupant depuis longtemps certains logements le droit de racheter la part du propriétaire dans ces biens, sous certaines conditions de dédommagement. Les requérants étaient les propriétaires des biens, dont un certain nombre avaient été achetés par des locataires exerçant leurs droits au titre de cette législation. Les requérants ont soutenu que le critère de l'«utilité publique» contenu dans la clause de privation n'était rempli que si la propriété était saisie à des fins publiques dont bénéficie l'ensemble de la communauté et que, par conséquent, le transfert de propriété d'une personne à une autre, celle-ci étant le seul bénéficiaire de l'opération, ne pouvait en aucun cas être d'«utilité publique». La Cour a conclu à l'absence de violation de l'article 1 du Protocole au motif que, si une privation de propriété opérée sans autre raison que d'attribuer un avantage privé à une partie privée ne pouvait être d'«utilité publique», le transfert obligatoire de propriété d'une personne à une autre pouvait, selon les circonstances, constituer une fin légitime visant la promotion de cette utilité publique. La Cour a déclaré, en outre, que la saisie de propriété en application de politiques légitimes, sociales, économiques ou autres, pouvait être d'«utilité publique», même si la communauté dans son ensemble n'avait pas d'usage ou de jouissance directs du bien exproprié[20].

Dans l'affaire Lithgow et al., les requérants se sont plaints de la nationalisation de certains de leurs intérêts. Sans contester le principe de la nationalisation en soi, ils soutenaient toutefois que, pour diverses raisons, le dédommagement qui leur avait été versé était totalement insuffisant et que, dès lors, ils avaient été victimes d'une violation de l'article 1 du Protocole n° 1. La Cour a estimé que l'obligation de versement d'un dédommagement découlait d'une condition implicite de l'article lu dans son ensemble plutôt que de la condition de l'«utilité publique» elle-même. Celle-ci a trait à la justification et aux motifs de l'acte d'appropriation, aspects non contestés par les requérants. En ce qui concerne l'expression «dans les conditions prévues par la loi», celle-ci implique la condition préalable

19. Arrêt Air Canada du 5 mai 1995, Série A n° 316-A, pp. 15-16, par. 33 – 34.

20. Arrêt James et al. du 21 février 1986, Série A n° 98, p. 30, par. 40.

de l'existence et du respect de dispositions juridiques internes suffisamment accessibles et précises[21].

Dans cette affaire, tout comme dans l'affaire James ci-dessus, tant la Commission que la Cour ont estimé que l'appropriation sans versement d'un montant raisonnable proportionnel à la valeur du bien constituerait normalement une ingérence disproportionnée qui ne saurait être considérée comme justifiable au regard de l'article 1 du Protocole n° 1. Cet article ne garantit toutefois pas le droit à l'indemnisation complète dans toutes les circonstances, puisque des fins légitimes d'«utilité publique», telles que celles poursuivies par le biais de mesures de réforme économique ou celles destinées à améliorer la justice sociale, peuvent donner lieu à des montants d'indemnisation inférieurs à la valeur totale du bien sur le marché. La Cour a souligné qu'à cet égard, son pouvoir se bornait à vérifier si le choix des conditions de dédommagement excède la marge d'appréciation de l'Etat dans ce domaine[22].

L'affaire des Saints Monastères concernait également la question du dédommagement. Dans cette affaire, plusieurs monastères très anciens avaient accumulé des biens au fil des siècles par divers moyens n'offrant pas la possibilité d'un enregistrement de propriété tel que le permettent les mécanismes juridiques relativement récents d'enregistrement des titres de propriété. Les monastères requérants se sont plaints du transfert à l'Etat d'une partie de leurs biens agricoles et forestiers, et de la gestion des biens transférés, qui avait été attribuée à un organisme public et à l'Eglise orthodoxe grecque. Bien que l'Etat n'eût pris aucune mesure visant à faire expulser les monastères des biens en question, il avait le pouvoir de le faire à tout moment. La loi régissant ces transactions ne comportait aucune disposition de dédommagement des monastères pour la perte de propriété subie. La Cour a estimé qu'il y avait eu violation de l'article 1 du Protocole n° 1 et a rejeté l'argument du gouvernement selon lequel le moyen par lequel les requérants avaient acquis les biens et le statut de dépendance tant des monastères que de l'Eglise orthodoxe grecque justifiaient l'absence de dédommagement. La Cour a relevé à cet égard que, lors d'une expropriation analogue trente-cinq ans auparavant, les monastères dont les biens avaient été expropriés avaient obtenu un dédommagement.

L'article 1 du Protocole n° 1 prévoit uniquement une indemnisation dans les cas d'expropriation pour cause d'utilité publique lorsqu'il s'agit de mesures prises par un Etat à l'encontre de non-ressortissants de cet Etat, et n'est donc pas applicable à la privation de propriété de ses propres ressortissants[23]. Dans l'affaire James et l'affaire Lithgow, les requérants ont également soutenu que l'interprétation selon laquelle le principe en question ne s'appliquait qu'aux non-ressortissants rendrait la référence aux principes généraux superflue, puisque les non-ressortissants bénéficiaient déjà de cette protection. La Cour a estimé que la référence en question pouvait passer pour offrir, au moins, une double utilité:

> Tout d'abord, elle permet aux non-nationaux d'utiliser directement le mécanisme de la Convention pour invoquer des droits sur la base des principes pertinents du droit international, sans quoi il leur faudrait essayer d'obtenir le recours à la voie diplomatique ou à d'autres modes disponibles de règlement. Deuxièmement, elle préserve leur situation en

---

21. Arrêt Lithgow et al. du 8 juillet 1986, Série A n° 102, p. 47, par. 110.

22. Arrêt James et al. du 21 février 1986, Série A n° 98, p. 32, par. 46; arrêt Lithgow et al. du 8 juillet 1986, Série A n° 102, p. 51, par. 122.

23. N° 511/59, Déc. 20.12.60, Annuaire 3 p. 395 (423-425).

empêchant de prétendre que l'entrée en vigueur du Protocole n° 1 a eu pour effet de restreindre leurs droits[24].

La Cour a déclaré que cette différence de traitement ne constituait pas une violation de l'interdiction de discrimination énoncée à l'article 14 de la Convention, en particulier dans la mesure où il peut exister des motifs valables d'établir une distinction entre les ressortissants et les non-ressortissants, spécialement en ce qui concerne la privation de propriété opérée dans le contexte d'une réforme sociale. La Cour a mis l'accent sur le fait que les non-ressortissants sont plus vulnérables à la législation interne puisque, contrairement aux ressortissants, ils n'auront généralement pas joué de rôle dans l'élection ou la désignation de ses auteurs et n'auront pas été consultés lors de son adoption. Ensuite, bien que la privation de propriété doive toujours se faire pour cause d'utilité publique, des considérations différentes peuvent s'appliquer aux ressortissants et aux non-ressortissants et il peut très bien y avoir un motif légitime d'exiger que les ressortissants supportent, par rapport à l'utilité publique, une part plus importante de la charge que les non-ressortissants[25]. Dans les deux affaires, la Cour a estimé qu'aucune violation de l'article 1 du Protocole n'avait été établie puisque, dans l'exercice de sa marge d'appréciation, le Royaume-Uni avait le droit d'adopter les mesures de dédommagement qu'il avait appliquées aux requérants, et la Cour a jugé que ces dispositions et leur application n'étaient pas déraisonnables.

Réglementation de l'usage des biens

L'article 1 du Protocole n° 1 mentionne le «droit au respect» des biens, ce qui implique qu'il peut y avoir eu violation de cet article lorsqu'une personne n'a pas été affectée dans sa propriété ou ses biens en soi, mais lorsqu'elle n'a pas eu l'occasion d'en faire usage. Le paragraphe 2 de l'article 1 stipule que les lois qu'un Etat juge nécessaires en vue de réglementer l'usage des biens conformément à l'intérêt général ne constituent pas une violation de cet article. La propriété ne place pas celui qui la détient au-dessus des lois, comme le démontrent suffisamment des exemples simples tels que les limitations de vitesse pour les voitures ou les prescriptions de sécurité pour les avions («conformément à l'intérêt général»). En ce qui concerne la question de la «réglementation de l'usage des biens», le même principe s'applique que celui applicable à la «privation de propriété» visée à la deuxième phrase de l'article 1. Les organes strasbourgeois doivent, dans l'exercice de leur compétence de contrôle, répondre à deux questions: d'abord, la législation de réglementation poursuit-elle un but légitime dans «l'intérêt général» et, ensuite, le fonctionnement de cette législation et la réglementation appliquée en vertu de celle-ci sont-ils proportionnés au but légitime poursuivi?

Dans l'affaire Gillow, la Commission a déclaré que, bien qu'il existe un parallélisme étroit de démarche entre la règle relative à la privation et celle relative à la réglementation de l'usage, il est clair que le degré de proportionnalité est différent dans l'application des deux règles puisque, par nature, la privation de biens est plus grave que la réglementation de leur usage, la pleine propriété étant maintenue dans le second cas. Par conséquent, le critère

24. Arrêt James et al. du 21 février 1986, Série A n° 98, p. 39, par. 62; arrêt Lithgow et al. du 8 juillet 1986, Série A n° 102, p. 48, par. 115.

25. *Ibidem.*

principal permettant de déterminer si un juste équilibre a été établi dans la réglementation de l'usage d'un bien personnel est l'usage auquel le destinait son propriétaire. En l'espèce, il s'agissait de savoir si le refus d'autoriser l'occupation d'une maison dont un des requérants était le propriétaire constituait une violation de l'article 1 du Protocole n° 1. La Commission a estimé que le rejet de la demande d'autorisation formulée par les requérants constituait une mesure de réglementation de l'usage de leur bien[26]. La Cour n'a pas eu la possibilité d'examiner cet aspect dans l'affaire Gillow, n'ayant pas compétence pour le faire en raison du fait que le Royaume-Uni n'avait pas fait une déclaration explicite, telle que prévue à l'article 4 du Protocole n° 1, par laquelle elle étendait les dispositions du Protocole à Guernesey, le bailliage dans lequel l'affaire se situait.

La Commission et la Cour européennes des Droits de l'Homme ont eu à connaître d'un certain nombre d'affaires dans lesquelles des propriétaires d'unités résidentielles se sont plaints de la réglementation de l'usage de celles-ci par les autorités publiques. Outre l'affaire Mellacher déjà citée, la Cour a, par exemple, examiné ce type de question dans les affaires récentes Scollo[27], et Spadea et Scalabrino[28]. Dans chacune de ces affaires, les propriétaires d'appartements n'avaient pas été en mesure de faire prononcer des ordres d'expulsion contre les locataires occupant les lieux. Dans chaque cas, la Cour a déclaré:

> [E]n adoptant des mesures d'urgence,...le législateur italien pouvait raisonnablement estimer, compte tenu de la nécessité de ménager un juste équilibre entre les intérêts de la communauté et le droit des propriétaires et du requérant en particulier, que les moyens choisis convenaient pour atteindre le but légitime[29].

La Cour, en invoquant cette norme, a abouti à des résultats différents dans les deux affaires. Dans l'affaire Scollo, elle a conclu à l'existence d'une violation, considérant que M. Scollo avait introduit deux «déclarations de nécessité» fondées à l'appui de la délivrance d'ordres d'expulsion au locataire occupant son appartement, déclarations qui lui donnaient le droit de faire appel aux forces de l'ordre pour assurer l'exécution desdits ordres; qu'il avait besoin de pouvoir accéder à son appartement pour y vivre avec sa famille; et qu'il était chômeur et frappé d'un taux d'invalidité de 70 %. Dans l'affaire Spadea et Scalabrino, en revanche, la Cour a conclu à l'absence de violation: les requérants avaient acheté les appartements en cause dans l'intention de les occuper sans qu'il y ait nécessité d'occupation, et les locataires occupants étaient des femmes âgées aux ressources modestes qui avaient demandé aux autorités municipales de leur attribuer des appartements à loyer modéré pour s'y installer.

Dans quelques affaires, la Cour s'est penchée sur la réglementation de l'usage de biens dans le contexte d'une procédure pénale, plutôt que l'usage que le propriétaire entendait faire de son bien. Dans l'affaire Venditelli, le gouvernement italien avait mis l'appartement du requérant sous séquestre parallèlement à l'introduction d'une procédure pénale contre lui pour avoir enfreint les règlements municipaux d'urbanisme. En fin de compte, la procédure pénale

26. Rapport Comm. 3.10.84, par. 146-148, Cour eur. D.H., Série A n° 109, pp. 42-43.

27. Arrêt Scollo du 28 septembre 1995, Série A n° 315-C.

28. Arrêt Spadea et Scalabrino du 28 septembre 1995, Série A n° 315-B.

29. Arrêt Scollo du 28 septembre 1995, Série A n° 315-C, p. 54, par. 40; arrêt Spadea et Scalabrino du 28 septembre 1995, Série A n° 315-B, p. 27, par. 41.

fut suspendue, mais l'ordonnance de mainlevée relative à l'appartement ne fut prononcée que plusieurs mois plus tard. La Cour européenne des Droits de l'Homme a fait observer que la mise sous séquestre poursuivait deux buts légitimes: préserver les preuves de l'infraction alléguée, et éviter son aggravation. La Cour a conclu à l'existence d'une violation de l'article 1 du Protocole n° 1, tout en déclarant que le tribunal national avait l'obligation expresse d'ordonner la mainlevée immédiate de l'ordonnance de mise sous séquestre au moment où la procédure avait été suspendue puisque, dès ce moment, les motifs légitimes de la poursuite du séquestre avaient cessé d'exister[30]. Le fondement de la plainte dans l'affaire Raimondo était une ingérence plus radicale dans le droit au respect des biens. Dans cette affaire, le requérant contestait la confiscation de plusieurs parcelles de terrain, immeubles, et voitures en attendant qu'il prouve que ces biens avaient été acquis de manière légale. Le requérant était soupçonné d'avoir des liens avec la mafia. La Cour européenne des Droits de l'Homme a estimé que le gouvernement n'avait pas outrepassé sa marge d'appréciation et déclaré avec force à ce sujet:

> [L]a Cour note que la confiscation ... servait un but d'intérêt général: empêcher que l'usage des biens concernés ne procurât au requérant, ou à l'association de malfaiteurs à laquelle on le soupçonnait d'appartenir, des bénéfices au détriment de la collectivité.
>
> La Cour ne méconnaît pas les difficultés rencontrées par l'Etat italien dans la lutte contre la mafia. Grâce à ses activités illégales, notamment le trafic de stupéfiants, et à ses liens internationaux, cette «organisation» brasse d'énormes quantités d'argent investies ensuite, entre autres, dans le secteur immobilier. Destinée à bloquer de tels mouvements de capitaux suspects, la confiscation constitue une arme efficace et nécessaire pour combattre le fléau. Elle apparaît donc proportionnée à l'objectif recherché, d'autant plus qu'elle ne comporte en réalité aucune restriction additionnelle par rapport à la saisie.
>
> Enfin, le caractère préventif de la confiscation en justifie l'application immédiate nonobstant tout recours[31].

La Cour n'a pas estimé que la confiscation constituait une violation, contrairement à la durée du délai nécessaire aux autorités italiennes pour rectifier certaines indications du registre public après l'ordonnance de mainlevée relative au bien du requérant.

Dans l'affaire Sporrong et Lönnroth ci-dessus, les requérants n'ont pas soutenu qu'ils avaient été formellement et définitivement privés de leurs biens mais ont allégué que les autorisations et les interdictions en cause soumettaient la jouissance de leurs biens et la capacité d'en disposer à des limitations excessives. La Cour en a convenu et a estimé que les mesures en cause portaient atteinte à l'essence même de la propriété en ce qu'elles admettaient par avance que toute expropriation serait légale et autorisaient les pouvoirs publics à procéder à l'expropriation chaque fois qu'ils le jugeraient opportun. Le droit de propriété du requérant en devenait précaire et défectible[32]. La Cour a estimé majoritairement que, pour savoir si une telle ingérence est justifiable ou équivaut à une atteinte au droit au respect des biens, il faut savoir si un juste équilibre a été observé entre le souci des intérêts

30. Arrêt Venditelli du 18 juillet 1994, Série A n° 293-A.

31. Arrêt Raimondo du 22 février 1994, Série A n° 281-A, p. 17, par. 30.

32. Arrêt Sporrong et Lönnroth du 23 septembre 1982, Série A n° 52, p. 23, par. 60.

publics concernés et la nécessité de protéger les droits des personnes. En l'espèce, la Cour a estimé qu'il y avait déséquilibre en ce que la contrainte importante imposée aux propriétaires des biens ne pouvait se justifier que s'il leur avait été possible de solliciter un raccourcissement des délais auxquels s'appliquaient l'autorisation d'expropriation et les interdictions de construction ou, à défaut, de demander à être indemnisés pour le dommage résultant de la durée de ces restrictions. En l'absence de l'une comme de l'autre de ces possibilités, la Cour a conclu à l'existence d'une violation de l'article 1 du Protocole n° 1[33].

Dans l'affaire Allan Jacobsson, le requérant avait acheté une propriété qui faisait partie d'un plan de lotissement prévoyant qu'aucun bâtiment ne pouvait être érigé sur une certaine partie du bien avant l'installation de conduites d'eau et d'égouts en suffisance. Le bien avait également fait l'objet d'une série d'interdictions de bâtir d'une durée d'un ou deux ans chacune, dans l'attente de l'adoption d'un plan d'urbanisme par la municipalité. Le requérant adressa, sans succès, un certain nombre de demandes aux autorités: être autorisé à subdiviser le bien en deux unités; obtenir une dérogation à l'interdiction de bâtir; et obtenir un permis de bâtir relatif à un second immeuble. La Cour a estimé que la longue durée de validité des interdictions de bâtir constituait, à coup sûr, une ingérence dans le droit du requérant au respect de ses biens, puisqu'il le soumettait à des règles strictes dans l'attente de l'élaboration d'un plan d'urbanisme. En conséquence, la Cour a estimé que l'ingérence devait être examinée sous l'angle du paragraphe 2 de l'article 1 du Protocole n° 1. Quant à la légalité et au but de l'ingérence, la Cour a estimé que rien ne portait à croire que celle-ci ne fût pas conforme au droit suédois et que le but poursuivi, à savoir faciliter la planification urbaine, ne fût pas conforme à l'intérêt général, tel que le prévoit l'article 1 du Protocole n° 1. La Cour a conclu, par ailleurs, que l'ingérence n'était pas disproportionnée par rapport au but légitime de planification régionale poursuivi par la municipalité. Partant, il n'y avait pas eu de violation de l'article 1 du Protocole n° 1[34].

Autres restrictions admissibles du droit au respect des biens

Outre les mesures par lesquelles l'Etat prive une personne de sa propriété pour cause d'utilité publique ou réglemente l'usage de biens conformément à l'intérêt général, un Etat peut encore réglementer l'usage des biens «pour assurer le paiement des impôts ou d'autres contributions ou des amendes». Les mesures acceptables au titre de cette disposition du paragraphe 2 de l'article 1 du Protocole n° 1 concernent notamment la saisie de biens dans le cadre de leur vente, en vue de l'apurement de dettes fiscales ou d'autres obligations financières. Par exemple, les dispositions juridiques qui interdisent le morcellement d'une entreprise agricole au moment de la succession dans le but d'en maintenir la viabilité constituent une réglementation de l'usage de biens conforme à l'intérêt général[35]. De même, un jugement déclaratif de faillite ne constitue pas une privation de propriété[36]. Dans la mesure où elle représente une ingérence dans le droit au respect des biens, une prise d'hypothèque en faveur des autorités fiscales en tant que garantie du paiement d'impôts ou

33. *Ibidem*, p. 26-28, par. 69-73.

34. Arrêt Allan Jacobsson du 25 octobre 1989, Série A n° 163.

35. N° 8695/79, Déc. 5.12.84, D.R. 39 pp. 26-27.

36. N° 8988/80, Déc. 10.3.81, D.R. 24 p. 198 (201).

d'amendes éludés constitue une mesure légale de réglementation de l'usage de biens[37]. Ni les saisies sur perquisition de documents pertinents dans le cadre d'une procédure pénale[38] ni la saisie de la totalité des avoirs d'un inculpé qui a fui à l'étranger pour se soustraire à une procédure[39] ne constituent des ingérences interdites dans le droit au respect des biens, tel qu'il est garanti par l'article 1 du Protocole n° 1.

Dans le cas de la deuxième restriction visée au paragraphe 2 – assurer le paiement des impôts ou d'autres contributions ou des amendes – la marge d'appréciation appliquée est importante. C'est ainsi que la compétence des autorités nationales en matière de prélèvement d'impôts, d'imposition de sanctions (sous réserve du respect de l'article 7), d'obligation de versement de cotisations de sécurité sociale et d'imposition d'autres prélèvements reste intacte; pour autant qu'elle repose sur une base juridique, il ne saurait être question de discrimination et cette compétence n'est pas utilisée à des fins autres que celles pour lesquelles elle a été conférée. L'affaire Gasus Dosier- und Fordertechnik GmbH concernait la saisie et la vente d'une machine dans le but d'acquitter les dettes fiscales d'une entreprise mise sous séquestre dans un pays, alors que le requérant, une entreprise étrangère qui n'avait été payée que partiellement pour la livraison de la machine, soutenait en être le propriétaire. L'accord de mise sous séquestre comportait notamment la condition qu'aucun tiers ne pouvait faire valoir un droit sur les biens saisis supérieur à celui des parties à l'accord. Dans la procédure devant les organes de la Convention, l'entreprise requérante a soutenu qu'elle avait vendu la machine sous réserve d'en conserver le titre de propriété jusqu'à acquittement complet du prix de la vente. Le gouvernement a fait valoir, quant à lui, que la réserve de propriété avait pour seul but d'assurer le paiement du prix d'achat et, partant, ne constituait pas une «propriété» au sens de l'article 1 du Protocole n° 1. La Cour européenne des Droits de l'Homme a estimé qu'en tout état de cause, les distinctions faites par les parties importaient peu par rapport à la question en cause puisque la saisie et la vente de la machine constituaient une ingérence dans le droit au respect des biens, protégé par cet article. Toutefois, en établissant la balance entre, d'une part, les prétentions du requérant en tant que créancier privé jouissant de larges moyens de protéger ses intérêts en matière de propriété et, d'autre part, celles des autorités fiscales, qui ne sont pas à même d'exercer des pouvoirs comparables dans leur domaine, la Cour a conclu que la saisie et la vente de la machine avaient satisfait à la prescription de proportionnalité sous l'angle de l'article 1 du Protocole n° 1.

L'affaire Agosi concernait la confiscation, sur ordonnance judiciaire, de pièces d'or introduites en fraude appartenant à une tierce partie et le refus des autorités douanières de restituer ces biens. La Cour a fait observer que le grief de M. Agosi concernait non pas la saisie des pièces, mais bien leur confiscation et le refus de les restituer et, dès lors, le paragraphe 2 de l'article 1 du Protocole n° 1 était applicable. La Cour a estimé que les mesures d'application de l'interdiction d'importation devaient respecter le juste équilibre entre l'intérêt général et l'intérêt de la/des personne(s) concernée(s). En l'espèce, l'introduction frauduleuse des pièces d'or visait à contourner la législation douanière et la confiscation trouvait, dès lors, sa justification dans la sécurité que les autorités s'efforçaient d'obtenir pour

37. N° 9889/82, Déc. 6.10.82, D.R. 31 p. 237.

38. N° 9614/81, Déc. 12.10.83, D.R. 34 p. 119.

39. N° 10378/83, Déc. 7.12.83, D.R. 35 p. 235.

le paiement des droits de douane et des amendes. En conséquence, même si le paragraphe 2 de l'article 1 ne contient aucune prescription explicite en matière de procédure, la Cour était tenue de vérifier si les procédures existantes permettaient notamment de prendre raisonnablement en compte le degré de faute ou de soin dans le chef de l'entreprise requérante ou, du moins, la relation entre le comportement de celle-ci et la violation indubitable de la loi qui s'était produite. S'agissant du comportement de l'entreprise requérante, la Cour a relevé que cette question était sans importance dans le cadre d'une procédure de confiscation devant les juridictions anglaises, mais qu'elle avait été soulevée devant les autorités douanières dans la procédure en recouvrement des pièces d'or. La Cour a conclu qu'il n'était pas établi que le système britannique n'avait pas veillé à ce que soit dûment pris en compte le comportement du requérant ou à ce que celui-ci se voit offrir une possibilité raisonnable de présenter sa cause. En conséquence, il n'y avait pas eu violation de l'article 1 du Protocole n° 1[40].

L'affaire Hentrich concernait une variante du thème du recouvrement de l'impôt sous l'angle de l'article 1 du Protocole n° 1. Le requérant, en l'espèce, avait acquis un bien immeuble, la transaction étant soumise à un droit de préemption de l'autorité régionale, limité à une certaine période. A l'expiration de ce délai, ladite autorité avait exercé ce droit conformément à l'article pertinent du Code fiscal, en déclarant que le prix d'achat du bien avait été trop faible. Dans la procédure devant la juridiction nationale, l'Etat a déclaré que la multiplication des cas d'élusion fiscale portant sur des sommes importantes avait requis l'application de la disposition du Code fiscal permettant la préemption des ventes de biens immeubles. La Cour a tout d'abord examiné les buts qui sous-tendaient la procédure de préemption:

> [S]eule l'inadéquation du prix déclaré à la valeur reconnue par l'administration au bien immobilier acheté entraîne l'exercice du droit de préemption. Ce dernier ne vise pas à sanctionner une fraude fiscale et joue même si le prix déclaré égale le prix effectivement payé, mais il tend à prévenir la non-perception de droits d'enregistrement supérieurs. La bonne ou la mauvaise foi de l'acquéreur n'a donc aucune incidence.
>
> La Cour rappelle que la notion d'«utilité publique» est ample par nature et que les Etats disposent d'une certaine marge d'appréciation pour définir et organiser leurs politiques en matière fiscale et élaborer des mécanismes – tel le droit de préemption – pour assurer le paiement des impôts. Elle reconnaît que la prévention de la fraude fiscale constitue un objectif légitime relevant de l'utilité publique[41].

Dans la suite de son analyse, la Cour s'est penchée sur la question de la légalité et de la proportionnalité de l'ingérence en des termes qui pourraient tout aussi bien s'appliquer à l'équité de la procédure de préemption (dont on peut soutenir qu'elle relève de l'article 6 par. 1 de la Convention). S'agissant de la question de la légalité, la Cour a fait la déclaration suivante:

> Si le système du droit de préemption ne prête pas à critiques en tant qu'attribut de la souveraineté de l'Etat, il n'en va pas de même lorsque son exercice est discrétionnaire et qu'en même temps la procédure n'est pas équitable.

---

40. Arrêt Agosi du 24 octobre 1986, Série A n° 108, pp. 18-21, par. 52-61.

41. Arrêt Hentrich du 22 septembre 1994, Série A n° 296-A, p. 19, par. 39.

En l'espèce, la mesure de préemption a joué de manière arbitraire, sélective et guère prévisible, et n'a pas offert les garanties procédurales élémentaires ...

Une décision de préemption ne peut avoir de légitimité en l'absence d'un débat contradictoire et respectueux du principe de l'égalité des armes, qui permette de discuter la question de la sous-évaluation du prix ... autant d'éléments qui ont manqué dans la présente affaire[42].

Après avoir relevé qu'en réalité, le système juridique français avait été modifié pour y intégrer des procédures contradictoires, la Cour a examiné ensuite le principe de proportionnalité exprimé par le «degré de protection offert contre l'arbitraire par les procédures mises en œuvre en l'espèce»[43]. La Cour, concluant à l'existence d'une violation de l'article 1 du Protocole n° 1, a souligné le pouvoir absolu dont disposaient les autorités françaises pour «se substituer à tout acquéreur, même de parfaite bonne foi, à seule fin de mettre en garde autrui contre toute tentation de fraude fiscale»[44]. Elle a examiné en détail les autres moyens de dissuasion de l'évasion fiscale dont l'Etat dispose ainsi que le niveau du risque que court tout acquéreur de bonne foi d'un bien et a conclu que la sévérité de la sanction que constitue la perte du bien, jointe à l'impossibilité de recours contre sa privation, avaient représenté pour le requérant une charge disproportionnée ayant détruit l'équilibre entre les intérêts de l'individu et ceux de l'Etat, tel que l'exige l'article 1 du Protocole n° 1.

Le droit à l'instruction (article 2 du Protocole n° 1)

Les travaux préparatoires de la Convention européenne des Droits de l'Homme montrent que le droit à l'instruction était un des droits les plus controversés au moment de la rédaction de la Convention. Ce droit a été inclus très tôt dans les droits familiaux mais, par la suite, au cours du débat à l'Assemblée consultative, il fut décidé de reporter à plus tard l'examen des problèmes liés au droit à l'instruction. Il s'est avéré que la question sans doute la plus controversée était le droit des parents d'influer sur l'éducation de leurs enfants. Toutefois, après certains affrontements entre l'Assemblée et le Comité des Ministres, une version susceptible de mettre tout le monde d'accord fut élaborée. Dans l'historique du droit à l'instruction, tant les articles qui ont précédé que ceux qui ont suivi l'article 2 du Protocole n° 1 traitent d'un éventail plus large de préoccupations liées à l'instruction que ne le fait l'article de la Convention lui-même. L'article 26 de la Déclaration universelle des Droits de l'Homme énonce toute une série de préoccupations qui touchent aux programmes d'enseignement. Il prescrit notamment un enseignement élémentaire gratuit et obligatoire, l'accès à l'enseignement supérieur technique et professionnel, et énonce certaines lignes directrices concernant l'orientation et la finalité de l'activité éducative. Le successeur dans l'ordre chronologique de l'article 2 du Protocole n° 1 est l'article 13 du Pacte international relatif aux droits économiques, sociaux et culturels. Tout comme l'article 26 de la Déclaration universelle, mais contrairement à l'article 2 du Protocole n° 1 de la Convention, l'article 13 du Pacte présente un caractère programmatique, met l'accent sur l'instauration progressive

42. Arrêt Hentrich du 22 septembre 1994, Série A n° 296-A, pp. 19-20, par. 42.

43. *Ibidem*, p. 20, par. 45.

44. *Ibidem*, p. 21, par. 47.

de la gratuité de l'enseignement à tous les niveaux, sur la mise en place d'un enseignement de remédiation, et sur la structure et le développement de réseaux scolaires. Il existe par ailleurs une Convention de l'UNESCO concernant la lutte contre la discrimination dans le domaine de l'enseignement, qui définit des droits plus spécifiques dans ce domaine.

L'article 2 du Protocole n° 1 est libellé comme suit:

> Nul ne peut se voir refuser le droit à l'instruction. L'Etat, dans l'exercice de ses fonctions qu'il assumera dans le domaine de l'éducation et de l'enseignement, respectera le droit des parents d'assurer cette éducation et cet enseignement conformément à leurs convictions religieuses et philosophiques.

Le droit à l'instruction

L'article prévoit, dans sa première phrase, que l'Etat ne peut refuser à quiconque le droit à l'instruction. En d'autres termes, l'Etat ne peut s'ingérer dans l'exercice, par l'individu, du droit à l'instruction, par exemple en l'empêchant de profiter des opportunités d'instruction offertes par les pouvoirs publics. Le droit à l'instruction, tel qu'il est énoncé à l'article 2 du Protocole n° 1, est défini en termes négatifs: l'Etat «ne peut refuser», plutôt que l'Etat «garantira» le respect du droit en cause. Cette formulation de ce droit place l'Etat dans une situation favorable lorsqu'il s'agit pour lui de se défendre contre des accusations de violation. En d'autres termes, contrairement à de nombreux autres articles normatifs de la Convention, l'article 2 du Protocole n° 1 ne permet pas facilement d'arguer avec force que l'Etat ne peut s'ingérer dans l'exercice de ce droit et/ou qu'il doit agir expressément en vue d'en garantir le respect. Dans l'affaire «relative à certains aspects du régime linguistique de l'enseignement en Belgique», la Cour a déclaré:

> Pour que le «droit à l'instruction» produise des effets utiles, il faut ... notamment, que l'individu qui en est titulaire ait la possibilité de tirer bénéfice de l'enseignement suivi, c'est-à-dire le droit d'obtenir, conformément aux règles en vigueur dans chaque Etat et sous une forme ou une autre, la reconnaissance officielle des études accomplies[45].

Dans l'affaire Campbell et Cosans, la Cour a estimé que

> [L]'éducation des enfants est la somme des procédés par lesquels, dans toute société, les adultes tentent d'inculquer aux plus jeunes leurs croyances, coutumes et autres valeurs, tandis que l'enseignement ou l'instruction vise notamment la transmission des connaissances et la formation intellectuelle ...[46]

Les obligations de l'Etat vis-à-vis du système éducatif

Tant la Commission que la Cour ont examiné plusieurs plaintes selon lesquelles une politique ou une pratique publiques données constituaient un refus *de facto* du droit à l'instruction. Aucune de ces plaintes n'a abouti. Dans l'affaire «relative à certains aspects du régime linguistique de l'enseignement en Belgique», les requérants, des ressortissants

---

45. Affaire «relative à certains aspects du régime linguistique de l'enseignement en Belgique» du 23 juillet 1968, Série A n° 6, pp. 31-32 par. 3-4.

46. Arrêt Campbell et Cosans du 25 février 1982, Série A n° 48, p. 14, par. 33.

d'expression française vivant dans la partie néerlandophone du pays, ont fait valoir que le refus du gouvernement belge d'assurer l'instruction de leurs enfants en français violait leurs droits, tels qu'ils sont protégés par l'article 2 du Protocole n° 1. La Cour a déclaré que le droit à l'instruction garanti par la première phrase de l'article 2 du Protocole appelle, par sa nature même, une réglementation par l'Etat, qui peut différer dans le temps et dans l'espace selon les besoins et les ressources de la communauté et des personnes. Il va sans dire que cette réglementation ne peut, en aucun cas, porter atteinte à l'essence du droit à l'instruction ni entrer en conflit avec d'autres droits consacrés par la Convention. La Cour a estimé en outre que l'article 2 n'implique pas que les Etats contractants doivent assurer à leurs propres frais ou subventionner un enseignement d'un certain type, mais bien que ceux qui relèvent de la juridiction d'un des Etats contractants ont le droit d'accéder aux moyens d'instruction disponibles à un moment donné[47].

Toutefois, l'accès à un établissement d'enseignement ne constitue qu'une partie du droit à l'instruction. Pour que ce droit soit effectif, il faut encore, notamment, que la personne qui en est la bénéficiaire ait la possibilité de tirer profit de l'instruction reçue; en d'autres termes, il contraint l'Etat à reconnaître officiellement les études accomplies. Parmi les divers aspects soulevés par les requérants, la Cour a conclu à une violation dans un seul cas seulement. La législation belge permettait aux enfants d'expression néerlandaise habitant dans certaines régions francophones d'avoir accès à des écoles néerlandophones dans d'autres régions proches, mais n'accordait pas un droit parallèle aux enfants francophones. La Cour a estimé qu'il s'agissait d'une violation de la clause de non-discrimination de l'article 14, combiné avec l'article 2 du Protocole n° 1. Elle a jugé que la condition de domiciliation n'avait pas été imposée dans l'intérêt des écoles, pour des raisons administratives ou financières: elle procédait uniquement, dans le cas des requérants, de considérations de nature linguistique[48]. De plus, la mesure en cause ne respectait pas, dans le cas de la majorité des requérants et de leurs enfants, la relation de proportionnalité qui doit exister entre les moyens utilisés et le but poursuivi. Par conséquent, l'exercice du droit à l'instruction tel que le conçoit la Cour et, plus précisément, l'exercice du droit à l'accès aux écoles existantes, n'était pas, sous l'angle de l'aspect examiné, assuré à chacun sans discrimination fondée, en particulier, sur la langue[49].

Dans l'affaire «relative à certains aspects du régime linguistique de l'enseignement en Belgique», la question centrale était celle de l'accès à l'enseignement élémentaire. Dans d'autres affaires, la Commission a estimé que l'Etat pouvait réglementer l'accès à certains autres types d'enseignement sans pour autant violer l'article 2 du Protocole n° 1. Par exemple, dans deux requêtes dirigées contre le Royaume-Uni, la Commission a fait observer que l'article 2 du Protocole n° 1 concernait essentiellement l'enseignement élémentaire et que, par conséquent, il n'existait pas d'obligation pour l'Etat de veiller à ce que des détenus[50] ou des étrangers se voient offrir l'accès à l'enseignement supérieur ou spécial[51]. La Commission a

47. Arrêt dans l'affaire «relative à certains aspects du régime linguistique de l'enseignement en Belgique» du 23 juillet 1968, Série A n° 6, pp. 30-31, par. 3.

48. *Ibidem*, pp. 43-44, par. 7.

49. *Ibidem*, pp. 69-70, par. 32.

50. N° 5962/72, Déc. 13.3.75, D.R. 2 p. 50.

51. N° 7671/76, Déc. 19.5.77, D.R. 9 p. 185 (187).

confirmé ce même principe en ce qui concerne l'enseignement élémentaire, dans une requête conjointe dirigée contre le Royaume-Uni dans laquelle des parents s'élevaient contre le fait que l'inscription à l'école primaire locale avait été refusée à leurs enfants et que ceux-ci avaient été placés dans des *comprehensive schools* (écoles polyvalentes)[52]. La Commission a estimé également que le droit à l'instruction (élémentaire) protégé par l'article 2 du Protocole n° 1 n'empêchait pas l'Etat d'instaurer l'enseignement primaire obligatoire. Dans une requête dirigée contre le Royaume-Uni, les parents de quatre enfants dyslexiques avaient décidé d'assurer leur instruction à la maison plutôt que de les envoyer dans des écoles publiques, mal équipées pour prendre en charge ce type de handicap. Bien que ce choix fût acceptable en droit britannique, les autorités s'étaient réservé le droit de vérifier les progrès accomplis par les enfants dans l'acquisition des compétences de base, une pratique dont les parents soutenaient qu'elle violait leurs droits, tels que garantis par l'article 2. La Commission n'a pas été de cet avis et a fait observer que l'Etat pouvait légitimement exiger que les parents coopèrent à l'évaluation du niveau d'éducation atteint par leurs enfants puisque, en tout état de cause, l'enseignement élémentaire était obligatoire pour tous les enfants[53]. Bien que la Commission ait ainsi confirmé, en principe, le droit des parents d'assurer l'éducation de leurs enfants en dehors du système scolaire public, elle n'a pas estimé que les Etats étaient tenus d'accorder des subventions à l'enseignement privé[54].

En ce qui concerne l'enseignement supérieur, la Commission a déclaré que, lorsqu'un Etat offre un nombre limité d'établissements d'enseignement supérieur, il n'est pas, en principe, incompatible avec l'article 2 du Protocole n° 1 de limiter l'accès à ces établissements aux étudiants ayant atteint le niveau de compétence académique le plus propre à leur permettre de tirer le meilleur profit des cours proposés[55]. Comme l'a déjà déclaré la Cour dans l'affaire «relative à certains aspects du régime linguistique de l'enseignement en Belgique», déjà citée, le droit à l'instruction appelle, par sa nature même, une réglementation par l'Etat, celle-ci ne pouvant toutefois être de nature telle qu'elle affecte ou viole un des droits garantis par la Convention.

Le respect des convictions religieuses et philosophiques des parents

La deuxième phrase de l'article définit deux autres éléments du droit à l'instruction. Premièrement, elle laisse toute latitude à l'Etat pour déterminer la nature et la portée de son intervention dans l'éducation et dans l'enseignement. Cela signifie, d'une manière générale, que l'Etat n'est pas tenu d'offrir certains types d'opportunités d'éducation ou de garantir que chacun puisse suivre l'enseignement qu'il souhaite. Deuxièmement, cette phrase garantit le droit des parents à voir respecter leurs convictions dans le cadre de l'éducation de leurs enfants.Il est intéressant de noter, dans ce contexte, qu'au moment de la ratification, plusieurs Etats du Conseil de l'Europe ont formulé des réserves qui traduisaient leur crainte de recours possibles en violation de la clause anti-discriminatoire de l'article 14 dans le cadre de la création, de l'agrément et du soutien financier des écoles autres que publiques. Par exemple,

52. N°s 10228/82 et 10229/82, Déc. 6.3.84, D.R. 37 p. 96 (104).

53. N° 10233/83, Déc. 6.3.84, D.R. 37 p. 105 (109-110).

54. N° 6853/74, Déc. 9.3.77, D.R. 9 p. 27 (34) et n° 7782/77, Déc. 2.5.78, D.R. 14 p. 179 (183-184).

55. N° 8844/80, Déc. 9.12.80, D.R. 23 p. 228 (231).

la République fédérale d'Allemagne a déclaré que l'article 2 du Protocole n° 1 n'entraînait «aucune obligation pour l'Etat de financer des écoles de caractère religieux ou philosophique, ou de participer au financement de ces écoles», tandis que les Pays-Bas ont exprimé l'avis contraire: «[L]'Etat devrait non seulement respecter les droits des parents dans le domaine de l'éducation, mais, en cas de besoin, assurer l'exercice de ces droits par des mesures financières appropriées»[56].

Dans l'affaire Campbell et Cosans, les requérantes avaient soutenu que la pratique des châtiments corporels dans les écoles subventionnées par l'Etat violait leurs droits au regard, notamment, de l'article 2 du Protocole n° 1. La Cour a examiné la nature des convictions philosophiques des parents et a déclaré:

> Eu égard à la Convention tout entière,... l'expression «convictions philosophiques» vise en l'occurrence, aux yeux de la Cour, des convictions qui méritent respect dans une «société démocratique»,... ne sont pas incompatibles avec la dignité de la personne et, de plus, ne vont pas à l'encontre du droit fondamental de l'enfant à l'instruction, la première phrase de l'article 2 dominant l'ensemble de cette disposition ...
>
> Les opinions des requérantes ont trait à un aspect grave et important de la vie et de la conduite de l'homme: l'intégrité de la personne, la légitimité ou illégitimité d'infliger des punitions corporelles et l'exclusion de l'angoisse que suscite le risque de pareil traitement. Elles répondent à chacun des critères énumérés plus haut...[57].

La Commission et la Cour se sont également penchées de manière plus spécifique sur la nature du respect des droits parentaux en matière d'éducation. Dans ce domaine, l'affaire qui fait autorité est l'affaire Kjeldsen, Busk Madsen et Pedersen, dans laquelle plusieurs parents se sont élevés contre l'introduction de l'éducation sexuelle dans les programmes scolaires danois. La question se compliquait du fait que l'Etat introduisait l'éducation sexuelle dans de nombreuses disciplines scolaires et, partant, ne pouvait appliquer une mesure simple pour répondre aux préoccupations des parents, par exemple en les autorisant à retirer leurs enfants de certains cours contraires à leurs convictions. La Cour a décrit en ces termes le fondement philosophique de la clause relative au «respect des droits parentaux»:

> C'est en s'acquittant d'un devoir naturel envers leurs enfants, dont il leur incombe en priorité d'«assurer l'éducation et l'enseignement», que les parents peuvent exiger de l'Etat le respect de leurs convictions religieuses et philosophiques[58].

Leur droit correspond donc à une responsabilité étroitement liée à la jouissance et à l'exercice du droit à l'instruction. La Cour a ensuite décrit la nature de la responsabilité de l'Etat dans ce domaine:

> La seconde phrase de l'article 2 implique en revanche que l'Etat, en s'acquittant des fonctions assumées par lui en matière d'éducation et d'enseignement, veille à ce que les informations ou connaissances figurant au programme soient diffusées de manière objective, critique et pluraliste. Elle lui interdit de poursuivre un but d'endoctrinement qui puisse être considéré

56. Déclaration contenue dans la lettre du 29.11.55 – Procès-verbal de dépôt du 1.12.55.

57. Arrêt Campbell et Cosans du 25 février 1982, Série A n° 48, pp. 16-17, par. 36.

58. Arrêt Kjeldsen, Busk Madsen et Pedersen du 7 décembre 1976, Série A n° 23, p. 26, par. 52.

comme ne respectant pas les convictions religieuses et philosophiques des parents. Là se place la limite à ne pas dépasser[59].

La Cour a également souscrit à l'avis de la Commission quant au fait que la légalité des écoles privées ne constituait pas une réponse suffisante aux préoccupations des parents: l'article 2 exige que l'Etat respecte les droits des parents dans le cadre de l'exercice de ses fonctions d'éducation. Ce but ne saurait être atteint simplement en autorisant l'existence d'écoles privées. En outre, comme mentionné ci-dessus, il apparaissait évident que l'Etat n'était pas tenu par l'article 2 de financer entièrement l'enseignement privé. Il en résulterait inévitablement que la clause relative au «respect» n'accorderait les droits en question qu'aux couches aisées de la collectivité. Le fait que l'article 2 du Protocole n° 1 protège un droit fondamental pour tous les parents exclut cette interprétation. En d'autres termes, l'article 2 non seulement s'oppose à ce que l'Etat empêche les parents de prendre des dispositions pour assurer l'instruction de leurs enfants en dehors des écoles publiques mais, en outre, impose à l'Etat de respecter activement les convictions des parents dans les écoles publiques[60].

Par conséquent, si l'Etat peut autoriser les élèves à ne pas assister aux cours qui heurtent les convictions de leurs parents, ou les autoriser à fréquenter des écoles privées, ces choix ne dispensent pas automatiquement l'Etat de remplir ses obligations sous l'angle de l'article 2 du Protocole n° 1 à l'intérieur du système des écoles publiques. La Cour a toutefois déclaré dans cette affaire qu'en principe, l'éducation sexuelle pourrait mettre en jeu des jugements de valeur qui pourraient empiéter sur les droits parentaux mais qu'en l'espèce, les mesures prises par le gouvernement danois étaient acceptables puisqu'elles avaient pour but d'informer les étudiants et non des les endoctriner.

Les châtiments corporels à l'école

Dans l'affaire Campbell et Cosans, les mères requérantes s'étaient plaintes du recours aux châtiments corporels en tant que mesure disciplinaire dans les écoles publiques écossaises fréquentées par leurs enfants. Dans l'un des cas, la mère avait demandé à l'école de son fils de garantir que celui-ci ne serait jamais soumis à des châtiments corporels. Dans l'autre, l'enfant avait été exclu momentanément de l'école pour avoir refusé d'accepter un châtiment corporel, exclusion qui avait porté sur la quasi-entièreté de la dernière année de scolarité obligatoire. Dans les discussions qu'ils avaient eues avec les autorités scolaires, ses parents avaient exprimé à plusieurs reprises leur forte réprobation des châtiments corporels. Les requêtes jointes faisaient valoir, entre autres aspects, que le recours aux châtiments corporels dans les écoles violait leur droit, protégé par la seconde phrase du Protocole n° 1, de veiller à ce que l'éducation de leurs enfants soit conforme à leurs convictions philosophiques. La deuxième requérante soutenait, en outre, que l'exclusion momentanée de son fils violait son droit à l'instruction, garanti par la première phrase de l'article. La Cour, jugeant qu'il y avait eu violation de la seconde phrase de l'article 2 du Protocole n° 1, a ensuite examiné le point de savoir si l'Etat, en excluant l'enfant, avait violé son droit à l'instruction tel qu'il est garanti par la première phrase. La Commission avait, quant à elle, jugé superflu d'examiner cette

59. *Ibidem*, par. 53.

60. *Ibidem*, pp. 24-25, par. 50.

question, estimant qu'elle avait été englobée dans la violation de la seconde phrase, mais la Cour a jugé nécessaire d'examiner cet aspect distinctement:

> [L]es allégations ... quant à l'article 2 tirent... leur origine, l'une et l'autre, de l'emploi des punitions corporelles comme mesure disciplinaire dans l'école où allait son fils ... mais il existe une différence appréciable entre les données de fait respectives. Sur le terrain de la seconde phrase, la requérante s'en prend à la fréquentation d'un établissement où l'on recourt à une certaine pratique, tandis que sur celui de la première elle se plaint d'une interdiction de le fréquenter: cette dernière situation produit des conséquences de plus grande portée....
>
> [L]'article 2 forme un tout que domine sa première phrase, le droit énoncé dans la seconde se greffant sur le droit fondamental à l'instruction....
>
> Les deux allégations se distinguent enfin nettement par leur base juridique: l'une concerne le droit d'un parent, l'autre celui d'un enfant....
>
> Le droit à l'instruction, garanti par [la seconde phrase de l'article 2], appelle de par sa nature même une réglementation par l'Etat, mais elle ne doit jamais en atteindre la substance ni se heurter à d'autres droits consacrés par la Convention et les Protocoles..."[61].

Relation de l'article 2 du Protocole n° 1 avec d'autres articles de la Convention

Il est clair que l'article 2 du Protocole n° 1 est étroitement lié aux articles 8, 9 et 10 de la Convention, comme l'a reconnu la Cour dans l'affaire Kjeldsen, Busk Madsen et Pedersen ci-dessus mentionnée:

> [L]es dispositions de la Convention et du Protocole doivent être envisagées comme un tout.... Dès lors, il faut lire les deux phrases de l'article 2 à la lumière non seulement l'une de l'autre, mais aussi, notamment, des articles 8, 9 et 10 de la Convention qui proclament le droit de toute personne, y compris les parents et les enfants, «au respect de sa vie privée et familiale», à «la liberté de pensée, de conscience et de religion» et à «la liberté ... de recevoir ou de communiquer des informations ou des idées[62].

Cet article présente également un lien direct avec l'article 5 par. 1 d), qui traite de la privation de liberté à des fins d'éducation surveillée. Une seule affaire à ce jour concernait cette disposition. Dans l'affaire Bouamar, un adolescent présentant des problèmes psychologiques et des antécédents de comportement agressif avait été placé en détention pour des périodes de longueur variable sans qu'il fût inculpé de délits criminels et sans bénéficier d'accompagnement ou de conseils juridiques. Le gouvernement belge a soutenu qu'en maintenant le jeune garçon en détention, il avait agi dans les limites de l'article 5 par. 1 d). La Cour n'a pas été de cet avis et a fait observer que l'Etat n'avait ni assuré des services d'éducation ni proposé un plan d'enseignement pour le jeune homme pendant sa détention[63].

61. Arrêt Campbell et Cosans du 25 février 1982, Série A n° 48, pp. 18-19, par. 40-41.

62. Arrêt Kjeldsen, Busk Madsen et Pedersen du 7 décembre 1976, Série A n° 23, p. 26, par. 52.

63. Arrêt Bouamar du 29 février 1988, Série A n° 129.

Le droit à des élections libres (article 3 du Protocole n° 1)

Dans la philosophie occidentale, les élections équitables et libres sont essentielles dans un système de gouvernement fondé sur la démocratie et les droits de l'homme, système qu'exige le Conseil de l'Europe de ses Etats membres et de ceux qui souhaitent adhérer à l'organisation. D'autres droits individuels, notamment la liberté d'expression et d'association, sont également essentiels à l'accomplissement de buts politiques tels que la liberté et la démocratie. Il s'agit donc d'un domaine où se rejoignent les systèmes constitutionnels et les droits des personnes. On trouve un droit plus étendu aux élections libres à l'article 25 du Pacte international relatif aux droits civils et politiques qui, contrairement à l'article analogue de la Convention européenne des Droits de l'Homme, est formulé en termes de prescriptions relatives à l'individu plutôt qu'aux institutions. L'article 25 du Pacte confère aux citoyens le droit:

a. de prendre part à la direction des affaires publiques, soit directement, soit par l'intermédiaire de représentants librement choisis;

b. de voter et d'être élu, au cours d'élections périodiques honnêtes; et

c. d'accéder, dans des conditions générales d'égalité, aux fonctions publiques de son pays.

La disposition du point *c.* n'a pas d'équivalent dans la Convention européenne des Droits de l'Homme. Pour ce qui est du droit de vote, le Pacte est plus positif par sa forme et d'application plus large, puisqu'il confère ce droit à «tout citoyen» non seulement dans le cadre du choix du corps législatif mais aussi, par exemple, des élections locales. Le droit d'être élu est également cité nommément dans le Pacte, mais pas dans la Convention.

L'article 3 du Protocole n° 1 de la Convention européenne des Droits de l'Homme est libellé comme suit:

> Les Hautes Parties contractantes s'engagent à organiser, à des intervalles raisonnables, des élections libres au scrutin secret, dans les conditions qui assurent la libre expression de l'opinion du peuple sur le choix du corps législatif.

Il s'agit, en principe, d'une disposition extrêmement importante. Elle "implique l'existence d'un corps législatif représentatif élu à des intervalles raisonnables et constituant la base d'une société démocratique", a déclaré la Commission dans l'affaire grecque[64]. Et dans l'affaire Mathieu-Mohin et Clerfayt, la Cour a déclaré:

> Selon le préambule de la Convention, le maintien des libertés fondamentales «repose essentiellement sur un régime politique véritablement démocratique». Consacrant un principe caractéristique de pareil régime, l'article 3 du Protocole n° 1 revêt donc dans le système de la Convention une importance capitale[65].

La nature des droits consacrés par l'article 3 du Protocole n° 1

Tout comme les droits définis aux articles 5 et 6 de la Convention proprement dite, l'article 3 du Protocole n° 1 impose à l'Etat l'obligation expresse de créer une infrastructure institutionnelle qui garantisse l'exercice de certains droits. Toutefois, contrairement à ces articles de la Convention, cette disposition du Protocole n'attribue pas véritablement de

---

64. L'affaire grecque, Rapport Comm. 5.11.69, par. 416, Annuaire 12 pp. 179-180.

65. Arrêt Mathieu-Mohin et Clerfayt du 2 mars 1987, Série A n° 113, p. 22, par. 47.

droits aux personnes en tant que telles. Il n'en demeure pas moins que certaines requêtes ont formulé à plusieurs reprises des griefs sous l'angle de l'article 3 du Protocole n° 1. Il s'agit d'un des domaines dans lesquels la Commission a dû appliquer et revoir sa distinction entre les requêtes «incompatibles» (ne relevant pas de la disposition) et les requêtes «manifestement mal fondées» (pas étrangères en soi à la disposition, mais absence manifeste de violation en fait). Son interprétation a donné lieu à une vaste jurisprudence. Une analyse peut se fonder sur la jurisprudence au même titre que sur l'examen des dispositions qui visent clairement à créer des droits individuels. Il semble, en réalité, que les organes de la Convention, conscients de la pauvreté du texte, aient, après un début prudent, «confirmé» plus récemment les droits politiques par implication (plutôt que conféré ceux-ci). La Commission est passée de l'idée d'un droit «institutionnel» à l'organisation d'élections libres[66] à la notion de «suffrage universel»[67]. La Commission a fini par estimer que cette disposition «garantit, en principe, le droit de vote et le droit de se porter candidat aux élections législatives». Les Etats peuvent appliquer certaines restrictions au droit de vote et au droit d'être élu, pour autant qu'elles ne soient pas arbitraires et ne portent pas atteinte à la libre expression de l'avis du peuple[68].

La Cour, dans son arrêt dans l'affaire Mathieu-Mohin et Clerfayt déjà cité, a partagé l'avis de la Commission dans cette même affaire, savoir que «la coloration interétatique du libellé de l'article 3 ne reflète aucune différence de fond avec les autres clauses normatives de la Convention et des Protocoles. Elle semble s'expliquer plutôt par la volonté de donner plus de solennité à l'engagement assumé et par la circonstance que, dans le domaine considéré, se trouve au premier plan non une obligation d'abstention ou de non-ingérence, comme pour la majorité des droits civils et politiques, mais celle, à la charge de l'Etat, d'adopter des mesures positives pour "organiser" des élections démocratiques»[69]. La Cour a mis l'accent sur le fait que la tournure «conditions qui assurent la libre expression de l'opinion du peuple sur le choix du corps législatif» impliquait essentiellement le droit à «l'égalité de traitement de tous les citoyens dans l'exercice de leur droit de vote et de leur droit de se présenter aux suffrages»[70].

Détenteurs du droit et de l'obligation de vote

Certains pays ont imposé aux citoyens l'obligation de voter à certaines élections, c'est-à-dire l'obligation de participer au scrutin et de déposer un bulletin, celui-ci pouvant toutefois être blanc. La Commission a estimé que cette obligation était compatible avec l'article 3 et a souligné que l'expression «élections libres» ne désigne pas des élections auxquelles il n'est pas obligatoire de participer, mais bien des élections où l'acte de vote (fût-il obligatoire) est caractérisé par le libre choix et où le système électoral est compatible, aux autres égards, avec l'article 3[71]. La Commission a estimé, par ailleurs, que le système électoral par

66. N° 1028/61, Déc. 18.9.61, Annuaire 4 p. 325 (329).

67. N° 2728/66, Déc. 6.10.67, Annuaire 10 p. 337 (339).

68. N° 9267/81, Déc. 12.7.83, D.R. 33 p. 98 (111).

69. Arrêt Mathieu-Mohin et Clerfayt du 2 mars 1987, Série A n° 113, pp. 22-23, para. 50.

70. *Ibidem*, p. 24, par. 54.

71. N° 1718/62, Déc. 22.4.65, Annuaire 8 p. 169 (173-175).

circonscriptions était compatible avec l'article 3[72]. Dans son arrêt dans l'affaire Mathieu-Mohin et Clerfayt, la Cour a déclaré que l'article 3 «n'engendre aucune "obligation d'introduire un système déterminé" ... tel que la proportionnelle ou le vote majoritaire à un ou à deux tours.»[73]

La Commission a estimé qu'un Etat peut légitimement limiter le droit de vote à ses propres ressortissants[74]. Dans bon nombre d'Etats, la législation prévoit que les nationaux ne peuvent participer au scrutin qu'à condition d'être également domiciliés dans le pays. Cette restriction a été jugée conforme à l'article 3. La Commission a justifié cette restriction en indiquant que les citoyens ne résidant pas dans le pays n'étaient pas concernés directement, ou concernés de manière moins permanente, par les problèmes quotidiens dans le pays et qu'ils en étaient moins bien informés. En outre, la Commission a relevé que les candidats aux élections peuvent moins facilement avoir accès aux citoyens résidant à l'étranger en vue de leur présenter les différentes questions électorales et de garantir ainsi la libre expression de leur avis. La Commission a fait également observer que l'on peut aussi empêcher les non-résidents de voter au motif que, normalement, ils ont moins d'influence sur le choix des candidats et sur la formulation de leur programme électoral[75].

Le droit de se présenter aux suffrages et le droit d'être élu

La jurisprudence a montré que, bien qu'il n'y figure pas explicitement, le droit de se présenter aux suffrages et d'être élu est également garanti par l'article 3 du Protocole n° 1. La Commission a estimé que, bien que cet article garantisse le droit d'une personne de se présenter aux suffrages et, une fois élue, de siéger comme parlementaire, un Etat qui prend des mesures pour empêcher une personne déjà parlementaire dans un autre Etat de siéger ne violait pas ledit article[76]. La Commission a confirmé par ailleurs des règles électorales qui interdisaient aux fonctionnaires de se présenter aux suffrages[77].

Signification de l'expression «corps législatif»

La Commission a déclaré qu'il convenait d'interpréter l'expression «corps législatif» à la lumière des instructions établies par les constitutions des Hautes Parties contractantes[78]. C'est ainsi qu'une entité qui peut uniquement déposer des propositions de loi sans pouvoir elle-même les adopter ne relève pas de la définition du «corps législatif». Il en va de même pour les entités qui disposent de compétences législatives, mais uniquement en vertu d'une délégation de compétence par un corps législatif supérieur[79]. En ce qui concerne le Parlement européen, la Commission a estimé que la formulation de l'article 3 montre que

72. N° 7140/75, Déc. 6.10.76, D.R. 7 p. 95 (98-99).

73. Arrêt Mathieu-Mohin et Clerfayt du 2 mars 1987, Série A n° 113, p. 24, par. 54.

74. N° 7566/76, Déc. 11.12.76, D.R. 9 p. 12 (124).

75. N° 7730/76, Déc. 28.2.79, D.R. 15 p. 137 (140-141).

76. N° 10316/83, Déc. 7.3.84, D.R. 37 p. 129 (138-140).

77. *Ibidem*, p. 129 (139-140).

78. N°s 6745/74 et 6746/74, Déc. 30.5.75, D.R. 2 p. 110 (111-112).

79. N° 5155/71, Déc. 12.7.76, D.R. 6 p. 14.

les auteurs du Protocole visaient uniquement les corps législatifs nationaux[80]. Toutefois, cela n'exclut pas que, suite à l'évolution de la structure de l'Union européenne, les Hautes Parties contractantes soient obligées d'accorder le droit protégé par l'article 3 à de nouveaux organes représentatifs qui assument en partie les compétences et les fonctions des corps législatifs nationaux. La Commission a fait observer à un moment donné que le Parlement européen était dépourvu de pouvoir législatif au sens strict, hormis en vertu de l'article 95 par. 3 du Traité CEE. Il s'agit, en matière législative, d'un organe consultatif doté de certaines compétences budgétaires et de contrôle. La Commission n'a, dès lors, pas répondu au point de savoir si l'article 3 concernait également les corps législatifs internationaux. Plus récemment, la Commission a estimé que le rôle du Parlement européen s'était renforcé, en particulier suite à l'entrée en vigueur de l'Acte unique européen, les 17 et 18 février 1986. Elle a toutefois ajouté qu'il «ne constituait pas un corps législatif dans le sens que l'on donne d'ordinaire à cette expression»[81].

80. N° 8364/78, Déc. 8.3.79, D.R. 15 p. 247 (255-256).

81. N° 11123/84, Déc. 9.12.87, D.R. 54 p. 53 (60).

Les auteurs du Protocole [illegible] [illegible] [illegible] des [illegible] en partie, les compétences et les fonctions [illegible] [illegible] [illegible] [illegible] [illegible] à un moment déterminé [illegible]

Le droit à l'octroi d'un recours effectif devant une instance nationale (article 13)

En droit, un recours est, au sens le plus large, un moyen de faire valoir un droit. Ce principe est exprimé par certains sous la forme «il n'y a pas de droit sans recours», par d'autres sous la forme «là où il y a recours, il y a droit». Ces deux façons inverses de voir la relation entre les droits et les recours montrent qu'il existe un problème de théorie du droit qui touche au cœur même de la notion de loi. Les recours contre les violations de droits, qui impliquent un recours devant une instance indépendante, compétente pour assurer le respect de ces droits, existent dans la plupart des systèmes juridiques, voire dans tous. Mais les types de recours peuvent varier selon le pays et le contexte et vont des procédures de médiation et de conciliation aux formes plus formelles d'exécution de la loi.

Les auteurs de la Convention européenne des Droits de l'Homme n'ont pas délimité très clairement les questions liées à la garantie d'un recours en cas de violations des droits protégés. Dès le début du processus de rédaction, l'Assemblée consultative du Conseil de l'Europe a recommandé l'inclusion d'une garantie des droits définie de manière assez nébuleuse, et le Gouvernement britannique a soumis plusieurs propositions différentes au Comité d'experts chargé de la rédaction concrète de la Convention. Les principes qui sous-tendent ces premières versions ont fini par apparaître dans des articles distincts de la Convention. Comme c'est le cas pour la majeure partie de l'histoire législative de la Convention, on ne trouve aucune trace écrite des débats sur les motifs qui sous-tendent ces dispositions ou sur la décision de scinder différents aspects des droits. C'est particulièrement regrettable, compte tenu de l'importance évidente de l'existence d'un recours effectif au niveau national (article 13) en vue de «reconnaître» les droits et libertés garantis par la Convention (article 1).

En revanche, le projet de Pacte international relatif aux droits civils et politiques comporte une caractérisation plus détaillée du droit à un recours effectif, que l'on retrouve en son l'article 2 par. 3[1].

---

1. L'article 2 par. 3 du Pacte international relatif aux droits civils et politiques est libellé comme suit:
Les Etats parties au présent Pacte s'engagent à:
a. Garantir que toute personne dont les droits et libertés reconnus dans le présent Pacte auront été violés disposera d'un recours utile, alors même que la violation aurait été commise par des personnes agissant dans l'exercice de leurs fonctions officielles;
b. Garantir que l'autorité compétente, judiciaire, administrative ou toute autre autorité compétente selon la législation de l'Etat, statuera sur les droits de la personne qui forme le recours et à développer les possibilités de recours juridictionnel;
c. Garantir la bonne suite donnée par les autorités compétentes à tout recours qui aura été reconnu justifié.

L'article 13 de la Convention européenne des Droits de l'Homme énonce ce qui suit:

> Toute personne dont les droits et libertés reconnus dans la présente Convention ont été violés a droit à l'octroi d'un recours effectif devant une instance nationale, alors même que la violation aurait été commise par des personnes agissant dans l'exercice de leurs fonctions officielles.

Il est intéressant de noter d'emblée que la formulation de l'article 13, qui énonce que le droit au recours s'applique «alors même que la violation aurait été commise par des personnes agissant dans l'exercice de leurs fonctions officielles» pourrait impliquer éventuellement que la Convention pourrait être violée par des personnes privées. Or, il n'en est rien: aucun instrument international général en matière de droits de l'homme n'a d'effet externe. L'article 13 impose, en revanche, l'existence d'un recours contre les violations de la Convention même si la partie coupable de la violation bénéficie d'une immunité contre les recours internes en raison de ses fonctions officielles ou pour toute autre raison similaire.

L'objet et le but de l'article 13

Le système de la Convention européenne, pris globalement, touche de deux manières les recours visant à faire respecter les droits de l'homme. L'obligation primaire qui incombe aux Etats parties est de mettre en œuvre au niveau interne les droits et libertés garantis par la Convention. C'est ainsi que, à l'intérieur des dispositions opérationnelles de la Convention elle-même, l'article 13 énonce un droit général à un recours effectif devant une instance nationale.

Les victimes doivent avoir accès, dans leur propre Etat, à une réparation intégrale des violations des droits et libertés fondamentaux mais, si les procédures internes faillissent à cet objectif, c'est le second aspect de la Convention qui entre en jeu: la possibilité de faire examiner au niveau international les agissements de l'Etat qui violent des droits précis. Cet examen constitue la prémisse qui régit le système international des droits de l'homme dans son ensemble. Toutefois, le mécanisme international mis en place pour corriger les violations des droits de la Convention n'entre en jeu qu'après que toutes les voies de recours effectifs prévues par l'ordre juridique interne ont été épuisées. (Pour un examen plus détaillé du critère de l'épuisement, voir p. 62, ci-dessus, à la section relative à l'article 26). Comme suggéré ci-dessus, le droit consacré par l'article 13 découle logiquement de l'article 1, qui impose aux Hautes Parties contractantes l'obligation de «reconnaître» les droits et libertés protégés par la Convention; on peut considérer que l'accessibilité de voies de recours internes permettant d'assurer l'exercice de ces droits et libertés fait partie de cette obligation.

La Commission et la Cour n'ont pas été cohérentes dans leur analyse des affaires qui soulevaient des questions sous l'angle de l'article 13 de la Convention. On peut toutefois regrouper en quatre grands domaines les points et les principes qu'elles ont examinés. Ces quatre domaines ont été décrits dans l'affaire Silver et al., dans laquelle des détenus s'étaient élevés contre certaines restrictions frappant leur correspondance. Dans cette affaire, la Cour a énuméré les principes qui régissent l'applicabilité de l'article 13 et a commenté la nature du caractère effectif:

- si le grief de violation est «plausible», un recours permettant de voir statuer sur ce grief et, s'il y a lieu, d'obtenir réparation, est nécessaire.

– il n'est pas nécessaire que l'instance soit une institution judiciaire, mais les pouvoirs et les garanties que présente l'instance entrent en ligne de compte pour apprécier l'efficacité du recours.

– un ensemble de recours peut remplir les exigences de l'article 13 même si aucun d'entre eux n'y répond en entier à lui seul.

– ni l'article 13 ni la Convention en général ne prescrivent une manière déterminée d'assurer dans leur droit, par exemple en les y incorporant, l'application effective de toutes les dispositions de cet instrument[2].

La plupart des affaires qui ont soulevé des questions sous l'angle de l'article 13 étaient axées sur un ou plusieurs de ces principes.

L'applicabilité de l'article 13 aux griefs «plausibles»

L'article 13 énonce, sans ambiguïté apparente, qu'un individu doit se voir offrir une voie de recours lorsque ses droits et libertés ont été violés: il ne dit pas qu'un individu qui a allégué pareille violation doit avoir le droit à l'octroi d'un recours. Toutefois, du point de vue de la personne, c'est le droit de faire examiner des allégations de violation et de faire corriger toute violation constatée qui constitue l'objet essentiel de l'article 13.

A l'origine, lorsque la Commission examinait des griefs formulés sous l'angle de l'article 13, elle rejetait fermement tout écart par rapport à la formulation littérale de la disposition et soutenait sans faillir que, si un requérant ne pouvait établir l'existence d'une violation d'un des droits ou d'une des libertés protégés par la Convention, elle ne pouvait appliquer l'article 13[3]. La Cour s'est penchée de manière approfondie sur cette question dans l'affaire Klass, dans laquelle le requérant soutenait que les écoutes téléphoniques dont il avait fait l'objet avaient violé ses droits protégés par l'article 8 de la Convention et que les moyens de faire examiner ce grief sur le fond et d'obtenir réparation d'une violation au niveau interne n'étaient pas conformes aux prescriptions de l'article 13. La Cour a déclaré que, s'il est possible qu'une personne ait uniquement droit à l'octroi d'un recours interne dans les cas où une «violation» s'est produite, il n'empêche que l'on ne peut priver définitivement une personne de la possibilité d'établir pareille «violation» devant une instance nationale en rendant impossible l'introduction d'une plainte effective devant une instance nationale compétente. Par conséquent, la constatation d'une violation de la Convention ne pouvait, en toute logique, être une condition préalable de l'application de l'article 13[4]. La Cour a estimé que l'article 13 implique que, lorsqu'une personne s'estime lésée par une mesure constituant une violation alléguée de la Convention, elle doit disposer d'une voie de recours devant une instance nationale qui lui permette de faire statuer sur ce grief et, le cas échéant, d'obtenir réparation. Ce principe, établi par la Cour vingt-cinq ans avant l'entrée en vigueur de la Convention, a ouvert la voie à une évolution nouvelle de la jurisprudence sans, toutefois, en

2. Arrêt Silver et al. du 25 mars 1983, Série A n° 61, p. 42, par. 113.

3. Voir notamment n° 472/59, Déc. 8.1.60, Annuaire 3 p. 207 (213).

4. Arrêt Klass du 6 septembre 1978, Série A n° 28. Une minorité de membres de la Commission avait exprimé cet avis dans son rapport dans la même affaire: Klass c/ République fédérale d'Allemagne, Rapport Comm. 9.3.77, par. 70-73, Cour eur. D.H., Série B n° 26, pp. 39-40, par. 70-74.

indiquer les implications possibles. Or, l'une d'entre elles était évidente: dans les cas où il n'existait pas de voie de recours en droit interne pour les violations éventuelles des droits et libertés protégés par la Convention, la Commission et la Cour pouvaient à présent conclure librement à l'existence d'une violation de l'article 13 en tant que droit autonome, même si elles n'avaient constaté aucune violation d'un de ces droits ou libertés formels.

Bien que la Cour ait appliqué le principe de l'examen autonome de l'article 13 même dans les cas où il n'a pas été constaté de violation d'un autre droit de la Convention, dans des affaires telles que l'affaire Costello-Roberts (pas de violation de l'article 3 ou de l'article 8 dans le contexte de châtiments corporels dans des écoles), elle ne l'a pas toujours fait avec cohérence. Par exemple, dans l'affaire Plattform Ärzte für das Leben, un groupe anti-avortement avait soutenu que la protection policière lors de deux manifestations avait été insuffisante et que, dès lors, le Gouvernement autrichien avait violé le droit de réunion pacifique protégé par l'article 11. Le groupe a fait valoir, par ailleurs, que le système juridique autrichien ne prévoyait aucun moyen d'assurer l'exercice effectif de ce droit et que, par conséquent, il y avait également violation du droit à l'octroi d'un recours effectif, tel que garanti par l'article 13. La Cour a estimé que les autorités autrichiennes avaient pris des mesures raisonnables et appropriées pour protéger les manifestants; que, dès lors, le grief, formulé par le groupe, de violation de l'article 11 n'était pas plausible; et qu'en l'absence d'un tel grief plausible, la question ne pouvait être examinée sous l'angle de l'article 13[5]. Dans cette affaire, il semble donc que la Cour en soit revenue à la position antérieure de la Commission sur ce point, à savoir qu'à défaut de constatation d'une violation, il ne peut y avoir de grief au regard de l'article 13.

La Cour a examiné un aspect différent du problème «pas de violation, pas de grief au regard de l'article 13» dans l'affaire Powell et Rayner[6]. Dans cette affaire, les requérants avaient soutenu que la nuisance sonore résultant de l'exploitation de l'aéroport de Heathrow constituait une violation de leurs droits au respect de leur vie privée et de leur domicile (article 8) ainsi qu'au respect de leurs biens (article 1 du Protocole n° 1). Ils ont fait valoir, en outre, que l'exclusion, dans la législation interne pertinente, de toute responsabilité pour nuisance violait leur droit, protégé par l'article 6 par. 1, de voir leur cause entendue équitablement et que l'absence de recours effectif au niveau interne constituait une violation de l'article 13. La Commission a déclaré irrecevables les griefs au titre des articles 8 et 6 de la Convention et de l'article 1 du Protocole n° 1. En revanche, elle a non seulement jugé recevables les griefs formulés au titre de l'article 13 mais a fini par conclure à l'existence d'une violation de cet article dans le cas d'un des requérants. La Cour, par contre, a tout d'abord déclaré qu'elle n'était pas compétente pour connaître des griefs formulés au titre des articles 6 et 8, puis a examiné chacun de ces griefs quant aux motifs de fond pour conclure, à l'inverse de la Commission, que ni l'un ni l'autre n'avait donné lieu à une violation de l'article 13.

L'affaire Powell et Rayner est un autre cas où la Cour s'est écartée de ses conclusions antérieures dans l'affaire Boyle et Rice[7]. Dans cette affaire, les requérants avaient soutenu que diverses restrictions appliquées par les autorités carcérales écossaises à la correspondance

5. Arrêt Plattform Ärzte für das Leben du 21 juin 1988, Série A n° 139, p. 11, par. 27.

6. Arrêt Powell et Rayner du 21 février 1990, Série A n° 172.

7. Arrêt Boyle et Rice du 27 avril 1988, Série A n° 131.

et aux visites violaient leurs droits sous l'angle de l'article 8 et que les procédures par lesquelles ils pouvaient contester les restrictions ne répondaient pas au critère fixé par l'article 13. Le Gouvernement du Royaume-Uni a reconnu que l'interception d'un courrier particulier avait été opérée en violation des règles pénitentiaires applicables et en violation de l'article 8, ce que la Commission et la Cour ont confirmé. La Commission avait déclaré irrecevables, parce que «manifestement mal fondés» (article 27), les griefs relatifs à d'autres aspects des agissements contestés. En ce qui concerne le grief soulevé au titre de l'article 13, la Cour a déclaré que le rejet d'une plainte par la Commission

> implique en somme «qu'il n'y a pas même l'apparence d'un grief justifié contre l'Etat défendeur ... [arrêt Airey du 9 octobre 1979] (Série A n° 32, p. 10, par. 18). Or d'après le sens ordinaire des mots, on a peine à discerner comment une plainte «manifestement mal fondée» peut néanmoins se défendre et vice versa.
>
> Un grief n'échappe pourtant pas à l'empire de l'article 13 par cela seul que la Commission l'a déclaré manifestement mal fondé sous l'angle de la clause normative invoquée. La décision... [de] la Commission fixe l'objet du litige porté devant la Cour.... La Cour ne saurait examiner au fond, au regard de l'article en cause, les plaintes écartées ... , mais elle a compétence pour se prononcer sur celles que la Commission a retenues et qui lui ont été régulièrement déférées. Elle peut, de la sorte, connaître de toute question de fait ou de droit relative aux griefs dont elle se trouve saisie..., y compris le caractère défendable ou non des allégations d'infraction aux clauses normatives. Bien que non déterminante, la décision de la Commission sur la recevabilité des griefs de base fournit, par son dispositif et ses motifs, d'utiles indications sur leur défendabilité aux fins de l'article 13[8].

Tant l'examen de la recevabilité par la Commission que la détermination par la Cour de la «défendabilité» appellent une évaluation sur le fond des plaines formulées. La discussion ci-dessus a mis en évidence certains des problèmes qui ont surgi à ce jour dans la jurisprudence lorsque la Cour a adopté une position non cohérente à propos de l'importance des conclusions de la Commission par rapport au rôle et à la compétence de la Cour dans l'examen de plaintes formulées sous l'angle de l'article 13.

Compétences et garanties offertes par une «instance nationale»

La Commission et la Cour n'ont cessé de déclarer sans ambiguïté que l'instance nationale responsable pour l'octroi du recours effectif obligatoire ne devait pas nécessairement être un tribunal: un recours administratif peut suffire aux fins de l'article 13[9]. De même, le type de recours n'a pas été prescrit, l'important étant qu'il soit effectif. A cet égard, l'article 13 ne va pas aussi loin que les articles 5 par. 4, et 6 qui, tous deux, imposent l'accès à des instances judiciaires. La Cour a toutefois fait observer, dans l'affaire Klass déjà citée, que les compétences et les garanties procédurales d'une instance constituent des facteurs pertinents lorsqu'il s'agit de déterminer si un recours donné est effectif. Dans l'affaire Vereinigung demokratischer Soldaten Österreichs et Gubi, la Cour a exigé, en outre, que le gouvernement établisse le caractère effectif des recours qu'il citait en montrant de quelle manière ils avaient

8. *Ibidem*, pp. 23-24, par. 54.

9. Voir notamment l'arrêt Golder du 21 février 1975, Série A n° 18, p. 16, par. 33.

été appliqués dans une affaire similaire à l'affaire examinée. Le gouvernement ne l'a pas fait et la Cour a donc conclu à l'existence d'une violation de l'article 13[10].

Les organes de la Convention ont souvent examiné les moyens permettant de soumettre au contrôle interne l'exercice du pouvoir discrétionnaire de l'exécutif en vue de prévenir ou de corriger les abus de ce pouvoir. Dans l'affaire Soering, un jeune ressortissant allemand avait contesté la décision du Royaume-Uni de l'extrader vers les Etats-Unis où il risquait d'être incarcéré dans des conditions qui, soutenait-il, étaient contraires à l'article 3 de la Convention (qui interdit les traitements inhumains ou dégradants). La Commission a déclaré recevables les griefs formulés sous l'angle tant de l'article 3 que de l'article 13. Dans son arrêt dans cette affaire, la Cour a examiné le point de savoir si la portée de l'examen judiciaire de la décision du pouvoir exécutif offrait un niveau de protection conforme à ce que prescrit l'article 13 et a conclu que, dès lors que les tribunaux anglais pouvaient examiner le «caractère raisonnable» d'une décision d'extradition à la lumière du type de facteurs sur lesquels se fondait le requérant devant les organes de la Convention dans le contexte de l'article 3; leur compétence suffisait à répondre au critère de l'article 13, même si ces tribunaux n'avaient pas compétence pour prononcer des injonctions provisoires à l'encontre du Ministère public[11]. L'affaire Vilvarajah et al. a soulevé des questions similaires à propos de la décision de refuser le statut de réfugié politique à plusieurs jeunes Tamouls et de les renvoyer à Sri Lanka. La Cour a noté que les juridictions internes ne pouvaient déterminer que l'exercice du pouvoir discrétionnaire de l'exécutif avait été illicite au motif qu'il était entaché d'illégalité, d'irrationalité ou d'irrégularités procédurales et que, dans la pratique du Royaume-Uni, un demandeur d'asile n'est pas éloigné du pays tant que la procédure n'est pas achevée[12]. La Cour a conclu, dans ces deux affaires, à l'absence de violation de l'article 13.

Caractère effectif et regroupement des recours

La règle du «recours interne» exige que les recours internes existants soient effectifs, critère qui est énoncé à l'article 13 et qui a été développé dans la jurisprudence. La Commission et la Cour se sont penchées, dans un certain nombres d'affaires, sur les critères qui régissent le caractère effectif des recours internes. Dans certains cas, elles ont été amenées à examiner l'impossibilité de contester le fonctionnement d'une loi ou d'un règlement internes qui, sur le fond, violait un droit protégé par la Convention. Dans l'affaire Abdulaziz, Cabales et Balkandali[13], les trois requérantes, qui bénéficiaient d'un statut de résidentes permanentes au Royaume-Uni, ont contesté les règlements sur l'immigration qui autorisaient les hommes possédant le même statut à faire venir leur conjoint dans le pays, mais n'accordaient pas aux femmes la même latitude. Les règlements étant explicites sur ce point et aucune possibilité n'existant de solliciter une dérogation dans des cas précis, la Cour a conclu qu'il y avait eu violation du droit des femmes à l'octroi d'un recours effectif, tel que prévu par l'article 13. (La Cour a également estimé qu'il y avait eu violation de leur droit au respect de la vie

10. Arrêt Vereinigung demokratischer Soldaten Österreichs et Gubi du 19 décembre 1994, Série A n° 302.

11. Arrêt Soering du 7 juillet 1989, Série A n° 161.

12. Arrêt Vilvarajah et al. du 30 octobre 1991, Série A n° 215.

13. Arrêt Abdulaziz, Cabales et Balkandali du 28 mai 1985, Série A n° 94.

familiale, protégé par l'article 8, conjointement avec l'interdiction, visée à l'article 14, de toute discrimination fondée sur le sexe.)

Des problèmes similaires ont été soulevés dans plusieurs autres affaires. Il y a eu, par exemple, un certain nombre d'affaires dans lesquelles des détenus au Royaume-Uni ont soutenu que leurs droits au titre de l'article 13 avaient été violés par l'existence ou l'application de certaines directives pénitentiaires régissant le contrôle de la correspondance des détenus. Dans certaines de ces affaires, la Cour a déclaré qu'il y avait eu violation de l'article 13, par exemple lorsque les règlements pénitentiaires internes eux-mêmes étaient contraires à la Convention. Dans l'affaire Campbell et Fell, par exemple, la Cour a appliqué ce raisonnement et a conclu à l'existence d'une violation. Dans cette affaire, les requérants se sont plaints du refus des autorités pénitentiaires d'autoriser des communications confidentielles avec leur avocat, ainsi que de certaines restrictions frappant leur correspondance personnelle. Bien qu'il fût possible d'introduire une demande de redressement au ministre de l'Intérieur, celle-ci n'aurait pu être effective que si le plaignant soutenait que le contrôle contesté de son courrier résultait d'une mauvaise application d'une des directives pertinentes et non de l'application correcte d'une directive qui, en soi, imposait l'application de critères inacceptables. Dans cette affaire, ce sont ces dernières circonstances qui l'emportaient et, partant, le remède offert était rendu inefficace. La Cour a, dès lors, conclu à l'existence d'une violation de l'article 13[14]. Dans d'autres affaires, par exemple lorsque les demandes adressées au ministre de l'Intérieur et/ou aux tribunaux anglais auraient pu être couronnées de succès, aucune violation n'a été constatée.

Dans l'affaire Costello-Roberts[15], un jeune garçon qui fréquentait une *public school* a soutenu que l'application d'un châtiment corporel («slippering» – trois coups portés au travers des sous-vêtements au moyen d'une chaussure à semelle souple) constituait un traitement dégradant (article 3) et une violation de son droit au respect de la vie privée (article 8). Il a soutenu, en outre, qu'aucune voie de recours effective ne lui était ouverte permettant de faire statuer sur ces griefs au niveau interne. La Cour a cité deux critères applicables à l'examen des griefs formés au titre de l'article 13: la possibilité d'introduire une procédure visant à vérifier l'action contestée (en l'espèce, l'agression), et le pouvoir de l'organe interne d'accorder un redressement à la partie lésée. Elle a également précisé deux limitations du champ d'application de l'examen auquel elle procède: l'efficacité d'un recours interne ne dépend pas de la certitude d'une suite favorable[16] et n'exige pas un moyen permettant de contester dans l'abstrait la compatibilité d'une loi interne avec la Convention ou des normes internes équivalentes[17].

La Commission et la Cour ont établi que les Etats parties jouissaient d'une latitude importante, s'agissant d'appliquer l'article 13. Elles ont relevé très plus spécialement qu'un «ensemble de recours» pouvait suffire à offrir le niveau requis de protection de l'individu au niveau interne. Dans l'affaire Klass déjà, la Cour s'est trouvée confrontée à certaines des difficultés que pose la détermination de l'efficacité d'un recours. Dans cette affaire, une personne contestait des mesures de surveillance secrètes dont le gouvernement défendeur

14. Arrêt Campbell et Fell du 28 juin 1984, Série A n° 80.

15. Arrêt Costello-Roberts du 25 mars 1993, Série A n° 247-C.

16. Voir également l'arrêt Pine Valley Developments Ltd et al. du 29 novembre 1991, Série A n° 222.

17. Voir aussi l'arrêt James et al. du 21 février 1986, Série A no° 98, p. 47, par. 85.

affirmait qu'elles avaient été prises dans l'intérêt de la sécurité nationale. Les requérants dans cette affaire avaient soutenu que, lorsqu'une personne n'était pas en mesure d'obtenir un indice solide d'une violation possible de ses droits, elle se trouvait empêchée d'utiliser de manière effective aucun des recours existants. La Cour a, toutefois, fait observer que la nature même des mesures de surveillance secrète s'opposait à ce que la personne en cause soit avertie au préalable d'une violation potentielle du droit au respect de la vie privée, et que l'existence de mesures telles que la notification faite à la personne à l'issue de la surveillance et l'existence, à ce stade, de diverses voies de recours juridiques suffisait à répondre aux exigences de l'article 13.

Dans l'affaire Leander, dans laquelle le requérant s'était plaint que les vérifications secrètes effectuées à propos de candidats à des postes classés sensibles pour des motifs de sécurité nationale violaient ses droits au titre des articles 8 et 10, la Cour a adopté une approche quelque peu différente de la question de l'«ensemble de recours». Le requérant soutenait qu'il y avait eu violation de l'article 13 parce qu'il n'avait pas le droit de se voir communiquer les renseignements sur la base desquels l'autorité de désignation avait fondé sa décision défavorable, ni aucun moyen de faire appel de ce rejet devant une instance indépendante ayant pouvoir de statuer sur l'exactitude et la communication desdits renseignements. Les seules voies de recours qui lui étaient offertes impliquaient le passage par divers types d'instances publiques. La Cour a déclaré à une faible majorité (4 juges contre 3) que ces voies administratives représentaient un «ensemble» de recours qui, dans les circonstances de l'espèce, satisfaisait aux conditions de l'article 13, même si aucun d'eux pris isolément ne remplissait ces conditions[18]. La Cour a également noté avec satisfaction l'existence d'un contrôle parlementaire des demandes de communication de renseignements dans le cadre de décisions affectant le personnel.

Intégration de la Convention dans le droit national

L'article 13 n'impose pas l'intégration de la Convention européenne des Droits de l'Homme dans le droit interne des Etats parties[19]. Toutefois,

> ils n'en doivent pas moins, aux termes de l'article 1 et sous une forme ou une autre, y assurer à quiconque relève de leur juridiction la substance des droits et libertés reconnus par l'article 1[20].

Bien que la Cour ait déclaré de manière constante que l'incorporation de la Convention dans le droit interne n'était pas nécessaire, il n'en demeure pas moins que l'absence d'incorporation peut influer sur l'issue de certaines affaires. Dans l'affaire Abdulaziz, Cabales et Balkandali[21], la Cour a noté que les requérantes étaient victimes d'une discrimination découlant

> de normes incompatibles ... avec la Convention. Il ne pouvait y avoir ici de «recours effectif» au sens de l'article 13, puisque le Royaume-Uni n'a pas incorporé la Convention à son droit

18. Arrêt Leander du 26 mars 1987, Série A n° 116.
19. Voir notamment l'arrêt Costello-Roberts du 25 mars 1993, Série A n° 247-C.
20. Arrêt James et al. du 21 février 1986, Série A n° 98; arrêt Lithgow et al. du 8 juillet 1986, Série A n° 102.
21. Arrêt Abdulaziz, Cabales et Balkandali du 28 mai 1985, Série A n° 94.

interne ... L'utilisation des moyens existants ... n'aurait pu aboutir que si la plaignante avait imputé la discrimination à une mauvaise application des règles de 1980 [sur l'immigration]. Or les requérantes n'ont rien allégué de tel; elles n'ont pas non plus prétendu que la discrimination était contraire au droit interne pour une autre raison[22].

L'article 13 ne garantit pas un droit de contester les lois de l'Etat contractant sous l'angle de leur compatibilité avec la Convention ou des moyens de leur interprétation. C'est ainsi que, dans l'affaire Powell et Rayner, l'absence, dans la législation interne du Royaume-Uni, de tout «droit civil» d'obtenir réparation pour la nuisance sonore produite par des avions n'a pas été tenue pour une violation de l'article 6 par. 1 ou de l'article 13[23].

Une génération après son adoption, MM. Matscher et Pinheiro Farinha, tous deux juges auprès de la Cour européenne des Droits de l'Homme, ont noté:

> l'article 13 constitue l'une des dispositions les plus obscures de la Convention et ... son application soulève des problèmes d'interprétation très délicats et compliqués. Telle est probablement la raison pour laquelle les organes de la Convention, pendant deux décennies environ, ont évité de se pencher sur cette clause, en avançant, dans la plupart des cas, des motifs peu convaincants[24].

Bien que, malheureusement, ces juges ne se soient pas étendus sur le caractère peu convaincant des motifs invoqués pour éviter l'analyse sous l'angle de l'article 13, un certain nombre d'affaires qui soulevaient des questions au titre de cet article ont également soulevé des aspects qui relèvent de l'article 5 par. 4 (*habeas corpus*) et/ou de l'article 6 par. 1 (procès équitable). La Commission et la Cour ont régulièrement déclaré que l'examen de l'un ou l'autre de ces droits empêchait ou rendait discutable l'examen d'un grief sous l'angle de l'article 13 mais, ici aussi, sans assortir cet avis d'une justification quelconque. La Commission et la Cour ont déclaré dans un certain nombre d'affaires, que l'examen d'un grief formulé au titre de l'article 13 était rendu discutable par l'examen soit de l'article 5 par. 4, soit de l'article 6[25]. Il importe toutefois de noter que l'article 13 peut être la seule disposition applicable dans les affaires qui invoquent l'absence de recours effectif pour des violations de droits qui, sous l'angle de la Convention, ne revêtent ni un caractère civil, ni un caractère pénal. En outre, la Commission et la Cour n'ont pas reconnu à ce jour que le fait qu'un requérant ait formulé le grief plausible que l'Etat a appliqué des procédures incorrectes dans des questions concernées par l'article 5 par. 4 ou par l'article 6 et que ce requérant ait soutenu qu'il n'existait pas, au niveau interne, de voie de recours contre ces procédures irrégulières faisait naître un grief distinct sous l'angle de l'article 13.

22. *Ibidem*, pp. 42-43, par. 93.

23. Arrêt Powell et Rayner du 21 février 1990, Série A n° 172. Voir aussi l'arrêt Lithgow et al. du 8 juillet 1986, Série A n° 102.

24. Opinion dissidente dans l'arrêt Malone du 2 août 1984, Série A n° 82, p. 41.

25. Voir notamment l'arrêt Sporrong et Lönnroth du 23 septembre 1982, Série A n° 52.

L'interdiction de discrimination (article 14)

Les expressions «égalité devant la loi», «égalité de protection par les lois», et «interdiction de discrimination» expriment des idées apparentées mais distinctes. Bon nombre de Constitutions nationales consacrent un ou plusieurs de ces principes mais, prises dans l'abstrait, il s'agit d'expressions presque dépourvues de sens. Dans le domaine plus large de la protection des droits de l'homme, les notions d'égalité impliquent souvent la justice dans la répartition égale des avantages et des droits matériels, qui constitue la prémisse essentielle sous-jacente de nombreux instruments touchant aux droits économiques, sociaux ou culturels. Toutefois, s'agissant d'instruments qui garantissent essentiellement des droits civils et politiques, les notions d'égalité impliquent la justice en ce sens que la loi est appliquée correctement et de manière cohérente à tous les individus de la société, abstraction faite de leurs caractéristiques personnelles. Quelles que soient la portée du principe abstrait ou sa mise en œuvre pratique, le droit tant interne qu'international autorise que des distinctions soient faites entre personnes ou catégories de personnes. La question importante devient alors: quelles sont les distinctions acceptables et celles qui constituent une discrimination interdite?

La Convention européenne des Droits de l'Homme qui est, chronologiquement, un des premiers instruments juridiquement contraignants dans le domaine des droits de l'homme, a accordé à l'égalité et à la non-discrimination une attention plus limitée que les instruments qui lui ont succédé. L'article 14 de la Convention, qui interdit la discrimination, est libellé comme suit:

> La jouissance des droits et libertés reconnus dans la présente Convention doit être assurée, sans distinction aucune, fondée notamment sur le sexe, la race, la couleur, la langue, la religion, les opinions politiques ou toutes autres opinions, l'origine nationale ou sociale, l'appartenance à une minorité nationale, la fortune, la naissance ou toute autre situation.

Il est important de noter que cet article n'est pas exprimé en termes généraux d'égalité devant la loi ou de protection égale par la loi. Il garantit plutôt à toute personne relevant de la juridiction d'un des Etats parties (voir article 1) la jouissance des droits et libertés protégés par la Convention elle-même. Il ressort clairement de la formulation que, comme l'a confirmé la jurisprudence, l'article 14 ne crée pas l'obligation, pour les Etats, de garantir la non-discrimination d'une manière générale mais uniquement celle de garantir la non-discrimination dans l'exercice des droits et des libertés contenus dans la Convention: vie, liberté, sécurité, vie privée, liberté de pensée, de religion, d'expression, etc. Les organes de la Convention ont établi que, si le caractère accessoire de l'article 14 ne lui confère pas une existence indépendante, il n'en a pas moins une signification autonome. Bien que, dans certains cas, la Commission et la Cour aient déclaré qu'il fallait qu'une violation *prima facie* d'un des droits ou d'une des libertés matériels protégés par la Convention soit établie pour qu'un grief accessoire de violation de l'article 14 puisse être examiné, elles n'ont pas exprimé cet avis de manière constante. Le statut autonome de l'article 14 implique que, quand bien même aucune des dispositions essentielles de la Convention n'aurait été violée, les organes de la Convention peuvent, malgré tout, conclure à l'existence d'une violation de l'interdiction de discrimination dans l'application de la disposition en cause.

Tant durant l'entre-deux-guerres que dans l'Europe d'aujourd'hui, les questions d'égalité et de non-discrimination ont surgi le plus souvent dans la conscience du public en rapport avec le traitement réservé à certains groupes, généralement des minorités ethniques ou nationales. Mais les conséquences désastreuses de cette orientation du début du siècle lorsque, sous prétexte de protéger des minorités nationales, se sont multipliées les politiques expansionnistes agressives et les violations des droits de l'homme, ont débouché sur la crainte affirmée de consacrer cette protection dans la Convention européenne des Droits de l'Homme.

Ces dernières années, toutefois, face à la montée de la xénophobie et du racisme partout en Europe, le Conseil de l'Europe s'est à nouveau penché sur la question des droits des minorités. En 1992, il a ouvert à la signature et à la ratification une Charte européenne des langues régionales ou minoritaires et a adopté, en 1995, une Convention-cadre pour la protection des minorités nationales. Ces initiatives supplémentaires étant très récentes, le présent chapitre s'intéressera essentiellement à la théorie et à la pratique de l'article 14, dont la principale référence aux minorités consiste à citer «l'appartenance à une minorité nationale» parmi les fondements d'une distinction interdite.

C'est, en particulier, à la lumière de l'histoire des questions liées aux droits des minorités en Europe que, lorsqu'on examine le fonctionnement de la disposition anti-discrimination de la Convention européenne des droits de l'homme, il importe de se souvenir que la Convention dans son ensemble est fortement axée sur les droits des personnes et non sur ceux des groupes en tant que tels. L'article 14 ne fait pas exception à cette règle. Seules les parties directement affectées par la violation d'un ou de plusieurs droits protégés par la Convention peuvent saisir les organes de Strasbourg: nul ne peut introduire une requête au nom d'une tierce partie prétendument lésée. La Convention ne prévoit pas d'*actio popularis*. C'est pourquoi, même dans les requêtes «collectives» qui font état de discriminations, c'est chacun des membres du groupe qui doit démontrer qu'il est victime d'une violation. (Voir aussi, dans le chapitre «Procédures prévues par la Convention», l'examen du droit de requête individuel prévu par l'article 25).

Principes généraux d'applicabilité de l'article 14: caractère accessoire et statut autonome de cet article

Malgré sa portée relativement limitée, l'article 14 de la Convention a donné lieu à une jurisprudence à la fois complexe et peu cohérente, dans la mesure où la Cour a examiné sur le fond un nombre assez restreint de griefs faisant état de discriminations. Comme indiqué ci-dessus, les deux grands dilemmes récurrents dans cette jurisprudence sont le caractère accessoire de cet article et son statut autonome.

La Cour s'est penchée sur ces deux aspects de l'applicabilité dès les tout premiers stades de l'application de la Convention, dans l'affaire «relative à certains aspects du régime linguistique de l'enseignement en Belgique» (dite «affaire linguistique belge»). Dans cette affaire, qui fait autorité par rapport à l'article 14, les requérants étaient un groupe de parents francophones dont les enfants s'étaient vu refuser l'accès à des écoles francophones dans certaines municipalités de la périphérie de Bruxelles majoritairement néerlandophones, au motif que les familles francophones n'étaient pas domiciliées dans ces municipalités. Or, les écoles néerlandophones de ces mêmes municipalités étaient ouvertes à tout un chacun, quel que fût le lieu où il était domicilié. La Cour, concluant à l'existence d'une violation de l'article 2 du Protocole n° 1 (garantissant le droit à l'instruction) combiné avec l'article 14, a formulé les principes suivants:

> Si cette garantie n'a pas, il est vrai, d'existence indépendante en ce sens qu'elle vise uniquement, aux termes de l'article 14, les «droits et libertés reconnus dans la Convention», une mesure conforme en elle-même aux exigences de l'article consacrant le droit ou la liberté en question peut cependant enfreindre cet article, combiné avec l'article 14, pour le motif qu'elle revêt un caractère discriminatoire.
>
> Ainsi, les personnes soumises à la juridiction d'un Etat Contractant ne peuvent puiser dans l'article 2 du Protocole le droit d'obtenir des pouvoirs publics la création de tel ou tel établissement d'enseignement; néanmoins, l'Etat qui aurait créé pareil établissement, ne pourrait, en réglementant l'accès, prendre des mesures discriminatoires au sens de l'article 14....
>
> Dans des cas semblables, on se trouverait en présence d'une violation d'un droit ou d'une liberté garantis, tels qu'ils sont énoncés par l'article pertinent combiné avec l'article 14. Tout se passe comme si ce dernier faisait partie intégrante de chacun des articles consacrant des droits ou libertés. Il n'y a pas lieu, à cet égard, de distinguer selon la nature de ces droits et libertés et des obligations qui y correspondent, et par exemple suivant que le respect du droit dont il s'agit implique une action positive ou une simple abstention[26].

Ces principes ont été réaffirmés également dans des affaires ultérieures. Dans l'affaire Abdulaziz, Cabales et Balkandali, trois femmes détenant un permis de résidence permanente au Royaume-Uni souhaitaient être autorisées à s'y faire rejoindre par leur conjoint (le fiancé, dans un des cas). La législation sur l'immigration en vigueur à l'époque au Royaume-Uni interdisait aux maris de rejoindre leur épouse en séjour régulier dans le pays, mais pas aux épouses de rejoindre leur mari en séjour régulier. La Cour a estimé qu'il y avait violation du droit au respect de la vie familiale, garanti par l'article 8, conjointement avec une discrimination fondée sur le sexe, interdite par l'article 14. La Cour, concluant à l'absence de violation de l'article 8, a relevé que les Etats contractants n'étaient pas tenus de respecter le choix d'un pays de résidence fait par un couple marié et, partant, d'accepter l'installation de conjoints non-ressortissants. La Cour a toutefois estimé que le Royaume-Uni avait violé l'article 14 combiné avec l'article 8 et a déclaré:

26. Arrêt dans l'affaire «relative à certains aspects du régime linguistique de l'enseignement en Belgique» du 23 juillet 1968, Série A n° 6, pp. 33-34, par. 9.

> [L]a notion de discrimination englobe d'ordinaire les cas dans lesquels un individu ou un groupe se voit, sans justification adéquate, moins bien traité qu'un autre, même si la Convention ne requiert pas le traitement plus favorable[27].

C'est donc l'inégalité d'un certain traitement qui est en cause au regard de l'article 14, et non la comparaison des différentes options parmi lesquelles un Etat opère un choix, s'agissant de restreindre l'exercice d'un droit substantiel particulier.

La Cour a également estimé qu'il y avait violation de l'article 8 combiné avec l'article 14 dans l'affaire Burghartz, dans laquelle un homme n'avait pas été autorisé à placer son nom avant celui de sa femme, dont le nom avait été choisi comme nom de famille. S'ils avaient choisi le nom du mari comme nom de famille, ils auraient pu faire précéder le nom du mari de celui de la femme[28]. Dans l'affaire Schuler-Zgraggen, les autorités suisses avaient accordé à une femme une pension complète d'invalidité, mais avaient annulé celle-ci après qu'elle eut donné naissance à un enfant. Le Tribunal fédéral des assurances a rejeté son appel et déclaré dans son arrêt:

> [N]ombre de femmes mariées travaillent en dehors de leur domicile jusqu'à la naissance de leur premier enfant, même si elles interrompent cette activité aussi longtemps que de besoin pour élever elles-mêmes leurs enfants. Il faut appliquer aussi en l'espèce cette hypothèse tirée de l'expérience de la vie courante, qui doit être dûment prise en compte dans la détermination de la méthode applicable pour le calcul de l'invalidité ... [I]l faut supposer que la requérante, même si son état de santé ne s'était pas détérioré, aurait limité son activité à la fonction de mère au foyer[29].

Bien que la Cour européenne des Droits de l'Homme ait estimé que les circonstances de l'espèce n'avaient pas produit de violation du droit à un procès équitable, tel qu'il est garanti par l'article 6 par. 1, c'est ce qu'indiquait la décision dans son essence:

> [L]e Tribunal fédéral des assurances a repris intégralement à son compte l'hypothèse retenue par la commission de recours relative à la cessation des femmes devenues mères. Il n'a pas essayé d'en discuter le bien-fondé en soupesant des arguments opposés.... [L'hypothèse] constitue ... l'unique base de la motivation adoptée...et introduit une différence de traitement exclusivement fondé sur le sexe.
>
> Or la progression vers l'égalité des sexes est aujourd'hui un but important des Etats membres du Conseil de l'Europe, et seules des considérations très fortes peuvent amener à estimer compatible avec la Convention une telle différence de traitement.... La Cour n'aperçoit rien de tel en l'espèce. Elle conclut donc que faute de justification objective et raisonnable, il y a eu infraction à l'article 14 combiné avec l'article 6 par. 1[30].

La Commission et la Cour ont suivi le même type de raisonnement dans l'affaire Darby, même si les deux organes n'étaient pas du même avis quant à laquelle des dispositions normatives de la Convention constituait l'article applicable. Dans cette affaire, le requérant vivait dans les îles Åland (Finlande), mais travaillait en Suède. En droit suédois, les

27. Arrêt Abdulaziz, Cabales et Balkandali du 28 mai 1985, Série A n° 94, p. 39, par. 82.

28. Arrêt Burghartz du 22 février 1994, Série A n° 280-B.

29. Arrêt Schuler-Zgraggen du 24 juin 1993, Série A n° 263, p. 13, par. 29.

30. *Ibidem*, pp. 21-22, par. 67.

travailleurs non-résidents étaient tenus de payer un impôt ecclésiastique destiné à l'Eglise d'Etat suédoise, alors que les travailleurs résidents pouvaient décider de ne pas autoriser ces prélèvements. Le requérant a soutenu que cette différence de traitement constituait une violation de l'article 9 (liberté de religion), de l'article 1 du Protocole n° 1 (droit au respect des biens), et de chacun d'eux combiné avec l'article 14. Au stade de l'examen par la Commission, le gouvernement, le requérant et la Commission ont convenu que le grief avait trait à la liberté de religion, la Commission concluant à l'existence d'une violation de l'article 9 et de ce même article combiné avec l'article 14. La Cour, en revanche, a estimé que cette restriction enfreignait l'article 1 du Protocole n° 1 et a déclaré qu'il était superflu d'examiner la violation alléguée sous l'angle des articles 9 et 14[31].

Comme noté ci-dessus, la Commission et la Cour ont parfois estimé que, même en l'absence de violation d'un des droits ou d'une des libertés substantiels garantis par la Convention, il pouvait y avoir violation d'une des dispositions normatives combinée avec l'article 14: le principe d'autonomie. Les organes strasbourgeois semblent, toutefois, ne pas reconnaître cette autonomie dans les cas où ils ont effectivement conclu à une violation du droit ou de la liberté substantiels en cause. Dans un certain nombre de cas où ils ont constaté pareille violation, ils ont ensuite déclaré qu'il était superflu d'examiner tout grief de discrimination sous l'angle de l'article 14, reléguant ainsi cet article au rang de disposition subsidiaire plutôt que complémentaire. La Cour a exprimé cet avis dans l'affaire Airey c/ Irlande, dans laquelle une Irlandaise démunie de ressources s'était vu refuser l'aide judiciaire dans le cadre de l'introduction d'une requête en séparation judiciaire de son mari violent. La Cour a estimé qu'il y avait eu violation de ses droits au titre de l'article 6 (droit d'accès à un tribunal) et de l'article 8 (droit au respect de la vie familiale), mais a refusé d'examiner son allégation de discrimination et a déclaré:

> L'article 14 n'a pas d'existence indépendante; il représente un élément particulier (non-discrimination) de chacun des droits protégés par la Convention. ... Les articles les consacrant peuvent se trouver méconnus isolément ou/et en combinaison avec l'article 14. Si la Cour ne constate pas de violation séparée de l'un d'entre eux, invoqué à la fois en soi et conjointement avec l'article 14, il lui faut examiner aussi la cause sous l'angle de ce dernier. En revanche, pareil examen ne s'impose pas en général quand elle aperçoit un manquement aux exigences du premier article pris en lui-même. Il en va autrement si une nette inégalité de traitement dans la jouissance du droit en question constitue un aspect fondamental de l'affaire...[32].

Cette opinion majoritaire a été contestée dans une opinion dissidente, pour les motifs suivants:

> Une discrimination dans la jouissance d'un droit protégé par la Convention se heurte à l'article 14 qu'elle se situe dans la zone de la violation de ce droit ou en dehors de cette zone. Au sens de l'article 14, le terme «jouissance» devrait comprendre toutes les situations possibles entre le refus pur et simple d'un droit protégé par la Convention et sa pleine consécration par l'ordre national[33].

31. Arrêt Darby du 23 octobre 1990, Série A n° 187.

32. Arrêt Airey du 9 octobre 1979, Série A n° 32, p. 16, par. 30.

33. *Ibidem*, opinion dissidente de M. le juge Evrigenis, p. 29.

L'opinion majoritaire l'a emporté dans la plus grande partie de la jurisprudence qui a suivi. Dans l'affaire Johnston et al. c/ Irlande, la fille naturelle d'un couple non marié avait soutenu que certaines lois irlandaises violaient ses droits au respect de la vie familiale sous l'angle de l'article 8 combiné avec l'article 14. La Cour, concluant à l'existence d'une violation de l'article 8, a toutefois déclaré qu'il n'était pas nécessaire d'examiner la question de l'article 14[34]. Dans l'affaire Dudgeon c/ le Royaume-Uni, un homosexuel avait fait valoir que l'interdiction, en Irlande du Nord, de l'activité sexuelle entre un homme de plus de 21 ans et un autre de moins de 21 ans constituait une violation non seulement de l'article 8 (vie privée) mais aussi de l'article 14, en ce que l'âge du consentement pour les relations lesbiennes et hétérosexuelles était de 17 ans pour les deux parties. La Cour a estimé qu'il y avait violation de l'article 8 mais a déclaré "il paraît sans intérêt juridique de rechercher s'il a subi de surcroît une discrimination par comparaison avec d'autres personnes sujettes à de moindres limitations au même droit". La Cour a, dès lors, refusé d'examiner le grief lié à l'article 14[35]. Des faits et des déclarations similaires se retrouvent dans l'affaire ultérieure Norris c/ Irlande[36]. Actuellement, de nouveaux griefs concernant ces questions sont à l'examen devant les organes de la Convention.

Dans l'affaire récente Informationsverein Lentia et al. c/ l'Autriche, les cinq requérants qui, tous, souhaitaient fonder des sociétés de radiodiffusion en Autriche, ont soutenu que le monopole d'exploitation détenu en la matière par la Société autrichienne de radiodiffusion méconnaissait leur droit à la liberté d'expression tel qu'il est protégé par l'article 10 de la Convention, dès lors qu'il rendait impossible la création et l'exploitation de chaînes de radio et de télévision privées en Autriche. Deux des requérants ont également allégué une violation de l'article 14 combiné avec l'article 10, l'un au motif qu'il souhaitait diffuser en partie en langue slovène (l'arrêt ne précise pas clairement le fondement du grief de discrimination formulé par l'autre). La Cour a estimé qu'il y avait eu violation de l'article 10 et a déclaré qu'il était superflu d'examiner le grief de discrimination[37].

Il n'y a pas eu, à ce jour, d'affaires dans lesquelles la Commission ou la Cour aient examiné une allégation de violation d'une des dispositions normatives, aient conclu à l'absence de violation et aient ensuite déclaré qu'il était inutile d'examiner tout autre grief de discrimination formulé.

Avant de conclure cette analyse du caractère accessoire et du statut autonome de l'article 14, il est intéressant d'examiner une affaire qui déroge nettement à la règle qui veut que l'article 14 joue normalement un rôle accessoire par rapport à d'autres droits substantiels de la Convention. Dans l'affaire «des Asiatiques d'Afrique orientale», le Royaume-Uni avait refusé d'autoriser des titulaires de passeports britanniques expulsés d'Ouganda, du Kenya et de Tanzanie à entrer au Royaume-Uni et à s'y installer. Ces personnes ont soutenu devant la Commission que le refus d'accès reposait sur des motifs raciaux et contrevenait dès lors à l'article 14 et à la clause de l'article 3 relative aux traitements dégradants. Il importe de relever, dans ce contexte, que la Convention ne garantit pas le droit d'accès à un pays ou le

34. Arrêt Johnston et al. du 18 décembre 1986, Série A n° 112.

35. Arrêt Dudgeon du 22 octobre 1981, Série A n° 45.

36. Arrêt Norris du 26 octobre 1988, Série A n° 142.

37. Arrêt Informationsverein Lentia et al. du 24 novembre 1993, Série A n° 276.

droit d'immigrer. Le rapport de la Commission n'a pas encore été publié, mais la Commission comme le Comité des Ministres ont fait observer, dans leurs décisions publiques sur la question, que des actes à motif racial pouvaient, dans certaines circonstances, constituer une violation de l'article 3 même si, sur le fond, la discrimination elle-même était sans rapport avec cette disposition ou avec le refus d'exercer l'un des droits protégés par la Convention[38]. Cette affaire a été résolue par un règlement amiable.

Distinctions ou discrimination

La Commission et la Cour ont convenu que les différences de traitement appliquées pour l'exercice des droits et libertés ne constituaient pas toutes une discrimination interdite par la Convention. Dans l'affaire «relative à certains aspects du régime linguistique de l'enseignement en Belgique», la Cour a décrit le schéma de l'analyse à laquelle elle procède pour déterminer s'il y a eu discrimination interdite:

a. les faits constatés font apparaître un traitement différent;

b. la distinction n'a pas de but; en d'autres termes, elle n'a pas de justification objective et raisonnable, compte tenu de l'objet et des effets de la mesure examinée;

c. il n'existe pas de proportionnalité raisonnable entre le moyen utilisé et le but recherché.

Pour déterminer le seuil qui, lorsqu'il est franchi, fait d'une loi ou d'une pratique interne une discrimination interdite, la Commission et la Cour appliquent en partie les mêmes principes d'interprétation que ceux qui ont été définis dans la jurisprudence relative aux articles qui comportent des clauses restrictives, notamment les articles 8 à 11. L'idée que l'article 14 est subsidiaire par rapport aux autres articles peut justifier en partie cette approche analytique dans les affaires qui soulèvent des questions sous l'angle de l'article 8, s'agissant de restrictions des termes mêmes de cet article.

Dans l'affaire «relative à certains aspects du régime linguistique de l'enseignement en Belgique», la Court avait déjà appliqué des critères analogues à ceux qu'elle avait appliqués dans des affaires soulevant des questions sous l'angle de l'article 8 et de ses clauses restrictives, à savoir la légitimité du but à atteindre au moyen de la pratique en cause, et la proportionnalité entre les moyens utilisés et ce but légitime. La Commission et la Cour ont laissé aux Hautes Parties contractantes une latitude importante, s'agissant de déterminer les circonstances dans lesquelles certaines distinctions sont appropriées, non sans avoir clairement défini le principe dans deux séries d'affaires: celles qui concernent des restrictions du droit au respect des biens, tel qu'il est protégé par l'article 1 du Protocole n° 1, et celles touchant les droits des syndicats. La première série comprend des affaires telles que Lithgow et al. et James et al.[39]. La première concernait la nationalisation de certaines industries, le dédommagement et autres questions connexes; la seconde, l'adoption d'une législation autorisant les détenteurs de concessions immobilières de longue durée à acquérir la propriété du bien sous certaines conditions. La Cour a estimé que les deux types de législation et leur application relevaient de la marge d'appréciation laissée aux pouvoirs publics. Dans l'affaire Spadea et Scalabrino, dans laquelle les requérants s'étaient plaints de l'impossibilité dans

38. N°s 4715/70, 4783/71 et 4827/71, Déc. 6.3.78, D.R. 13 p. 17.

39. Arrêt Lithgow et al. du 8 juillet 1986, Série A n° 102; arrêt James et al. du 21 février 1986, Série A n° 98.

laquelle ils se trouvaient de faire exécuter des ordonnances d'évacuation contre des locataires occupant leurs appartements respectifs, la Cour a déclaré que la réglementation éventuelle de l'accès au logement dans les régions où la demande est forte relevait de la marge d'appréciation de l'Etat. La Cour a estimé, par ailleurs, que la distinction faite entre propriétaires de biens non résidentiels et résidentiels reposait sur des motifs objectifs et raisonnables, compte tenu des politiques du gouvernement en matière de logement[40]. De même, dans plusieurs affaires dans lesquelles étaient contestées des décisions prises par les autorités administratives en matière d'utilisation ou de cession de biens, la Cour a estimé le plus souvent que l'Etat n'avait pas outrepassé sa marge d'appréciation en prenant les décisions incriminées bien que, dans certaines de ces affaires, la Cour ait conclu à l'existence de violations de l'article 6 en ce qui concerne le fonctionnement des procédures administratives mises en œuvre pour aboutir aux décisions[41].

Dans trois affaires relatives à certains aspects du droit de constituer un syndicat et de s'y affilier, la Cour a estimé qu'il n'y avait violation ni de l'article 11, ni de ce même article combiné avec l'article 14. Dans l'affaire Syndicat national de la police belge, le syndicat requérant soutenait que le refus des autorités publiques d'autoriser le syndicat à participer à des concertations avec elles constituait une violation de ses droits soit au regard de l'article 11 pris isolément, soit au regard de ce même article combiné avec l'article 14[42]. Dans l'affaire similaire Syndicat suédois des conducteurs de locomotives, le syndicat requérant avait soutenu que le refus des autorités publiques de l'autoriser à prendre part au processus de négociation collective violait ses droits sous l'angle de l'article 11 combiné avec l'article 14. La Cour a soutenu que le gouvernement pouvait utiliser sa marge d'appréciation pour décider quels syndicats étaient les plus représentatifs, dans l'intérêt d'une négociation collective effective et efficace[43]. Dans l'affaire Schmidt et Dahlström, les requérants, affiliés à un syndicat qui avait décrété une grève mais qui n'y avaient pas participé eux-mêmes, avaient soutenu que le refus, après la grève, de verser des indemnités à tous les affiliés constituait une violation du droit de former un syndicat et de s'y affilier. La Cour a fait observer que le comportement incriminé avait été accepté par négociation et dans le cadre d'une convention collective qui traduisait la pratique suédoise, elle-même non contestée par les requérants. Le grief de discrimination ne reposait donc sur aucun fondement[44].

On trouve dans l'affaire Hoffmann un exemple récent de l'application des principes d'interprétation développés sous l'angle de l'article 8 et de ses clauses restrictives, appliqués à un grief formulé au titre de l'article 14. Dans cette affaire, la requérante s'était mariée avec un catholique romain dont elle avait eu deux enfants, puis s'était convertie pour devenir Témoin de Jéhovah. Par la suite, elle avait divorcé, son mari étant resté catholique romain. Dans le litige qui suivit au sujet de la garde des enfants, les tribunaux internes ont fini par accorder la garde au père en raison de la religion de la mère. Celle-ci a fait valoir que cette décision violait son droit au respect de la vie familiale (article 8) et de son droit à la liberté

40. Arrêt du 28 septembre 1995, Série A n° 315-B.

41. Voir notamment l'arrêt Håkansson et Sturesson du 21 février 1990, Série A n° 171-A et l'arrêt Fredin du 18 février 1991, Série A n° 192.

42. Arrêt Syndicat national de la police belge du 27 octobre 1975, Série A n° 19.

43. Arrêt Syndicat suédois des conducteurs de locomotives, du 6 février 1976, Série A no° 20.

44. Arrêt Schmidt et Dahlström du 6 février 1976, Série A n° 21.

de religion (article 9) considérés tous deux isolément ou combinés avec l'article 14. La Commission comme la Cour ont décidé d'examiner le grief relatif aux articles 8 et 14 combinés. Dans son arrêt, la Cour a adopté un raisonnement plus cohérent que ce ne fut souvent le cas dans ce type d'affaires. Comme elle le fait normalement dans son examen des affaires qui concernent des griefs sous l'angle de l'article 8 et de ses clauses restrictives, la Cour, dans l'affaire Hoffmann, a tout d'abord constaté qu'il y avait eu ingérence dans le droit au respect de la vie familiale (article 8 par. 1). Toutefois, au lieu de poursuivre le raisonnement habituel sous l'angle de l'article 8 par. 2, la Cour a déterminé que la requérante avait subi un traitement différent et a immédiatement examiné si ce traitement différent s'appuyait sur une justification objective et raisonnable et était proportionné au but légitime à atteindre. Constatant qu'il y avait eu violation de l'article 8 combiné avec l'article 14, la Cour a fait la déclaration suivante:

> [I]l y a eu différence de traitement et elle reposait sur la religion....
>
> Pareille différence de traitement est discriminatoire en l'absence de «justification objective et raisonnable», c'est-à-dire si elle ne repose pas sur «un but légitime» et s'il n'y a pas de «rapport raisonnable de proportionnalité entre les moyens employés et le but visé»....
>
> La Cour suprême poursuivait un but légitime: protéger la santé et les droits des enfants ... Nonobstant tout argument contraire possible, on ne saurait tolérer une distinction dictée pour l'essentiel par des considérations de religion.
>
> [L]a Cour ne peut conclure à l'existence d'un rapport raisonnable de proportionnalité entre les moyens employés et le but visé; partant, il y a eu violation de l'article 8 combiné avec l'article 14[45].

La Cour, dans son examen de l'affaire, a donc joué assez librement sur les articles 8 et 14, citant les critères de l'article 14 – «justification objective et raisonnable» ainsi que la proportionnalité de l'action par rapport au but recherché – plutôt que la norme de l'article 8 – «nécessaire dans une société démocratique» – alors même que les buts déclarés (la protection de la santé et des droits des enfants) s'inscrivaient dans la liste des restrictions acceptables de l'article 8.

Outre les trois critères énumérés dans l'affaire «relative à certains aspects du régime linguistique de l'enseignement en Belgique» (traitement différent, justification objective et raisonnable du but recherché, proportionnalité), la Commission et la Cour examinent parfois un élément supplémentaire: le point de savoir si la situation du requérant présente une analogie suffisante avec celle de personnes qui bénéficient d'une meilleure protection du droit contesté. La Cour a estimé que ce critère n'était pas rempli dans l'affaire Marckx, dans laquelle une mère et son enfant né hors mariage avaient soutenu que le fonctionnement du régime belge applicable à ces enfants violait l'article 1 du Protocole n° 1 (propriété), et les articles 8 (vie familiale) et 14 de la Convention. La Cour a estimé que l'analogie entre la situation de la mère et de l'enfant et celle d'une femme mariée et de son enfant était suffisante pour que l'Etat ne puisse justifier la différence de traitement qu'il avait faite. La seule exception concernait le grief formulé par l'enfant au sujet de la violation de son droit au respect de ses biens, tel qu'il est protégé par l'article 1 du Protocole n° 1: la Cour a estimé

45. Arrêt Hoffmann du 23 juin 1993, Série A n° 255-C., pp. 59-60, par. 33-36.

que cette disposition n'était pas applicable à un héritage espéré[46]. Douze ans plus tard, deux requérants se trouvant dans la même situation que dans l'affaire Marckx ont introduit une requête dirigée, ici aussi, contre la Belgique. Contrairement à l'affaire Marckx, la décision dans l'affaire Vermeire s'est fondée exclusivement sur les articles 8 et 14, à l'exclusion de l'article 1 du Protocole n° 1[47]. Dans l'affaire Inze c/ l'Autriche, la Cour a déclaré qu'il n'y avait pas de violation de l'article 1 du Protocole n° 1 combiné avec l'article 14. Dans cette affaire, la loi autrichienne en cause attribuait la préséance aux enfants légitimes au détriment des enfants illégitimes, s'agissant d'attribuer des terres agricoles dans le cadre d'une succession *ab intestat*[48].

La Cour a examiné une variante du thème ci-dessus dans l'affaire Rasmussen, dans laquelle un homme souhaitait contester la paternité d'un enfant mis au monde par sa femme, mais n'avait pas été autorisé à le faire pour cause de prescription. Son épouse aurait pu, en revanche, demander un test de paternité à tout moment avant la majorité de l'enfant, si elle avait décidé de le faire. La Cour a déclaré qu'il n'y avait pas eu de violation de l'article 14 combiné avec l'article 8 (vie familiale) dès lors que les autorités danoises pouvaient justifier la distinction faite entre la situation des mères et celle des pères[49]. Ces dernières années, l'acceptabilité des distinctions entre les mères et les pères biologiques a été contestée à plusieurs reprises. Dans l'affaire McMichael, dans laquelle un père biologique avait été reconnu par la mère mais n'avait pas tenté d'obtenir une ordonnance concernant ses droits parentaux, la Cour a conclu à l'absence de violation[50]. Dans une affaire dans laquelle le père biologique d'un enfant n'avait pas été informé ou consulté avant l'adoption de celui-ci, la Cour a conclu à l'existence d'une violation de l'article 8 pris isolément et a déclaré qu'il était superflu d'examiner le grief associé de discrimination contestant la différence de traitement entre les mères et les pères d'enfants nés en dehors du mariage[51].

Dans l'affaire Van der Mussele, dans laquelle le gouvernement belge avait fait une distinction entre les avocats et les autres catégories professionnelles dont le statut, le recrutement et les fonctions étaient différentes, la Cour a conclu à l'absence de violation.

Les incohérences dans la prise en compte, par la Commission et la Cour, du critère de la situation analogue résulte en partie du fait que ces organes examinent souvent la question sous l'angle des arguments justificatifs développés par les autorités publiques. On trouve un exemple clé de ce problème dans l'affaire Dudgeon, dans laquelle la Cour a accepté l'interdiction faite par le gouvernement britannique d'actes homosexuels entre deux hommes dont l'un n'a pas atteint l'âge de 21 ans, alors que le seuil est de 17 ans pour les relations lesbiennes et hétérosexuelles. Dans cette affaire, toutes les parties avaient admis que la protection des jeunes était un but légitime. La Cour a, dès lors, ignoré le grief de discrimination formulé par le requérant et a accepté l'affirmation du gouvernement, qui soutenait que le but poursuivi était de protéger «des personnes spécialement vulnérables à cause de leur jeunesse, de leur faiblesse de corps ou d'esprit, de leur inexpérience ou d'une

46. Arrêt Marckx du 13 juin 1979, Série A n° 31.

47. Arrêt Vermeire du 29 novembre 1991, Série A n° 214-C.

48. Arrêt Inze du 28 octobre 1987, Série A n° 126.

49. Arrêt Rasmussen du 28 novembre 1984, Série A n° 87.

50. Arrêt McMichael du 24 avril 1995, Série A n° 307-B.

51. Arrêt Keegan du 26 mai 1994, Série A n° 290.

situation de dépendance naturelle, juridique ou économique spéciale»[52]. Ni le gouvernement ni la Cour n'ont jugé nécessaire de vérifier si ces critères s'appliquaient spécialement ou exclusivement aux personnes de sexe masculin de moins de 21 ans.

Si les organes de la Convention, dans leur examen des griefs formulés au titre de l'article 14, appliquent parfois des principes interprétatifs définis dans le cadre des articles de la Convention qui comportent des clauses restrictives, ils ne les appliquent pas tous et de manière cohérente, même à l'intérieur du champ d'application de l'article 14. A la lumière de ce qui précède, on peut raisonnablement admettre la position implicite de la Commission et de la Cour, à savoir que l'examen de la légitimité du but poursuivi par l'Etat et du caractère proportionnel des mesures de l'Etat visant à atteindre le but énoncé dans un des articles assortis de clauses restrictives peut rendre superflu l'examen, selon les mêmes critères, d'un grief formulé au titre de l'article 14. Cet argument peut être corroboré par la reconnaissance du fait que le critère pour l'examen d'un grief formulé au titre de l'article 14 (justification objective et raisonnable de la différence de traitement visant des buts non précisés) est moins strict que celui qui régit d'autres articles (prévu par la loi, nécessaire dans une société démocratique pour atteindre des buts explicitement énumérés). De même, dans les articles comportant des clauses restrictives, le critère permettant de déclencher l'examen (ingérence de l'Etat dans l'exercice d'un droit protégé) est moins strict que celui de l'article 14 (le critère de l'affaire Airey: «inégalité évidente de traitement» en tant qu'«aspect fondamental de l'affaire»). Si, dans la plupart des cas, la démarche analytique appliquée par la Commission et la Cour aux affaires qui concernent des griefs formulés à la fois au titre d'un article comportant des clauses restrictives et de l'article 14 peut se justifier, il est beaucoup plus difficile de comprendre pourquoi ces organes sont peu enclins à examiner un grief de discrimination dans une affaire qui concerne un grief de violation d'un droit que la Convention garantit sans restriction. Ces circonstances se produisent dans un nombre relativement limité d'affaires.

Dans l'affaire Tyrer, le jeune requérant avait été condamné à recevoir trois coups de verges pour avoir commis une attaque illégale entraînant des lésions corporelles. La législation interne applicable ne prévoyait ce châtiment corporel en tant que sanction alternative ou supplémentaire que dans les cas d'une infraction commise par un jeune délinquant de sexe masculin. La Commission, tout en admettant que les faits de la cause comportaient des aspects de discrimination fondée sur le sexe et/ou l'âge, a déclaré que la constatation d'une violation de l'article 3 (traitement dégradant) dispensait d'examiner le grief formulé sous l'angle de l'article 14. La Cour a souscrit à cet avis de la Commission[53].

Plusieurs affaires ont soulevé des questions sous l'angle des articles 4 (travail forcé) et 14, même si la Cour n'en a examiné qu'une seule. Dans l'affaire Van der Mussele, un avocat stagiaire belge commis d'office dans plusieurs affaires concernant des clients sans ressources, s'était plaint de violation des articles 4 et 14. La Cour a estimé que l'Etat pouvait légitimement imposer cette obligation aux avocats puisque non seulement ceux-ci se trouvent dans une situation différente des autres professions libérales qui n'ont pas cette obligation (dentistes, médecins, juges et autres), mais aussi que la pratique contestée constituait un des moyens permettant à la Belgique d'assurer l'exercice d'un autre droit garanti par l'article 6

52. Arrêt Dudgeon du 22 octobre 1981, Série A n° 45, p. 20, par. 49.

53. Arrêt Tyrer du 25 avril 1978, Série A n° 26.

de la Convention (procès équitable)[54]. Un certain nombre de requêtes ont fait état de violations des articles 4 et 14 résultant de lois et pratiques nationales régissant le service civil remplaçant le service militaire obligatoire ainsi que de l'exemption, des deux types de service, accordée aux membres de certains groupes religieux. La Commission a examiné une plainte pour violations de l'article 4 par. 3 b) (objection de conscience) et de l'article 14 dans l'affaire Grandrath c/ République fédérale d'Allemagne. Dans cette affaire, un membre des Témoins de Jéhovah avait soutenu que la limitation aux membres du clergé protestant et catholique de l'exemption du service civil de remplacement accordée par le Gouvernement allemand et l'exclusion des responsables religieux d'autres confessions constituaient une discrimination interdite par la Convention. La Commission a jugé ces limitations acceptables, compte tenu du fait que les fonctions des responsables diffèrent d'une communauté religieuse à l'autre[55]. Certains griefs de discrimination formulés par des objecteurs de conscience l'ont été sous l'angle de l'article 9 (liberté de pensée, de conscience et de conviction) plutôt que de l'article 4. Dans une requête dirigée contre la Suède, un pacifiste qui souhaitait être exempté du service civil de remplacement a fait valoir que le fait que seuls les membres des Témoins de Jéhovah étaient exemptés et du service militaire et du service civil constituait une violation, ce qu'a rejeté la Commission au motif, notamment, que les règles et les régimes de cette secte étaient particulièrement sévères[56].

L'article 14 a été invoqué en combinaison avec l'article 5 (privation de liberté) dans l'affaire Irlande c/ Royaume-Uni. Le gouvernement requérant soutenait que le Royaume-Uni appliquait sa loi sur les pouvoirs spéciaux, dont le but était de contribuer à la lutte contre les activités terroristes, de manière discriminatoire en concentrant les effets sur la communauté catholique plutôt que sur la communauté protestante d'Irlande du Nord. Bien que des preuves statistiques aient été apportées à l'appui de ce grief, ni la Commission ni la Cour n'ont estimé qu'il y avait eu violation de l'article 14 combiné avec l'article 5, compte tenu de la latitude dont dispose le gouvernement[57]. Il est intéressant de relever, à cet égard, que les gouvernements irlandais et britannique ont reconnu tous deux qu'il y avait danger public au sens de l'article 15 (qui prévoit des dérogations à la Convention dans certaines circonstances). La Cour a estimé que toute différence de traitement entre coupables d'actes de terrorisme en Irlande du Nord pouvait se justifier en ce que le but poursuivi était légitime et les moyens utilisés proportionnés au but recherché.

54. Arrêt Van der Mussele du 23 novembre 1983, Série A n° 70.

55. Grandrath c/ République fédérale d'Allemagne, Rapport Comm. 29.6.67, par. 40, Annuaire 10 p. 627 (685).

56. N° 10410/83, Déc. 11.10.84, D.R. 40 p. 203.

57. Arrêt Irlande c/ le Royaume-Uni du 18 janvier 1978, Série A n° 25.

Les droits des étrangers et des nationaux en tant que groupes distincts (article 16; Protocole n° 4, articles 2 et 4; Protocole n° 7, article 1)

Si la formule «reconnaissent à toute personne relevant de leur juridiction les droits et libertés définis» qui figure à l'article 1 de la Convention exprime clairement que l'intention n'est pas de faire une distinction entre nationaux et non-nationaux, certaines dispositions, par leur nature même, concernent uniquement les non-ressortissants d'une Partie contractante. Une disposition, à savoir l'article 16, autorise les Etats à imposer des restrictions inconditionnelles à l'exercice de certains droits par les étrangers. D'autres dispositions, énoncées aux articles 2, 3 et 4 du Protocole n° 4, établissent une distinction entre les ressortissants nationaux et les étrangers en ce qui concerne la liberté de mouvement et les interdictions visant les expulsions d'un territoire. L'article 1 du Protocole n° 7, quant à lui, fixe certaines protections procédurales dont doit bénéficier toute personne menacée d'expulsion. Toutefois, hormis ces domaines explicites, la qualité d'étranger ne constitue pas une justification admissible de l'établissement de distinctions dans l'exercice des droits et libertés garantis par la Convention. Si un Etat traite différemment les nationaux et les non-nationaux, la Commission évaluera l'acceptabilité de cette distinction à la lumière des motifs généralement applicables pour la restriction du droit en cause.

Restrictions frappant l'activité politique des étrangers (article 16)

L'article 16 de la Convention autorise les Etats à restreindre les activités politiques des étrangers. Cette disposition ne figurait pas dans le projet de Convention mais fut ajoutée par la suite par le Comité d'experts. A l'origine, la restriction était limitée aux articles 10 et 11, mais elle fut étendue à l'article 14 afin d'éviter tout grief de discrimination.

L'article 16 est libellé comme suit:

> Aucune des dispositions des articles 10, 11 et 14 ne peut être considérée comme interdisant aux Hautes Parties contractantes d'imposer des restrictions à l'activité politique des étrangers.

Cette disposition ne connaît pas d'équivalent dans la Déclaration universelle des Droits de l'Homme ou dans le Pacte international relatif aux droits civils et politiques. Cet article énonce une exception à la fois au principe de non-discrimination de l'article 14 et au principe selon lequel toute haute Partie contractante doit reconnaître à toute personne relevant de sa juridiction les droits et libertés définis dans la Convention. Dans la mesure où les droits définis aux articles 10, 11 et 14 concernent des activités autres que politiques, les étrangers ont droit, pour ces articles, aux mêmes garanties que les ressortissants de l'Etat concerné.

A ce jour, l'article 16 a uniquement été invoqué dans l'affaire Piermont. Dans celle-ci, une ressortissante allemande député au Parlement européen avait vu ses libertés de mouvement et d'expression restreintes par les autorités françaises au cours d'un séjour en Polynésie française et en Nouvelle-Calédonie, deux territoires français d'outre-mer (TOM). Au cours de la procédure devant la Cour européenne des Droits de l'Homme, le gouvernement français a soutenu que la requérante ne pouvait se prévaloir de sa qualité de citoyenne européenne ou de parlementaire européen et que, dès lors, la France était en droit de limiter sa liberté d'expression conformément à l'article 16. La Cour n'a pas été de cet avis et a déclaré:

> [L']appartenance de Mme Piermont à un Etat membre de l'Union européenne et ... sa qualité de parlementaire européen ne permettent pas de lui opposer l'article 16 de la Convention, d'autant plus que la population des TOM participe à l'élection des députés au Parlement européen[1].

Comme indiqué ailleurs, la Cour a conclu ensuite à l'existence d'une violation de l'article 10.

Droits liés au statut de la personne sur un territoire précis

L'article 16 énonce, par rapport au principe général de non-discrimination, une exception explicite qui concerne l'exercice de deux grandes catégories de droits par les étrangers; mais plusieurs dispositions des Protocoles à la Convention ont délimité avec plus de précision les domaines dans lesquels un Etat peut opérer des distinctions admissibles entre étrangers et nationaux. Parmi les dispositions examinées dans le présent chapitre, un certain nombre auraient pu l'être dans le cadre d'autres articles de la Convention, en particulier l'article 5, qui régit les privations de liberté. Toutefois, contrairement à l'article 5, voire même à tout autre article de la Convention excepté l'article 16, les dispositions examinées ici sont fondées sur des personnes en séjour régulier dans un pays, tant nationaux qu'étrangers.

Libre circulation (article 2 du Protocole n° 4)

La liberté de déplacement d'un pays vers un autre a parfois été décrite comme un idéal en matière de relations internationales et de migration. Toutefois, le droit existant ne reconnaît pas ce principe, loin s'en faut. Il a été appliqué en partie à certaines périodes et entre certains pays mais, au cours des dernières décennies, bon nombre d'Etats ont réaffirmé, durci et fait un usage plus radical de ce que l'on décrivait jadis comme leur «droit souverain» de contrôler le trafic transfrontalier. Le contrôle de l'immigration est, comme tel, un terrain sur lequel la Convention ne s'aventure pas. La Commission l'a fait observer dès les premiers temps du fonctionnement de la Convention, tout en reconnaissant que celle-ci pouvait néanmoins avoir quelqu'effet limitatif d'une liberté d'action débridée des hautes Parties contractantes. C'est ainsi que le droit de l'Etat de réglementer l'entrée et la sortie des étrangers est restreint à «la mesure et dans les limites des obligations qu'il a assumées en vertu de cette Convention», un

1. Arrêt Piermont du 27 avril 1995, Série A n° 314, p. 24, par. 64.

point de vue qui revêt une importance particulière s'agissant de l'interdiction de certains types de traitement (article 3 de la Convention) et des droits au respect de la vie familiale (article 8 de la Convention)[2]. Ce point de vue général a, en réalité, été confirmé par la Cour à la première occasion qui s'est offerte à elle, à savoir dans l'affaire Abdulaziz, Cabales et Balkandali, qui concernait un problème de regroupement familial.

La Cour a confirmé, dans sa jurisprudence constante, qu'il n'existe pas de droit général pour un étranger d'entrée, de séjour ou de résidence dans un pays particulier[3]. Certains droits plus spécifiques qui concernent à la fois la situation des étrangers et l'immigration ont été ajoutés à la Convention par l'article 2 du Protocole n° 4, libellé comme suit:

> 1. Quiconque se trouve régulièrement sur le territoire d'un Etat a le droit d'y circuler librement et d'y choisir librement sa résidence.
>
> 2. Toute personne est libre de quitter n'importe quel pays, y compris le sien.
>
> 3. L'exercice de ces droits ne peut faire l'objet d'autres restrictions que celles qui, prévues par la loi, constituent des mesures nécessaires, dans une société démocratique, à la sécurité nationale, à la sûreté publique, au maintien de l'ordre public, à la prévention des infractions pénales, à la protection de la santé ou de la morale, ou à la protection des droits et libertés d'autrui.
>
> 4. Les droits reconnus au paragraphe 1 peuvent également, dans certaines zones déterminées, faire l'objet de restrictions qui, prévues par la loi, sont justifiées par l'intérêt public dans une société démocratique.

Il s'agit de droits relatifs qui peuvent faire l'objet de restrictions prévues par la loi, pour autant que celles-ci puissent être justifiées comme étant nécessaires dans une société démocratique pour l'un des buts mentionnés à l'article 2 par. 3. Les restrictions qu'un gouvernement peut légitiment appliquer à la libre circulation et au libre choix de la résidence prévus à l'article 2 par. 3 du Protocole n° 4 et les restrictions supplémentaires qu'il peut imposer «dans certaines zones déterminées» lorsque ces restrictions sont justifiées par l'intérêt public, conformément à l'article 2 par. 4, sont similaires aux motifs énoncés dans d'autres articles de la Convention autorisant des limitations de certains droits et libertés. Toutefois, la formulation de ces dispositions montre clairement l'intention de ne pas opérer de discriminations au détriment des résidents légaux, qu'ils soient ou non ressortissants de l'Etat concerné.

Le premier paragraphe de l'article 2 du Protocole n° 4 limite le droit de libre circulation et de libre choix de la résidence à «quiconque se trouve régulièrement sur le territoire d'un Etat» et vise uniquement la libre circulation à l'intérieur de ce territoire. L'application de cette disposition est subordonnée à la condition de se trouver «régulièrement» sur le territoire, ce qui exclut d'emblée les étrangers qui n'ont pas régularisé leur situation. Dans l'affaire Piermont ci-dessus, la requérante avait été autorisée à circuler librement pendant plusieurs jours en Polynésie française mais s'était vu notifier un ordre d'expulsion alors qu'elle se trouvait déjà à bord de l'avion pour quitter le territoire. La Cour a convenu avec le Gouvernement français que l'application d'une législation locale valable en vue d'expulser la

2. N° 434/58, Déc. 30.6.59, Annuaire 2 p. 355 (373).

3. Arrêt Abdulaziz, Cabales et Balkandali du 28 mai 1985, Série A n° 94; voir également à la p. 264.

requérante rendait irrégulière sa situation sur le territoire. Dès lors, il n'y avait pas violation de l'article 2 du Protocole n° 4. La Cour a également conclu que le fait que la requérante avait été détenue à l'aéroport de Nouvelle-Calédonie et s'était vu refuser l'entrée dans le pays par un ordre émis régulièrement par le Haut Commissaire pour ce territoire ne constituait pas une violation[4].

Dans une affaire dans laquelle un requérant avait allégué une violation de l'article 2 au motif qu'une des conditions imposées à la mise en liberté sous caution était l'interdiction de quitter le pays et la non-obtention d'un visa, ce qui l'empêchait également de circuler à l'intérieur même du pays, la Commission a estimé que le fait de subordonner la libération d'une personne, conformément à l'article 5 par. 3 de la Convention, à des garanties qui restreignent sa libre circulation pouvait être considéré comme une ingérence nécessaire à la prévention de la criminalité[5]. Dans une autre affaire, un requérant avait été convaincu d'être un agent des services secrets roumains. Après avoir purgé sa peine, il fut arrêté par la police en exécution d'un ordre d'expulsion et emmené de force à Paris pour y être embarqué sur un avion à destination de la Roumanie. Le requérant introduisit un recours contre l'ordonnance d'expulsion, qui ne fut pas exécutée. Le ministre de l'Intérieur prit ensuite une ordonnance imposant au requérant de résider dans un lieu désigné par le commissaire d'arrondissement. La Commission européenne des Droits de l'Homme a admis que l'obligation imposée au requérant de résider sur le territoire d'un département français précis constituait une ingérence dans son droit de libre circulation et de libre choix de sa résidence. Elle a, toutefois, fait observer que l'assignation à résidence avait été promulguée en lieu et place de l'exécution forcée de l'ordonnance d'expulsion et dans le but de permettre au requérant d'interjeter appel de celle-ci. Elle a relevé, par ailleurs, que l'ordonnance d'expulsion dont le requérant avait demandé la suspension mentionnait que sa présence en France représentait une «menace pour la sécurité nationale». En l'absence de conclusion contraire des autorités, la Commission ne pouvait mettre en doute la véracité de cette affirmation[6].

Dans une autre affaire, un Tamoul admis provisoirement sur le territoire allemand avait été placé en détention pour avoir quitté le secteur où une ordonnance le confinait dans l'attente de la procédure qui devait décider s'il avait le droit de rester dans le pays. La Commission a déclaré qu'il appartenait aux autorités publiques de fixer les conditions de «régularité» de la présence d'un étranger. C'est ainsi qu'un étranger admis provisoirement et sous condition dans un pays dans l'attente de l'examen de sa demande de permis de séjour par les autorités ne se trouve «régulièrement» sur le territoire de l'Etat que pour autant qu'il se conforme aux conditions qui lui sont imposées[7].

Les affaires qui concernent la libre circulation à l'intérieur du territoire d'un Etat ne sont pas légion. Les restrictions les plus courantes de ce type concernent le libre choix de la résidence. Cette liberté peut être limitée par des lois sur le logement, pour autant que ces restrictions remplissent les critères énoncés au paragraphe 3 et ne soient pas appliquées de manière discriminatoire. La Cour s'est trouvée confrontée à cette question dans l'affaire Gillow, dans laquelle les requérants se sont notamment prévalus de leur droit au libre choix

4. Arrêt Piermont du 27 avril 1995, Série A n° 314.

5. N° 10670/83, Déc. 9.7.85, D.R. 44 p. 195 (197-198).

6. N° 10078/82, Déc. 13.12.84, D.R. 41 p. 104 (112-113).

7. N° 12068/86, Déc. 1.12.86, D.R. 51 p. 237.

de leur résidence: ils n'avaient pas été autorisés à occuper la maison qu'ils possédaient sur l'île de Guernesey. La Cour n'était toutefois pas compétente pour examiner le grief formulé par les requérants au titre du Protocole n° 4, le Royaume-Uni n'ayant pas ratifié cet instrument[8].

La Cour a estimé qu'il y avait eu violation de l'article 2 du Protocole n° 4 dans l'affaire Raimondo, dans laquelle le requérant se plaignait de mesures spéciales de contrôle policier prises à son égard, notamment l'interdiction de quitter son domicile sans en informer la police, l'obligation de se présenter au poste de police certains jours, et l'imposition d'un couvre-feu de 21 heures à 7 heures, à moins de pouvoir fournir des raisons valables de quitter son domicile pendant ces heures et de notifier au préalable la police de son intention. Toutefois, la conclusion de violation à laquelle a abouti la Cour était motivée par la négligence dans les procédures appliquées plutôt que par les restrictions elles-mêmes. En réalité, la Cour a relevé que la menace que représentait la mafia, organisation dont le requérant avait été membre, pouvait appuyer les moyens des autorités, à savoir que ces restrictions de la libre circulation étaient justifiées dans l'intérêt de l'ordre public et de la prévention de la criminalité[9].

Liberté de quitter le pays

Il n'est pas surprenant que seule la liberté de quitter un pays, et non celle d'y pénétrer, ait pu s'imposer dans le système de la Convention. Cette liberté est liée à la liberté de circulation à l'intérieur du pays, tout en étant indépendante de celle-ci. Elle est, du reste, soumise aux mêmes limitations que cette dernière. En d'autres termes, les nationaux peuvent, tout autant que les étrangers, se voir refuser le droit de quitter le pays pour certains motifs, pour autant que ces restrictions ne franchissent pas le seuil d'admissibilité défini aux paragraphes 3 et 4.

La pression migratoire dans les Etats membres du Conseil de l'Europe s'est fait sentir essentiellement par rapport à l'entrée dans un pays, et non à la sortie, et il apparaît, dès lors, que les restrictions appliquées à la sortie du territoire ont été rares et non contestées. Elles peuvent, par exemple, être imposées aux individus, tant étrangers que nationaux, qui ont des obligations non remplies (exécution d'une sanction pénale, paiement d'impôts, service militaire).

La Commission a estimé qu'une personne légalement détenue dans un pays, par exemple, ne peut se prévaloir de la liberté de quitter celui-ci[10]. Exiger d'un accusé ou d'un condamné qu'il remette son passeport avant de le mettre en liberté sous condition ou en liberté provisoire a été jugé une mesure acceptable dans le cadre de la prévention de la criminalité[11]. En revanche, le refus de délivrer un passeport à un citoyen pour des motifs politiques peut, dans certaines circonstances, constituer un déni du droit de quitter le pays[12]. La Commission a estimé, par ailleurs, que la liberté de quitter n'importe quel pays ne

8. Arrêt Gillow du 24 novembre 1986, Série A n° 109.

9. Arrêt Raimondo du 22 février 1994, Série A n° 281-A.

10. N° 10893/84, Déc. 2.12.85, D.R. 45 p. 198 (209-210).

11. N° 10307/83, Déc. 6.3.84, D.R. 37 p. 113 (125-126).

12. N° 10653/83, Déc. 6.5.85, D.R. 42 p. 224 (225).

comprenait pas le droit de transférer sans restriction tous ses avoirs dans ce pays.

Droits des nationaux en ce qui concerne le territoire (article 3 du Protocole n° 4)

L'article 3 du Protocole n° 4 est libellé comme suit:

1. Nul ne peut être expulsé, par voie de mesure individuelle ou collective, du territoire de l'Etat dont il est le ressortissant.

2. Nul ne peut être privé du droit d'entrer sur le territoire de l'Etat dont il est le ressortissant.

Alors que l'article 9 de la Déclaration universelle énonce que nul ne peut être arbitrairement exilé et que l'article 13 par. 2 fait état du droit de revenir dans son pays, le Pacte relatif aux droits civils et politiques, en revanche, ne comporte aucune disposition distincte touchant l'expulsion d'un ressortissant. L'article 12 par. 4 du Pacte, qui est l'équivalent de l'article 13 par. 2 de la Déclaration universelle, prévoit le droit «d'entrer dans son propre pays», qui comprend le droit d'y retourner pour les personnes qui, sans être ressortissantes du pays, y avaient établi leur domicile. La Convention, elle, utilise la formule «entrer sur le territoire de l'Etat dont il est ressortissant».

La Convention utilise le terme «expulsion» de manière générique pour désigner toute mesure imposant le départ du pays d'un étranger. Toutefois, cette notion n'englobe pas l'extradition. Selon la Commission, l'expulsion implique qu'une personne est contrainte de quitter de manière permanente le territoire de l'Etat sans aucune possibilité d'y revenir par la suite[13]. L'expulsion diffère de l'extradition en ce sens que cette dernière notion concerne le transfert d'une personne d'une juridiction vers une autre dans le but de subir un procès ou en vue de l'exécution d'une peine qui lui a été infligée[14]. Par conséquent, l'extradition ne tombe pas dans le champ d'application de l'article 3 du Protocole n° 4. Il est clair que, dans certaines circonstances, elle peut former une violation d'un des autres droits et libertés reconnus par la Convention, en particulier l'interdiction de traitements inhumains ou dégradants[15].

La protection conférée par les deux paragraphes de l'article 3 du Protocole n° 4 à la Convention européenne est réservée aux nationaux. L'article 3 protège contre l'expulsion, individuelle ou collective, de nationaux de leur propre territoire. La question peut se poser de savoir si l'Etat peut priver un citoyen de sa nationalité en vue de son expulsion. C'est le genre de situation qui peut se produire, par exemple, lorsqu'une personne détient la double nationalité, que la priver de l'une d'elles ne ferait pas d'elle un apatride et qu'il existe d'autres raisons de l'expulser d'un des deux pays. Même si l'on peut prétendre que cette mesure ferait naître un grief, fût-il spécieux, au titre de cette disposition, autoriser en l'absence de telles circonstances un Etat à faire de quelqu'un un apatride en vue de son expulsion rendrait illusoire la protection offerte par l'article 3 du Protocole n° 4. La Commission a, toutefois, estimé qu'un Etat était en droit de refuser l'octroi de la nationalité, fût-ce à un apatride

13. N° 6189/73, Déc. 13.5.74, Recueil 46 p. 214.

14. N° 6242/73, Déc. 27.5.74, Annuaire 17 p. 459 (477-479).

15. Voir ci-dessus p. 115.

menacé d'être expulsé du pays, même lorsque le seul motif de ce refus est de faciliter son expulsion[16].

Les exemples d'affaires permettant d'éclairer le point de savoir quelles sont les implications du principe selon lequel nul ne peut être privé du droit d'entrer sur le territoire de l'Etat dont il est ressortissant sont rares, voire inexistants. Ce droit découle aussi du droit international en général. Toutefois, en la privant de sa citoyenneté ou de sa nationalité, il est possible que l'Etat prive également la personne du droit d'entrer sur le territoire. Heureusement, une telle mesure d'exil n'a plus été appliquée récemment dans les Etats membres du Conseil de l'Europe et les pays parties à la Convention. Un problème connexe s'est posé dans le cadre de la législation britannique sur l'immigration, qui excluait certaines catégories de détenteurs d'un passeport, en particulier ceux qu'on a appelés les Asiatiques d'Afrique orientale. L'affaire n'a pu être examinée sous l'angle de cette disposition parce que le Royaume-Uni n'était pas partie à ce Protocole. La Commission n'en a pas moins estimé que, lorsqu'un pays opère une distinction au détriment de ses propres ressortissants appartenant à une minorité raciale, ce traitement pouvait être considéré comme dégradant au sens de l'article 3 de la Convention[17].

L'interdiction de l'expulsion collective d'étrangers (article 4 du Protocole n° 4)

Le projet initial de la Convention prévoyait l'interdiction des expulsions collectives tant de nationaux que d'étrangers. Exprimé de cette manière, les droits des nationaux auraient été protégés moins efficacement qu'ils ne le sont par les dispositions actuelles de l'article 3 du Protocole n° 4, puisque la disposition du projet ne prévoyait pas l'interdiction des expulsions individuelles de nationaux. L'article 4 du Protocole n° 4 reflète cette évolution en interdisant, sans exception, les expulsions collectives d'étrangers, tout en laissant à l'Etat la latitude d'expulser ceux-ci à titre individuel.

L'article 4 du Protocole n° 4 est libellé comme suit:

> Les expulsions collectives d'étrangers sont interdites.

Comme indiqué ci-dessus, il n'y a pas d'expulsions collectives en jeu tant que l'Etat qui opère les expulsions prend une décision distincte dans chaque cas. C'est ainsi que, dans une affaire où était contesté le rapatriement d'un groupe d'enfants vietnamiens par le Danemark, la Commission a déclaré qu'il fallait entendre par expulsions collectives d'étrangers toute mesure prise par l'autorité compétente en vue de contraindre un groupe d'étrangers comme tel à quitter le pays, sauf lorsque cette mesure est prise à la suite et sur la base d'un examen raisonnable et objectif des cas particuliers de chaque personne. La notion d'expulsion collective n'a pas été retenue en l'espèce dans la mesure où le gouvernement défendeur avait permis qu'il soit statué sur le bien-fondé de chaque cas pris séparément, autant que possible, et où l'intérêt de certains des enfants pouvait commander leur rapatriement plutôt que leur maintien au Danemark[18]. Le fait que chacune des ordonnances d'expulsion soit libellée en termes identiques n'est pas, en soi, une preuve qu'il y a eu expulsion collective interdite. C'est

16. N° 3745/68, Déc. 15.12.69, Recueil 31 p. 107 (110).

17. Voir ci-dessus, p. 129.

18. N° 7011/75, Déc. 3.10.75, D.R. 4 p. 215 (256).

ainsi que l'obligation faite à certaines familles et à leurs enfants de quitter de manière groupée le territoire n'a pu être considérée comme une mesure d'expulsion collective dans la mesure où l'examen des faits a montré que, si les requérants avaient agi en tant que groupe, ou plutôt que deux groupes, la manière dont la question avait été officiellement traitée présentait des différences d'une personne à l'autre à l'intérieur de ces groupes[19].

On observera que, de toutes les dispositions examinées dans le présent chapitre, seul l'article 4 du Protocole n° 4 s'applique aux étrangers en situation tant régulière qu'irrégulière.

Protections procédurales pour les étrangers menacés d'être expulsés d'un pays (article 1 du Protocole n° 7)

La Convention européenne des Droits de l'Homme et ses Protocoles, en particulier leur développement dans la jurisprudence, ont défini un certain nombre de principes et de protections que peut invoquer toute personne menacée d'expulsion pour contester la mise en œuvre de cette décision. L'expulsion est une mesure qui touche à l'éventail complet de l'action de l'Etat et, dès lors, les motifs que pourrait invoquer avec succès une personne sont eux aussi vastes et concerneront le plus souvent la violation du droit au respect de la vie familiale, lorsque la personne en voie d'expulsion a établi ce type de liens dans le pays qui l'expulse et que la famille tout entière ne pourrait s'expatrier vers le pays d'accueil. L'autre grief souvent formulé est que le pays d'accueil infligera aux personnes expulsées des traitements inhumains ou dégradants, en, violation de l'article 3 de la Convention. Pareil grief n'est susceptible d'aboutir que pour autant que le pays d'accueil ne soit pas partie à la Convention européenne des Droits de l'Homme. Pour ce qui est des extraditions qui, presque partout, sont régies par des traités bilatéraux qui prévoient normalement des conditions assez strictes au déclenchement du processus, les moyens qu'un individu pourrait invoquer avec succès au regard de la Convention européenne des Droits de l'Homme sont, par le fait même, plus limités et ne peuvent concerner que des allégations de forte probabilité de voir la personne extradée subir des mauvais traitements caractérisés interdits par l'article 3.

Le paragraphe précédent décrit les droits matériels que toute personne, qu'elle se trouve régulièrement ou irrégulièrement sur le territoire d'un Etat partie à la Convention, peut invoquer pour contester son expulsion ou son extradition. La situation est plus compliquée en ce qui concerne les protections procédurales, dans la mesure où plusieurs dispositions de la Convention et des Protocoles font une distinction entre les étrangers séjournant régulièrement ou, par implication, irrégulièrement sur le territoire. Il importe de noter d'emblée la jurisprudence constante des organes strasbourgeois selon laquelle une décision d'expulsion d'une personne n'implique pas que soit décidé «soit des contestations sur ses droits et obligations de caractère civil, soit du bien-fondé de toute accusation en matière pénale dirigée contre elle», au sens de l'article 6 de la Convention. L'article 5 par. 1 f) de la Convention énonce une des exceptions au droit à la liberté, à savoir qu'un Etat peut maintenir en détention une personne pour l'empêcher de pénétrer irrégulièrement dans le territoire (c'est-à-dire un étranger) ou contre laquelle une procédure d'expulsion ou d'extradition est en cours (un étranger ou un national). Si cette disposition semble, à première vue, restreindre plutôt que renforcer un droit matériel, son fonctionnement est

19. N° 7704/76, Déc. 11.3.77, non publié; N° 14209/88, Déc. 16.12.88, D.R. 59 p. 274-275 (280).

soumis au contrôle judiciaire prévu à l'article 5 par. 4 (*habeas corpus*), ce qui offre également certaines protections procédurales. Il n'en est pas moins apparu au fil des années que les protections procédurales offertes par la Convention n'avaient guère servi les intérêts des étrangers. Le rapport explicatif relatif au Protocole n° 7 à la Convention mentionne que l'article 1 a été ajouté «afin de donner...des garanties minimales» aux étrangers en cas d'expulsion du territoire d'une Partie contractante[20].

L'article 1 du Protocole n° 7 est libellé comme suit:

> 1. Un étranger résidant régulièrement sur le territoire d'un Etat ne peut en être expulsé qu'en exécution d'une décision prise conformément à la loi et doit pouvoir:
>
> *a.* faire valoir les raisons qui militent contre son expulsion;
>
> *b.* faire examiner son cas; et
>
> *c.* se faire représenter à ces fins devant l'autorité compétente ou une ou plusieurs personnes désignées par cette autorité.
>
> 2. Un étranger peut être expulsé avant l'exercice des droits énumérés au paragraphe 1.a, b et c de cet article lorsque cette expulsion est nécessaire dans l'intérêt de l'ordre public ou est basée sur des motifs de sécurité nationale.

A ce jour, l'article 1 du Protocole n° 1 n'a pratiquement donné lieu à aucune jurisprudence. Par conséquent, la seule source juridique pour son interprétation est le rapport explicatif relatif au Protocole n° 7. Ce rapport précise que le terme «résident» exclut tout étranger qui est arrivé dans un port ou à tout autre point d'entrée mais n'est pas encore passé par le contrôle d'immigration ou qui a été admis sur le territoire d'un Etat uniquement en transit ou, comme non-résident, pour une période limitée. Le terme «régulièrement» fait référence à la législation nationale de l'Etat en question. Il appartient donc à la législation nationale de déterminer les conditions qu'une personne doit remplir pour que sa présence sur le territoire soit considérée comme «régulière». Cette disposition s'applique non seulement à l'étranger qui est entré régulièrement mais aussi à celui qui est entré irrégulièrement et dont la situation a été régularisée par la suite. Par contre, l'étranger dont l'entrée et le séjour ont été soumis à certaines conditions, par exemple une durée déterminée, et qui ne remplit plus ces conditions, ne peut pas être considéré comme se trouvant «régulièrement» sur le territoire de l'Etat[21].

Le premier paragraphe de l'article 1 du Protocole n° 7 prévoit que toute personne résidant régulièrement sur le territoire d'un Etat contractant ne peut en être expulsée qu'»en exécution d'une décision prise conformément à la loi». Le mot «loi» désigne le droit interne de l'Etat en question. La décision doit donc être prise par l'autorité compétente conformément aux dispositions du droit matériel et aux règles procédurales applicables. Le paragraphe 1 de l'article 1 du Protocole n° 7 énumère trois garanties.

Premièrement, la personne concernée a le droit de faire valoir les raisons qui militent contre son expulsion. Les conditions de l'exercice de ce droit relèvent de la législation

20. Rapport explicatif relatif au Protocole n° 7 à la Convention de sauvegarde des Droits de l'Homme et des Libertés fondamentales, p. 7, par. 7.

21. *Ibidem*, par. 9.

nationale. Deuxièmement, la personne concernée a le droit de faire examiner son cas. Ce droit n'exige pas nécessairement que la procédure se déroule en deux étapes devant des autorités différentes; il requiert seulement un examen du cas par l'autorité compétente à la lumière des raisons militant contre l'expulsion que l'intéressé aura fait valoir. Cela n'exige pas que la personne en cause soit autorisée à rester sur le territoire de l'Etat en attendant qu'il soit statué sur le recours qu'elle a pu exercer contre la décision prise à l'issue de l'examen de son cas. Enfin, l'intéressé doit avoir le droit de se faire représenter devant l'autorité compétente. Il appartient à la législation interne de déterminer la forme que doit revêtir cette représentation et quelle est l'autorité compétente. En outre, son représentant ne doit pas nécessairement être un avocat et l'autorité compétente, un organe judiciaire. Pour se conformer à cet article, il suffit que l'autorité judiciaire ou administrative compétente qui statue sur la question de l'expulsion adresse une recommandation à une autre autorité administrative qui tranche en dernier ressort. La disposition n'accorde pas à l'étranger ou à son représentant le droit d'être présent physiquement au moment où son cas est examiné. De même, la procédure ne doit pas nécessairement comprendre une audition. Elle peut se dérouler entièrement par écrit.

En règle générale, un étranger doit être autorisé à exercer ses droits en vertu des alinéas a), b) et c) du paragraphe 1 avant d'être expulsé du pays. Toutefois, le paragraphe 2 de cet article autorise des exceptions en prévoyant les cas où l'expulsion avant l'exercice des droits est considérée comme nécessaire dans l'intérêt de l'ordre public ou lorsque des motifs de sécurité nationale sont invoqués[22]. Toutefois, dans les deux cas, l'intéressé doit être autorisé à exercer ces droits après son expulsion. Ces exceptions doivent être appliquées en tenant compte du principe de proportionnalité tel que défini par la jurisprudence de la Cour et de la Commission[23]. L'Etat qui invoque l'ordre public pour justifier l'expulsion d'un étranger avant l'exercice des droits mentionnés au paragraphe 1 doit pouvoir prouver que cette mesure exceptionnelle était nécessaire dans le cas particulier dont il s'agit. Par contre, si l'Etat invoque la sécurité nationale comme motif de l'expulsion, le rapport explicatif impose que ce motif forme en soi une justification suffisante[24]. Le rapport ne dit rien des problèmes qui pourraient surgir si l'Etat était autorisé, sous couvert de sécurité nationale, à ne pas permettre l'examen de la mesure d'expulsion qu'il a prise. Il semblerait que cette position serait contraire à l'esprit du Protocole et réduirait à néant le fonctionnement du système de contrôle de la Convention.

22. *Ibidem*, p. 9 par. 15.

23. *Ibidem*.

24. *Ibidem*.

Dérogations en temps de guerre ou de danger public (article 15)

L'article 15 de la Convention prévoit qu'un Etat peut limiter l'application de nombreux droits matériels de la Convention dans des circonstances bien définies et exceptionnelles. Le paragraphe 2 de cet article interdit les dérogations aux articles 2, 3, 4 et 7 de la Convention. Cette interdiction est absolue en ce qui concerne l'article 3 (torture, traitements ou peines inhumains et dégradants) et le paragraphe 1 de l'article 4 (esclavage ou servitude). Toutefois, l'article 7, qui interdit les lois pénales *ex post facto*, permet néanmoins le «jugement et [la] punition d'une personne coupable d'une action ou d'une omission qui, au moment où elle a été commise, était criminelle d'après les principes généraux de droit reconnus par les nations civilisées.» L'interdiction de dérogations au principe du respect de la vie est moins stricte que pour les autres dérogations. L'article 15 par. 2 lui-même autorise l'Etat à déroger à l'article 2 «pour le cas de décès résultant d'actes licites de guerre». Le Protocole n° 6 concernant l'abolition de la peine de mort interdit, en son article 3, les dérogations à ses dispositions et, pourtant, ses dispositions matérielles autorisent les Etats à prévoir la peine de mort «»pour des actes commis en temps de guerre ou de danger imminent de guerre», soit un critère moins strict que celui énoncé à l'article 2 lui-même.

L'article 15 énonce ce qui suit:

> 1. En cas de guerre ou en cas d'autre danger public menaçant la vie de la nation, toute Haute Partie contractante peut prendre des mesures dérogeant aux obligations prévues par la présente Convention, dans la stricte mesure où la situation l'exige et à la condition que ces mesures ne soient pas en contradiction avec les autres obligations découlant du droit international.
>
> 2. La disposition précédente n'autorise aucune dérogation à l'article 2, sauf pour le cas de décès résultant d'actes licites de guerre, et aux articles 3, 4 (paragraphe 1) et 7.
>
> 3. Toute Haute Partie contractante qui exerce ce droit de dérogation tient le Secrétaire Général du Conseil de l'Europe pleinement informé des mesures prises et des motifs qui les ont inspirées. Elle doit également informer le Secrétaire général du Conseil de l'Europe de la date à laquelle ces mesures ont cessé d'être en vigueur et les dispositions de la Convention reçoivent de nouveau pleine application.

Le pendant de l'article 15 de la Convention est l'article 4 du Pacte international relatif aux droits civils et politiques, qui n'établit pas de distinction entre le «cas de guerre» et le cas «d'autre danger public». De plus, l'article 4 exige que l'existence du danger public exceptionnel soit «proclamé[e] par un acte officiel». Ces différences sont toutefois plutôt d'ordre textuel. L'énumération des droits et libertés auxquels il ne peut être dérogé, telle qu'elle figure dans le Pacte, diffère de celle de la Convention. La première comporte également l'interdiction de détention pour le simple motif d'incapacité à remplir une obligation contractuelle, et le droit à la liberté de pensée, de conscience et de religion.

Comme il convient pour une question aussi grave qu'une dérogation à un traité relatif aux droits de l'homme, le paragraphe 1 de l'article 15 fixe un critère très strict aux Etats qui souhaitent déroger à la Convention. La Commission et la Cour européennes des Droits de l'Homme ont, à plusieurs reprises, donné une interprétation des dispositions de l'article 15 par. 1.

Dans l'affaire Grèce c/ Royaume-Uni, le Gouvernement grec a soutenu que le Gouvernement du Royaume-Uni violait les termes de l'article 15 par. 1 en enregistrant une dérogation relative au maintien d'une série de lois et de règlements d'urgence sur l'île de Chypre, à l'époque sous administration britannique. La Grèce a également fait valoir que le recours, sur cette île, aux châtiments corporels et collectifs constituait une violation de l'article 3 qui, aux termes de l'article 15 par. 2, ne souffre aucune dérogation. La Commission a estimé qu'elle était compétente pour examiner la légitimité d'une dérogation appliquée par un Etat en vertu de l'article 15: la simple affirmation, par l'Etat lui-même, de l'existence d'un danger public ne suffit pas à régler la question[25]. Cette affaire a également introduit dans la jurisprudence des organes strasbourgeois la notion de «latitude», qui allait être exprimée ensuite sous la forme «marge d'appréciation», appliquée, en l'espèce, à la détermination, par l'Etat, des mesures répondant au critère exprimé par la formule «dans la stricte mesure où la situation l'exige». La Commission a réservé le point de savoir si, dans son examen du bien-fondé de la cause, le Gouvernement du Royaume-Uni avait outrepassé la marge d'appréciation dont il jouissait[26]. Toutefois, au cours de l'examen du bien-fondé, un règlement amiable est intervenu entre la Grèce et le Royaume-Uni et, par conséquent, la question ci-dessus est restée sans réponse.

Dans l'affaire Lawless, un membre de l'IRA a soutenu que les procédures et les conditions de sa détention par le Gouvernement irlandais constituaient une violation, notamment, des articles 5 et 6 de la Convention. La Cour a défini les critères présidant à l'évaluation de l'existence des conditions prescrites par l'article 15 par. 1, selon «le sens normal et habituel des mots»:

> [L]'existence ... d'un danger public menaçant la vie de la nation a pu être raisonnablement déduite ... de la conjonction de plusieurs éléments constitutifs, à savoir, notamment, le fait qu'il existait, sur le territoire de la République d'Irlande, une armée secrète agissant en dehors de l'ordre constitutionnel et usant de la violence pour atteindre ses objectifs; en second lieu, le fait que cette armée opérait également en dehors du territoire de l'Etat, compromettant ainsi gravement les relations de la République d'Irlande avec le pays voisin; troisièmement, l'aggravation progressive et alarmante des activités terroristes ...

La Cour a tout d'abord évalué les mesures spécifiques de dérogation afin de vérifier si celles-ci avaient été prises «dans la stricte mesure où la situation l'exige». L'arrêt de la Cour contient les remarques suivantes:

25. N° 176/56, Déc. 2.6.56, Annuaire 2 p. 174 (176).

26. Pour une discussion plus détaillée de la «marge d'appréciation», voir p. 233 ci-dessus.

> [A]u jugement de la Cour, il s'était avéré que l'application de la législation ordinaire n'avait pas permis ... de freiner l'accroissement du danger pesant sur la République d'Irlande ... que le fonctionnement des tribunaux pénaux ordinaires et même des cours criminelles spéciales ou des tribunaux militaires ne pouvait suffire à rétablir la paix et l'ordre publics ... que la réunion de preuves suffisantes pour convaincre les personnes mêlées aux activités de l'IRA ... se heurtait aux plus grandes difficultés en raison du caractère militaire et secret de ces groupes ainsi que de la crainte qu'ils inspiraient parmi la population ... que la fermeture complète de la frontière aurait entraîné, pour l'ensemble de la population, des répercussions fort graves qui auraient dépassé les exigences de l'état d'urgence ...
>
> [D]'ailleurs, que la Loi n° 2 de 1940 était assortie d'un certain nombre de garanties édictées en vue d'empêcher des abus dans la mise en œuvre du régime de la détention administrative ... l'application de la loi était soumise au contrôle permanent du Parlement, qui non seulement recevait, à des intervalles réguliers, des informations précises sur son exécution, mais qui pouvait également à tout moment, par une résolution, abroger la proclamation gouvernementale qui avait mis en vigueur ladite loi
>
> ... [A]ussitôt après la proclamation mettant en vigueur les pouvoirs de détention, le Gouvernement a annoncé publiquement qu'il libérerait toute personne détenue qui prendrait l'engagement de respecter la Constitution et la loi et de ne pas se livrer à des activités illégales... [L]es personnes arrêtées étaient informées qu'elles seraient libérées après avoir pris l'engagement en question ... l'existence de cette garantie de libération, accordée publiquement par le Gouvernement, constituait, pour ce dernier, une obligation juridique de libérer toutes les personnes ayant pris l'engagement en question ...

La Cour a déclaré que tant les facteurs eux-mêmes que leur application au requérant pouvaient être qualifiés de mesures prises «dans la stricte mesure où la situation l'exige», au sens de l'article 15 de la Convention[27].

Dans l'affaire grecque, la Commission a précisé que l'expression «danger public» visait également tout danger imminent et généralisé et que, dès lors, il fallait qu'il réponde aux conditions suivantes pour que soit rempli le critère fixé par l'article 15 par. 1:

1. Il doit être actuel ou imminent.
2. Il doit avoir des répercussions sur l'ensemble de la nation.
3. Il doit constituer une menace pour la vie organisée de la Communauté.
4. La crise ou le danger doit avoir un caractère exceptionnel, c'est-à-dire que les mesures ou restrictions ordinaires, autorisées par la Convention pour assurer la sécurité, la santé et l'ordre public, soient manifestement insuffisants[28].

La Commission a estimé alors que le Gouvernement grec n'avait pas assumé la charge de la preuve qui lui incombait, puisqu'il n'avait pas établi l'existence de ces conditions.

L'affaire Irlande c/ Royaume-Uni concernait notamment les dérogations du gouvernement britannique à la Convention dans le cadre de la maîtrise du conflit civil en cours en Irlande du Nord. La Cour a déclaré:

27. *Ibidem*, p. 59.

28. L'affaire grecque, Rapport Comm. 5.11.69, par. 153, Annuaire 12 p. 73.

> Il incombe d'abord à chaque Etat contractant, responsable de la vie de [sa] nation, de déterminer si un «danger public» la menace et, dans l'affirmative, jusqu'où il faut aller pour essayer de le dissiper. En contact direct et constant avec les réalités pressantes du moment, les autorités nationales se trouvent en principe mieux placées que le juge international pour se prononcer sur la présence de pareil danger comme sur la nature et l'étendue des dérogations nécessaires pour le conjurer. L'article 15 par. 1 leur laisse en la matière une large marge d'appréciation.
>
> Les Etats ne jouissent pas pour autant d'un pouvoir illimité en ce domaine. Chargée, avec la Commission, d'assurer le respect de leurs engagements (article 19), la Cour a compétence pour décider s'ils ont excédé la «stricte mesure» des exigences de la crise.... La marge nationale d'appréciation s'accompagne donc d'un contrôle européen[29].

Il est intéressant de noter que, dans cette affaire, les parties ne contestaient pas l'existence d'une situation de danger en Irlande du Nord, mais elles n'ont pas non plus soulevé le point de savoir si l'Irlande du Nord est une «nation» au sens de l'article 15 alors que, sur le plan constitutionnel, elle ne représente qu'une des régions du Royaume-Uni[30].

Dans son rapport dans l'affaire Irlande c/ Royaume-Uni, la Commission s'est penchée plus explicitement sur l'application du principe de proportionnalité inhérent à l'article 15. Elle a fait observer qu'un gouvernement ne pouvait se prévaloir de l'existence d'une situation de danger public pour justifier toute mesure possible qu'il déciderait d'appliquer, mais qu'il était tenu d'établir un lien concret entre la mesure et la situation qui doit être maîtrisée[31]. En même temps, la Commission a estimé qu'un gouvernement devait être autorisé à améliorer certaines mesures précises sans être convaincu ensuite de violation de l'article 15[32]. La Cour et la Commission ont relevé que le niveau de violence dépassait largement ce qu'il est convenu d'appeler des troubles civils mineurs. Il est clair que, dans de nombreux cas, la violence utilisée était planifiée par des factions de la communauté organisées et agissant comme une force de type paramilitaire. Elles ont conclu que l'existence d'un «danger public» en Irlande du Nord apparaissait comme établie[33].

Le Royaume-Uni a transmis un autre avis de dérogation à l'article 5 liée au fonctionnement de la loi sur la prévention du terrorisme, après que la Cour européenne des Droits de l'Homme eut déclaré que le Gouvernement britannique avait violé cet article en plaçant en détention, sans inculpation et sans protections procédurales, des personnes soupçonnées d'avoir participé à des activités «terroristes». Dans l'affaire Brogan et al., la Cour a estimé qu'il y avait eu violation de l'article 5 par. 3 dans le chef de chacun des requérants qui, tous, avaient été placés en détention en vertu de l'article 12 de la loi de 1984. La Cour a déclaré que même la plus courte des quatre périodes de détention, à savoir quatre jours et six heures,

---

29. Arrêt Irlande c/ Royaume-Uni du 18 janvier 1978, Série A n° 25, pp. 78-79, par. 207.

30. *Ibidem*, p. 83, par. 220.

31. Irlande c/ Royaume-Uni, Rapport Comm. 25.1.76, Annuaire 19 p. 513 (589).

32. *Ibidem*, p. 602.

33. Irlande c/ Royaume-Uni, Rapport Comm. 25.1.76, Annuaire 19 pp. 585-587; arrêt du 18 janvier 1978, Série A n° 25, pp. 83-84, par. 220.

excédait les contraintes strictes de délai imposées par la première partie de l'article 5 par. 3[34].

Suite à cet arrêt, le Royaume-Uni a notifié une dérogation, le 23 décembre 1988, en indiquant que le gouvernement avait jugé nécessaire de continuer à exercer le pouvoir, que lui confère la loi sur la prévention du terrorisme, de maintenir des personnes en détention pendant plusieurs jours sans inculpation, sur ordre du Secrétaire d'Etat. Le Gouvernement britannique a déclaré que la possibilité d'exercer cette latitude était rendue strictement nécessaire par les exigences de la situation, afin de permettre de mener correctement les enquêtes et recherches nécessaires en vue de déterminer s'il y avait lieu d'entamer une procédure pénale[35]. La validité de cette dérogation a été contestée dans l'affaire Brannigan et McBride, dans laquelle la question centrale était le point de savoir si le pouvoir exécutif devait être autorisé à détenir des suspects pour une durée de sept jours au plus sans que l'exercice de ce pouvoir ne soit soumis à un examen judiciaire. Les requérants ont soutenu, notamment, que l'absence de cet examen, dans ce contexte, excédait «la stricte mesure des exigences de la crise» et qu'en réalité, la notification de la dérogation n'était pas une véritable réponse à un danger public mais visait uniquement à contourner les effets de l'arrêt dans l'affaire Brogan[36]. La Cour, évoquant les spécificités du système des décisions pénales en *common law* en général et relevant les circonstances spéciales qui prévalent en Irlande du Nord, a déclaré que le gouvernement britannique, en notifiant une dérogation à l'article 3 par. 5, était resté dans les limites de sa marge d'appréciation.

Le troisième paragraphe de l'article 15 prescrit que les informations relatives à la dérogation doivent être transmises au Secrétaire Général du Conseil de l'Europe. Dans l'affaire Lawless, la Cour a vérifié si celui-ci avait été dûment informé. Ce n'est que douze jours après l'entrée en vigueur des mesures de dérogation que le Gouvernement irlandais a porté l'information à l'attention du Secrétaire Général. La Cour a estimé que la communication, dans les douze jours qui suivent leur mise en vigueur, des textes législatifs accompagnés d'un exposé des motifs avait donné au Secrétaire Général des informations suffisantes sur les mesures adoptées et les raisons pour le faire. La Cour a déclaré, par ailleurs, que la communication sans délai de ces informations constituait un aspect du caractère suffisant de l'information, même si cela n'était pas mentionné explicitement à l'article 15 par. 3[37]. Dans l'affaire Lawless, la Commission a utilisé dans ce contexte l'expression «dans les plus brefs délais». Elle a aussi souligné que l'obligation d'informer le Secrétaire Général des mesures qui dérogent à la Convention constituait un lien essentiel dans le mécanisme prévu par la Convention en vue d'assurer le respect des engagements pris par les hautes Parties contractantes et a fait observer, en outre, qu'à défaut de cette information, les autres Parties ignoreront quelle est leur position au regard de l'article 24 de la Convention, et la Commission elle-même n'aura pas connaissance de faits qui peuvent affecter la portée de sa compétence en ce qui concerne les actes de l'Etat en question[38]. Dans l'affaire grecque, la Commission a conclu que le Gouvernement grec n'avait pas satisfait à cette exigence, puisque

34. Arrêt Brogan et al. du 29 novembre 1988, Série A n° 145-B.

35. Conseil de l'Europe, feuillet d'information n° 24 (novembre 1988-5 mai 1989), p. 73.

36. Arrêt Brannigan et McBride du 26 mai 1993, Série A n° 258-B, pp. 50-51, par. 48-51.

37. Arrêt Lawless du 1er juillet 1961, Série A n° 3, pp. 61-62, par. 47.

38. Lawless c/ l'Irlande, Rapport Comm. 19.7.59, par. 80, Cour eur. D.H., Série B n° 1, p. 73.

la communication au Secrétaire Général n'avait eu lieu que plus de quatre mois après que les mesures aient été prises[39]. Dans l'affaire Chypre c/ Turquie, l'Etat requérant a fait valoir que la Turquie n'avait fait aucune communication au titre de l'article 15 par. 3 en ce qui concerne les personnes ou les biens sous sa juridiction dans le nord de Chypre. La Commission a exprimé l'avis que le non-respect des prescriptions de l'article 15 pouvait entraîner une sanction de nullité ou une autre sanction[40]. En ce qui concerne le moyen du Gouvernement turc selon lequel il n'avait aucune compétence sur ce territoire, la Commission a estimé que le fait que des forces armées turques étaient présentes à Chypre plaçait toute autre personne ou tout autre bien qui s'y trouve sous la juridiction de la Turquie, au sens de l'article 1 de la Convention, puisque ces forces exerçaient leur contrôle sur ces personnes ou ces biens. La Commission a jugé que l'article 15 impliquait l'un ou l'autre document formel et public de dérogation, par exemple la proclamation de la loi martiale ou de l'état d'urgence et que, puisqu'aucune proclamation de ce type n'avait été faite par la Haute Partie concernée alors que les circonstances ne l'empêchaient pas de le faire, l'article 15 ne pouvait s'appliquer[41].

39. Affaire grecque, Rapport Comm. 5.11.69, par. 78, 81, Annuaire 12 pp. 42-44.

40. Chypre c/ Turquie, Rapport Comm. 10.7.76, par. 529-531, non publié.

41. *Ibidem*, p. 161, par. 525.

Remarques finales concernant la Convention européenne des Droits de l'Homme

Il eût sans doute été possible de regrouper et de présenter de manière plus systématique les droits protégés par la Convention européenne des Droits de l'homme que cela n'a été fait dans les pages qui précèdent. Il fallait, cependant, trouver un équilibre entre, d'une part, le commentaire article par article de l'état du droit de la Convention et, d'autre part, un exposé plus abstrait et plus théorique du rôle des divers articles, en ce qu'ils illustrent une conception plus vaste des normes des droits de l'homme en tant que reflets d'intérêts sociaux et de valeurs morales.

La Convention est un instrument juridique assorti d'un système judiciaire propre, autonome et auto-référentiel. Bien qu'elle soit profondément enracinée dans les valeurs européennes de respect de la démocratie et de préséance du droit, la Convention ne prétend pas que sa contribution majeure consiste à mettre en place un cadre de débat politique ou à fixer le calendrier du progrès social, mais bien à offrir une protection immédiate et constante des droits juridiques qu'elle consacre. Par conséquent, ceux qui appliquent la Convention doivent apprécier les violations alléguées en examinant les faits de chaque cause à la lumière des termes spécifiques de son article, bien que de nombreux griefs soulèvent des questions qui touchent plus d'un article.

Les valeurs et les principes que traduit la Convention font partie des piliers des droits de l'homme, tels qu'on les conçoit à l'intérieur de l'univers du Conseil de l'Europe. D'autres valeurs et principes sont traduits dans la Charte sociale européenne, qui vise à protéger des droits et libertés qui, sans figurer dans la Convention, sont tout aussi importants pour l'accomplissement de l'éventail complet des droits de la personne humaine, tels qu'ils sont reconnus sur le plan international.

Deuxième partie

La Charte sociale européenne

Introduction à la Charte sociale européenne

La Charte sociale européenne[1] a été signée par les Etats membres du Conseil de l'Europe, dans ses versions officielles en anglais et en français, le 18 octobre 1961 à Turin. Elle est entrée en vigueur le 26 février 1965. Elle compte aujourd'hui vingt parties contractantes: l'Allemagne, l'Autriche, la Belgique, Chypre, le Danemark, l'Espagne, la Finlande, la France, la Grèce, l'Irlande, l'Islande, l'Italie, le Luxembourg, Malte, la Norvège, les Pays-Bas, le Portugal, le Royaume-Uni, la Suède et la Turquie. La Charte est ouverte aux Etats membres du Conseil de l'Europe[2]. La plupart des dix-huit membres manquants sont de nouveaux Etats membres du Conseil de l'Europe d'Europe centrale et orientale qui examinent actuellement la question de la ratification de la Charte. En 1995, un fait nouveau est intervenu, en ce sens que l'Assemblée parlementaire, dans ses avis sur l'adhésion de nouveaux Etats membres, a invité Andorre à ratifier la Charte, et l'Albanie, l'ex-République yougoslave de Macédoine, la Lettonie, la République de Moldova, et l'Ukraine à étudier la Charte en vue de sa ratification et de l'adoption d'une politique qui soit conforme aux principes qu'elle énonce.

La Charte est une création du Conseil de l'Europe et constitue le pendant de la Convention de sauvegarde des Droits de l'Homme et des Libertés fondamentales[3]. La Convention a été adoptée en 1950 et protège uniquement les droits civils et politiques, pour une question de priorités et de tactique. Si nul ne contestait la nécessité de protéger aussi les droits économiques et sociaux, il fallait disposer dans l'immédiat d'un texte bref, relativement non controversé que les gouvernements puissent accepter immédiatement, à la faveur de l'engouement général pour la protection des droits de l'homme. Compte tenu des valeurs dominantes au sein du Conseil, cela impliquait de limiter la Convention aux droits civils et politiques essentiels par rapport au mode de vie démocratique. Les droits économiques et

---

1. 529 RTNU 89; STE n° 35. En ce qui concerne la Charte en général, voir D.J. Harris, *The European Social Charter*, 1984 (ouvrage sur lequel se fonde le présent chapitre); *id.*, Chap. 1 in: L. Betten, éd., *The Future of European Social Policy*, 2e éd., 1991; T. Jaspers et L. Betten, éditeurs, *25 Years: European Social Charter*, 1987; P. O'Higgins, Chap. 11 in: R. Blackburn et J. Taylor, éditeurs, *Human Rights for the 1990s*, 1991; T. Ohlinger in: F. Maatscher, éd., *La mise en œuvre des droits économiques et sociaux*, 1991, pp. 335-354 (en allemand).

2. Article 35 de la Charte. Les membres non parties à la Charte (au 31 décembre 1995) sont les suivants: Albanie, Andorre, Bulgarie, Estonie, «ex-République yougoslave de Macédoine», *Hongrie*, Lettonie, *Liechtenstein*, Lituanie, *Pologne*, *République tchèque*, République de Moldova, *Roumanie*, Saint-Marin, *Slovaquie*, Slovénie, *Suisse*, Ukraine. Parmi-ceux-ci, les pays dont le nom figure en italiques sont signataires.

3. 213 RTNU 221; STE n° 5.

sociaux, qui risquaient de susciter trop de controverses et de difficultés de mise en œuvre, ne pouvaient être inclus à ce stade. Heureusement, dix ans plus tard environ, la possibilité est apparue d'adopter la Charte sociale en tant que complément à la Convention. Les deux traités reconnaissent aux citoyens d'Europe occidentale la plupart des droits contenus dans la Déclaration universelle des Droits de l'Homme[4]. Ce sont les correspondants, au niveau régional, respectivement du Pacte international relatif aux droits économiques, sociaux et culturels[5] et du Pacte international relatif aux droits civils et politiques[6].

Là s'arrête, toutefois, le parallèle avec la Convention européenne des Droits de l'Homme. Alors que la Convention s'affirme clairement comme la réalisation principale du Conseil de l'Europe, la Charte a mené une existence crépusculaire. Bien qu'on ait vu évoluer, durant un quart de siècle, une vaste jurisprudence sur l'interprétation et l'application des garanties exigées par la Charte, différents facteurs se sont ligués, empêchant la Charte de déployer tout son potentiel. La plupart d'entre eux tenaient à un manque de volonté politique, que celle-ci ait déjà été en germe dans le texte original ou qu'elle se soit manifestée ultérieurement.

A la suite d'une initiative prise en 1990 par le Comité des Ministres du Conseil de l'Europe, un processus de «revitalisation» de la Charte a été amorcé et a conduit à l'adoption, en 1991, du Protocole portant amendement à la Charte sociale européenne (ci-dessous dénommé «Protocole d'amendement») qui propose de nombreuses modifications au système de contrôle. Ce processus de «revitalisation» a aussi entraîné d'autres développements, dont le plus important est la préparation d'un projet de Charte sociale européenne révisée comprenant des garanties substantielles plus poussées et plus ambitieuses.

4. Résolution de l'Assemblée générale 217A (III), Documents officiels de l'A.G., 3e session, 1ère Partie, Résolutions, p. 71.

5. 999 RTNU 3.

6. 999 RTNU 171.

Les droits protégés par la Charte sociale européenne

La garantie de fond: les engagements de base relatifs aux droits protégés

Les deux engagements de base que doit accepter tout Etat qui devient partie contractante sont énoncés à l'article 20. Tout d'abord, il doit s'engager «à considérer la partie I de la présente Charte comme une déclaration déterminant les objectifs dont elle poursuivra par tous les moyens utiles la réalisation ...». Les buts visés ici sont «la réalisation de conditions propres à assurer l'exercice effectif» des dix-neuf droits énumérés dans la partie I. Bien qu'inscrit dans un traité, il s'agit ici d'un engagement politique, et non d'un engagement juridique. L'engagement concerne par essence la politique et est similaire à celui de la Déclaration universelle des Droits de l'Homme: les parties à la Charte conviennent d'assurer en temps voulu la protection entière de tous les droits énumérés à la partie I.

Cet engagement s'oppose à celui, de nature clairement juridique, qu'énonce l'article 20: accepter dix au moins des dix-neuf articles qui forment la partie II, ou quarante-cinq des soixante-douze «paragraphes numérotés» qui composent ces articles. Chacun de ces dix-neuf articles traite d'un des droits énumérés à la partie I. Bien qu'ils y aient été instamment invités, les Etats auteurs de la Charte n'ont jamais vraiment admis l'idée qu'un Etat puisse être tenu d'accepter toutes les obligations de la partie II. La raison en est les écarts trop importants de progrès économique et social au sein des pays du Conseil de l'Europe et les dépenses trop importantes en ressources qu'entraînerait cet engagement; si le respect des prescriptions essentiellement négatives et «abstentionnistes» énoncées dans la Convention européenne des Droits de l'Homme entrait dans les possibilités de tous les pays membres, en revanche l'accomplissement de bon nombre de droits économiques et sociaux exigeait une intervention expresse de l'Etat qui, elle, dépendait des ressources économiques disponibles. Si l'on voulait aboutir à une large ratification de la Charte et donner un sens concret aux normes qu'elle fixait, il fallait passer par un système d'acceptation variable et progressive.

Le schéma complexe et inhabituel qui fut imaginé eut pour conséquence que, pour devenir partie, un Etat n'est tenu d'accepter qu'entre la moitié et les deux tiers des engagements substantiels de la partie II. En réalité, la majorité des vingt parties contractantes en ont accepté bien plus. Six ont accepté la totalité ou la quasi-totalité des articles de la partie II[1], et les parties contractantes ont, prises globalement, accepté 87% de ses

1. Il s'agit de la Belgique, de l'Espagne, de la France, de l'Italie et des Pays-Bas. Les Pays-Bas et le Portugal ont émis des réserves au sujet de l'article 6 par. 4; l'Espagne a, entre-temps, dénoncé l'article 8 par. 4 b) (interdiction des travaux de sous-sol pour les femmes).

dispositions[2]. Certains Etats ont, après ratification, allongé la liste des dispositions acceptées[3], tandis que d'autres ont retiré leur acceptation de certaines dispositions[4]. Enfin, il convient de noter que certaines questions relèvent du champ d'application de plusieurs articles, de sorte qu'un Etat qui n'a pas accepté l'un d'eux peut se trouver confronté au fait que cette même question relève d'un autre article de la Charte accepté par lui[5].

Pour atteindre un des buts avoués de la Charte, à savoir la promotion de l'unité européenne dans le domaine social en imposant à toutes les parties contractantes un «noyau dur» d'obligations, il est prévu qu'une partie contractante est tenue d'accepter dans leur intégralité cinq au moins de sept articles spécifiés. Ces sept articles et les droits qu'ils concernent sont les suivants:

Article 1: le droit au travail
Article 5: le droit syndical
Article 6: le droit de négociation collective
Article 12: le droit à la sécurité sociale
Article 13: le droit à l'assistance sociale et médicale
Article 16: le droit de la famille à une protection sociale, juridique et économique.
Article 19: le droit des travailleurs migrants et de leurs familles à la protection et à l'assistance.

Ces articles ont été choisis non pas nécessairement parce qu'ils protègent les sept droits les plus importants mais afin d'établir un équilibre entre les différents groupes de droits garantis par la Charte. Cette structure impose une certaine uniformité, mais le choix offert de cinq articles sur sept a limité son efficacité à cet égard. En réalité, douze des vingt parties ont accepté l'ensemble des sept articles du «noyau dur». Dix-sept en ont au moins accepté six. Dans la pratique, l'unique véritable faiblesse est le fait que deux parties n'ont pas accepté deux articles clés relatifs aux relations de travail: le droit de se syndiquer et celui de mener des négociations collectives (articles 5 et 6).

Enfin, il est intéressant de comparer l'obligation de base que nous venons de décrire et l'obligation similaire imposée aux parties au Pacte international relatif aux droits économiques, sociaux et culturels[6]. L'article 2 par. 1 du Pacte prévoit qu'une partie s'engage

> à agir, tant par son effort propre que par l'assistance et la coopération internationales, notamment sur les plans économique et technique, au maximum de ses ressources disponibles, en vue d'assurer progressivement le plein exercice des droits reconnus dans le présent Pacte ...

---

2. Quelques Etats n'ont toutefois accepté qu'un très petit nombre de paragraphes. Pour le nombre de paragraphes acceptés par chaque Partie, voir le tableau, p. 440 ci-dessous. Cependant, le *nombre* de paragraphes peut être quelque peu trompeur, s'agissant d'évaluer l'importance des engagements pris, puisque beaucoup dépend nécessairement du point de savoir quelles dispositions ont été acceptées; certaines dispositions (notamment l'article 4 par. 3) sont plus importantes et plus exigeantes que d'autres (par exemple l'article 2 par. 5).

3. Voir article 20 par. 3 de la Charte. Le cas le plus récent est celui de Chypre qui, en 1992, a accepté les articles 2 par. 1, 7 par. 1 et 3, et 8 par. 1.

4. Le Royaume-Uni a retiré son acceptation des articles 7 par. 8 et 8 par. 4 et, comme indiqué ci-dessus, l'Espagne a retiré son acceptation de l'article 8 par. 4 b).

5. Par exemple, la question de l'égalité de salaire entre hommes et femmes peut être invoquée au titre des articles 1 par. 2 et 4 par. 3. Dans le cas de Chypre, qui a uniquement accepté l'article 1 par. 2, cette question est traitée dans le cadre de ce dernier paragraphe: C XIII-1 44 (Chypre).

6. Hormis la Turquie, toutes les parties à la Charte sont également parties au Pacte.

Contrairement à l'obligation de base de la Charte, cette obligation concerne *tous* les droits protégés par le Pacte: il n'existe pas de possibilité (sous réserve des règles relatives aux réserves concernant les traités) de limiter le choix à certains droits, comme c'est le cas pour la Charte. Le Pacte prévoit, en outre, une obligation de coopération internationale qui n'a pas son équivalent dans la Charte même si, en pratique, cette obligation s'est avérée difficile à appliquer. Il n'en demeure pas moins que la garantie offerte par le Pacte est moins forte que celle de la Charte, puisqu'elle prévoit la prise en compte explicite et importante des «ressources disponibles», économiques et autres, de l'Etat et, d'une manière générale, impose simplement que des «mesures» soient prises pour aboutir à la réalisation «progressive» des droits protégés à partir du niveau de réalisation ou de protection de ces droits par un Etat au moment où il ratifie le Pacte. La Charte, par contre, exige de manière générale des parties qu'elles satisfassent aux critères de ses paragraphes qu'elles ont acceptés, quelles que soient leurs ressources nationales, et qu'elles le fassent dès l'instant de la ratification[7].

Analyse des droits protégés

Les engagements juridiques pris par les parties contractantes en ce qui concerne les droits protégés par la Charte sont énoncés à divers niveaux de détail dans les 19 articles de la Partie II. Les *Conclusions* du Comité d'experts indépendants, qui examinent le respect, par les parties contractantes, de leurs obligations au titre de la Charte ont conféré à ces obligations une signification beaucoup plus précise. Comme nous l'expliquons ci-dessous, les *Conclusions* comprennent une évaluation de la performance des parties contractantes sous l'angle du respect des obligations que leur impose la Charte. Cette évaluation est basée sur l'examen, par le Comité d'experts indépendants, des rapports nationaux que ces parties soumettent à intervalles réguliers et dans lesquels ils indiquent de quelle manière leur droit et leur pratique se conforment à la Charte.

Avant d'examiner les droits protégés, il convient de noter que certains des engagements pris par rapport à ces droits dans la Partie II revêtent, à deux égards, un caractère «dynamique». C'est ainsi que certaines dispositions de cette Partie II qui imposent un niveau donné de réalisation dès la ratification sont formulées en termes à ce point généraux qu'ils permettent un développement progressif si, et lorsque, les attentes et les conditions économiques le permettent. L'engagement consistant à «fixer une durée raisonnable au travail journalier et hebdomadaire» (article 2 par. 1) est un exemple de ce type de disposition.

Le Comité d'experts indépendants a, dans sa pratique, qualifié un nombre restreint de dispositions de la Partie II de la Charte de «dynamiques» dans un second sens, à savoir qu'elles «imposent l'obligation d'adopter au cours des années un comportement de nature à réaliser un développement dans une direction donnée»[8]. Le respect de ces dispositions est plus une question d'effort et d'amélioration qu'une question de réalisation. Il n'est pas

7. La principale exception concerne l'article 4 par. 1, pour lequel le «niveau de vie décent» a été interprété par référence aux conditions qui prévalent au niveau national: voir ci-dessous, p. 414. Voir aussi l'article 13 par. 1 examiné ci-dessous. L'article 1 par. 1 suppose en partie une approche différente, dans laquelle les Etats sont jugés, jusqu'à un certain point, selon les mesures qu'ils ont prises pour réduire le chômage dans les circonstances qui sont les leurs. En outre, il existe un élément de «progressivité» dans certaines obligations de la Charte, en ce sens que, d'une manière générale, on peut attendre plus des Etats à mesure que s'améliorent les conditions économiques et autres: voir p. 427 ci-dessous.

8. C I 9. Ont été qualifiées comme telles les dispositions suivantes: articles 1 par. 1, 2 par. 1, 12 par. 3, 14 et 18.

nécessaire de démontrer qu'il y a eu progrès dans chaque cycle; il peut suffire de montrer que, dans un cycle donné, un programme d'action est en cours de planification ou de réalisation et qu'il portera ses fruits plus tard. Il se peut aussi que la situation économique empêche ou limite les progrès au cours d'un cycle précis. En outre, les progrès qui doivent être accomplis dans la mise en œuvre des dispositions les plus «dynamiques», dans le second sens du terme, ne vont pas au-delà d'un certain point. Par exemple, une fois simplifiées jusqu'à un certain point les formalités associées à l'embauche de travailleurs migrants (article 18 par. 2), il n'y a plus rien à faire. A ce stade, comme c'est le cas pour d'autres dispositions, il suffit que la partie contractante maintienne, au cours des cycles suivants, le niveau de réalisation qu'elle a atteint.

Article 1: Droit au travail

Par l'*article 1 par. 1*, les parties s'engagent «à reconnaître comme l'un de leurs principaux objectifs et responsabilités la réalisation et le maintien du niveau le plus élevé et le plus stable possible de l'emploi en vue de la réalisation du plein emploi». Le Comité d'experts indépendants a exigé, par ailleurs, que les parties reconnaissent cet engagement en premier lieu afin de prouver qu'ils appliquent une politique économique cohérente visant explicitement à atteindre le niveau d'emploi visé à l'article 1 par. 1. Le Comité d'experts indépendants a confirmé, en outre, ce qui ressort à l'évidence d'une lecture, fût-elle peu rigoureuse, de l'article 1 par. 1, à savoir qu'«un Etat qui viendrait à abandonner à un moment donné l'objectif du plein emploi en faveur d'un système économique prévoyant une réserve permanente de chômeurs, commettrait une viciation de la Charte Sociale[9].» En second lieu, le Comité d'experts indépendants a escompté que des mesures seraient prises en vue de mettre en œuvre la politique requise et a insisté pour que les rapports nationaux qui lui seraient soumis contiennent des renseignements suffisant à apprécier cette mise en œuvre.L'élément clé de l'examen, par le Comité d'experts indépendants, du caractère suffisant des mesures prises en vue de satisfaire à l'article 1 par. 1 est la qualification de «dynamique» qu'il attribue à cette disposition[10]. Pour se conformer à l'article 1 par. 1 au cours d'un cycle donné de rapports, une partie contractante doit prendre des mesures visant à réduire le niveau de chômage existant au début du cycle. Il n'est pas nécessaire qu'il y ait effectivement eu une amélioration; par essence, le respect de ce type de disposition dynamique consiste en l'adoption de mesures destinées à améliorer la performance de l'Etat. Par conséquent, si le fait que le chômage a augmenté ou diminué au cours d'un cycle de contrôle donné est, certes, important, il ne constitue pas une preuve irréfutable de respect ou de non-respect de la Charte[11].

Par l'*article 1 par. 2*, les parties s'engagent «à protéger de façon efficace le droit pour le travailleur de gagner sa vie par un travail librement entrepris». Il est clair que, pas plus que

9. C I 14.

10. En ce qui concerne les dispositions «dynamiques», voir ci-dessus.

11. Il convient de noter que l'article 1 par. 1 est une des dispositions de la Partie II de la Charte sur l'observance de laquelle le Comité d'experts indépendants ne se prononce pas pour l'instant. Il se borne à examiner et à commenter la politique et la situation de l'emploi de l'Etat qui soumet le rapport. Jusqu'au septième cycle de rapports, une évaluation était faite qui fut ensuite abandonnée, apparemment en raison de la nature politiquement sensible et extrêmement complexe de la question de la politique de l'emploi.

l'article 1 par. 1, cet engagement, qui s'applique aux travailleurs indépendants[12] et aux travailleurs à temps partiel[13], n'impose pas à l'Etat de veiller à ce que chaque citoyen ait un emploi. Ce qu'il implique, c'est que l'Etat offre une protection contre, d'une part, le travail forcé et, d'autre part, la discrimination en matière de pratiques d'emploi. Par conséquent, la garantie de l'article 1 par. 2 est une garantie très large.

La protection contre le travail forcé découle de l'expression «librement entrepris». Par cette formulation, le Comité d'experts indépendants a entendu qu'«une contrainte exercée pour obliger le travailleur à exécuter un travail contre son gré, et en dehors de tout consentement librement exprimé, est contraire à la Charte»[14]. Il a également interprété cette disposition comme interdisant «toute contrainte exercée pour que le travailleur continue à exécuter un travail auquel il s'est auparavant librement engagé, mais qu'il ne désire plus exécuter par la suite»[15]. Par conséquent, cette disposition interdit non seulement qu'on exige de quelqu'un qu'il effectue un travail auquel il n'a jamais consenti mais aussi qu'on lui applique des sanctions pénales pour ne pas s'être conformé aux conditions d'un contrat de travail établi librement, ou une restriction excessive de la liberté du travailleur d'y mettre fin, hormis les cas d'application de l'article 31[16]. Un certain nombre d'Etats ont été convaincus de non-respect de l'article 1 par. 2 sous l'angle de la première obligation, leurs marins marchands risquant des sanctions pénales s'ils se soustrayaient à leur travail en mer (p.ex. en se mettant en grève), dans des circonstances qui ne menaceraient pas la sécurité du navire[17]. De même, subordonner la dénonciation, par un travailleur, de son contrat de travail conclu avec un employeur privé à l'autorisation d'un fonctionnaire a également été jugé contraire à l'article 1 par. 2 en tant que restriction excessive[18].

L'article 1 par. 2 impose par ailleurs aux Etats l'obligation d'»éliminer toute forme de discrimination dans l'emploi»[19]. Cette obligation résulte, d'une part, de la nécessité de protéger «de façon efficace» le droit pour le travailleur de gagner sa vie et, d'autre part, de la formulation du Préambule de la Charte, à savoir que «la jouissance des droits sociaux doit être assurée sans discrimination fondée sur la race, la couleur, le sexe, la religion, l'opinion politique, l'ascendance nationale ou l'origine sociale». Le Comité s'est intéressé en particulier à la discrimination en matière d'accès à l'emploi, bien qu'il se soit aussi penché sur d'autres types de discrimination en cours d'emploi, notamment la discrimination sur le plan de la rémunération[20] et le harcèlement sexuel[21]. Après s'être essentiellement préoccupé, dans les

12. C I 8.

13. C XIII-1 50 (Irlande)

14. C III 5. Voir l'article 4 de la Convention européenne des Droits de l'Homme, examiné à la p. 131 ci-dessus.

15. *Ibid.*

16. En ce qui concerne l'article 31, qui autorise des restrictions aux droits de la Charte pour des motifs d'intérêt public ou similaires, voir p. 461 ci-dessous.

17. Voir notamment C XII-I 53 (Grèce).

18. C XII-I 54 (Pays-Bas).

19. Comparer C III 8 et C I 15.

20. C XIII-1 44 (Chypre).

21. C XIII-3 (France) (non publié au moment de mettre sous presse).

premières années, de la discrimination qui frappe les femmes[22], le Comité d'experts indépendants s'intéresse à présent à toutes les formes de discrimination énoncées dans le Préambule de la Charte. Par exemple, il s'est déclaré préoccupé par l'obligation de loyauté à la Constitution imposée à tous les fonctionnaires allemands et a mis en doute qu'il puisse s'agir d'une forme de discrimination liée à l'opinion politique qui pourrait être justifiée sous l'angle de l'article 31 de la Charte, s'agissant de postes non sensibles de la fonction publique[23]. Le Comité a également exprimé sa préoccupation au sujet de l'existence d'une protection juridique contre la discrimination fondée sur l'appartenance à un syndicat ou à des activités syndicales[24] et a posé des questions sur la discrimination dont sont victimes les travailleurs musulmans et tziganes[25]. Il se peut que l'obligation légale imposée aux candidats à un emploi de déclarer leur religion constitue une violation de l'article 1 par. 2 dans la mesure où elle peut empêcher, dans certaines circonstances, la candidature d'aboutir[26].

Le terme «emploi» utilisé à l'article 1 par. 2 vise l'emploi dans les secteurs tant public que privé. L'Etat doit veiller à ce que sa législation n'impose aucune discrimination dans les deux types d'emploi. C'est ainsi que l'Irlande, dont la législation exclut les femmes mariées de certains emplois dans la Fonction publique, a été convaincue d'infraction à l'article 1 par. 2[27]. Les mesures législatives qui prévoient une action positive autorisant les employeurs à accorder la préférence aux candidatures introduites par les membres de certaines catégories définies par référence à la race, au sexe, etc. sous-représentées dans leur personnel ne constituent pas une infraction à l'article 1 par. 2[28].

L'article 1 par. 2 répond au souci «de voir le principe de la non-discrimination entre hommes et femmes non seulement incorporé dans le droit positif de chaque partie contractante, mais également appliqué dans la pratique»[29]. Les dispositions législatives destinées à supprimer toute discrimination contraire à l'article 1 par. 2, tout en y contribuant à coup sûr, ne seront pas suffisantes en elles-mêmes. L'article 1 par. 2 a pour but l'absence de discrimination de fait. Ce qu'exige l'article 1 par. 2, en plus des dispositions législatives, c'est «qu'une action positive et concrète soit entreprise» en vue de supprimer les discriminations existant effectivement[30]. Il n'en demeure pas moins qu'un Etat ne sera pas convaincu de violation de l'article 1 par. 2 du simple fait que la discrimination persiste dans le secteur privé; l'obligation qui lui incombe est de prendre des mesures appropriées et raisonnables dans sa législation et sa pratique en vue de s'attaquer au problème.

---

22. A cet égard, l'article 1 par. 2 est complété par l'article 1 du Protocole additionnel à la Charte, qui interdit toute forme de discrimination sexuelle dans le cadre de l'emploi. En ce qui concerne le Protocole additionnel, voir p. 435 ci-dessous.

23. En ce qui concerne l'article 31, qui autorise des restrictions à la Charte inspirées par l'intérêt public, voir ci-dessous p. 461.

24. C XII-1 60 (Royaume-Uni).

25. C XII-2 (Espagne). Voir aussi C XIII-1 220 (Turquie).

26. Voir C XIII-1 55 (Pays-Bas)

27. C I 166 (Irlande).

28. C XII-1 59 (Royaume-Uni). Voir également l'article 1 par. 3 du Protocole additionnel à la Charte, de 1988, qui autorise «l'adoption de mesures spécifiques visant à remédier à des inégalités de fait».

29. C VIII 27 (Autriche).

30. C I 15 (Italie).

L'article 1 par. 2 exige aussi que les parties contractantes prévoient que les clauses discriminatoires contenues dans les conventions collectives sont nulles et non avenues[31] et que des recours et sanctions effectifs existent dans les cas de discrimination contraire à l'article 1 par. 2[32].

Par l'*article 1 par. 3*, les parties contractantes s'engagent «à établir ou à maintenir des services gratuits de l'emploi pour tous les travailleurs». Les «services de l'emploi» exigés sont essentiellement des services de placement; on n'attend pas d'eux qu'ils assurent l'orientation professionnelle. Les services privés payants ne sont pas interdits pour autant qu'il existe, parallèlement, des services de placement gratuits dans tous les secteurs de l'économie[33].

Par l'*article 1 par. 4*, les parties contractantes s'engagent «à assurer ou à favoriser une orientation, une formation et une réadaptation professionnelles appropriées». Cette disposition a ceci d'étrange qu'elle contient des obligations que l'on retrouve, à de multiples reprises, plus loin dans la Charte, aux articles 9 (droit à l'orientation professionnelle), 10 (droit à la formation professionnelle) et 15 (droit à la réadaptation). Toutefois, l'article 1 par. 4 n'impose pas que les services d'orientation professionnelle, de formation et de réadaptation soient accessibles, outre aux nationaux de la partie contractante, aux ressortissants d'autres parties contractantes[34].

Article 2: Droit à des conditions de travail équitable

Bien que l'intitulé de l'article 2 soit exprimé en termes très généraux, les cinq engagements qu'il contient concernent uniquement les heures de travail et les congés, questions qui, comme l'indique le Comité d'experts indépendants, «avaient figuré parmi les préoccupations initiales du mouvement ouvrier, et parmi les premières normes du droit international du travail»[35]. L'article 2 s'applique, pour les aspects pertinents, aux travailleurs à temps partiel[36]. Il est subordonné à l'article 33 de la Charte[37], de sorte que l'on peut estimer qu'il est respecté si la grande majorité (80 % au moins) des travailleurs concernés est protégée.

Par l'*article 2 par. 1*, les parties s'engagent à «fixer une durée raisonnable au travail journalier et hebdomadaire, la semaine de travail devant être progressivement réduite pour autant que l'augmentation de la productivité et les autres facteurs entrant en jeu le permettent». Cet engagement peut être réalisé par des dispositions législatives, des conventions collectives ou «un autre procédé comportant une obligation dont le respect est soumis au contrôle d'une autorité approuvée»[38]. Le Comité d'experts indépendants, appliquant l'article 2 par. 1, a déclaré que la notion de «durée raisonnable du travail», qui comprend les heures supplémentaires, n'était pas une notion absolue. «[I]l résulte des termes de la Charte que le caractère raisonnable de la durée du travail est une notion relative dans

31. C IX-1 24-5 (Royaume-Uni).

32. C XII-1 41 (Allemagne).

33. C XII-1 62 (Danemark).

34. C XII-1 67.

35. C I 17.

36. C'est aussi ce qu'on a estimé pour l'article 2 par. 2, 3 et 5: C XII-2 57 (Malte).

37. En ce qui concerne l'article 33, voir p. 462 ci-dessous.

38. C I 169.

le temps et dans l'espace et qui varie en fonction de la productivité ainsi que d'autres facteurs»[39]. Par exemple, on peut s'attendre à ce que la durée du travail pour les personnes ayant un emploi soit moindre dans un Etat caractérisé par un niveau de chômage élevé[40]. Une durée hebdomadaire de travail de soixante heures (heures supplémentaires comprises) a été jugée déraisonnable[41] et des semaines de travail de cinquante-cinq heures en moyenne ont suscité des critiques[42]. Le Comité d'experts indépendants a qualifié l'article 2 par. 1 de «dynamique»[43]. Quant au niveau auquel devrait, en conséquence, être ramenée la durée du travail hebdomadaire conformément à l'article 2 par. 1, le Comité d'experts indépendants a noté qu'il existe «des limites imposées à l'aspect évolutif d'un tel dynamisme, surtout en matière de fixation de la durée du travail hebdomadaire» et a souligné que «la tendance actuelle vers la généralisation de la semaine de travail de 5 jours et de 40 heures pose déjà des problèmes sociaux nouveaux, tels que l'occupation des loisirs, etc.»[44].

Par l'*article 2 par. 2,* les parties contractantes s'engagent à «prévoir des jours fériés payés». Le Comité des Ministres, dans une interprétation adoptée pendant la rédaction de la Charte, a indiqué que cette disposition n'entendait pas couvrir l'ensemble des jours fériés légaux mais uniquement ceux pour lesquels le travailleur eût été rémunéré s'il n'y avait pas eu de jour férié. Les travailleurs requis exceptionnellement de travailler un jour férié doivent bénéficier d'un jour de congé de récupération[45].

Par l'*article 2 par. 3,* les parties contractantes s'engagent à «assurer l'octroi d'un congé payé annuel de deux semaines au minimum». Cette disposition démontre l'inconvénient de la précision. Alors que la formule «durée raisonnable» de l'article 2 par. 1 permet une approche dynamique, qui épouse l'évolution des attentes, les parties contractantes éprouvent, aujourd'hui, peu de difficultés à se conformer à la prescription du «congé annuel de deux semaines».

Par l'*article 2 par. 4,* les parties contractantes s'engagent à «assurer aux travailleurs employés à des occupations dangereuses ou insalubres déterminées soit une réduction de la durée du travail, soit des congés payés supplémentaires». Cette clause est étroitement liée à l'article 3 de la Charte relative à la sécurité et à l'hygiène dans le travail mais, contrairement à celui-ci, elle met l'accent sur la nécessité d'une durée réduite du travail en raison du stress qu'il occasionne. Le terme «déterminées» laisse à l'Etat «une certaine latitude dans le choix des occupations qu'il considère comme dangereuses ou insalubres»[46]. Le Comité d'experts indépendants peut, toutefois, examiner le choix qu'a fait un Etat et aboutir à une conclusion négative si ce choix ne comprend pas des occupations (par exemple, les travaux d'extraction) qui sont «notoirement dangereuses ou insalubres»[47]. La majoration du salaire d'un ouvrier

39. C I 18.

40. C I 18. Voir C XI-2 12: addendum relatif à l'Irlande.

41. C XI-2 12. Addendum relatif à l'Irlande (pas de violation au regard de l'article 33: le pourcentage de travailleurs concernés était inférieur à 20 %).

42. C XII-1 71 (Pays-Bas); C XI-1 51 (Islande).

43. En ce qui concerne les dispositions «dynamiques», voir p. 407 ci-dessous.

44. C I 18

45. C XII-1 (Grèce).

46. C II 9.

47. *Ibid.*

en tant qu'indemnisation pour les risques de son emploi ne suffit pas à satisfaire aux prescriptions de l'article 2 par. 4[48].

Il s'est avéré que l'article 2 par. 4 était une disposition difficile à appliquer en ce qu'elle ne répond plus à la pratique des Etats, qui consiste aujourd'hui à mettre l'accent sur les aspects sanitaires et de sécurité du travail dangereux ou insalubre en prévoyant, dans la législation en matière de santé et de sécurité, des dispositions destinées à protéger les travailleurs en supprimant le risque plutôt qu'en réduisant la durée du travail. Il s'ensuit que le Comité d'experts indépendants a été amené à faire respecter une disposition reposant sur une politique qui n'emporte pas l'adhésion générale[49]. Toutefois, comme l'a souligné le Comité, l'obligation contenue dans l'article 2 par. 4 est telle que, tant qu'une occupation reste dangereuse ou insalubre, l'Etat est tenu d'en réduire la durée.

Par l'*article 2 par. 5*, les Etats contractants s'engagent à «assurer un repos hebdomadaire qui coïncide autant que possible avec le jour de la semaine reconnu comme jour de repos par la tradition ou les usages du pays ou de la région». Le texte implique que ce «repos hebdomadaire» ne doit pas dépasser un jour. Il ne peut être supprimé en échange d'une rémunération supplémentaire[50].

Article 3: Droit à la sécurité et à l'hygiène dans le travail

Ces dernières années, le domaine d'application du droit, reconnu depuis longtemps en droit international du travail, à la sécurité et à l'hygiène dans le travail a été étendu suite aux progrès techniques et à la mécanisation croissante qui se généralisent dans tous les secteurs d'activité. L'article 3 s'applique à tous les travailleurs, y compris aux travailleurs indépendants, les parties contractantes étant tenues d'imposer aux indépendants l'obligation de prendre les précautions requises[51]. Il convient aussi d'assurer la protection des personnes qui travaillent à domicile[52].

Par l'*article 3 par. 1*, les parties s'engagent à «édicter des règlements de sécurité et d'hygiène». Ces règlements adoptés par l'Etat doivent couvrir tous les secteurs de l'économie[53]. Le Comité d'experts indépendants a revendiqué, au titre de l'article 3 par. 1, la compétence de vérifier le caractère adéquat de certains aspects des règlements. Par exemple, il a déclaré que les règlements en matière de transports devaient comporter des prescriptions en matière de durée de conduite et de sécurité des véhicules[54].

Par l'*article 3 par. 2*, les parties contractantes s'engagent à «édicter des mesures de contrôle de l'application de ces règlements». Cette exigence présente deux aspects[55]. Tout d'abord, un système d'inspection suffisant doit être prévu. Celui-ci peut être public ou privé,

48. C III 14 (Autriche).

49. Il n'existe pas de convention internationale du travail qui suive la démarche de l'article 2 par. 4.

50. C I 172 (Irlande).

51. C IV 21. La législation sanitaire et de sécurité peut être adaptée en vue de prendre en compte la situation particulière des indépendants.

52. C XIII-1 85

53. C I 22 et 173.

54. C III 18 (Irlande).

55. C I 23.

doit couvrir l'ensemble du territoire et concerner tous les secteurs de l'économie. A cet égard, le Comité d'experts indépendants se préoccupe de vérifier le nombre des inspecteurs du travail et l'actualité de leur formation technique, le nombre de visites qu'ils effectuent et le nombre d'entreprises soumises à leur inspection[56]. Ensuite, la loi doit prévoir des sanctions civiles et pénales suffisantes et celles-ci doivent être effectivement appliquées. Le non-respect de l'article 3 par. 1 implique automatiquement le non-respect de l'article 3 par. 2: l'expression «ces règlements» renvoie nécessairement aux règlements qui suffisent à assurer le respect de l'article 3 par. 1.

Par l'*article 3 par. 3*, les parties contractantes s'engagent à «consulter, lorsqu'il y a lieu, les organisations d'employeurs et de travailleurs sur les mesures tendant à améliorer la sécurité et l'hygiène du travail». Ce paragraphe impose aux Etats la mise en place d'un mécanisme de consultation entre le gouvernement, d'une part, et les organisations d'employeurs et de travailleurs, d'autre part, et de procéder à des consultations chaque fois que le besoin s'en fait sentir («lorsqu'il y a lieu»). L'«adaptation constante des règlements de sécurité et d'hygiène aux progrès technologiques nécessite une consultation régulière des organisations d'employeurs et de travailleurs»[57].

Article 4: Droit à une rémunération équitable

Par l'*article 4 par. 1*, les parties contractantes s'engagent à «reconnaître le droit des travailleurs à une rémunération suffisante pour leur assurer, ainsi qu'à leurs familles, un niveau de vie décent». A la fin des années soixante-dix, le Comité d'experts indépendants, qui avait éprouvé de grandes difficultés à appliquer cette disposition dans les premiers cycles, a convenu d'une approche fondée sur un «seuil de décence» par laquelle tout salaire largement inférieur à la moyenne nationale ne peut être considéré comme suffisant pour assurer un niveau de vie décent dans la société en question. Le Comité d'experts indépendants a adopté le chiffre précis indiqué dans une étude du Conseil de l'Europe[58] et à fixé à 68% de la moyenne nationale le salaire minimum admissible. Si, dans un secteur de l'économie d'une partie contractante, les salaires tombent en-dessous de ce seuil, ils ne peuvent être considérés comme assurant «un niveau de vie décent» au sens de l'article 4 par. 1[59]. C'est ainsi, par exemple, qu'il a été estimé qu'au douzième cycle, le Royaume-Uni avait enfreint la Charte au cours de la période 1989-1990 dans la mesure où «25% au moins des travailleurs et 50% au moins des travailleuses gagnaient moins que le "seuil de décence" de 163 livres sterling par semaine»[60]. Toutefois, l'épreuve du «seuil de décence» de 68% n'est pas nécessairement concluante. Même s'il n'atteint pas ce seuil, un salaire peut néanmoins être tel qu'il offre un «niveau de vie décent» si l'on prend en compte certains «facteurs de pondération». Il s'agit

56. C XIII-92.

57. C XI-2, Addendum pour l'Irlande, p. 17.

58. Daloz, *Méthodes de fixation d'une «rémunération décente»* (Conseil de l'Europe, 1977). Le Comité d'experts indépendants a également renvoyé à une étude similaire de l'OCDE publiée en 1976. C V 25.

59. Contrairement à la garantie d'une «durée raisonnable» du travail énoncée à l'article 2 par. 1, l'article 4 par. 1 n'est pas soumis à l'article 33 (pour celui-ci, voir p. 462 ci-dessous), de sorte que *tous* les travailleurs doivent percevoir le salaire requis.

60. C XII-1 98 (Royaume-Uni). Au cours de ce même cycle, les Pays-Bas ont été convaincus de la même infraction à l'article 4 par. 1: C XII-1 95 (Pays-Bas).

de «prestations sociales importantes, aides aux familles, aides au logement, aides scolaires, éducatives et culturelles, avantages fiscaux, ouverture excessive de l'éventail des salaires, existence d'un effort de la part du gouvernement du pays pour assurer aux travailleurs un progrès social constant»[61]. Dans le cas du Royaume-Uni au cours du douzième cycle, ces facteurs ont été pris en compte mais n'ont pas modifié les conclusions du Comité. L'article 4 par. 1 n'impose pas un salaire national minimum[62], même si son existence contribuera probablement à aboutir à la conformité avec la règle des 68%.

L'approche du «seuil de décence» met l'accent sur l'égalité dans la répartition des revenus dans un Etat donné plutôt que sur la hauteur des rémunérations. Elle a pour mérite de répondre à l'idée qu'un «niveau de vie décent» est une notion relative et que, passé un certain seuil, les personnes sont généralement satisfaites lorsque leur niveau de vie est équivalent, en gros, à celui des autres membres de la société dans laquelle ils vivent. Cette approche a toutefois été critiquée en ce qu'elle peut avoir pour effet qu'une partie contractante dans laquelle le niveau de vie des travailleurs les moins bien rémunérés est supérieur à celui de la majorité des citoyens d'une autre partie contractante viole la Charte, alors que la seconde ne la viole pas.

Par l'*article 4 par. 2*, les parties contractantes s'engagent à «reconnaître le droit des travailleurs à un taux de rémunération majoré pour les heures de travail supplémentaires, exception faite de certains cas particuliers». Le raisonnement qui sous-tend cette disposition est que le travail supplémentaire exige un effort accru. L'article 4 par. 2 ne se trouve pas violé par une loi qui autorise le remplacement, par décision prise conjointement par la direction et les travailleurs, des majorations de rémunération auxquelles ont droit les travailleurs en raison des heures supplémentaires effectuées par une période de repos équivalente[63]. Les mesures prises en vue d'assouplir la durée du travail ne peuvent, toutefois, avoir pour effet d'influer défavorablement sur la rémunération de ce qui, dans des circonstances normales, pourrait être considéré comme des heures supplémentaires[64].

Par l'*article 4 par. 3*, les parties contractantes s'engagent à «reconnaître le droit des travailleurs masculins et féminins à une rémunération égale pour un travail de valeur égale». Il s'agit, à coup sûr, d'une des dispositions majeures de la Charte[65]. En matière de salaires, la discrimination fondée sur le sexe revêt deux formes: (i) écarts de salaire entre hommes et femmes effectuant le même travail; (ii) inégalité de rémunération pour un travail équivalent. L'article 4 par. 3, qui exige «une rémunération égale pour un travail de valeur égale» plutôt qu'un «salaire égal pour un travail égal», interdit les deux formes de discrimination. Le Comité d'experts indépendants, conformément à cette interprétation, a déclaré qu'une partie contractante devait, pour respecter l'article 4 par. 3, remplir deux conditions: (i) démontrer que, sur le territoire qui relève de sa juridiction, l'égalité de rémunération pour un travail égal est garantie «en droit et en fait», et (ii) établir que, «pour parvenir à l'égalisation des

61. C V 26.

62. Par exemple, ni l'Allemagne ni le Royaume-Uni n'ont de salaire minimum mais n'ont pas été, pour ce motif, convaincus de violation.

63. C X-2 62 (France).

64. C XIII-1 112.

65. Voir aussi l'article 1 du Protocole additionnel, qui garantit l'égalité de traitement – et, notamment, de «rémunération» – en matière d'emploi, sans discrimination fondée sur le sexe.

rémunérations pour des travaux de valeur comparable,... il a pris des mesures adéquates dont la nature est laissée à l'appréciation de l'Etat concerné»[66]. La première de ces deux conditions concerne l'égalité de rémunération pour un travail identique et est la plus facile à respecter. La seconde vise l'égalité de rémunération pour un travail de même valeur et pose la question complexe de l'évaluation du travail. Les «mesures suffisantes» qui sont attendues de la partie contractante doivent nécessairement comprendre la fixation de «critères objectifs» (dont les détails sont laissés à l'appréciation de ladite partie) pour l'évaluation du travail.

Le respect de l'article 4 par. 3 implique, par ailleurs, que «les éventuelles clauses des conventions collectives ou des contrats individuels contraires à ce principe doivent être déclarées par la loi comme nulles et non avenues», que la protection de ce droit soit assurée «par des voies de recours adéquates», et que «les travailleurs doivent être protégés efficacement contre toute mesure de rétorsion résultant de leur demande de bénéficier de l'égalité de rémunération (notamment protection contre le licenciement)»[67].

Par l'*article 4 par. 4,* les parties contractantes s'engagent à «reconnaître le droit de tous les travailleurs à un délai de préavis raisonnable dans le cas de cessation d'emploi». Le Comité d'experts indépendants, pour statuer sur le caractère «raisonnable» du délai de préavis, applique un critère d'équité en se rapportant avant tout à l'ancienneté. Il tient aussi compte du caractère «dynamique» de la Charte[68] de sorte que, comme c'est le cas pour d'autres dispositions de celle-ci, on peut s'attendre à voir s'allonger la durée du préavis. On peut trouver une bonne indication de ce qu'est «un délai de préavis raisonnable» dans l'évaluation qu'a faite le Comité d'experts indépendants de la situation au Royaume-Uni. Au cours du douzième cycle, les travailleurs avaient droit, au Royaume-Uni, à un préavis d'une semaine après quatre semaines d'occupation, et à deux semaines après deux ans d'ancienneté. Ils avaient droit ensuite à une semaine supplémentaire par année d'ancienneté en plus, celle-ci étant limitée à 12 ans. Le travailleur qui comptait douze années d'ancienneté ou plus bénéficiait de douze semaines de préavis. Le Comité d'experts indépendants a estimé que cette situation était conforme à l'article 4 par. 4, sauf pour ce qui concernait les travailleurs comptant moins de deux années d'ancienneté. Même si l'on pouvait estimer justifié un délai de préavis très bref au cours de la période initiale d'emploi ou de stage, il fallait ensuite, estimait le Comité, prévoir une période plus longue qu'une semaine[69].

Par l'*article 4 par. 5*, les parties contractantes s'engagent à «n'autoriser des retenues sur les salaires que dans les conditions et limites prescrites par la législation ou la réglementation nationale, ou fixées par des conventions collectives ou des sentences arbitrales». Bien que cette formulation puisse se lire comme conférant toute latitude à l'Etat pour opérer ou autoriser des retenues, l'interprétation du Comité d'experts indépendants a été qu'elle n'autorise l'Etat à agir de la sorte que pour autant que ces retenues ne soient pas contraires aux éléments essentiels du droit du travailleur de percevoir l'intégralité de son salaire.

66. C III 28.

67. C VIII 66.

68. En ce qui concerne les dispositions «dynamiques», voir p. 407 ci-dessus.

69. C XII-1 107 (Royaume-Uni).

Article 5: Droit syndical

L'article 5 est, avec l'article 6, une des deux dispositions clés de la Charte dans le domaine des relations de travail. L'article 5 est libellé comme suit:

> En vue de garantir ou de promouvoir la liberté pour les travailleurs et les employeurs de constituer des organisations locales, nationales ou internationales, pour la protection de leurs intérêts économiques et sociaux et d'adhérer à ces organisations, les Parties contractantes s'engagent à ce que la législation nationale ne porte pas atteinte, ni ne soit appliquée de manière à porter atteinte à cette liberté. La mesure dans laquelle les garanties prévues au présent article s'appliqueront à la police sera déterminée par la législation ou la réglementation nationale. Le principe de l'application de ces garanties aux membres des forces armées et la mesure dans laquelle elles s'appliqueraient à cette catégorie de personnes sont également déterminés par la législation ou la réglementation nationale.

Contrairement à l'article 11 de la Convention européenne des Droits de l'Homme, il n'existe pas de disposition spécifique pour les fonctionnaires: ceux-ci ont droit à l'éventail complet des garanties de l'article 5[70]. Les seuls travailleurs qui ne bénéficient pas de l'entière protection de l'article 5 sont les membres des forces armées et, dans une certaine mesure, de la police. Un Etat peut interdire aux membres de ses forces armées toute forme d'organisation collective. Il peut limiter la liberté syndicale des membres de la police pour autant que cette liberté reste intacte pour l'essentiel.

L'article 5 protège la liberté des travailleurs[71] de constituer «des organisations pour la protection de leurs intérêts» et d'y adhérer. Il protège le droit individuel des travailleurs de créer un syndicat ou de s'y affilier et le droit collectif du syndicat ainsi fondé de s'organiser et de fonctionner dans l'intérêt de ses membres. Il est certain que ce dernier droit dépasse la création et la dissolution du syndicat et l'affiliation à celui-ci, ainsi que les autres questions organisationnelles (élection des représentants, gestion des fonds, organisation des réunions, etc.) pour englober son fonctionnement proprement dit. C'est ainsi que toute atteinte à la liberté des syndicats de participer à des négociations collectives[72] ou de tenir des réunions[73] est une violation de l'article 5. De même, un syndicat doit être autorisé à pénétrer sur les lieux de travail dans le cadre de ses activités, même si cet accès peut être restreint pour des motifs liés aux intérêts légitimes de l'employeur, y compris pour des considérations d'efficacité, de sécurité et de confidentialité[74]. Une législation qui interdit à un syndicat de prendre des sanctions à l'encontre d'affiliés qui refusent de prendre part à des grèves régulières, ou d'indemniser un affilié pour une peine infligée par la loi pour participation à

70. Toutefois, l'article 31 de la Charte autorise des restrictions au droit syndical des fonctionnaires: C XI-1 80 (Royaume-Uni) (affaire GCHQ, dans laquelle une restriction prévoyant que les fonctionnaires ne pouvaient adhérer qu'à une association du personnel ne jouissant pas de tous les droits syndicaux se justifiait dans la mesure où une interruption de leur travail de surveillance électronique présenterait un risque pour la sécurité nationale).

71. L'article 5 s'applique également aux organisations d'employeurs mais, en pratique, cet aspect n'a pas été important.

72. C III 31 (Irlande). En ce qui concerne l'article 5 et les arrangements en matière de rôles d'équipage internationaux, voir C XII-2 96. Pour ces rôles eux-mêmes, voir p. ## ci-dessous.

73. C III 30 (Autriche).

74. C XII-2 85 (Allemagne).

une grève constitue une ingérence dans l'autonomie des syndicats et une violation de l'article 5[75].

Par l'*article 5*, les parties contractantes s'engagent «à ce que la législation nationale ne porte pas atteinte, ni ne soit appliquée de manière à porter atteinte» à la liberté de constituer un syndicat ou d'y adhérer. De l'avis du Comité d'experts indépendants, cet engagement comporte à la fois une obligation négative et une obligation positive. La première est qu'une partie contractante ne peut interdire à un travailleur ou groupe de travailleurs quel qu'il soit, à l'exception des membres des forces armées, de constituer un syndicat ou d'y adhérer, ni suspendre ou dissoudre un syndicat, sous réserve de l'article 31[76]. L'enregistrement ou l'autorisation obligatoires des syndicats ne «porte pas atteinte», en soi, à la liberté de former des syndicats ou d'y adhérer. Ils sont admissibles pour autant qu'il existe une protection procédurale suffisante contre l'abus du pouvoir de refuser l'octroi de l'autorisation ou l'enregistrement d'un syndicat[77]. Exiger le paiement d'un droit d'enregistrement excessif ou imposer une taille minimum du syndicat comme préalable à l'octroi d'une autorisation de négocier constituent des violations de l'article 5[78]. Un Etat ne peut contraindre par la loi les travailleurs à adhérer à un syndicat. Dans cette mesure, la liberté de constituer un syndicat et de s'y affiler comprend le droit de s'en abstenir. En ce qui concerne l'obligation faite aux personnes privées, un Etat viole l'article 5 si sa législation autorise les conventions d'«atelier fermé» avant ou après l'embauche[79]. La loi doit laisser les travailleurs qui constituent un syndicat ou s'y affilient choisir librement celui-ci. Par conséquent, il y a violation de l'article 5 lorsque les fonctionnaires ne peuvent s'affilier qu'à un syndicat formé uniquement de fonctionnaires[80].

La deuxième obligation – l'obligation positive – prévue par l'article 5 est celle de prendre des mesures suffisantes en vue de garantir le droit syndical et, en particulier, de protéger les organisations de travailleurs contre toute ingérence de la part des employeurs. La Charte vise ici les ingérences sous forme de discriminations opérées par les employeurs à l'encontre de travailleurs en matière d'embauche, de licenciement, de promotion, etc., fondées sur l'appartenance ou les activités syndicales. Les travailleurs doivent être protégés par la loi contre pareille discrimination, quelle que soit la taille de l'entreprise[81].

---

75. C XII-1 115 (Royaume-Uni).

76. En ce qui concerne l'article 31, voir p. 461 ci-dessous.

77. C II 184 (Chypre).

78. C III 31 (Irlande).

79. Voir notamment C XI-2 21. Addendum relatif à l'Irlande. Les conventions d'«atelier fermé» prévoient qu'un travailleur doit être syndiqué. Le Comité d'experts indépendants avait estimé précédemment que l'article 5 était «neutre» par rapport aux conventions d'«atelier fermé» (C I 31), mais a commencé à changer d'avis suite à l'affaire Young, James et Webster case, Cour eur. D.H., Série 49, n° 44 (1981) : voir C VII 32 (Royaume-Uni). Cette affaire concernait un «atelier fermé» après embauche et présentait d'autres caractéristiques spéciales. Plus généralement, la Charte a été interprétée comme interdisant sans exception les conventions d'«atelier fermé», tant avant qu'après l'embauche. Le Danemark comme l'Irlande enfreignent l'article 5 dans la mesure où leur législation autorise les conventions d'«atelier fermé»: C XIII-1 130 (Danemark); C XIII-1 132 (Islande).

80. C II 184.

81. C XI-2 73 (Autriche) (l'absence de protection dans les entreprises comptant moins de cinq travailleurs constitue une violation).

Article 6: Droit de négociation collective

Par l'*article 6 par. 1*, les parties contractantes s'engagent à «favoriser la consultation paritaire entre travailleurs et employeurs». Cet engagement concerne la consultation entre travailleurs et employeurs, et non la concertation entre le gouvernement, d'une part, et les travailleurs et employeurs, d'autre part. Par «consultation», on entend la consultation, à tous les niveaux et dans tous les secteurs, sur les questions présentant un intérêt commun, notamment en matière de productivité, d'efficacité, d'hygiène du travail, de sécurité et de bien-être. L'article 6 par. 1 ne prévoit pas un «droit réel» de consultation; l'obligation consiste uniquement à «favoriser» celle-ci, comme l'a souligné la Cour européenne des Droits de l'Homme[82]. Bien que le Comité d'experts indépendants ait déclaré qu'un Etat contractant était «obligé de prendre des mesures» afin de favoriser la consultation paritaire[83], il semble que, si une consultation suffisante a lieu dans le cadre d'arrangements privés entre employeurs et travailleurs sans intervention du gouvernement, il suffit que l'Etat surveille la situation. Dans sa pratique, le Comité d'experts indépendants a généralement tablé, ces dernières années, sur l'hypothèse que l'article 6 par. 1 concerne à la fois les consultations sur le lieu de travail (par exemple, au moyen de comités d'entreprise) et en dehors de l'entreprise, entre organisations de travailleurs et d'employeurs[84]. Compte tenu de cette tendance, il faudra, à présent que le Protocole additionnel est en vigueur, examiner la question de la relation entre l'article 6 par. 1 de la Charte et l'article 2 du Protocole additionnel, qui concerne également la consultation au sein de l'entreprise.

Par l'*article 6 par. 2*, les parties contractantes s'engagent à «promouvoir, lorsque cela est nécessaire et utile, l'institution de procédures de négociation volontaire entre les employeurs ou les organisations d'employeurs, d'une part, et les organisations de travailleurs, d'autre part, en vue de régler les conditions d'emploi par des conventions collectives». Ceci implique (i) que les employeurs et les travailleurs doivent, «sur la base de la législation ou des pratiques industrielles», avoir «la possibilité de conclure des conventions collectives» et (ii) que l'Etat a l'obligation de «promouvoir d'une façon positive, avec l'aide de moyens appropriés, la conclusion de telles conventions si leur état de développement spontané n'est pas suffisant et à garantir, en particulier, que les partenaires sociaux soient disposés à ouvrir entre eux des négociations collectives»[85]. Comme l'a indiqué la Cour européenne des Droits de l'Homme, l'article 6 par. 2 ne confère pas un «droit réel» à la conclusion de conventions collectives; il se borne à affirmer le caractère libre des négociations et des conventions collectives[86]. La précision «lorsque cela est nécessaire et utile» laisse aux gouvernements une certaine latitude dans les cas où il existe déjà un mécanisme satisfaisant ou lorsque d'autres mesures, notamment un mécanisme légal de fixation des salaires, sont plus appropriées que le

82. Affaire Syndicat national de la police belge, Cour eur. D.H., Série A, n° 19 (1975). La Cour a commenté la signification de l'article 6 par. 2 de la Charte dans le cadre de son interprétation de l'article 11 de la Convention européenne des Droits de l'Homme.

83. C I 34.

84. Voir l'avis de M. Vida Soria: C XII-2 231.

85. C I 35.

86. Affaire Syndicat suédois des conducteurs de locomotives, Cour eur. D.H., Série A, n° 20 (1976). La Cour a commenté la signification de l'article 6 par. 2 de la Charte dans le cadre de son interprétation de l'article 11 de la Convention européenne des Droits de l'Homme.

mécanisme de négociation libre. L'interdiction de négociations collectives est, à coup sûr, une violation de l'article 6 par. 2, à moins qu'elle ne puisse se justifier au regard de l'article 31[87]. Un Etat peut, toutefois, intervenir pour fixer des limites (notamment d'augmentations de salaire) aux négociations collectives libres dans le secteur privé en dehors de l'article 31 «en vue de parvenir à un redressement d'une situation économique particulièrement grave», mais «de telles restrictions ne doivent intervenir que sur la base d'une très large consultation» des organisations syndicales et patronales et «doivent avoir un caractère exceptionnel et limité dans le temps»[88]. Une nouveauté récente est l'adoption de rôles d'équipage internationaux en tant que moyen de contrecarrer l'effet du recours aux «pavillons de complaisance». Il a été affirmé qu'un arrangement en vertu duquel les avantages des conventions collectives conclues par des syndicats nationaux sur des navires relevant de ces rôles d'équipage ne peuvent concerner que les marins marchands ressortissants ou résidents de l'Etat qui tient le rôle enfreint l'article 6 par. 2, en ce qu'il constitue une limitation inacceptable de la liberté de négociation collective[89]. Une condition préalable de conformité avec l'article 6 par. 2 est le respect intégral de la garantie du droit syndical protégé par l'article 5[90]. Les règles concernant l'obligation contraignante sont traitées à la section relative à l'article 6 par. 3, et non 6 par. 2.

Par l'*article 6 par. 3*, les parties contractantes s'engagent à «favoriser l'institution et l'utilisation de procédures appropriées de conciliation et d'arbitrage volontaire pour le règlement des conflits du travail». Les «procédures» évoquées peuvent être instituées «par la législation, les conventions collectives ou la pratique des relations sociales». L'Etat n'est pas tenu d'instituer ou de favoriser le recours aux procédures de conciliation et d'arbitrage lorsqu'un mécanisme satisfaisant fonctionne déjà au niveau privé[91].

Par l'*article 6 par. 4*, les parties contractantes reconnaissent «le droit des travailleurs et des employeurs à des actions collectives en cas de conflits d'intérêt, y compris le droit de grève, sous réserve des obligations qui pourraient résulter des conventions collectives en vigueur». Du point de vue du travailleur, l'article 6 par. 4 constitue un jalon dans le droit international du travail. Il représente la première occasion à laquelle le droit de grève a été explicitement reconnu par un traité multilatéral en vigueur. La grève est déclarée être une des formes que peuvent prendre les «actions collectives» des travailleurs. D'autres formes sont le refus des heures supplémentaires et la «grève du zèle». En ce qui concerne les employeurs, les «actions collectives» comprennent le «lock-out», même si le Comité d'experts indépendants a estimé que la garantie du droit au «lock-out» contenue dans l'article 6 par. 4 n'était pas aussi stricte que celle du droit de grève.

Le Comité d'experts indépendants a émis des critiques à l'encontre de plusieurs types de restrictions du droit de grève. Interdire les grèves au motif qu'elles ne sont pas organisées par un syndicat est contraire à l'article 6 par. 4[92]. Il en va de même pour l'interdiction de grèves

87. C XII-1 123 (Pays-Bas). En ce qui concerne l'article 31, voir p. 461 ci-dessous.

88. C IX-1 (Pays-Bas).

89. C XII-1 118 (Danemark).

90. Voir notamment C XII-1 124 (Royaume-Uni).

91. C V 45.

92. C II 28 (Allemagne).

qui n'ont pas pour but la conclusion d'une convention collective[93]. Mettre fin, pour un gouvernement, à une grève en imposant un arbitrage obligatoire est contraire à l'article 6 par. 4[94]. Le Comité d'experts indépendants a estimé, par ailleurs, qu'une loi en vertu de laquelle une grève mettait fin au contrat de travail était, «en principe», contraire à l'article 6 par. 4 en ce qu'elle constitue une restriction du droit de grève. Le Comité a, toutefois, dépassé la lettre de la loi pour prendre en compte la réalité de la situation: «Si, dans la pratique, ceux qui participent à une grève se trouvent, au terme de celle-ci, normalement réintégrés dans leurs emplois et si leurs droits nés antérieurement à la grève, notamment en matière de pensions, congés et ancienneté en général, n'en subissent aucune atteinte, la rupture formelle des contrats de travail par la grève ne constitue pas ... une violation de la Charte»[95]. Il y a violation de l'article 6 par. 4 lorsqu'un employeur est en mesure de licencier tous les travailleurs qui ont participé à une grève ou de réengager ceux-ci de manière sélective à l'issue de la grève[96].

L'article 6 par. 4, contrairement à l'article 5, ne prévoit pas de restriction *ratione personae* au droit de grève ni à la participation à des actions collectives quelconques. Il n'en demeure pas moins qu'il était entendu, au moment de la rédaction de la Charte, que l'exercice du droit de grève pouvait être restreint pour certaines catégories de travailleurs en vertu de l'article 31[97], et le Comité d'experts indépendants a fait sienne cette interprétation[98]. Ces catégories concernent essentiellement certains travailleurs du secteur public, notamment les travailleurs du secteur du gaz et de l'électricité, les membres de la police et des forces armées, les juges et les fonctionnaires supérieurs. Toutefois, bien qu'il soit admissible de traiter les fonctionnaires comme une catégorie entièrement distincte de celle des travailleurs du secteur privé (et soumise à des restrictions généralement plus importantes), il est contraire à l'article 6 par. 4 d'interdire la grève à l'ensemble des fonctionnaires dans la mesure où tous n'effectuent pas un travail qui relève de l'article 31. Il s'ensuit que l'on ne peut interdire la grève à tous les fonctionnaires titulaires. Le Comité d'experts indépendants a estimé, dès lors, que l'Allemagne violait l'article 6 par. 4 dans la mesure où les *Beamte* (la Fonction publique allemande) ne sont pas autorisés à se mettre en grève. Bien que cette décision ait été contestée par l'Allemagne, il semblerait que l'interprétation de l'article 6 par. 4 que donne le Comité d'experts indépendants, à l'origine de la décision, soit correcte[99]. De même, exiger de fonctionnaires titulaires qu'ils remplacent d'autres travailleurs du secteur public en grève constitue une violation de l'article 6 par. 4[100].

93. C XII-2 98-9 (Allemagne).

94. C XII-1 130 (Norvège).

95. C I 40.

96. C XII-1 130 (Royaume-Uni).

97. En ce qui concerne l'article 31, voir p. 461 ci-dessous.

98. C I 38.

99. On notera toutefois qu'au cours du 7e cycle, le Comité d'experts indépendants a décidé de ne pas revenir sur cette question suite à une déclaration de l'Allemagne visant à exclure les *Beamte* de l'application de l'article 6 par. 4: C VII 39 (Allemagne). Le Comité s'est fondé sur le fait que l'Allemagne avait voulu donner à sa déclaration un effet similaire à celui d'une réserve alors que, techniquement, elle ne pouvait être considérée comme telle.

100. C XII-2 98 (Allemagne) (*Beamte* requis de remplacer des *Angestellte* – employés non titulaires – en grève).

Article 7: Droit des enfants et des adolescents à la protection

L'article 7 comprend dix paragraphes prévoyant des garanties particulières visant à protéger les enfants et les adolescents, essentiellement dans le contexte de l'emploi. Les normes fixées sont strictes, comme le démontre le fait qu'assez peu de parties contractantes ont accepté un grand nombre de paragraphes de l'article 7 et que la situation, en ce qui concerne le respect de cet article, est loin d'être parfaite.

Par l'*article 7 par. 1*, les parties contractantes s'engagent à «fixer à 15 ans l'âge minimum d'admission à l'emploi, des dérogations étant toutefois admises pour les enfants employés à des travaux légers déterminés qui ne risquent pas de porter atteinte à leur santé, à leur moralité ou à leur éducation». Cet engagement vise toutes les catégories de travail, y compris les travaux agricoles et domestiques. L'article 7 par. 1 soulève un problème particulier lorsque la fin de la scolarité se situe avant l'âge de 15 ans, les enfants qui ne fréquentent plus l'école étant tentés de travailler.

Par l'*article 7 par. 2*, les parties contractantes s'engagent à «fixer un âge minimum plus élevé d'admission à l'emploi pour certaines occupations déterminées considérées comme dangereuses ou insalubres». On entend par «âge minimum plus élevé» un seuil d'âge supérieur à 15 ans. L'expression «certaines occupations déterminées» suggère qu'une certaine latitude est laissée aux parties contractantes pour déterminer les occupations à traiter comme dangereuses ou insalubres. Toutefois, comme pour d'autres dispositions de la Charte dont la formulation est similaire, cette latitude est restreinte par le fait qu'on ne peut, en limitant l'effet de l'article 7 par. 2, faire en sorte que cet article ne s'applique pas à des travaux manifestement dangereux ou insalubres. Le Comité d'experts indépendants s'est fondé sur ce principe lorsqu'il a rejeté l'argument d'un gouvernement selon lequel l'article 7 par. 2 ne s'appliquait pas à l'emploi dans les secteurs du commerce, des transports, de l'hôtellerie et de la restauration; le Comité a estimé que «certains travaux couramment exécutés dans ces secteurs ont, sans aucun doute, un caractère dangereux ou insalubre»[101].

Par l'*article 7 par. 3*, les parties contractantes s'engagent à «interdire que les enfants encore soumis à l'instruction obligatoire soient employés à des travaux qui les privent du plein bénéfice de cette instruction». Comme l'a indiqué le Comité d'experts indépendants, cette disposition vise essentiellement à permettre aux enfants et aux adolescents de tirer pleinement profit de la scolarité obligatoire et à veiller à ce que toute activité professionnelle exercée en dehors des heures d'école n'affecte pas négativement leur éducation. Dans la poursuite de cet objectif, le Comité a interprété l'article 7 par. 3 comme exigeant que les enfants ne travaillent pas pendant plus de la moitié de leurs congés scolaires[102] et a fixé des limites strictes au nombre d'heures de travail journalier pendant les périodes scolaires. C'est ainsi qu'une loi qui autorisait les enfants en âge scolaire à travailler à concurrence de huit heures par jour et quarante heures par semaine pendant la totalité des vacances et à livrer les journaux dès 6 heures du matin les jours d'école a été jugée contraire à l'article 7 par. 3[103].

D'autres paragraphes de l'article 7 limitent le nombre d'heures de travail que peuvent effectuer les jeunes de moins de 16 ans (article 7 par. 4) et, pour ce qui est de l'emploi,

101. C III 43.

102. C XII 137 (Royaume-Uni).

103. C XII-1 135 (Pays-Bas).

garantissent (i) une rémunération équitable pour les jeunes travailleurs et apprentis (article 7 par. 5), (ii) une formation professionnelle pendant la durée normale du travail pour les adolescents (article 7 par. 6), (iii) trois semaines de congés payés annuels (article 7 par. 7), (iv) une interdiction générale des travaux de nuit (article 7 par. 8), et un contrôle médical régulier pour les travailleurs de moins de 18 ans (article 7 par. 9). Enfin, l'article 7 par. 10 impose aux parties contractantes d'«assurer une protection spéciale contre les dangers physiques et moraux» auxquels sont exposés les enfants et les adolescents, qu'ils exercent ou non un travail. Ce dernier paragraphe a amené le Comité d'experts indépendants à poser des questions sur toute une série de problèmes non liés au lieu de travail. Dans le cas le plus récent, le Comité a demandé aux Etats des informations concernant «le problème des mauvais traitements (y compris les sévices sexuels) dont peuvent être victimes les enfants et les adolescents, y compris à l'intérieur du cercle familial»[104].

Article 8: Droit des travailleuses à la protection

Par l'*article 8 par. 1*, les parties contractantes s'engagent à «assurer aux femmes, avant et après l'accouchement, un repos d'une durée totale de 12 semaines au minimum, soit par un congé payé, soit par des prestations appropriées de sécurité sociale ou par des fonds publics». Cet engagement implique, pour les Etats qui l'acceptent, deux obligations: la première est celle de prévoir par la loi que les travailleuses ont droit à douze semaines au moins de congé de maternité, l'autre est de veiller à ce qu'elles disposent des ressources financières nécessaires pour prendre ce congé. En ce qui concerne la première obligation, le Comité d'experts indépendants a insisté pour que le droit aux douze semaines de congé de maternité soit inscrit dans la législation; il ne suffit pas qu'un droit d'une telle importance soit reconnu par la coutume ou les conventions collectives[105]. La législation requise doit rendre obligatoire pour les femmes le congé de maternité pendant «un temps minimum d'interruption de travail qui doit se situer après la naissance et qui doit être raisonnablement fixé à six semaines»[106]. Quant à la seconde obligation, une prestation de maternité égale à 80 % du salaire normal a été jugée suffisante[107]. L'article 8 par. 1 peut être transgressé par des règles déraisonnables par lesquelles «le versement des prestations de maternité en espèces est soumis à des conditions tenant à la durée de l'assurance à un régime de sécurité sociale, à une certaine période d'activité professionnelle ou d'ancienneté ... et/ou à un certain montant de salaire»[108].

Par l'*article 8 par. 2*, les Etats parties s'engagent à «considérer comme illégal pour un employeur de signifier son licenciement à une femme durant l'absence en congé de maternité ou à une date telle que le délai de préavis expire pendant cette absence». L'article 8 par. 2 ne prévoit pas d'interdiction absolue de licenciement. Si un employeur licencie une

104. C XIII-2 100. Voir Article 17, p. 432 ci-dessous.

105. C III 53.

106. C XII-1 160 (Royaume-Uni). M. Fabricius et Mme Billum Stegard ont exprimé une opinion dissidente et ont soutenu que le congé de maternité ne devait pas nécessairement être obligatoire. La dernière a estimé que, lorsqu'un Etat peut démontrer qu'il assure d'une autre manière la protection requise contre des pressions excessives de reprise du travail, la femme doit être libre de décider à quel moment elle reprend le travail.

107. C III 49 (Italie).

108. C XIII-1 1184.

travailleuse pendant son congé de maternité pour un motif valable, par exemple une faute grave, il n'y a pas de violation de l'article 8 par. 2[109].

Par l'*article 8 par. 3,* les parties s'engagent à «assurer aux mères qui allaitent leurs enfants des pauses suffisantes à cette fin». Le Comité d'experts indépendants a estimé que deux interruptions de travail de trente minutes ou une interruption d'une heure au cours de la journée de travail suffisaient pour remplir cette condition[110].

Par l'*article 8 par. 4,* qui ne concerne pas la maternité, les parties s'engagent

a. à réglementer l'emploi de la main-d'œuvre féminine pour le travail de nuit dans les emplois industriels;

b. à interdire tout emploi de la main-d'œuvre féminine à des travaux de sous-sol dans les mines, et, s'il y a lieu, à tous travaux ne convenant pas à cette main-d'œuvre en raison de leur caractère dangereux, insalubre ou pénible.

L'approche de l'article 8 par. 4 est paternaliste et dépassée. Dans une conception moderne, les dangers liés au travail de nuit et aux travaux de sous-sol seraient traités sous l'angle de la santé et de la sécurité, avec des dispositions s'appliquant aux deux sexes. Le Royaume-Uni a dénoncé l'article 8 par. 4, estimant qu'il était vieilli et discriminatoire et qu'il pourrait réduire les possibilités de travail pour les femmes dans certains secteurs. L'Espagne a dénoncé l'article 8 par. 4 pour des motifs similaires.

Article 9: Droit à l'orientation professionnelle

L'article 9, première disposition de traité en vigueur dans le domaine du droit international du travail à garantir le droit à l'orientation professionnelle, est un complément essentiel de l'article 1 de la Charte, qui protège le droit au travail. L'orientation professionnelle est «le service qui aide toutes les personnes à résoudre les problèmes relatifs au choix d'une profession ou à l'avancement professionnel, compte tenu des caractéristiques et des aspirations légitimes de l'intéressé et de la relation entre celles-ci et les possibilités du marché de l'emploi»[111]. Pour se conformer à l'article 9, la partie contractante doit veiller à ce que ce service soit assuré à toutes les personnes qui en ont besoin, qu'il s'agisse d'écolier, d'étudiants ou d'adultes. Une attention particulière doit être portée aux handicapés. L'orientation peut être assurée par le biais d'organisations privées ou publiques mais, dans un cas comme dans l'autre, elle doit être gratuite. L'expression «en tant que de besoin» souligne le fait que plus le niveau du chômage est élevé, plus forte est l'obligation d'assurer l'orientation professionnelle.

Au-delà de ces définitions, une indication de la portée de l'article 9 a été fournie par l'exemple de l'Italie, dont certains aspects du système d'orientation professionnelle ont été, au cours du quatrième cycle, jugés non conformes à l'article 9[112]. Le Comité d'experts indépendants, tout en reconnaissant les progrès accomplis en ce qui concerne l'orientation des jeunes handicapés demandeurs d'emploi, a estimé que l'Italie ne satisfaisait pas

109. C I 51.

110. C I 191 (Allemagne).

111. C IV 69.

112. C IV 70 (Italie).

entièrement aux prescriptions de l'article 9 sur le plan des services d'orientation professionnelle pour les autres adolescents et pour les adultes. Le Comité est revenu sur cet avis au cinquième cycle, à la lumière des efforts en cours en vue d'améliorer l'orientation offerte[113]. Il a été guidé, pour formuler ces avis et critiques ainsi que d'autres, par des facteurs tels que le nombre de diplômés, etc., le volume et les qualifications du personnel assurant le service et, en particulier, l'importance des fonds publics affectés à l'orientation professionnelle. Par ailleurs, le Comité a souligné l'importance particulière de l'orientation professionnelle en cette période de récession économique. Le dernier pays à avoir été convaincu de violation de l'article 9 est la Turquie. Le Comité d'experts indépendants, après avoir examiné les dispositions prises en matière d'orientation professionnelle et de services de conseil, «a dû constater que le nombre et la répartition géographique de ces services, l'effectif du personnel à leur disposition et les moyens financiers consacrés par l'Etat à l'orientation professionnelle» étaient insuffisants[114].

Article 10: Droit à la formation professionnelle

L'article 10 fut la première disposition d'un traité international à garantir le droit à la formation professionnelle. Comme pour l'orientation professionnelle, le Comité d'experts indépendants a souligné l'importance particulière qu'elle revêtait en cette période de récession économique et la nécessité d'une formation continue pour les adultes. Le Comité a également insisté sur le fait qu'en une telle période, la priorité devait être accordée à la formation professionnelle des jeunes, particulièrement touchés par le chômage. L'article 33[115] s'applique à l'article 10.

Article 11: Droit à la protection de la santé

Par l'*article 11 par. 1*, les parties contractantes s'engagent à «éliminer, dans la mesure du possible, les causes d'une santé déficiente». De l'avis du Comité d'experts, on peut considérer qu'un Etat se conforme à cet engagement très vaste et général s'il fournit la preuve de l'existence d'un système médical et sanitaire suffisant doté des éléments suivants: dispositions sanitaires suffisantes et accessibles au public qui offrent des soins médicaux corrects à l'ensemble de la communauté et assurent la prévention et le diagnostic des maladies; mesures spéciales de protection de la santé des mères, des enfants et des personnes âgées; mesures générales tendant à «la prévention de la pollution de l'air et de l'eau, à la protection contre les substances radioactives, à la lutte contre le bruit, au contrôle des denrées alimentaires, à l'hygiène de l'habitat, à la lutte contre l'alcoolisme et les stupéfiants» – qui, tous, doivent être financés pour l'essentiel par l'Etat[116]. Il s'agit là d'un cahier des charges énorme, que le Comité d'experts indépendants n'a pas encore traité entièrement. Il a, récemment, réagi à certains événements locaux en posant des questions au sujet de la protection de la santé de

113. C V 79 (Italie).

114. C XIII-1 248 (Turquie).

115. Voir p. 462 ci-dessous.

116. C I 59.

ceux qui vivent à proximité de centrales nucléaires[117] et les mesures prises pour la prévention du sida[118].

Par l'*article 11 par. 2,* les parties contractantes s'engagent à «prévoir des services de consultation et d'éducation pour ce qui concerne l'amélioration de la santé et le développement du sens de la responsabilité individuelle en matière de santé». L'article 11 par. 2 énonce explicitement ce qui est contenu implicitement dans l'article 11 par. 1, à savoir l'organisation d'un système d'éducation sanitaire.

Par l'*article 11 par. 3,* les parties contractantes s'engagent à «prévenir, dans la mesure du possible, les maladies épidémiques, endémiques et autres». Pour appliquer cet engagement, qui recoupe en partie ceux des paragraphes 1 et 2 de l'article 11, le Comité d'experts indépendants s'est efforcé de veiller à ce que les parties contractantes disposent d'un programme adéquat de vaccinations[119]. Il a insisté par ailleurs pour que soit prévu un service sanitaire scolaire complet au niveau de l'enseignement primaire et secondaire[120]. Les normes de qualité de l'eau et l'hygiène des aliments ont également fait l'objet de contrôles.

Article 12: Droit à la sécurité sociale

L'article 12, qui constitue une «disposition du noyau dur»[121], concerne un droit qui sollicite fortement les ressources économiques de l'Etat. Au cours des cycles récents, le Comité d'experts indépendants s'est déclaré préoccupé par le fait que des parties contractantes s'étaient efforcées de freiner la spirale des coûts de la sécurité sociale résultant de l'évolution démographique (accroissement de la proportion des personnes âgées), dont les effets ont été aggravés par la récession qui frappe de nombreuses économies européennes[122]. Bien que ces mesures n'aient pas débouché sur un constat de violation de l'article 12 par. 1 à 3 dans le chef d'aucune des parties contractantes, il est clair que ce risque existe si cette tendance se maintient. L'octroi des prestations de sécurité sociale pourrait donner lieu à une discrimination fondée sur le sexe (par exemple en matière d'âge d'accès à la pension de retraite) qui pourrait déboucher, en vertu du préambule de la Charte, sur une constatation de violation de l'article 12. Le Comité d'experts indépendants n'a toutefois pas suivi ce raisonnement en raison, peut-être, des pratiques différentes entre pays européens (du moins pour ce qui touche les pensions de retraite).

Par l'*article 12 par. 1,* les parties contractantes s'engagent à «établir ou à maintenir un régime de sécurité sociale». Si l'article 12 par. 1 agit à un niveau relativement modeste, il n'en est pas pour autant dépourvu de signification. C'est ainsi qu'au deuxième et au troisième cycles, le Comité d'experts indépendants a conclu que Chypre ne l'avait pas respecté: «[Le Comité] avait certes constaté qu'une législation d'assurances sociales accordait des prestations couvrant certains risques, mais l'importance des lacunes que révélait cette législation et la faiblesse de beaucoup de prestations permettaient de douter sérieusement que l'on pût donner

117. C XII-1 184.

118. C XII-1 186 (Royaume-Uni).

119. Voir notamment C II 46.

120. C I 198 (Irlande).

121. Voir p. 406 ci-dessus.

122. Voir notamment C XII-1 33. Introduction générale.

aux mesures en vigueur le qualificatif de régime de sécurité sociale.»[123] On peut dire d'une partie contractante qu'elle possède un «régime» conforme à l'article 12 par. 1 alors même qu'il n'existe aucune disposition en matière de soins ou de prestations de l'un ou de plusieurs des types énumérés dans les neuf parties de la Convention internationale du travail de 1952 de l'OIT (Convention n° 102 de l'OIT) concernant la norme minimum de la sécurité sociale[124]. On estime toutefois que l'article 12 par. 1 exige l'existence d'un certain *niveau* de prestations dans chacun des domaines qui forment un «régime» pour que soit respecté cet article.

Par l'*article 12 par. 2,* les parties contractantes s'engagent à maintenir le régime de sécurité sociale imposé par l'article 12 par. 1 «à un niveau satisfaisant», au moins égal à celui nécessaire pour la ratification de la Convention n° 102 de l'OIT.

Par l'*article 12 par. 3*, les parties contractantes s'engagent à «s'efforcer de porter progressivement le régime de sécurité sociale à un niveau plus haut». Par «niveau plus haut», on entend celui nécessaire pour la ratification de la Convention n° 102 de l'OIT. Le terme «progressivement» a amené le Comité d'experts indépendants à qualifier l'article 12 par. 3 d'engagement «dynamique», de sorte qu'une partie contractante est tenue à chaque cycle de rapport, de fournir la preuve d'une amélioration supplémentaire ou, à tout le moins, d'un «effort» dans ce sens.

Par l'*article 12 par. 4*, les parties contractantes s'engagent à «prendre des mesures» pour assurer l'égalité de traitement entre ses ressortissants et ceux des autres parties contractantes en ce qui concerne les droits à la sécurité sociale et à reconnaître ces mêmes droits accordés par la législation d'une autre partie contractante. Son but est à la fois de protéger les travailleurs étrangers et de faciliter la mobilité de la main-d'œuvre.

Article 13: Droit à l'assistance sociale et médicale

Au moment de la rédaction de l'article 13, un effort a été fait pour «rompre avec la notion ancienne de l'assistance qui se confondait avec l'exercice de la charité»[125]. En particulier, les auteurs ont tenté de supprimer l'opprobre associé à l'assistance publique qui, jusqu'alors, avait marqué le bénéficiaire et fait obstacle à l'accomplissement correct de son but. Une des difficultés auxquelles s'est heurté le Comité d'experts indépendants dans certains cas a été de faire la distinction entre sécurité sociale (article 12) et assistance sociale (article 13), la frontière entre ces notions étant relativement floue. Un test possible consiste à vérifier si toutes les personnes qui répondent à certains critères ont droit à la prestation en question ou si l'on juge l'état de besoin de la personne dans les circonstances particulières qui sont les siennes. Ces derniers temps, le Comité a généralement pris en compte, dans sa pratique, le classement adopté par l'Etat en cause. C'est ainsi que, dans le cas de Malte, qui avait accepté l'entièreté de l'article 13 mais pas de l'article 12, le Comité a pris en compte le fait que les pensions de retraite et les allocations de cécité et de handicapés, qui étaient non contributives

123. C III 67 (Chypre). Voir C II 191 (Chypre).

124. 210 RTNU 131. Voir C IV 81 (Chypre).

125. C I 64.

et liées aux ressources, étaient considérées par Malte comme relevant de l'assistance sociale au regard de l'article 13[126].

Par l'*article 13 par. 1*, les parties contractantes s'engagent à «veiller à ce que toute personne qui ne dispose pas de ressources suffisantes et qui n'est pas en mesure de se procurer celles-ci par ses propres moyens ou de les obtenir d'une autre source, notamment par des prestations résultant d'un régime de sécurité sociale, puisse obtenir une assistance appropriée et, en cas de maladie, les soins nécessités par son état». Bien que le Comité n'ait pas défini l'expression «qui ne dispose pas de ressources suffisantes», son évaluation des rapports nationaux montre qu'une personne tombe dans le champ d'application de l'article 13 par. 1 lorsqu'elle ne dispose pas de ressources suffisantes pour assurer ses besoins vitaux essentiels, tels que définis par référence au coût et au niveau de vie prédominants sur le territoire de la partie concernée. Le Comité a tenu à ce que les parties contractantes prévoient dans leur législation un critère d'évaluation de l'état de «besoin»[127]. L'article 13 par. 1 crée un «droit subjectif», de sorte que les parties contractantes doivent prévoir, dans leur législation, un droit à l'assistance qui soit opposable devant un organe indépendant tel qu'un tribunal[128].

Par l'*article 13 par. 2,* les parties contractantes s'engagent à «veiller à ce que les personnes bénéficiant d'une telle assistance ne souffrent pas, pour cette raison, d'une diminution de leurs droits politiques ou sociaux». Le Comité d'experts indépendants a interprété l'expression «droits politiques et sociaux» comme comprenant le droit de vote, le droit d'occuper une fonction publique, et le droit d'accès à la Fonction publique[129]. Ces exemples sont des «droits politiques»; tous les droits contenus dans la Charte sociale seraient probablement des droits «sociaux» au sens de l'article 13 par. 2 même si rien n'indique que l'on ait voulu prévoir une équivalence exacte. Une autre solution consisterait à établir une distinction entre droits économiques et droits sociaux.

Par l'*article 13 par. 3,* les parties contractantes s'engagent à «prévoir que chacun puisse obtenir, par des services compétents de caractère public ou privé, tous conseils et toute aide personnelle nécessaires pour prévenir, abolir ou alléger l'état de besoin d'ordre personnel ou familial». Le Comité d'experts indépendants a souligné que le fait que la «prévention» de l'état de besoin ait été incluse dans l'article 13 par. 3 indique que l'article 13 possède «un caractère dynamique, puisqu'il impose aux Etats qui l'ont accepté d'organiser un système d'assistance efficace, mais aussi de rendre celle-ci progressivement inutile ...».[130]

Par l'*article 13 par. 4*, les parties contractantes s'engagent à «appliquer les dispositions visées aux paragraphes 1, 2 et 3 du présent article, sur un pied d'égalité avec leurs nationaux, aux ressortissants des autres parties contractantes se trouvant *légalement sur* leur territoire, conformément aux obligations qu'elles assument en vertu de la Convention européenne d'assistance sociale et médicale» [italiques ajoutés][131]. Les mots en italiques ci-dessus ont

126. C XIII-2 182 (Malte)

127. C I 66 (Italie).

128. C I 64 Italie.

129. C I 67, C I 203 (Irlande) (violation en raison du fait qu'une personne bénéficiant de l'assistance publique n'est pas autorisée à être membre d'un pouvoir local).

130. C I 64.

131. 218 RTNU 255; ETS 14.

pour conséquence que l'applicabilité *ratione personae* de l'article 13 par. 4 est plus vaste que ce n'est le cas pour la garantie de la Charte en général. L'article 13 par. 4 a été interprété comme couvrant la discrimination tant indirecte que directe. Par conséquent, il y aura violation de l'article 13 par. 4 si une règle d'éligibilité à l'assistance sociale (par exemple une condition de résidence) est nettement plus facile à remplir par les ressortissants de l'Etat qui l'a édictée que par ceux d'autres parties contractantes, à moins qu'une justification objective de cette règle ne puisse être donnée[132].

Article 14: Droit au bénéfice des services sociaux

Si l'article 13 concerne uniquement les personnes en état de besoin, l'article 14, lui, s'applique à toutes les personnes qui entrent en ligne de compte *ratione personae.* Le Comité d'experts indépendants a déclaré que l'ampleur du champ d'application de cette disposition indique que les deux engagements qu'elle comporte revêtent un caractère «dynamique»[133]. Ceci implique ... qu'à partir d'un certain degré d'évolution sociale, il s'agit plus, pour se conformer aux dispositions de l'article 14, d'encourager la création de services chargés de dispenser des conseils et une aide personnelle que de favoriser l'octroi d'une assistance matérielle. On peut donc «considérer que l'article 14 se place dans une perspective dynamique, car les services sociaux qui y sont prévus ont vocation à élargir progressivement leur action et à se multiplier»[134]. Il s'ensuit que les parties contractantes ont pour obligation de continuer à tendre à améliorer, de cycle en cycle, le développement de leurs services sociaux.

Bien que l'article 14 soit, en puissance, un des articles de la partie II les plus tournés vers l'avenir, les parties contractantes n'ont guère éprouvé de difficulté à s'y conformer. Les problèmes qui ont surgi ont été liés à la transmission, au Comité d'experts indépendants, des informations suffisantes pour lui permettre de statuer sur le respect des deux engagements qu'il contient.

Par l'*article 14 par. 1*, les parties contractantes s'engagent à «encourager ou organiser les services utilisant les méthodes propres au service social et qui contribuent au bien-être et au développement des individus et des groupes dans la communauté ainsi qu'à leur adaptation au milieu social». Il est possible de se conformer à l'article 14 par. 1 en créant des services publics ou en encourageant les services privés. De l'avis du Comité d'experts indépendants, cet article consacre un «droit subjectif», de sorte que la disponibilité des services est un droit juridique opposable en justice[135].

Par l'*article 14 par. 2*, les parties contractantes s'engagent à «encourager la participation des individus et des organisations bénévoles ou autres à la création ou au maintien de ces services». Lorsqu'il a examiné le respect de cet engagement par une Partie contractante, le Comité d'experts indépendants n'a pas exigé que la participation requise fasse l'objet de mesures d'encouragement précises; il a estimé qu'il suffisait qu'un certain encouragement soit

---

132. C XIII-1 194 (Royaume-Uni). Le respect de cette clause peut également être établi en se fondant sur la situation *de facto*: par exemple, il est possible qu'une règle de résidence n'enfreigne pas l'article 13 par. 4 si elle n'affecte aucun national des autres parties contractantes ou un nombre très limité d'entre eux: *ibid.*

133. En ce qui concerne la signification du terme «dynamique», voir p. 407 ci-dessus.

134. C I 69.

135. C I 70 (Suède, Royaume-Uni, Danemark, Italie).

offert dans des cas appropriés.

Article 15: Droit des personnes physiquement ou mentalement diminuées à la formation professionnelle et à la réadaptation professionnelle et sociale

Par l'*article 15 par. 1*, les parties contractantes s'engagent à «prendre des mesures appropriées pour mettre à la disposition des intéressés des moyens de formation professionnelle, y compris, s'il y a lieu, des institutions spécialisées de caractère public ou privé». Pour déterminer si un Etat respecte cet engagement, le Comité d'experts indépendants a examiné la nature et la quantité d'établissements de formation offerts par l'Etat pour les différents types de handicapés, y compris les aveugles, les sourds ou les handicapés mentaux.

Par l'*article 15 par. 2*, les parties contractantes s'engagent à «prendre des mesures appropriées pour le placement des personnes physiquement diminuées, notamment au moyen de services spécialisés de placement, de possibilités d'emploi protégé et de mesures propres à encourager les employeurs à embaucher des personnes physiquement diminuées». Le type de renseignements que demande le Comité d'experts indépendants aux parties contractantes fournit certaines indications au sujet des prescriptions de l'article 15 par. 2. Par exemple, le Comité a demandé que lui soient communiqués les données chiffrées et les pourcentages relatifs aux handicapés susceptibles d'exercer une activité professionnelle qui ont retrouvé un emploi ordinaire ou un emploi en atelier protégé et a demandé si les parties contractantes ont une législation qui obligent les employeurs à embaucher un certain pourcentage de travailleurs handicapés.

Article 16: Droit de la famille à une protection sociale, juridique et économique

L'article 16 est libellé comme suit:

> En vue de réaliser les conditions de vie indispensables au plein épanouissement de la famille, cellule fondamentale de la société, les Parties contractantes s'engagent à promouvoir la protection économique, juridique et sociale de la vie de famille, notamment par le moyen de prestations familiales, de dispositions fiscales, d'encouragement à la construction de logements adaptés aux besoins des familles, d'aide aux jeunes foyers, ou de toutes autres mesures appropriées.

Le Comité d'experts indépendants a donné de l'article 16 l'interprétation suivante:

> Cet article ... doit être rattaché à une série d'autres dispositions de la Charte, qui ont davantage pour objectif de favoriser l'épanouissement des individus dans le cadre d'une société évoluée, comme les articles 14 et 17, que de remédier à une situation de besoin, comme l'article 13. Cet ensemble de dispositions de la Charte se fonde clairement sur l'idée que, depuis la Révolution industrielle et les bouleversements sociaux qu'elle a entraînés, l'Etat moderne est appelé à assumer certaines tâches nouvelles et, en particulier, à réaliser, comme le prévoit l'article 16, les conditions de vie indispensables au plein épanouissement de la famille; l'affirmation traditionnelle que la famille constitue la cellule fondamentale de la société est conservée à l'article 16, mais elle y est complétée par l'idée que son développement ne saurait, désormais, être abandonné à la bonne volonté individuelle, comme à l'époque de la société libérale. L'acceptation de ces principes a conduit les auteurs de l'article 16 à y insérer l'obligation de mettre en œuvre une véritable politique familiale, destinée à s'exercer dans les

domaines où les besoins de la famille apparaissent d'autant plus impérieux que ses moyens d'y faire face par elle-même demeurent plus limités[136].

L'article 16 couvre un vaste domaine, et il le fait dans une formulation extrêmement générale à laquelle on pourrait attribuer une signification très large ou qui pourrait être développée dans certaines directions et non dans d'autres. Le Comité d'experts indépendants a mis l'accent sur la nécessité de prévoir un système suffisant de prestations familiales[137]. Elle s'est, par ailleurs, déclarée préoccupée chaque fois que «la législation... ne plaçait pas les époux dans une situation d'égalité en ce qui concerne leurs obligations et droits»[138]. La déportation d'un parent qui a pour effet de priver celui-ci de visites à son enfant peut constituer une violation de l'article 16[139]. L'article 16 comprend également la mise à disposition d'institutions d'accueil pour les enfants. En conséquence, le Comité d'experts indépendants a interrogé certains Etats au sujet des «services à la disposition des familles en matière de garde d'enfants, en particulier les crèches, garderies, systèmes de prise en charge des enfants après l'école et pendant les vacances scolaires»[140].

L'article 16 a été appliqué à la destruction de villages entiers par des opérations des forces de sécurité de l'Etat dans le sud-est de la Turquie, dans le contexte de la situation d'urgence dans cette région. Le Comité d'experts indépendants, après avoir relevé, dans un rapport d'Amnesty International, la déclaration selon laquelle «ces opérations impliquent fréquemment la destruction gratuite et punitive d'habitations, et le refus réitéré d'adhérer au système de milice du village aboutit souvent à son évacuation totale», a demandé au gouvernement turc de commenter ces allégations[141]. Le Comité l'a fait en se fondant sur la considération que la destruction de logements familiaux dans des circonstances qui ne relèvent pas de l'article 31[142] viole nécessairement l'obligation, énoncée à l'article 16, de «promouvoir» la protection de la vie de famille «notamment par le moyen d'encouragement à la construction de logements adaptés aux besoins des familles».

Article 17: Droit de la mère et de l'enfant à une protection sociale et économique

L'article 17 est libellé comme suit:

> En vue d'assurer l'exercice effectif du droit de la mère et de l'enfant à une protection sociale et économique, les Parties contractantes prendront toutes les mesures nécessaires et appropriées à cette fin, y compris la création ou le maintien d'institutions ou de services appropriés.

136. C I 75.

137. Voir notamment C XI-1 143 (Danemark).

138. C XII-2 207 (Malte).

139. C XI-I 155-156 (Pays-Bas). Le Comité d'experts indépendants a également fait référence à l'affaire Berrahab (Cour eur. D.H., Série A, n° 138 (1988)), dans laquelle les Pays-Bas avaient été convaincus de violation de l'article 8 de la Convention européenne des Droits de l'Homme en raison de semblable discrimination.

140. C XIII-2 154.

141. C XIII-1 273 (Turquie).

142. On peut considérer que l'article 31 ne va pas au-delà du droit humanitaire international, qui n'autorise pas la démolition ou l'évacuation de logements en tant que sanction collective.

L'article 17 s'applique aux enfants qui ne sont pas encore en âge scolaire, alors que l'article 7 commence dès avant cet âge pour les questions qui relèvent de son champ d'application. La clause économique de l'article 17 applicable aux mères avant et après l'accouchement est importante, puisqu'elle est la seule protection contenue dans la Charte qui s'applique aux femmes qui n'exercent pas un emploi.

La déclaration générale suivante du Comité d'experts indépendants donne une idée de ce qui est couvert par l'article 17:

> En raison de ce caractère très général de l'article 17, le Comité a tenu à préciser qu'il entendait trouver dans les rapports gouvernementaux des indications suffisantes, notamment sur les mesures d'ordre général, prises en vue de la protection économique et sociale de la mère et de l'enfant, sur l'assistance économique à la mère avant et après l'accouchement, sur les procédures de recherche de paternité ou de maternité, sur le régime de l'obligation alimentaire au profit des enfants naturels, sur la tutelle, la garde, la légitimation et le droit successoral des enfants naturels, sur la protection des mères célibataires, sur le régime de tutelle des orphelins, sur les mesures prises en matière d'adoption et sur le traitement des jeunes délinquants[143].

L'article 17 n'établit pas de distinction fondée sur la légitimité; il concerne toutes les mères et tous les enfants, et les enfants naturels doivent, sur le plan juridique, être traités sur pied d'égalité avec les enfants issus du mariage. Le Comité d'experts indépendants a insisté, en particulier, sur l'obligation de l'absence de distinction fondée sur l'illégitimité pour ce qui touche à la succession[144]. Récemment, le Comité d'experts indépendants a interrogé les Etats au sujet de leur législation sur «la protection des enfants contre les mauvais traitements, l'accès des enfants à la justice civile et pénale, et la protection des jeunes délinquants»[145]. Quant aux mauvais traitements, y compris les sévices sexuels, le Comité a notamment demandé des informations au sujet du rôle des services sociaux. En ce qui concerne les jeunes délinquants, le Comité s'est soucié de connaître l'âge de la responsabilité pénale et les procédures adoptées dans les affaires qui les concernent.

Article 18: Droit à l'exercice d'une activité lucrative sur le territoire des autres parties contractantes

L'article 18 traite de l'emploi sur le territoire d'une partie contractante. Il ne s'intéresse pas à l'entrée sur ce territoire, que ce soit pour y exercer un emploi ou pour tout autre motif. L'article 18 s'applique *ratione personae* aux nationaux des parties contractantes: il ne s'applique pas aux ressortissants d'autres Etats. Le rôle de l'article 18 perd en importance, à présent qu'un nombre croissant de parties à la Charte (15 pour l'instant) accède à l'Union européenne

143. C I 77.

144. Voir notamment C XI-2 137 (Autriche), où le Comité d'experts indépendants renvoie à l'affaire Inze, Cour eur. D.H., Série A, n° 126 (1987), dans laquelle l'Autriche a été convaincue, pour ce motif, de violation de l'article 1 du Protocole n° 1 à la Convention européenne des Droits de l'Homme et de l'article 14 de la Convention elle-même.

145. C XIII-2 165.

et bénéficie, dès lors, de la garantie qu'elle offre en matière d'emploi dans tous les Etats membres.[146]

Par *l'article 18 par. 1*, les parties contractantes s'engagent à «appliquer les règlements existants dans un esprit libéral». L'article 18 par. 1 concerne, dès lors, les pratiques administratives plutôt que la législation. Une partie contractante peut se conformer à l'article 18 par. 1 même si elle applique des règles très strictes au sujet de l'emploi des étrangers en droit, pour autant que ces règles offrent une certaine latitude sur le plan administratif et que cette latitude est appliquée de manière large.

Par l'*article 18 par. 2*, les parties contractantes s'engagent à «simplifier les formalités en vigueur et à réduire ou supprimer les droits de chancellerie et autres taxes payables par les travailleurs étrangers ou par leurs employeurs». Le Comité d'experts indépendants a qualifié cet engagement de «dynamique»[147], même s'il est clair qu'il existe, comme l'a admis le Comité d'experts indépendants, une limite à ce qui peut être fait tant en matière de simplification des règlements que de réduction ou de suppression des taxes.

Par l'*article 18 par. 3*, les parties contractantes s'engagent à «assouplir, individuellement ou collectivement, les réglementations régissant l'emploi des travailleurs étrangers». L'article 18 par. 3 n'impose pas aux parties contractantes d'introduire immédiatement dans leur législation un critère précis de souplesse. L'article 18 par. 3 est une disposition «dynamique» qui vise essentiellement une amélioration constante jusqu'à un certain niveau, l'obligation consistant ensuite à maintenir le *statu quo*[148]. Le Comité d'experts indépendants a identifié un certain nombre de restrictions qui ne peuvent exister avant que ce niveau soit atteint et, par conséquent, avant que prenne fin l'obligation des parties contractantes d'apporter la preuve d'une amélioration à chacun des cycles. Il s'agit des restrictions qui limitent les permis de travail pour certains emplois;[149] des restrictions qui empêchent les travailleurs de changer d'emploi au cours de la première année d'activité, du moins lorsque la restriction s'oppose au changement dans la même activité à l'intérieur de la même zone géographique;[150] des restrictions imposant l'obtention d'un permis de travail avant l'entrée sur le territoire;[151] des restrictions par lesquelles une personne qui souhaite changer d'emploi doit demander un permis selon les mêmes modalités que celles de la demande relative au premier emploi;[152] et d'une prescription qui s'oppose à ce qu'un étranger postule à un emploi vacant s'il existe un candidat ressortissant du pays.[153] De même, une interdiction complète d'octroi de permis de travail aux ressortissants d'autres parties contractantes ou aux membres de la famille de ceux qui détiennent déjà ce permis a également été jugée contraire à l'article 18 par. 3.[154] D'une manière générale, les restrictions doivent être assouplies ou supprimées à

---

146. L'Accord sur l'Espace économique européen entre l'Union européenne et les Etats de l'ex-AELE (y compris la Norvège) prévoit, lui aussi, la liberté d'emploi sur le territoire des parties contractantes.

147. En ce qui concerne les dispositions «dynamiques», voir p. 407 ci-dessus.

148. Pour les dispositions «dynamiques», voir p. 407 ci-dessus.

149. C II 60.

150. C III 92 (Danemark).

151. C III 91.

152. C III 94 (Royaume-Uni).

153. C V 121 (Danemark).

154. C VI 117 (France).

mesure que se prolonge la durée de l'emploi du travailleur dans le pays contractant.[155] Récemment, le Comité d'experts indépendants a, dans le contexte de l'article 18 par. 1, 2 et 3, interrogé les Etats sur le point de savoir si la perte de l'emploi pouvait entraîner la perte ou le non-renouvellement du permis de travail ou de séjour.[156] Il est évident que le droit d'exercer une activité légale se trouve restreint si une personne qui perd son emploi perd également la possibilité d'en chercher un autre.

Par l'*article 18 par. 4*, les parties contractantes «reconnaissent le droit de sortie de leurs nationaux désireux d'exercer une activité lucrative sur le territoire des autres Parties contractantes». Aucune des parties contractantes n'a été reconnue coupable de violation de l'article 18 par. 4. Les restrictions existantes ont été jugées justifiées pour des motifs d'«intérêt public», conformément à l'article 31.[157]

Article 19: Droit des travailleurs migrants et de leurs familles à la protection et à l'assistance

Alors que l'article 18 concerne l'accès à l'emploi, l'article 19, lui, s'intéresse à d'autres types d'assistance aux travailleurs migrants qui ont déjà un emploi ou en cherchent un. Il concerne les travailleurs tant émigrants qu'immigrants et les protège eux-mêmes mais aussi les membres de leur famille. Dans le cas de travailleurs immigrants, il appelle, dans une certaine mesure, à un traitement préférentiel et non à la simple égalité de traitement avec les nationaux. L'article 19 comporte dix paragraphes contenant des dispositions détaillées qui imposent certaines obligations aux parties contractantes qui admettent des travailleurs migrants d'autres parties contractantes. Elles doivent prendre des mesures en vue d'éviter que des informations trompeuses ne soient communiquées aux travailleurs migrants; leur prêter assistance en ce qui concerne leur voyage; encourager la coopération entre les services sociaux dans les pays d'immigration et d'émigration; prévoir, pour les travailleurs migrants, l'égalité de traitement avec les autres travailleurs en ce qui concerne les conditions d'emploi, l'affiliation à un syndicat, le logement, la fiscalité et les procédures juridiques; garantir la protection contre l'expulsion sauf dans l'intérêt public;[158] autoriser les travailleurs migrants à transférer leurs revenus vers leur pays d'origine; et remplir toutes les obligations ci-dessus pour les travailleurs migrants tant salariés qu'indépendants.

Droits garantis par le protocole additionnel de 1988

Un Protocole à la Charte a été adopté en 1988.[159] Il impose des obligations légales aux parties au Protocole pour ce qui concerne les droits supplémentaires suivants de nature

155. C II 60.

156. C XIII-2 176.

157. En ce qui concerne l'article 31, voir p. 461 ci-dessous.

158. L'article 19 par. 8 a été interprété comme exigeant qu'un travailleur migrant dont l'expulsion est prévue ait un droit de recours sur le bien-fondé de la décision devant un tribunal ou un autre organe indépendant ayant compétence pour annuler la décision d'expulsion: C I 86. Un certain nombre de parties contractantes ont été convaincues de violation de l'article 19 par. 8 pour n'avoir pas prévu cette voie de recours: voir notamment C XII-I 257 (Suède) (pas de voie de recours dans les affaires qui touchent à la sécurité nationale.

159. STE n° 128. En ce qui concerne le Protocole, voir L. Betten, 6 NQHR 9 (1988) et V.J. Shrubsall 18 ILJ 39 (1989).

économique et sociale: le droit à l'égalité des chances et de traitement en matière d'emploi et de profession, sans distinction fondée sur le sexe; le droit des travailleurs à l'information et à la consultation; le droit des travailleurs de prendre part à la fixation et à l'amélioration des conditions de travail et du milieu du travail; et le droit des personnes âgées à une protection sociale. Etant donné que le Protocole n'est entré en vigueur qu'en 1992,[160] le Comité d'experts indépendants n'a pas encore eu l'occasion de l'interpréter ou de l'appliquer.

La Charte sociale européenne révisée

Si, initialement, le processus de «revitalisation» a visé essentiellement l'amélioration du système de contrôle de la Charte considéré, à juste titre, comme le problème le plus urgent, il était entendu par ailleurs que la garantie matérielle offerte par la Charte requérait une révision. Un projet de Charte sociale européenne révisée fut donc rédigé. Le texte est actuellement soumis pour adoption au Comité des Ministres. L'approche adoptée dans le nouveau projet diffère radicalement de celle du Protocole additionnel de 1988, qui ne contient qu'un nombre très limité de droits supplémentaires ne figurant pas dans la Charte de 1961. Si elle est adoptée, et pour les Etats qui la ratifieront, la Charte révisée remplacera entièrement la garantie matérielle contenue dans la Charte originale de 1961 et dans le Protocole additionnel. Le nouveau projet contient le texte des anciens articles 1 à 19 de la Charte et les articles 1 à 4 du Protocole additionnel, modifiés en vue de les actualiser, plus des textes se rapportant à d'autres droits non mentionnés dans les textes de 1961 ou 1988. Les modifications et additions améliorent sensiblement les textes actuels.

Pour ce qui est des droits nouveaux, les droits suivants ont été ajoutés:

– droit à la protection en cas de licenciement (article 24);

– droit des travailleurs à la protection de leurs créances en cas d'insolvabilité de leur employeur (article 25);

– droit à la dignité au travail (article 26);

– droit des travailleurs ayant des responsabilités familiales à l'égalité des chances et de traitement (article 27);

– droit à l'information et à la consultation dans les procédures de licenciements collectifs (article 29);

– droit à la protection contre la pauvreté et l'exclusion sociale (article 30);

– droit au logement (article 31).

Il existe, en outre, un article qui interdit, dans l'exercice des droits de la Charte, toute discrimination fondée sur la race, le sexe, la langue, la religion, les opinions politiques ou autres, l'ascendance nationale ou l'origine sociale, la santé, l'appartenance à une minorité nationale, la naissance ou toute autre situation (article E).

Quant aux nombreuses modifications aux droits existants de la Charte de 1961, en voici quelques exemples:

– le congé payé annuel garanti (article 2 par. 3) passe de deux à quatre semaines;

– est ajouté à l'article 2 un nouveau paragraphe qui protège le droit des travailleurs à être informés des aspects essentiels de leur contrat de travail;

– la durée du congé de maternité (article 8 par. 1) est portée de 12 à 14 semaines;

160. Les cinq Etats parties au Protocole sont la Finlande, l'Italie, les Pays-Bas, la Norvège et la Suède.

– la référence, à l'article 12 par. 2, à la Convention n° 102 de l'OIT est remplacée par des renvois au Code européen de sécurité sociale, qui fixe des critères plus élevés;

– la garantie du «droit de la mère et de l'enfant» (article 17) a été remaniée et devient une garantie du «droit des enfants et des adolescents», et l'orientation et les éléments de cette garantie ont été modifiés;

– la garantie du droit des travailleurs migrants au regroupement de leur famille (article 19 par. 6) concerne désormais les enfants âgés de 18 ans au plus (au lieu de 21 ans), afin de s'aligner sur l'âge actuel de la majorité dans la plupart des pays européens. Cette garantie s'applique également au «conjoint» du travailleur ou de la travailleuse migrant(e), et non plus uniquement à l'«épouse» du travailleur migrant.

En outre, les parties au projet de Charte révisée seraient tenues d'accepter au moins six des neuf articles «du noyau de base», à savoir les sept articles actuels qui forment ce «noyau» plus l'article 7 de la Charte de 1961 (protection des enfants et des adolescents) et l'article premier du Protocole additionnel (égalité de chances en matière d'emploi, sans discrimination fondée sur le sexe).

Les procédures de contrôle applicables en vertu de la Charte de 1961 resteraient applicables au titre de la Charte sociale européenne révisée.

Evaluation de la garantie offerte par la Charte

Comme il ressort des premiers paragraphes de la section précédente, la Charte protège la plupart des droits considérés comme économiques et sociaux. Il existe toutefois des omissions. La plus importante est le droit à l'éducation. Il est décevant de constater que le projet de Charte sociale révisée se borne, en son article 17 par. 2, à obliger les parties contractantes à assurer aux enfants et aux adolescents un enseignement primaire et secondaire gratuit, ainsi qu'à favoriser la régularité de la fréquentation scolaire.[161] L'absence de ce droit est frappante, si on la compare à la garantie détaillée du droit à l'enseignement primaire, secondaire et tertiaire contenu dans l'article 13 du Pacte international relatif aux droits économiques, sociaux et culturels, de 1966, et a pour effet que les accords européens en matière de protection des droits de l'homme présentent une lacune que ne peut combler la garantie limitée offerte par l'article 2 du premier Protocole additionnel à la Convention européenne des Droits de l'Homme.[162] L'absence, dans la Charte sociale européenne révisée, du droit à l'éducation est particulièrement décevante en raison des implications pour certains des autres droits protégés pour lesquels l'éducation est une condition préalable indispensable, par exemple, l'exercice intégral du droit au travail. Bien que l'on puisse soutenir que le droit à l'éducation est un droit culturel plutôt qu'économique ou social, il n'y a pas de ligne de démarcation absolue entre ces deux catégories de droits. En pratique, ils ont toujours été protégés dans le même document. On peut, de même, critiquer l'absence de

161. Officiellement, la raison était que le droit à l'éducation ne relève pas aussi clairement que les autres droits protégés de la politique sociale: décision du Comité des Ministres, février 1958. D'autres facteurs ont peut-être empêché de rédiger un texte qui garantisse la gratuité de l'enseignement et qui tienne compte de la situation des Etats fédérés lorsque l'enseignement est une compétence locale. Un autre argument a peut-être été que la Convention européenne des Droits de l'Homme offre déjà une garantie partielle dans ce domaine.

162. Voir p. 349 ci-dessus.

droits culturels dans la Charte en général et, partant, dans l'ensemble du système de protection des droits de l'homme du Conseil de l'Europe.

Une autre absence, dans la Charte de 1961, est celle d'une garantie générale du droit au logement. S'il existe, certes, une disposition relative au «logement familial»[163] et au «logement» des travailleurs migrants,[164] il n'existe pas de garantie complète. Comme indiqué ci-dessus, le projet de Charte sociale européenne révisée propose bien, toutefois, un droit au logement dans son article 31.

De même, aucune protection générale n'est prévue contre la pauvreté. Il existe une certaine protection par le biais du droit à un salaire qui assure un «niveau de vie décent» aux travailleurs et à leurs familles[165] et du droit à l'assistance sociale et médicale,[166] mais il manque une garantie générale de «niveau de vie décent» pour tous.[167] Toutefois, ici aussi, la lacune serait comblée par le projet de Charte sociale européenne révisée, qui impose aux parties de s'engager (article 30):

> à prendre des mesures dans le cadre d'une approche globale et coordonnée pour promouvoir l'accès effectif notamment à l'emploi, au logement, à la formation, à l'enseignement, à la culture, à l'assistance sociale et médicale des personnes se trouvant ou risquant de se trouver en situation d'exclusion sociale ou de pauvreté, et de leur famille.

Les droits des personnes handicapées sont, eux aussi, imparfaitement protégés par la Charte. Il n'existe pas de droit à la formation professionnelle, à la réadaptation et au reclassement social pour les handicapés physiques et mentaux,[168] mais il manque, ici aussi, une garantie globale. Toutefois, dans le projet de texte de la Charte révisée, des améliorations sont proposées par certaines modifications des garanties existantes de la Charte de 1961.

La Charte, par ailleurs, ne contient aucune disposition générale dans la partie II qui soit équivalente à l'article 14 de la Convention européenne des Droits de l'Homme, qui prévoit que les droits sont garantis sans distinction aucune fondée sur «le sexe, la race, la couleur, la langue, la religion, les opinions politiques ou toutes autres opinions, l'origine nationale ou sociale, l'appartenance à une minorité nationale, la fortune, la naissance ou toute autre situation». Ce résultat est atteint par le texte de quelques dispositions de la Charte (voir les articles 4 par. 3, 12 par. 4 et 13 par. 4) et de son Protocole additionnel (article 1), mais aucune disposition ne s'applique à l'ensemble de la partie II. Le Préambule de la Charte comporte une clause de non-discrimination qui a été utilisée pour interpréter la partie II et obtenir le même résultat là où la formulation de la disposition n'affirme pas manifestement le contraire.[169] Malgré cela, une disposition générale de non-discrimination telle que celle dont l'ajout est proposé par la Charte sociale européenne révisée contribuerait grandement à assurer plus complètement et plus facilement le droit à l'égalité de traitement.

---

163. Article 16 de la Charte. Voir aussi l'article 4 par.par. 1 et 2 du Protocole additionnel (logement pour les personnes âgées).

164. Article 19 par. 4 de la Charte.

165. Article 4 par. 1 de la Charte. Voir aussi l'article 4 par. 1 a) du Protocole additionnel (ressources suffisantes pour permettre aux personnes âgées de mener une existence décente).

166. Article 13 de la Charte.

167. Voir l'article 11 par. 1 du Pacte international relatif aux droits économiques, sociaux et culturels.

168. Article 15 de la Charte.

169. Voir, en particulier, l'article 1 par. 2 p. 409 ci-dessus.

Au même niveau général, la Charte présente comme défaut, comme expliqué ci-dessous,[170] que la garantie matérielle concerne uniquement les nationaux des parties contractantes. Il y a, dans le projet de Charte sociale européenne révisée, une proposition visant à étendre la règle *ratione personae* à tous les étrangers régulièrement domiciliés ou occupés sur le territoire d'une partie contractante, quelle que soit leur nationalité. Il s'agirait d'une amélioration considérable par rapport à la règle actuelle.

En ce qui concerne les droits garantis dans la Charte de 1961, et tout d'abord les droits économiques, il faut reconnaître que les normes fixées, là où elles sont précises, étaient plutôt prudentes. C'était le cas en 1961 et ce l'est encore plus maintenant, comme l'indiquent les modifications apportées aux articles 2, 7 et 8 évoquées ci-dessus et d'autres modifications proposées dans le projet de Charte sociale européenne révisée.

Pour l'essentiel, les engagements contenus dans la Charte en ce qui concerne les droits sociaux[171] sont formulés de manière extrêmement générale. Cette caractéristique n'est pas forcément un inconvénient. Bien que, initialement, le caractère général de bon nombre de dispositions de la partie II – y compris certaines qui concernent des droits économiques – ait été critiqué comme étant une faiblesse, la présence d'un organe de contrôle indépendant en mesure de préciser les détails a fait que ce n'est pas forcément le cas même si certaines dispositions, par exemple l'article 11 (droit à la protection de la santé) et les articles 16 (droit de la famille à une protection) et 17 (droit de la mère et de l'enfant à une protection) représentent une toile de fond si vaste qu'il reste énormément de choses à compléter par le biais de l'interprétation au cours du processus de contrôle. C'est dans certaines de ses dispositions formulées avec le plus de précision que la Charte accuse surtout son âge. Par exemple, le «niveau» de protection en matière de sécurité sociale que requiert l'article 12 par. 2 devrait, comme le propose le projet de Charte sociale européenne révisée, être porté au niveau supérieur nécessaire pour la ratification du Code européen de sécurité sociale, postérieur à 1961, et non à celui de la Convention n° 102 de l'OIT, antérieure et citée de manière spécifique dans le texte de l'article 12 par. 2. L'article 17 relatif à la protection de la famille, de la mère et de l'enfant ne reflète plus, dans ses aspects spécifiques, les attitudes actuelles dans le domaine des relations entre époux ou partenaires et dans celui des droits de l'enfant. En ce qui concerne ce dernier, on pourrait s'inspirer de la Convention relative aux droits de l'enfant (Nations Unies, 1989)[172], qui met l'accent sur l'«intérêt supérieur» de l'enfant et sur sa participation aux décisions qui le concernent, et qui énumère de nombreux droits spécifiques des enfants. Les modifications apportées à l'article 17 dans le projet de Charte sociale européenne révisée apportent certaines améliorations à la situation actuelle.

Toutefois, si la partie II pourrait certes être plus exigeante dans les droits qu'elle protège et les obligations qu'elle impose par rapport à ces droits, il faut souligner qu'elle est loin d'être dénuée de signification ou de substance. Tout d'abord, elle contient un engagement qu'une partie contractante ne peut renier (sans dénoncer la Charte ou la partie concernée de celle-ci, avec ce que cela implique de déshonorant). C'est un aspect particulièrement important en ces temps de récession économique. Ensuite, elle intègre, en réalité, la plupart

---

170. p. 433.

171. La distinction entre droits économiques et droits sociaux faite ici est une distinction entre les droits liés à la sphère du travail (droits économiques) et ceux qui concernent les personnes en dehors de cette sphère (droits sociaux).

172. 28 ILM 1448 (1989).

des droits économiques et sociaux et les assortit d'un niveau de protection qui représente un pas considérable à franchir, comme le montrent le nombre de dispositions qui n'ont pas été acceptées par certains Etats et la situation sur le plan de la protection de ces droits. Peut-être faut-il insister à nouveau sur le fait qu'une garantie qui, sur papier, peut ne pas sembler ambitieuse peut toutefois s'étendre ou se développer au fil du temps lorsqu'elle est assortie d'un organe de contrôle exigeant qui fixe ses limites et les adapte à l'évolution et au développement des conditions et des aspirations.

Il est intéressant de noter que les normes que fixe la Charte n'ont pas grand-chose qui soit manifestement européen. Les normes relatives aux droits économiques épousent étroitement celles de l'Organisation internationale du travail, qui sont d'application universelle, et les garanties relatives aux droits sociaux ne sont pas, pour l'essentiel, différentes de celles contenues dans le Pacte international relatif aux droits économiques, sociaux et culturels de 1966, lui aussi universel. Cela ne signifie pas que la Charte ne puisse pas remplir un rôle précieux en tant que source de normes européennes communes mais, simplement, que les aspirations, en matière sociale, des Etats du Conseil de l'Europe ne diffèrent pas, pour l'essentiel, de celles des Etats à l'échelle du globe. Il est probable, par ailleurs, que l'on peut attendre plus, en ce qui concerne le niveau de garantie des droits sociaux, des Etats européens en général que d'Etats situés dans des régions moins développées du monde.

Par exemple, on peut attendre beaucoup plus du Comité d'experts indépendants, lorsqu'il détermine si un Etat partie européen a pris des mesures suffisantes en matière de protection de la santé (article 11) ou d'orientation ou de formation professionnelles (articles 9 et 10), que l'on ne pourrait espérer de la plupart des Etats africains, compte tenu de l'écart dans les ressources dont disposent généralement ces deux groupes d'Etats. Toutefois, cette approche devra peut-être être revue momentanément lorsque des Etats d'Europe centrale et orientale, dont les ressources n'atteindront pas avant un certain temps le niveau de celles des autres Etats européens, ratifieront la Charte.

Il est difficile d'évaluer l'impact que la Charte a eu sur le droit et la pratique des parties contractantes. La raison en est, en particulier, que les parties contractantes mettent longtemps à admettre que des instruments tels que la Charte sont à l'origine de modifications dans leur droit ou leur pratique. Les faits indiquent que certains Etats ont modifié leur droit pour pouvoir ratifier la Charte. Le Conseil de l'Europe publie régulièrement des listes de modifications apportées par les parties contractantes à leur droit et leur pratique nationaux qui sont imputables à l'influence de la Charte. Toutefois, on ne peut savoir avec certitude si les modifications énumérées découlent de l'application de la Charte ou s'il s'agit d'une simple concomitance. Si, dans certains cas, la seconde explication est probablement la bonne, dans d'autres, l'effet de la Charte peut être clairement démontré[173].

173. On sait, par exemple, que la législation britannique sur la marine marchande a été revue pour prendre en compte la décision du Comité d'experts indépendants concernant le «travail forcé», interdit par l'article 1 par. 2, même si les mesures prises par le Royaume-Uni n'ont pas suffi à satisfaire le Comité. On sait aussi que certains Etats ont modifié leur droit afin de pouvoir adhérer à la Charte ou d'augmenter le nombre de paragraphes qu'ils ont acceptés.

Situation au niveau national à la fin du cycle XIII-3

	Paragraphes acceptés [a]	Respectés	Non respectés	Pas d'information
Allemagne	67	51	6	10
Autriche	62	51	9	1
Belgique	72	25	5	41
Chypre	43 [b]	35	2	3
Danemark [c]	45	36	6	2
Espagne	72 [d]	51	6	14
Finlande	66	27	—	39
France	72	63	8	—
Grèce	67	35	19	12
Irlande [e]	63	40	13	10
Islande	41	30	2	8
Italie	76	44	17	9
Luxembourg [f]	69	27	7	34
Malte	55 [g]	27	10	18
Norvège	64	47	6	6
Pays-Bas [h]	75	57	9	8
Portugal [i]	72	27	4	40
Royaume-Uni	60 [j]	44	10	5
Suède	66	51	6	8
Turquie	46	7	15	24

a Additionnés, les chiffres des autres colonnes donnent un résultat inférieur d'une unité au moins dans chaque cas à celui de cette colonne, en raison du fait qu'aucune détermination n'a été faite pour la conformité avec l'article 1 par. 1, que toutes les parties ont accepté.

b Les articles 2 par. 1 et 8 par. 1 ont été acceptés en 1992. Au moment de la préparation du présent ouvrage, aucun rapport n'avait été présenté en ce qui concerne ces dispositions.

c Il n'y a pas eu, au cours du douzième cycle, de détermination de la conformité du Danemark avec l'article 16.

d Ce chiffre reprend l'article 8 par. 4 alinéas a) et b). L'Espagne a dénoncé l'article 8 par. 4 alinéa b) depuis le douzième cycle.

e Les chiffres concernant l'Irlande se rapportent au onzième cycle. Il n'y a pas eu d'évaluation faite en ce qui concerne l'Irlande au douzième cycle suite à une modification des dispositions en matière de rapport.

f Aucun chiffre n'était disponible au moment de mettre sous presse. Les premières conclusions relatives au Luxembourg seront publiées dans l'*Addendum aux Conclusions XIII-3*.

g Ce chiffre comprend l'article 10 par. 4, compté pour «un». Malte a toutefois accepté uniquement l'article 10 alinéas a) et d).

h En ce qui concerne les Antilles néerlandaises et Aruba, le Royaume des Pays-Bas se considère comme lié par les articles 1 et 5, l'article 6 (à l'exception des fonctionnaires), et l'article 16. Le Comité d'experts indépendants a postposé ses conclusions en ce qui concerne ces dispositions.

i Aucune évaluation du respect de l'article 4 par. 1 par le Portugal n'a été faite au treizième cycle.

j Ce chiffre ne comprend pas les dispositions dénoncées depuis le douzième cycle (articles 7 par. 8 et 8 par. 4).

Le respect des dispositions de la Charte: aperçu

Le Comité d'experts indépendants a, à la date de publication du présent ouvrage, terminé son évaluation des rapports des dix-sept Etats parties qui ont soumis un rapport au cours d'un ou de plusieurs cycles, le dernier étant le cycle XIII-2.

Le tableau de la page précédente présente, pour les dix-sept parties contractantes, un aperçu de la conformité avec la Charte au cours du dernier cycle en date, au cours duquel le Comité d'experts indépendants a examiné leur respect des dispositions de la partie II qu'elles ont acceptées[174]. Ce tableau montre que les dix-sept parties contractantes concernées se sont conformées à 63 % des dispositions qu'ils ont acceptées et ne se sont pas conformées à 13 % d'entre elles. Toutefois, ces chiffres sont faussés par l'inclusion de la Belgique et de la Turquie, pour lesquelles le chiffre dans la colonne «pas d'informations» est particulièrement élevé en raison du fait qu'il s'agissait du premier rapport établi par ces deux pays. Si l'on ne tient pas compte de ces deux Etats, on constate que les quinze autres parties contractantes se sont conformées à 68 % des dispositions qu'elles ont acceptées; le pourcentage de dispositions non respectées reste le même (13 %). Le niveau de conformité varie considérablement d'une partie contractante à l'autre, mais aucune d'entre elles ne s'est conformée à la totalité des obligations auxquelles elle a souscrite.

Les garanties qui, depuis les origines de la Charte, ont suscité le plus de difficulté pour les Parties contractantes qui les ont acceptées[175] concernent des droits économiques plutôt que des droits sociaux. Les dispositions qui, au cours des douzième et treizième cycles, ont suscité des difficultés particulières pour les parties qui les avaient acceptées sont les suivantes:

Article 1 par. 2 (droit de gagner sa vie par un travail librement entrepris)

Article 4 par. 4 (délai de préavis raisonnable dans le cas de cessation de l'emploi)

Article 5 (droit syndical)

Article 6 par. 2 (promotion des procédures de négociation)

Article 6 par. 4 (actions collectives en cas de conflits sociaux)

Article 7 par. 1 (âge minimum d'admission à l'emploi)

Article 7 par. 3 (emploi d'enfants soumis à l'instruction obligatoire)

Article 8 par. 1 (congé de maternité payé)

A l'extrême opposé, le respect des articles suivants n'a posé aucune difficulté ou peu de difficultés au douzième cycle (comme aux cycles précédents):[176]

Article 9 (orientation professionnelle)

---

174. A savoir les douzième et treizième cycles qui, dans le cas de certaines dispositions, est le onzième cycle pour ce qui concerne l'Irlande.

175. Un autre critère permettant de mesurer la difficulté que pose certaines dispositions est le nombre de parties qui n'ont pas pu les accepter. Les dispositions suivantes n'ont pas été acceptées par 5 au moins des 20 parties actuelles: article 2 par. 1 et 4; article 4 par. 4; article 7 par. 1, 4, 6, 7 et 9; article 8 par. 2, 3 et 4.

176. Aucune partie n'a été convaincue de violation d'un paragraphe quelconque de ces articles, hormis la Turquie (article 7) et l'Italie (article 15 par. 2).

Article 11 (protection de la santé)

Article 12 (sécurité sociale)

Article 14 (services sociaux)

Article 15 (droits des handicapés)

En outre, aucun Etat n'a enfreint un certain nombre de dispositions particulières d'autres articles[177].

Au cours de l'ensemble des douze premiers cycles, certaines des infractions constatées par le Comité d'experts indépendants sont marginales par rapport à la protection proprement dite des droits économiques et sociaux. Par exemple, la disposition du droit irlandais (révoquée depuis) par laquelle une personne qui avait émargé récemment à l'assistance publique ne pouvait exercer de fonction publique au niveau local (en violation de l'article 13 par. 2) n'avait jamais été attaquée en pratique. En revanche, il existe d'autres dispositions qui sont essentielles par rapport à la protection des droits économiques et sociaux et qui revêtent une importance réelle pour les personnes qu'elles affectent. Le refus du droit syndical (article 5) ou du droit de grève (article 6 par. 4) en sont des exemples, de même que les violations de l'interdiction du travail forcé (article 1 par. 2), du droit à une rémunération égale (article 4 par. 3) et du droit à l'assistance sociale et médicale (article 13).

177. Aucun Etat n'a violé les dispositions suivantes: articles 1 par. 3, 2 par. 1, 2 par. 2, 2 par. 3, par. 5, 3 par. 3, 4 par. 2, 7 par. 7, 7 par. 10, 10 par. 3, 13 par. 2, 13 par. 3, 18 par. 1, 18 par. 4, 19 par. 1, 19 par. 2, 19 par. 3, 19 par. 5, 19 par. 9, 19 par. 10.

Le système de contrôle de la Charte sociale européenne

Avant d'étudier le mécanisme de contrôle de la mise en œuvre de la Charte, il convient de noter que celui-ci a fait, récemment, l'objet d'une révision fondamentale dans le cadre du processus de «revitalisation» de la Charte. En 1992, un Protocole portant amendement à la Charte[1] a été adopté qui propose certaines modifications importantes du système de contrôle de la Charte. A l'origine de ce Protocole se trouve le fait que la Charte n'avait pas réalisé toutes ses potentialités, la raison principale étant que le système de contrôle était inadéquat, tant par sa structure que par ses modalités de mise en œuvre[2]. Bien que le Protocole d'amendement ne soit pas encore en vigueur[3], les organes de contrôle appliquent d'ores et déjà la plupart de ses dispositions[4]. Les modifications déjà adoptées sont reprises dans l'examen ci-dessous du mécanisme de contrôle de la Charte. Référence est faite également aux dispositions du Protocole qui n'ont pas encore été adoptées ainsi qu'à d'autres modifications récentes du mécanisme de contrôle qui découlent du processus de «revitalisation» et ne figurent pas dans le Protocole d'amendement. Le deuxième Protocole additionnel prévoyant un système de réclamations collectives, adopté en 1995, est également commenté.

A. Rapports nationaux

Le contrôle de la mise en œuvre de la Charte se fonde entièrement sur les rapports nationaux des parties contractantes. Le système de contrôle ne prévoit pas un droit de requête pour les

1. STE 142; 31 ILM 155 (1992). En ce qui concerne le Protocole et le processus de revitalisation de la Charte en général, voir I. Boerefijn, A.W. Heringa et J. Schokkenbroek 46 Rév ICJ 42 (1991); D.J. Harris, 41 ICLQ 659 (1992) et M. Mohr, 3 EJIL 362 (1992).

2. Il a été admis par ailleurs que la garantie matérielle offerte par la Charte devait être revue: voir l'examen du projet de Charte sociale européenne révisée, p. 435 ci-dessus.

3. Il n'a pas été ratifié par Chypre, la Finlande, Malte, les Pays-Bas, la Norvège, le Portugal et la Suède. Pour que le Protocole entre en vigueur, il doit être ratifié par l'ensemble des 20 parties à la Charte.

4. Conformément à ce qui a été proposé dans la Résolution finale de la Conférence gouvernementale de Turin, de 1992, qui a lancé le processus de «revitalisation», et été décidé par le Comité des Ministres. Curieusement, il a été convenu d'appliquer certaines des modifications apportées par le Protocole (notamment les modifications qui concernent le scrutin au sein du Comité des Ministres et le nombre de membres du Comité d'experts indépendants) avant son entrée en vigueur, même si elles sont en contradiction avec le texte de la Charte.

personnes physiques, tel que celui prévu par la Convention européenne des Droits de l'Homme. Toutefois, comme signalé ci-dessus, un deuxième Protocole additionnel a été adopté en 1995 qui, une fois entré en vigueur, permettra l'introduction de réclamations collectives[5]. Le système de contrôle, y compris pour les réclamations collectives, concerne uniquement la partie II de la Charte; aucun contrôle direct n'est prévu en ce qui concerne l'engagement général en matière de politique énoncé à la partie I.

1. *Rapports relatifs aux dispositions acceptées*

En vertu de l'article 21, les parties contractantes doivent présenter «un rapport biennal, relatif à l'application des dispositions de la partie II de la Charte qu'elles ont acceptées». Avant l'adoption du Protocole d'amendement, les rapports établis en vertu de la Charte étaient considérés comme confidentiels. Le Protocole d'amendement prévoit, dans le nouvel article 23 par. 4 de la Charte, que les rapports «seront disponibles», mais uniquement «sur demande»[6]. Cette disposition a déjà été mise en œuvre.

Conformément à ce que prescrit l'article 21 en matière de rapports, les parties contractantes à la Charte ont, pour les années 1965 à 1990, présenté au cours de douze cycles des rapports biennaux relatifs à toutes les dispositions de la Charte qu'elles avaient acceptées. Toutefois, suite à l'alourdissement de la charge de travail des organes de contrôle résultant de l'augmentation du nombre des parties contractantes[7], le Comité des Ministres a convenu en 1992 que, pour les années suivantes, la fréquence des rapports présentés par les parties contractantes serait réduite[8]. La règle générale prévue par le nouveau système est que les parties contractantes présentent désormais un rapport annuel (plutôt que biennal), mais sur un nombre limité de dispositions. Ce système relativement compliqué a pour résultat global que les articles formant le «noyau dur» de la Charte (c'est-à-dire ceux désignés à l'article 20 comme les articles dont cinq doivent être acceptés par un Etat pour qu'il devienne Parie contractante) continuent à faire l'objet de rapports biennaux mais que, hormis certaines exceptions, les autres dispositions ne donnent lieu qu'à des rapports quadriennaux[9]. Bien que

5. Voir p. 455 ci-dessous.

6. Contrairement à ce qui se passe aux Nations Unies, où les rapports présentés aux comités du Traité des droits de l'homme des Nations Unies ont toujours été publiés et diffusés en tant que documents des Nations Unies.

7. Le nombre des parties contractantes est passé de 14 en 1988 à 20 en 1991. Une autre solution eût consisté à multiplier encore les réunions des organes strasbourgeois, en particulier du Comité d'experts indépendants, et d'élargir le secrétariat.

8. Cette décision fut prise, le 17 septembre 1992, à la 479e réunion des Délégués des Ministres. Conformément aux conseils de la Direction des affaires juridiques du Conseil de l'Europe, il a été estimé que les parties contractantes pouvaient convenir à l'unanimité, comme elles l'ont fait, d'adopter le nouveau système, – adoption postérieure en date au Protocole d'amendement – par une interprétation de l'article 21 de la Charte; il n'était pas nécessaire de modifier le texte de celui-ci.

9. Les exceptions sont au nombre de deux. Premièrement, la procédure révisée ne s'applique pas aux nouvelles parties à la Charte, qui sont tenues de présenter des rapports biennaux complets sur toutes les dispositions qu'elles ont acceptées au cours des années qui suivent immédiatement la ratification. Deuxièmement, la procédure révisée ne s'applique pas à l'Allemagne, qui a refusé de participer au nouveau système et continuera à présenter des rapports biennaux complets. Une troisième exception était prévue au treizième cycle lorsque, de l'avis du Comité d'experts indépendants, une partie contractante se trouvait en situation de violation d'une

les contrôles du respect de la Charte soient désormais moins fréquents qu'auparavant et que la modification rende donc moins rigoureux le système de contrôle, l'obligation de présentation de rapports demeure au moins aussi exigeante que celles des systèmes de l'OIT ou des Nations Unies fondés sur les traités des droits de l'homme[10]. Conformément au but poursuivi, la nouvelle procédure a allégé la charge de travail des organes de contrôle. Il n'en demeure pas moins qu'il faudra probablement, compte tenu des ratifications futures de la Charte, envisager une nouvelle modification du système d'examen des rapports par le Comité d'experts indépendants si l'on veut maintenir la charge de travail dans des limites raisonnables[11].

Aucune partie n'a, pour l'heure, omis de présenter de rapport relatif aux dispositions acceptées, conformément à l'article 21, même si les rapports sont souvent transmis avec plusieurs mois de retard. Ce résultat est particulièrement bon, comparé à ce qu'on connaît dans les autres systèmes internationaux de rapports dans le domaine des droits de l'homme. La qualité du résultat était toutefois prévisible dans la mesure où les parties contractantes constituent un petit groupe homogène d'Etats et qu'il serait étonnant d'y rencontrer des omissions importantes en matière de rapports.

2. Rapports relatifs aux dispositions non acceptées

Les parties contractantes sont également tenues de présenter, «à des intervalles appropriés et sur la demande du Comité des Ministres», des rapports relatifs aux dispositions de la partie II de la Charte qu'elles n'ont pas acceptées. Le Comité des Ministres a demandé à quatre reprises la présentation de rapports conformément à l'article 22, à savoir en 1978, 1981, 1987 et 1993. Ces demandes concernaient des dispositions qui n'avaient pas été largement acceptées ou respectées[12]. Les parties contractantes sont invitées à présenter un résumé succinct du droit et de la pratique actuels dans les domaines concernés par ces dispositions et de mentionner les motifs pour lesquels elles n'ont pas été acceptées.

disposition autre que celles du «noyau dur» ou lorsque le Comité avait été contraint, par défaut d'informations, de postposer sa décision sur la conformité. Dans ces cas, la disposition concernée faisait l'objet d'un rapport deux ans plus tard, comme pour les dispositions du «noyau dur». Le Comité Gouvernemental préconisait de mettre fin à cette troisième exception, qui fut supprimée au quatorzième cycle. Le Comité d'experts indépendants n'était pas favorable à cette modification: C XIII-2 22.

10. En ce qui concerne le système de l'OIT, voir Samson, dans: Matscher, éd., *The Implementation of Economic and Social Rights*, 1991, p. 123. Dans le système du traité des Nations Unies, la fréquence des rapports à présenter est de quatre ou cinq ans: voir les chapitres pertinents dans: P. Alston, éd., *The United Nations and Human Rights*, 1992.

11. Ceci alourdira, de toute évidence, la charge de travail du Comité d'experts indépendants. En ce qui concerne la décision du Comité de travailler en plusieurs chambres pour accélérer son travail, voir note 19 ci-dessous.

12. Les dispositions pour lesquelles les trois premiers rapports ont été demandés étaient les articles 2 par. 1 et 4; 4 par. 3; 7 par. 1, 4, 5, 6, 7; 8 par. 1, 2, 4; 19 par. 8. Le quatrième rapport, demandé en 1993, concernait les articles 7 par. 9 et 19 par. 4.

Conformément au Protocole d'amendement, les rapports peuvent être communiqués au public «sur demande»[13].

3. Observations formulées au sujet des rapports par les organisations nationales d'employeurs et de travailleurs et autres organisations non gouvernementales

Il est clair que les organisations d'employeurs et de travailleurs sont directement intéressées à la majorité des engagements au sujet desquels les parties contractantes présentent des rapports. Cet intérêt se traduit par la disposition de la Charte qui prévoit leur participation, fût-elle modeste, aux divers stades du processus de contrôle. On trouve la première forme de ce type de participation dans la prescription de l'article 23 selon laquelle une partie contractante doit adresser des copies des rapports qu'elle présente au titre des articles 21 et 22 «à celles de ses organisations nationales qui sont affiliées aux organisations internationales d'employeurs et de travailleurs» qui ont actuellement le droit d'être représentées aux réunions du Comité Gouvernemental de la Charte sociale. Les observations que formulent ces organisations peuvent ensuite être prises en compte dans son travail par le Comité d'experts indépendants. Ce système ne s'est pas avéré très satisfaisant en pratique, puisque très peu d'organisations ont formulé des commentaires[14]. Comme n'a cessé de le souligner le Comité d'experts indépendants, le manque apparent d'intérêt de ces organisations prive le système de contrôle d'une source potentielle précieuse d'informations[15].

Le système défini par l'article 23 présente une autre faiblesse: il ne prévoit pas la participation d'organisations non gouvernementales de défense des droits sociaux. Le Protocole d'amendement pallie en partie cette faiblesse, puisqu'il prévoit (nouvel article 23 par. 2 de la Charte) que le Secrétaire général adresse les rapports nationaux «aux organisations internationales non gouvernementales dotées du statut consultatif auprès du Conseil de l'Europe et particulièrement qualifiées dans des matières régies» par la Charte. Il n'existe pas de disposition équivalente pour les organisations non gouvernementales *nationales*, qui disposent d'informations plus directes sur la situation nationale et qui y sont plus directement intéressées que les organisations internationales éventuelles. Les rapports seront uniquement adressés aux organisations nationales non gouvernementales à leur demande en tant que membres du public (nouvel article 23 par. 3 de la Charte). Les observations transmises au Comité d'experts indépendants par les organisations non gouvernementales internationales ou nationales sont prises en compte au moment de l'examen des rapports[16].

---

13. Nouvel article 23 par. 4 de la Charte.

14. Il semble toutefois que le nombre de commentaires émis tende à croître.

15. Le Protocole d'amendement (nouvel article 23 par. 1 de la Charte) prévoit que toutes observations éventuelles des organisations sont à transmettre directement au Secrétaire général du Conseil de l'Europe et non par l'intermédiaire de la partie contractante, comme le prévoit actuellement l'article 23 par. 2. On pourrait ainsi éviter une situation dans laquelle les observations ne parviennent pas dans les délais au Comité d'experts indépendants.

16. Au treizième cycle, par exemple, le Comité d'experts indépendants a tenu compte des observations de la *Low Pay Unit*, une ONG britannique: voir Conclusions XIII-1 24.

B. Le Comité d'experts indépendants

Les rapports nationaux des parties contractantes prévus par l'article 21 sont tout d'abord examinés par le Comité d'experts indépendants qui, sur cette base, adopte des **Conclusions**[17]. Le Comité indique dans ses conclusions s'il estime que, pendant la période du rapport, chacune des parties s'est conformée aux dispositions sur lesquelles elle a fait rapport[18].

1. Composition

L'article 25 prévoit que le Comité d'experts indépendants «sera composé de sept membres au plus». En réalité, il compte neuf membres depuis 1995, conformément aux termes du Protocole d'amendement que le Comité des Ministres a convenu d'appliquer sur ce point avant son entrée en vigueur[19]. Chaque membre est élu pour une période de six ans[20]. L'article 25 par. 1 prévoit que les membres doivent être des «experts indépendants de la plus haute intégrité et d'une compétence reconnue dans les matières sociales internationales». Bien qu'il ne soit pas fait mention de qualifications juridiques, les qualifications de la plupart des membres du Comité indiquent que l'on conscient des compétences juridiques dont le Comité a besoin dans le chef de ses membres. Le Comité des Ministres a décidé qu'il ne pouvait y avoir plus d'un ressortissant par Etat au sein du Comité d'experts indépendants; que pouvaient être membres du Comité les ressortissants de tous les Etats membres du Conseil de l'Europe, que ceux-ci soient ou non parties contractantes à la Charte; et que les membres étaient désignés selon des règles fondées sur des groupes de nationalités, adoptées par le Comité des Ministres en vue d'assurer l'égalité dans la répartition géographique. Les membres, qui siègent à temps partiel, sont nommés par le Comité des Ministres du Conseil de l'Europe. Contrairement aux règles qui régissent la désignation à la Cour européenne des Droits de l'Homme, l'Assemblée parlementaire ne joue aucun rôle dans le processus d'élection. Par conséquent, la Charte initiale laisse toute latitude en la matière aux gouvernements des Etats membres. Toutefois, le nouvel article 25 par. 1 de la Charte (non

17. Les rapports présentés au titre de l'article 22 font également l'objet d'un examen par le Comité d'experts indépendants, qui adopte un *Rapport* dans lequel il donne son interprétation des articles concernés et formule des observations au sujet des rapports des Etats.

18. Par conséquent, le Comité examine et évalue la performance de chaque Partie de manière beaucoup plus approfondie que ne peuvent le faire les comités équivalents qui appliquent des systèmes de rapports dans le cadre des traités de droits de l'homme de l'Organisation des Nations Unies: voir les chapitres pertinents dans P. Alston, éd., *The United Nations and Human Rights*, 1992.

19. Le Protocole d'amendement prévoit (nouvel article 25 par. 1 de la Charte) que le Comité «sera composé d'au moins neuf membres», leur nombre exact devant être fixé par le Comité des Ministres. Cette modification fait suite à la charge de travail accrue du Comité et traduit la nécessité de connaissances spécialisées relatives aux différents systèmes juridiques du nombre croissant de Parties. Il est prévu, compte tenu du nombre accru de membres du Comité, que celui-ci, pour l'examen des rapports présentés conformément à l'article 21, fonctionnera à partir de 1995/1996 en deux chambres, les affaires étant uniquement renvoyées au comité plénier si nécessaire.

20. Le nouvel article 25 par. 2 de la Charte prévoit que les membres ne peuvent être réélus qu'une seule fois. Le texte original de la Charte ne prévoyait pas cette restriction.

encore appliqué) prévoit que les membres seront élus par l'Assemblée parlementaire parmi des candidats désignés par les parties.

2. Fonction

a. *Rapports prévus par l'article 21*

Les travaux préparatoires montrent clairement que le Comité d'experts indépendants doit exercer, par rapport à l'article 21, un rôle d'un type similaire à celui que le Comité d'experts de l'OIT en est venu à exercer au même stade initial du système de mise en œuvre de l'OIT[21]. Le Comité d'experts indépendants est donc un organe indépendant qui a pour mission de découvrir quels sont le droit et la pratique des parties contractantes, d'examiner s'ils sont conformes aux engagements de la partie II acceptés par ces parties, et de le faire en se fondant uniquement sur le sens qu'ont ces engagements en droit. C'est dans ce sens que le Comité d'experts indépendants a interprété son rôle lorsqu'il décrit celui-ci comme consistant à «déterminer si la législation et la pratique de chaque Etat contractant sont conformes aux engagements souscrits»[22] et ses évaluations comme des «constatations juridiques»[23]. Il a fait observer, par ailleurs, qu'il avait «été conçu comme une instance «impartiale», ce qui est le cadre nécessaire pour une interprétation objective des dispositions liant les Etats et pour une évaluation de leur application, qui ne soient pas celles des intéressés eux-mêmes»[24]. Le Protocole d'amendement énonce clairement cette conception de la fonction du Comité dans le nouvel article 24 par. 2 de la Charte, qui prévoit que le Comité «appréciera, d'un point de vue juridique, la conformité des législations, réglementations et pratiques nationales avec le contenu des obligations découlant de la Charte pour les parties contractantes concernées».

Une autre innovation apportée par le Protocole d'amendement est qu'il prévoit l'organisation, à la demande d'une des deux parties, de réunions entre le Comité d'experts indépendants et les représentants d'une partie contractante. Elles ont pour objet de fournir «des informations et précisions complémentaires» qui faciliteront le fonctionnement du processus de présentation de rapports[25]. La nouvelle procédure, qui a déjà été appliquée[26], aidera le Comité à comprendre pleinement le droit et la pratique d'un Etat, ce qu'une procédure exclusivement écrite ne permet pas toujours de faire facilement[27]. Tout comme

---

21. En ce qui concerne l'évolution de ce rôle, voir E.A. Landy, *The effectiveness of international supervision: thirty years of ILO experience*, 1960, Chap. 1.

22. C I 5.

23. C III xii.

24. C III xi.

25. Nouvel article 24 par. 3 de la Charte. Contrairement aux procédures d'audition utilisées par les comités du traité des droits de l'homme de l'ONU, la procédure prévue par la Charte ne doit être utilisée que si une réunion est «nécessaire» en vue d'obtenir des informations ou des précisions.

26. Des réunions ont eu lieu avec la Turquie (1993) et Chypre (1995), dans les deux cas à la demande de l'Etat concerné. En pratique, il est peu probable qu'il y ait plus d'une réunion par an, notamment pour des questions de temps.

27. Le Protocole d'amendement tend également à faciliter la procédure de présentation de rapports en prévoyant une procédure de demande directe par laquelle le Comité peut «s'adresser directement à une partie

les délibérations du Comité en général, les réunions se déroulent à huis clos. Les réunions avec les représentants des parties revêtent un caractère privé, contrairement aux comités du traité des droits de l'homme des Nations Unies, dont les auditions sont publiques[28].

b. *Rapports prévus par l'article 22*
Le Comité d'experts indépendants a défini son rôle, pour ce qui est des rapports présentés conformément à l'article 22, comme consistant à examiner les raisons de non-acceptation d'un Etat et à en tirer des conclusions. Il semblerait correct de supposer que le rôle du Comité d'experts indépendants consiste à examiner ces raisons dans le contexte du droit et de la pratique de la partie contractante concernée et de suggérer les modifications éventuelles de ce droit et de cette pratique qui seraient nécessaires en vue de permettre l'acceptation et d'encourager la partie contractante dans ce sens. C'est bien, en réalité, l'approche qu'a adoptée le Comité d'experts indépendants; celui-ci a toutefois convenu avec le Comité Gouvernemental qu'il serait déplacé, dans le contexte de la procédure de l'article 22, d'exercer une pression quelconque sur les parties contractantes pour qu'elles acceptent des dispositions supplémentaires.

C. Le Comité Gouvernemental de la Charte sociale européenne

L'article 27 par. 1 énonce que les «rapports des Parties contractantes ainsi que les conclusions du Comité d'experts indépendants seront soumis pour examen à un sous-comité du Comité social gouvernemental du Conseil de l'Europe».

1. Composition

Le Comité Gouvernemental de la Charte, qui est le sous-comité visé à l'article 27[29], se compose d'un représentant de chacune des parties contractantes. En règle générale, les membres sont des fonctionnaires désignés par leur gouvernement, celui-ci pouvant les remplacer à tout moment.

La participation, en qualité d'observateurs, des organisations internationales de travailleurs et d'employeurs aux travaux du Comité Gouvernemental est prévue[30]. En tant qu'observateurs, ceux-ci n'ont pas de droit de vote. En pratique, le fonctionnement de ce modeste élément tripartite du Comité Gouvernemental n'a pas été satisfaisant. Les organisations d'employeurs comme celles des travailleurs ont, certes, apporté des contribu-

contractante pour lui demander des informations et précisions complémentaires»: nouvel article 24 par. 3 de la Charte. Cette clause reconnaît formellement, et multipliera sans doute, le recours à une procédure par laquelle le Secrétariat, après avoir reçu un rapport national, demande des informations complémentaires avant de soumettre le rapport au Comité, de manière à permettre son examen pendant le cycle de rapports en cours.

28. En ce qui concerne la tendance à une plus grande ouverture du système d'application de la Convention européenne des Droits de l'Homme, voir Harris, O'Boyle et Warbrick, *The Law of the European Convention on Human Rights*, 1995, Chap. 26.

29. Suite au Protocole d'amendement (nouvel article 27 par. 1 de la Charte), le Comité Gouvernemental est désormais désigné par son nom; le terme «sous-comité» est supprimé.

30. Sont actuellement invités l'Union des confédérations de l'industrie et des employeurs d'Europe, l'Organisation internationale des employeurs, et la Confédération européenne des syndicats.

tions écrites et orales utiles au travail du Comité Gouvernemental, mais les secondes, en tout cas, ont constaté que leur statut d'observateurs et non de membres du Comité Gouvernemental avait considérablement limité la valeur de leur participation. Leur rôle est très différent de celui qu'elles remplissent en tant que membres à part entière du Comité mixte de l'OIT qui est l'équivalent, dans le système de l'OIT, du Comité Gouvernemental[31].

La Charte protège des droits sociaux qui ne concernent pas la personne en tant que travailleur. Ce fait est reconnu par l'article 27 par. 2 de la Charte, qui prévoit que le Comité Gouvernemental pourra «appeler en consultation deux représentants, au plus, d'organisations internationales non gouvernementales dotées du statut consultatif auprès du Conseil de l'Europe, sur des questions pour lesquelles elles sont particulièrement qualifiées telles que, par exemple, le bien-être social et la protection économique et sociale de la famille»[32]. Malheureusement, cette disposition est restée lettre morte jusqu'ici; le Comité Gouvernemental n'a consulté aucune organisation en vertu de l'article 27 par. 2, pas même depuis qu'a été entamé le processus de «revitalisation».

2. Fonction

L'article 27 énonce simplement que le Comité d'experts doit examiner les rapports des parties contractantes qui lui sont soumis en vertu des articles 21 et 22 ainsi que les *Conclusions* du Comité d'experts indépendants et, à la lumière de ces documents, faire rapport au Comité des Ministres. En pratique, avant l'adoption du Protocole d'amendement, le Comité Gouvernemental se réservait le rôle consistant à conseiller le Comité des Ministres sur toutes les questions liées à la Charte. L'aspect le plus important, dans le contexte de l'article 21, était que le Comité adoptait sa propre interprétation de la signification de la Charte et ses propres décisions en matière de respect de ses obligations par la partie contractante qui fait rapport. Ces interprétations et ces conclusions constituaient l'essentiel du rapport qu'il soumettait à chaque cycle au Comité des Ministres.

Par conséquent, le Comité Gouvernemental considérait qu'il possédait les mêmes compétences que le Comité d'experts indépendants pour interpréter les engagements contenus dans la partie II et juger s'ils avaient été tenus. En pratique, le Comité Gouvernemental ne se livrait pas au même examen et à la même appréciation approfondis que celui qui précède les *Conclusions* du Comité d'experts indépendants. Au lieu de cela, sans guère examiner les rapports nationaux en sa possession, le Comité Gouvernemental se bornait à examiner à chaque cycle les *Conclusions* du Comité d'experts indépendants et à formuler des observations sur un certain nombre de points d'interprétation et d'application qu'elles soulevaient, essentiellement au sujet des conclusions négatives des experts. Il a adopté, pour les dispositions de la partie II, ses propres interprétations dont un certain nombre différaient de celles du Comité d'experts indépendants. Les interprétations du Comité Gouvernemental ont presque toutes donné une lecture plus restrictive des obligations des parties contractantes que

31. Le Comité mixte de l'OIT se compose en nombre égal de représentants des gouvernements, des employeurs et des travailleurs. En ce qui concerne le Comité mixte de l'OIT, voir p. ## ci-dessous.

32. Le Protocole d'amendement (nouvel article 27 par. 2 de la Charte), supprime la limite de deux organisations non gouvernementales et précise qu'elles peuvent opérer dans d'autres domaines que ceux («bien-être social», etc.) actuellement visés à l'article 27 par. 2.

celle du Comité d'experts indépendants. Le Comité Gouvernemental qui, lors des premiers cycles, n'avait jamais constaté de violation des engagements des parties contractantes, se mit par la suite à en relever un certain nombre, fût-ce dans des proportions largement inférieures au Comité d'experts indépendants. C'est ainsi, par exemple, que, dans la première partie du onzième cycle, les experts avaient conclu à l'existence de quarante-six infractions dans le chef de sept parties faisant rapport, alors que le Comité Gouvernemental n'en avait trouvé que dix.

Le fait que les deux organes soutenaient avoir la même compétence d'interprétation et d'application de la Charte et s'en servaient de manière aussi différente s'est avéré source de beaucoup de confusion et a porté atteinte à l'efficacité du système de contrôle. C'est ce qu'a reconnu le Protocole d'amendement, puisqu'il définit en détail les compétences respectives des deux comités et, comme indiqué ci-dessus, habilite explicitement le Comité d'experts indépendants à interpréter et à appliquer la Charte. Le rôle du Comité Gouvernemental est ensuite précisé comme suit dans le nouvel article 27 par. 3:

> Le Comité Gouvernemental préparera les décisions du Comité des Ministres. En particulier, à la lumière des rapports du Comité d'experts indépendants, il sélectionnera, de manière motivée, sur la base de considérations de politique sociale et économique, les situations qui devraient, à son avis, faire l'objet de recommandations à l'adresse de chaque Partie contractante concernée, conformément à l'article 28 de la Charte. Il présentera au Comité des Ministres un rapport qui sera rendu public.

Par conséquent, la fonction du Comité Gouvernemental consiste désormais, sur la base des évaluations des experts au sujet de la conformité, à conseiller le Comité des Ministres sur les cas pour lesquels il y a lieu d'adresser une recommandation à une partie contractante. Cette fonction est fort similaire à celle du Comité mixte de l'OIT – auquel songeaient les auteurs de la Charte lorsqu'ils l'ont rédigée en 1961 – dans le système de l'OIT. Le rôle du Comité mixte consiste à examiner les cas de violation du traité de l'OIT qui ont été identifiés par le Comité d'experts indépendants de l'Organisation. Sa tâche est, en particulier, d'«envisager, avec les gouvernements concernés, de quelle manière il est possible de résoudre les problèmes identifiés par les experts»[33]. Dans ses rapports, le Comité mixte «met en évidence des cas particulièrement graves et anciens de non-respect, par une mention spéciale dans ses rapports»[34].

Il est encourageant de constater que le Comité Gouvernemental assume déjà son nouveau rôle. En 1993, fonctionnant pour la première fois conformément à la procédure du nouvel article 27 par. 3 pour la première partie du douzième cycle, le Comité Gouvernemental, sur la base des évaluations des experts, a proposé au Comité des Ministres que soient adressées à trois parties contractantes des recommandations indiquant à l'Etat concerné de prendre en compte de manière appropriée les conclusions négatives du Comité d'experts indépendants et l'invitant à fournir, dans son prochain rapport, des informations concernant les mesures prises à cet effet. Les trois recommandations proposées concernaient neuf conclusions négatives du Comité d'experts indépendants relatives à trois parties contractantes. Au total, les experts avaient conclu à l'existence de cinquante-huit cas de violation de la -

33. Samson, *op. cit.* à la note 10 ci-dessus, p. 445.

34. *Ibid.*

Charte par les sept parties contractantes dont les rapports faisaient l'objet des Conclusions XII-1, toutes ces parties appelant des conclusions négatives. Après avoir entendu les arguments des représentants des gouvernements siégeant en son sein, le Comité Gouvernemental a proposé que des recommandations soient adressées à trois seulement des sept parties contractantes qui avaient présenté leur rapport, ces recommandations portant sur un petit nombre seulement des constatations négatives formulées par les experts. Toutefois, pour vingt-sept des autres conclusions négatives, le Comité Gouvernemental – selon une pratique nouvelle non prévue par la Charte ou le Protocole d'amendement – a adressé aux parties contractantes un «avertissement»[35]. La partie concernée était prévenue du fait que, faute de mesures prises pour corriger la situation, une proposition de recommandation serait faite au cours du cycle suivant de rapports. Le Comité Gouvernemental a adopté la même démarche en 1994, au cours de la seconde partie du douzième cycle. Des propositions de recommandations ont été formulées et des «avertissements» adressés, ici aussi après avoir pris connaissance des arguments avancés par l'Etat concerné. Comme indiqué ci-dessous[36], les propositions de recommandations du Comité Gouvernemental pour les deux parties du douzième cycle ont été adoptées en bloc par le Comité des Ministres.

Comme nous le montrerons, les résultats de l'exercice, par le Comité Gouvernemental, de son nouveau rôle au regard de l'article 27 par. 2 ont sensiblement amélioré la cohérence et la crédibilité du système de contrôle de la Charte. Par rapport à la situation qui existait dans le cadre de la pratique antérieure du Comité Gouvernemental, la différence est frappante. Comme auparavant, toutefois, la majorité des conclusions négatives du Comité d'experts indépendants n'est pas transposée, par le Comité Gouvernemental, en propositions de recommandations à adresser par le Comité des Ministres aux Etats concernés. Reste à voir de quelle manière évoluera la pratique du Comité Gouvernemental et quel sera le volume futur des propositions de recommandations du Comité[37]. Bien que, dans l'esprit du gouvernement concerné, le fait qu'un comité composé de ses pairs ait proposé qu'une recommandation lui soit adressée doive donner à celle-ci un poids accru, une situation dans laquelle un organe composé de représentants des gouvernements – qu'il s'agisse du Comité Gouvernemental ou du Comité des Ministres[38] – joue un rôle dans le processus de contrôle

35. Le Comité Gouvernemental a également appliqué pour la première fois un système d'avertissements et de propositions de recommandations adressés aux Etats pour lesquels les experts n'avaient pu aboutir à une décision faute d'informations suffisantes communiquées par ceux-ci.

36. p. 454.

37. Le système d'avertissements du Comité Gouvernemental et, plus généralement, la pratique de ce Comité (les critères sur lesquels il se fonde pour proposer ou non une recommandation) ne sont pas encore définitivement arrêtés.

38. Suite au Protocole n° 11, le rôle quasi judiciaire (plutôt que d'exécution) assumé par le Comité des Ministres en vertu de l'article 32 de la Convention européenne des Droits de l'Homme dans les affaires qui ne sont pas déférées à la Cour est sur le point d'être abandonné. Aux Nations Unies, les comités du traité des droits de l'homme formulent leurs propres recommandations et il n'existe pas d'équivalent du Comité Gouvernemental ou du Comité des Ministres qui ait le dernier mot. Le Comité mixte de l'OIT est l'organe qui ressemble le plus au Comité Gouvernemental, mais il compte, en réalité, trois parties et, généralement, ce sont les représentants des syndicats qui font pencher la balance.

demeure globalement peu satisfaisante si l'on veut que ceux dont les droits de l'homme sont en cause aient le sentiment que justice est rendue.

D. L'Assemblée parlementaire

L'article 28 de la Charte est libellé comme suit:

> Le Secrétaire Général du Conseil de l'Europe transmettra à l'Assemblée consultative [devenue l'Assemblée parlementaire] les conclusions du Comité d'experts. L'Assemblée consultative communiquera au Comité des Ministres son avis sur ces conclusions.

L'Assemblée a, conformément à cette disposition, joué un rôle dans la procédure formelle de contrôle du respect de la Charte avant l'adoption du Protocole d'amendement. Elle a rédigé ses «opinions» sous la forme d'un avis. Il s'agissait d'observations sur des questions relatives à l'interprétation et à l'application de la Charte. Les «opinions» de l'Assemblée, bien que constructives et raisonnées, n'ont guère eu d'effet notable, et la participation de l'Assemblée au processus a allongé de quelques mois le temps nécessaire à l'application d'un système excessivement lourd de contrôle. Suite à la suggestion de l'Assemblée elle-même, le Protocole d'amendement remplace l'article 28 de la Charte par un nouveau texte (l'article 29 actuel) qui a pour effet d'exclure l'Assemblée du processus formel de contrôle. L'Assemblée reste libre de discuter de questions de politique sociale à la lumière des documents établis pour chaque cycle de mise en œuvre, mais elle ne participe plus au processus de contrôle. L'Assemblée fonctionne déjà conformément à son nouveau rôle.

E. Le Comité des Ministres

Une raison importante pour laquelle le fonctionnement du système de contrôle de la Charte n'était pas satisfaisant avant le processus de «revitalisation» était que le Comité des Ministres n'exerçait pas ses compétences de la manière escomptée. Le but initialement visé était que, suite à l'article 29 de la Charte, le processus de contrôle aurait pour résultat final, à chacun des cycles de rapports, la formulation par le Comité des Ministres de recommandations adressées aux différents Etats au sujet du respect de leurs obligations, à la lumière des *Conclusions* des experts et du *rapport* du Comité Gouvernemental. L'article 29 prévoit que «à la majorité des deux tiers des membres ayant le droit d'y siéger, le Comité des Ministres pourra ... adresser toutes recommandations nécessaires à chacune des Parties contractantes»[39]. Comme leur nom l'indique, ces recommandations ne sont pas juridiquement contraignantes. On peut toutefois escompter que, dans le contexte du Conseil de l'Europe, les Etats les prendront au sérieux.

Le problème était qu'avant le processus de «revitalisation», le Comité des Ministres n'avait jamais, en plus de vingt ans, adressé dans le contexte des rapports prévus par l'article 21, comme l'y autorise l'article 29, de recommandation à une partie contractante dans laquelle il lui aurait signalé qu'elle avait été convaincue de violation d'une disposition de la Charte et lui aurait suggéré de prendre les mesures requises. En pratique, la seule mesure éventuelle consistait à adopter une résolution unique adressée à l'ensemble des parties

39. L'article 29 concerne les rapports prévus tant par l'article 21 que par l'article 22 même si, en pratique, ce sont les rapports au titre de l'article 21 qui ont posé problème.

contractantes, dans laquelle le Comité des Ministres «attire l'attention» des Etats ayant établi les rapports sur les «diverses considérations qui figurent» dans les Conclusions du Comité d'experts indépendants, le Rapport du Comité Gouvernemental et l'Avis de l'Assemblée parlementaire et, «se basant sur le Rapport du Comité Gouvernemental», «recommande aux gouvernements concernés de tenir compte, de manière appropriée, des diverses observations faites dans ce rapport»[40]. Cette procédure a été appliquée même lorsque les trois autres organes de contrôle, y compris, par la suite, le Comité Gouvernemental, avaient invité instamment le Comité des Ministres à adresser des recommandations à certains Etats et alors que, à chaque cycle, il y avait immanquablement un certain nombre de cas pour lesquels les experts et le Comité Gouvernemental étaient unanimes à conclure à l'existence de violations.

Actuellement, la situation s'est sensiblement améliorée. Le Protocole d'amendement facilite l'adoption de recommandations individuelles, puisqu'il modifie les règles de vote au sein du Comité des Ministres. Le nouvel article 28 de la Charte (qui remplace l'actuel article 29) est libellé comme suit:

> 1. A la majorité des deux tiers, seules les Parties contractantes ayant le droit de vote, le Comité des Ministres adoptera, sur la base du rapport du Comité Gouvernemental, une résolution portant sur l'ensemble du cycle de contrôle et contenant des recommandations individuelles à l'adresse des Parties contractantes concernées.

Par conséquent, les Etats membres du Conseil de l'Europe étant actuellement au nombre de 38, pour qu'une proposition de recommandation soit adoptée, il faut, en vertu du nouvel article 28, un vote favorable émis par 26 Etats membres au plus, dont 20 seulement doivent être parties contractantes à la Charte. Dans le cadre de l'ancienne procédure régie par l'article 29, les Etats membres qui n'étaient pas parties contractantes à la Charte s'abstenaient généralement lors du vote. Il s'ensuivait en réalité que, pour de simples raisons de scrutin, il était virtuellement impossible d'aboutir à l'adoption de recommandations constatant des violations de la Charte par des parties contractantes nommément désignées.

Le Comité des Ministres a convenu d'appliquer la règle de vote prévue par le nouvel article 28 sans attendre l'entrée en vigueur du Protocole d'amendement[41]. Ce système, associé à une nouvelle volonté politique générale, a déjà permis l'adoption de recommandations adressées à des parties contractantes précises. En 1993, le douzième cycle de contrôle (premier groupe d'Etats) s'est conclu par l'adoption d'une résolution assortie de trois recommandations relatives à la situation de trois parties contractantes[42]. Dans deux de ces recommandations, un certain nombre de conclusions négatives du Comité d'experts indépendants ont été relevées et il a été recommandé à la partie concernée de les prendre en compte «de manière appropriée»[43]. La troisième recommandation était plus précise, l'Etat étant invité à modifier sa réglementation ou à prendre d'autres mesures spécifiques à la

40. Voir notamment la Résolution ChS (90) 1, adoptée à la 443e réunion des Délégués des Ministres, en septembre 1990, pour la seconde partie du 10e cycle de contrôle.

41. lors de la 492e Réunion des Délégués des Ministres, en avril 1993.

42. Résolution ChS (93) 1, 1-1 *International Human Rights Reports* 264 (1994).

43. Recommandation n° R ChS (93) 1 (Grèce) et Recommandation n° R ChS (93) 3 (Royaume-Uni), 1-1 *International Human Rights Reports* 265, 269 (1993).

lumière des conclusions négatives des experts[44]. Dans chaque cas, la partie était invitée à indiquer dans son rapport national suivant les mesures qu'elle avait prises en réponse aux recommandations. Une résolution et une série de recommandations similaires concernant des parties contractantes nommément désignées ont été adoptées l'année suivante en vue de mettre un terme au douzième cycle (deuxième groupe d'Etats)[45].

Cette évolution récente dénote un changement remarquable d'attitude au sein du Comité des Ministres. Celui-ci a non seulement été disposé à appliquer immédiatement la nouvelle règle de vote mais a également manifesté la volonté politique d'adopter des recommandations adressées à des parties spécifiques et, ce faisant, d'accepter toutes les propositions de recommandations qui lui étaient soumises par le Comité Gouvernemental[46]. Cette évolution s'inscrit dans le droit fil de l'idée qui sous-tend le processus de «revitalisation», à savoir doter le processus de contrôle de la Charte d'une certaine crédibilité et d'un certain mordant. L'étape suivante consistera à vérifier ce que font les parties contractantes en réponse aux recommandations qui les concernent et quelle sera la réaction du Comité des Ministres si des mesures correctrices ne sont pas prises.

F. Le Protocole prévoyant un système de réclamations collectives

Le système de contrôle actuel est fondé sur l'examen des rapports nationaux. Bien qu'un système de rapports présente de nombreux avantages, il est clair qu'un système de pétitions ou de réclamations peut également être très précieux. En 1995 fut adopté, en tant que volet supplémentaire du processus de «revitalisation», un Protocole additionnel prévoyant un système de réclamations collectives[47]. Ce Protocole, qui est facultatif, entrera en vigueur lorsqu'il aura été ratifié par cinq parties à la Charte.

Le Protocole permet à certains types d'organisations de «faire des réclamations alléguant une application non satisfaisante de la Charte»[48]. Ces réclamations peuvent avoir trait aux obligations contractées par une partie concernant n'importe quel droit protégé par la Charte[49]. Il reste à déterminer le degré de spécificité que peuvent revêtir ces réclamations. S'il est évident qu'une réclamation peut soulever une question générale, par exemple le point de savoir si une loi donnée est conforme à la Charte (une loi sur la durée du congé de maternité est-elle conforme à l'article 8 par. 1, par exemple), il n'a pas encore été précisé si une organisation compétente pouvait faire valoir une violation alléguée de la Charte dont

---

44. Recommandation n° R ChS (93) 2 (Norvège), 1-1 *International Human Rights Reports* 267 (1993).

45. Résolution ChS (94) 1 et Recommandations n^os^ R ChS (94) 1 (Autriche), R ChS (94) 2 (France), R ChS (94) 3 (Allemagne), R ChS (94) 4 (Italie) et R ChS (94) 5 (Espagne), 2 *International Human Rights Reports* 241 (1994). Il s'agit dans chaque cas de recommandations contenant l'expression «de manière appropriée».

46. Ce fut le cas au cours des cycles XII-1 et XII-2. En 1995, toutefois, le Comité des Ministres n'a pas accepté tous les projets de recommandations proposés par le Comité Gouvernemental.

47. ETS n° 158. Sept Etats signataires à ce jour (1er décembre 1995): Chypre, Danemark, Finlande, France, Italie, Portugal et Suède. Pas de ratifications.

48. Protocole additionnel relatif aux réclamations collectives, article 1.

49. Y compris celles relatives à la politique de plein emploi (article 1 par. 1 de la Charte), pour laquelle le Comité d'experts indépendants ne procède à aucune évaluation dans le cadre du système de rapports: voir p. 443 ci-dessus.

serait victime une personne précise (par exemple, le grief qu'une personne s'est vu refuser un emploi dans le secteur public pour des motifs fondés sur la race, en violation de l'article 1 par. 2).

Trois catégories d'organisations peuvent faire des réclamations:[50]

i. les «organisations internationales d'employeurs et de travailleurs» invitées à participer aux travaux du Comité Gouvernemental en qualité d'observateurs;

ii. «les autres organisations internationales non gouvernementales dotées du statut consultatif auprès du Conseil de l'Europe et inscrites sur la liste établie à cet effet par le Comité Gouvernemental»;

iii. «les organisations nationales représentatives d'employeurs et de travailleurs relevant de la juridiction de la Partie contractante mise en cause par la réclamation».

Toutes les parties contractantes au Protocole reconnaissent le droit d'une organisation relevant de l'une des catégories ci-dessus de faire une réclamation. En outre, une partie contractante peut décider de déclarer qu'elle reconnaît le droit «de faire à son encontre des réclamations aux autres organisations nationales non gouvernementales représentatives relevant de sa juridiction et qui sont particulièrement qualifiées dans les matières régies par la Charte»[51]. Dans tous les cas ci-dessus, les organisations ne peuvent présenter des réclamations «que dans des domaines pour lesquels elles ont été reconnues particulièrement qualifiées»[52].

Ce système appelle plusieurs remarques. Comme c'est le cas pour le système de rapports de la Charte[53], la priorité est donnée aux droits économiques, et les organisations *nationales* d'employeurs et de travailleurs peuvent présenter des réclamations contre une partie contractante au Protocole sans que la partie contractante concernée ait eu à faire une déclaration spéciale à cet effet. La nécessité de faire une telle déclaration avant que des organisations non gouvernementales *nationales* puissent présenter des réclamations est particulièrement restrictive, puisque ces organisations seront particulièrement bien motivées et équipées pour faire des réclamations et qu'il est possible qu'il n'existe aucune organisation non gouvernementale internationale compétente pouvant agir pour l'organisation nationale. Par ailleurs, la détermination directe de l'identité des organisations non gouvernementales internationales qui peuvent présenter des réclamations est laissée au Comité Gouvernemental, qui est compétent pour dresser la liste de ces organisations. Enfin, il est tout à fait clair que le droit de faire des réclamations est nettement plus restreint que celui prévu par la Convention européenne des Droits de l'Homme, puisque les personnes physiques victimes d'une violation de la Charte ne peuvent introduire de réclamation[54].

50. Protocole relatif aux réclamations collectives, article 1.

51. Protocole relatif aux réclamations collectives, article 2 par. 1. Ces déclarations peuvent être faites pour une durée déterminée: article 2 par. 2, *id.*

52. Protocole relatif aux réclamations collectives, article 3.

53. La participation (très précieuse) prévue de l'OIT (mais pas, par exemple, de l'OMS) aux travaux du Comité d'experts indépendants (article 26) et le rôle des organisations d'employeurs et de travailleurs dans le Comité Gouvernemental (article 27 par. 2).

54. Comme relevé ci-dessus, il n'est pas établi clairement qu'une organisation puisse présenter une réclamation qui, en fait, est celle d'une personne physique lésée par une «application insatisfaisante» de la Charte.

Une réclamation collective est examinée par le Comité d'experts indépendants. Il est prévu que le Comité peut tout d'abord statuer sur la recevabilité, bien qu'il doive encore définir, dans sa pratique, les critères de recevabilité[55]. Après avoir examiné les moyens écrits ou, éventuellement, oraux concernant le bien-fondé d'une requête admise, le Comité d'experts indépendants doit établir un rapport dans lequel il «présente ses conclusions» sur le point de savoir si la Charte a été appliquée d'une manière satisfaisante[56]. Ce rapport est ensuite transmis au Comité des Ministres[57], dont l'article 9 fixe comme suit la compétence:

1. Sur la base du rapport du Comité d'experts indépendants, le Comité des Ministres adopte une résolution à la majorité des votants. En cas de constat, par le Comité d'experts indépendants, d'une application non satisfaisante de la Charte, le Comité des Ministres adopte, à la majorité des deux tiers des votants, une recommandation à l'adresse de la Partie contractante mise en cause. Dans les deux cas, seules les Parties contractantes à la Charte peuvent prendre part au vote.

2. A la demande de la Partie contractante mise en cause, le Comité des Ministres peut, lorsque le rapport du Comité d'experts indépendants soulève des questions nouvelles, décider à la majorité des deux tiers des Parties contractantes à la Charte de consulter le Comité Gouvernemental.

La résolution adoptée par le Comité des Ministres en vertu de l'article 9 par. 1 met fin à la procédure. Toute «recommandation» éventuelle qu'elle contient n'est pas juridiquement contraignante. Toutefois, la partie contractante concernée «donnera des indications sur les mesures qu'elle aura prises pour donner effet à la recommandation du Comité des Ministres» dans son prochain rapport présenté en application de l'article 21[58]. Il est difficile de prévoir exactement avec quelle fréquence et dans quel type de cas le Comité des Ministres demandera, conformément à l'article 9 par. 2, l'avis du Comité Gouvernemental au sujet d'un cas qui aura donné lieu à une conclusion négative du Comité d'experts indépendants. Le Comité Gouvernemental étant, comme le Comité des Ministres lui-même, composé de représentants de l'Etat qui fait l'objet de la réclamation et d'autres Etats défendeurs potentiels, le recours à l'article 9 par. 2 devrait être rare, pour des questions de justice objective. On notera que le texte de l'article 9 résulte d'un compromis. Un des avis en présence était que, compte tenu de sa composition et du retard que pourrait entraîner son implication[59], le Comité Gouvernemental ne devrait pas avoir de rôle dans la procédure de

55. Protocole relatif aux réclamations collectives, article 6.

56. Protocole relatif aux réclamations collectives, article 8 par. 1.

57. Protocole relatif aux réclamations collectives, article 8 par. 2.

58. Protocole relatif aux réclamations collectives, article 10.

59. En ce qui concerne la rapidité de la procédure de réclamation, on notera que l'article 8 par. 2 du Protocole relatif aux réclamations collectives prévoit que le rapport du Comité d'experts indépendants doit être rendu public quatre mois au plus tard après sa transmission au Comité des Ministres. Il faut s'attendre à ce que le Comité d'experts indépendants qui, actuellement, se réunit sept fois par an pendant une semaine, consacrera une partie de chaque session à entendre les réclamations et s'emploiera à accélérer les procédures. D'une manière générale, la procédure des réclamations devrait se dérouler dans des délais nettement plus courts que le système de rapports, dans lequel une résolution relative à un rapport, adoptée en vertu de l'article 29 par le Comité des Ministres, est adoptée plus de trois ans après la fin du cycle de rapports.

réclamations et le Comité des Ministres devrait, dans tous les cas, agir uniquement sur base du rapport du Comité d'experts indépendants[60]. L'autre avis, contraire, était qu'il fallait faire transiter les rapports du Comité d'experts indépendants concernant toutes les réclamations par le Comité Gouvernemental, ce dernier exerçant la même fonction que celle qu'il exerce actuellement dans le nouveau système de rapports. La force avec laquelle les Etats tenants du second avis défendaient celui-ci et la perspective réelle de voir le Protocole tout entier rejeté à défaut de compromis acceptable par tous ont abouti à l'adoption du texte final de l'article 9 qui, sans être parfait, offre une procédure aussi proche du premier avis que l'on pouvait raisonnablement l'espérer.

On ne peut encore savoir, pour l'instant, si la procédure des réclamations collectives s'avérera utile. Même si elle est potentiellement très précieuse, le nombre de parties qui l'accepteront et le nombre de réclamations présentées par des organisations seront largement déterminants. La manière dont le Comité d'experts indépendants assumera son nouveau rôle et celle dont le Comité des Ministres et les parties contractantes réagiront aux conclusions négatives du Comité d'experts indépendants seront également importantes.

G. Le système de contrôle en général

En matière de droits de l'homme, une garantie vaut ce que vaut le système qui contrôle son application. Le système institué pour la mise en œuvre de la Charte est un bon système en ce qu'il impose aux Etats de faire, à intervalles réguliers et avec une relative fréquence, rapport au sujet des engagements qu'ils ont pris dans le cadre de la partie II de la Charte. En outre, les rapports sont examinés et évalués, par confrontation avec la Charte, par un organe indépendant qui remplit son rôle d'interprétation et d'application rigoureuses de la Charte. Avant l'adoption du Protocole d'amendement, l'avis général était toutefois que le fonctionnement du mécanisme de contrôle de la Charte avait laissé à désirer. Certaines faiblesses structurelles et certains problèmes dans la manière dont le système de la Charte avait évolué faisaient que le système n'était pas entièrement satisfaisant. Parmi ces problèmes, il y avait essentiellement le fait qu'un certain redoublement malsain et déconcertant des rôles était apparu entre le Comité d'experts indépendants et le Comité Gouvernemental, et aussi que le Comité des Ministres n'avait jamais, en concluant un cycle, adressé de recommandation à une partie contractante convaincue de non-respect de ses obligations.

L'adoption des réformes contenues dans le Protocole d'amendement a déjà débouché sur certains signes encourageants d'amélioration notable, à cet égard et à d'autres, du fonctionnement du mécanisme de contrôle. De plus, si, comme c'est probable, le Deuxième Protocole additionnel relatif aux réclamations collectives devait entrer en vigueur, le système de contrôle pourrait s'en trouver sensiblement renforcé pour les parties qui l'accepteront, en

60. Il n'a jamais été suggéré formellement qu'il fallait écarter le Comité des Ministres du processus. Comme relevé ci-avant, p. 453, le Comité des Ministres, après l'entrée en vigueur du Protocole n° 11, cessera d'avoir un rôle final – vivement critiqué – équivalent à celui qu'il remplit dans le cadre de la Convention européenne des Droits de l'Homme (voir le nouvel article 32 de la Convention). A partir de ce moment, sa fonction au titre de la Convention se bornera au contrôle de l'exécution des arrêts rendus par la Cour européenne des Droits de l'Homme.

particulier pour ce qui est des droits sociaux[61]. Le mécanisme de contrôle de la Charte ne pourra sans doute jamais rivaliser avec celui de la Convention européenne, caractérisé par un droit de recours pour les personnes physiques et une décision judiciaire contraignante de la Cour européenne des Droits de l'Homme, et il subsiste d'autres faiblesses et d'autres limitations[62]. Il n'en demeure pas moins que les modifications intervenues récemment ont considérablement amélioré ce mécanisme. Si la volonté politique se maintient d'appliquer les dispositions nouvelles dans le sens voulu, les perspectives de mise en œuvre effective de la Charte sont sensiblement meilleures que ce que l'on aurait pu imaginer il y a quelques années encore, avant le lancement du processus de «revitalisation».

61. Dans le cas des droits économiques, il se peut que les organisations de travailleurs disposent déjà d'une voie de recours dans le cadre des procédures de l'OIT. Il n'existe pas, pour les droits sociaux, de droit comparable d'introduction de réclamations contre les Etats européens.

62. Notamment les suivantes: (i) le maintien de la participation, au processus de contrôle, d'un organe – le Comité Gouvernemental – dont, contrairement à son équivalent véritablement tripartite de l'OIT, on doit nécessairement considérer qu'il affecte l'indépendance du processus; (ii) le processus de contrôle ne peut déboucher que sur une recommandation qui n'est pas juridiquement contraignante même si, dans le contexte du Conseil de l'Europe, les Etats se sentiront fortement incités à s'y conformer; (iii) la durée d'accomplissement d'un cycle de contrôle est excessive (plus de trois ans, un peu moins à l'avenir, maintenant que l'Assemblée n'y participe plus); (iv) l'absence de droit de recours pour les personnes physiques réduit la valeur de la Charte en tant que voie de recours pour la victime d'une violation; et (iv) l'insuffisance des ressources de secrétariat au service des deux principaux organes de contrôle.

[illegible] Comité [illegible] Droits de [illegible] institutions [illegible] appliquer les dispositions nouvelles [illegible] Comité [illegible] sur le fonctionnement du système [illegible]

[illegible]

[illegible] procédure [illegible] contrôle [illegible]

Restrictions ou limitations à l'application de la Charte sociale européenne

A. Dérogations en cas de guerre et de danger public

L'article 30 autorise les parties à déroger à leurs obligations «en temps de guerre ou en cas d'autre danger public menaçant la vie de la nation». Cette formulation épouse étroitement celle de l'article 15 de la Convention européenne des Droits de l'Homme[1]. Aucune partie n'a, à ce jour, jugé nécessaire d'invoquer l'article 30[2].

B. Restrictions dans l'intérêt public, etc.

L'article 31 par. 1 prévoit que les engagements énoncés dans les parties I et II «ne pourront faire l'objet de restrictions ou limitations non spécifiées dans [ces parties], à l'exception de celles prescrites par la loi et qui sont nécessaires, dans une société démocratique, pour garantir le respect des droits et des libertés d'autrui ou pour protéger l'ordre public, la sécurité nationale, la santé publique ou les bonnes mœurs». L'article 31 par. 1 est très proche du second paragraphe des articles 8 à 11 de la Convention européenne des Droits de l'Homme[3]. Dans un certain nombre de cas, l'article 31 a joué un rôle essentiel pour déterminer que certaines parties n'avaient pas enfreint la Charte[4].

L'article 31 par. 2 est libellé comme suit:

> Les restrictions apportées en vertu de la présente Charte aux droits et obligations reconnus dans celle-ci ne peuvent être appliquées que dans le but pour lequel elles ont été prévues.

Cette disposition est pratiquement identique à celle de l'article 18 de la Convention européenne des Droits de l'Homme[5] et concerne le même problème d'abus de pouvoir.

---

1. Voir p. 395 ci-dessus.

2. Par exemple, il n'a pas été invoqué par la Turquie dans le contexte de la situation d'urgence dans le sud-est de ce pays. En ce qui concerne le nord de Chypre, aucun gouvernement ne présente de rapport pour cette partie de l'île.

3. Voir p. 227 ci-dessus.

4. Voir notamment l'affaire GCHQ ci-dessus, note 70, p. 417.

5. Voir p. 242 ci-dessus.

C. Mise en œuvre au moyen de conventions collectives

La règle générale est qu'une partie contractante doit se conformer à une disposition donnée de la partie II pour toutes les personnes qu'elle concerne. L'article 33 par. 1 autorise une exception pour certaines dispositions relatives aux droits des travailleurs lorsque les garanties qu'elles contiennent «relèvent normalement de conventions conclues entre employeurs ou organisations d'employeurs et organisations de travailleurs, ou sont normalement mises en œuvre autrement que par la voie légale». Lorsque c'est le cas, la partie contractante sera considérée comme respectant les dispositions en cause «dès lors qu'[elles] seront appliquées à la grande majorité des travailleurs intéressés par de telles conventions ou par d'autres moyens (par exemple des mesures douanières ou administratives)». Cette exception s'applique aux douze dispositions suivantes:[6]

Article 2 par. 1, 2, 3, 4, 5
Article 7 par. 4, 6, 7
Article 10 par. 1, 2, 3, 4 [1]

Le Comité d'experts indépendants a interprété l'expression «la grande majorité» comme signifiant 80 % au moins. Si ce type de chiffre précis est utile en tant qu'indication générale, le bon sens commande de ne pas l'appliquer de manière stricte.

Pour éviter les discriminations à l'encontre des parties contractantes qui réglementent par la voie légale une question régie par l'article 33 par. 1, l'article 33 par. 2 prévoit que, pour les Etats dans lesquels les questions traitées dans les dispositions de l'article 33 par. 1 «relèvent normalement de la législation», les engagements concernés seront considérés comme remplis «dès lors que ces dispositions seront appliquées par la loi à la grande majorité des travailleurs intéressés». Dans certains cas, une partie contractante peut régler une question par la voie légale pour certains travailleurs et par celle des conventions collectives pour d'autres. Le critère est alors le point de savoir si la «grande majorité» des travailleurs concernés est protégée par la législation ou les conventions collectives ou autres moyens.

D. Limitations *ratione personae*

Les parties contractantes s'engagent à appliquer les dispositions des articles 1 à 17 à leurs propres ressortissants et à ceux des autres parties contractantes «résidant légalement ou travaillant régulièrement sur [son] territoire» (Annexe à la Charte). Chaque disposition est applicable aux ressortissants des autres parties contractantes, même si l'Etat auquel ils appartiennent ne l'a pas acceptée. La condition selon laquelle le ressortissant de l'autre partie contractante doit résider légalement sur le territoire d'une partie contractante exclut les visiteurs, par exemple les vacanciers ou les personnes en visite familiale ou d'affaires. Toutefois, pour que la Charte lui soit applicable, il n'est pas nécessaire que la personne concernée ait été autorisée à s'installer sur le territoire de la partie contractante, c'est-à-dire à s'y établir. L'autre condition («travaillant régulièrement») serait remplie par un frontalier qui, pour aller au travail, franchirait la frontière entre deux parties contractantes, ou par un

6. Des exceptions similaires à celles de l'article 33 sont autorisées par l'Annexe à la Charte pour ce qui concerne les articles 4 par. 5 et 7 par. 8.

travailleur saisonnier, agricole ou autre. La situation est moins claire pour les personnes effectuant régulièrement des voyages d'affaires.

La règle ci-dessus est applicable «sous réserve des dispositions de l'article 12, paragraphe 4, et de l'article 13, paragraphe 4», qui énoncent des règles imposant l'égalité de traitement entre tous les ressortissants des parties contractantes, quel que soit leur domicile, etc. L'autre réserve est qu'il est «entendu que les articles sus-visés [articles 1 à 17] seront interprétés à la lumière des dispositions des articles 18 et 19». Le renvoi à l'article 18 vise probablement à confirmer que les ressortissants des autres parties contractantes ne sont protégés par la disposition des articles 1 à 17 sur l'emploi que pour autant qu'ils soient autorisés à travailler sur le territoire d'une partie contractante conformément à l'article 18 (qui laisse une grande latitude aux parties contractantes pour ce qui est de l'octroi de cette autorisation). Ce que doit être l'interprétation des articles 1 à 17 «à la lumière» de l'article 19 est moins clair. Peut-être a-t-on voulu simplement attirer l'attention sur l'article 19 par. 4 qui, indépendamment des articles 1 à 17, garantit aux travailleurs migrants d'autres parties contractantes le droit à l'égalité de traitement pour ce qui touche à certaines questions décrites dans un certain nombre des dispositions des articles 1 à 17 (auquel cas cette mention est inutile).

L'article 18 par. 1, 2 et 3 s'applique à tous les ressortissants des autres parties contractantes, quel que soit l'endroit où ils sont domiciliés. Les paragraphes de l'article 19 s'appliquent à ces ressortissants de manière plus ou moins restrictive, selon les termes de chacun des paragraphes de cet article.

La partie II ne protège en rien les ressortissants de pays autres que les parties contractantes, qu'ils soient ou non Etats membres du Conseil de l'Europe. Il s'agit là d'une limitation qui fait plus songer aux accords réciproques qu'on trouve dans les traités bilatéraux qu'à une garantie relevant des droits de l'homme, et qui soutient très mal la comparaison avec ce qu'on trouve dans des instruments similaires. Le Pacte international relatif aux droits économiques, sociaux et culturels s'applique sans distinction aucune «fondée sur ... l'origine nationale ... ou toute autre situation»[7] et la plupart des conventions de l'OIT s'appliquent de la même manière, sans limitation. La règle la plus restrictive de la Charte, qui trouve son origine dans des considérations économiques et politiques, est particulièrement critiquable dans la mesure où la Charte ne limite pas le pouvoir d'un Etat de réglementer l'entrée sur son territoire. Si une partie contractante autorise un étranger à élire domicile ou à travailler sur son territoire, il est difficile de justifier que l'on exclue cette personne des droits garantis par la Charte en se fondant uniquement sur sa nationalité[8]. Il n'en demeure pas moins que, en dépit de ces critiques, la Charte protège effectivement la grande majorité des personnes susceptibles d'être soumises aux mesures d'un Etat, à savoir ses ressortissants mêmes. L'Annexe à la Charte comporte une disposition spéciale qui rend la garantie offerte par la Charte applicable aux réfugiés[9].

7. Article 2 par. 2 du Pacte. On notera toutefois l'article 2 par. 3 du Pacte.

8. En ce qui concerne l'extension de la règle *ratione personae* proposée par le projet de Charte sociale européenne révisée, voir p. 435 ci-dessus.

9. L'Annexe à la Charte est libellée comme suit:
«Chaque Partie contractante accordera aux réfugiés répondant à la définition de la Convention de Genève du 28 juillet 1951, relative au statut des réfugiés, et résidant régulièrement sur son territoire, un traitement aussi

E. Application territoriale

En vertu de l'article 34 par. 1, la Charte s'applique au «territoire métropolitain» des parties. L'article 34 par. 2 prévoit que toute partie contractante peut faire une déclaration étendant l'application de la Charte «à celui ou à ceux des territoires non métropolitains désignés dans ladite déclaration et dont elle assure les relations internationales ou dont elle assume la responsabilité internationale». Cette extension peut se faire à l'ensemble ou à une partie seulement de ce territoire. La déclaration doit spécifier les articles ou paragraphes de la partie II de la Charte acceptés comme obligatoires en ce qui concerne le territoire désigné. Deux déclarations ont été faites à ce jour au titre de l'article 34 par. 2, l'une par les Pays-Bas (Antilles néerlandaises et Aruba), l'autre par le Royaume-Uni (Ile de Man).

F. Relations entre la Charte et le droit national

L'Annexe à la Charte énonce ce qui suit:

> Il est entendu que la Charte contient des engagements juridiques de caractère international dont l'application est soumise au seul contrôle visé par la partie IV [à savoir le système de rapports décrit ci-dessous].

Cette formule a été ajoutée en vue d'indiquer que l'intention n'était pas que les dispositions qui font partie de la Charte soient directement applicables[10]. En d'autres termes, le but n'était pas de créer des droits et des obligations opposables devant les juridictions des parties contractantes dotées d'une Constitution intégrant en droit interne les dispositions conventionnelles directement applicables. Il n'en demeure pas moins que c'est au tribunal national concerné, appliquant le droit national, que doit revenir la décision finale sur l'opposabilité d'une disposition de la Charte invoquée devant lui par un justiciable, et il y a eu, devant des juridictions municipales, un petit nombre d'affaires dans lesquelles la Charte a été appliquée. La plus remarquable est un arrêt, rendu le 30 mai 1986, dans lequel la Cour suprême des Pays-Bas reconnaissait l'applicabilité directe, en droit néerlandais, de l'article 6 par. 4 relatif au droit de grève[11].

---

favorable que possible et en tout cas non moins favorable que celui auquel elle s'est engagée en vertu de la Convention de 1951, ainsi que de tous autres accords internationaux existants et applicables aux réfugiés mentionnés ci-dessus.»

10. Pour plus de détails, voir Harris, *The European Social Charter*, 1984, p. 290.

11. Hoge Raad, Pays-Bas, *Jurisprudentie* 1986, 688. En ce qui concerne le rôle de la Charte dans le droit néerlandais du travail, où elle a été invoquée notamment pour asseoir un droit de grève qui, à défaut, n'aurait pas existé dans ce droit, voir Heringa, *Sociale Grondrechten*, 1989.

Réalisations et perspectives de la Charte sociale

A l'origine, la Charte se voulait en partie une déclaration de principes commune à l'ensemble des membres du Conseil de l'Europe dans le domaine de la politique sociale et un guide pour l'harmonisation du progrès social futur en Europe. Elle devait aussi offrir une garantie juridique immédiate pour les droits économiques et sociaux, similaire à celle de la Convention européenne des Droits de l'Homme dans le domaine des droits civils et politiques. Son rôle est resté modeste pour ce qui est du premier aspect; l'impression globale est que les pressions et les intérêts actuels ont fait plus que la Charte elle-même pour façonner les initiatives du Conseil en matière de politique sociale.

C'est dans son rôle de pendant de la Convention européenne des Droits de l'Homme que la Charte puise aujourd'hui sa principale signification. Malgré le climat de déception qui présida à son adoption, face au caractère prudent de la garantie qu'elle offre, la substance de la partie II s'est avérée suffisante pour en faire un instrument valable de protection des droits économiques et sociaux. Bien que la Charte ne mentionne pas certains droits et que certaines des garanties spécifiques qu'elle contient devraient être actualisées[1], le fait qu'une majorité des parties n'ait pas cru pouvoir en accepter la totalité des dispositions et que la performance des parties sur le plan du respect des dispositions qu'elles ont acceptées soit loin d'être parfaite indique que la garantie qu'offre la Charte est une garantie exigeante. Si le projet de Charte sociale européenne révisée devait être adopté et entrer en vigueur, la garantie matérielle offerte par la Charte s'en trouverait considérablement améliorée pour les Etats qui la ratifient.

Une autre réalisation importante à l'actif de la Charte est la constitution, sur un quart de siècle, d'un vaste corpus jurisprudentiel d'interprétation et d'application, dans le domaine des droits de l'homme, d'une garantie internationale qui protège les droits économiques et sociaux.

De plus, la Charte aurait plus d'impact si une plus grande publicité lui était assurée. Cette publicité revêt une importance essentielle pour l'efficacité de tout système de protection internationale des droits de l'homme. Les Etats tiennent à leur réputation et peuvent, dans un domaine qui n'affecte pas des intérêts nationaux vitaux, céder à la pression du public et à la pression morale. Il est plus facile d'assurer la publicité dans un système de contrôle par voie de requête, où les problèmes sont délimités de manière claire et personnelle, que dans un système de rapports tel que celui de la Charte. La solution consiste à ce que le Conseil

1. Voir p. 436 ci-dessus.

de l'Europe, les parlements nationaux et d'autres stimulent l'intérêt pour la Charte et la connaissance de celle-ci[2]. La comparaison entre le traitement réservé par les tribunaux à la Convention européenne des Droits de l'Homme, d'une part, et à la Charte, d'autre part, est instructive. Ces tribunaux ont, dans un certain nombre d'affaires, utilisé la Convention comme critère pour définir et appliquer les libertés civiles et politiques, alors qu'il existe très peu d'affaires devant des juges nationaux dans lesquelles il a été fait référence à la Charte. Si l'absence d'application directe générale qui caractérise la Charte réduit inévitablement l'impact qu'elle peut avoir devant les juridictions nationales, elle n'empêcherait pas celles-ci de se fonder sur elle en tant qu'élément de leur raisonnement – pour autant qu'elles soient informées de son existence et de sa signification.

Une question qui revêtira une importance croissante dans les prochaines années de l'existence de la Charte est celle de sa relation avec l'Union européenne. Les quinze Etats membres de l'Union européenne sont tous parties à la Charte du Conseil de l'Europe. Pour les citoyens de ces Etats, les règlements ou directives qui mettent en œuvre la «Charte sociale» de l'Union européenne ou se fondent, à un titre quelconque, sur le Traité de Rome dans des domaines couverts par la Charte du Conseil de l'Europe représentent des instruments beaucoup plus efficaces, pour la protection de leurs droits économiques et sociaux, que la Charte de Strasbourg, puisqu'ils sont opposables, directement ou par le biais de la législation nationale requise, devant les juridictions nationales. La Charte conserve toutefois sa valeur dans la mesure où la législation de l'Union européenne peut fixer des normes inférieures à celles des dispositions de la Charte de 1961[3] ou ne pas réunir la majorité nécessaire à son adoption. En outre, la Charte sociale de l'Union européenne ne couvre pas l'éventail complet des droits protégés par la Charte de 1961, même si la compétence de l'Union européenne tend aujourd'hui à s'étendre aux domaines sociaux autant qu'économiques[4]. Pour les citoyens des parties à la Charte qui ne sont pas des Etats membres de l'Union européenne, la Charte représente la seule garantie européenne des droits économiques et sociaux. Bien que le nombre de parties à la Charte qui font partie de l'«ancienne» Europe et ne sont pas membres de l'Union européenne ait diminué, la Charte

2. Le Conseil de l'Europe envisage la publication d'études thématiques et autres de la Charte, similaires à celles qui existent pour la Convention européenne des Droits de l'Homme. Il est certain que le transfert, en 1989, de la Charte à la Direction des Droits de l'Homme a contribué à améliorer la sensibilisation à celle-ci en tant qu'instrument des droits de l'homme. Cet effet serait renforcé encore si le projet de Charte sociale européenne révisée était rebaptisé «Convention européenne des droits économiques et sociaux». Des efforts accrus pourraient aussi être faits pour améliorer l'accès aux *Conclusions* du Comité d'experts indépendants, aux *Rapports* du Comité Gouvernemental et aux résolutions et recommandations du Comité des Ministres.

3. Par exemple, la Directive 92/85/CEE du Conseil, JO L 348/1 (1992), relative au congé de maternité, fixe, à certains égards, des critères inférieurs à ceux de l'article 8 par. 1 de la Charte. Toutefois, en termes d'efficacité, on peut observer que la loi britannique a déjà été modifiée pour assurer sa conformité avec la directive: voir *Maternity (Compulsory Leave) Regulations 1994*, SI 1994/2479, alors que le Royaume-Uni, après plusieurs années, n'a toujours pas modifié sa législation suite à la conclusion négative du Comité d'experts indépendants relative à l'article 8 par. 1. Il sera intéressant de voir quelle sera la réaction à la recommandation récente du Comité des Ministres (voir p. 455 ci-dessus) relative à un des aspects de la conclusion des experts (niveau de la prestation de maternité).

4. Par exemple, l'Union européenne s'est préoccupée des droits des personnes âgées. Toutefois, elle n'a pas tenté de réglementer tous les aspects des droits économiques, notamment le droit syndical ou d'action collective.

du Conseil de l'Europe continuera, pendant un certain temps encore, à remplir, pour les Etats européens de l'ex-Union soviétique et des Balkans qui sont en voie d'adhérer à la famille européenne des Etats, une fonction importante d'indicateur des normes de protection des droits économiques et sociaux en vigueur dans les économies de marché.

Annexe I: Le fonctionnement de la Convention européenne des Droits de l'Homme

La Convention européenne des Droits de l'Homme organigramme du mécanisme de contrôle

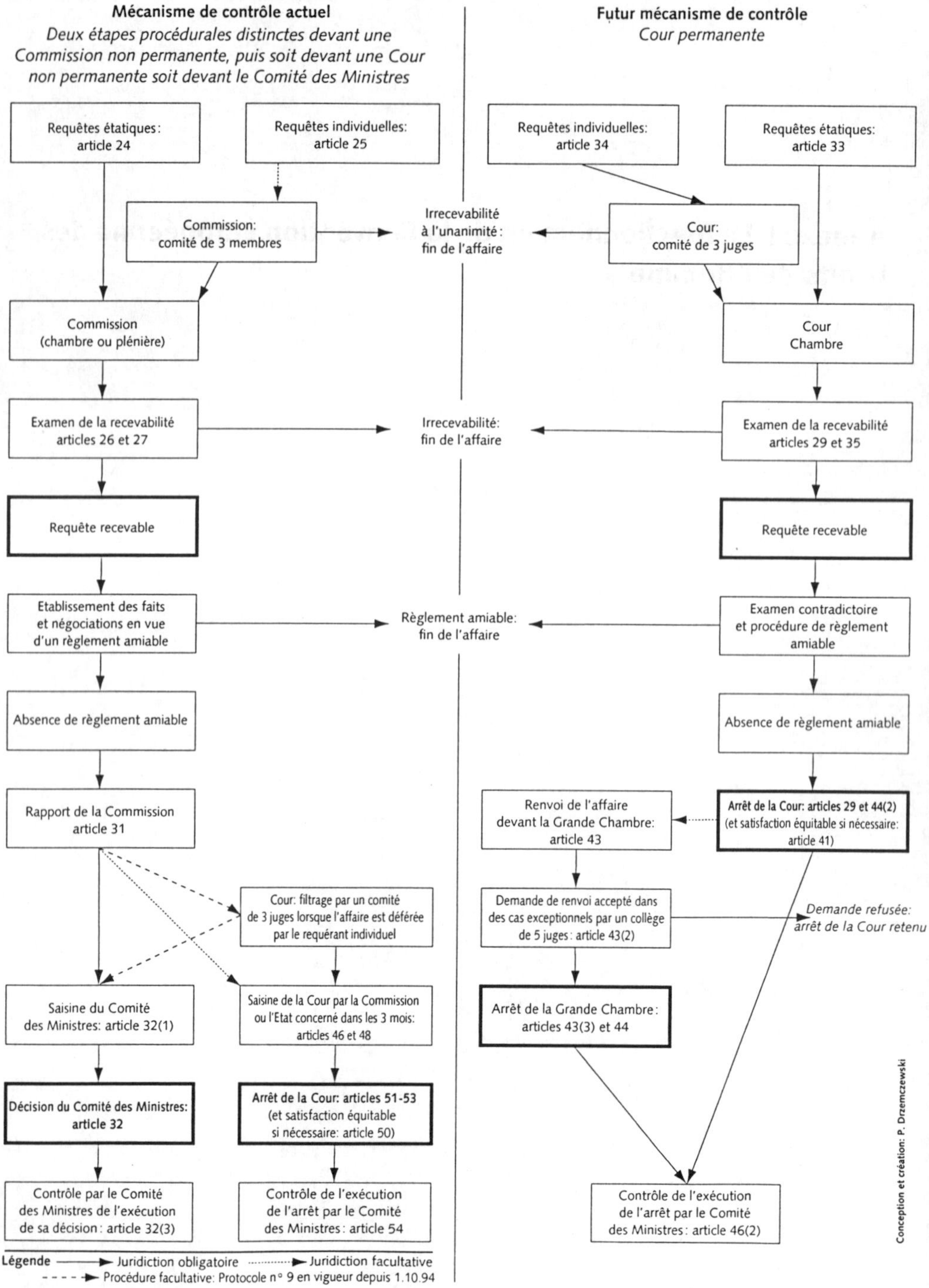

Conception et création: P. Drzemczewski

Schéma comparatif du mécanisme de contrôle de la Convention européenne des Droits de l'Homme

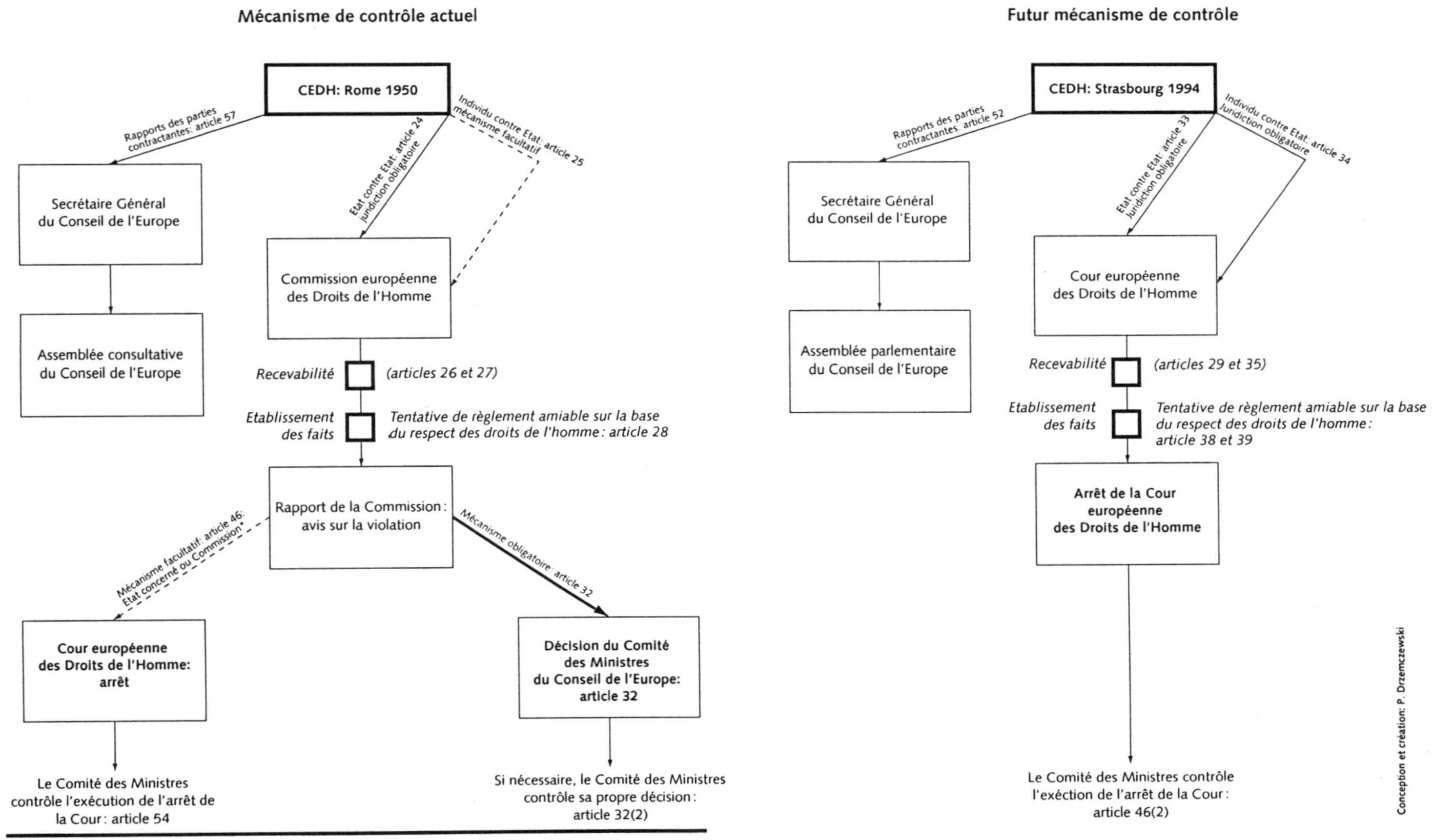

Légende ____ Mécanisme obligatoire -------- Mécanisme facultatif

* Requérant individuel en cas de ratification par l'Etat du Protocole n° 9

Annexe II: Le fonctionnement de la Charte sociale européenne

Conseil de l'Europe

CHARTE SOCIALE EUROPÉENNE

Council of Europe
Conseil de l'Europe

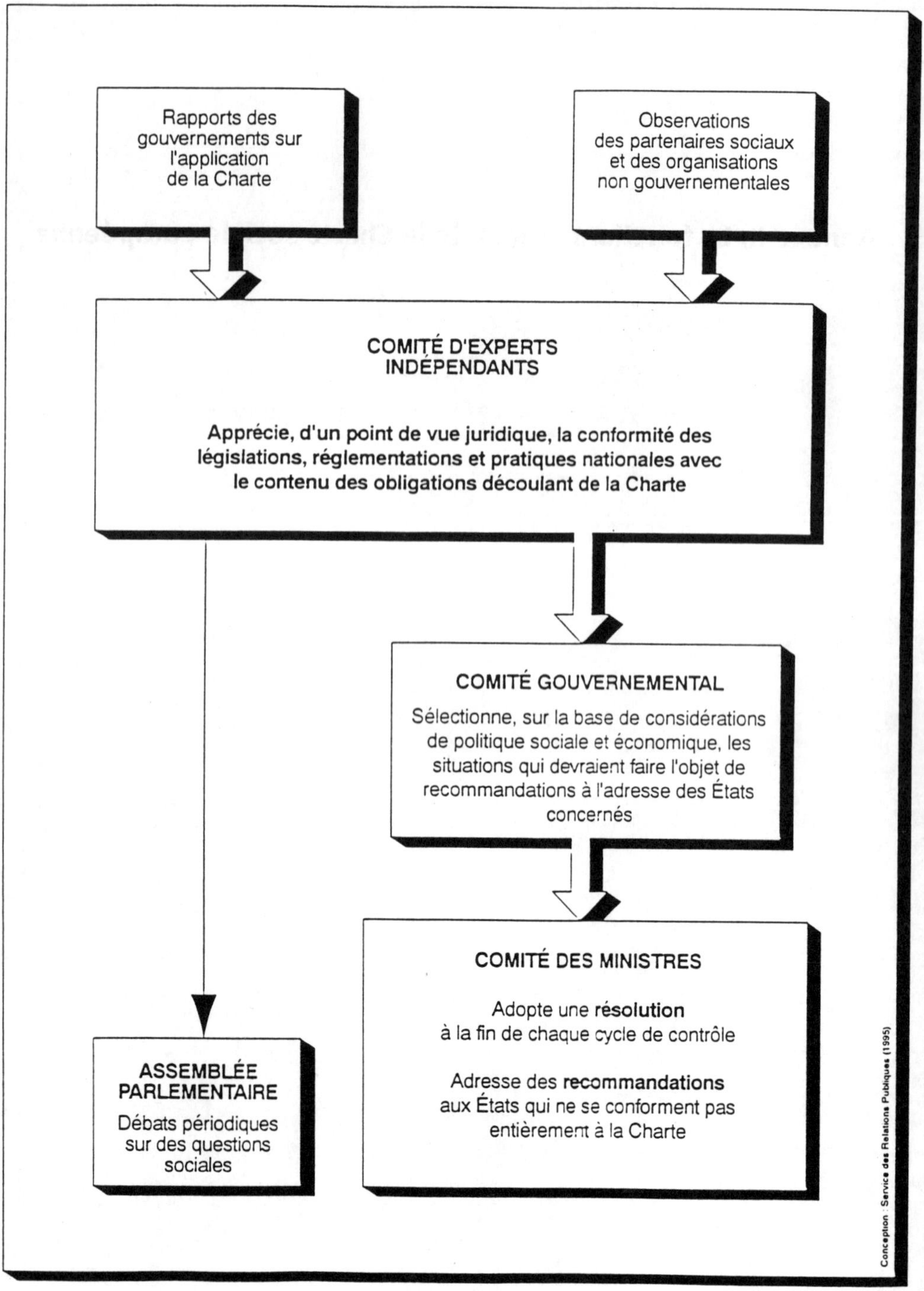

Annexe III: Tableau des données relatives à l'acceptation des dispositions de la Charte sociale européenne

Cycle de supervision XIII-2

■ accepté □ non accepté

Disposition de la Charte	Autriche	Belgique	Chypre	Danemark	Finlande	France	Allemagne	Grèce	Islande
Article 1 (1)	■	■	■	■	■	■	■	■	■
Article 1 (2)	■	■	■	■	■	■	■	■	■
Article 1 (3)	■	■	■	■	■	■	■	■	■
Article 1 (4)	■	■	■	■	■	■	■	■	■
Article 2 (1)	□	■	■	□	■	■	■	■	■
Article 2 (2)	■	■	□	■	■	■	■	■	□
Article 2 (3)	■	■	■	■	■	■	■	■	■
Article 2 (4)	■	■	□	□	■	■	■	■	□
Article 2 (5)	■	■	■	■	■	■	■	■	■
Article 3 (1)	■	■	■	■	□	■	■	■	■
Article 3 (2)	■	■	■	■	□	■	■	■	■
Article 3 (3)	■	■	■	■	■	■	■	■	■
Article 4 (1)	■	■	□	■	□	■	■	■	■
Article 4 (2)	■	■	□	■	■	■	■	■	■
Article 4 (3)	■	■	□	■	■	■	■	■	■
Article 4 (4)	□	■	□	□	□	■	□	■	■
Article 4 (5)	■	■	□	□	■	■	■	■	■
Article 5	■	■	■	■	■	■	■	□	■

Irlande	Italie	Luxem-bourg	Malte	Pays-Bas[1]	Norvège	Portugal	Espagne	Suède	Turquie	Royaume-Uni
■	■	■	■	■	■	■	■	■	■	■
■	■	■	■	■	■	■	■	■	■	■
■	■	■	■	■	■	■	■	■	■	■
■	■	■	■	■	■	■	■	■	■	■
■	■	■	■	■	■	■	■			
■	■	■	■	■	■	■	■			■
■	■	■	■	■	■	■	■	■		■
■	■	■		■	■	■	■			■
■	■	■	■	■	■	■	■	■		■
■	■	■	■	■	■	■	■	■		■
■	■	■	■	■	■	■	■	■		■
■	■	■	■	■	■	■	■	■		■
■	■	■	■	■	■	■	■	■		■
■	■	■	■	■	■	■	■			■
	■	■	■	■	■	■	■	■	■	
■	■		■	■	■	■	■	■		■
■	■	■	■	■	■	■	■		■	■
■	■	■	■	■	■	■	■	■		■

1. En ce qui concerne les Antilles néerlandaises et Aruba, le Royaume des Pays-Bas se considère lié par les articles 1 et 5, l'article 6 (à l'exception des agents de la fonction publique) et l'article 16.

■ accepté   □ non accepté

Disposition de la Charte	Autriche	Belgique	Chypre	Danemark	Finlande	France	Allemagne	Grèce	Islande
Article 6 (1)	■	■	■	■	■	■	■		■
Article 6 (2)	■	■	■	■	■	■	■		■
Article 6 (3)	■	■	■	■	■	■	■		■
Article 6 (4)		■	■	■	■	■	■		■
Article 7 (1)		■	■		■	■		■	
Article 7 (2)	■	■			■	■	■	■	
Article 7 (3)	■	■	■		■	■	■	■	
Article 7 (4)	■	■			■	■	■	■	
Article 7 (5)	■	■			■	■	■	■	
Article 7 (6)		■				■	■	■	
Article 7 (7)	■	■	■		■	■	■	■	
Article 7 (8)	■	■	■		■	■	■	■	
Article 7 (9)	■	■				■	■	■	
Article 7 (10)	■	■			■	■	■	■	
Article 8 (1)	■	■	■	■		■	■	■	
Article 8 (2)	■	■	■		■	■		■	
Article 8 (3)	■	■				■	■	■	
Article 8 (4)	■	■				■		■	

Irlande	Italie	Luxem-bourg	Malte	Pays-Bas	Norvège	Portugal	Espagne	Suède	Turquie	Royaume-Uni
■	■	■	■	■	■	■	■	■		■
■	■	■	■	■	■	■	■	■		■
■	■	■	■	■	■	■	■	■		■
■	■		■	■ 1	■	■ 2	■	■		■
	■	■	■	■		■	■	■		
■	■	■	■	■	■	■	■	■		■
■	■	■	■	■	■	■	■	■	■	■
■	■	■	■	■		■	■	■	■	
■	■	■	■	■	■	■	■		■	■
■	■	■	■	■	■	■	■		■	■
	■	■	■	■	■	■	■	■		
■	■	■	■	■	■	■	■	■	■	
	■	■	■	■		■	■	■	■	■
■	■	■	■	■	■	■	■	■		■
■	■	■	■	■		■	■	■		■
	■	■	■	■		■	■	■		
	■	■		■		■	■	■		
■	■		■	■		■	■ 3			

1. Cette disposition est acceptée sauf en ce qui concerne les agents de la fonction publique.
2. Cette disposition est acceptée sauf en ce qui concerne le lock-out.
3. L'Espagne n'est plus liée par l'alinéa *b* de cette disposition depuis le 5 juin 1991.

■ accepté □ non accepté

Disposition de la Charte	Autriche	Belgique	Chypre	Danemark	Finlande	France	Allemagne	Grèce	Islande
Article 9	■	■	■	■	■	■	■	■	□
Article 10 (1)	■	■	□	■	■	■	■	■	□
Article 10 (2)	■	■	□	■	■	■	■	■	□
Article 10 (3)	■	■	□	■	■	■	■	■	□
Article 10 (4)	■	■	□	■	■	■	□	■	□
Article 11 (1)	■	■	■	■	■	■	■	■	■
Article 11 (2)	■	■	■	■	■	■	■	■	■
Article 11 (3)	■	■	■	■	■	■	■	■	■
Article 12 (1)	■	■	■	■	■	■	■	■	■
Article 12 (2)	■	■	■	■	■	■	■	■	■
Article 12 (3)	■	■	■	■	■	■	■	■	■
Article 12 (4)	■	■	■	■	■	■	■	■	■
Article 13 (1)	■	■	□	■	■	■	■	■	■
Article 13 (2)	■	■	□	■	■	■	■	■	■
Article 13 (3)	■	■	□	■	■	■	■	■	■
Article 13 (4)	■	■	□	■	■	■	■	■	■
Article 14 (1)	■	■	■	■	■	■	■	■	■
Article 14 (2)	■	■	■	■	■	■	■	■	■

Irlande	Italie	Luxem-bourg	Malte	Pays-Bas	Norvège	Portugal	Espagne	Suède	Turquie	Royaume-Uni
			1							

1. Seules les dispositions du paragraphe 4.*a* et *d* ont été acceptées.

■ accepté □ non accepté

Disposition de la Charte	Autriche	Belgique	Chypre	Danemark	Finlande	France	Allemagne	Grèce	Islande
Article 15 (1)	■	■	■	■	■	■	■	■	■
Article 15 (2)	■	■	■	■	■	■	■	■	■
Article 16	■	■	□	■	■	■	■	■	■
Article 17	■	■	□	■	■	■	■	■	■
Article 18 (1)	■	■	□	■	■	■	■	■	■
Article 18 (2)	■	■	□	■	■	■	■	■	■
Article 18 (3)	□	■	□	■	■	■	■	■	■
Article 18 (4)	■	■	□	■	■	■	■	■	■
Article 19 (1)	■	■	■	□	■	■	■	■	□
Article 19 (2)	■	■	■	□	■	■	■	■	□
Article 19 (3)	■	■	■	□	■	■	■	■	□
Article 19 (4)	□	■	■	□	■	■	■	■	□
Article 19 (5)	■	■	■	□	■	■	■	■	□
Article 19 (6)	■	■	■	□	■	■	■	■	□
Article 19 (7)	□	■	■	□	■	■	■	■	□
Article 19 (8)	□	■	■	□	■	■	■	■	□
Article 19 (9)	■	■	■	□	■	■	■	■	□
Article 19 (10)	□	■	■	□	□	■	■	■	□

Irlande	Italie	Luxem-bourg	Malte	Pays-Bas	Norvège	Portugal	Espagne	Suède	Turquie	Royaume-Uni
■	■	■	■	■	■	■	■	■		■
■	■	■	■	■	■	■	■	■		■
■	■	■	■	■	■	■	■	■	■	■
■	■	■	■	■	■	■	■	■	■	■
■	■	■		■		■	■	■	■	■
■	■	■		■		■	■	■	■	■
■	■	■		■		■	■	■	■	■
■	■	■	■	■		■	■	■	■	■
■	■	■		■	■	■	■	■	■	■
■	■	■		■	■	■	■	■	■	■
■	■	■		■	■	■	■	■	■	■
■	■	■		■	■	■	■	■	■	■
■	■	■		■	■	■	■	■	■	■
■	■	■		■	■	■	■	■	■	■
■	■	■		■	■	■	■	■	■	■
■	■	■		■		■	■	■	■	■
■	■	■		■	■	■	■	■	■	■
■	■	■		■	■	■	■	■	■	■

Annexe IV: Bibliographie succincte

Beddard, R., *Human Rights and Europe*, 3e édition. 1993, Cambridge, Grotius

Berger, V., *Case Law of the European Court of Human Rights, Vol. I, 1960-1987*. Dublin, The Round Hall Press

Berger, V., *Case Law of the European Court of Human Rights, Vol. II, 1988-1990*. Dublin, The Round Hall Press

Berger, V., *Case Law of the European Court of Human Rights, Vol. III, 1991-1993*. Dublin, The Round Hall Press

Berger, V., *Jurisprudence de la Cour européenne des droits de l'homme*, 4e édition. 1994, Sirey

Betten, L. (éd.), Harris, D. et Jaspers T., *The Future of European Social Policy*. 1989, Deventer, Boston, Kluwer Law and Taxation Publishers

Clements, L.J., *European Human Rights. Taking a case under the Convention*. 1994, London, Sweet & Maxwell

Cohen-Jonathan, G., *La Convention Européenne des Droits de l'Homme*. 1989, Paris, Economica

Conseil de l'Europe: La Direction des Droits de l'Homme, Conseil de l'Europe, 1er colloque international sur la Convention européenne des Droits de l'Homme, *La Protection internationale des droits de l'homme dans le cadre européen*. 1961, Paris, Librairie Dalloz

Conseil de l'Europe: Robertson, A.H., 2e Colloque international, *Human Rights in National and International Law*. 1968, Manchester University Press, Oceana Publications, Inc.

Conseil de l'Europe: Robertson, A.H., 3e Colloque international, *Privacy and Human Rights*. 1973, Manchester, Manchester University Press

Conseil de l'Europe, 4e Colloque international, *Proceedings of the Fourth Colloquy international about the European Convention on Human Rights*. 1976, Strasbourg, Council of Europe

Conseil de l'Europe: Maier, I., 5e Colloque international, *Protection of Human Rights in Europe*. 1982, Heidelberg, C.F. Müller Juristischer Verlag

Conseil de l'Europe, Direction des Droits de l'Homme, 6e Colloque international, *Proceedings of the Sixth Colloque international about the European Convention on Human Rights*. 1988, Dordrecht, Boston, London, Martinus Nijhoff Publishers

Conseil de l'Europe, Direction des Droits de l'Homme, 7ème Colloque international, *Rights of Persons Deprived of their Liberty. Equality and Non-discrimination*. 1994, Kehl, Straßburg, Arlington, N.P. Engel, Publisher

Conseil de l'Europe, Direction des Droits de l'Homme, 8ème Colloque international. A paraître

Cuadernos de Derecho Judicial, *La Jurisprudencia del Tribunal Europeo de Derechos Humanos.* 1993, Madrid, Consejo General del Poder Judicial

Drzemczewski, A.Z., *European Human Rights Convention in Domestic Law.* 1983, Oxford, Clarendon Press

Facchin, R., *L'Interpretazione Giudiziaria della Convenzione Europea dei Dirriti dell'Uomo. Guida alla Giurisprudenza della Corte (1960-1987).* 1988, Padova, Casa Editrice Dott. Antonio Milani

Facchin, R., *L'Interpretazione Giudiziaria della Convenzione Europea dei Dirriti Dell'Uomo. Guida alla Giurisprudenza della Corte (1988-1989).* 1990. Padova, [id.]

Fawcett, J., *The Application of the European Convention on Human Rights.* 1987, Oxford, Clarendon Press

Frowein, J., et Peukert W. *Europäische Menschenrechtskonvention EMRK-Kommentar.* 1985, Kehl, Straßburg, Arlington, N.P. Engel Verlag

Harris, D. *The European Social Charter*, 8ème édition. 1984, Charlottesville, University of Virginia Press

Harris, D.J., O'Boyle, M., et Warbrick, C., *Law of the European Convention on Human Rights.* 1995, London, Dublin, Edinburgh, Butterworths

Janis, M.W, et Kay, R.S., *European Human Rights Law.* 1990, University of Connecticut

Jaspers, A.Ph.C.M. et Betten, L. *European Social Charter.* 1988, Deventer, Antwerp, London, Frankfurt, Boston, New York, Kluwer Law and Taxation Publishers

Loucaides, L.G., *Essays on the Developing Law of Human Rights*, Vol. 39. 1994, Dordrecht, Boston, London, Martinus Nijhoff Publishers

Macdonald, R.St-J., Matscher, F., et Petzold, H., *The European System for the Protection of Human Rights.* 1993, Dordrecht, Boston, London, Martinus Nijhoff Publishers

Merrills, J.G., *The Development of International Law by the European Court of Human Rights*, 2e édition. 1993, Manchester, Manchester University Press

Pettiti. L.-E., Decaux, E., Imbert, P.-H., *La Convention européenne des Droits de l'Homme.* 1995, Nanterre, Centre de droit international de l'Université de Paris X Nanterre

Polakiewicz. J., *Die Verpflichtungen der Staaten aus den Urteilen des Europäischen Gerichtshofs für Menschenrechte.* 1993, Berlin, Heidelberg, New York, London, Paris, Tokyo, Hong Kong, Barcelona, Budapest, Springer-Verlag

Robertson, A.H., Merrills, J.G., *Human Rights in Europe*, 3e édition. Manchester, New York, Manchester University Press

van Dijk, P., van Hoof, G., *Theory and Practice of the European Convention on Human Rights*, 2e édition. 1990, Antwerp, Boston, London, Frankfurt, Kluwer Law and Taxation Publishers

Veá, A. *Los derechos sindicales en la Carta Social Europea.* 1989, Barcelona, Bosch, Casa Editorial

Velu, J. et al., *La mise en œuvre interne de la Convention européenne des Droits de l'Homme.* 1994, Bruxelles, éditions du jeune Barreau de Bruxelles

Velu, J., Ergec, R., *La Convention européenne des Droits de l'Homme.* 1990, Bruxelles, Bruyant

Wiarda, G.J., *Protecting Human Rights: The European Dimension*, 2e édition. 1990, Köln, Berlin, Bonn, München, Carl Heymanns Verlag KG

Zwart, T., *The Admissibility of Human Rights Petitions*, Vol. 36. 1995, Dordrecht, Boston, London, Martinus Nijhoff Publishers

Index des rapports de la Commission européenne des Droits de l'Homme

Index des affaires devant la Cour européenne des Droits de l'Homme

Index général

Les numéros de pages composés *en italiques* renvoient aux notes en bas de page

Sales agents for publications of the Council of Europe
Agents de vente des publications du Conseil de l'Europe

AUSTRALIA/AUSTRALIE
Hunter publications, 58A, Gipps Street
AUS-3066 COLLINGWOOD, Victoria
Fax: (61) 33 9 419 7154

AUSTRIA/AUTRICHE
Gerold und Co., Graben 31
A-1011 WIEN 1
Fax: (43) 1512 47 31 29

BELGIUM/BELGIQUE
La Librairie européenne SA
50, avenue A. Jonnart
B-1200 BRUXELLES 20
Fax: (32) 27 35 08 60

Jean de Lannoy
202, avenue du Roi
B-1060 BRUXELLES
Fax: (32) 25 38 08 41

CANADA
Renouf Publishing Company Limited
5369 Chemin Canotek Road
CDN-OTTAWA, Ontario, K1J 9J3
Fax: (1) 613 745 76 60

DENMARK/DANEMARK
Munksgaard
PO Box 2148
DK-1016 KØBENHAVN K
Fax: (45) 33 12 93 87

FINLAND/FINLANDE
Akateeminen Kirjakauppa
Keskuskatu 1, PO Box 218
SF-00381 HELSINKI
Fax: (358) 9 121 44 50

GERMANY/ALLEMAGNE
UNO Verlag
Poppelsdorfer Allee 55
D-53115 BONN
Fax: (49) 228 21 74 92

GREECE/GRÈCE
Librairie Kauffmann
Mavrokordatou 9, GR-ATHINAI 106 78
Fax: (30) 13 23 03 20

HUNGARY/HONGRIE
Euro Info Service
Magyarország
Margitsziget (Európa Ház),
H-1138 BUDAPEST
Fax: (36) 1 111 62 16
E-mail: eurinfo@mail.matav.hu

IRELAND/IRLANDE
Government Stationery Office
4-5 Harcourt Road, IRL-DUBLIN 2
Fax: (353) 14 75 27 60

ISRAEL/ISRAËL
ROY International
17 Shimon Hatrssi St.
PO Box 13056
IL-61130 TEL AVIV
Fax: (972) 3 546 1423
E-mail: royil@netvision.net.il

ITALY/ITALIE
Libreria Commissionaria Sansoni
Via Duca di Calabria, 1/1
Casella Postale 552, I-50125 FIRENZE
Fax: (39) 55 64 12 57

MALTA/MALTE
L. Sapienza & Sons Ltd
26 Republic Street
PO Box 36
VALLETTA CMR 01
Fax: (356) 233 621

NETHERLANDS/PAYS-BAS
InOr-publikaties, PO Box 202
NL-7480 AE HAAKSBERGEN
Fax: (31) 53 572 92 96

NORWAY/NORVÈGE
Akademika, A/S Universitetsbokhandel
PO Box 84, Blindern
N-0314 OSLO
Fax: (47) 22 85 30 53

POLAND/POLOGNE
Głowna Księgarnia Naukowa im. B. Prusa
Krakowskie Przedmiescie 7
PL-00-068 WARSZAWA
Fax: (48) 22 26 64 49

PORTUGAL
Livraria Portugal
Rua do Carmo, 70
P-1200 LISBOA
Fax: (351) 13 47 02 64

SPAIN/ESPAGNE
Mundi-Prensa Libros SA
Castelló 37, E-28001 MADRID
Fax: (34) 15 75 39 98

Llibreria de la Generalitat
Rambla dels Estudis, 118
E-08002 BARCELONA
Fax: (34) 343 12 18 54

SWITZERLAND/SUISSE
Buchhandlung Heinimann & Co.
Kirchgasse 17, CH-8001 ZÜRICH
Fax: (41) 12 51 14 81

BERSY
Route du Manège 60, CP 4040
CH-1950 SION 4
Fax: (41) 27 203 73 32

UNITED KINGDOM/ROYAUME-UNI
TSO (formerly HMSO)
51 Nine Elms Lane
GB-LONDON SW8 5DR
Fax: (44) 171 873 82 00

**UNITED STATES and CANADA/
ÉTATS-UNIS et CANADA**
Manhattan Publishing Company
468 Albany Post Road
PO Box 850
CROTON-ON-HUDSON, NY 10520, USA
Fax: (1) 914 271 58 56

STRASBOURG
Librairie Kléber
Palais de l'Europe
F-67075 STRASBOURG Cedex
Fax: +33 (0)3 88 52 91 21

Council of Europe Publishing/Editions du Conseil de l'Europe
Council of Europe/Conseil de l'Europe
F-67075 Strasbourg Cedex
Tel. +33 (0)3 88 41 25 81 – Fax +33 (0)3 88 41 39 10 – E-mail: ce.publishing@seddoc.coe.fr

